HISTOIRE
DE LA
PHILOSOPHIE

PAR
P. VALLET
PRÊTRE DE SAINT-SULPICE

CINQUIÈME ÉDITION, REVUE ET AUGMENTÉE

« Necesse est accipere opiniones antiquorum
quicumque sint. Et hoc quidem ad duo erit
utile. Primò, quia illud quod ab his benè dictum est, accipiemus in adjutorium nostrum.
Secundò, quia illud quod malè enunciatum
est, cavebimus. »
(SAINT THOMAS, in lib. I *De anima*, lect. 2.)

PARIS
A. ROGER ET F. CHERNOVIZ, ÉDITEURS
7, RUE DES GRANDS-AUGUSTINS, 7

Droits réservés.

HISTOIRE
DE LA
PHILOSOPHIE

DU MÊME AUTEUR

L'IDÉE DU BEAU DANS LA PHILOSOPHIE DE S. THOMAS. 1 vol. in-12, papier glacé, 2ᵉ édition, 2 fr. 50.

PRÆLECTIONES PHILOSOPHICÆ, ad mentem sancti Thomæ, in Sancti Sulpitii seminario habitæ. 2 vol. in-12, beau papier, 7ᵉ édition, 7 fr. — *Ouvrage spécialement recommandé par Sa Sainteté Léon XIII*.

LA TÊTE ET LE CŒUR, étude physiologique, psychologique et morale. 1 vol. in-12, 2ᵉ édition, 2 fr. 50. — Sous ce titre, l'abbé Vallet a entrepris une étude complète de l'homme, au triple point de vue physiologique, psychologique et moral. D'une part, l'homme est fait de connaissance et d'amour; mais, d'autre part, il est un être physique et ressemble à la plante. Pour s'en faire une juste idée, il faut l'envisager sous tous ces aspects. Chez l'homme, tout se tient et s'enchaîne : fonctions physiologiques, sensations, passions, idées, sentiments : et tout vient de la tête et du cœur. — Dans son étude, l'abbé Vallet s'est inspiré des découvertes les plus récentes de la physiologie, et il a montré leur parfait accord avec les principes si sûrs de la psychologie thomiste. Des considérations morales et religieuses sur l'harmonie de la tête et du cœur, de l'idée et du sentiment, de la science et de la foi et sur la culture de l'esprit et de la volonté forment la troisième partie de l'ouvrage.

LE KANTISME ET LE POSITIVISME, étude sur les fondements de la connaissance humaine. 1 vol. in-12, 2 fr. 50.

LA VIE ET L'HÉRÉDITÉ. 1 vol. in-12, 3 fr.

TYPOGRAPHIE FIRMIN-DIDOT ET Cⁱᵉ. — MESNIL (EURE).

HISTOIRE
DE LA
PHILOSOPHIE

PAR

P. VALLET
PRÊTRE DE SAINT-SULPICE

CINQUIÈME ÉDITION, REVUE ET AUGMENTÉE

> « Necesse est accipere opiniones antiquorum
> « quicumque sint. Et hoc quidem ad duo erit
> « utile. Primò, quia illud quod ab his benè dic-
> « tum est, accipiemus in adjutorium nostrum.
> « Secundò, quia illud quod malè enunciatum
> « est, cavebimus. »
>
> (SAINT THOMAS, in lib. I *De anima*, lect. 2.)

PARIS
A. ROGER ET F. CHERNOVIZ, ÉDITEURS
7, RUE DES GRANDS-AUGUSTINS, 7
1897
—
Droits réservés.

tées par la raison aux âges divers de l'humanité. Rapporter avec fidélité, décrire avec ordre, estimer avec justesse et impartialité les différents systèmes des philosophes, tel est son objet et son rôle difficile.

II. — *L'importance* de cette étude a été très diversement appréciée. Descartes et Malebranche ne lui accordent aucune considération, et le premier s'est oublié jusqu'à dire : « Je ne veux pas même savoir s'il y a eu des hommes avant moi. » — Plusieurs philosophes de notre temps sont tombés dans l'excès contraire : à leurs yeux « la philosophie n'est que le tableau des solutions proposées pour résoudre le problème philosophique » (Renan, *Averroès et l'Averroïsme*, préf.). C'est que, d'après le même auteur, « le trait caractéristique du dix-neuvième siècle est d'avoir substitué la méthode *historique* à la méthode *dogmatique* dans toutes les études relatives à l'esprit humain ».

Ces deux opinions extrêmes renferment une exagération manifeste. Confondre la philosophie avec son histoire n'est pas faire preuve de beaucoup d'esprit philosophique. Cette noble science, la plus *intellectuelle* des sciences, selon l'expression si heureuse de saint Thomas, ne saurait être rabaissée au rôle inférieur de l'histoire. Elle va plus loin et s'élève plus haut ; car elle aspire à résoudre et résout en effet d'une manière *dogmatique*, bien que parfois imparfaite, les grands problèmes que la raison humaine se pose naturellement à elle-même sur l'origine, la nature et la fin des choses.

Néanmoins, la philosophie trouve dans sa propre histoire son *complément* obligé. Il n'est pas indifférent à une science de connaître ses origines, les phases qu'elle a traversées dans ses évolutions successives, et les hommes qui ont concouru à sa formation ou à ses progrès. Il n'est pas indifférent non plus de connaître les fausses routes où plusieurs philosophes se sont égarés, les voies sûres qui ont conduit les autres à cette science de la vérité dont les plus grands d'entre eux étendent le domaine par d'importantes découvertes.

Dans son commentaire sur Aristote, l'Angélique Docteur avait dit : « *Necesse est accipere opiniones antiquorum, quicumque sint. Et hoc quidem ad duo erit utile. Primò, quia illud quod ab his benè dictum est, accipiemus in adjutorium nostrum. Secundò, quia illud quod malè enunciatum est, cavebimus.* »

En outre, l'histoire de la philosophie n'est-elle pas l'histoire de l'esprit humain dans ses plus nobles pensées et dans ses représentants les plus illustres, « ces patriciens de l'intelligence », comme les appelle Cicéron? Et n'éprouve-t-on pas un vrai bonheur à voir que les hommes ne se sont jamais désintéressés de la recherche des causes suprêmes; qu'au contraire, ils se sont préoccupés avant tout des grandes questions de l'ordre intellectuel et moral? C'est la réfutation en acte de ces modernes écrivains qui ne savent découvrir dans la philosophie que des spéculations stériles et sans objet, qui voudraient bannir de notre intelligence la recherche du divin, lui interdire les régions sereines du vrai, du beau et du bien, et borner son regard à ce qu'il leur plaît d'appeler le *positif* et l'*utile*.

Ajoutez que l'histoire de la philosophie nous donne la *mesure* réelle de l'esprit humain; elle nous apprend par le fait ce qu'il peut et ce qu'il ne peut pas; comment il s'élève à toute la hauteur de sa nature, et comment il tombe au-dessous de lui-même, suivant qu'il fait alliance avec la révélation, ou qu'il repousse sa bienfaisante lumière.

III. — Nous *diviserons* cette étude en trois parties : la philosophie ancienne, la philosophie chrétienne et scolastique, et la philosophie moderne. La première comprendra la philosophie païenne; la seconde, la philosophie des Pères et celle du moyen âge; la troisième s'étend du dix-septième siècle jusqu'à nos jours.

Bien qu'élémentaire, cet ouvrage embrasse l'histoire tout entière de la philosophie, et s'il néglige les détails et les longs développements, il ne passe et n'oublie aucune théorie de quelque importance, aucun philosophe d'une certaine réputation.

A l'ordre *chronologique*, naturellement indiqué dans une histoire, nous avons joint l'ordre *logique*, groupant et classant d'après leurs affinités les nombreux systèmes qui se rencontrent à chaque époque et qui tendent à se reproduire d'âge en âge avec la nuance propre que leur donnent les temps et les lieux. On trouvera ici les vues d'ensemble, les remarques générales dont ne saurait se passer une histoire philosophique, mais pour les critiques de détail et pour une discussion plus approfondie des différents systèmes, on nous permettra de renvoyer à nos *Prælectiones philosophicæ*.

IV. — Si quelqu'un, avant d'aller plus loin, désirait connaître davantage le caractère ou l'*esprit* de cette histoire et ce qui la différencie des autres ouvrages composés sur le même sujet, il suffirait, pour le satisfaire, d'ajouter quelques remarques à ce qui vient d'être dit.

Trop souvent les historiens de la philosophie se contentent de puiser à des ouvrages de seconde ou de troisième main; ils acceptent de confiance les analyses et les jugements des autres, ils répètent trop et ne contrôlent pas assez. Nous avons voulu aller aux *sources* et le plus souvent faire connaître les philosophes par leurs propres paroles, grâce à des citations authentiques et comparées, empruntées de leurs différents ouvrages. — Nous nous sommes efforcé aussi de saisir et de reproduire les traits distinctifs des divers auteurs, de donner à chaque personnage et à chaque école son caractère et sa physionomie, autant que peut le permettre la nature d'un ouvrage élémentaire. Pour les chefs d'école, ceux surtout qui ont exercé sur leur siècle ou sur les siècles suivants une influence considérable, nous avons fait de leur philosophie une étude spéciale et relativement étendue.

La philosophie des Pères est généralement ignorée ou passée sous silence : il nous a paru juste de la faire connaître et de lui assigner la place qu'elle mérite. Celle des docteurs scolastiques, moins oubliée depuis quelque temps, est encore inconnue ou mal connue d'un grand nombre : nous avons eu à cœur de la rétablir sous son vrai jour.

Quant à certains philosophes si vantés par les modernes, auxquels, sur la foi d'autrui, on prodigue trop souvent les louanges sans restriction, nos études personnelles ne nous ont pas permis de leur accorder une admiration aussi enthousiaste. Nous ne sommes pas de ceux qui jugent des hommes par le bruit qu'ils font, les innovations qu'ils apportent avec eux, ce qu'ils bouleversent ou détruisent sur leur passage. Il nous semble préférable d'étudier les écrivains et les systèmes en eux-mêmes, de voir sur quoi ils s'appuient et où ils conduisent, ce qu'ils mettent à la place de ce qu'ils renversent, en un mot, s'ils sont d'accord avec les jugements de la froide raison et les données de l'expérience.

HISTOIRE DE LA PHILOSOPHIE

PREMIÈRE PARTIE

PHILOSOPHIE ANCIENNE

Nous traiterons : 1° de la philosophie orientale; 2° de la philosophie grecque : 3° de la philosophie romaine; 4° de la philosophie alexandrine.

CHAPITRE PREMIER

PHILOSOPHIE ORIENTALE

I. L'Orient, berceau de la civilisation. — II. Théologie, mais peu de philosophie proprement dite chez les Hébreux, les Égyptiens et les Perses. — III. Philosophie de la Chine : Lao-Tseu et Confucius. — IV. Philosophie de l'Inde : richesse de l'Inde en spéculations religieuses et métaphysiques : but, caractère, ordre chronologique de sa philosophie. — École *sensualiste*; Kapila et Gotama. — École *idéaliste* : Kanada. — École *mystico-panthéiste*, très répandue : le Védanta, Patandjali, théorie du Baghavad-Gita. — Le Bouddhisme : métaphysique, psychologie et morale; nature du nirvana; comparaison avec la morale chrétienne.

I. — « L'Orient, a dit Cousin, est le berceau de la civilisation : car l'histoire remonte jusque-là et pas plus haut. Nous venons des Romains, les Romains des Grecs, et les Grecs ont reçu de l'Orient leur langue, leur religion, leurs arts...

L'Orient est donc pour nous le point de départ de l'histoire. » (*Hist. génér. de la philos.*, 2ᵉ leçon.) — Mais il y a bien des pays dans l'Orient : la Judée, l'Égypte, la Perse, la Chine et l'Inde. Or, chacun de ces pays n'a pas de philosophie proprement dite ; et chez ceux-là même où la philosophie revêt un caractère plus personnel, elle se trouve mêlée à la religion et à la théologie, et se présente à nous sous une forme plus poétique que scientifique.

II. — La théologie des Hébreux est admirable sur Dieu, sur le monde et sur l'homme ; mais, comme toute théologie révélée, elle se présente au nom de la foi, et point au nom de la raison. Plus tard, cependant, le contact des Juifs avec les peuples étrangers altère dans l'esprit de plusieurs la pureté de la doctrine traditionnelle, et l'on voit apparaître trois sectes semi-philosophiques, les Esséniens, les Pharisiens et les Saducéens. Ces derniers rejettent l'existence des anges et l'immortalité de l'âme.

L'Égypte ne nous offre pas davantage de philosophie proprement dite. Les prêtres avaient des doctrines mystérieuses et réservées, une sorte de théologie symbolique, cachée sous les voiles des hiéroglyphes, et contenant la religion de la nature, l'adoration des astres et de certains animaux. Ce qui semble avoir dominé dans cette doctrine, c'est la croyance à la vie future, au jugement, à la peine des méchants, condamnés à des émigrations successives de l'âme dans le corps d'animaux divers, et à la récompense des bons, admis à jouir de la société des dieux.

De même, la Perse possède plutôt une théologie qu'une philosophie. On y découvre un premier principe assez indéterminé, *le temps sans bornes, Zérouané-Akeréné* : à l'origine, la lumière et les ténèbres, le bien et le mal sont confondus en lui ; mais l'*un* évolue en deux sens contraires, et de cette évolution naissent *Ormuzd*, père de la lumière et de tout bien, et *Ahriman*, père des ténèbres et de tout mal. La lutte aujourd'hui engagée entre ces deux puissances rivales se terminera par le triomphe définitif du bien. Les prescriptions morales imposées à l'homme pour parvenir à ce triomphe consistent principalement dans la pureté, la tempérance et le courage. Cette théologie perfectionnée par Zoroastre, qui vivait environ six siècles avant Jésus-Christ, est contenue dans les livres sacrés du *Zend-Avesta*.

III. — On trouve en Chine une véritable philosophie qui s'appuie sur les lumières de la seule raison, et que représentent deux noms bien connus : *Lao-Tseu* et *Confucius*. Lao-Tseu naquit en 640 avant Jésus-Christ. Son ouvrage *De la voie et de la vertu*, contient une métaphysique et une morale. En métaphysique, le philosophe chinois reconnaît un principe éternel, unique, immuable, mais vague, confus, profond, incompréhensible et ineffable, du nom de *Tao*. Le monde est une émanation de la substance divine; d'elle aussi viennent les âmes qui, si elles savent s'en rendre dignes, seront après la mort de nouveau réunies au premier principe.

Lao-Tseu a soin de rattacher sa morale à la métaphysique, en la faisant dépendre de Tao, source de la vertu et modèle de l'homme vertueux. Cette morale prêche la subordination du principe matériel au principe spirituel et lumineux qui est en nous; elle recommande l'humilité, la quiétude et d'autres vertus qui ne sont pas dépourvues de grandeur; mais elle recommande le *non-agir*. « La seule chose que je craigne, c'est d'agir. Celui qui agit échoue, celui qui s'attache à une chose, la perd. De là vient que le saint n'agit pas; c'est pourquoi il n'échoue point. » — Toutefois, il n'est pas bien sûr que ce non-agir soit l'*immobilisme* absolu; car d'autres maximes donneraient à entendre que le philosophe ne condamne pas toute action, mais seulement l'activité désordonnée et sans règle. Ailleurs, en effet, il loue la sérénité et la quiétude dans l'agir. « Le sage commence par des choses aisées lorsqu'il en médite de difficiles, par de petites choses lorsqu'il en médite de grandes. Le saint ne cherche pas de grandes choses; c'est pourquoi il peut accomplir de grandes choses. » (L. II, ch. LIII.)

Si *Confucius* l'emporte sur Lao-Tseu en notoriété, il lui est inférieur par l'esprit philosophique. « L'éthique de Confucius a eu un sort brillant, dit A. Rémusat, et l'on est surpris lorsqu'on l'examine sans prévention. » En effet, cette morale n'est appuyée ni sur le dogme, ni sur la métaphysique, ni sur la psychologie : elle manque à la fois de base et de couronnement. Les questions sur la vie future, et, en général, sur les choses invisibles, sont inopportunes aux yeux de ce sage; vous trouverez chez lui un recueil de *maximes* politiques, administratives, économiques même, mais ne cherchez pas des principes qui leur donnent une autorité et une sanction.

Selon notre moraliste, il y a trois grandes choses, le ciel, la terre et l'homme, qui jouit d'un double principe : l'un, source de la vie physique, l'autre, source de la vie morale. La vertu, pour l'homme, consiste à mettre sa conduite en harmonie avec le ciel et la terre. Vivre conformément à la raison (et la grande loi de la raison, c'est le *juste milieu*); pratiquer la justice et l'humanité ; ne pas faire acception de personne; ne pas faire aux autres ce qu'on ne voudrait pas qu'on nous fît à nous-mêmes ; par-dessus tout, travailler à se perfectionner, à remettre en lumière le principe supérieur de la raison que nous tenons du ciel; car « depuis l'homme le plus élevé en dignité jusqu'au plus obscur, corriger et améliorer sa personne est la base fondamentale de tout progrès et de tout développement moral » (Ta-hio, n. 6.) : voilà, en abrégé, la meilleure partie de l'éthique de Confucius.

Ce personnage est surtout un *législateur* moraliste, grand observateur de ce qui a été dit ou fait par les anciens, très attaché au cérémonial et superstitieux. On lui doit la compilation des *Kings*, livres saints des Chinois. Les livres chinois le nomment par antonomase le *philosophe*, et vénèrent ses ouvrages, dits *livres classiques*, presque à l'égal de leurs livres saints. On croit qu'il naquit en 551 avant Jésus-Christ. (Cf. *Confucius, Essai philosophique*, par un missionnaire.)

IV. — Aucun pays de l'Orient n'est aussi riche que l'Inde en spéculations de toutes sortes : religion, théologie, philosophie, rien n'y manque. La religion des Indiens est contenue dans leurs livres sacrés, appelés *Védas*, qui ont pour auteur Brahma lui-même. Ces livres jouissent d'une autorité sans limites, et sur eux repose tout entière la société brahmanique. Ils se composent d'une collection de prières, d'hymnes et d'invocations.

Quant à la *théologie* indienne, elle n'est pas autre chose qu'un commentaire explicatif de la religion. Ces commentaires s'appellent *Upanishads*. Deux écoles théologiques, ou deux *Mimansa*, se sont chargées d'expliquer la religion : l'une a pour auteur *Djaimini*, et l'autre, nommée aussi *Védanta*, a pour auteur *Vyasa*. L'objet de la première est de tirer des Védas la connaissance exacte des devoirs religieux et moraux; elle est très réservée et toute pratique; on la trouve dans un livre obscur, appelé *Soutras* ou *Aphorismes*. Plus spéculative et plus métaphysique est la seconde Mimansa, et plus hardie aussi dans ses interprétations.

La philosophie de l'Inde semble remonter à 600 ans avant l'ère chrétienne. Plusieurs systèmes la représentent, qui, selon l'observation de Cousin, « n'ont point de *date* certaine, pas même de date relative. Tous se citent les uns les autres, soit pour s'appuyer, soit pour se combattre; ils se supposent tous, et l'on dirait qu'ils sont nés tous ensemble, le même jour ». (*Hist. gén. de la phil.*, 2ᵉ leçon.) — Remarquons encore avec le même auteur que « l'objet de tout système philosophique, dans l'Inde, est la délivrance des maux qui affligent l'homme, le souverain bien dans ce monde et dans l'autre ». Or, on peut distinguer quatre écoles principales dans cette philosophie : le *sensualisme*, l'*idéalisme*, le *panthéisme mystique* et le *bouddhisme*.

1º Le *Sankhya* (Λόγος) de *Kapila* professe ouvertement le sensualisme. Selon Kapila, la science seule peut donner le bonheur, et trois voies conduisent à la science, savoir : la *sensation* ou *perception* des objets extérieurs, l'*induction* et la *tradition*, représentée par les Védas et le témoignage des sages (*Karika*, 4, 5, 6). Les principes des choses, au nombre de vingt-cinq, composent trois mondes : le monde des dieux, des hommes et des êtres inférieurs; mais à leur origine se trouve la *nature*, la nature éternelle et sans forme, par conséquent invisible, non développée, matérielle et génératrice de tout ce qui est. De la nature émane immédiatement le grand principe, *l'intelligence;* de l'intelligence le *moi* ou *l'âme;* et de l'âme, les principes *inférieurs*. — L'âme, ayant pour mère la matière, doit être un atome animé, résultat des combinaisons des principes matériels d'une ténuité et d'une subtilité extrêmes. Ainsi composée, jouira-t-elle de l'immortalité, ou sera-t-elle condamnée à périr avec les éléments qui entrent dans sa nature? La vie, on la lui accorde; mais elle ne gardera ni la conscience d'elle-même, ni l'intelligence. — Ce système ne reconnaît pas de *cause* proprement dite; ce que nous appelons cause n'est qu'un effet par rapport à la cause qui précède, laquelle est un effet relativement à une autre, et toujours de même, en sorte qu'il n'y a que des effets enchaînés, sans cause extérieure indépendante; ainsi, point de place pour un Dieu distinct du monde.

Le livre de Kapila, qui renferme à peu près toutes les parties de la philosophie, analyse assez bien les causes de nos erreurs et leurs remèdes. Il compte quarante-huit obstacles physiques, et soixante-deux obstacles moraux s'opposant au perfectionnement de l'intelligence.

2° A ce système Cousin rattache la philosophie *Vaiseshika* de *Kanada*, dans laquelle il ne voit qu'une *physique atomique*, fort peu différente de celle de Démocrite et d'Épicure. Si, au contraire, nous admettons l'interprétation de Mgr Laforet, Kanada nous apparaîtra plutôt comme un professeur *d'idéalisme*. Il explique, il est vrai, la constitution des corps par les atomes, mais il n'introduit point les atomes dans l'âme humaine. D'ailleurs, si l'union des atomes forme l'étendue, les derniers d'entre eux ne sont pas composés de parties; autrement « la série de la divisibilité serait sans fin; et si elle était poussée à l'infini, il n'y aurait pas de différence de grandeur entre un grain de moutarde et une montagne, entre un moucheron et un éléphant; chacun contenant pareillement un nombre infini de particules ». — On explique la diversité des corps par la différence des atomes primitifs, mais sans dire comment le simple produit l'étendue. Ainsi comprise, la théorie de Kanada aurait, sinon une entière ressemblance, du moins une grande analogie avec la fameuse théorie des *monades*.

Au contraire, *Gotama*, l'auteur de la philosophie *Nyaya*, incline vers le sensualisme. Nyaya est une dialectique exprimée en courts aphorismes ou soutras, au nombre de 525, divisés eux-mêmes en vingt-cinq leçons. L'auteur admet quatre moyens de connaître : la *perception*, l'*induction*, l'*analogie* ou comparaison et la *tradition;* mais la perception, qui tient la première place, reçoit une définition exclusivement sensualiste, puisqu'elle signifie « la science fournie par le contact d'un objet des sens et capable d'exciter l'esprit » (*Soutras*, 4). L'induction complète est un argument composé de cinq termes, la thèse à prouver, la raison, l'exemple, l'application de l'exemple à la thèse, et enfin la conclusion. Voici un exemple d'induction : cette montagne est brûlante, car elle fume ; or, ce qui fume est brûlant, témoin le feu de la cuisine ; il en est de même de la montagne qui fume.

De là ce problème historique : le syllogisme d'Aristote vient-il de l'Inde, ou l'Inde l'a-t-elle emprunté de la Grèce? C'est en ces termes que la question est posée par Cousin ; mais aujourd'hui on n'admet ni l'une ni l'autre solution. Et d'abord, comment ne pas être frappé de la différence qui sépare l'argument péripatéticien de l'argument gotamiste, l'un ayant cinq termes, l'autre ne pouvant en avoir ni plus ni moins de trois ? Aussi Aristote déclare-t-il que sur plusieurs questions il a pu emprunter beaucoup à ses devanciers, mais qu'il n'a rien trouvé sur le syllogisme, lequel lui a demandé beaucoup de temps et d'exercice (*De Sophist. Elench.*, c. xxxiv). Concluons sans crainte avec Barthélemy Saint-Hilaire : « Il est de toute évidence que le Nyaya et l'Organon ne se sont rien emprunté... Gotama comme Aristote, l'Inde comme la Grèce, voulut se rendre compte du raisonnement ; mais la première tentative a été, comme elle devait être, infiniment moins complète, moins profonde que la seconde. Gotama s'est arrêté aux abords, Aristote a pénétré jusque dans l'essence du raisonnement, dont il a reconnu les lois nécessaires et immuables. » (*Mém. de l'Acad. des sciences mor. et polit.*, t. III, p. 236-239.)

La dialectique gotamiste occupe *six* idées simples ou *catégories* irréductibles, la substance, la qualité, l'action, le commun (genre), le propre et la relation. Dieu ne figure nulle part dans les Soutras ; l'âme y est placée à la tête des objets de la connaissance, distinguée du corps et des sens, différente pour chaque personne, infinie, éternelle, immortelle et soumise à la loi de la transmigration. (*Soutr.* 19-22.) En morale, le Nyaya recommande le *non-agir*, et représente l'activité comme fille de la faute. (*Soutr.* 17 et suiv.)

Envisagée au point de vue dialectique, cette doctrine suppose une culture intellectuelle plus qu'ordinaire, et il n'est pas surprenant qu'elle jouisse d'une grande popularité dans toutes les parties de l'Inde.

3° Cependant le *mysticisme panthéistique* compte dans ces régions un bien plus grand nombre de sectateurs que le Sankhya de Kapila et le Nyaya de Gotama ; on peut même dire qu'il est au fond de toute religion et de toute philosophie. Nous lisons dans le Védanta : « La cause suprême désira être plusieurs et féconde, et elle devint plusieurs... Cet univers est véritablement Brahma, car il en sort, il s'y plonge, il s'en nourrit ; il faut donc l'adorer... Comme l'araignée tire d'elle et retire en elle son fil, comme les plantes sortent de la terre et y retournent, comme les cheveux de la tête croissent sur un homme vivant, ainsi sort l'univers de l'*Inaltérable*. » — Dans cette métaphysique qui aspire à faire connaître Dieu, le monde, l'homme et leurs mutuels rapports, Brahma seul possède une existence réelle, le monde n'est qu'une *apparence* imaginaire, l'âme, émanation de Dieu, sera de nouveau absorbée en lui, quand finira la vie présente avec ses conditions inférieures. D'après ces explications, la doctrine qui nous occupe paraît être un *syncrétisme* assez incohérent, composé de panthéisme, de mysticisme et d'idéalisme.

Il faut en dire autant du *Sankhya* de *Patandjali*, contenu dans une collection appelée *Yoga-Soutras* et divisée en quatre livres, où l'on traite *de la contemplation, des moyens d'y parvenir, de l'exercice de pouvoirs supérieurs* et enfin *de l'extase*. Le monument le plus célèbre du Sankhya de Patandjali est le *Bhagavad-Gita*, espèce de traité de métaphysique sur un champ de bataille et distribué en dix-huit leçons; là sont attaqués avec force les livres, la science et l'action; là l'inaction est représentée comme l'idéal de la sagesse humaine, et Dieu se révèle comme l'absolu sans attribut fixe, auteur de la création et de la dissolution, tenant tout sous sa dépendance souveraine, et confondu avec ce qu'il y a de meilleur dans chacun des êtres qui peuplent l'univers [1].

4° Le dernier système philosophique de l'Inde est attaché au nom de *Çakiamouni*, surnommé le *Bouddha* (le savant), d'où est venu le *bouddhisme*. Bouddha vivait, suivant les uns, au dixième siècle, et suivant l'opinion la plus commune, au sixième siècle avant Jésus-Christ. La doctrine de ce personnage mystérieux fut rédigée cent ans après sa mort, et plusieurs fois revue et corrigée dans la suite par divers conciles bouddhistes. A peu près muet sur le dogme et la métaphysique, Bouddha est avant tout un *moraliste socialiste*. Parti du Sankhya sans Dieu, il professe que la vie présente est mauvaise, et appelle *tous* les hommes *indistinctement* à la délivrance de leurs maux. Sa théorie psychologique se trouve résumée dans les quatre *vérités sublimes* : 1° l'existence sensible est une illusion; 2° le désir qui résulte de cette existence produit la douleur; 3° l'illusion et la douleur de l'existence sensible peuvent

---

1. « Je suis la vapeur dans l'eau, la lumière dans le soleil et dans la lune, l'invocation dans les Védas, le son dans l'air,... l'éclat dans la flamme, la vie dans les animaux, le zèle dans le zélé, la semence éternelle de toute nature... Je suis le père de ce monde et j'en suis la mère... Je suis le commencement, le milieu et la fin. Dans le corps, je suis l'âme, et dans l'âme, l'intelligence... Parmi les livres sacrés, je suis le livre des cantiques... Quelle que soit la nature d'une chose, je la suis... Enfin, qu'est-il besoin d'accumuler tant de preuves de ma puissance? Un seul atome émané de moi a produit l'univers, et je suis encore moi tout entier. Mets ta confiance en moi seul; sois humble d'esprit, et renonce au fruit des actions. »

cesser par le *nirvana*, ou l'anéantissement de l'existence mobile ; 4° on arrive au *nirvana* par le renoncement absolu à soi-même, et par l'extinction de tout désir.

La morale est contenue dans un décalogue qui a de nombreuses analogies de fond et de forme avec le décalogue de Moïse. Les trois premiers préceptes se rapportent aux *actions :* 1° ne pas tuer les vivants; 2° ne pas voler; 3° ne pas commettre des actions impures. — Les quatre préceptes suivants regardent les *paroles :* 1° ne pas dire de mensonges; 2° ne pas dire de paroles inutiles ou futiles; 3° ne pas dire de paroles d'envie, de médisance ou calomnie; 4° ne pas dire de paroles grossières. — Les trois derniers commandements concernent les *pensées :* 1° ne pas penser à nuire; 2° ne pas convoiter; 3° ne pas penser à des choses impures. — La vie présente est suivie d'une série de métempsycoses, destinées à purifier l'homme de ses péchés et à le conduire à la délivrance finale, c'est-à-dire au *nirvana*.

Mais le *nirvana* est-il l'anéantissement complet ou seulement l'anéantissement de l'existence mobile au sein de l'immuable essence du Bouddha? Malgré toutes les recherches de la science moderne, ce problème demeure enveloppé des plus épaisses ténèbres et ne sera peut-être jamais résolu. Dès l'antiquité, les différentes sectes bouddhistes ne donnèrent pas au *nirvana* la même signification; aujourd'hui même l'accord est loin d'exister parmi les deux ou trois millions d'adeptes de cette étrange religion.

Mêmes divergences parmi les modernes orientalistes : MM. Barthélemy-Saint-Hilaire et Burnouf se prononcent pour l'anéantissement complet; M. Foucaux, *Doctrine des bouddhistes sur le nirvâna*, et M. Obry, *Du nirvâna bouddhiste*, en réponse à Barthélemy Saint-Hilaire, n'y trouvent autre chose que la quiétude absolue dans une vie à peu près insensible, et l'absorption de l'individu dans la substance du Bouddha.

On voit maintenant ce qu'il faut penser de l'engouement de certains savants modernes pour le bouddhisme, qui, d'après eux, aurait donné naissance à la morale chrétienne.

Moïse est antérieur de plusieurs siècles à Çakiamouni; il n'a donc pu lui emprunter son décalogue. Celui-ci, au contraire, a très bien pu avoir connaissance du décalogue juif, les Hébreux étant alors répandus dans presque tout l'Orient. Mais, n'admettant pas Dieu, il a retranché de son décalogue tous les devoirs de religion, ce qui le met au-dessous des sages de l'antiquité païenne.

Sa morale, il est vrai, renferme certains préceptes d'une grande élévation; mais il ne faut pas oublier qu'elle est entièrement *négative* et profondément entachée de *rationalisme*. Être charitable, c'est ne pas faire de mal aux autres; être vertueux, c'est s'élever à la perfection par les seules forces de son intelligence et de sa volonté. Une telle doctrine est à une distance infinie de la doctrine chrétienne.

CHAPITRE II

PHILOSOPHIE GRECQUE

L'histoire de la philosophie grecque se divise naturellement en trois périodes : la période de ses origines, celle de sa maturité et de son apogée, et celle de sa décadence. La première commence au sixième siècle avant Jésus-Christ et dure jusqu'à Socrate; la seconde, assez courte, est illustrée par Socrate, Platon et Aristote; la troisième s'étend jusqu'aux origines de la philosophie romaine.

Première période de la philosophie grecque

Cette période offre à notre étude trois écoles principales : l'école naturaliste et sensualiste, l'école idéaliste, et l'école des sophistes.

I. École naturaliste : étude du monde et théorie des éléments; Thalès, Anaximène, Diogène d'Apollonie, Anaximandre, Héraclite; originalité et influence d'Héraclite. — II. École d'Abdère; Démocrite et Leucippe; matérialisme et athéisme; les atomes, le vide et le hasard. — III. École idéaliste : Pythagore; son institut et son autorité; les nombres; Dieu, le monde et l'âme; métempsycose; morale austère; — principaux pythagoriciens : Archytas, Timée, Ocellus, Hipparque et Philolaüs. — IV. École d'Élée; exagération de l'école pythagoricienne; négation de la matière, de la pluralité et du mouvement; Xénophane, Parménide, Mélissus et Zénon. — V. Essais d'*éclectisme*; Empédocle et Anaxagore; particularités de leur doctrine. — VI. École des sophistes : Protagoras et Gorgias; autres sophistes.

I. — École naturaliste

Chez les Grecs, comme chez la plupart des peuples, les poètes arrivent en premier lieu, les philosophes ne viennent qu'après. C'est que la poésie agite des questions plus voisines des sens et plus populaires, tandis que la philosophie va davantage au fond des choses, parle une langue plus abstraite, et s'attache à des problèmes de leur nature plus intérieurs et plus cachés. Cependant la philosophie elle-même porte d'abord ses regards sur le monde physique, le premier qui se présente à la connaissance de l'homme, elle commence par être une philosophie de la nature. Tel est le spectacle que nous donne la Grèce. (Cf. *Saint Thomas, Opusc.* XIV, c. 1. *De opinion. antiquor. philos.*)

Le fondateur de l'école naturaliste est *Thalès* de Milet (640-550 avant Jésus-Christ), un des *sept sages*, célèbre par ses connaissances en géométrie et en astronomie. On ne possède aucun écrit de lui, et l'on ne connaît guère ses opinions que par Aristote (*Métaph.*, I) et Diogène de Laërce. Pour Thalès, l'univers est un être vivant, composé de matière et de mouvement; mais la *matière* est le fond de toutes choses; et, dans la matière, l'*eau* doit être regardée comme le premier principe, capable d'engendrer et d'animer tout ce qui a l'existence ou la vie. Cicéron prétend que le Philosophe de Milet aurait admis Dieu comme auteur de l'ordre du monde, mais rien ni dans Aristote, ni dans aucun auteur ancien, ne vient à l'appui de cette opinion.

Anaximène (530), compatriote de Thalès, substitue à l'eau un élément plus subtil, l'*air*, principe *indéterminé*, immense, infini, toujours en mouvement, tirant toutes choses de son sein par ses transformations successives et ses alternatives de dilatation et de condensation. (Cf. Arist., *Met.*, I, III; Cicér., *De nat. deor.*, I, X, et I, *Acad.* II, XXXVII, et S. Aug., *De civ. Dei*, VIII, 2.)

Ce système trouva un autre interprète dans *Diogène d'Apollonie*, disciple d'Anaximène et auteur d'un ouvrage *De rerum natura*. Frappé de l'ordre qui éclate dans le monde, il ne crut pouvoir l'expliquer qu'en attribuant à l'air une nature divine, c'est-à-dire en le faisant tout-puissant, éternel, immortel, intelligent, mêlé à tout, et gouvernant tout par sa providence. (Cf. Arist., *De animâ*, I, 2, et *De generation. et corrupt.*, I, 6.)

Cependant, vouloir rendre compte de tout à l'aide d'un seul élément, quelle que fût d'ailleurs sa nature, n'était-ce pas tenter l'impossible? Pour éviter cette difficulté insoluble, *Anaximandre* (590) eut recours à l'*infini*, τὸ ἄπειρον, substance vague, indéterminée, qui n'étant ni ceci, ni cela, est néanmoins capable de tout devenir. L'infini est éternel, et tous les principes, même les contraires, sont renfermés en lui de toute éternité, mais confondus, mêlés entre eux, sans forme propre. Que faut-il pour qu'à ce chaos succède l'ordre et que les éléments divers acquièrent non pas l'existence, dont ils n'ont jamais été privés, mais une forme déterminée, une individualité propre? Selon Anaximandre, il suffit du *mouvement* inhérent à la matière. (Cf. Arist., *Met.*, XII, 2, et *Phys.*, III, 4; S. Aug., *De civ. Dei*, VIII, 2.)

Mais les philosophes que nous venons de nommer pâlissent à côté du célèbre *Héraclite* (500)[1], le représentant le plus illustre de l'école naturaliste. Poëte, philosophe, aussi extraordinaire dans sa vie et énigmatique dans ses pensées qu'obscur dans son langage, et à cause de cela surnommé ὁ σκοτεινός, *clarus ob obscuram linguam*, dit Lucrèce, Héraclite est l'homme ondoyant et divers. Sa doctrine mérite d'attirer notre attention, d'autant plus qu'elle a exercé une assez grande influence sur les systèmes panthéistes de la moderne Allemagne. Il choisit le *feu* comme principe des choses, parce que tout vient du feu et tout y retourne; non pas, il est vrai, le feu visible et grossier, mais un feu subtil, vivant, éternel, divin, à la fois intelligence et matière, animant tout, gouvernant tout sans s'éteindre jamais. — Néanmoins, il est de la nature du feu de consumer : aussi rien n'est stable dans la nature, hors l'instabilité universelle des choses. « Tout s'écoule, et l'on ne descend pas deux fois le même fleuve, car c'est une autre eau qui vient à nous. » (*Fragm.* 21 et 50.) Partout la

---

1. Héraclite, né à Éphèse, était, dit-on, de sang royal. Il composa un ouvrage divisé en trois parties : la 1re sur l'univers, la 2e sur la république, la 3e sur les choses divines.

guerre « mère de tous les êtres »; mais cette lutte des éléments contraires produit l'*harmonie*, parce que « toute chose en se divisant se réunit, comme l'harmonie de l'archet et de la lyre ». — Dans ce flux incessant et universel, quelle est, au juste, la réalité objective des êtres *individuels*, et quelle force demeure à l'intelligence pour atteindre la vérité? Sur le premier point, Héraclite enseigne que les êtres sont une participation purement *phénoménale* et éphémère de la substance du feu; et sur le second, il pose en principe que « la raison *commune* et divine est le *seul* critérium de la vérité; ce qui est cru universellement est certain, car cette croyance est empruntée de la raison commune et divine; et par le motif contraire, toute opinion individuelle est dépourvue de la certitude, car elle n'est qu'une forme incomplète et inconsistante, elle n'est rien en soi ». (Cf. Sextus, *Adv. Math.*, I, vii, 126, 130.) Il est facile de voir dans ces paroles le germe de la théorie lamennaisienne sur la raison individuelle et sur la raison générale.

L'universel changement et l'universel *devenir*, voilà déjà deux idées principales empruntées par Hégel à Héraclite : mais la plus importante est la conciliation, disons le mot, l'*identité des contraires*. « Tout est un, le visible et l'invisible, ce qui est droit et ce qui est courbé, le pur et l'impur, le mortel et l'immortel, le vivant et le mort, les ténèbres et la lumière, le bien et le mal, l'être et le non-être. » (*Fragm.*, 46, 90, 91.) Devant une telle déclaration, Hégel ne contient plus son enthousiasme : « C'est ce hardi penseur qui le premier a prononcé cette parole profonde : « *Tout est, et rien n'est;* » c'est ici qu'il faut dire : Terre! Il n'est pas une seule proposition d'Héraclite que je n'admette dans ma logique. » (Cf. Arist., *De cœlo*, X; *Met.*, IV, 3, 4 et 5.)

II. — École d'Abdère

La philosophie naturaliste d'Ionie se continue dans celle d'*Abdère*, école *atomiste* et *matérialiste*, représentée par

Démocrite et Leucippe. *Démocrite* (460-370 avant Jésus-Christ), regardé par ses contemporains comme un grand talent, était au moins très célèbre par l'étonnante universalité de son savoir. Il passa sa longue vie (cent ans) à voyager et à observer. Il écrivit sur la théologie, la morale, la logique, la physique, la physiologie, l'optique, la géométrie, la botanique, l'agriculture, la peinture, l'astronomie, l'histoire, en un mot, à peu près *de omni re scibili*. Mais l'universalité a nui à la profondeur; le Philosophe d'Abdère s'est arrêté à la surface des choses. Il composa plusieurs ouvrages; il ne nous en reste aujourd'hui que des fragments courts, mais assez nombreux, et suffisants pour nous faire connaître son système, surtout si l'on y ajoute ce qui nous en a été conservé par Aristote (*Met.*, I, 4, et III, 5; *De generat. et corrupt.*, VIII; *De anima*, II et V; *De sensu et sensibili*, c. 4).

Nous ne savons rien de particulier sur *Leucippe*, sinon qu'il était l'ami de Démocrite et qu'il partageait ses opinions.

En physique, l'école d'Abdère ramène toutes choses à deux principes : les *atomes* et le *vide*, ceux-là en nombre infini, d'une même nature, et celui-ci n'ayant d'autre propriété que l'étendue, destiné à recevoir les corps dans son vaste sein, et à rendre leur mouvement possible. Grâce à leur mouvement éternel dans le vide, grâce auss à un certain *clinamen* qui survient à propos pour les faire dévier de la voie droite et les attirer les uns vers les autres, les atomes, guidés par le *hasard*, se rencontrent enfin et cette heureuse rencontre produit le monde avec sa variété et sa beauté. — Afin de parler comme le vulgaire, on garde le nom des dieux, mais le nom sans la chose : ce sont de purs *fantômes*, assez semblables à ceux qui nous apparaissent en songe et dont les événements extraordinaires, comme la foudre et les éclipses, peuvent nous suggérer l'idée [1]. — L'âme se compose d'atomes plus subtils et plus

---

1. Un mot échappé à Démocrite ou destiné au peuple laisse entendre que les dieux nous font du bien. « Dii hominibus bona om-

ténus, elle a pour fonction d'imprimer au corps le mouvement. — Toute connaissance vient des sens, et la sensation se fait par l'émission de certaines particules qui se détachent des corps et abordent à nos organes. Mais les sens ne perçoivent que les accidents des corps, et cela très imparfaitement, car ils ne les saisissent qu'au moyen d'images ou de représentations infidèles. Le rôle de l'intelligence se termine à la connaissance des atomes et du vide, que leur nature propre rend invisibles à nos sens. — Cette théorie de la connaissance renverse à peu près toute certitude; la vérité n'est pas, ou si elle est, elle se dérobe à nos regards, « et se cache au fond d'un abîme ». — Le bien n'a pas une meilleure condition que le vrai; il consiste dans la paix de l'âme, et la vertu n'est bonne que dans la mesure où elle devient source de bonheur. « *Utilium et inutilium termini sunt jucunditas et injucunditas.* » (*Fragm.* 18.) — Cependant le philosophe d'Abdère a plusieurs pensées élevées sur la supériorité des biens intellectuels, la tempérance, la nécessité de se vaincre soi-même et d'éviter le mal [1].

III. — École idéaliste

Elle a pour fondateur *Pythagore* de Samos (584). Ce philosophe, dit M. Cousin, « a laissé une grande mémoire dans l'antiquité, et il a donné à la langue grecque et à l'humanité deux mots immortels : celui de philosophie, qui marque non la possession, mais la recherche et l'amour de la science, et celui du monde, κόσμος, pour désigner l'ordre et l'harmonie qui règnent dans l'ensemble des choses visibles. » (*Hist. génér. de la philos.*, 3ᵉ leçon.)

On a peu de données certaines sur la vie et les doc-

---

nia et olim et nunc præbent. » (*Frag. de anim. tranquill.*, 13.)

1. « Voluptatem non quamlibet, sed honestati conjunctam eligi decet. » (*Ibid. Fragm.* 12.) — « Qui animi bona amat, diviniora appetit : qui corporis, humana. » (c. 6.) — « Malum, etiamsi solus sis, ne dicas neve facias; disce autem te ipsum magis quam alios revereri. » (*Fragm. de cupidit.*, 38.)

trines de Pythagore : on sait seulement qu'il était grand géomètre et grand musicien, et qu'il fonda un *institut* philosophique, mystique et politique, dans lequel on ne pouvait entrer qu'après des initiations et des épreuves nombreuses. Le langage voilé, en usage parmi les associés, ajoutait au mystère dont ils se plaisaient à envelopper leurs symboles. L'obéissance et le respect professés pour le maître étaient absolus; de là est venu le mot fameux αὐτὸς ἔφη[1].

Quoi qu'il en soit du Sage de Samos, la doctrine placée sous son patronage vaut la peine d'être connue : plusieurs philosophes et Platon surtout lui ont fait de larges emprunts. Comme l'école naturaliste d'Ionie, l'école pythagoricienne s'occupe directement de la connaissance du monde, mais elle l'étudie à un point de vue plus abstrait et plus élevé, c'est-à-dire dans les rapports qui unissent entre eux les différents êtres. La science des mathématiques, de l'astronomie et de la musique y occupe une large place; cette dernière est regardée comme ayant une vertu particulière pour le gouvernement du monde et l'éducation morale de l'esprit.

Les pythagoriciens ramènent tout aux *nombres*; par eux ils expliquent les principes des êtres et de la pensée, le monde, Dieu, l'âme, le bien et le mal. Antérieurs et supérieurs aux choses particulières, essence de la pensée, modèles et éléments constitutifs des êtres, les nombres régissent l'univers entier. Bien plus, ils sont la *seule* réalité véritable, et tous les objets n'en sont qu'une participation plus ou moins imparfaite. Or, ces nombres mystérieux et puissants se composent eux-mêmes de deux principes, l'*un* et le *vide* ou l'*intervalle* (Cf. Arist., *Phys.*, IV, 6) : le premier remplissant le beau rôle, le second uniquement destiné à distinguer les nombres entre eux; tous les deux éternels, mais opposés. Le monde doit sa naissance à l'union de

---

[1]. Sur ce chef d'école, voir Aristote (*Met.*, I); Aulu-Gelle (*Noct. att.*, I, 9); Jamblique, *Vie de Pythagore;* Diogène Laërce (XIII, 15), et surtout Philolaüs.

l'un, appelé Dieu, et du vide, principe indéterminé, bien qu'infini. Le vide, en effet, entrant dans l'un, y introduit la séparation des éléments, et produit la multitude qu'on aperçoit dans l'univers. Comme les nombres, les corps sont composés d'unités et d'intervalle; l'étendue semble résulter des unités, espèces de *points-monades* répandus dans l'espace ou le vide; — Dieu, origine suprême de tous les nombres, est un être personnel, vivant et infiniment parfait, parce qu'il est l'unité absolue qui enveloppe et contient les contraires, et tient tout sous le gouvernement de sa Providence.

— Et l'*âme*, comment la définir? *Un nombre qui se meut lui-même*. Mais que faut-il entendre par là? L'harmonie du corps seulement, ou bien une forme spéciale et distincte qui maintiendrait l'union des éléments divers dont se compose le corps? Le système pythagoricien n'éclaircit pas cette question; mais il se prononce pour la préexistence de l'âme, pour son union purement accidentelle et pénale avec le corps et pour le dogme de la métempsycose, emprunté des Égyptiens. (Cf. Clément d'Alex., *Strom.*, III, 3.) L'âme a deux parties, l'une *raisonnable*, composée elle-même d'une partie supérieure, feu éternel sorti du sein de Dieu, tranquille, immuable; et d'une partie inférieure, tirée de la substance de la nature, sujette à l'inconstance; l'autre *irraisonnable*, à la fois concupiscible et irascible. La première réside dans la tête et jouit seule de l'immortalité; la seconde a sa demeure dans le cœur et dans le bas-ventre. (Cf. Cicéron, *Tuscul.*, IV, 5.) — L'air est plein d'âmes et de génies, doués seuls de la puissance divinatoire. Le Sage de Samos attend beaucoup des songes et veut qu'on se prépare au sommeil « cultu quodam et victu », comme dit Cicéron (*De divin.*, I, 3). — Selon l'esprit de la théorie des nombres, il place la *vertu* dans une *harmonie* produite par l'accord des différentes parties de l'âme; des maximes élevées et austères composent sa morale, impitoyable à la volupté. Le suicide est illégitime, car les mortels n'ont le droit d'abandonner leur poste dans la vie que sur l'ordre des dieux.

Les principaux partisans des doctrines pythagoriciennes furent *Architas*, *Timée* de Locres, *Ocelus*, *Hipparque* et *Philolaüs*. Ce dernier, le plus célèbre d'entre eux, composa un ouvrage *De rerum natura*, dont Platon s'est souvent inspiré. Philolaüs fut le premier à exposer et à commenter les doctrines de Pythagore; d'après lui, l'essence des choses étant éternelle et naturelle, ne peut être connue que de l'auteur de la nature.

IV. — École d'Élée

A cette école se rattache l'école d'Élée qui en est la continuation, et qui compte quatre philosophes célèbres : *Xénophane*, *Parménide*, *Zénon* et *Mélissus*; nous leur joindrons Empédocle et Anaxagore dont la philosophie semi-éclectique s'inspire à la fois des ioniens et des éléates.

Xénophane (569-471) passe pour le fondateur de la doctrine d'Élée, à laquelle Parménide et Zénon imprimeront sa dernière forme et son originalité. Chez lui nous ne trouvons à relever que trois particularités remarquables : en logique, la théorie de la vraisemblance substituée à la certitude : *Sola opinio omnibus in rebus valet*; en physique, l'eau et la terre données comme éléments de toutes choses et de l'homme lui-même; en métaphysique, Dieu placé au sommet des êtres pour les gouverner :

> Unus est Deus deorum hominumque summus;
> Nec corpore mortalibus similis est, nec mente;
> Totus videt totusque intelligit totusque audit,
> Sed sine negotio mentis vi cuncta permovet
> Immotus.

Quant à *Parménide* (518), « à la fois respectable et redoutable », au dire de Platon, il mérite d'être tenu pour le prince des éléates. Où il excelle surtout, c'est à manier les armes de la dialectique. Nous avons 153 vers d'un poème qu'il avait composé sur la *Nature* et divisé en deux parties, consacrées l'une à la métaphysique : *De l'Être et de la vérité*, l'autre à la physique : *De la nature du monde et des principes des choses.* Les choses, selon l'auteur, se composent d'un double élément : la *lumière* et la *nuit obscure* (v. 124), et l'homme lui-même est un mélange de ces deux éléments harmonieusement combinés (v. 146). Dans le monde des corps règnent les *apparences*, objet des sens; à la raison seule d'atteindre la vérité, l'être. L'être est; il est universel, un, plein, continu, éternel, immuable, indivisible (v. 59, 60, 103). Entre la pensée et l'objet de la pensée, entre le sujet connaissant et l'objet connu, Parménide voit une identité absolue, et pose ainsi, vingt-trois siècles à l'avance, le principe du panthéisme idéaliste de Fichte, Schelling et Hégel. (Voy. Platon : *le Parménide et le Sophiste*, et Aristote, *Métaph.*, I, 5.)

Fervent disciple de Parménide, *Zénon* (485) s'attache surtout à développer les *conséquences* du système de son maître. Celui-ci avait singulièrement restreint le champ de la matière et du monde sensible; celui-là le supprime et entreprend de démontrer l'impossibilité de la matière, de la pluralité, du mouvement, du temps et de l'espace. En effet, la matière serait composée de parties finies ou infinies, deux hypothèses également inadmissibles; il en est de même des autres notions que nous venons d'indiquer. Soit, par exemple, le mouvement : sans doute les sens nous attestent un certain mouvement relatif : mais c'est là une pure illusion, le mouvement absolu et réel étant métaphysiquement impossible, comme le démontrent trois invincibles arguments. Le second, connu sous le nom de l'*Achille*, jouit d'une grande célébrité. Supposez qu'Achille aux pieds légers fasse assaut de vitesse avec la lourde tortue; impossible à lui d'atteindre jamais la tortue, pour peu qu'elle le devance au départ, parce que les parties de l'espace étant infinies, il restera toujours entre eux des points infinis. (Cf. Arist., *Phys.*, VI, 9, 14.) — Zénon ne recule pas non plus devant l'identité du semblable et du dissemblable, de l'un et du multiple, de ce qui se meut et de ce qui est immobile. Sa spécialité, parmi les éléates, c'est la *controverse*, où se complaît son inépuisable subtilité ; et c'est peut-être pour cette raison qu'Aristote en fait l'inventeur de la dialectique (*Top.*, I, 1)[1].

V. — Essais d'éclectisme.

Empédocle d'Agrigente (444), prêtre, médecin, magicien, poète et philosophe, se donnait pour un Dieu immortel vivant au milieu des mortels. Dans son poème sur la *nature*, dont quatre cents vers seulement sont arrivés jusqu'à nous, ce personnage singulier entreprit de *concilier* les différents systèmes de l'école ionienne, et même de les compléter par des emprunts faits aux éléates et particulièrement à Parménide. Les allégories et les figures poétiques dans lesquelles ce mystérieux penseur aime à envelopper ses idées jettent de l'obscurité sur son système. Il se résume dans la déclaration suivante : « Je t'annonce deux choses : tantôt tout s'élève de la pluralité à l'unité, tantôt tout passe de l'unité à la pluralité. » La première période du monde est celle de l'unité ; la seconde, celle de la pluralité. Donc, au commencement, « *l'amour*, cette charité qui unit », retient et confond dans l'identité les quatre éléments constitutifs du monde, savoir la *terre*, l'*eau*, l'*air* et le *feu*. Mais survient l'*inimitié*, principe essentiel des choses, et l'unité se brise, pour faire place à la pluralité. Tout procède de l'inimitié, excepté Dieu. Mais plus fort que l'inimitié, l'amour unit de nouveau les quatre éléments divisés, et fait du monde une sphère immense, à laquelle préside le dieu *Spherus*. — L'âme humaine est matérielle et en tout dépendante de la disposition des organes ; mais comme elle connaît les quatre éléments, il faut que chacun entre dans sa nature ; car il n'appartient qu'au semblable de connaître le semblable [2].

---

1. Mélissus tient le milieu entre Parménide et Zénon ; son système, exposé dans un ouvrage sur l'*Être et la nature,* n'offre rien de remarquable, sinon beaucoup de nerf dans l'argumentation. (Cf. Arist., *Met.*, I, 5.)

2. « Terrâ enim terram cognoscimus, aquâ vero aquam, æthere

Elle a préexisté à son corps dans une vie meilleure; ses crimes la firent bannir du ciel, dont les portes s'ouvriront de nouveau à la noble exilée après la mort, lorsqu'elle aura purifié ses souillures dans les expiations de la métempsycose. — En outre, au-dessus du monde *sensible*, domaine de l'apparence, règne le monde *intelligible*, domaine de l'être et de la vérité. Et bien au-dessus de ces deux mondes, et des divinités inférieures, il est un Dieu supérieur, pur esprit, saint, parfait, immuable et dont la pensée rapide parcourt toutes choses [1]. — Quant à la vertu, elle consiste tout entière à s'élever à la perfection, c'est-à-dire à revenir à l'unité, par la connaissance, l'action et l'amour; à l'amour répond en nous la raison, aux sens, la discorde. Il faut aimer et respecter toutes choses, parce que nous sommes parents de toutes choses par la nature, en vertu de la grande loi de la métempsycose. (Cf. Arist., *Met.*, VI, 4.)

Avec *Anaxagore* (500-425), contemporain d'Empédocle, nous faisons un pas de plus, et déjà nous approchons de Socrate. Anaxagore était de Clazomène; il abandonna ses biens pour la science, et comme dit Cicéron, « in unâ philosophiâ quasi vitæ suæ tabernaculum collocavit. » (*De oratore*, III, 15.) Il a composé un ouvrage sur la *nature*, dont il ne reste que de très courts fragments. Comme ses prédécesseurs, il admet l'éternité de la matière, mais il en distingue davantage l'intelligence, νοῦς, et affirme nettement l'existence d'un Dieu ordonnateur du monde, indépendant, connaissant l'avenir aussi bien que le passé, et faisant participer à sa lumière tous les esprits. Sur quoi Aristote s'écrie avec admiration : « Quand pour la première fois quelqu'un vint dire qu'il y a, dans la nature comme dans les animaux, une intelligence cause de l'arrangement et de l'ordre de l'univers, il fit l'effet d'un homme qui jouit de sa raison auprès de gens qui parlaient

« ætherem divinum, sed igne ignem edacem, amore amorem litem-
« que lite funestâ. » (III *Physicor.*)

1. « Sed mens tantum est, sancta atque immensa, cogitatione
« celeri mundum universum percurrens. » (III *Physic.*)

à tort et à travers. » (*Met.*, I, 3). — Il paraît cependant qu'Anaxagore ne se sert pas assez, dans la pratique, de ses principes sur Dieu; du moins Platon (*Phéd.*, 97-99) et Aristote (*Met.*, I, 4) lui reprochent-ils de s'être trop arrêté aux causes immédiates et mécaniques, et de n'avoir eu recours à Dieu que lorsqu'il était embarrassé pour expliquer les phénomènes du monde. — Pour la *nature*, il croyait que *tout est dans tout et dans chaque chose;* que chaque chose est divisible à l'infini; que rien n'est entièrement spirituel, excepté Dieu; que les plantes elles-mêmes possèdent une âme intelligente, νοῦν (Cf. Arist. *De plantis*, I, 1), et que toutes les âmes se ressemblent, petites et grandes.

VI. — École des sophistes

Vers le cinquième siècle avant Jésus-Christ, la lutte des systèmes contradictoires de la philosophie grecque donna naissance à la sophistique. Les plus célèbres parmi les maîtres de cette nouvelle école furent Protagoras d'Abdère (444) et Gorgias de Léontium en Sicile (427), très riches, très orgueilleux de leur savoir, de leur grande éloquence et de leurs trop nombreux disciples. Après eux viennent Prodicus de Cos, Euthydème de Chio, Diagoras de Mélos, Hippias d'Élis et Thrasimaque de Chalcédoine. — Ces sages bizarres, particulièrement exercés dans l'art de discourir, enseignaient avec la même facilité le pour et le contre; chercher le vrai *relatif* ou la vraisemblance, ou même le faux en vue de l'utile, but suprême de leur éthique, telle était leur formule générale.

Quelques mots, maintenant, sur Protagoras et Gorgias, qui se rattachent, le premier, à l'école atomistique, le second, à l'école éléatique. Protagoras, surnommé λόγος par ses contemporains, s'appelait lui-même le sophiste supérieur; empirique et matérialiste, il faisait dériver toute connaissance de la sensation. Mais la sensation n'atteignant directement que les phénomènes, et les phénomènes étant de nature variable, il en inférait le flux de toutes choses, et de cette instabilité l'impossibilité de la certitude proprement dite. — Son système tient tout entier dans cette formule devenue célèbre : « *L'homme est la mesure de toutes choses par la sensation :* de l'existence de celles qui existent, et de la non-existence de celles qui n'existent pas; car les choses ne sont pour nous que comme elles nous apparaissent, c'est-à-dire comme nous les sentons[1]. » — L'homme est la mesure de toutes choses : « Voilà, dit Hégel, une grande parole; *tout* gravitera désormais autour de cette maxime, et le progrès ultérieur de la philosophie n'en sera qu'une application et un développement[2]. » (*Leçons sur l'hist. de la phil.*, t. II, p. 8 et suiv.)

Gorgias préfère arriver aux conclusions de son frère en sophistique par la voie de l'*idéalisme*. Il résume sa pensée dans les trois propositions suivantes : 1° Rien n'existe; ou, 2° s'il existe quelque chose, on ne peut le connaître, ou. 3° s'il peut être connu de l'homme, il ne peut être exprimé ni expliqué aux autres. Preuve de la première proposition : si quelque chose existe, ce ne peut être que l'être ou le non-être, ou l'être et le non-être à la fois. Or, autant d'impossibilités; car d'abord si l'être était, il serait éternel ou engendré, un ou plusieurs; mais ces hypothèses répugnent toutes également. — Le lecteur nous saura gré, croyons-nous, de lui avoir indiqué ces tours de force de la subtilité sophistique, mais il nous excusera de ne pas le conduire à travers les démonstrations dont Gorgias égale la longueur à la difficulté de l'entreprise. Il avait écrit un ouvrage sous ce titre : *Du non-être ou de la nature;* Sextus Empiricus nous en a conservé des fragments.

1. Quant aux dieux, voici ce qu'en pensait le sophiste supérieur : « De Diis scire non possum neque ut sint, neque ut non sint. » (*Fragm.*, n. 1, 2). — Condamné à mort par les Athéniens, à cause de son impiété, Protagoras prit la fuite et périt dans un naufrage. Il avait professé la philosophie et la rhétorique quarante ans et beaucoup écrit sur divers sujets. Ses livres furent brûlés publiquement, excepté quelques exemplaires que l'on parvint à cacher et qui périrent plus tard; il n'en reste que des fragments très courts.
2. Sur Protagoras, cf. Platon (le *Protagoras*, le *Théétète* et le *Sophiste;* Aristote (*Mét.*, III, 2, XIII, 5); Diogène de Laërce (IX, 51).

Deuxième période de la philosophie grecque : son apogée

I. Socrate ; sa méthode ; caractère de sa philosophie ; logique et théodicée, morale et politique. — *Écoles* dites *petites socratiques : école cyrénaique, école mégarique, école cynique.* — II. *Platon :* son génie ; dialogues ; inconvénients de sa méthode ; théorie de la science et des idées. — Doctrine de Platon : ses sources. — *Cosmologie :* nature et origine du monde ; les hommes et les anges ou démons ; Dieu ordonnateur de la matière. — *Anthropologie :* nature et parties de l'âme, nature de l'homme ; préexistence de l'âme ; immortalité et métempsycose. — *Théodicée :* existence et personnalité de Dieu ; la Providence. — Le beau ; morale et politique ; nobles idées et grossières erreurs ; conclusion. — III. *Aristote ;* comment il diffère de Platon ; caractère de son génie et de ses travaux. — Logique de l'Organon ; *Physique :* matière et forme ; la vie et l'âme ; végétaux et animaux ; gradation des espèces ; le mouvement et ses lois ; réfutation du hasard et admirable défense des causes finales. — *Anthropologie :* distinction et classification des facultés de l'âme ; analyse des cinq facultés ; origine des idées et spiritualité de l'âme ; origine et immortalité de l'âme. — *Théodicée :* existence et nature de Dieu : Dieu acte pur et moteur immobile ; la Providence ; morale et politique ; leurs beautés ; la fin de l'homme, le bonheur et la vertu ; défense de l'individu et de la propriété ; l'esclavage ; conclusion.

I. — SOCRATE (470-299 avant Jésus-Christ)

« *Socrates*, dit Cicéron, *parens philosophiæ jure dici « potest.* » (*De fin.*, II, 1.) Cette parole serait entachée d'une évidente exagération, si on la prenait dans ce sens que les principales questions de la philosophie n'auraient pas été traitées avant Socrate, ou que lui-même aurait définitivement fixé la méthode et les dogmes de cette science. On verra bientôt quelle part de vérité elle renferme.

Socrate n'a rien écrit. Il faut, pour connaître sa pensée, interroger Xénophon et Platon, et, quand ils ne sont pas d'accord, Aristote, plus jaloux qu'eux de la vérité historique, selon la remarque très juste de Cousin. Or, deux choses sont à distinguer dans la philosophie socratique : la *méthode* et les *doctrines*. Cette méthode était double, *l'ironie*, pour disputer avec les sophistes, et la *maieutique*, pour enfanter la vérité dans l'âme des disciples de bonne volonté. Le Sage d'Athènes disait des premiers : « Je ne sais qu'une chose, c'est que je ne sais rien ; les sophistes ne savent rien et croient tout savoir. » Il les avait vus dans sa jeunesse, et peut-être avait-il connu personnellement Parménide, Zénon et Gorgias ; en tout cas, il avait beaucoup étudié la rhétorique, la dialectique, la physique et la philosophie. Ainsi préparé, il n'employait pas contre eux les armes de la démonstration directe, mais il les pressait si bien de ses habiles questions, qu'il ne tardait pas à les jeter dans l'embarras, ou à les mettre en contradiction avec eux-mêmes. Ses disciples, surtout les novices en sagesse, il les aidait par des interrogations bien conduites à trouver eux-mêmes la vérité qu'il voulait leur apprendre. Ses discours étaient une conversation : il ne tenait pas école.

Quant à sa doctrine, on y chercherait en vain un *système* bien arrêté et bien complet ; elle se borne à ouvrir de tous côtés des aperçus, à donner des directions utiles à la pensée. Pendant que la philosophie de ses devanciers avait surtout été *cosmologique*, *dialectique* ou *métaphysique*, celle de Socrate est essentiellement *psychologique* et *morale*, avec quelques vues sur la politique. Il se plaît à faire une vérité du fameux γνῶθι σεαυτόν, inscrit sur le temple de Delphes. Se connaître, afin de se mieux conduire ; connaître les choses distinctes de soi, afin d'en user convenablement et par là de mieux ordonner sa vie, telle est sa conception de la science philosophique. C'est pourquoi Aristote a pu dire que Socrate « s'était renfermé dans la spéculation des vérités morales » (*Met.*, I. 6), et Cicéron, qu'il avait fait descendre la philosophie du ciel sur la terre.

Voici le résumé de l'enseignement de ce grand homme : En logique, Aristote veut qu'on lui fasse honneur de deux choses, « les raisonnements inductifs et les définitions générales » (*Met.*, XII, 4). Du particulier s'élever à l'universel, du fait à l'idée enveloppée à l'état latent dans l'esprit, puis, au moyen de la définition, exprimer l'idée découverte par la voie inductive, telle est la méthode, au sens socratique. — Dieu existe, et il est éternel, intelligent, immense, ordonnateur et gouverneur du monde ; on peut en apporter deux preuves, l'une tirée des causes efficientes : mon intelligence est imparfaite ; elle suppose donc une intelligence parfaite; l'autre tirée des causes finales, c'est-à-dire de l'ordre et de la beauté du monde. — Mais Dieu est-il unique ou plusieurs? Sur cette question, le Maître n'a pas exprimé sa pensée avec toute la clarté désirable, mais il est plus juste de le ranger parmi les monothéistes. Presque toujours il dit au singulier, *celui* qui a fait l'homme, les animaux, les astres, le monde; et quand il dit *les* dieux, il entend les puissances secondaires, supérieures à l'homme, mais inférieures au Dieu parfait. — Les hommes supérieurs peuvent entrer en une certaine communication avec lui, et recevoir ses inspirations par une voix intime, τὸ δαιμόνιον, qu'on appelle ordinairement le démon de Socrate. — Nous devons honorer et prier Dieu, sans toutefois lui rien demander en particulier. L'âme, spirituelle et immortelle, a quelque chose de commun avec la nature divine.

A cette philosophie religieuse s'ajoute une morale très élevée, appuyée sur l'idée de Dieu, mais déparée par de graves erreurs. Suivant Socrate, l'homme fait *nécessairement* et toujours ce qu'il croit le meilleur; la volonté ne contredit jamais l'intelligence; toute faute se réduit à une simple *erreur;* pur *déterminisme*, à la fois contraire à la liberté et aux faits. La vertu se confond avec la *science*, il n'y a plus qu'une vertu, la *sagesse*, qui, considérée dans ses rapports avec la volonté, devient courage; avec la sensibilité, tempérance; avec Dieu, piété; avec le prochain, justice. En politique, l'auteur professe le *communisme* le plus révoltant, communisme des femmes, des enfants et des biens, sous le fallacieux prétexte de l'unité de la cité (Cf. Aristote, *Polit.*, II, 1 et suiv.).

Avant de faire connaître Platon et Aristote, étudions rapidement trois écoles, connues dans l'histoire de la philosophie sous le nom de *petites socratiques*, sans doute parce que leurs fondateurs avaient suivi les leçons de Socrate. Nous voulons parler de l'école *cyrénaïque*, de l'école *mégarique* et de l'école *cynique*, si infidèles à la pensée du Maître.

Aristippe était de Cyrène, colonie africaine, qui donna

son nom à l'école *cyrénaïque*. Aux yeux de ce philosophe débauché, la grossière volupté est le bien suprême, et la douleur, l'unique mal. « Nec satis fuit ita vivere, observe « Lactance, sed docere etiam libidines cœpit, ac mores « suos de lupanari ad scholam transtulit. » (*De Falsá sapient.*, III, 15.) Aristippe enseignait encore que nous ne connaissons pas les choses telles qu'elles *sont* en elles-mêmes, mais seulement telles que nous les *sentons*. (Cf. Cicér., *Acad.*, II, 24, 46.)

Tout autre est le système d'*Euclide* de Mégare, fondateur de l'école *mégarique*. A la dialectique socratique, il mêle des traditions éléatiques, attaque les sens, les êtres physiques et la pluralité, et pose en principe qu'il n'y a que l'*être* et le *bien*, qui, eux-mêmes, ne représentent que deux formes de l'unité suprême. (Cf. Cicér., l'*Acad.*, II, 42.)

Les mégariques, à force de disputer, de critiquer et d'ergoter, ne tardèrent point à se faire sophistes; de là au scepticisme il n'y a qu'un pas.

Le chef des cyniques, *Antisthène*, disciple et ami intime de Socrate, tourna principalement ses études vers la philosophie morale. Ses ouvrages, dont l'index a été conservé par Diogène de Laerce (VI, 15), étaient divisés en *dix tomes*, et traitaient de la Rhétorique, de la Physique et de la Philosophie, dans un style oratoire, merveilleusement élégant. C'est lui qui, en réponse aux objections de Zénon contre la possibilité du mouvement, se contenta de marcher devant son contradicteur. Il prit contre Aristippe la défense de l'honnête, mais il porta dans la morale un rigorisme excessif, et fit consister la vertu dans un effort contentieux et dans la lutte contre les obstacles. Hercule lui semblait le modèle de la vertu.

Antisthène enseignait au gymnase de Cynosarge, et son école prit de là le nom de cynique, nom qui, peu après, devint un opprobre, à cause de la conduite ouvertement immorale de Diogène et des autres cyniques. Vêtus seulement d'un manteau, une besace sur l'épaule, un bâton à la main, ils allaient, la barbe et les cheveux en désordre, affectant l'orgueil, l'indépendance et le mépris de la pudeur. *Suivre la nature* leur paraissait être toute la vertu, le souverain bien, le seul vrai Dieu. « Formule spécieuse, dit sagement Ravaisson, d'où suivait ce mépris de toute bienséance, cette impudence choquante tant reprochée aux cyniques, et qui n'est qu'une conséquence outrée du principe sur lequel l'antiquité païenne reposait : *la divinité de la nature.* » (*Essai sur la Mét. d'Aristote*, II, 119.)

II. — PLATON (420-347)

Platon est le socratique par excellence; avec lui on s'élève vers les hautes régions, on est mis face à face avec l'idéal. « L'idéal, c'est un mot qu'il a mis dans le monde, et le nom est resté attaché à sa manière, comme à son système. » (Cousin, *Hist. génér. de la phil.*, 3e leçon.) — Les principaux dialogues auxquels il faut demander la pensée philosophique du disciple de Socrate, sont les suivants : *Alcibiade*, ou la nature de l'homme; le *Phédon*, ou l'immortalité de l'âme; le *Timée*, ou la nature; la *République*, théorie sur le meilleur gouvernement; les *Lois*, ensemble de règlements que devra établir le législateur, étant donnés les hommes tels qu'ils sont; *Protagoras*, ou les sophistes; *Phèdre*, ou la beauté; *Théétète*, ou de la science.

Nous parlerons successivement de la méthode et de la doctrine platonicienne.

I

Socrate philosophait en conversant, Platon a pris la forme du dialogue ; elle convenait très bien à ce génie essentiellement poétique et ailé, libre dans ses allures, hardi dans sa marche, impatient d'une méthode dialectique, rebelle aux lois sévères de la démonstration. Mais le dialogue s'adapte mal aux exigences de la science qui ne peut se passer des procédés rigoureux de l'analyse, de la définition et de la preuve. Aussi, ne faut-il pas demander à

Platon une doctrine compacte, nettement exposée, avec preuves à l'appui; bien plus, ses dialogues, pour la plupart, manquent absolument d'unité; ce sont des *conversations* animées, attachantes, si l'on veut, mais peu liées entre elles, où l'on passe facilement d'un sujet à un sujet tout différent, abandonnant plus d'une fois la question annoncée pour une autre qui surgit à l'improviste, laissant aux nombreux interlocuteurs la liberté d'exprimer les opinions les plus contradictoires, sans qu'une conclusion précise vienne dire au lecteur ce qu'il doit croire et retenir. Il y a même tel dialogue, le Parménide, par exemple, dont il est impossible, Cousin lui-même le reconnaît, de savoir au juste l'objet et la vraie pensée. Au milieu de ces subtilités impénétrables, l'auteur cache-t-il un but sérieux, quelque pensée profonde, ou bien n'a-t-il voulu que donner le spectacle d'un brillant tournoi entre sophistes également habiles, on l'ignore [1].

Quant au procédé à suivre pour s'élever jusqu'à la véritable science, il est, d'après Platon, à la fois moral et intellectuel. Avant tout, l'âme doit être pure et dégagée de ces lourdes masses attachées aux plaisirs de la table et aux voluptés du même ordre... « délivrez-la des appétits charnels, ôtez ce poids qui déprime le regard de l'esprit vers tout ce qui est bas. » (*Rép.*, l. VII.) Ensuite « l'organe de l'intelligence doit se tourner avec *l'âme tout entière*, de la vue de ce qui *naît* à la contemplation de ce qui *est*. » (*Ibid.*, p. 72. trad. *Cousin.*) Ce qui naît, c'est le monde sensible, domaine des apparences et des ombres, semblable à une caverne où des prisonniers enchaînés tourneraient le dos à la lumière, empire agité, sujet à un changement perpétuel, et tenant pour ainsi dire le milieu entre le néant et l'être (*Rép.*, l. VII). Ce qui est, c'est le monde intelligible, brillant séjour des idées, de la vérité et du bien. La *dialectique*, c'est-à-dire le mouvement de

---

[1]. « Plato habuit malum modum docendi. Omnia enim figurate dicit et per symbola, intendens aliud per verba quam sonent ipsa verba. » (S. Thomas, *in I de anima*, lect. 8ᵃ.)

l'âme à la recherche de la réalité immuable, consiste donc tout entière à passer de *l'opinion*, fournie par les sens, à la *science*, fournie par la seule raison. Or la dialectique est *intuitive* ou *déductive*, suivant qu'elle saisit les principes par une simple vue, ou qu'à l'aide du raisonnement, elle en tire des conclusions légitimes.

Mais la science elle-même, qu'est-elle? Une simple *réminiscence*; savoir, c'est se *ressouvenir*. (*Phédon*, p. 219, 227, et *Phèdre*, p. 50 et suiv., trad. Cousin.) En effet, notre âme a d'abord mené une vie tout intellectuelle et bienheureuse, dans la contemplation immédiate des idées, seules réalités subsistantes, archétypes parfaits des choses individuelles. Mais exilée du ciel à cause de ses crimes, elle a mérité d'être enchaînée dans la prison d'un corps; cette chute a produit en elle un trouble si profond qu'il ne lui reste d'autre ressource que de rappeler à sa mémoire ces idées contemplées jadis dans la lumière de l'intuition. Ce sont elles qui rendent possible l'existence des êtres particuliers, en les faisant participer en quelque façon à leur propre substance. Ce sont elles aussi qui rendent la science possible; car savoir, c'est connaître les choses dans leurs rapports et les ramener à l'unité parfaite. On peut les diviser, d'après le degré de leur universalité, en deux catégories principales : les idées *mathématiques* et les idées *ontologiques*, les premières éclairées d'une faible lumière, et partant subordonnées aux secondes, objet d'une intuition immédiate; et au-dessus de toutes l'idée du *bien*, qui les embrasse et les concilie dans son unité transcendante.

« Tiens pour certain que ce qui répand sur les objets de la connaissance la lumière de la vérité, ce qui donne à l'âme la faculté de connaître, c'est l'idée du bien. Tu peux dire que les êtres intelligibles ne tiennent pas seulement du bien ce qui les rend intelligibles, mais encore leur être et leur essence, quoique le bien ne soit pas essence, mais quelque chose de fort au-dessus de l'essence... Ils sont deux, le bien et le soleil; l'un est roi du monde intelligible, l'autre du monde sensible. « (*Rép.*, VI, p. 55-57.)

Où résident les idées qui, chez Platon, sont tout en-

semble le fondement, le centre et le faîte de la philosophie?
La critique n'a pas encore résolu parfaitement ce problème.
Quelques philosophes ont cru qu'elles subsistaient en Dieu;
mais Aristote, S. Thomas et plusieurs écrivains modernes
estiment qu'elles jouissent d'une existence indépendante et
sont séparées à la fois de Dieu et des choses individuelles.
Cette seconde opinion nous paraît de beaucoup la plus probable et volontiers nous dirions avec Th. Henri Martin
qui a fait de cette question une étude très sérieuse : « J'y
vois (dans les œuvres de Platon) que les idées existent en
elles-mêmes, qu'elles ont chacune une réalité individuelle
et indépendante, et qu'elles sont hors de Dieu, les seuls
êtres réels, comme il est dit dans le *Timée*, où elles portent
même le nom de dieux éternels... Il ne me paraît pas même
démontré que, suivant Platon, Dieu soit, d'une manière
quelconque, la cause efficiente des idées. » (*Étude sur le
Tim.*, l. II, p. 6-7; Cf. *Phèdre*, p. 50 et suiv.)

II

Une remarque préliminaire sur la *doctrine* du fondateur
de l'Académie, c'est qu'elle est moins personnelle, moins
originale qu'on ne pourrait être porté tout d'abord à le supposer. Elle est puisée, en bonne partie, aux traditions religieuses de l'Orient, aux systèmes des pythagoriciens,
des éléates même, et surtout à l'enseignement de Socrate.
La méthode vient de Socrate; l'inconsistance et le flux des
choses sensibles qui ne leur permettent pas d'être objet de
la science, Héraclite et Parménide les ont professés ouvertement[1]; la psychologie est tout entière de Pythagore,
sauf la fameuse théorie des idées qui a de grandes analogies avec la théorie des nombres; enfin, la morale et la
politique ne contiennent que le développement des pensées
socratiques. Où l'auteur des dialogues nous semble plus

---

1. « Heracliti opinionibus assuetus, dit Aristote, tanquam omnibus sensibilibus semper defluentibus, et de eis non existente scientia, arbitratus est. » (*Met.*, I, 6.)

original, c'est dans sa philosophie sur Dieu et sur la nature. — Néanmoins, alors même que le fond appartient à d'autres, la forme est toujours sienne, absolument sienne, et elle n'a pas peu contribué à rendre impérissables les pensées du brillant écrivain. Rien n'égale la noblesse et la magnificence de ce langage admirable et à jamais inimitable.

Nous aurons suffisamment rendu compte de la doctrine platonicienne en la rapportant au monde, à l'âme, à Dieu, au beau et au bien.

Le monde. — C'est le *Timée* qui contient principalement la philosophie de la *nature*. Il passe rapidement en revue les différents êtres dont se compose l'univers, depuis la matière brute jusqu'aux astres, jusqu'à l'homme, et aux anges ou dieux inférieurs.

Au sujet des corps, apparaît pour la première fois une légère esquisse de la *matière* et de la *forme :* « Il faut reconnaître trois genres différents : ce qui est produit, ce en quoi il est produit, ce d'où et à la ressemblance de quoi il est produit. Nous pouvons comparer à la mère ce qui reçoit, au père ce qui fait, et au fils la nature intermédiaire... en conséquence, cette mère du monde, ce réceptacle de tout ce qui est visible, nous ne l'appellerons ni terre, ni air, ni feu, ni eau, ni rien de ce que ces corps ont formé... mais nous ne nous tromperons pas en disant que c'est un certain être invisible, informe, contenant toutes choses en son sein, et recevant, d'une manière très obscure pour nous, la participation de l'être intelligible. » (Trad. Cousin, p. 155, 156.)

Pour produire le monde, Dieu se servit de la matière *éternelle,* où toutes choses se trouvaient mêlées et confondues, « il fit naître en chacune et introduisit entre toutes des rapports harmonieux. Dieu commença par constituer tous les corps, puis il en composa cet univers, dont il fit un seul animal qui comprend en soi tous les animaux mortels et immortels. Il fut lui-même l'ouvrier des animaux divins, et il chargea les dieux qu'il avait formés du soin de former à leur tour tous les animaux mortels. » (P. 196.) —

« Sa bonté porta l'ordonnateur suprême à composer cet univers, et parce qu'il était bon, il voulut que toutes choses fussent autant que possible semblables à lui-même. » (P. 119.)

« En conséquence, on doit tenir le monde pour le *meilleur* possible, car il est doué d'un corps visible et d'une âme invisible, la plus parfaite des choses qu'ait formées l'être parfait. » (P. 128.) — C'est un Dieu produit dans le temps par le Dieu éternel, un Dieu qui se connaît, qui s'aime et se suffit par sa propre vertu. — Suivent les explications les plus détaillées et les hypothèses les plus bizarres sur la formation et la nature de chaque chose, notamment sur la formation de l'homme. Nous les passons sous silence, pour rapporter la belle théorie sur les anges ou démons. « Leur fonction, c'est d'être les interprètes et les entremetteurs entre les dieux et les hommes, apportant au ciel les vœux et les sacrifices des hommes, et rapportant aux hommes les ordres des dieux et les récompenses qu'ils leur accordent pour leurs sacrifices. Les démons entretiennent l'harmonie des deux sphères : ils sont le lien qui unit le grand tout... Dieu ne se manifeste pas immédiatement à l'homme, et c'est par l'intermédiaire des démons que les dieux commercent avec les hommes et leur parlent, soit pendant la veille, soit pendant le sommeil... Les démons sont en grand nombre et de plusieurs sortes. » (*Le Banquet*, p. 298-99.)

Anthropologie. — L'anthropologie platonicienne étant presque tout entière prise du système pythagoricien, que nous avons déjà fait connaître, il suffira d'en montrer les côtés les plus intéressants. Le chef de l'Académie place l'homme dans l'âme seule; car si elle se sert du corps, comme le musicien de la lyre, il s'ensuit « que ni le corps, ni le composé de l'âme et du corps ne sont l'homme », et il ne reste plus que cette alternative « ou que l'homme ne soit rien absolument, ou que l'âme seule soit l'homme ». (*Alcibiade*, p. 112.) « Ce tombeau qu'on appelle le corps, et que nous traînons avec nous, comme l'huître traîne la prison qui l'enveloppe. » (*Phèdre*, p. 57.) — Mais qu'est-ce que l'âme? d'où vient-elle et où va-t-elle? Son immatérialité ressort de son origine; elle est une parcelle de la substance divine. « Les dieux inférieurs, imitant l'exemple de leur Père et recevant de ses mains le principe immortel de l'âme humaine, façonnèrent ensuite le corps mortel, qu'ils donnèrent à l'âme comme un char ». (P. 136.) A cette âme divine se trouve associée « une autre espèce d'âme mortelle, siège d'affections violentes et fatales ». Et comme il y avait encore deux parties dans l'âme mortelle, l'une meilleure, *l'irascible*, principe de l'audace et des grandes passions, l'autre plus mauvaise, la *concupiscible*, source des bas instincts, les dieux placèrent la première « dans la tête, la seconde dans la poitrine, la troisième dans l'intervalle qui sépare le diaphragme et le nombril ». (P. 197-98.)

La première est notre *génie*. Par elle, « nous sommes une plante du ciel et non de la terre. Dieu en élevant notre tête, et ce qui est pour nous comme la *racine* de notre être, vers le lieu où l'âme a été primitivement engendrée, dirige ainsi tout le corps ». (P. 239.)

Cependant, Platon fait-il réellement notre âme triple, ou double, ou unique avec trois parties, on ne saurait le dire avec certitude. Tantôt, il semble admettre une seule âme, à laquelle il reconnaît trois principes ou trois parties (*Rép.* IV, p. 235), tantôt il nomme trois âmes différentes et séparées, et tantôt il distingue deux âmes d'espèce différente, l'une raisonnable, divine et immortelle, l'autre irraisonnable et mortelle, divisée elle-même en partie irascible et en partie concupiscible. (*Timée*, p. 196.) Cette dernière opinion nous semble s'approcher davantage de la pensée du Maître.

Quoi qu'il en soit de ce point, il enseigne à plusieurs reprises, dans le *Phédon* et ailleurs, la préexistence de l'âme, son immortalité et la métempsycose. Le *Phédon* tout entier a pour objet d'établir l'immortalité de l'âme, sans toutefois offrir autre chose que des espérances sur son *état* dans le séjour des dieux. Platon a reçu des pythagoriciens le dogme de l'immortalité, mais il a su l'enrichir de plus amples développements. Il faut pourtant reconnaître que la plupart de ses preuves n'ont pas un fondement solide et réel; elles s'appuient, par exemple, sur la simplicité de l'âme, sur sa préexistence au corps, ou sur ce qu'elle connaît la vérité par elle seule, les sens ne lui servant qu'à l'induire en erreur.

Après la mort, la métempsycose : « Celui qui passera honnêtement sa vie, retournera après sa mort à l'astre qui lui est échu et partagera sa félicité; celui qui aura faibli sera changé en femme à la seconde naissance; s'il ne s'améliore pas dans cet état, il sera changé successivement, suivant le caractère de ses vices, en l'animal auquel ses mœurs l'auront fait ressembler; et ses transformations ne finiront point avant que, se laissant conduire par les mouvements du même et du semblable en lui et domptant par la raison cette partie grossière de lui-même... il se rende digne de recouvrer sa première et excellente condition. » (P. 139.)

Théodicée. — Autant la psychologie de Platon est défectueuse, autant sa théodicée est remarquable : nulle part il ne s'élève aussi haut que lorsqu'il parle de Dieu. « Qui connaît Dieu est véritablement sage et vertueux; qui ne le connaît pas est évidemment ignorant et méchant. » (*Théétète*, p. 133; cf. *Lois*, X, p. 220.) Au reste, l'existence de Dieu est si évidente qu'elle n'a besoin d'aucune preuve; elle ne devrait donc pas être démontrée, mais placée avec respect au-dessus de toute démonstration. « Comment peut-on sans indignation se voir réduit à prouver l'existence des dieux? On ne saurait s'empêcher de voir avec colère, de haïr même ceux qui ont été, et sont encore aujourd'hui, par leur incrédulité, la cause qui nous y force. » (*Lois*, X, p. 218.)

Démontrer Dieu, c'est seulement tourner vers lui l'organe de l'intelligence : de même, on prouverait l'existence du soleil, en dirigeant vers lui l'organe de la vue. Si quelqu'un veut des arguments, qu'il regarde le monde; si le monde n'a pas été créé de Dieu, il a du moins reçu de sa bonté l'*ordre* admirable qui le décore et qui atteste le gouvernement partout présent de la Providence. — Une page particulièrement éloquente est celle où Platon célèbre la *vie* et la *personnalité* de Dieu : « Eh quoi! croirons-nous donc facilement que celui *qui est absolument* n'a ni le mouvement, ni la vie, ni l'âme, ni la pensée; qu'il ne vit pas, ne pense pas, mais que, privé de l'auguste et sainte intelligence, il est immobile? — Ce serait trop absurde. — Dirons-nous qu'il a l'intelligence, mais qu'il n'a pas la vie? — Et comment? — Dirons-nous qu'il a l'une et l'autre, mais qu'il ne les a pas dans son âme ou en lui-même? — Et où donc subsisteraient-elles? — Dirons-nous qu'il a l'intelligence, la vie et l'âme, et que néanmoins il demeure immobile? — Tout cela me paraît absurde. » (*Le Sophiste*, 248-49)[1]. Bien plus, Dieu veut être *prié*, « et tous ceux qui ont un peu de raison, l'invoquent au commencement de leurs actions, grandes ou petites. » (*Timée*.)

Enfin, la *Providence*, si peu connue de la philosophie païenne, trouve en Platon un éloquent et chaleureux défenseur : le dixième livre des *Lois* est en partie consacré à établir que Dieu gouverne *tout* dans l'Univers, même les êtres les plus petits; ceux qui ont en mains le gouvernement « ne sauraient négliger les objets qui sont petits et en petit nombre sans faire tort aux plus importants; car, comme disent les architectes, les grandes pierres ne s'arrangent jamais bien sans les petites. » (P. 261.)

Le Beau. — Avec son âme de poète et d'artiste, Platon devait accorder au beau une place d'honneur dans sa philosophie. Sans cesse il revient à cette noble idée, et toujours en des termes où éclate un ardent enthousiasme, un amour passionné. Toutefois, nulle part il ne se préoccupe de donner du beau une notion précise, d'en indiquer les élé-

---

[1]. Quelques écrivains ecclésiastiques ont cru trouver chez Platon une certaine connaissance du mystère de la Trinité. Rien de moins fondé qu'une telle opinion; car rien de plus incertain, de plus incohérent que la trilogie platonicienne. Dans le *Timée* (ch. XXXVII), elle paraît désigner Dieu, les idées et le monde; dans la Lettre à Denys de Syracuse, les idées, les divinités astrales et les hommes, Dieu occupant le centre; enfin, dans la *République* (ch. VII), les trois termes représentent Dieu, la raison émanée de lui, et le soleil. (Voy. Th. H. Martin, *Études sur le Timée*, t. I, p. 16, et t. II, p. 50, 63.)

ments constitutifs, en un mot, d'en faire la théorie. Seulement, deux idées principales, deux vues plus hautes lui tiennent au cœur : le beau, comme le vrai, comme le bien, ce n'est pas ce qui tombe sous les sens, ce n'est pas une de ces figures brillantes mais éphémères qui captivent la plupart des hommes; le beau, c'est l'*idéal*, et l'idéal, c'est *Dieu*. La beauté sensible n'est belle que parce qu'elle est l'image de la beauté idéale, de la beauté éternelle, « non engendrée et non périssable, qui n'est point belle dans telle partie, laide dans telle autre, belle seulement en tel temps, dans tel lieu, dans tel rapport, belle pour ceux-ci, laide pour ceux-là... de laquelle toutes les autres beautés participent, de manière cependant que leur naissance ou leur destruction ne lui apportent ni diminution ni accroissement, ni le moindre changement... O mon cher Socrate, ce qui peut donner du prix à cette vie, c'est le spectacle de la beauté éternelle... Quelle ne serait pas la destinée d'un mortel, à qui il serait donné de contempler le beau sans mélange, dans sa pureté et sa simplicité, non plus revêtu de chair et de couleurs humaines, et de tous les vains agréments condamnés à périr; à qui il serait donné de voir face à face, sous sa forme unique, la beauté divine! » (*Le Banquet*, p. 316, 317.)

De là deux amours dans l'homme, correspondant, l'un à l'*opinion*, l'autre à la *science*, c'est-à-dire l'amour des choses matérielles et l'amour des choses intelligibles. L'amour vrai consiste à s'élever de beauté en beauté jusqu'à la beauté *absolue*, à laquelle l'âme aspire de toutes ses forces et qu'elle veut posséder éternellement.

— Voilà que nous approuvons bien volontiers. Mais pourquoi faut-il que le divin Platon, après cette page sublime, s'oublie lui-même au point de souiller sa plume dans la fange, et de célébrer dans le *Phédon* et le *Banquet* l'amour des beaux jeunes gens, de recommander « l'amour de tous les beaux corps », de trahir enfin les lois de la pudeur et de la nature?

Morale. — Au-dessus de toutes les idées, au-dessus du beau lui-même, qu'il élève pourtant si haut, le prince de l'Académie place le bien, l'honnête, la vertu. La vertu, c'est la ressemblance avec Dieu, dans la mesure du possible; et on ressemble à Dieu par la sainteté, la justice, la sagesse. « Quelle est la conduite agréable à Dieu? Une seule, fondée sur ce principe ancien, *que le semblable plaît à son semblable*... Or Dieu est pour nous la juste *mesure* de toute chose. » *Lois*, X, p. 234.) — Admirable maxime! malheureusement sans effet dans un système qui renverse la liberté et met toute faute non pas au compte de la volonté humaine, mais seulement de l'éducation ou de la mauvaise disposition du corps. « La plupart des reproches qu'on fait aux hommes sur leur intempérance dans les plaisirs, comme s'ils étaient volontairement vicieux, sont des reproches injustes. *Personne n'est méchant parce qu'il le veut; on le devient à cause d'une mauvaise disposition du corps ou d'une mauvaise éducation.* » (*Timée*, p. 232.) — « *Tous* les méchants, sans exception, sont tels involontairement dans *tout* ce qu'ils font. » (*Lois*, IX, p. 162, et V, p. 204.)

La *politique*, chez Platon, est si étroitement liée à la morale qu'elle s'en distingue à peine. Ici, l'erreur l'emporte de beaucoup sur la vérité. Sans doute, on ne saurait trop féliciter l'auteur des *Lois* de présenter la vertu comme *fin* de la société et de l'individu, et de faire de Dieu même le principe de la morale et de toute bonne législation. « Pour nous, l'éducation proprement dite est celle qui a pour but de nous former à la vertu dès notre enfance. » (*Lois*, X, p. 52.) — Il y a des biens de deux espèces, les uns humains, les autres divins. Les premiers sont attachés aux seconds, de sorte qu'un État qui reçoit les plus grands acquiert en même temps les moindres, et qu'en ne les recevant pas, il est privé des uns et des autres. » (*Ibid.*, p. 20.) « Nous donnerons pour fondement à nos lois l'existence des dieux. » (*Lois*, X, p. 217.) « Je suis dans la persuasion qu'une loi n'est bonne qu'autant que, comme un bon archer, elle vise toujours au point qui comprend à lui seul *tous* les vrais biens, et qu'elle néglige tout le reste, les richesses et les autres avantages de cette nature, *s'ils sont séparés de la vertu.* » (*Lois*, IV,

p. 207.) « Obéir aux lois dans la persuasion que c'est obéir aux dieux mêmes. » (VI, p. 328.)

Mais il faut savoir que le divin Platon supprime complètement l'*individu* qu'il livre pieds et poings liés à l'État, sans liberté, sans droits, sans rien qui lui appartienne... « Toutes les erreurs politiques de Platon, dit M. Fouillée, ont leur origine dans son dédain pour l'individu. Il fait de l'État une personne et un corps dont les citoyens sont les membres : il réalise un organisme vivant, ayant une tête, un cœur, un estomac : il croit que l'individu a sa fin dans ce corps de l'État, qui a au contraire pour fin de protéger la liberté des individus. » (*Histoire de la philos.*, 1re partie, ch. xv.) — De cette fausse conception découlent le plus révoltant communisme, la plus complète tyrannie, les plus grossières immoralités. Qu'on en juge : « Il faut prescrire à tous les citoyens, pour tout le temps de leur vie, un ordre d'actions depuis le lever du soleil jusqu'au lendemain matin ». (*Lois*, VII, p. 49.) — Le gouvernement idéal « serait celui où l'on pratiquerait le plus à la lettre, dans toutes les parties de l'État, l'ancien proverbe qui dit que tout est véritablement commun entre amis, femmes, enfants, biens, et où on apporterait tous les soins imaginables pour retrancher du commerce de la vie *jusqu'au nom même de la propriété*. » (*Ibid.*, p. 281 et suiv.) — « Et parce que l'imperfection actuelle des hommes ne permet pas de réaliser de point en point un idéal si élevé, du moins faudra-t-il s'en rapprocher le plus possible. » (*Lois*, V, p. 304.) En conséquence, la propriété, que l'on veut bien tolérer, faute de pouvoir la supprimer complètement, « sera restreinte, et la fortune des citoyens ne pourra dépasser les limites fixées par l'État » (*Lois*, V, p. 283); encore chacun devra-t-il considérer « la portion qui lui est échue comme n'étant pas moins à l'État qu'à lui ». — Le mariage sera obligatoire. (*Lois*, IV, p. 247.) « Nous remettrons aux magistrats le soin de régler le nombre des mariages, afin qu'ils maintiennent le même nombre d'hommes et que l'État, autant qu'il se pourra, ne s'agrandisse ni ne diminue. » (*Rép.*, V, p. 274.) — La décence nous fait un devoir de taire ici ce qu'il y a de plus immoral dans la politique de notre philosophe égaré : rien ne l'arrête, il s'oublie même jusqu'à faire cette déclaration, bien digne d'un matérialiste et d'un positiviste : « On a eu et on aura toujours raison de dire que *l'utile est beau, et qu'il n'y a de honteux que ce qui est nuisible.* » (*Rép.*, p. 268.)

Résumons-nous et concluons. Il faut admirer chez Platon une tendance générale à l'idéal, le monde intelligible élevé aussi haut que possible, une théodicée supérieure, malgré quelques défauts, et sur tous les sujets des pensées grandes et nobles, parfois sublimes. Mais ce qu'on ajouterait à cette louange serait de trop. Le prince de l'Académie a d'ailleurs payé à l'erreur un trop large tribut pour que la philosophie soit autorisée à reconnaître en lui le représentant de sa méthode et le défenseur de ses principes. — Or, si l'on remonte à la source principale de ses erreurs, on la trouvera dans la *méthode* qu'il a embrassée. Cette méthode est tout entière construite *à priori*, et ne fait aucune place à l'expérience ; elle ne commence pas par des faits, mais par des idées préconçues ; elle n'observe pas, elle fait des hypothèses qu'elle érige en principes. Une qualité essentielle manque à Platon : c'est le sentiment de la *réalité* ; il ne croit qu'à l'idéal, et pendant qu'il le poursuit avec feu à perte de vue, il lui arrive trop souvent de s'égarer dans les régions de l'utopie et de la chimère.

III. — Aristote (384-322)

Aristote, né à Stagire, colonie grecque de la Thrace, commença par être vingt ans le disciple de Platon. Mais le disciple devait suivre une voie bien différente de celle du maître. Non seulement il ne lui emprunta ni sa méthode, ni ses doctrines, mais il les attaqua ouvertement, quoique modestement, mettant, il nous le dit lui-même, la vérité au-dessus de l'amitié, qu'il place pourtant si haut : « Pour l'honneur de la vérité, un philosophe devrait combattre, s'il le fallait, ses propres opinions. Ainsi, entre la vérité et l'amitié qui nous sont chères toutes les deux, c'est une obligation sacrée de donner la préférence à la vérité. » (*Éthic.*, I, 3.) — Avec lui, nous avons une philosophie *complète* de tous points : Logique, anthropologie, métaphysique, cosmologie, morale, politique, rien n'y manque. L'*universalité* est un des caractères saillants de ce rare génie, à qui la philosophie, déjà si vaste et si compréhensive, ne suffit pas, et qui, dans une courte carrière, se porte dans toutes les directions de la pensée, embrasse les sciences naturelles, la physique, l'astronomie, l'histoire, la rhétorique, la poétique, en un mot tout le savoir humain.

Ce qui est plus surprenant encore que cette universalité déjà si surprenante, c'est la puissance d'*invention* et de *création* dont était doué le Stagirite. N'hésitons pas à le reconnaître, il a créé la méthode scientifique, le langage scientifique, l'histoire de la philosophie et la plupart des traités dont se compose la philosophie.

La méthode scientifique embrasse naturellement trois choses : l'observation des faits, les idées générales ou principes, et les conclusions déduites des principes. L'observation des faits doit venir en premier lieu; après elle, les principes universels; et après les principes, les conclusions. Du particulier s'élever à l'universel, et de l'universel tirer des conséquences générales ou particulières, c'est toute la science. L'induction trouve les lois générales du monde physique et moral; l'abstraction, les principes nécessaires, mathématiques ou philosophiques, et le syllogisme conclut. Or, il est notoire qu'Aristote a non seulement pratiqué les grands procédés de l'abstraction, de l'induction et du syllogisme, mais qu'il en a fait la théorie et promulgué les lois. Personne n'ignore ses immortels travaux sur le syllogisme; personne n'ignore qu'à l'encontre de Platon, il place les faits avant les idées, et fait dériver les principes de l'observation généralisée, à l'aide de l'abstraction ou de l'induction. Longtemps Bacon a été regardé comme l'inventeur de la méthode inductive; on s'accorde aujourd'hui à faire honneur de cette découverte à l'auteur de l'ancien *Organon*. (Cf. *Prælect. philos.*, t. I, p. 24.)

La bonne méthode sert à découvrir la vérité, mais c'est au style à la traduire et à la fixer, et tant qu'une science n'a pas trouvé sa langue et sa dernière formule, elle n'est point complètement formée. Or, c'est Aristote qui a créé la langue philosophique avec la plupart des formules employées après lui : cette prose didactique, sobre, simple, précise, avare de mots, pleine de choses, et ces termes si nets et si bien définis, d'acte et de puissance, d'acte premier et d'acte second, de matière et de forme, d'entéléchie, de substance et d'accident, sans compter les autres expressions plus délicates encore, qui révèlent l'idée, l'idée seule et toute l'idée, sans hyperbole et sans voiles ni rien qui amuse ou énerve l'esprit. — Non pas que le Stagirite n'ait connu que le langage austère de la science. « Je ne sais, dit Quintilien, si Aristote est plus distingué ou par la profondeur de la science, ou par le nombre de ses écrits, ou par la douceur de son style, ou par la pénétration de son esprit inventif, ou par la variété de ses ouvrages. » De même Cicéron trouve le style d'Aristote remarquable « incredibili quadam quum copiâ, tum etiam suavitate ». (*Topic.*, I.) Doué d'une imagination puissante, artiste, poète, et même poète lyrique, il composa dans sa jeunesse plusieurs *dialogues*, comptés alors parmi les plus beaux monuments de la littérature grecque. On peut en juger par les vers qui nous restent de lui, par les débris de ses dialogues et les traités populaires, particulièrement par l'hymne à la vertu. Ce n'est que plus tard que le philosophe dépouilla complètement l'artiste des premiers jours, et adopta le genre didactique dont nous avons parlé, le seul qui réponde aux exigences de la langue scientifique.

L'histoire de la philosophie, si utile à la philosophie elle-même, reconnaît encore dans Aristote son fondateur. Selon la remarque très juste d'Ozanam, le Stagirite doit être considéré comme *le premier et le plus parfait historien de la science;* ses écrits sont une mine d'autant plus précieuse pour l'histoire de la philosophie que les ouvrages de ses devanciers ont pour la plupart péri avec le temps. Pour lui, jamais il ne commence l'étude d'une question de quelque importance sans dire auparavant ce qu'on a pensé avant lui, sans rapporter fidèlement toutes les opinions de ses prédécesseurs, les blâmant ou les approuvant ensuite, ou leur empruntant ce qu'elles ont de bon, sauf à le compléter et à le préciser davantage.

Enfin, il n'y a pas d'exagération à prétendre qu'Aristote a créé la plupart des traités philosophiques, la Logique, la Cosmologie, l'Anthropologie, la Métaphysique, et nous ajouterions volontiers, la Morale.

Logique. — L'*Organon*, tout le monde le sait, comprend l'étude des fameuses *catégories*; l'*Hermeneia*, ou théorie des propositions; les *premiers* et les *seconds Analytiques*, ou théorie du raisonnement et de la démonstration; les *Topiques*, ou théorie de la preuve dialectique, et les *Réfutations sophistiques*, ou théorie des faux arguments. Aussi un philosophe peu suspect de partialité a-t-il pu dire sans crainte d'être démenti : « La logique possède le caractère d'une science *exacte* depuis fort longtemps, puisqu'elle ne s'est pas trouvée dans la nécessité de reculer d'un pas depuis Aristote. Ce qu'il y a encore de remarquable, c'est qu'elle semble, selon toute apparence, avoir été complètement achevée et perfectionnée depuis sa naissance. » (Kant, *Critique de la raison pure*, trad. Tissot, t. I, p. 2.)

Cosmologie. — La philosophie de la nature portait, du temps d'Aristote, le nom de *physique*. Or, dit Barthélemy Saint-Hilaire, « je n'hésite pas à déclarer pour la *Physique*, qu'elle est une de ses œuvres les plus vraies et les plus considérables. » (*Phys. d'Arist.*, préf., p. IV.) Une cosmologie qui aspire à être complète doit traiter successivement des différents êtres qui peuplent l'univers, à l'exception de l'homme, et des lois qui les régissent, des relations qui les unissent entre eux. Or, sur ces deux points, la science n'existait pas avant l'auteur de la *Physique;* car on ne saurait donner ce nom aux hypothèses des philosophes ioniens, qui ne s'occupaient guère que des quatre éléments de la matière, ni à celles des pythagoriciens, qui ne considéraient que les nombres, ni aux fantaisies des éléates, qui niaient la multiplicité et le mouvement, ni au système platonicien, qui ne voyait dans le monde qu'un immense animal, et, d'ailleurs, regardait les choses sensibles comme de simples apparences, ou des ombres de l'être. Eh bien, Aristote a dit juste sur les corps, sur les végétaux, sur les animaux et sur leurs relations, sur les mouvements et sur les lois de la nature. Platon, il est vrai, avait donné une esquisse de la matière et de la forme, mais une esquisse bien imparfaite, surtout en ce qui regarde le rôle de la forme et ses rapports avec la matière. Son disciple définit rigoureusement les propriétés de l'une et de l'autre : il fait de la matière un principe passif, commun, indéterminé, source de l'étendue, et de la forme, un principe simple, propre, actif, déterminé et déterminant, en un mot, l'entéléchie des corps. Seulement, pendant que tous les corps communiquent entre eux par la matière, ils se diversifient par la forme : à la première d'expliquer la différence individuelle, à la seconde de rendre compte de la différence essentielle. (*Phys.*, I, 10, et II, 2; *Met.*, V.)

Après les corps inanimés viennent les végétaux. Est-il entre ceux-ci et ceux-là une différence spécifique et substantielle, ou accidentelle seulement? Et quelle est au juste la nature du principe vital qui a si fort tourmenté la science moderne? Sur ces deux problèmes, la solution du Péripatéticien est parfaite. Les plantes diffèrent spécifiquement des corps bruts, parce qu'elles ont une âme; cette âme est simple, mais privée de la faculté de sentir; elle donne à la plante son unité, son organisation, son activité propre, mais elle est absolument dépendante de la matière, tant dans son être que dans ses opérations. (*De animâ*, l. II, c. 12, § 4; c. 2, § 2-5, c. 4.) — Pour les animaux, à plus forte raison convient-il de leur donner une âme, mais une âme supérieure, capable d'expliquer la sensation et la faculté de se mouvoir, ce par quoi ils se distinguent de la plante dans leur être spécifique. Cette âme sera la source de la vie et des propriétés physiques de l'animal qu'elle possède éminemment, comme forme supérieure; elle aura des connaissances particulières et sensibles, avec les passions qui les suivent naturellement, mais ni pensée, ni volonté, ni liberté; dépendant du corps en toutes choses, elle naîtra et mourra avec lui. (*Opusc. de juvent. et senectute*, c. 1, § 3; *De animd*, I, c. 3; *Opusc. De principio motus animalium*.)

Mais comment sont *reliés* entre eux ces êtres différents et comment parviennent-ils à former l'univers? D'abord par la *gradation* insensible et parfaite des espèces et des individus (*De animal. hist.*, l. VIII, c. 1, § 2, 3, éd. Didot), ensuite par leurs *mouvements;* enfin, par les *lois* qui règlent toutes leurs actions et qui ne laissent aucune place au hasard. Les savants modernes attachent une extrême importance à la théorie du mouvement, par laquelle ils prétendent expliquer tous les phénomènes de la nature. Avant eux, Aristote avait dit *qu'ignorer le mouvement, c'est ignorer la nature...;* en conséquence, il avait approfondi cette question plus qu'aucune autre, expliquant avec le plus grand soin la nature du mouvement, ses espèces, ses conditions, son unité et les rapports du moteur et du mobile, si bien que Barthélemy Saint-Hilaire a pu avancer sans témérité « qu'Aristote a eu la gloire de fonder la science du mouvement ». (*Phys. d'Arist.*, préf., p. 172. Cf. *Phys.*, III, 1-4.)

Cependant, les innombrables mouvements de la nature, qui les *dirige* et d'où viennent-ils? Ici, nous ne pouvons passer sous silence une admirable page, où le Stagirite réfute victorieusement la théorie du *hasard* et montre la main de l'intelligence partout présente dans l'univers.

« On élève un doute. Qui empêche, dit-on, que la nature agisse sans avoir de *but* et sans chercher le mieux des choses? Jupiter, par exemple, ne fait pas pleuvoir pour développer et nourrir le grain; mais il pleut par une loi nécessaire; car, en s'élevant, la vapeur doit se refroidir, et la vapeur refroidie, devenant de l'eau, doit nécessairement retomber. Que si, ce phénomène ayant lieu, le froment en profite pour germer et croître, c'est un pur accident. Et de même encore, si le grain que quelqu'un a mis en grange vient à s'y perdre par suite de la pluie, il ne pleut pas apparemment pour que le grain pourrisse, et c'est un simple accident s'il se perd. Qui empêche de dire également que, dans la nature, les organes corporels eux-mêmes sont soumis à la même loi et que les dents, par exemple, poussent nécessairement, celles de devant, incisives et capables de déchirer les aliments, et les molaires, larges et propres à les broyer, bien que ce ne soit pas en vue de cette fonction qu'elles aient été faites et que ce soit une simple coïncidence?...

Telle est l'*objection* à laquelle reviennent toutes les autres. « Mais il est bien impossible que les choses se passent comme on le prétend. Ces organes des animaux dont on vient de parler, et toutes les choses que la nature présente à nos regards, sont ce qu'ils sont ou dans tous les cas, ou dans la majorité des cas; mais il n'en est pas du tout ainsi pour rien de ce que produit le hasard, ou de ce qui se produit spontanément, d'une manière fortuite. On ne trouve point en effet que ce soit un hasard ou une chose accidentelle qu'il pleuve fréquemment en hiver, mais c'est un hasard, au contraire, s'il pleut quand le soleil est dans la constellation du Chien. Ce n'est pas davantage un hasard qu'il y ait de grandes chaleurs durant la canicule, mais c'en est un qu'il y en ait en hiver. Si donc il faut que les phénomènes aient lieu soit par accident, soit en vue d'une fin, et s'il n'est pas possible de dire que ces phénomènes sont accidentels ni fortuits, il est clair qu'ils ont lieu en vue d'une fin précise. Or, tous les faits de cet ordre sont dans la nature apparemment, comme en conviendraient ceux-là mêmes qui soutiennent ce système. Donc, il y a un *pourquoi*, une *fin* à toutes les choses qui existent dans la nature. J'ajoute que partout où il y a une fin, c'est pour cette fin qu'est fait tout ce qui la précède... et tout ce qui la suit. En supposant qu'une maison fût une chose que fît la nature, la maison serait par le fait de la nature ce qu'elle est aujourd'hui par le fait de l'art; et si les choses naturelles pouvaient venir de l'art, aussi bien qu'elles viennent de la nature, l'art les ferait précisément ce que la nature les fait. Or, si les choses de l'art ont un pourquoi et une fin, il est de toute évidence que les choses de la nature doivent en avoir une également... Cela est surtout manifeste dans les animaux autres que l'homme, qui ne font ce qu'ils font ni suivant les règles de l'art, ni après étude, ni par réflexion ; de là vient qu'on s'est parfois demandé si les araignées, les fourmis et tous les êtres de ce genre n'exécutent pas leurs travaux à l'aide de l'intelligence, ou d'une autre faculté non moins haute... Si donc c'est par une loi de la nature, si c'est en vue d'une fin précise que l'hirondelle fait son nid et l'araignée sa toile, que les plantes portent leurs feuilles et poussent leurs racines en bas et non pas en haut pour se nourrir, il est clair qu'il y a une cause du même ordre pour toutes les choses qui existent ou qui se produisent dans la nature entière. » (*Phys.*, II, c. 8. § 2-8.) Au chapitre VIe du même livre, Aristote conclut que « l'intelligence et la nature sont les causes de tout cet univers » (§ 12), et (ch. VIII, § 1) il reproche à certains philosophes de nommer seulement l'intelligence dans l'explication des phénomènes du monde et de l'oublier aussitôt après. — Toutefois, une très grave erreur, pour ne point parler de quelques autres moins importantes, dépare la *Physique* du Maître, c'est l'erreur de l'éternité de la matière, commise par toute la philosophie païenne.

Anthropologie. — Le Philosophe n'est ni moins original ni moins sûr dans la solution qu'il donne aux nombreux et difficiles problèmes de l'Anthropologie. Ses devanciers, nous l'avons vu, ne surent pas définir la véritable nature de l'homme. Avant Socrate et Platon, presque tous les philosophes regardaient l'âme comme matérielle, ou du moins comme liée à la matière, comme le simple moteur ou l'harmonie du corps. Platon se jeta dans l'excès opposé ; pour lui, le corps ne fut qu'un pur accident, l'âme était tout l'homme. Aristote consacre le premier livre du célèbre *Traité de l'âme* à rapporter et à réfuter ces diverses opinions. Au livre suivant (ch. 1), il propose et défend cette définition fameuse qui sera plus tard adoptée par la théologie et définie par le concile de Vienne : « L'âme est la forme ou l'entéléchie du corps : *Actus primus corporis physici organici, potentiâ vitam habentis* »... Cette définition est générale et convient à toute âme, à l'âme végétative ou sensitive, aussi bien qu'à l'âme humaine. C'est qu'en effet toutes les âmes ont cela de commun, d'être la forme du corps auquel elles sont unies, son principe vital, la source de toutes ses opérations. Et parce que cette définition fait seulement voir en quoi notre âme ressemble aux âmes inférieures, privées de raison, Aristote donne plus loin une autre définition qui embrasse l'âme humaine tout entière, dans sa double partie inférieure et supérieure, et qui proclame du même coup son unité substantielle : « L'âme est en nous le premier principe de la vie, de la sensation et de la pensée. » (II, c. 2, § 12.)

Après cette excellente doctrine sur la nature de l'âme, vient la division désormais classique des facultés en végétative, sensitive, intellective, appétitive et motrice (II, c. 2, § 2; III, c. 10, § 3 et 4), et la distinction si juste entre les facultés, les opérations et l'essence de l'âme (II, c. 2, § 12). L'illustre psychologue passe ensuite en revue les cinq puissances générales de l'âme, qu'il soumet à une analyse pénétrante, ingénieuse et profonde, non sans montrer auparavant leurs rapports et leur subordination (*Ibid.*, c. 3). La sensibilité est la faculté de connaître des corps et d'éprouver des sensations; faculté passive et organique, qui a besoin d'être excitée par l'objet extérieur et d'être informée par son espèce ou image (*Ibid.*, c. 5 et 12). — Il y a la sensibilité *externe* qui comprend cinq sens, ni plus ni moins (III, 12, considérations très remarquables sur la vue, l'ouïe et le toucher) et la sensibilité *interne*, où Aristote signale surtout le sens commun (*Ibid.*, c. 2), et l'imagination réellement distincte de la pensée (*Ibid.*, c. 3); son analyse de ces deux facultés est des plus complètes et des plus intéressantes. — Dans un opuscule à part, la mémoire et la réminiscence sont étudiées, avec des développements tels que les modernes ne trouveront rien à ajouter. — L'intelligence, bien qu'elle ne s'exerce pas sans le concours des facultés sensibles, est une faculté supérieure, spirituelle, distincte des choses, capable de penser toutes choses, de se penser elle-même (*Ibid.*, c. 4), à la fois active et passive (intellect agissant et passif, c. 5) : ne s'exerçant pas toujours, mais passant, comme la sensibilité, de la puissance à l'acte (c. 4), douée de la puissance d'abstraire et de connaître l'essence des choses (c. 6 et 7). — L'appétit se divise, comme la connaissance, en appétit sensible et appétit rationnel ; ce dernier s'appelle aussi volonté et se porte vers le bien perçu par l'intelligence (c. 10) ; la volonté délibère et gouverne l'appétit sensible (c. 11).

Après cette rapide esquisse, nous sommes autorisés à conclure avec Barthélemy Saint-Hilaire : « Pour notre part, le *Traité de l'âme* a fondé la psychologie. (*Psychol. d'Arist.*, préf., p. 82.)

Cependant, au dire de quelques écrivains de nos jours, le fondateur du Lycée serait un pur sensualiste, un matérialiste même, qui n'aurait pas admis l'*immortalité* de l'âme. S'il suffit pour être sensualiste, comme ces auteurs le donnent à entendre, de rejeter l'hypothèse chimérique des idées innées, de croire que l'esprit humain s'élève par l'abstraction, du particulier au général, et du contingent au nécessaire, confessons-le sans détour, Aristote est sensualiste ; mais alors le nombre des sensualistes s'accroît outre mesure : Saint Thomas est sensualiste, tout le moyen âge est sensualiste, la plupart des philosophes catholiques sont sensualistes.

Pour voir le matérialisme dans le traité *De animá*, il faut ignorer que Bossuet lui a emprunté tous ses arguments en faveur de la spiritualité de l'intelligence, « Aristote ayant parlé divinement dans ce qu'il a dit de l'entendement et de sa séparation d'avec les organes ». (*Connaiss. de Dieu et de soi-même*, ch. I, § 17.) « Nul, observe Cousin avec beaucoup de justesse (*Hist. génér. de la phil.*, 3ᵉ leç.), pas même Platon, n'a mieux qu'Aristote séparé la raison, l'intelligence, de la sensualité, et de toutes les impressions qui viennent du dehors... Il met au-dessus de la ψυχή le νοῦς, l'esprit, l'intelligence, l'âme des modernes et des chrétiens... et ce principe-là, il le déclare immortel et divin.

Demandons, dit-il, si quelque chose subsiste après la mort. Pour quelques êtres, rien ne s'y oppose, par exemple, l'âme, non pas l'âme tout entière, mais seulement l'intelligence, car pour l'âme entière (le principe vital et sensitif), cela est peut-être impossible. » (*Met.*, XII, 3.) Et ailleurs : « On peut croire que les morts éprouvent encore quelque impression des prospérités et des revers de leurs amis, mais si faible cependant, qu'elle ne puisse les rendre malheureux, s'ils sont heureux, ni exercer sur leur destinée aucun changement de ce genre. » (*Eth. à Nicom.*, I, 11, *De anima*, I, 4, II, 2.) — Il ne saurait donc rester aucune raison plausible de douter des sentiments du Stagirite relativement à l'immortalité de l'âme ; elle ressort d'ailleurs assez clairement de sa doctrine sur la spiritualité de l'intelligence. Mais on peut regretter qu'il n'ait pas jugé à propos de donner plus de développements à cette question fondamentale. Peut-être aura-t-il cru qu'après le *Phédon*, il lui restait peu à dire sur ce sujet.

Où nous le voudrions voir plus explicite et plus affirmatif, c'est sur *l'origine* de l'âme, récif célèbre par le naufrage de toute la philosophie païenne. Comme elle ignorait le dogme de la création *ex nihilo*, il n'y avait d'autre issue pour elle que l'origine matérialiste, ou l'émanatisme platonicien avec la préexistence des âmes. Or Aristote admettait que l'âme commence avec le corps dont elle est la forme substantielle ; il devait donc rejeter la fable de la préexistence. Mais comment introduire l'âme rationnelle dans le corps ? En sa qualité de spiritualiste, il la fait venir d'un principe extérieur (*De generat. animal.*, II, 3), de Dieu lui-même, selon l'interprétation du Docteur Angélique (1ª, q. 118, a. 3, c.), mais sans indiquer aucunement de quelle manière elle vient de Dieu.

Métaphysique. — La Métaphysique du Philosophe est le premier ouvrage scientifique et complet sur la matière. Saint Thomas l'a commentée et faite sienne : là on trouve approfondies les dix catégories, auxquelles se ramènent tous les attributs possibles et réels de l'être, la substance première et seconde, l'individuation de la substance première par la matière, les accidents réellement distingués de la substance, la relation, la quantité, l'espace et le temps, le principe de contradiction et celui de causalité, les quatre causes efficiente, matérielle, formelle et finale, toutes ces difficiles notions soumises à l'analyse la plus pénétrante, particulièrement le temps et l'espace. — Il n'est pas jusqu'à la théorie du *beau*, quoi qu'en disent plusieurs modernes, qui ne trouve ses principes dans la *Physique*, bien qu'incomplètement définis. On a prétendu qu'Aristote avait fait de l'art une simple reproduction de la nature, tandis qu'il affirme d'une manière expresse que l'artiste doit imiter la nature en l'*idéalisant*. (*Phys.*, II, c. 8, § 6.)

La métaphysique péripatéticienne trouve son couronnement dans la partie que nous appelons aujourd'hui *théodicée*. Ici, l'historien a beaucoup à louer, mais il a aussi des réserves à faire. L'existence de Dieu veut être prouvée, et l'argument principal apporté par notre auteur est tiré du *mouvement*. En effet, tous les êtres que nous avons sous les yeux passent de la *puissance à l'acte*, d'un certain repos au mouvement. Or, tout ce qui se meut est mû par un autre ; jusqu'à ce qu'on arrive à un être immobile, tout en acte, acte pur, qui donne le mouvement et l'acte à tout ce qui se meut, sans être lui-même en mouvement. Ce moteur immobile meut comme objet d'amour : « Immobile, quoique en acte, cet être n'est pas soumis au changement. Ce moteur est donc un être nécessaire, et, en tant que nécessaire, il est le Bien, et il est le Principe. Tel est le Principe auquel sont suspendus le ciel et la nature.

« Son bonheur, c'est son acte même. Mais quel est son acte ou son bonheur? C'est *la pensée en soi*. Or, la pensée en soi, c'est la pensée du meilleur en soi, et la pensée par excellence est celle du bien par excellence... Et ce bonheur même est sa vie ; l'intelligible en acte, c'est la vie ; or, il est tout acte ; ainsi, l'acte en soi est sa vie éternelle et souveraine. *Nous nommons Dieu un vivant éternel et parfait, parce que la vie continue, éternelle, est en lui, ou plutôt, cette vie même est Dieu.* Qu'il y ait une substance éternelle, immobile et distincte des choses sensibles, cela est manifeste d'après ce qui vient d'être dit. » (*Met.*, XII, 7...) « Le premier moteur immobile est *un* et formellement et numériquement. » (*Met.*, XII, 8.) « Ceux qui prennent pour principe le nombre et une suite infinie d'essences, chaque essence ayant son principe, font de l'univers une collection d'épisodes et un peuple de principes. Mais les êtres ne veulent pas être mal gouvernés. Homère l'a dit : *la multiplicité des chefs ne vaut rien. Qu'un seul gouverne.* » (*Met.*, XII, 10.)

Ou nous nous trompons beaucoup, ou la page qu'on vient de lire n'a pas son égale dans la théodicée païenne. On voit même, par les dernières paroles de ce texte magnifique et par celui de la *Physique*, cité plus haut, sur la finalité et l'ordre qui brillent d'un si vif éclat dans tout l'univers, que le chef des péripatéticiens soumettait le monde entier à la *providence* de Dieu[1]. Dans sa morale à *Nicomaque* (X, c. 9, § 5), il déclare de nouveau sa foi à la providence : « Si les dieux ont quelque souci des affaires humaines, comme je le crois, il est tout simple qu'ils se complaisent dans ce qu'il y a de meilleur et de plus semblable à eux-mêmes, je veux dire l'intelligence, et qu'ils payent de retour ceux qui aiment et honorent le mieux ce divin principe, et qui, étant attachés à ce que les dieux ont de plus cher, mènent une vie sage et vertueuse. » — Enfin, dans le livre sur le *Monde*, il se rallie ouver-

---

1. On oppose, il est vrai, un texte de la Métaphysique (XII, 9), où le Philosophe refuse à Dieu la connaissance des choses de ce monde, sous prétexte qu'elles sont indignes de sa sublime pensée. A supposer, ce qu'il est difficile de savoir, que ce passage fût plus conforme à l'esprit général de sa doctrine que les paroles citées plus haut, le Dieu d'Aristote, selon la remarque de M. Fouillée, serait encore une providence, avec cette restriction qu'il serait providence sans penser les objets qui subissent son action libératrice. Il n'en est pas moins le principe de tout ordre et de tout bien ; car, s'il ne connaît pas le monde, s'il n'en est pas touché, le monde le connaît et subit son contact bienfaisant ; le monde tressaille éternellement à la présence de l'objet aimé, du souverain désirable qui l'attire à soi.

tement à la Providence d'un Dieu « conservateur et père de tout ce qui est dans la nature, invisible en lui-même et visible dans ses œuvres, loi immuable et sainte, gouvernant tout par une activité incessante et une infaillible harmonie, dirigeant et ordonnant tout l'ensemble de l'univers. » (Chap. VI.) Que si l'authenticité de ce livre est contestée par plusieurs écrivains modernes, elle est admise par plusieurs autres : le P. Gratry (*la Connaiss. de Dieu*, t. I, Théodic. d'Arist., VII); le P. Monsabré (*Conf. de N.-D.*, carême 1873, 3ᵉ conf.), et Pierron Alexis (*Hist. de la litt. grecq.*, 3ᵉ édit., chap. 31.)

Morale. — Certains modernes font peu de cas de l'éthique aristotélicienne; à leurs yeux, elle serait même fondée sur l'*intérêt*. A qui aura lu les dix livres de la morale à *Nicomaque*, cette opinion paraîtra étrange et des plus imprévues, car il est impossible d'y rien découvrir dont puisse s'offenser l'orthodoxie philosophique et théologique. Elle renferme un traité complet de morale *générale*, comprenant une étude approfondie de l'acte humain, du volontaire et de l'involontaire, de la liberté, des habitudes, des passions, des vertus, de l'honnête, de l'utile et de l'agréable, et de la fin de l'homme. Sans doute, elle fait consister notre fin dans le bonheur; mais n'est-ce pas la thèse de tous les théologiens catholiques? Au reste, l'équivoque est impossible; le Philosophe place le bonheur de l'homme dans l'*action*, non pas dans une action quelconque, non pas dans l'action inférieure des sens, mais dans l'action propre de l'homme, dans la contemplation de la vérité la plus haute et la plus intelligible (I, 20, et VII, 10.) — Lui, épicurien? mais il réfute expressément, *ex professo*, la morale du plaisir. Lui, utilitaire? mais il place les sciences spéculatives au-dessus des sciences pratiques, précisément parce qu'elles sont désirables pour elles-mêmes, et non à cause du résultat qui en découle! (*Meth.*, init., et *Eth. ad Nicom.*, X.) Il va jusqu'à reprocher aux vertus pratiques leur caractère intéressé et utilitaire, pendant que « la pensée est toute spéculative, et ne tend pas à l'utile. La science de la fin et du bien est la science souveraine et maîtresse, dont les autres sciences sont les *servantes*, et à laquelle, par conséquent, elles doivent être subordonnées. » (*Met.*, II, 2.) « Le caractère absolu, désintéressé, infatigable, dans la mesure que l'homme comporte, et tous les autres caractères attribués à la béatitude, voilà ce qui se montre dans cette action de la pensée (contemplation)... Il ne faut pas, comme le proverbe le répète, n'avoir, étant homme, que des pensées humaines; il faut, autant qu'il est en nous, atteindre l'immortalité, vivre de la vie du principe supérieur. » (*Eth. ad Nicom.*, X, 7.)

Surtout, lisez en entier le VIIIe et le Xe livre de l'*Ethique*, qui traitent de l'*amitié* d'une façon vraiment supérieure : sa nature, sa nécessité, ses causes, ses devoirs, ses effets, ce qui l'augmente ou la diminue, ou même la détruit; sa division en amitié sensible, utilitaire et honnête; l'amitié honnête, seule digne des hommes de bien, seule durable, seule au-dessus de la passion, seule vertu : tout est là décrit et défini en termes élevés et magnifiques.

Toutefois il y a une lacune dans cette morale, comme, en général, dans toute la morale païenne : on n'y aperçoit pas assez la sanction, pourtant si nécessaire, de la vie future.

« Quant à la *politique*[1] d'Aristote, dirons-nous avec M. Fouillée, elle est un des plus grands chefs-d'œuvre de l'antiquité et de tous les temps. Platon, génie idéaliste, procédait par construction et aimait à faire des plans de républiques... Aristote, génie pratique, procède par l'expérience et aime à découvrir les lois générales des États; c'est un naturaliste. » (*Hist. de la philos.*, 1re part., phil. grecq., chap. 6.) — L'État est une réunion d'hommes *libres*; la société, naturelle et nécessaire à l'homme, repose sur deux vertus, la justice et l'amitié; « la justice, c'est le

---

1. Aristote avait aussi publié une œuvre considérable intitulée *Constitutions*, où il avait classé et décrit les constitutions politiques d'au moins 158 États. Elle fut perdue. — On ne la connaissait plus que par 230 citations éparses dans des auteurs grecs et latins. — On vient de retrouver (janvier 1891) la *Constitution d'Athènes* au *British Museum*, qui est le plus beau fragment du livre des *Constitutions*.

bien d'autrui, mais l'amitié est supérieure à la justice. »
— Pendant que Platon supprime l'individu au profit de l'État, Aristote le relève et défend partout l'activité individuelle; car, pour lui, être, c'est agir, et agir, c'est être. C'est lui aussi qui défend contre son maître le droit de *propriété* par des arguments auxquels on n'a rien su ajouter, et proteste avec la dernière énergie contre le communisme des femmes et des enfants. (*Polit.*, I.) Il a encore plusieurs vues très justes sur la famille, composée, pour être complète, de l'époux, de la femme, des enfants et des biens. « L'époux doit commander à la femme comme à un être libre. » (I, 5.) — Cependant l'auteur de la politique accorde à l'État une souveraineté trop prépondérante sur l'individu, sur le mariage et sur l'éducation, et loin de condamner l'esclavage, il le regarde comme étant de droit naturel.

Après tout ce qu'on vient d'apprendre sur Aristote, peut-être ne sera-t-on pas trop surpris que l'antiquité lui ait décerné le titre de Philosophe par antonomase. Philosophe, il l'a été en effet excellemment par la force et l'étendue incroyables de son esprit qui lui a permis de toucher à toutes choses, de remuer toutes choses, selon l'expression de Montaigne, de chercher la cause de tout, et en tout, d'aller, autant qu'il le pouvait, jusqu'à la raison dernière. — Il a mieux su que ses devanciers se préserver de l'erreur, et s'il a découvert un si grand nombre de vérités importantes, il le doit sans doute à son génie robuste, modéré, circonspect, mais il le doit aussi à sa méthode, à cette méthode sage, faite d'expérience et de raisonnement, qui observe d'abord pour généraliser ensuite; qui ne va que pas à pas, mais qui va sûrement, et qui peut aller loin. Le Stagirite a également pratiqué la bonne méthode d'exposition : les idées se transfigurent sous sa main, a dit un auteur, il leur imprime l'ordre et le cachet indestructible de la science et cette forme définitive qui les rend merveilleusement propres à l'enseignement et à l'instruction. Corrigé sur quelques points, agrandi et idéalisé sur quelques autres, Aristote fournira la base solide de la philosophie chrétienne.

Troisième période de la philosophie grecque

Décadence. — I. Sensualisme et idéalisme. — II. Scepticisme de Pyrrhon. — III. Épicurisme; doctrine d'Épicure sur la logique, la physique et la morale; le bien et le plaisir. — IV. Stoïcisme : divers points de la doctrine stoïque; grandeur, lacunes et erreurs de la morale stoïque.

I. — « *Maligna perpetuaque in omnibus rebus lex est, ut ad summum perducta, rursus ad infimum, velociùs quidem quàm ascenderant, relabantur.* » (*Controv.*, 1, præf.) Un peu absolue, si on la prend à la lettre et sans restriction aucune, cette grande loi énoncée par Sénèque trouve ici son application la plus exacte. Des mains de ses deux plus illustres maîtres, la philosophie grecque tombe dans celles de disciples obscurs qui tournent, les uns à un idéalisme outré, les autres, au plus grossier sensualisme. A la première de ces écoles appartiennent Speusippe, Xénocrate, Polémon, Cratès et Crantor; à la seconde, Théophraste, Eudème, Dicéarque, Aristoxène, Héraclide, Straton, Ariston et Critolaüs. Parmi ces derniers, Straton incline visiblement à l'athéisme; Théophraste, l'auteur élégant et délicat des *Caractères*, est de beaucoup le plus digne de considération. Cicéron a dit de lui : « Elegantissimus omnium philosophorum et eruditissimus. » (*Tuscul.*, V, 9.) (Cf. *Acad.*, I, 9 et 11; II, 39, VI, 38; et *De nat. deor.*, I, 13; *Tuscul.* I, 10.)

II. — En même temps *Pyrrhon* professe le scepticisme. Sa renommée est si grande, que désormais pyrrhonisme et scepticisme seront deux termes synonymes. Les idées de ce personnage fameux nous ont été conservées par Timon de Phlionte, grand admirateur de son maître, mais critique railleur de tous les autres philosophes. En voici le résumé : La nature des choses est inaccessible à l'intelligence humaine, ce qui peut s'établir par dix arguments, tirés de l'objet connu, du sujet connaissant, ou de la relation entre l'un et l'autre. (Cf. *Prælect. philos.*, t. I, p. 98.) Sur le problème ardu de la vérité, la sagesse nous ordonne donc de suspendre notre assentiment; notre intérêt nous l'ordonne aussi, car cette étude contentieuse ne pourrait nous imposer que fatigue sans profit aucun. — Ce n'est pas que le sceptique doive aller jusqu'à la négation ; par esprit de mesure, il se borne à retenir son assentiment, tant sur les questions de l'ordre moral, que sur celles de l'ordre métaphysique. Sa conduite, il la conforme à la nature et aux lois de son pays; de la sorte, rien absolument ne trouble son indolent quiétisme. Cette doctrine, son exposé seul suffit à le démontrer, se résout en une espèce d'*indifférentisme* intellectuel qui ne veut pas se donner la peine de chercher la vérité, à supposer qu'elle existe.

III. — Cependant, trois siècles avant Jésus-Christ, Épicure et Zénon rendent à la philosophie grecque un certain éclat, non pas en la ramenant aux problèmes élevés de la métaphysique, mais en la tournant principalement vers l'étude de la morale.

Épicure (342-271), admirateur enthousiaste de Démocrite, dont il reproduit la doctrine sur plusieurs points, fait du *bonheur* le but suprême de la philosophie. Il la divise en trois parties : *Logique* ou *canonique*, *physique* et *morale;* mais les deux premières ne doivent être considérées que comme un *moyen* par rapport à la dernière. En logique, l'auteur admet deux sources de connaissance : la *sensation* et l'*anticipation*, sorte de souvenir ou de généralisation de plusieurs sensations semblables. En réalité, tout se ramène à la sensation, seule regardée comme exempte d'erreur; quant aux généralisations, il faut les surveiller avec le plus grand soin et les comparer sans cesse à la sensation, leur source et leur critérium. — La physique épicurienne se borne à reproduire la physique atomistique de Démocrite. L'âme est un atome plus subtil, ou, si l'on veut, un agrégat d'atomes très lisses, dans la composition desquels entrent le feu, l'air, un certain souffle, et un quatrième élément qui n'a pas de nom. La nature même de l'âme se refuse à toute liberté; le système la lui accorde pourtant, mais subordonnée dans une large mesure à l'influence du hasard. Quant à l'immortalité, il ne saurait en être question. — Et les dieux, auront-ils du moins un meilleur sort? D'abord, on peut très bien s'en passer : les *atomes*, le *vide* et le *hasard* suffisent à expliquer le monde. Toutefois, l'opinion commune veut être respectée : qu'il y ait donc des dieux, faits à l'image de l'homme, mais qui ne méritent en aucune façon que nous pensions à eux, puisqu'ils ne pensent pas davantage à nous.

La morale d'Épicure est à l'avenant. La fin, et par conséquent le bien de l'homme se rapporte au seul plaisir, mais au plaisir *bien entendu*, c'est-à-dire à ce qui, tout bien compté, donnera les jouissances les plus grandes, les plus sûres, les plus durables et les plus nobles, en d'autres termes, à ce qui réunira le mieux la *quantité* et la *qualité* dans le plaisir. Laissez à la vertu sa place dans l'éthique, et sachez même la rechercher; mais en elle considérez le profit seulement. De là, ce mot si juste de Cicéron à l'adresse des partisans de ce système : « La raison regarde les vertus comme maîtresses de toutes choses, et vous en faites les satellites et les servantes de la volupté. » (*De fin.*, II, 12.) Est-ce pour ce motif que Cicéron hésite à compter Épicure au nombre des philosophes, et se fait dire par son interlocuteur : *Tu quidem totum Epicurum pene e philosophorum choro sustulisti?* (*De fin.*, I, 8.) — Épicure écrivit beaucoup, mais de tous ses ouvrages, il ne nous reste que de simples fragments. Ses disciples les plus connus furent Métrodore, Diogène et Timocrate.

IV. — Le *stoïcisme* eut pour fondateur *Zénon* de Cittium (340-260). Des nombreux ouvrages de ce philosophe, le temps n'a épargné que des fragments très courts. Il emprunte à Épicure la division de la philosophie en logique, physique et morale, et adopte la plupart de ses opinions sur les deux premières parties. La formule fameuse de Büchner se trouve déjà dans Zénon : « Toute substance est une force; *point de matière sans force, point de force sans matière, point d'âme sans corps, point de corps sans âme.* » Qu'est-ce que l'âme? Une étincelle du feu divin (*Tuscul.*, I, 9), le principe de l'activité corporelle. Libre, en tant qu'elle prend conscience de soi par l'effort et la résistance, elle se voit comme toutes choses soumise à l'inéluctable loi du destin.

Il y a deux principes des choses, Dieu et la matière, inséparables l'un de l'autre; la matière, principe passif, reçoit de Dieu toute sa fécondation et la force d'engendrer le monde. De Dieu seul vient l'ordre que nous y admirons. (Cf. Cicéron, *De nat. deor.*, II, 5, 8.) Le monde lui-même est un composé de matière et de substance divine, selon la doctrine du panthéisme matérialiste. Dieu peut être considéré comme l'âme et la Providence de l'univers, en ce sens du moins qu'il en est la raison antérieure et ordonnatrice; mais son gouvernement suit les lois fatales de la nécessité. (Cf. Cicéron, *De fato*, 10.) — Quant aux individus qui apparaissent à leur tour sur la scène du monde, ils représentent une manifestation passagère de la divinité, en laquelle ils seront absorbés plus tard, lorsque le feu général consumera toutes choses et que Dieu tirera de son sein un monde nouveau.

Ce qui a fait la fortune du stoïcisme et son originalité, ce n'est ni sa logique, ni sa physique, mais bien sa *morale*. (Cf. Cicéron, *De fin.*, I, 12; III, 14, 15, 16; *Tuscul.*, IV, 17; V, 20.) On ne saurait contester à cette morale de l'élévation et de la grandeur; elle s'efforce de mettre partout la raison et la volonté à la première place, de contenir et de réprimer les passions. — Mais on ne saurait contester davantage qu'elle se trouve en contradiction avec la nature véritable de l'homme, et que très souvent elle porte une espèce de défi aux notions les plus élémentaires du sens commun. *Vivre conformément à la raison*, voilà sa maxime fondamentale; nous l'approuvons volontiers. — Il faut aussi vivre conformément à la nature tout entière, mêler sa vie à celle du Tout : « *Toti mundo te insere.* » Cela, c'est le panthéisme. — La vertu se suffit à elle-même, le sage exclut de ses actes toute considération d'utilité : « *gratuita est virtus; virtutis præmium ipsa vir-*

tus. » Faux, en tant qu'il regarde l'intérêt propre comme mauvais de sa nature, ce principe est encore inapplicable, au-dessus des forces humaines, contraire au devoir, s'il devient une règle générale et absolue. (Cf. *Prælect. phil.*, t. II, p. 360-361.) — Tous les actes bons sont égaux, égaux aussi tous les péchés : parce que les uns sont conformes à la raison, et que les autres lui sont contraires. Écoutez le grave Caton : « De même que ceux qui se noient ne sont pas moins noyés quand ils n'ont que deux doigts d'eau au-dessus de la tête, que lorsqu'ils sont au fond de l'eau..., de même un homme qui n'a encore fait que quelques progrès dans la vertu est tout aussi profondément misérable que celui qui ne s'en est aucunement approché. » (Cicéron, *De fin.*, III, 4.) Exemple peu probant, mauvaise conclusion; il y a des degrés dans le bien comme dans le mal, un bien imparfait est conforme à la raison, tandis que tout mal lui est opposé. — La passion, toute passion est mauvaise de soi, la douleur et le plaisir ne sont ni bons ni mauvais; loin du sage la pitié et la miséricorde. Mais alors, le sage est-il encore un homme? Non, il est riche, impeccable, beau, parfaitement heureux, libre, indépendant de tout; il peut même, à ce titre, si le destin appesantit sa main sur lui, se soustraire à ses coups par une mort volontaire et attester ainsi sa souveraine indépendance. Ce n'est pas assez : le sage est égal à Dieu, supérieur à Dieu, car, si Dieu est bon, c'est par sa nature, sans mérite ni vertu, et le sage l'est par choix et à la sueur de son front.

Quand la morale stoïcienne serait dégagée de ces erreurs nombreuses, elle aurait encore un tort irréparable, celui de ne pas s'appuyer sur Dieu, et de ne pas proposer Dieu comme l'idéal, le soutien, le modèle, la sanction de la vertu. Nous conclurons donc avec Maine de Biran : « Si l'homme, même le plus fort de raison, de sagesse humaine, ne se sent pas soutenu par une force, une raison plus haute que lui, il est malheureux, et quoiqu'il en impose au dehors, il ne s'en impose pas à lui-même. La sagesse, la vraie force consiste à marcher en la présence de Dieu, à se sentir soutenu par lui; autrement *væ soli*. Le stoïcien est seul, ou avec la conscience de sa force propre, qui le trompe. » (*Maine de Biran, Sa vie et ses pensées*, p. 421.)

Le fondateur du Portique eut pour principaux disciples Cléanthe (265) et Chrysippe (282-209), ce dernier assez célèbre pour qu'on ait pu dire de lui : *Si Chrysippus non fuisset, Porticus non fuisset.*

CHAPITRE III

PHILOSOPHIE ROMAINE

I. Caractère général de la philosophie romaine; sa division en cinq écoles. — II. *Nouvelle académie* et probabilisme : Arcésilas, Carnéade et Cicéron; philosophie de Cicéron; beauté, lacunes et erreurs. — III. *École épicuriste :* Lucrèce, Horace. — IV. *École stoïque :* Sextius, Sénèque, Épictète et Marc-Aurèle. — V. *École empirico-sceptique :* OEnésidème et Sextus. — VI. *École péripatéticienne :* Ammonius, Galien. — VII. Philosophes *historiens :* Diogène de Laërce, Stobée.

I. — Nous venons de parcourir la longue et brillante carrière de la philosophie grecque; tous les systèmes nous y ont montré leurs représentants; et quelques-uns entourés de l'auréole du génie. Désormais, les philosophes se rattacheront à quelqu'une de ces écoles célèbres, et trouveront des arguments tout prêts dans Platon ou Aristote, dans Héraclite, Parménide ou Pyrrhon, dans Zénon ou Épicure. La philosophie romaine va nous en offrir le premier exemple; en elle peu d'originalité, point de physionomie propre, mais la simple reproduction de la philosophie grecque, avec une tendance moins spéculative que pratique.

Elle se partage en cinq écoles : la nouvelle Académie, l'épicurisme, le stoïcisme, le scepticisme empiriste et le péripatétisme[1].

II. — La *nouvelle* Académie tire son nom de l'ancienne,

---

1. Quelques écrivains assez connus, Philostrate, Dion, Diogène de Laërce et Stobée, n'appartiennent à aucune secte particulière, et, sans philosopher eux-mêmes, se donnent le rôle d'historiens de la philosophie. Diogène de Laërce, *Vies, doctrines et sentences des philosophes,* et Stobée, *Recueil,* nous ont laissé des documents précieux pour l'étude de l'antiquité. L'ouvrage de Dion est intitulé le *Discours,* celui de Philostrate, *Vies des sophistes.*

fondée par Platon. Le lecteur se souvient que l'illustre philosophe, tout en attribuant la certitude à la connaissance intellectuelle, n'avait voulu accorder que l'opinion à la connaissance sensible. Comme rien ne motivait cette distinction, il devait paraître plus logique de ne point donner à l'intelligence la force qu'on refusait à la sensibilité. Le *probabilisme* ou la *vraisemblance* devint donc la formule générale du nouveau système. Arcésilas passe pour le premier tenant de cette école, et s'éloigne peu du scepticisme pyrrhonien. (Cf. Cicéron, *II Acad.*, 12, et *I Acad.*, 24.) Au rapport de Cicéron (*I Acad.*, 6), Carnéade aurait approché davantage du probabilisme; selon d'autres, il aurait renouvelé les mœurs des sophistes, plaidant indifféremment le pour et le contre, parlant un jour en faveur de la justice, et le lendemain dans un sens tout contraire.

C'est bien aussi le système de la *vraisemblance* qu'on retrouve dans les écrits philosophiques de *Cicéron* (107-43 avant Jésus-Christ). Ce grand homme ambitionnait par-dessus tout le titre de philosophe, qu'il mettait bien avant celui d'orateur. Mais son ambition a été déçue : entre l'orateur et le philosophe, il y a presque un abîme. Cicéron, sans s'attacher exclusivement à aucune école, prend plus volontiers Platon pour guide. Et, chose étonnante! cet homme si absolu, si sûr de lui-même quand il parle en orateur, hésite, chancelle tout à coup lorsqu'il raisonne en philosophe, principalement dans les questions de l'ordre spéculatif. — Son but était de traduire en latin les doctrines des penseurs grecs et de fonder ainsi une sorte de philosophie *nationale* qui dispensât ses compatriotes de puiser la sagesse à une source étrangère. Il a touché à peu près à tous les problèmes philosophiques, presque toujours il s'est prononcé pour les grandes idées, mais toujours il est resté superficiel, et jamais il ne s'est franchement élevé au-dessus d'un demi-scepticisme.

Ses livres *académiques* agitent la question de la *certitude* et la résolvent dans le sens du simple probabilisme. Le *De naturâ deorum*, peut-être son meilleur ouvrage en philosophie, nous fait connaître le fond de sa doctrine sur la *théodicée*, et trouve son complément dans le *De divinatione* et le *De fato*. Or, osons-le dire, cette théodicée tient tout entière dans cette profession de foi : « *Quales sint (dii) varium est; esse, nemo negat.* » (*De nat. deor.*, II, 5.) L'existence de Dieu a dans Cicéron un de ses plus ardents défenseurs; il expose les arguments tirés de l'ordre du monde, de la beauté de chaque chose, de l'homme surtout, avec un rare bonheur d'expression, avec une éloquence pleine et véritablement digne de la grandeur du sujet; il appelle toutes les nations civilisées ou barbares, tous les hommes éminents, poètes, philosophes, législateurs, fondateurs de républiques, à rendre témoignage à Dieu, puis il s'écrie avec émotion : « Si l'autorité unanime des hommes ne nous contente pas, faudra-t-il donc attendre que les bêtes viennent nous parler? » (*De divinat.*, I, 39.) — Exceptons cependant certains passages malheureux, contradictoires, remplis d'hésitation, ceux, par exemple, où l'académicien Cotta vient jeter du froid sur cette magnifique éloquence, et, à l'harmonieuse ordonnance du monde, opposer le hasard de Straton. (Cf. *Acad.*, I, liv. II, n. 40.) Le philosophe d'Arpinum croit à l'unité de Dieu, mais sur sa nature, sa doctrine est hésitante (*De nat. deor.*, I, 5, 6, 21), ou erronée, et l'on voit alternativement apparaître l'académicien et le stoïcien. Ainsi, il refuse à Dieu la prescience des actes humains (*De nat. deor.*, III, 39); il ne le distingue pas assez nettement de la nature et du monde, il restreint la Providence au gouvernement des êtres supérieurs; enfin, la religion est passée sous silence.

La *psychologie* cicéronienne se compose, à doses à peu près égales, de spiritualisme et d'émanatisme. L'âme est une portion de la substance divine, « *humanus animus decerptus ex mente divina* » (*Tuscul.*, 5, 13); partout son immatérialité et son immortalité sont brillamment défendues. (*Tuscul.*, I, 27, 23, 29.) Ce qui afflige, c'est de voir un homme aussi grave, non seulement ne pas admettre la sanction si nécessaire des peines de l'autre vie, mais traiter de fable ridicule les supplices réservés aux méchants dans les enfers. (*Pro Cluentio* et *Tuscul.*, I, 6, 8.)

En *morale*, le génie romain, essentiellement pratique, se trouve davantage dans son élément. Aussi est-ce la partie dans laquelle Cicéron approche le moins de l'erreur, et se montre le plus abondant et le plus grand. (Cf. *Tuscul.*, *De finib.*, *De Offic.*, *De legib.*, *De republ.*) Cette éthique, pour la meilleure partie, est inspirée de l'éthique péripatéticienne, particulièrement dans le *De finibus*; cependant, par une contradiction regrettable, les Tusculanes penchent pour le stoïcisme. L'auteur s'en excuse en des termes qui aggravent encore sa faute, et contiennent une théorie peu digne d'un homme de caractère : « Je suis d'une école *où l'on vit au jour le jour;* tout ce qui vient à nous paraître le plus probable, nous l'embrassons dans le moment, et c'est ce qui fait que nous sommes seuls indépendants. » (*Tuscul.*, V, 11.)

Il rachète cette faiblesse en attaquant de toutes ses forces la morale du plaisir, en prenant avec chaleur la défense de l'honnête qui doit être loué pour lui-même, à cause de sa propre beauté, alors même qu'il ne nous serait d'aucun profit. (*De fin.*, II, 14.) Puis, s'élevant plus haut encore, il veut que toute la science du droit soit puisée à la source même de la philosophie, il prouve que les lois humaines doivent s'appuyer sur la loi naturelle, et que si elles venaient à la contredire, elles ne mériteraient plus le nom de lois. Pour célébrer la loi naturelle, son origine, sa force, son immuable nature, l'orateur et le philosophe s'unissent dans une admirable éloquence : « *Est hæc non scripta, sed nata lex, quam non didicimus, accepimus, legimus; verum ex naturâ ipsâ arripuimus, hausimus, expressimus; ad quam non docti, sed facti; non instituti, sed imbuti sumus.* » (*Orat. pro Milone*, c. 4.) Montons plus haut, arrivons jusqu'à Dieu lui-même : « *Hanc video sapientissimorum fuisse sententiam, legem, neque hominum ingeniis excogitatam, neque scitum aliquod esse populorum, sed æternum quiddam quod universum mundum regeret, imperandi prohibendique sapientiâ. Ita principem legem illorum, et ultimam mentem esse dicebant, omnia ratione aut cogentis, aut vetantis Dei.* » (*De leg.*, II, 10.) Que nous sommes loin de la morale indépendante ou séparée, idole de nos modernes positivistes et de tant d'autres rationalistes égarés!

Plus d'une tache dépare l'éthique spéciale de Cicéron, par exemple, la théorie sur l'esclavage, admise aussi par Aristote et Platon, et le plus grand nombre des philosophes païens. On y trouverait pourtant plusieurs préceptes dignes de tout éloge, entre autres celui-ci, bien remarquable et bien rare, en attendant que la religion chrétienne le rende familier et commun : « *Quum animus societatem caritatis coierit cum suis, omnesque naturâ conjunctos suos duxerit.* » (*De leg.*, I, 23; *De offic.*, I, 43.) — Disons en finissant que si le grand orateur a rarement une doctrine personnelle, arrêtée, constante, il réussit davantage à interpréter la pensée des autres; étudiés sous ce point de vue, ses écrits sont utiles à l'*histoire* de la philosophie.

III. — *L'épicurisme*, si fortement attaqué par Cicéron, rencontre de chaleureux défenseurs dans Lucrèce (86 avant Jésus-Christ), Horace, Pline l'Ancien et Lucien. Tout le monde connaît le célèbre poème *De rerum naturâ*, qui se borne, le plus souvent, à reproduire la canonique, la physique et la morale d'Épicure. L'auteur s'est aperçu que les mortels ne sont pas heureux et il entreprend de leur donner le bonheur. À l'entendre, la chose est simple : il suffit de les délivrer du souci des dieux et de la crainte de l'autre vie. Après avoir dédié son livre à Vénus, il prouve donc successivement et longuement qu'il n'y a point de dieux, « *primus in orbe deos fecit timor* », et que l'autre vie est une pure chimère, l'âme étant corporelle et corruptible, absolument comme celle des bêtes. Tout ce poème est là. Nous plaçons le poète bien haut, mais nous ne comparons pas le philosophe au poète. — C'est au fond la même doctrine que professent *Pline* l'Ancien et *Horace*, mais avec plus d'égards pour l'idée de Dieu. « Humana *vanitas*, dit Pline, in futurum etiam se propagat, et in mortis quoque tempore ipsa sibi vitam *mentitur.* » Pour Horace, il résume toute sa philosophie dans ce vers qu'il prête au rat de ville :

« *Dum licet, in rebus jucundis vive beatus* (l. II, *Sat.*, 6, v. 96).

IV. — Sénèque [1], Épictète et Marc-Aurèle sont plus raisonnables et plus religieux. Au drapeau d'Épicure ils opposent le drapeau de Zénon le stoïcien, et, c'est justice à leur rendre, ils le portent plus haut que personne. Sénèque est plus moraliste que spéculatif, plus rhéteur que philosophe; chez lui, peu de logique et de physique, et pas beaucoup de métaphysique proprement dite; mais çà et là de belles pensées sur Dieu, la Providence et ses bienfaits (*De beneficiis*), la dignité humaine et le bien. Il ignore l'origine et la fin de l'homme, et professe le panthéisme stoïque : « *Universa ex materiá et ex Deo constant.* » (Cf. *Epist.*, 63 et *Quæst. natur.*) Au reste, les incohérences ne sont pas plus absentes de ses livres que de ceux de Cicéron; c'est ainsi que, dans la lettre 102 à Lucilius, après avoir magnifiquement célébré l'immortalité de l'âme, il n'hésite pas à la placer au nombre des rêves.

Nous l'avons dit, c'est la *morale* qui a surtout mis en relief le nom de l'austère Romain. Là aussi cependant, il y aurait à faire plusieurs réserves. Signalons en particulier les théories fantaisistes et si évidemment exagérées du traité *De constantiá sapientis*, où le stoïcisme apparaît avec la raideur et parfois la froide insolence que nous savons. Signalons encore la négation de tout châtiment dans l'autre vie : elle sera bienheureuse, assure Sénèque, ou elle ne sera pas.

Mais si la morale *générale* manque d'élévation et contient de nombreuses lacunes, en revanche, la morale *particulière*, et surtout la morale *sociale* est bien supérieure à

---

[1]. Sénèque se réclame souvent de Sextius, contemporain d'Auguste, fondateur d'une école qui unissait Zénon à Pythagore et qui eut peu de durée. Sur cette école presque uniquement occupée de questions de morale, cf. Sénèque, epist. 100 et *Quest. nat.*, VII, 32; Pline, *Hist., nat.*, XVIII, 68. Sextius a de belles pensées sur la vertu, et sur la nécessité où se trouve l'homme du secours des dieux : « *Nulla sine Deo mens bona est... Ascendentibus manum porrigunt (dii).* »

celle des autres philosophes anciens. Elle décrit fort bien la plupart de nos devoirs envers Dieu, parmi lesquels, chose très remarquable, elle nomme la *prière*, dont elle fait une obligation. De même, les devoirs de l'homme envers ses semblables trouvent ici une belle formule. « La nature nous a rendus *parents* en nous engendrant d'une même manière, et pour une même fin. Elle nous a inspiré un amour mutuel et nous a tous rendus sociables. C'est elle qui a établi la justice et l'équité; selon ses lois, c'est une plus grande misère de nuire à autrui que d'en recevoir soi-même un dommage; c'est par son ordre que les mains doivent toujours être prêtes à donner secours. Ayons ce vers dans la bouche et dans le cœur : *Je suis homme et rien de ce qui touche l'homme ne m'est étranger*. Nous sommes nés pour vivre en commun; notre société est comme une voûte de pierres liées ensemble, qui tomberaient si l'une ne soutenait l'autre. » (*Epist.* 95.)

Écoutez encore cette éloquente protestation contre l'esclavage, admis alors par le consentement des philosophes : « L'esprit divin peut se rencontrer dans un affranchi et dans un esclave aussi bien que dans un chevalier romain. Du fond d'une cabane, l'âme peut s'élever jusqu'au ciel. Ce sont des esclaves? Dites des hommes. Ce sont des esclaves? Dites des commensaux. Ce sont des esclaves? Dites des amis respectueux... Songe que celui que tu appelles ton esclave est né de la même souche que toi, qu'il respire le même air, qu'il jouit du même ciel, qu'il vit et meurt comme toi... Vis avec ton inférieur comme tu voudrais que ton supérieur vécût avec toi. » (*Epist.* 31 et 47.) Ces nobles accents diffèrent peu de ceux que saint Paul fera entendre avec tant d'émotion. Aussi Tertullien a-t-il pu dire : « *Seneca sœpe noster.* » (*De animâ*, c. 20.) De là s'est accrédité l'opinion que Sénèque a eu connaissance, dans une certaine mesure, de la morale chrétienne, grâce à son frère qui fut en relation avec saint Paul. (Cf. Amédée de Fleury : *Saint Paul et Sénèque.*)

On fait une remarque semblable sur *Épictète*, la plus belle et la plus attachante figure du stoïcisme. L'illustre esclave n'a rien écrit, mais nous connaissons sa doctrine par son disciple Arrien, *Dissertations d'Épictète; Manuel d'Épictète*. Il faut citer quelques-unes de ses fortes pensées : « *Abstine et sustine. Noli id quod non potes.* » « J'ai subordonné ma volonté à la volonté de Dieu. Veut-il que j'aie la fièvre? Moi aussi je le veux. Veut-il que je meure? Je veux mourir... Ce serait assez d'une seule créature pour révéler la Providence à un homme honnête et reconnaissant. Je n'ai que faire pour cela des grandes choses : il me suffit du lait qui provient de l'herbe, du fromage qui provient du lait, de la toison qui provient de la peau... Si nous étions sages, que ferions-nous tous ensemble et chacun en particulier, que chanter les louanges de Dieu, le bénir et lui rendre grâces?... Si j'étais rossignol, je ferais l'office de rossignol, cygne, l'office de cygne; être raisonnable, je dois chanter Dieu. » (*Dissert.*, I, 16.) — « Si l'on vient te dire : Un tel a dit du mal de toi, ne cherche pas à te justifier, mais réponds : Il ignorait mes autres vices, puisqu'il n'a parlé que de celui-là. » (*Dissert.*, IV, 1; et *Man.*, 33.)

Sans rien vouloir ôter de leur parfum chrétien à ces belles paroles, il ne faut pas oublier que cette philosophie demeure stoïcienne et panthéiste, que sous le nom de volonté de Dieu, Épictète entend les lois de la nature, qu'aux sentiments les plus élevés, il en allie de très vulgaires, qu'il sacrifie beaucoup à l'orgueil et parle fort peu de la vie future.

Marc-Aurèle, tout en prêtant l'appui de sa grande autorité au stoïcisme, s'efforce de lui donner une forme moins raide et plus humaine. Si plusieurs de ses pensées semblent, par leur élévation, inspirées de la morale chrétienne, c'est que, selon la remarque de Mgr Freppel, « quand il écrivait sur la fin de ses jours ses Mémoires, véritables commentaires de sa vie morale, il connaissait le christianisme de longue date ; il avait des chrétiens dans son palais, dans ses armées. » (Justin, p. 202.)

V. — Le *scepticisme empirique* trouve à Rome trois défenseurs assez connus : Œnésidème, Sextus et Agrippa, les deux derniers, médecins. N'admettant que les résultats obtenus dans les expériences particulières, ils écartent toute méthode qui tendrait à généraliser; c'est pour ainsi dire, le *positivisme* de l'antiquité. — *Œnésidème*, le chef de l'école et le plus renommé des trois, se réclame à la fois de Pyrrhon et d'Héraclite. Aux dix tropes de Pyrrhon, il en ajoute quelques autres et combat le stoïcisme sur toute la ligne. Le principe de causalité ne trouve pas grâce à ses yeux. Voici un échantillon de la longue discussion engagée à outrance contre les causes : « S'il y a quelque cause, ou bien ce qui est en même temps sera cause de ce qui est en même temps, ou bien ce qui est avant, cause de ce qui est après, ou bien ce qui est après, cause de ce qui est avant. Or, ni ce qui est en même temps n'est cause de ce qui est en même temps, ni ce qui est avant de ce qui est après, ni ce qui est après de ce qui est avant. Ce qui est en même temps ne peut être cause de ce qui est en même temps, par cela seul que l'un et l'autre coexistent, celui-ci n'étant pas plus cause de celui-là, que celui-là de celui-ci, puisque chacun possède également l'existence. Ce qui est avant ne peut être cause de ce qui est après. Car si, quand la cause existe, l'effet n'existe pas encore, la cause n'est plus cause, puisqu'elle n'a pas d'effet, et l'effet n'est plus effet si la cause n'existe pas avec lui; car la cause et l'effet sont, l'un et l'autre, choses *relatives*, et les choses relatives doivent nécessairement coexister... Il ne reste donc qu'à dire que ce qui est après est cause de ce qui est avant, ce qui est parfaitement absurde. » (*Adv. mathem.*, IX, 232 et suiv.) — Bien plus, le principe de contradiction lui-même semble peu solide au pyrrhonien fidèle, qui avec Héraclite, admet sans répugnance l'identité des contraires.

Œnésidème est surtout connu par Sextus qui nous a conservé une courte analyse d'un de ses écrits sur le pyrrhonisme, composé de huit livres.

Deux ouvrages nous restent de *Sextus Empiricus* : Les *hypotyposes pyrrhoniennes*, et un livre dirigé contre les *Mathématiciens*, c'est-à-dire contre les dogmatistes de toute sorte. Le premier est un arsenal complet qui renferme toutes les armes possibles des sceptiques et toutes leurs attaques contre les différentes parties de la philosophie. Sextus conclut avec sa maxime favorite : Ni ceci, ni cela, pas plus l'un que l'autre, οὐδέν μᾶλλον.

Toutefois, si l'auteur rejette absolument la réalité objective des *noumènes*, volontiers il s'en rapporte aux *phénomènes* et aux *apparences*. (*Hypot. Pyrrhon.*, I, 16, 17.) Pour la *pratique*, « fidèles aux croyances de la vie commune, nous disons, sans formuler aucun dogme, qu'il y a des dieux, nous les honorons et nous admettons leur providence. » (*Ibid.*, III, 21.)

VI. — Cicéron, nous l'avons vu, adopta en grande partie la morale d'Aristote. De même, en physique, il se rallia à la fameuse théorie de la matière et de la forme. (*Acad.*, I, 2 et 6 ; *De fin.*, I, 6.)

Mais le *péripatétisme* trouva des partisans plus résolus dans Cratippe, Andronicus de Rhodes, Nicolas de Damas, Adraste d'Aphrodisias, *Commentaires sur les catégories*, et Alexandre Aphrodise, *De la nature de l'âme, de la Fatalité et de la Liberté*. Ces philosophes enseignèrent Aristote, ou du moins le firent connaître par leurs écrits, surtout Alexandre d'Aphrodise, surnommé non sans raison le *Commentateur*. — Il faut le louer d'avoir défendu, contre les stoïciens, la liberté humaine et la Providence divine ; mais il est blâmable d'avoir substitué à l'âme humaine, intelligente et personnelle, l'intellect universel, impersonnel, accidentellement uni au corps et seul capable d'atteindre la vérité ; erreur pernicieuse qui ruinait l'immortalité de l'âme.

VII. — D'autres philosophes, Ammonius d'Alexandrie, Galien, *Introduction dialectique*; Thémistius, *Derniers analytiques, Traité de l'âme, Leçons de Physique*; et Simplicius, *Catégories, Traité de l'âme, Manuel d'Épictète*, suivent en partie l'école d'Aristote, en partie celle de Platon et de Plotin.

CHAPITRE IV

PHILOSOPHIE ALEXANDRINE

I. Son importance, son caractère et son but. — II. *Plotin* : Doctrine des Ennéades sur les hypostases divines, sur l'âme, l'extase et le monde ; morale mystique. — III. *Porphyre* : son génie ; sa morale. — IV. *Jamblique* : théurgie et magie. — V. *Proclus* : modifications qu'il apporte à la doctrine de Plotin ; la philosophie alexandrine et la théologie catholique.

I. — Cette école veut être étudiée de près et avec soin. D'abord son importance intrinsèque et sa grande renommée la recommandent à l'attention toute particulière de l'historien. Ensuite, quelques écrivains de nos jours lui ont emprunté des objections en faveur de ce qu'il leur plaît d'appeler la formation progressive du dogme catholique.

Le but manifeste des Alexandrins est de s'opposer aux progrès de la religion chrétienne qui compte déjà deux siècles d'existence et qui ne cesse d'avancer. Pour cela, ils se font *éclectiques;* ce qu'ils croient trouver de meilleur dans le Platonisme, l'Aristotélisme, le Stoïcisme et même les idées orientales, ils le prennent et en forment un système *syncrétiste* complet. — Toutefois, c'est à la doctrine platonicienne qu'ils demandent surtout leurs inspirations, non sans lui faire subir des altérations profondes, accrues encore par le mélange du mysticisme indien. Malgré ces changements, la philosophie alexandrine porte dans l'histoire le nom de *néoplatonisme*. — Ajoutez un certain nombre de pensées dues à l'influence prochaine de l'enseignement chrétien, et vous aurez tout l'esprit de cette école. Alexandrie fut son berceau, mais elle eut des chaires à Rome, Athènes, Éphèse et Pergame. Ses représentants s'appellent Plotin, Porphyre, Jamblique et Proclus, le premier et le dernier, célèbres entre tous.

II. — *Plotin* (205-270), le fondateur [1] et le plus profond penseur du néoplatonisme, était né à Lycopolis en Égypte. Curieux de toute science, il entreprit de nombreux voyages, surtout dans l'Orient, et composa cinquante-quatre ouvrages, sur divers sujets, classés par Porphyre en six *Ennéades* ou neuvaines, en l'honneur des nombres parfaits, *six* et *neuf*. L'objet propre de la philosophie, au sens de Plotin, c'est l'*intelligible*, et nullement le *sensible*. Elle embrasse la dialectique, la physique qui, dans ce système, serait plus justement appelée métaphysique, et la morale. A la dialectique appartient la première place, parce qu'elle élève et unit l'âme à l'intelligible, au bien, à *l'un*, par le moyen de *l'extase*, la source la plus pure de la connaissance. (*Enn.*, VI, 1. 8.)

La physique doit comprendre Dieu, l'homme et le monde. — 1° Dans son fond, Dieu est le *bien* et *l'un* absolu, supérieur, comme tel, à la pensée et à l'être qui désignent quelque chose de déterminé. Chez lui, l'être, la vie, l'intelligence et la conscience, ne viennent qu'après l'unité; encore est-il douteux que de tels attributs puissent lui convenir, car il est tellement au-dessus de l'être, de la pensée, de la forme et de l'essence, que son nom propre serait l'*indéterminé* absolu.

2° Cependant l'un est *fécond*, parce qu'il est parfait, et sa fécondité est en raison même de sa perfection. Il engendre non par besoin, ni par désir, ni par une nécessité extérieure, ni par liberté d'indifférence; mais bien par la nécessité de sa nature, de sa bonté qui ne peut pas ne pas se répandre au dehors. Il engendre d'abord les êtres les plus parfaits. (*Enn.*, VI, VIII, 18.) Le premier-né de la fécondité divine est *l'intelligence* éternelle, le fils, « lumière de lumière », contenant en soi les idées ou archétypes des choses. (*Enn.*, III, VIII, 8.) A son tour, l'intelligence engendre *l'âme*. Voilà les trois fameuses *hypostases* de Plotin, enfantées sans doute sous la double influence du

---

1. On cite Ammonius Saccas, comme précurseur de Plotin, mais l'école n'est vraiment fondée qu'avec ce dernier.

dogme catholique et des idées gnostiques et orientales. Quoique éternelles et infinies, ces hypostases sont néanmoins inégales ; car, si l'*un* a pu communiquer à l'intelligence et à l'âme son éternité et son infinité, il n'a pu leur communiquer l'Unité, qui non seulement est divine, mais qui est Dieu lui-même, la souveraine perfection et le bien absolu.

3° Indivisible, en tant qu'elle s'unit à l'intelligence, *l'âme* devient divisible en s'unissant aux corps. C'est elle qui engendre le *monde*, c'est-à-dire l'ensemble des âmes diverses par lesquelles toutes choses sont animées. Cette génération éternelle et nécessaire, en produisant le monde, produit du même coup le temps et l'espace, la matière et la forme. (*Enn.*, II, l. v, 4 et 5 ; l. iv, 1.) Les âmes jouissent de l'éternité ; avant de tomber dans le monde sensible, elles ont mené une première vie plus parfaite dans le monde intelligible. Depuis lors, elles ont été unies à des corps plus ou moins grossiers, selon la nature et la gravité de la faute commise.

4° Quant à notre âme, on peut distinguer en elle trois principes : l'*intelligence*, immédiatement unie à Dieu et admise à la contemplation de l'intelligible, l'âme *raisonnable*, qui est à proprement parler notre âme et dont la nature est de raisonner, et enfin l'âme *irraisonnable*, par laquelle nous communiquons avec l'animal. (*Enn.*, VI, l. 7.) La seconde tient à la fois de la première et de la troisième ; son essence paraît consister dans une force primitive d'abstraction.

5° Par une réminiscence platonicienne, Plotin attribue aux seules idées le nom d'êtres proprement dits ; les choses sensibles ne lui apparaissent que comme des formes chétives et éphémères. — 6° Il tient le monde pour *absolument parfait* (*Enn.*, III, l. II, c. 3, 4, 5), non seulement à cause de l'arrangement admirable de ses parties, mais parce qu'il reproduit, degrés par degrés et grâce à des processions descendantes, tous les êtres possibles, sans qu'on trouve le moindre vide dans la nature.

7° C'est la première loi de la *morale* que tout être se

tourne et se convertisse vers le principe qui l'a engendré; l'âme humaine doit donc revenir à Dieu par la vertu contemplative et par les vertus pratiques. La contemplation a pour objet le vrai, le beau et le bien. Le vrai, on l'a vu plus haut, se confond avec l'intelligible ou l'idéal. Le beau est la forme qui domine la matière et l'assujettit à sa propre unité; c'est le reflet de l'âme dans le corps, et dans l'âme c'est l'intelligence. Dans toute beauté sensible, l'âme reconnaît quelque chose d'intime, de sympathique à sa propre essence; elle l'accueille et se l'assimile. — Bien au-dessus de la beauté règne la *bonté*, objet de l'amour, puissance génératrice de tout ce qui est beau, fleur et parfum de la beauté. Le mal moral ne saurait être attribué à la divine Providence, dont le gouvernement défie tout reproche, mais à l'homme seul, capable d'abuser de sa liberté, de se complaire dans la matière et de s'égarer dans la région de la *diversité;* ici viennent plusieurs idées stoïques sur la vertu et le mal physique.

Cependant l'âme aspire à ressembler à Dieu, à s'élever jusqu'à lui, à s'unir à lui; pour arriver à cette union, elle doit auparavant se purifier de tout contact avec les choses sensibles et ensuite tourner vers Dieu son regard; alors commence le bonheur, et en même temps la véritable vertu. « Le bien est présent à l'âme; nous ne sommes pas séparés de lui, nous n'en sommes pas distants... C'est en l'Un que nous respirons, en lui que nous subsistons. » Pour exprimer cette union ineffable de l'âme avec l'Un, le mot de vision ne suffit pas, c'est une *extase*, une simplification, un abandon de soi, un désir de contact, une parfaite quiétude, un souhait de se confondre avec ce que l'on contemple dans le sanctuaire. (*Enn.*, VI, ix, ii.) « Quand l'âme est devenue semblable à Dieu par les moyens connus de ceux-là seuls qui sont initiés, elle le voit tout à coup apparaître en elle; plus d'intervalle, plus de dualité, tous deux ne font qu'un. Dans cet état, l'âme ne sent plus son corps, elle ne sent plus si elle vit, si elle est homme ou quoi que ce soit au monde; elle perd toute conscience d'elle-même, et cesse de penser, elle devient Dieu, ou plutôt elle est

Dieu. » (*Enn.*, VI, l. 8 et 9, c. x.) Après la mort, les âmes impures iront se purifier dans les transformations successives de la métempsycose, et les âmes pures, à jamais dégagées de leurs corps, s'uniront à Dieu et résideront en lui avec les essences intelligibles. (*Enn.*, VI, l. III, 24.)

III. — *Porphyre*, né à Batamée en Syrie (233-304), est un génie beaucoup moins profond que son maître Plotin. Son originalité tient principalement à son immense érudition, qui l'a fait appeler par saint Augustin le plus savant des philosophes (*De civ. Dei*, XIX, 22.) Il s'est attaché à commenter et à vulgariser la doctrine de Plotin sans y apporter aucune modification sensible. On lui doit la *Vie de Pythagore et de Plotin*; les *Sentences conduisant à l'intelligible*, et le fameux *Isagoge* ou introduction aux catégories d'Aristote, qui figure ordinairement en tête des éditions de l'*Organon*. Porphyre avait aussi écrit un *Traité de l'âme et de ses facultés* et un traité sur le précepte : *Connais-toi toi-même*; il ne nous en reste que des fragments. Une lettre adressée par lui à Marcella contient des maximes d'une grande élévation : « Le meilleur culte que tu puisses rendre à Dieu, c'est de former ton âme à sa ressemblance. On n'atteint à cette ressemblance que par la vertu; il n'est rien de grand après Dieu que la vertu. Le plus grand fruit de la piété, c'est d'honorer la divinité et notre patrie céleste; non que Dieu ait besoin de notre culte, mais sa sainte et bienheureuse majesté nous invite à lui offrir nos hommages... Comme je te l'ai dit, fais de l'intelligence qui est en toi le temple de Dieu. » — Saint Augustin nous apprend (*De civ. Dei*, XIX, 22) que Porphyre, chrétien apostat, composa contre la religion chrétienne un ouvrage très violent, divisé en quinze livres.

IV. — *Jamblique* (333) jouissait de son vivant d'une telle renommée, que ses nombreux et trop enthousiastes disciples le vénéraient à l'égal d'un Dieu et n'hésitaient pas à lui attribuer le don des miracles. Il écrivit un *Traité de l'âme*, un *Commentaire du traité d'Aristote sur l'âme*, un *Commentaire sur les catégories*, une *Lettre sur le Destin*, la *Vie de Pythagore* et une *Exhortation à la phi-*

losophie. Nous possédons en entier ces deux derniers ouvrages, mais de tous les autres, il ne nous reste que des fragments, conservés par Stobée. A la morale chrétienne, Jamblique oppose la *théurgie* et la *magie;* il enseigne l'art d'agir sur les dieux et de se les rendre favorables; de là des évocations, des miracles prétendus, mille extravagances; l'extase réservée par Plotin aux âmes pures se change en une pratique superstitieuse, voisine de la folie; le philosophe fait place au mystagogue.

V. — Au temps de *Proclus* (412-485), la philosophie d'Alexandrie est transportée à Athènes, où elle jette une dernière lumière avant de s'éteindre. Inférieur à Plotin, Proclus, disciple de Plutarque[1], est très supérieur à Porphyre et à Jamblique. Sa vie, assez mouvementée, se cache sous le voile du merveilleux; ses ouvrages ont un caractère à la fois religieux et philosophique. Il connaît, grâce à une vaste érudition, toutes les divinités païennes, il les honore toutes, et s'appelle lui-même le prêtre universel, l'hiérophante du monde entier. Il nous a laissé sa doctrine dans sa *Théologie platonicienne,* son *Commentaire du Timée et de l'Alcibiade,* du *Parménide,* du *Cratyle,* et son *Traité sur la Providence, sur le Destin, la Liberté et le mal.* — Dans ses vues, fort peu originales, il s'inspire de Platon et de Plotin, et ne se sépare de ce dernier que sur des points secondaires.

Par tout ce que nous venons de dire du Dieu, de la Trinité, du monde et de la morale des Alexandrins, il est facile de voir que, malgré un certain nombre d'analogies, leur théologie se distingue radicalement de la théologie chrétienne. Au Dieu vivant et pensant, ces philosophes substituent un Dieu abstrait et indéterminé; à la Trinité véritable, des hypostases inégales en perfection; au lieu de la création *ex nihilo,* ils professent le panthéisme et l'émanatisme; l'âme humaine perd son unité et devient triple; l'ordre naturel se trouve confondu avec l'ordre

---

1. Plutarque s'inspire à la fois d'Aristote et de Platon; il joint à l'enseignement de ces maîtres la science des oracles chaldéens, qu'il considère comme la science par excellence.

surnaturel; l'élévation de l'âme jusqu'à Dieu est non seulement une vision, mais une extase, une absorption, l'anéantissement de toute personnalité individuelle. On ne peut donc que s'étonner grandement d'apprendre de l'auteur de l'*Histoire de l'école d'Alexandrie* que « le christianisme et la philosophie alexandrine sont deux doctrines issues d'un même principe[1] ».

1. Lire *Étude sur la sophistique contemporaine, ou lettre à M. Vacherot*, par le P. Gratry, et *l'Histoire du dogme catholique pendant les trois premiers siècles de l'Église*, par Mgr Ginoulhiac.

DEUXIÈME PARTIE

PHILOSOPHIE DES PÈRES ET DES SCOLASTIQUES

La philosophie des Pères inaugure la philosophie chrétienne et se continue dans la scolastique qui en est le couronnement. L'une et l'autre unissent toujours la théologie et la philosophie; mais chez les Pères, la philosophie occupe moins de place et se trouve le plus souvent mêlée à la théologie; chez les scolastiques, au contraire, la philosophie obtient de plus amples développements, devient plus systématique, et occupe un rang tout à fait à part.

CHAPITRE PREMIER

PHILOSOPHIE DES PÈRES

Nous aurons à faire connaître : 1° le caractère général; 2° les principaux représentants de la philosophie patristique.

ARTICLE I

CARACTÈRE GÉNÉRAL DE LA PHILOSOPHIE DES PÈRES

I. Date de son apparition. — II. Caractère épisodique et polémique. — III. Attitude des Pères vis-à-vis de la philosophie et des philosophes païens. — IV. Éclectisme. — V. Problèmes philosophiques résolus par les Pères.

Pendant que la plupart des historiens modernes s'arrêtent, avec une complaisance marquée, aux moindres détails, et citent jusqu'aux plus obscurs représentants de la philosophie païenne, ils passent la philosophie des Pères sous un complet silence et d'un seul coup, sans transition aucune, ils nous transportent de l'école d'Alexandrie au moyen âge. Rien, à nos yeux, n'autorise cette manière d'écrire l'histoire; la philosophie des Pères vaut certes la peine d'être étudiée, soit à cause de son mérite, soit à cause de ses maîtres dont plusieurs portent un très grand nom.

I. La philosophie chrétienne ne fait guère son apparition avant la fin du premier siècle. M. de Margerie apporte de ce fait d'excellentes raisons. « Si la prédication de l'Évangile commençant par en haut, et s'adressant de préférence aux esprits cultivés, se fût appuyée sur des raisons scientifiques, on eût pu attribuer le triomphe de la religion à l'immense supériorité métaphysique d'une doctrine qui, d'un seul coup, remettait l'homme en possession de toutes les grandes vérités naturelles, défigurées par le polythéisme ou contestées par les philosophes; et de la sorte quelque incertitude eût été jetée sur le miracle éclatant de la conversion du monde... » — De plus, « bien des années s'écoulèrent avant que la philosophie des écoles ne s'inquiétât du christianisme, et, en commençant à le combattre, ne le contraignît à philosopher lui-même... Cependant peu à peu le christianisme commençait à faire du bruit dans le monde. Au dédain succédait l'étonnement, à l'étonnement la colère... Les combats de parole et de plume s'engagèrent... Les philosophes, tantôt en mettant leur érudition et leurs explications ingénieusement symboliques au service du polythéisme, tantôt en attaquant, au nom de la dignité et de l'indépendance de la raison, une doctrine qui s'imposait au nom de l'autorité, ouvraient la campagne contre le christianisme. » (*Theodic.*, t. II, append. 2.) — Crescens, de la secte des cyniques, engagea une polémique avec saint Justin et Tatien; Cornélius Fronton vint ensuite; mais il devait être dépassé par Celse, ami de Lucien, homme de beaucoup d'esprit, mais superficiel et railleur, à la manière de Voltaire. Origène réfuta le fameux *Discours vé-*

ritable. — Les hérésies s'attaquant pour la plupart aux dogmes de la religion nouvelle et même à ce qu'elle a de rationnellement démontrable, les chrétiens se virent forcés d'invoquer à leur tour la raison pour défendre leur foi.

II. — A sa première période, la philosophie chrétienne eut donc généralement une attitude *militante;* elle répondait à des provocations. Par conséquent les œuvres des premiers Pères sont des œuvres de circonstance et présentent un caractère épisodique et polémique. Les évêques prennent la plume, au milieu de mille occupations extérieures; le loisir leur manque pour polir leurs écrits et surveiller toutes leurs expressions, comme peut faire un savant tranquille dans son cabinet. — En outre, cette époque est aussi une époque de décadence littéraire. — De plus, les Pères ne philosophent pas pour philosopher, mais le plus souvent pour confirmer les dogmes révélés par les données de la sagesse humaine. Les choses étant ainsi, il ne faut pas exiger d'eux des traités parfaitement enchaînés d'après une méthode rigoureuse, et formant un corps complet de doctrine rationnelle; on doit, au contraire, s'attendre à ce qu'ils apportent à l'appui de la vérité les arguments de la théologie en même temps que ceux de la philosophie.

III. — Les docteurs catholiques, il importe de le remarquer, n'ont pas tous la même attitude vis-à-vis de la philosophie, et, en général, de la science humaine. Quelques-uns, par exemple Clément d'Alexandrie et Origène, l'accueillent à bras ouverts et la saluent comme l'auxiliaire de la foi. Quelques autres, dans les commencements surtout, se montrent défiants et presque hostiles à son égard[1]. C'est qu'ils ont affaire à la philosophie païenne, si chancelante, si divisée en systèmes contraires et souvent si op-

---

1. Parmi ces derniers (deuxième siècle), on cite surtout Tatien, *Discours contre les Grecs*, et Hermias, *Les philosophes grecs raillés*. L'un et l'autre mettent en parallèle les opinions contradictoires des philosophes grecs et romains sur les premiers principes, l'essence et l'immortalité de l'âme, la métempsycose, le souverain bien, etc., et en profitent pour abattre la sagesse humaine. Tatien, esprit absolu et trop attaché à son sens, mourut dans l'hérésie.

posée à la droite raison. « Les philosophes, dit Théodoret[1], ont démoli les opinions les uns des autres, car la fausseté n'est pas seulement contraire à la vérité, elle l'est aussi à elle-même. » (*Serm.* X, *De nat. homin.*) Prudence, S. Basile (*Adv. Eunom.*, I, 9), Arnobe et quelques autres auteurs ecclésiastiques tiennent le même langage. Si l'on ajoute l'hostilité marquée de plusieurs sages du paganisme contre la vérité chrétienne, devra-t-on s'étonner de trouver dans la bouche des Pères des paroles sévères et vives? N'est-il pas constant que plusieurs hérétiques, comme Marcion et Valentin, allaient chercher des armes dans la philosophie grecque pour batailler contre l'Église du Christ? N'y avait-il pas lieu de craindre pour la simplicité de la foi, si elle acceptait les explications de la sagesse profane, trop portée à raisonner, quand il ne faut que croire? Le christianisme se présentant avec une doctrine certaine, complète, très suffisante, du moins pour la science absolument nécessaire, la science de Dieu, de l'âme et du salut, les spéculations philosophiques ne pouvaient-elles pas paraître à plusieurs un peu oiseuses et superflues? Ces considérations donnent leur véritable sens, c'est-à-dire un sens restreint et relatif, à certaines expressions des Pères, trop sévères, en les prenant littéralement, pour les investigations de la raison et de la science.

Au contraire, parmi les docteurs plus favorables à la sagesse païenne, plusieurs sont eux-mêmes des philosophes convertis. Ceux-là, imbus encore de leurs anciennes idées, ne trouvent pas toujours les termes propres à les concilier parfaitement avec les exigences théologiques. Leur langage, sinon leur pensée, prête parfois un peu à la critique, et veut être interprété avec bienveillance.

IV. Convient-il de rattacher la philosophie patristique à une de ces nombreuses écoles que nous avons déjà vues défiler sous nos yeux? Sera-t-elle stoïcienne, ou platoni-

---

1. Théodoret, évêque de Cyr, au quatrième siècle, aussi érudit que Diogène Laërce, et d'une critique plus sûre; il nous a conservé des détails précieux sur la vie et la doctrine des philosophes.

cienne, ou aristotélicienne? Non, elle ne liera ses destinées à aucun des systèmes antiques ; dans tous elle trouverait à reprendre et presque dans tous elle trouvera à prendre. Comme elle poursuit avant tout un but *religieux*, elle cherche dans les écoles connues ce qui s'adapte le mieux à la doctrine révélée ; partant, elle est plutôt éclectique que systématique. Clément d'Alexandrie parle en son nom, mais, par le fait, il exprime la pensée de plusieurs Pères quand il écrit ces paroles célèbres : « *Philosophiam autem, non dico stoïcam, aut platonicam, aut epicuream, et aristotelicam, sed quæcumque ab his sectis recte dicta sunt, quæ docent justitiam cum pia scientia, hoc totum selectum dico philosophiam.* » (*Strom.*, I, 9.)

Plus d'un cependant s'inspire de préférence de la doctrine platonicienne et néoplatonicienne, soit qu'elle réponde mieux à son génie, soit qu'il la connaisse davantage, soit qu'elle contienne des vues plus élevées sur Dieu, la Providence, la spiritualité et l'immortalité de l'âme, le monde intelligible, le bien et le mal. Certains Pères vont même jusqu'à supposer que Platon a connu les livres de Moïse et, à ce titre, ils professent pour lui une estime particulière. Dans le vrai, saint Thomas n'a pas manqué de l'apercevoir, la philosophie de l'Académie, prise dans son ensemble, s'accorde plus difficilement que celle du Lycée avec les dogmes de la religion chrétienne.

D'ailleurs, ceux-là même d'entre les Pères qui inclinent le plus vers Platon ne se font pas faute, Origène excepté, de critiquer et de combattre un assez grand nombre de ses théories. Et quand il faut déterminer la nature de l'homme, l'origine de l'âme, son union naturelle avec le corps, la manière dont nous arrivons à la connaissance de Dieu ; quand il faut réfuter les objections des hérétiques, donner une connaissance analogique de la Trinité et de l'Incarnation, étudier les puissances et les opérations de l'âme, établir une doctrine compacte et ordonnée, c'est dans le Stagirite qu'ils cherchent surtout leurs procédés et leurs arguments. Tout le monde sait l'immense autorité que l'*Organon* eut dans les écoles chrétiennes, dès le jour où les progrès du christianisme permirent de donner à l'enseignement un caractère plus scientifique.

V. Si maintenant on veut savoir les problèmes les plus ordinairement agités dans la philosophie patristique, nous dirons qu'ils ont pour objet Dieu, le monde, l'homme et ses rapports avec Dieu, les relations entre la raison et la foi, la règle des mœurs et la direction de la vie humaine vers sa fin dernière. Qui réunirait sur ces points, de première importance, toutes les maximes éparses çà et là dans les ouvrages si variés de nos docteurs, recueillerait, à pleines mains, une doctrine riche, élevée, traduite ordinairement dans un langage vivant et éloquent.

Quoi qu'il en soit, rendons-leur ce témoignage et cette justice : ils ont renversé le polythéisme, alors partout dominant, ainsi que l'adoration de la nature et de l'homme; ils ont détruit l'épicurisme, le stoïcisme, le néoplatonisme et le scepticisme; ils ont défini les vrais rapports qui relient la créature au Créateur; ces résultats sont assez beaux pour mériter notre reconnaissance.

ARTICLE II

PRINCIPAUX REPRÉSENTANTS DE LA PHILOSOPHIE PATRISTIQUE

Notre plan ne nous permet pas de parcourir tout entière la liste des docteurs qui ont touché à quelque partie de la philosophie. Il faudra nous borner à ceux qui ont fait à cette science une plus large place, ou qui ont été mêlés à quelques-unes de ses plus importantes controverses.

Ier Siècle.

SAINT DENYS L'ARÉOPAGITE

Controverse sur l'aréopagitisme de saint Denys; théodicée remarquable; aperçus importants sur l'ontologie, la cosmologie et la psychologie; platonisme attribué à l'auteur; son crédit chez les scolastiques; saint Denys, prince des mystiques chrétiens; style et méthode.

Denys naquit à Athènes, la neuvième année de l'ère chrétienne, et vécut jusqu'à l'âge de cent un ans, ou peut-être de cent dix ans. Si l'on se range à l'opinion unanime des écrivains du moyen âge, admise aujourd'hui par plusieurs critiques [1], et adoptée par le Bréviaire romain (5º et 6º leçon), Denys l'Aréopagite, ce grand converti de l'Apôtre des nations, est le premier évêque de Paris, et l'auteur des livres admirables : *De divinis nominibus; De caelesti hierarchiâ; De hierarchiâ ecclesiasticâ; Theologia mystica* [2].

Plusieurs critiques modernes veulent que l'auteur des ouvrages cités ait vécu non pas au premier, mais seulement au cinquième siècle de l'ère chrétienne. Ils allèguent le silence gardé sur notre docteur par les écrivains ecclésiastiques des quatre premiers siècles, certains faits insérés dans ses livres et postérieurs aux premiers siècles, plusieurs analogies de pensée ou de langage avec l'école néoplatonicienne. — Les partisans de l'autre opinion, et parmi eux le savant abbé Uccelli, admettent qu'un certain nombre d'additions, d'ailleurs peu importantes, ont pu être faites aux écrits de saint Denys; ils font observer que le néoplatonisme imputé à l'Aréopagite a été grandement exagéré, qu'il consiste dans les mots plutôt que dans les choses, et qu'on l'explique suffisamment par l'hypothèse très vraisemblable que l'auteur a dû connaître le fondateur de l'Académie. Denys était Athénien; il avait une naissance illustre et une érudition très variée; on croit même qu'il était président de l'Aréopage, « ce conseil, cette providence d'Athènes, sanctuaire de la philosophie et des lettres », comme parle Cicéron. Tout porte donc à croire qu'il n'a pu ignorer les doctrines platoniciennes, très connues dans la ville célèbre où le brillant philosophe avait enseigné autrefois. Il y a plus : Plotin et Proclus ont été accusés par les anciens d'avoir puisé eux-mêmes large-

---

1. Msgr Darboy, *Œuvres de S. Denys l'Aréopagite*; Msgr Freppel, *Irénée et l'éloquence chrétienne dans la Gaule pendant les deux premiers siècles*, 4º à 7º leçons; l'abbé Uccelli; l'abbé Vidieu, *S. Denys l'Aréopagite*.

2. Denys avait encore composé trois opuscules, aujourd'hui perdus : sur l'*Ame*, les *Choses intelligibles* et les *Choses sensibles*.

ment à la source de l'Aréopagite. — Reste la première difficulté, la seule plausible, bien qu'elle ne renferme qu'un argument purement négatif. Encore le silence allégué n'est-il pas complet, puisque Origène (*Homil.* 1, *in quæd. N. T. loca*) et saint Grégoire de Nazianze (*Or. fun. in Basil. Magn.*, n° 14), parlent d'une manière très élogieuse de notre philosophe. Au demeurant, l'opinion favorable à l'authenticité des œuvres de saint Denys garde le caractère d'une probabilité solide [1].

Quant à ses œuvres elles-mêmes, elles portent le cachet du génie; et vouloir leur comparer les théories néoplatoniciennes, c'est mettre en parallèle l'obscurité de l'ombre et les radieuses clartés du soleil. Expliquons-nous plus en détail.

Le traité des *Noms divins*, le plus considérable de tous, contient une *théodicée* admirable d'élévation, avec des aperçus magnifiques sur la plupart des problèmes *ontologiques* et *cosmologiques*. Denys, comme feront plus tard tous les Pères, conduit l'homme à Dieu par le spectacle du monde. Invisible en lui-même, Dieu est rendu visible, dans l'ordre naturel, à travers le voile des créatures, qui représentent d'assez loin ses perfections suréminentes. Mais, pour grandiose qu'il soit, le spectacle du monde ne saurait donner qu'une idée très imparfaite de celui qui est la perfection infinie. « *Tout le révèle à tous, et rien ne le manifeste à personne.* » (*Nom. div.*, VII.) Il appartient à la sainte Écriture de nous faire connaître la substance, la vie intime et comme l'intérieur de la divinité.

L'homme n'atteint pas Dieu directement, mais par la triple voie de *causalité*, d'*éminence* et d'*élimination*; d'où

---

[1]. Il est remarquable que Denys, dans ses ouvrages, ne combat personne, ne réfute aucune erreur, mais se borne à exposer le dogme théologique. Or, ce fait n'a rien de singulier, si l'on place l'auteur au premier siècle, alors que le christianisme n'était pas attaqué au nom de la science profane, mais il aurait de quoi surprendre dans un écrivain du quatrième ou du cinquième siècle, quand de toute part s'élevaient les ennemis de la religion catholique.

la division célèbre en théologie *affirmative* et en théologie *négative*. Cependant, le premier principe se trouve tellement au-dessus de toutes choses, visibles et invisibles, qu'on ne peut ni le voir, ni le saisir par la science. Il n'est rien de ce que nous comprenons : ni âme, ni raison, ni opinion, ni nombre, ni ordre, ni essence, ni éternité, ni temps, ni unité, ni bonté ; nul ne le connaît tel qu'il est en lui-même, il surpasse toutes nos affirmations comme toutes nos négations. Ineffable et inintelligible, il échappe à toute définition. (*Theol. myst.*, c. v.) Pour ce motif, les théologiens ont préféré s'élever à lui par la voie des locutions négatives, lesquelles, du reste, ne signifient nullement qu'il y ait en Dieu le défaut de ce qu'elles nient, mais au contraire, qu'il y a excès de plénitude. En Dieu seul « l'absence de substance est la substance infinie, l'absence de vie est la vie suprême, l'absence de pensée est la suprême sagesse. » A ce titre, Dieu est *irraisonnable*, parce qu'il surpasse toute raison. (*Div. nom.*, IV et XIII, 3.)

Les noms que le langage humain lui donne expriment, quoique bien faiblement, les différents attributs de son essence innommable et ineffable. A la fois parfait et transcendant, tous les noms lui conviennent et aucun ne lui convient, car aucun n'est égal à la chose nommée. Considéré en lui-même, c'est l'*être* qui exprime le mieux sa nature, parce que l'être est antérieur à tout ; mais envisagé dans ses rapports avec la créature, c'est la *bonté*. (*Div. nom.*, IV, 1.) Par elle, il devient créateur, conservateur et père de tous les êtres ; par elle, sa providence exerce sur tous une amoureuse attraction. Il est en même temps cause efficiente, exemplaire et finale ; tout existe en lui, avant d'exister hors de lui, et le prêt qu'il fait aux créatures, ni n'enrichit, ni n'appauvrit sa bonté.

Mais combien les êtres diffèrent considérés en Dieu et en eux-mêmes ! En lui, ils se confondent dans son infinie unité ; en eux, ils sont essentiellement multiples et divers, incapables de participer, même de loin, à l'unité absolue. (*Div. nom.*, V, 6.) Gardons-nous pourtant de croire que l'unité soit tout à fait absente du monde ; au contraire, d'une certaine façon, imparfaite mais réelle, l'unité pénètre tous les êtres. « Car il n'y a pas de pluralité qui ne soit une par quelque endroit ; ce qui est multiple en ses parties, est un dans sa totalité ; ce qui est multiple en ses accidents, est un dans sa substance ; ce qui est multiple en nombre ou par les facultés, est un par l'espèce ; ce qui est multiple en ses espèces, est un par le genre ; ce qui est multiple comme production, est un dans son principe. Et il n'y a rien qui n'entre en participation quelconque de cet *un* absolument invisible, et renfermant dans sa simplicité parfaite chaque chose individuellement et toutes choses ensemble, alors même qu'elles sont naturellement opposées. » (*Div. nom.*, XIII, 2.)

Ainsi toute la diversité des choses procède de l'unité divine, mais elle se range sous cinq espèces différentes : « Rien de ce qui existe n'est radicalement dénué de quelque puissance ; mais toute chose a une force *intellectuelle* (comme les anges), ou *raisonnable* (comme les hommes), ou *sensible* (comme les animaux), ou *vitale* (comme les plantes), ou du moins *substantielle* (comme les êtres inanimés). » (*Div. nom.*, XIII, 3.) Placés plus près de Dieu, point central, les anges participent davantage de son unité ; néanmoins la multiplicité les atteint et introduit en eux une distinction réelle entre l'essence, la faculté et l'action. (*De cœlest. hierarch.*, XI, 2.)

Suivent des vues pleines de grandeur sur chacun des attributs de Dieu, sur sa vie, son éternité, son amour, sa puissance, sa béatitude, sa beauté, sa providence, et enfin sur le bien et le mal : on regrette de ne pouvoir tout citer. Mais il n'est pas permis de passer sous silence la manière dont Dieu connaît et gouverne les êtres particuliers.

« Son entendement ne les étudie pas en eux-mêmes ; mais de sa vertu propre, en lui et par lui, il possède et contient, par anticipation, l'idée, la science et la substance de toutes choses. Non qu'il les contemple dans leur forme particulière ; mais il les voit et les pénètre dans leur cause qu'il comprend tout entière. Ainsi la lumière, si elle était intelligente, connaîtrait les ténèbres par avance et en ses propres qualités, les ténèbres ne pouvant se concevoir autrement que par la lumière. Puis donc qu'elle se connaît, la divine sagesse connaît tout. Et il n'emprunte pas aux choses la science qu'il en a ; il n'a pas une connaissance particulière par laquelle il se comprend, et une autre connaissance par laquelle il comprend généralement le reste des êtres ; mais, cause universelle, dès qu'il se connaît, il ne saurait ignorer ce qu'il a produit. *Ainsi Dieu sait toutes choses parce qu'il les voit en lui, et non parce qu'il les voit en elles.* » (*Div. nom.*, VII, 2.) Quant à sa Providence, « il est dans les exigences de l'ordre éternel que les êtres inférieurs s'élèvent à Dieu, par l'intermédiaire des êtres supérieurs ». (*Hierarch. cœl.*, IV, 3.) — D'après ce principe large et lumineux, les anges supérieurs reçoivent plus immédiatement l'action du gouvernement divin ; ils la transmettent aux anges inférieurs, et ceux-ci aux êtres qui composent le monde visible.

Plusieurs passages des *Noms divins* contiennent en outre de précieuses indications sur la *psychologie* et témoignent combien étaient justes les idées de l'Aréopagite sur la nature de l'intelligence humaine.

Il enseigne expressément, nous l'avons vu plus haut, que notre entendement n'atteint point Dieu par vision, ni d'une manière immédiate, mais seulement à l'aide des choses visibles et par l'effort du raisonnement. De même, il pose que les âmes ne peuvent aborder directement l'essence des choses créées, et qu'elles n'y arrivent qu'au moyen de déductions compliquées. Aussi nos connaissances, à cause de la multitude et de la variété des éléments dont elles se forment, sont bien loin de celles des *purs* esprits ; « et toutefois, lorsque nous ramenons à l'unité nos notions diverses, la science humaine a quelque chose d'angélique, autant du moins que l'âme peut s'élever à une telle ressemblance. » (*Div. nom.*, XII, 2.)

On ne saurait mieux dire, ni s'éloigner davantage du platonisme et du néoplatonisme, ni affirmer plus nettement les principes de l'École. Voilà pourquoi Denys a été si cher à tout le moyen âge que la plupart des scolastiques en ont fait un de leurs maîtres les plus suivis. Saint Thomas, plus que personne, s'est plu à citer l'auteur des *Noms divins* et il n'y a nulle exagération à dire qu'il lui doit presque autant qu'à saint Augustin et au Stagirite. Entre mille exemples que nous pourrions apporter, le remarquable opuscule *De bello* n'est rien autre que le commentaire d'un passage du quatrième livre des *Noms divins*. — C'est donc bien à tort que certains écrivains modernes ont mis en doute l'orthodoxie de l'illustre Maître; on l'estimera d'une correction irréprochable, pourvu qu'on ne donne pas un sens outré à certaines paroles hyperboliques, expliquées d'ailleurs par le contexte ou par les endroits parallèles. Vous ne trouverez chez lui aucune des nombreuses erreurs de Platon, ni sur Dieu, ni sur le monde, ni sur l'âme, ni sur la connaissance; à plus forte raison, rien des erreurs plus graves encore d'un Plotin ou d'un Proclus. Loin d'incliner vers le panthéisme, comme on l'en a témérairement accusé, il distingue si nettement le Créateur de la créature, qu'il l'élève au-dessus de toutes les espèces et de tous les genres.

Jusqu'ici nous connaissons le savant; il nous reste à faire connaissance avec le *mystique*, car l'Aréopagite est un mystique et un très grand mystique. Bien au-dessus de la connaissance sensible et de la connaissance intellectuelle, il place la prière, l'abandon de soi, l'élévation surnaturelle de l'âme vers ce Dieu suréminent « qui échappe à toute pensée et qui siège par delà les hauteurs du céleste séjour. Alors, délivrée du monde sensible et du monde intelligible, l'âme entre dans la mystérieuse obscurité d'une sainte ignorance; et, renonçant à toute donnée scientifique, elle se perd en celui qui ne peut être ni vu ni saisi; tout entière à ce souverain sujet, sans appartenir à elle-même ni à d'autres; unie à l'inconnu par la plus noble portion d'elle-même et en raison de son renoncement à la science; enfin, puisant dans cette ignorance absolue une connaissance que l'entendement ne saurait donner. » (*Théol. myst.*, I, 3...) « Pour vous, ô mon bien-aimé Timothée, exercez-vous sans relâche aux contemplations mystiques;

laissez de côté les sens et les opérations de l'entendement, tout ce qui est matériel et intellectuel... et d'un essor surnaturel, allez vous unir aussi intimement qu'il est possible à celui qui est élevé au-dessus de toute essence et de toute notion. » (*Ibid.*, I.)

Partout une parole ardente, inspirée, entraînante, au service de la pensée chrétienne ou philosophique, partout le *spiritus intus alit*, l'élan intérieur, l'admiration, presque l'enthousiasme, en présence des vérités que l'auteur se sent impuissant à rendre aussi claires qu'il les voit, aussi aimables qu'elles lui apparaissent. De là des hyperboles hardies, et ces superlatifs multipliés pour exprimer en quelque façon la transcendance de Dieu : *supra-substantiel, supra-essentiel, supra-céleste, trans-lumineux, supra-divin, supra-intelligible, supra-ineffable*. — Pour la théologie, Denys se réclame avant tout de saint Paul ; mis tout à coup en face des merveilles de la révélation, ce païen converti entre dans l'admiration et la surprise ; le métaphysicien, le contemplatif se fait poète ; vous croiriez entendre Platon ou Pindare. Aussi les mystiques du moyen âge n'ont-ils pas hésité à le prendre pour leur chef. « Augustin est le maître des docteurs, Grégoire des prédicateurs, Denys des contemplatifs. » (Saint Bonaventure, *De Reduct. art. ad. theol.*, p. 2.)

IIe Siècle.

SAINT JUSTIN, ATHÉNAGORE, SAINT IRÉNÉE

I. *Saint Justin* : son odyssée philosophique ; insuffisance de la philosophie païenne ; vues sur Dieu et sur l'homme. — II. *Athénagore* : son génie et son érudition philosophique ; méthode ; théodicée ; excellente doctrine sur la nature de l'homme. — III. *Saint Irénée* et les gnostiques ; attitude d'Irénée à l'égard de la philosophie ; antécédents et influence de la gnose ; doctrine gnostique sur Dieu, les éons, le monde et l'homme ; principales formes et principaux tenants du gnosticisme ; la *cabale* et les nombres ; réfutation de ces erreurs par saint Irénée.

I. — SAINT JUSTIN

Justin passa de l'erreur païenne à la vérité chrétienne et eut l'honneur de donner son sang pour sa foi nouvelle.

Son avidité pour la science le porta à interroger toutes les sectes successivement. Mais il ne devait être éclairé qu'en ouvrant les yeux à la lumière du Verbe. Laissons-le nous décrire lui-même son intéressante odyssée et sa conversion finale : « Selon un usage déjà ancien, les premiers qui ont touché à la philosophie, et se sont par là rendus célèbres, ont laissé des disciples plus empressés, d'ordinaire, à connaître la pensée de leurs maîtres, qu'à rechercher par eux-mêmes la vérité. Désirant donc converser avec quelqu'un de ces maîtres, je me donnai d'abord à un stoïcien. Je demeurai assez longtemps à son école. Mais je n'en étais pas pour cela plus instruit sur Dieu, mon maître n'étant pas plus avancé que moi dans cette science, qu'il ne jugeait point nécessaire. Je le quittai alors, pour me confier à un péripatéticien, très habile homme d'ailleurs, du moins à ce qu'il semblait. M'ayant gardé ainsi durant quelques jours, il ne tarda pas à me poser la question des honoraires, afin, disait-il, que notre vie et nos discours portassent plus de fruits. Cette raison fit que je me séparai de lui, ne pouvant plus le regarder comme un philosophe. Je m'adressai, en conséquence, à un pythagoricien, personnage très fier de son savoir. Avant de m'attacher à lui, il me demanda si je m'étais occupé particulièrement de musique, d'astronomie et de géométrie, ces sciences étant indispensables pour apprendre à bien vivre, pour élever l'âme au-dessus des sens, et la rendre capable de percevoir les choses spirituelles, le beau et le bien. Sur l'aveu que je lui fis de mon ignorance de ces sciences, d'après lui, nobles et nécessaires, il me congédia. Attristé d'avoir été ainsi frustré de mes espérances, il ne me parut pas possible de consacrer tant d'années à ces études nouvelles. Dans cet embarras, je me décidai à m'adresser aux platoniciens, alors en possession d'une grande renommée. Fort heureusement, un des leurs, parmi les plus sages, venait d'arriver dans notre ville. Il fut mon maître. Avec lui, je fis de très rapides progrès. L'intelligence des choses immatérielles me remplissait de bonheur, la méditation des idées donnait des ailes à mon âme. Je croyais être devenu très sage, et j'espérais arriver bientôt à la vision de Dieu ; car c'est à cela que tend la philosophie de Platon. » (*Dial. cum Tryph.*)

Justin rapporte ensuite fort au long comment, se promenant un jour sur le bord de la mer, afin d'être seul avec ses pensées, il rencontra un chrétien, vieillard vénérable, qui lia avec lui une conversation philosophique, réfuta un à un les principes platoniciens dont il se croyait le plus sûr, et l'exhorta à prendre pour guides, dans la recherche de la vérité, les prophètes et autres amis de Dieu, qui avaient parlé d'après son inspiration. Peu après cet entretien, Justin était converti ; il ne cessait pas, nous apprend-il, d'être philosophe ; il venait au contraire de découvrir la vraie philosophie.

Comme gage de sa conversion, il composa quatre ouvrages importants en faveur du christianisme : l'*Exhortation aux Grecs*, la *Monarchie*, deux *Apologies* et un *Dialogue* avec le juif Tryphon. Il paraît même qu'il avait écrit un traité sur l'âme, malheureusement perdu, et dont Eusèbe fait mention dans son *Histoire de l'Église*. On trouve chez lui de la culture littéraire, une érudition abondante et variée, et un goût prononcé pour la philosophie qui avait eu ses premières affections, et que sa qualité de chrétien ne lui fit jamais oublier.

Dans son *Exhortation aux Grecs*, il les engage « à devenir ce qu'il est », prouve qu'ils ne peuvent demander la vraie religion, ni à leurs poètes, qu'il passe en revue, ni à leurs philosophes, si grands soient-ils. Thalès, Anaximandre, Anaximène, Héraclite, Anaxagore, Pythagore, Empédocle, Épicure, Platon et Aristote, comparaissent successivement, et se voient tour à tour réfutés dans plusieurs de leurs théories sur Dieu, l'âme et le monde (3-8). Ensuite, il établit sans peine que ce qui a été enseigné de bon par les philosophes s'accorde parfaitement avec la doctrine des prophètes ; bien plus, Platon a puisé dans les livres de Moïse, traduits en grec sur les ordres d'Hérode et à la demande de Ptolémée, roi des Égyptiens (*Apol.*, 1, 31), (*Exhort.*, 27-24). Seulement, Platon n'a compris Moïse qu'à demi ; de là ses erreurs sur les points où il se rapproche le plus de nous. Ici, Justin fait évidemment trop de place à la conjecture et à l'hypothèse.

Le livre sur la *Monarchie* est consacré à prouver l'*unité* de Dieu; Eschyle, Homère, Ménandre, Euripide et Sophocle sont mis largement à contribution, et appelés par leurs propres paroles à témoigner de l'unité du souverain Seigneur, et de plusieurs autres vérités chrétiennes.

Justin, on le voit, ne s'attache à aucune des sectes philosophiques en particulier; il cherche chez elles les pensées qui s'accordent le mieux avec nos dogmes et croit les trouver de préférence dans l'école platonicienne et stoïcienne. — L'idée qu'il se fait de la nature de l'homme, de l'union de l'âme et du corps, et, par suite, de la résurrection de la chair, mérite notre entière approbation : « Ecquid aliud est homo, quàm ex animâ et corpore animal rationale? An anima singulatim est homo? Nequaquam. Sed est hominis anima. — Num ergo corpus homo dicetur? Minimè gentium. Sed hominis corpus dicetur. Quare, si neutrum horum singulatim est homo, sed quod ex amborum complexu constat, nominatur homo. » (*De resurr. carn.*, n. 8.)

II. — ATHÉNAGORE

Athénagore appartient à la fin du deuxième siècle. Il naquit à Athènes, on ne sait pas au juste en quelle année. Comme Justin, il passa du paganisme à la religion chrétienne; comme lui, il avait suivi les écoles des philosophes, et, comme lui, il conserva un penchant prononcé pour la philosophie. Il continua même, après sa conversion, à porter le pallium, insigne distinctif dont s'honoraient les philosophes de profession. — Athénagore est peut-être la plus grande figure de son siècle, et il se fût distingué dans n'importe quel siècle. Vaste érudition littéraire et philosophique, remarquable élévation de pensée, rare élégance de langage, rapidité, vigueur, ordonnance parfaite dans le discours, habileté peu commune dans la polémique, on rencontre en lui tout ce qui fait l'écrivain et le penseur de premier ordre. « Il faudrait, observe avec beaucoup de raison M⁰ʳ Freppel, aller jusqu'à l'ère de la scolastique pour trouver plus d'ordre et d'enchaînement dans la disposition du sujet. Simple et clair, vif et orné, son style rappelle les traditions de l'éloquence grecque. » (*Les Apologistes*, t. III, x⁰ leç.)

Nous avons deux écrits du philosophe athénien, assez courts, si l'on compte le nombre des pages, considérables, si l'on fait attention à l'excellence de la doctrine : une apologie du christianisme, *Legatio pro christianis*, et un traité sur la *Résurrection des morts*. Le premier contient l'abrégé et la défense du dogme et de la morale catholiques, avec une ébauche de théodicée rationnelle. C'est là surtout que l'érudit se révèle avec éclat; soit qu'il réfute le polythéisme, soit qu'il soutienne le christianisme, il en appelle au témoignage des poètes et des philosophes grecs : en effet, Pythagore, Héraclite, Anaxagore, les stoïciens, Platon et Aristote n'ont-ils pas, malgré leurs erreurs, enseigné l'unité de Dieu et nombre d'autres vérités dont on fait un crime aux chrétiens (8-16)? — Dieu est éternel, spirituel, sage et parfait, immense, tout-puissant, créateur, bienheureux, conservateur et providence; il n'a aucun besoin du monde qu'il a tiré du néant par un acte de pure bonté. « Il se suffit à lui-même, il est à la fois lumière inaccessible, monde parfait, esprit, puissance, raison. Il n'est pas *devenu*, parce qu'il est l'*être*. Le monde est entre ses mains comme le vase d'argile dans celles du potier : il doit au céleste ouvrier sa beauté et sa forme. » (17.)

L'attribut auquel Athénagore s'attache de préférence, c'est l'*unité*, qu'il défend longuement, d'abord, par l'absurdité du polythéisme, ensuite, par des arguments directs.

Le traité de la *Résurrection des morts*, envisagé au point de vue théologique, est un des plus beaux monuments élevés à ce grand dogme; et, sous le rapport philosophique, il contient un abrégé lumineux d'*anthropologie*, précédé d'un aperçu sur la *méthode*. Comment convient-il d'exposer la vérité, c'est la première question à résoudre. Or, selon l'auteur, cela dépend de ceux à qui l'on s'adresse.

Parlez-vous à des esprits prévenus, qui nient ou qui doutent? Commencez par éclaircir les difficultés, ils ne seraient pas encore disposés à recevoir les preuves directes. Si, au contraire, vous avez affaire à des âmes droites et sans préjugés, abordez aussitôt la démonstration de la vérité. Évidemment, cette méthode est la bonne.

Quant aux preuves philosophiques de la résurrection des morts, notre docteur les tire principalement de la nature de l'homme, cet animal raisonnable, essentiellement composé d'un corps et d'une âme, et qui demeurerait dans un état anormal, si la mort séparait à tout jamais ces deux êtres si unis, si nécessaires l'un à l'autre. Il faut entendre cette puissante argumentation; nous en empruntons la traduction à l'ancien professeur de la Sorbonne : « La nature humaine est l'assortiment admirable d'une âme immortelle, et d'un corps dont les organes sont proportionnés aux facultés de l'âme. Ce n'est pas à l'âme seule, et selon sa nature particulière, ni au corps seul et sans aucun rapport avec l'âme, que Dieu a prétendu donner l'être et la vie, mais bien à l'homme qui réunit ensemble l'âme et le corps. Dieu veut qu'il y ait, entre les deux associés, *communauté de vie, de fin, de destinée, et que cette communauté aille en un certain sens jusqu'à l'identité. En effet l'âme et le corps ne faisant qu'un même être, auquel on attribue également et les affections de l'âme et les mouvements du corps, les raisonnements et les sensations, l'inertie et l'activité, ne faut-il pas aussi que tout ce composé ait le même sort et un but unique ?* Ne faut-il pas qu'il règne une espèce d'harmonie et de sympathie entre tout ce qui concerne l'homme, et qu'il en soit de sa fin et de sa destinée, comme il en est de sa naissance, de sa nature, de sa vie animale, de ses actions, de ses passions, c'est-à-dire que tout cela soit commun à tout l'homme, et que la fin de l'homme soit proportionnée à sa nature ? Ne voyons-nous pas que l'harmonie qui résulte de toutes les opérations de l'âme et de tout le mécanisme du corps, *n'est qu'une seule et même harmonie, que l'esprit n'a pas la sienne à part et la matière encore moins ?* Pourquoi donc voudrions-nous diviser la destinée de ce tout unique? Or, si tout l'homme est destiné à une même fin, il ne pourra l'atteindre qu'autant qu'il conservera sa constitution naturelle. Mais comment l'homme pourra-t-il persévérer dans sa constitution naturelle, sans que toutes les parties qui la forment se trouvent réunies? La nature de l'homme ou sa constitution prouve donc la nécessité d'une résurrection. » (15.) (Mgr Freppel, *les Apologistes*, t. III, x^e leç.)

Athénagore achève de donner le dernier jour à sa pensée, en ajoutant que le péché, la luxure, l'envie, la colère, par exemple, et la vertu, comme la force, la tempérance, la continence, n'appartiennent ni à l'âme ni au corps séparément, mais qu'ils résident à la fois dans l'un et dans l'autre. Ce n'est pas l'âme ni le corps qui a péché, c'est l'homme; ce n'est pas l'âme ni le corps qui a combattu, souffert, mérité, en un mot, c'est l'homme.

Ou nous nous trompons beaucoup, ou cette page éloquente exprime fidèlement toute la doctrine scolastique sur l'homme : une seule personne, une nature composée de deux substances incomplètes, l'âme et le corps ayant des opérations et des affections communes. Saint Thomas n'aura qu'à résumer le philosophe athénien pour trouver cette brève et lumineuse formule : « *Ex animâ et corpore constituitur in unoquoque nostrum duplex unitas, naturæ et personæ.* » (3^a, q. 2, a. 1, ad 2.)

III. — Saint Irénée et les gnostiques [1]

On a souvent reproché au grand évêque de Lyon de s'être montré sévère, et même hostile à la philosophie. Mais s'il est vrai de dire qu'il a eu pour les philosophes païens moins de bienveillance que Justin et Athénagore, rien ne prouve qu'il ait étendu ses méfiances à la raison ou à la science elle-même.

La philosophie de saint Irénée ne contient guère qu'une esquisse de *théodicée* et de *cosmologie*, avec des aperçus

---

1. Cf. Mgr Freppel, *saint Irénée*, 10e et 18e leçon.

sur la nature de l'*homme*. Elle nous intéresse avant tout par la polémique savante qu'elle engage avec les représentants divers de la *gnose*, qui ne touche pas moins la philosophie que la théologie.

Gnose, γνῶσις, veut dire connaissance, la connaissance par excellence, car ses sectateurs se regardaient comme les seuls *pneumatiques*, pour parler leur langue, les seuls véritables savants, à qui la connaissance de l'être divin fût révélée. Les autres, c'étaient des ignorants, des *psychiques*, gens matériels et grossiers.

Par ses antécédents, la gnose se rattache à toutes les doctrines du vieux monde, et elle n'a pas été non plus sans influence sur plusieurs hérésies postérieures et sur plusieurs erreurs philosophico-religieuses, comme le panthéisme de Schelling et de Hégel, le fouriérisme et le saint-simonisme. C'est un mélange bizarre d'éléments de toute sorte, zoroastriens, bouddhistes, pythagoriciens, platoniciens et néoplatoniciens, philosophiques et théologiques : hardi syncrétisme, où les contraires se donnent la main, où toute critique fait défaut. — Commencée au premier siècle par les Juifs Ménandre le Samaritain et Cérinthe, elle se complète au siècle suivant, grâce à Valentin, Saturnin, Basilides, Carpocrate et Marcion, presque tous Syriens. — Entre les mains des Juifs, son but principal est de former un système à la fois religieux et philosophique, supérieur à la religion traditionnelle. Philon en fut comme le précurseur. Né de parents juifs, quelques années avant Jésus-Christ, il vécut à Alexandrie et tenta d'unir la philosophie grecque à la religion mosaïque. Il distinguait, pour ainsi dire, un double dieu, l'un caché, en lui-même inconnu, sans nom, et l'autre, manifesté et se déployant dans la totalité de ses forces. Ces forces ou puissances divines ne sont ni de simples formes intellectuelles, ni de véritables hypostases ; elles participent à la fois de ce double caractère, et leur inventeur les compare aux satrapes qui entourent le trône d'un monarque d'Asie. Philon a été surnommé le Platon juif.

Mais les vrais gnostiques, les métaphysiciens de la

gnose, si de tels hommes peuvent mériter un tel nom, furent Valentin, Saturnin et Basilides, qui surent donner une forme particulière au système général. Ils touchent à peu près à toutes les parties de la philosophie, mais leur attention se porte d'abord sur les rapports entre la raison et la foi; au lieu de les accorder ensemble, ils les séparent, rejettent tout contrôle de l'autorité ecclésiastique et se prononcent pour le libre examen.

Voici comment raisonne Valentin : au commencement était l'*abîme*, seul avec le *silence*. Mais après de longs siècles de repos, l'abîme voulut agir et se manifester au dehors; il déposa sa conception dans le silence, d'où naquirent l'*intelligence* et la *vérité* : ces quatre *éons*, comme les appelle Valentin, forment la première tétrade divine. A leur tour, l'intelligence et la vérité enfantent la *parole* et la *vie*, et celle-ci l'*homme* et l'*Église*. Ces huit éons réunis forment la racine et la *substance* de toutes choses : leurs évolutions successives portent à trente le nombre des éons dont se compose le *Plérôme* de l'être divin. (*Adv. Hær.*, I, 1.) Bien que d'apparence métaphysique, ces *éons* sont en réalité de petits dieux, masculins et féminins, accouplés ensemble, de qui tout émane, émanés eux-mêmes de la substance divine, d'abord indéterminée, puis revêtant diverses formes.

Quant au monde *visible*, essentiellement imparfait et limité, il est le petit-fils de la sagesse inférieure et le fils du *Démiurge*, de l'âme du monde, et par lui de tous les êtres créés. Trois principes entrent dans sa composition : le principe *hylique* ou la matière pure, le principe *psychique* ou la vie animale, et le principe *pneumatique* ou spirituel. Il subsiste en Dieu comme une tache sur une tunique, comme une ombre au sein de la lumière. (*Adv. Hær.*, II, 4.)

Les hommes se divisent d'après le principe qui domine en eux : il y a les *pneumatiques*, qui représentent le principe divin sur la terre; les *hyliques*, qui, destitués de tout élément divin, ne peuvent que suivre les désirs de la matière, et les *psychiques*, qui flottent entre les uns et les autres. Avant le christianisme, c'était le règne des psychiques; avec le christianisme, commence le règne des pneumatiques. — La rédemption consiste dans la science du Père enseignée aux hommes par le Sauveur : quiconque est en possession de cette science n'a aucun besoin de faire de bonnes œuvres, et ne saurait être atteint par aucune souillure, au contraire; il faut aux psychiques des préceptes, des lois et des enseignements extérieurs. Aux premiers seuls s'ouvrira un jour le Plérôme, tout ce qui est matériel retombera dans le néant. La matière, d'ailleurs, n'est qu'une ombre vaine sans consistance et sans réalité propre. Enfin la loi morale a peu d'importance, le système ne reconnaît que le mal métaphysique.

Saturnin substitue le *dualisme* au panthéisme valentinien. Dieu, caché dans une lumière inaccessible, engendre par degrés le monde des esprits, dont le dernier rang, composé de sept anges, produit le monde visible. — La matière, mauvaise et ténébreuse de soi, trouve dans Satan sa plus haute personnification; l'homme tient à la fois du principe divin et du principe matériel; à la mort, le premier élément retournera à sa source, et l'autre sera soumis à la corruption. Parmi les hommes, les uns sont bons, les autres mauvais par nature, suivant qu'ils ont reçu ou non quelque chose de l'esprit divin.

Avec Valentin et Saturnin, *Basilides* veut combler l'abîme qui sépare Dieu du monde, par une série d'émanations successives. Seulement, il en admet un bien plus grand nombre, puisqu'il compte 365 éons ou mondes intellectuels. A côté d'eux coexiste éternellement le royaume du mal, où se trouvent les puissances de l'abîme; celles-ci, apercevant la lumière des intelligences célestes, veulent s'unir à elles, et de cette confusion résulte le monde visible, mélange des deux principes, bon et mauvais. Ici-bas, l'âme humaine est attaquée par une foule d'esprits mauvais qui constituent ses passions; mais viendra la métempsycose qui épurera tout, et dégagera finalement l'esprit de la matière.

Le gnosticisme trouve son complément dans la *cabale*, école toute juive par son origne. Les deux principaux monuments de cette secte sont le *Livre de la création* et le *Livre de la lumière*. Très peu différente de la gnose touchant le principe des choses, *zohar*, et les émanations successives, elle y ajoute un mysticime plus accentué, et une théorie fantastique sur le pouvoir des nombres. Avec les vingt-quatre lettres de l'alphabet grec, on explique Dieu, l'homme et le monde, en décomposant chaque mot, en calculant la valeur numérique des lettres, et en multipliant ces produits l'un par l'autre.

Le zohar admet à l'origine la pensée indéterminée, qui, en se déterminant, devient intelligence, voix, parole, et tout ce qui est. « Mais, en réfléchissant à tous ces degrés, on s'aperçoit que la pensée, l'intelligence, cette voix et cette parole sont une seule chose, que la pensée est le principe de tout ce qui est, que nulle interruption ne peut exister en elle. La pensée elle-même se lie au non-être et ne s'en sépare jamais. » (Ire part., fol. 246 *verso*.) Sur plusieurs points fondamentaux le système de Hégel diffère peu de cette page de zohar.

Maintenant il est temps de voir comment Irénée, l'explorateur infatigable de toutes les doctrines, selon le beau mot de Tertullien, *réfute* ces erreurs. Il le fait dans un ouvrage fameux, *Adversus Hæreses*, dont il ne nous reste plus qu'une traduction latine, à l'exception de quelques fragments du texte grec. Le style en est clair, simple, didactique et nerveux. Le savant controversiste se sert à la fois de la raison et de la théologie, et combat successivement par des preuves victorieuses le polythéisme, le panthéisme, l'émanatisme, et rétablit ensuite le dogme de l'unité de Dieu, ses différents attributs, la création du monde, que rend manifeste l'ordre admirable qui y règne de toute part. (II, 13, et III, 8.)

Voici un beau passage sur la variété des choses et l'harmonie qui résulte de leur apparente contradiction : « Les objets de la création, malgré leur nombre et leur variété, se trouvent dans un accord parfait avec le tout, tandis que, si on les considère séparément, ils paraissent contraires les uns aux autres et opposés entre eux. C'est ainsi que les sons divers d'une harpe, mariés ensemble, produisent une agréable harmonie. Mais un homme sensé n'ira pas conclure de la diversité de ces sons qu'il a fallu plusieurs artistes pour les tirer de l'instrument. Il sait qu'une même main fait vibrer ces cordes, depuis les moyennes jusqu'aux plus graves et aux plus aiguës. Ainsi dans ce grand ouvrage que nous avons sous les yeux, tout tend à démontrer un même créateur, juste et bon. » (II, 25.)

Quant aux sources des rêveries gnostiques, saint Irénée les découvre dans les fictions des poètes et les élucubrations des philosophes païens : « Après les poètes, dit-il à ses adversaires, viennent les philosophes, dont les dépouilles ont servi à vous enrichir... En vain essayez-vous de rajeunir par un vernis de nouveauté ces théories tombées en désuétude, il vous est impossible d'en dissimuler l'origine. L'*Abime* est à vos yeux ce que l'Eau était pour Thalès et l'Espace immense pour Anaximandre, le principe générateur de toutes choses. Épicure et Démocrite avaient longuement disserté sur le vide et les atomes, appelant atomes ce qui existe et vide ce qui n'existe pas : à leur exemple, vous n'admettez de réalité que dans le Plérôme, en dehors duquel il y a le vide ou le néant. Vos éons sont une simple copie des idées de Platon. Vous avez emprunté au même philosophe l'hypothèse d'une matière préexistante au monde ; aux stoïciens, le système de la fatalité ; aux cyniques, celui de l'indifférence des actions humaines... et les pythagoriciens vous ont prêté leurs rêves sur le sens mystérieux et la vertu créatrice des nombres. » (*Adv. Hær.*, II, 14.) Ensuite, avec une verve ironique, le polémiste triomphant abat le fragile fondement de la gnose et de la cabale, et montre leurs incohérences, leurs contradictions, leurs conséquences absurdes et immorales.

Son opinion sur la nature de l'homme mérite aussi d'être signalée : « C'est l'âme qui anime le corps et le gouverne : elle est son principe vital. Le corps ressemble à un instrument, tandis que l'âme possède l'intelligence de l'artiste. » (II, ch. 33, n. 4.)

IIIe Siècle.

I. *Tertullien* : son génie, son érudition et son style; son attitude à l'égard des philosophes païens et de la philosophie; valeur de la raison; remarquable doctrine psychologique; erreur du traducianisme; beautés de la théodicée de Tertullien; admet-il la corporéité de Dieu et de l'âme? — II. *Clément d'Alexandrie* : but et célébrité de l'école d'Alexandrie; érudition de Clément; éloge des sciences et de la philosophie; éclectisme; la raison et la foi; stoïcisme attribué à Clément; caractère et style des Stromates. — III. *Origène* : son génie et son érudition; jugements divers portés sur lui; sa manière d'enseigner; le *Périarchon*; platonisme excessif; théodicée, cosmologie et anthropologie; erreurs nombreuses; circonstances atténuantes.

Au troisième siècle la philosophie chrétienne nous offre trois grands noms : Tertullien, Clément d'Alexandrie et Origène[1].

I. — Tertullien (160-245)

Tertullien eut Carthage pour patrie. Né au sein du paganisme, puis devenu chrétien, prêtre et défenseur intrépide de l'Église catholique, il devait finir ses jours dans l'hérésie et le schisme de Montan. Tertullien est sans contredit un des plus vigoureux génies dont s'honore l'humanité, mais c'est un génie à qui la mesure fait défaut, et chez qui l'imagination entraîne quelquefois la raison. N'était l'influence partielle exercée sur son âme par la douceur de l'évangile, vous le croiriez élevé au Portique, tant il se complaît dans la rudesse des formes, tant il aime à donner

---

1. A la même époque fleurissent saint Cyprien, Arnobe, *Disputes contre les Gentils,* et Lactance, *Institutions divines*. Dans leurs écrits, moins philosophiques que théologiques, ils ont abordé plusieurs problèmes sur Dieu, l'âme et le monde et les rapports de la raison et de la foi. Il faut citer ce beau mot, placé en tête des *Institutions divines* : « *Il n'y a pas de religion sans sagesse, et pas de sagesse sans religion.* » Néanmoins, Arnobe et Lactance, Arnobe surtout, ne sont pas exempts de toute erreur. Ce dernier est trop sévère à la philosophie païenne; il n'attribue point à Dieu, mais bien à des êtres inférieurs, l'origine du monde et de l'homme.

à sa pensée un tour paradoxal, tant il jouit de frapper de grands coups. Son activité dévorante le jeta, jeune encore, sur tous les monuments de l'antiquité : grammaire, rhétorique, poésie, histoire, médecine, jurisprudence, philosophie et théologie, tout ce qui peut être su, il voulait le savoir. — Nous avons deux beaux monuments de sa science dans le *Discours aux nations* et l'immortelle *Apologétique*, sans parler de plusieurs autres ouvrages moins importants pour la philosophie. La marche est rapide, la méthode sévère : c'est tout ensemble le rhéteur délié et le dialecticien rompu aux habitudes de la polémique, aux lois de l'attaque et de la défense.

Son style se ressent un peu de la décadence de la latinité au troisième siècle. Il contient aussi plusieurs néologismes empruntés du droit romain ou créés par l'auteur pour exprimer les idées nouvelles et les dogmes de la révélation. Ajoutez des hyperboles, des antithèses nombreuses, quelques incorrections, un peu d'obscurité; mais quelle verve étincelante! quelle richesse d'images! quel mouvement et quelle force de pensée! Autant de mots, autant de sentences, autant de victoires. Tertullien peut à bon droit être considéré comme un des fondateurs de la latinité chrétienne.

Si l'on vient à juger de son amour pour la philosophie par ce qu'il dit des philosophes païens, on conclura qu'il n'avait pas foi en elle, et qu'il ne croyait pas à sa force. Ainsi en ont jugé plusieurs écrivains, et cette erreur d'appréciation leur a fait ranger Tertullien parmi les adversaires intraitables de la raison et de la science. Or, cela n'est pas exact. Sans doute le rude Africain ne ménage pas la critique aux anciens philosophes : « *Philosophis, ut ita dixerim, patriarchis hæreticorum.* » (*De anima*, c. 3.) Mais, pour porter l'empreinte de la sévérité habituelle à leur auteur, ces paroles et quelques autres semblables n'en contiennent pas moins une bonne part de vérité. Elles ne s'attaquent pas à la raison, mais à ceux qui l'ont mal représentée, qui lui ont fait dire ce qu'elle ne dit pas, qui ont enseigné sur Dieu d'énormes erreurs, et ont divinisé la nature, tout en se contredisant eux-mêmes sur bien des points. (*Disc. aux nat.*, II, 2, 4, 5.) Au reste, Tertullien confesse expressément que les anciens sages se sont quelquefois rencontrés avec la doctrine chrétienne, « semblables à des naufragés auxquels une violente tempête dérobe la vue du ciel et de la mer, et qui se trouvent néanmoins jetés au port par un heureux égarement. Ils sont redevables de ces notions au *sens commun* dont Dieu a daigné doter l'âme. » (*De animâ*, c. 2.)

On n'a pas assez remarqué le *Témoignage de l'âme*, cet excellent appendice de l'*Apologétique* : c'est là qu'il faut chercher la pensée du docteur africain touchant la puissance de la raison, sa nature et son accord avec la foi. Est-il permis de célébrer plus magnifiquement la force de la raison, de la conscience et du sens commun que de s'écrier : « Novum testimonium advoco, omni litteraturâ notius, omni doctrinâ agitatius, omni editione vulgatius. » (*De Testim. anim.*, c. 1.) « Hæc testimonia animæ quanto vera, tanto simplicia; quanto simplicia, tanto vulgaria; quanto vulgaria, tanto communia; quanto communia, tanto naturalia; quanto naturalia, tanto divina : non putem cuiquam frivolum aut frigidum videri posse, si recogitet *naturæ majestatem*, ex quâ censetur auctoritas animæ. Quantùm dederis magistræ, tantùm adjudicabis discipulæ : *magistra natura, anima discipula. Quidquid aut illa docuit, aut ista perdidicit, a Deo traditum est, magistro scilicet ipsius magistræ.* » (*Ibid.*, 5.) Seulement, au lieu de recourir au témoignage de l'âme élevée dans les écoles, attachée à un système, imbue peut-être de préjugés, il préfère en appeler à la droiture d'une âme ignorante et simple, qui ne possède que ce qu'elle tient de la nature humaine et de Dieu; d'elle-même une telle âme ne s'élance-t-elle pas vers la vérité? « L'homme est partout le même, le nom seul varie. Une seule et même âme, une langue différente, un seul esprit, des sons divers. » (*Ibid.*, c. 6.)

Anthropologie. — Ce point bien établi, venons à l'anthropologie du prêtre de Carthage : elle occupe une grande place dans sa philosophie. Or, n'hésitons pas à le reconnaître, le traité *De anima*, malgré quelques erreurs, est un véritable trésor d'érudition et de doctrine ; il inaugure pour la psychologie chrétienne le grand mouvement scientifique qui aboutira aux travaux de saint Augustin et de saint Thomas. Toutes les opinions de la philosophie grecque y sont rapportées dès le commencement ; la physiologie vient en aide à la psychologie, et même une assez large place est faite à la médecine. Voilà la bonne méthode pour étudier non pas une partie de l'homme, mais l'homme tout entier. C'est la méthode *expérimentale* et *rationnelle*, la méthode péripatéticienne. — Aussi Tertullien incline-t-il visiblement vers les solutions d'Aristote. « Ni l'âme par elle-même n'est l'homme, ni la chair sans l'âme n'est l'homme ; mais l'homme est la synthèse de deux substances enlacées l'une dans l'autre, et qui ne méritent ce nom d'homme qu'autant qu'elles restent unies. » (*De Resurr. carnis*, c. 40.)

« L'âme est une substance simple, indissoluble, et par là même immortelle ; car se diviser, c'est se dissoudre ; se dissoudre, c'est mourir. Il ne s'agit donc pas de la diviser en deux parties, avec Platon, ni en trois, comme Zénon, ni en cinq ou en six, à l'exemple de Panœtius, ni en sept, après Soranus, ni en huit, suivant Chrysippe ; là où ces philosophes ont supposé différentes parties, il faut voir des propriétés, des énergies, des opérations diverses, selon le jugement d'Aristote. » (*De Anim.*, c. 14.)

S'il prétend ailleurs qu'elle est corporelle, douée d'une couleur lumineuse, d'une figure et de certaines dimensions (c. 9), c'est pour dire en termes plus forts qu'elle est une réalité, une *substance*, et non quelque chose de vide ou d'inconsistant, une simple qualité. Dans son langage, à la vérité singulier et peu correct, *corps* et *substance* sont synonymes, nous le verrons à propos de Dieu. Par contre, il range parmi les êtres incorporels le son, la couleur et l'odeur (c. 6), comme étant de pures qualités ou affections. En conséquence, l'âme est corporelle, c'est-à-dire substantielle, mais non pas charnelle. « Ostensa est mihi anima corporaliter, et spiritus videbatur, *sed non inanis et vacuæ qualitatis.* » (*De anima*, c. 9.) Henri Martin avance donc à tort que Tertullien a professé sans restriction la matérialité de l'âme.

Il rejette énergiquement le vitalisme et la multiplicité des âmes; la même âme est à la fois « *vis sapientialis et vitalis* » (c. 14 et 15), *anima et mens*, Ψυχὴ et νοῦς. » — Ensuite, il rétablit contre les Académiciens la certitude de la perception des sens (c. 17) et de l'intelligence; mais c'est la même âme qui sent par le corps et qui comprend par l'esprit. « *Quod perinde per corpus corporalia sentiat, quemadmodum per animum incorporalia intelligat, salvo eo ut etiam sentiat dum intelligat* » (c. 18).

Sur son *origine*, après avoir vaillamment combattu sa préexistence au corps, la théorie platonicienne de la réminiscence (c. 24) et celle de la métempsycose (c. 28-30), il se jette dans le *traducianisme*, qui seul peut expliquer les qualités ou aptitudes héréditaires qu'on remarque dans certaines familles, l'unité de la race humaine et la transmission du péché originel. L'âme des enfants est contenue en germe dans celle des parents, d'où elle se détache pour acquérir sa vie propre; il y aurait ainsi une semence pour l'âme, comme il y en a une pour le corps, et toutes les âmes auraient été enfermées virtuellement dans celle d'Adam d'où elles sortent comme autant de ruisseaux qui dérivent d'une source primitive (c. 25-28).

Une défense éloquente de la liberté et de l'immortalité de l'âme termine ce traité : « Tandis que les organes du corps sont ravagés par un outrage particulier à chacun d'eux, l'âme, contrainte de se retirer elle-même à mesure que ses instruments, ses domiciles et ses espaces tombent en ruine, semble s'endormir aussi... s'alanguissant dans son activité, mais non dans sa nature, épuisant sa constance, mais non sa substance, parce qu'elle cesse de paraître, sans pourtant cesser d'être. » (C. 53.) — Tertullien s'élève aux plus sublimes hauteurs, et parle un langage tout lyrique, lorsqu'il prouve la résurrection des corps, au nom de la nature de l'homme, « *caro congenita animæ, etiam omni operatione miscetur illi* », et au nom du contact sanctifiant exercé sur cette chair mortelle par les sacrements et surtout par la chair sacrée de Jésus-Christ. (*De resurr. carnis*, c. 7-16.)

Théodicée. — La théodicée de Tertullien se fait aussi remarquer par des beautés de premier ordre. Outre la réfutation du dualisme de Marcion, du panthéisme émanatiste de Valentin, elle offre une étude sur l'existence et l'unité de Dieu, ses différents attributs et la manière de les concilier entre eux. (*Adv. Marcion.*, I.) Et, chose très remarquable, ce n'est pas à la révélation ni aux livres de Moïse, mais à la puissance native de l'âme que l'auteur demande de témoigner en faveur de Dieu : « Dès l'origine, le Créateur s'est révélé en même temps que son œuvre, qui a précisément pour but de faire connaître Dieu. Ne vous imaginez pas que la connaissance du vrai Dieu soit née avec le Pentateuque... La grande majorité du genre humain n'avait jamais entendu parler de Moïse, encore moins de ses livres. Et pourtant elle connaissait le Dieu de Moïse, alors même qu'elle était dominée par les ténèbres de l'idolâtrie. Elle le distinguait de ses idoles, l'appelait Dieu du nom qui lui est propre, ou le Dieu des dieux; elle manifestait sa gloire par des locutions de ce genre : *Si Dieu l'accorde; ce qui plaît à Dieu; je me recommande à Dieu*... L'âme est antérieure à la prophétie, car la connaissance de Dieu est la dot originelle de l'âme. Elle ne varie point, elle est la même en Égypte, en Syrie, dans le Pont. Tous voient dans le Dieu des Juifs le Dieu de l'âme. Dieu a ses témoignages : il a pour témoins et tout ce que nous sommes et tout le monde où nous sommes. » (*Adv. Marc.*, I, 10.)

Puis il démontre avec force le dogme de la création *ex nihilo*, repousse l'éternité de la matière, rend très bien compte du mal qui existe dans le monde, répond à toutes les objections (*Adv. Hermogenem*, c. 2-15), et célèbre avec une rare magnificence les beautés du monde : « Que je t'offre une rose, dit-il à Marcion, tu n'oseras plus mépriser le Créateur... Prenons ce qu'il y a de plus infime : une humble fleur, je ne dis pas de la prairie, mais du buisson; le coquillage d'une mer quelconque, comme celui de la mer Rouge; l'aile du plus insignifiant oiseau, comme la magnifique parure du paon, te montrent-ils dans le Créateur un ouvrier si méprisable? » (I, 14.)

Quelques auteurs accusent Tertullien d'avoir enseigné la corporéité de Dieu dans son traité contre Praxéas. N'y lit-on pas, en effet : « Qui niera que Dieu soit corps, quoique Dieu soit esprit? Car l'esprit est un corps dans son genre avec des formes qui lui sont propres. Tous les êtres invisibles ont auprès de Dieu leur corps et leur forme par lesquels ils sont visibles à Dieu seul » (c. 7). Un tel langage peut sembler défectueux pour exprimer les choses divines, mais interprété par son auteur, il ne saurait porter atteinte à l'orthodoxe de la pensée; par le nom de corps, il ne désigne pas autre chose que la substance : « *Substantia corpus est rei cujusque* » (*Adv. Hermogen.*, c. 35 et *Apologet.*, c. 21) : *De animá*, VII, *De carne*, XI, « *Nam et Deus spiritus. Deum ediscimus, propriam substantiam spiritum inscribimus.* »

II. — Clément d'Alexandrie

Clément est le chef de cette fameuse école d'Alexandrie, en si grand renom dans l'histoire de l'Église. Alexandrie était devenue alors comme un autre Athènes, le rendez-vous des lettres et de la philosophie. On n'y voyait de toutes parts que néo-stoïciens, néo-péripatéticiens et surtout néo-platoniciens; car c'était à cette époque, il faut s'en souvenir, le règne brillant du néo-platonisme. Puissamment stimulée par ce mouvement intellectuel, l'Église grecque ouvrit une école et aux faux gnostiques de la philosophie païenne opposa la vraie gnose de la philosophie chrétienne. Deux hommes se rencontrèrent que leur rare génie contemplatif destinait aux spéculations élevées de la métaphysique : nous avons nommé Clément et Origène. Leur but fut d'établir les rapports de la raison et de la foi sur le concours amical de l'une et de l'autre; d'approfondir les dogmes chrétiens et de les justifier aux yeux de la science; de recueillir les vérités éparses çà et là dans le vieux monde et de les faire concourir au bien de la religion [1].

Clément naquit dans le sein du paganisme, à Athènes, selon les uns, à Alexandrie, d'après les autres. Avide de science, il se livra avec ardeur à l'étude des choses divines et humaines, et, dans le dessein de voir les maîtres les plus illustres, il entreprit de nombreux voyages, parcourut la Grèce, l'Italie, l'Orient, la Palestine et l'Égypte. De ses études et de ses voyages, il recueillit une érudition merveilleuse : ses ouvrages en fournissent une preuve si éclatante, que saint Jérôme le regarde comme le plus savant des écrivains ecclésiastiques. (*Epist.* 70 ad *Magnum.*) Les plus importants de ses livres sont : l'*Exhortation aux Grecs*, le *Pédagogue et les Stromates*; il avait aussi écrit un traité sur l'*Ame* et sur la *Providence* et les *Hypotyposes* ou esquisses; mais, de ces derniers ouvrages, il ne reste que des fragments assez courts.

Autant le docteur africain est sévère, autant le docteur alexandrin est bienveillant à l'égard des sages de l'antiquité. Presque chez tous, il reconnaît une part de vérité empruntée aux Livres saints. (*Strom.*, I, 7.) « On trouve des parcelles de vérité dans les sectes (je parle de celles qui ne sont pas entièrement absurdes, qui n'ont pas détruit tout ordre naturel). Bien qu'elles aient déchiré le Christ (et même le sein de la philosophie barbare comme de la philosophie grecque), et que leur dissemblance soit manifeste, elles se rencontrent néanmoins sur le chemin de la vérité; elles s'y rattachent par quelque côté... Or, celui qui réunira de nouveau, en un seul tout, ces fragments épars, sachez qu'il contemplera, sans danger d'erreur, le Verbe parfait, la vérité. » (*Ibid.*, 7-13, et VI, 7.)

Il pratique, nous l'avons vu plus haut, un certain *éclec-*

---

1. « Est quidem *per se perfecta* et nullius indiga Servatoris doctrina, cùm sit Dei virtus et sapientia. Accedens autem græca philosophia veritatem non facit potentiorem; sed cùm debiles efficiat sophistarum adversus eam argumentationes, et propulset dolosas adversus veritatem insidias, dicta est *vineæ apta sepes et vallus.* » (*Strom.*, I, 20.)

tisme dont le critérium est la *foi*. (*Strom.*, II, 4), « cette pierre de Lydie, au moyen de laquelle on discerne l'or pur de l'or qui contient de l'alliage ». (*Strom.*, I, 9.) — Néanmoins il a des préférences marquées, et pendant qu'il met, bien à tort, Aristote au nombre de ceux qui ont divinisé la nature, il montre pour Platon un enthousiasme exagéré qui l'entraîne à plus d'une erreur historique.

Malgré ces erreurs et quelques autres analogues, les écrits du maître du Didascalée renferment de très précieuses indications pour l'histoire de la philosophie ; on y trouve jusqu'à *six cents citations* d'écrivains différents. — Sa bienveillance pour les anciens sages, il l'étend à plus forte raison à la philosophie elle-même : « La philosophie a été donnée aux Grecs comme un testament propre, comme un marche-pied pour s'élever jusqu'à la philosophie selon le Christ... Autant que sa nature le lui permet, chaque être passe de ce qui est bon à ce qui est meilleur encore. Il n'est donc pas étrange que la divine Providence ait donné la philosophie, afin de préparer les esprits à la perfection qui vient du Christ » (*Strom.*, VI, 8-17), et servir d'introduction au christianisme, au règne universel de la vérité dans le monde.

De plus, les différentes sciences, objet de l'étude des hommes, la musique, l'arithmétique, la géométrie, l'astronomie, la dialectique, la grammaire et la rhétorique ne sont-elles pas des degrés divers d'ascension vers Dieu? N'ont-elles pas leur utilité pour l'intelligence des choses divines et humaines, et ne peut-on pas les recevoir comme autant de ruisseaux qui se jettent dans le fleuve éternel de la vérité? (*Strom.*, I, 5.) Mais si, parmi les sciences humaines, il y en a une qui soit plus indispensable que toute autre, c'est la *dialectique*. « Le savant l'étudiera donc avec sa division des genres et leurs espèces ; il apprendra d'elle à distinguer les êtres, pour remonter par cette voie jusqu'aux substances premières et simples... *Toutes nos erreurs et nos opinions fausses proviennent de ce que nous ne savons pas discerner en quoi les choses se rapprochent et par où elles diffèrent. Celui qui ne s'entend pas* à conduire le discours suivant les diverses catégories, confond, à son insu, le particulier avec le général. En procédant de la sorte, on s'égare nécessairement et on tombe dans l'erreur. » (*Strom.*, VI, 10.)

Voici le rang assigné à ces diverses sciences, en se plaçant au point de vue de leur dignité et de leur proximité avec l'infini : au bas de l'échelle, la musique, puis l'arithmétique, la géométrie, l'astronomie, la grammaire, la rhétorique, la dialectique ; au sommet la philosophie, « science du bien, de l'être et de la vérité absolue, maîtresse des sciences humaines ». (*Strom.*, I, 19.) Mais « la *sagesse* (la théologie) reste la souveraine de la philosophie, comme celle-ci demeure la maîtresse des sciences *préparatoires* ». (*Strom.*, I, 5 et II, 4.)

Après ce qu'on vient de lire, la question fondamentale entre la raison et la foi demeure résolue, et résolue dans le bon sens, c'est-à-dire, dans l'accord de l'une et de l'autre, par la subordination de celle qui est inférieure à celle qui est supérieure, de la science humaine à la révélation. Pour résumer toute sa pensée, Clément trouve ces deux brèves formules aussi justes et aussi pleines qu'il est possible de les souhaiter : » Il n'y a pas plus de foi sans science, qu'il n'y a de science (complète) sans foi. » (*Strom.*, V, 1). « La foi peut devenir savante, mais à condition que la science restera fidèle ». (*Ibid.*)

L'auteur, il est vrai, quand il parle des secours de la science grecque, fait une part trop large à la révélation et aux Livres saints, si large même, qu'on pourrait craindre de trouver en lui un traditionaliste. Cependant, malgré cette exagération historique, il reconnaît ouvertement les forces propres de la raison. « Tous les êtres ont naturellement, et sans qu'on le leur enseigne, quelque sentiment de l'existence de leur père et créateur commun. » (*Strom.*, V, 14.) « L'idée du Dieu unique et tout-puissant a toujours existé dans les esprits bien pensants, *par une manifestation naturelle.* » (*Strom.*, V, 13, et *Exhort. aux Grecs*, VI.)

Nous ne suivrons pas Clément dans son enseignement sur chacune des parties de la philosophie : il a touché à toutes. Qu'il nous suffise des remarques suivantes. Les *Hypotyposes* contiennent un cours à peu près complet de Logique, d'après les théories de l'*Organon*, et forment un recueil des principales notions des *Catégories*, des *Topiques*, des *Premiers et seconds Analytiques*, y compris une excellente réfutation des Pyrrhoniens.

On trouve dans les *Stromates* de belles pages sur la *métaphysique* : la preuve de l'existence de Dieu est tirée de la beauté du monde (*Exhort. aux Grecs*, I, 4); du vrai, du beau et du bien relatifs l'âme s'élève à la vérité, à la beauté, à la bonté absolue. (*Strom.*, V, 2.) Étant donné ce point de départ, notre idée de Dieu est essentiellement inadéquate; impossible de le comprendre : « De quel nom appeler ce qui n'est ni genre, ni différence, ni espèce, ni individu, ni nombre, ni accident, ni substance soumise à rien d'accidentel?... Il n'a pas de formes et ne peut être nommé. Que si nous l'appelons l'Un, le Bien, l'Intelligence, l'Être, ou encore Père, Dieu, Créateur, Seigneur, aucune de ces expressions ne lui convient à vrai dire. Nous ne recourons à ces beaux noms que par l'impuissance où nous sommes de trouver le nom véritable; nous y fixons la pensée pour l'empêcher de s'égarer ailleurs. Aucun de ces termes, pris séparément, n'exprime Dieu. » (*Strom.*, V, 12.)

Plusieurs formules du *Pédagogue* (I, 13) ont fait croire à certains écrivains que la *morale* clémentine ne s'éloignait pas beaucoup de la morale stoïcienne : « Bien vivre, y est-il dit, c'est vivre conformément à la raison : tout ce qui lui est contraire est péché; et la vertu consiste à suivre ses lois. » (I, 13.) A notre sens, ces phrases et autres semblables cachent une pensée parfaitement irréprochable. — On insiste : le 4ᵉ livre des *Stromates*, ch. XXII, exclut de l'acte moralement bon tout motif intéressé de foi ou d'espérance; professe (ch. IX) l'apathie ou l'ataraxie des stoïciens. — Plusieurs textes, nous le reconnaissons volontiers, présentent un sens outré, entendus à la lettre. Mais, selon la remarque de Bossuet, Clément prend lui-même soin de les adoucir, soit dans le contexte, soit dans d'autres passages clairs et corrects quant à la pensée. « Le gnostique, dit-il, vit dans une sainteté parfaite, mêlant, dans l'attente de l'avenir, *l'espérance et la foi.* » (*Strom.*, VII, 13.) « Celui qui a fait le bien par le motif pur et simple du bien lui-même, *réclame le salaire à titre de bon ouvrier.* (*Ibid.*, VII, 12, 14 et IV, 26.)

Au reste, le genre de composition des *Stromates*, ouvrage principal de l'illustre docteur, et le style qui lui est familier, exposent parfois sa pensée à une apparente exagération, susceptible d'un sens inexact. Les *Stromates*, dont le mot signifie *tapisseries*, renferment un tissu de sentences librement brodé sur une grande variété de sujets, et laissant toute latitude à l'imagination. Aucune méthode rigoureuse, aucun plan régulier n'y est suivi : ce sont des *mémoires*, des pensées détachées, brusquement interrompues, qui rappellent par plus d'un trait les célèbres *Pensées* de Pascal. « Les *Stromates* ressemblent à une prairie où les fleurs les plus variées *se mêlent et se confondent.* J'ai mis par écrit mes pensées selon qu'elles me venaient à l'esprit, sans les ranger par ordre, ni les grouper avec art. Ces commentaires auront pour moi l'avantage de réveiller mes souvenirs ; quant à celui qui se sent des aptitudes pour la science, il y trouvera, non sans quelque fatigue, ce qui peut lui être utile et profitable. » (*Strom.*, VI, 1.)

Pour ce qui concerne le style, l'auteur nous prévient qu'il s'éloigne à dessein de la pureté et de l'élégance grecques, et même de la clarté qui laisserait trop à découvert la sublimité de la doctrine : mieux vaut « voiler les semences de la gnose ». Il est rempli d'allusions empruntées aux mystères du paganisme, de formules usitées dans la langue des gnostiques, et enfin de métaphores pleines de hardiesse. C'est le poète écrivant sous la dictée du théologien et du métaphysicien.

III. — Origène (185-253)

Au rapport de saint Jérôme, Origène fut grand dès l'enfance, ou plutôt il n'eut pas d'enfance, selon l'heureuse expression d'un autre écrivain ecclésiastique. Il ne devait pas non plus avoir de vieillesse. Comme Clément d'Alexandrie, auquel il succéda, il voyagea beaucoup dans l'intérêt de son instruction. Il fit plus : dans son ardent désir de connaître aussi parfaitement que possible les doctrines philosophiques de la Grèce, il poussa, dit-on, le zèle jusqu'à suivre les leçons d'un philosophe païen, Ammonius Saccas, premier professeur de l'école néoplatonicienne à Alexandrie. Une égale passion le portait vers les sciences profanes et les sciences sacrées, si bien que ses contemporains l'accusèrent de trop accorder aux lettres et à la philosophie païennes. Dans le vrai, il ne sut pas assez se prémunir contre les erreurs de Platon et de Philon ; plus vigilant de ce côté, il aurait, selon toute apparence, évité les accusations dont plus tard devait être chargée sa mémoire.

Si d'ordinaire les grands hommes passionnent l'opinion et provoquent à la fois l'enthousiasme des uns et la haine jalouse des autres, personne, autant qu'Origène, n'a vérifié cette loi de l'histoire. Commencé dès son vivant, ce procès contradictoire se continue encore aujourd'hui. Quoi qu'il en soit des opinions du brillant docteur, sa bonne foi fut complète ; et sa vie pure, simple, austère même, se consuma tout entière dans les rudes labeurs de la science. Qu'on en juge : saint Épiphane (*Hæres.*, 54, c. 63) lui attribue *six mille* ouvrages, ce qui rend très admissible la parole de saint Jérôme, « qu'il a plus écrit qu'un seul homme ne pourrait lire ».

Sa carrière scientifique fut inaugurée par l'enseignement qu'il donna au Didascalée alexandrin, école alors fameuse tant par le grand nom de ses maîtres que par la largeur de son programme, ouvert à toutes les connaissances profanes et sacrées. Le professeur apprenait d'abord à ses élèves la grammaire, la rhétorique et la dialectique, d'une part, et de l'autre, les différentes parties des sciences naturelles et exactes ; ainsi initiés, il les instruisait des problèmes supérieurs de la philosophie, jusqu'à ce qu'il les introduisît enfin dans le sanctuaire de la théologie. Car son idéal était de tout ramener à l'*unité*, de faire un seul faisceau de toutes les sciences groupées autour de la science révélée. — Il exerçait par-dessus tout ses novices à l'art important de la dialectique; il enseignait la philosophie elle-même sans aucun système arrêté, dans un esprit très large, trop large même, si l'on tient compte de l'âge de ceux qu'il avait à former. Son éclectisme n'excluait que les athées et les impies : pour tous les autres écrits, il engageait à les parcourir sans parti pris d'exclusion ou de préférence [1].

Qu'on se garde pourtant de croire que cet esprit, en apparence si libéral, n'avait pas fait son choix parmi les différentes sectes. Quelquefois il pencha vers les pythagoriciens et les stoïciens, mais presque toujours il se prononça en faveur de Platon.

Sa pensée de savant se trouve principalement exprimée dans le *Periarchon*, titre qui, selon les uns, signifie *principes des choses*, et, selon les autres, *principes de la foi*, ou dogmes fondamentaux [2].

Il y veut construire la philosophie des dogmes, en fai-

---

1. « Il nous parlait de tout, dit un de ses disciples (Grégoire Thaumat.); rien ne restait caché et inaccessible pour nous. Grec ou barbare, mystique ou politique, divin ou humain, il nous était permis d'aborder un écrit quelconque, de l'examiner en toute liberté, afin de nous rassasier pleinement et de pouvoir jouir de tous les biens de l'âme ». (*Panégyr. d'Origène.*)

2. Excepté quelques fragments, le texte grec de cet ouvrage n'est point arrivé jusqu'à nous, et l'on est obligé de s'en rapporter à la version latine de Rufin, version qui d'ailleurs a été l'objet de bien des critiques. Les ariens voulurent s'appuyer sur quelques textes du *Periarchon* pour nier la consubstantialité du Verbe; saint Athanase défendit les textes incriminés, plus incorrects, à ce qu'il paraît, dans l'expression que dans la pensée. Dans sa traduction, Rufin s'est donné une liberté bien voisine de la licence; il retranche, selon son propre aveu, les passages défavorables à la Trinité, quand il les croit contraires à d'autres textes de son auteur, et il développe les endroits trop courts ou obscurs, mais toujours en se servant des écrits d'Origène. Au reste, de son vivant, l'illustre maître dut vivement protester contre certaines interprétations erronées que les hérétiques donnaient à quelques-unes de ses doctrines. Mais cette explication, au rapport de Mgr Freppel, ne trouverait pas sa place dans le *Periarchon*.

sant servir les théories de la science aux données de la foi ; car, d'après une très juste comparaison, les rapports de la raison et de la foi lui paraissent semblables à ceux du corps et de l'âme. Origène se livre d'autant plus librement à ses spéculations, qu'il en considère l'objet comme abandonné aux recherches de la pensée humaine. Le professeur ne craint donc pas de confirmer les dogmes chrétiens par des extraits de Platon, d'Aristote, de Numénius et de Cornutus [1].

Théodicée, cosmologie et anthropologie, telles sont, pour ne point parler des nombreuses questions théologiques, les trois parties de la philosophie du *Periarchon* : cet ouvrage, dans l'ordre des idées, fait pendant à la *Cité de Dieu*, dans l'ordre des faits.

Théodicée. — La plupart des erreurs d'Origène ont leur source dans sa théodicée, à la vérité fort défectueuse. Il s'accorde avec tous les Pères à regarder Dieu comme naturellement invisible, inconnu à l'homme et rendu visible seulement par ses œuvres (I, 1, n. 6). Mais, sur plusieurs attributs divins, ses spéculations l'égarent tout à fait. Si Dieu a créé le monde, il l'a créé *ab æterno*, nécessairement *ab æterno*. L'hypothèse contraire entraînerait trois conséquences absurdes : 1° avant de produire, le Créateur resterait inactif; 2° avant de produire le monde, il ne serait pas tout-puissant, n'ayant point de sujets sur qui il pût exercer sa puissance; 3° en produisant le monde dans le temps, il perdrait son immutabilité, parce qu'il acquerrait avec la créature des relations qu'il n'aurait pas eues de toute éternité (I, ch. II, n. 10, et III, ch. v, n. 3). Toutefois, ce n'est pas notre monde qui a été créé *ab æterno*, c'est un autre, depuis longtemps disparu. Plusieurs mondes ont précédé le monde actuel; plusieurs le suivront aussi, car la série des mondes est en nombre infini.

Il y a plus : par une inconséquence dont on ne se rend

---

1. Cornutus (premier siècle de notre ère), auteur d'un traité sur la *Nature des Dieux;* Numénius (deuxième siècle), philosophe éclectique.

pas aisément compte, l'auteur du *Periarchon* ne veut pas que la puissance divine soit illimitée (III, ch. ix, n. 4). « Si sa puissance était illimitée, elle ne se comprendrait pas elle-même, car il est dans la nature de l'infini de ne pouvoir être embrassé. Dieu a donc fait autant d'êtres qu'il en pouvait comprendre, en tenir dans la main, en ramasser sous sa Providence. De même il a préparé autant de matière qu'il pouvait en orner. » Ces graves erreurs, appuyées, d'ailleurs, sur de bien faibles raisons, Origène les a toutes empruntées aux philosophes grecs : aux platoniciens, l'éternité du monde, non pas, il est vrai, sa création; aux stoïciens, la série infinie des mondes successifs; aux néoplatoniciens, la réalisation effective de tous les êtres que Dieu pouvait produire.

Cosmologie. — La Cosmologie, touchée déjà dans ce qui précède, ne nous réserve pas moins de sujets de surprise. — Au commencement, Dieu créa tous les esprits absolument égaux d'intelligence, de volonté, de puissance, de facultés naturelles et surnaturelles (II, ch. ix, n. 6); l'Un, en effet, imprime à toutes ses œuvres le cachet de l'unité, il ne saurait agir d'une façon arbitraire, encore moins faire acception de personne. Or, l'inégalité originelle des esprits serait une flagrante acception de personne, et leur diversité une faute contre l'unité. Origène revient en vingt endroits à ce principe chéri, dont il fait la base de toutes ses théories cosmologiques.

Mais d'où viennent la diversité et l'inégalité, qui éclatent aujourd'hui de toutes parts dans le monde? Du péché. Parmi les esprits créés, les uns se laissèrent séduire à la tentation du mal, les autres demeurèrent fidèles. Les bons résistèrent donc, mais pas tous dans la même mesure : de là leur distribution en différents ordres (I, ch. v, n. 3, et ch. viii, n. 4); ils portent le nom d'*anges*. Pour les autres, « ébranlés dans leur être, ils se virent livrés à la mobilité et à l'agitation de leurs désirs; au lieu de conserver un et identique le bien de leur nature, il l'échangèrent contre des qualités différentes, selon la direction qu'ils voulaient donner à leur libre arbitre » (II, ch. i, n. 1).

Ceux d'entre eux qui se détournèrent seulement un peu de leur principe reçurent la mission d'animer le soleil, la lune et les étoiles. Au-dessous de ces esprits *sidéraux* se placent les esprits simplement *raisonnables*, divisés eux-mêmes en deux catégories, d'après la gravité de leur crime : les âmes *humaines* et les *démons*.

Anthropologie. — Les premières ont été justement condamnées à vivre sur la terre, unies à ces corps grossiers que nous voyons. Origène ne veut pas dire ici que dans le principe elles fussent séparées de tout corps ; car il affirme que tout être fini, en vertu de sa nature, est circonscrit par une forme matérielle. Hormis Dieu, absolument incorporel par essence, tout esprit créé se trouve uni à un corps subtil et céleste qui, d'ailleurs, ne nuit en rien à sa spiritualité. Cette loi générale atteint même les anges restés fidèles à Dieu (II, ch. II, n. 2).

L'inégalité que l'on remarque parmi les hommes s'explique pareillement par la préexistence des âmes, dogme platonicien extrêmement cher à notre docteur (II, ch. IX, n. 5 et 7 ; III, ch. I, n. 17, 20, 21). Impossible, sans cela, de trouver la raison de la diversité de perfections, de penchants, de vertus et de vices qui établissent de si grandes différences entre les hommes vivant ici-bas ; une inégalité si choquante est fille du péché et non de la Providence divine.

Sur l'*origine* de l'âme, la pensée d'Origène demeure incertaine et flottante entre le *créatianisme* et le *traducianisme* (præf., 5) ; même hésitation sur la constitution de l'homme : notre âme est-elle unique, à la fois principe de raison, de sensibilité et de vie végétative, ou vaut-il mieux admettre la *trichotomie* platonicienne ? c'est au lecteur, dit-il, de fixer son opinion en pesant les raisons. « Qui autem legit, eligat ex his quæ magis amplectenda sit ratio. » (III, ch. IV, n. 5.) Cependant la *trichotomie* paraîtrait plus croyable (II, ch. VIII, n. 4). « Videtur quasi medium quoddam esse anima inter carnem infirmam et spiritum promptum. » — Pas plus d'assurance au sujet de la résurrection de la chair (II, ch. III, n. 7) ; aura-t-elle lieu, ou les corps seront-ils définitivement anéantis? Le docteur alexandrin n'a pas là-dessus d'opinion arrêtée.

Nous trouvons encore chez lui bien des incertitudes et même des incohérences relativement à la *fin* de l'homme; l'autre vie ne sera pas un terme immuable, mais les méchants pourront se convertir, et les bons devenir mauvais : « Chaque créature raisonnable peut passer d'une catégorie quelconque dans une autre et les parcourir toutes successivement, de manière à progresser ou à déchoir suivant les mouvements et les effets de son libre arbitre »; car dans les êtres finis la faculté de pécher appartient à l'essence même de la liberté (I, ch. vi, n. 3). Anges et hommes, les créatures raisonnables pourront devenir des démons, et de démons qu'elles étaient, redevenir des hommes ou des anges. (*Epit. à Avitus*, c. 1, n. 4.) La vie future sera pour les esprits une série d'interminables variations. Mais, au risque de contredire l'opinion précédemment émise sur la nature de la liberté, dans les êtres créés, le *Periarchon* (I, ch. iv, n. 2) conclut au retour de toutes les créatures raisonnables dans leur état primitif de bonté et d'égalité, car il est juste que la fin ressemble au commencement.

Pour nous résumer sur ce brillant esprit, disons que le platonicien et le théologien se trouvent souvent en présence, et que malheureusement le dernier cède souvent le pas au premier : de là un singulier mélange de réflexions judicieuses et d'hypothèses hasardées ou téméraires, d'attachement au dogme traditionnel et de licence dans la spéculation. — Ce qui est à sa décharge, et ce qu'on n'a peut-être pas assez remarqué, c'est qu'il propose ses opinions personnelles avec modestie, sans leur accorder rien de plus qu'une simple probabilité : « Je n'énonce pas de dogmes, dit-il, en parlant de la nature de l'âme; je me borne à chercher et à discuter. » (II, 8.) Cette formule restrictive revient fréquemment sous sa plume, et atténue ce qu'il y aurait de trop exorbitant dans ses erreurs.

IVᵉ Siècle

Éclat de l'Église au quatrième siècle; docteurs éminents; saint Augustin, son génie et sa vie; phases diverses de sa pensée; liste et date de ses ouvrages; les *Rétractations*; sources de la philosophie augustinienne; les trois problèmes de la philosophie; place de la *logique* et importance des nombres; la connaissance, la raison et la foi; rôle de l'humilité; nature des corps; matière et forme. — *Anthropologie* : son accord avec celle de l'École; union de l'âme et du corps; la sensibilité et l'intelligence; les idées; innéisme et ontologisme attribués à saint Augustin; origine et immortalité de l'âme; — *Théodicée* : preuves de l'existence de Dieu; sa nature; Dieu base de la certitude, principe des choses et souverain bien; prescience et concours; crédit de saint Augustin chez les scolastiques; parallèle entre saint Augustin, saint Thomas, saint Bonaventure et Duns Scot.

Le quatrième siècle est à la littérature patristique ce que le treizième est à la scolastique : il en est la période classique, nous dirions volontiers héroïque. Les Basile, les Grégoire de Nysse et les Grégoire de Nazianze, les Chrysostome, les Athanase et les Jérôme, les Ambroise et les Augustin, un seul suffirait à rendre son siècle immortel, et par une merveille unique dans l'histoire de la pensée, le même âge les réunit. Nous aimerions à nous arrêter un instant auprès de chacun de ces grands hommes, et à recueillir dans leurs écrits innombrables ce qui intéresse plus directement la philosophie. Tous ont été des penseurs de premier ordre, tous ont été des maîtres et des docteurs [1].

La plupart, cependant, grâce à leur fonction d'évêque, ont été plutôt des hommes d'action et de gouvernement;

---

[1] « Quæ autem de animâ humanâ, de divinis attributis, aliisque maximi momenti quæstionibus, Magnus Athanasius et Chrysostomus, oratorum principes, scripta reliquerunt, ita, omnium judicio, excellunt, ut prope nihil ad illorum utilitatem et copiam addi posse videatur. Et ne in singulis recensendis nimii simus, summorum numero virorum quorum est mentio facta, adjungimus Basilium Magnum et utrumque Gregorium qui, cùm Athenis, ex domicilio totius humanitatis, exiissent, philosophiæ omnis apparatu affatim instructi, eas quas sibi quisque doctrinæ opes inflammato studio pepererat, ad hæreticos refutandos, instituendosque christianos converterunt. » (SS. Leo XIII, *Encycl. Æterni Patris*.)

ils ont avant tout consacré leur plume éloquente à la sainte Écriture, au dogme, à la morale ou à la discipline de l'Église. Il faudra nous borner à saint Augustin, le plus grand de tous : la philosophie, aussi bien que la théologie, le revendique à bon droit comme un de ses plus illustres interprètes. Au reste, à lui seul son nom est une école, l'entendre, c'est entendre tous les Pères.

Saint Augustin (354-430)

Je ne sais quelle sympathie invincible, composée à la fois d'admiration et d'amour, s'attache à ce docteur éminent. Dans le vrai, toute sa personne est attrayante. Une vie, longtemps orageuse, trouvant ensuite en Dieu la paix et le bonheur; l'amour sensible, violent, faisant place à l'amour passionné de l'intelligible; la vérité cherchée plusieurs années avec une incroyable ardeur, mais sans succès, parmi un grand nombre de sectes philosophiques, apparaissant enfin tout entière à cette âme, éprise de l'idéal sous toutes ses formes : voilà, certes, de quoi attacher à un homme. Ajoutez que cet homme a porté dans la sainteté toutes les richesses de son ardente et magnanime nature; que cet écrivain a touché à tous les sujets et ouvert sur toutes les questions des horizons immenses; que nulle parole humaine n'a été plus vibrante que sa parole, que chez lui tout est vie, mouvement, élan, âme. — Il ne prend pas la plume pour composer un traité, mais pour subvenir aux nécessités de ses contemporains, ou répondre à un besoin pressant de son esprit : ses écrits sont des actions, et ses discussions des combats. Rarement il disserte, presque toujours il s'entretient avec quelqu'un, le plus souvent avec son âme ou avec son Dieu. C'est un dialogue ou un monologue; ce sont des élévations enthousiastes et sublimes; c'est une âme qui supplie la vérité de se laisser voir face à face, qui conjure Dieu de lui révéler le beau et le bien, et qui se répand en actions de grâces quand elle a trouvé l'objet de ses aspirations et de son amour. De là le caractère vivant et épisodique de ses ouvrages; de là aussi des notes diverses suivant l'impression du moment; de là des lacunes, parfois des obscurités, des contradictions apparentes ou même réelles. En effet, la philosophie de l'évêque d'Hippone est avant tout l'expression de son âme.

Mais cette âme a nourri des pensées bien différentes, a connu des états bien divers, s'est attachée à des systèmes bien opposés. Son premier amour est pour les lettres et les choses sensibles. La philosophie prend ensuite la place de la rhétorique; la lecture d'*Hortensius* de Cicéron donne au fils de sainte Monique une direction toute nouvelle, sans lui procurer encore le repos. (*Confess.*, III, 4.) Il avait alors dix-neuf ans. Un an après, il lit et comprend sans maître les *Catégories* d'Aristote, que plus tard il goûtera davantage. (*De Trin.* I, V, c. 7, n. 8.) — Ne pouvant s'expliquer l'origine du bien et du mal, il se fait manichéen, et demeure neuf ans attaché à cette secte si peu philosophique. Puis le doute s'empare de son esprit; l'Académie obtient ses préférences. (*Confess.*, I, 10.) Un instant, l'épicurisme le tente, soit que ses passions ardentes trouvent dans ce système plus de liberté, soit qu'il ne puisse se faire à l'idée d'une substance spirituelle. Dieu lui-même lui apparaît comme matériel, et l'homme comme une portion de la divinité. Une chose l'arrête sur cette pente abrupte : l'école d'Épicure bat en brèche l'immortalité de l'âme.

Sur ces entrefaites, quelques livres platoniciens tombent entre ses mains; aussitôt la philosophie devient l'étoile de sa pensée et de son amour. « C'est la philosophie qui maintenant, au sein du loisir que j'ai ardemment souhaité, me nourrit et me réchauffe. C'est elle qui m'a délivré sans retour des superstitions où je m'étais précipité. C'est elle qui m'enseigne, et qui m'enseigne en vérité, qu'il ne faut rien accorder de son amour à ce qu'aperçoivent les yeux du corps, à ce qui frappe les sens, mais, au contraire, s'en détourner avec mépris. » (*Contra Acad.*, II, 11.) A ce moment, la philosophie se confond pour lui avec la doctrine platonicienne, la seule qui lui donne la notion de l'immatériel, le goût de l'invisible, le sentiment de l'idéal.

Augustin se convertit; il ne tarde pas à s'apercevoir

qu'il a jusqu'ici fait trop de place à la raison et trop loué les platoniciens. Ces dispositions s'accentuent de plus en plus après son épiscopat et à mesure qu'il avance dans la vie. Aussi éprouve-t-il, avant de mourir, le besoin de revoir ses nombreux ouvrages et de se corriger lui-même : de là le livre des *Rétractations :* « Jam diu est ut facere cogito et dispono... ut opuscula mea... cum quâdam judiciariâ severitate *recenseam,* et quod me offendit, velut censorio stylo denotem. Neque enim quisque nisi imprudens, ideo quia mea errata reprehendo, me reprehendere audebit. » Et le théologien note avec une simplicité touchante les lacunes ou les erreurs qu'il découvre dans ses livres, lettres ou traités, en même temps qu'il fait le catalogue de ses quatre-vingt-quatorze ouvrages, et rappelle les circonstances au milieu desquelles il les a composés. Cependant, sauf un certain nombre de points, les *Rétractations* contiennent une revision et non un désaveu. — Au nombre des rétractations proprement dites se trouve celle de l'éloge exagéré qu'il a fait autrefois de Platon et des platoniciens : « Laus quoque ipsa quâ Platonem vel platonicos seu academicos philosophos tantùm extuli, quantùm impios homines non oportuit, *non immerito mihi displicuit: præsertim quorum contra errores magnos defendenda est religio christiana.* » (*Retract.*, 1, 1.) — Et par une critique des plus fines et des plus justes en même temps, il trouve Platon plus agréable à la lecture que puissant dans l'argumentation : « *postea suaviùs ad legendum quàm potentiùs ad persuadendum scripsit Plato.* » (*De ver. relig.*, I, 11.) Entrant dans le détail, il n'hésite pas à nommer et à combattre onze erreurs platoniciennes des plus graves, relatives, la plupart, à la nature de l'homme ou de l'âme. (*Cont. Faustum*, XII, 40; *Epist.*, 166; *De Consensu Evangelist.*, I, 8, et *Epist.*, 166, Hieronymo.)

Dans la philosophie, ou plus généralement, dans la pensée augustinienne, trois phases différentes sont à remarquer : celle qui a précédé sa conversion, celle qui s'est écoulée entre sa conversion et son épiscopat, et celle qui a suivi son épiscopat. Cette distinction est absolument nécessaire à qui veut, au milieu d'opinions souvent divergentes, connaître la dernière pensée du grand docteur.

Voici la liste de ses ouvrages exclusivement philosophiques, d'après la date de leur composition et les phases indiquées plus haut :

De la naissance à la conversion d'Augustin (354-386).	De pulchro et apto.
Augustin catéchumène, chrétien (386-390).	Cont. Academ., lib. III, 386. De beata vita, lib. I, 386. De ordine, lib. II, 386. Soliloq., lib. II, 387. De immort. anim., lib. I, 387. De quantitate animæ, lib. I, 388. De divers. quæst. 83, lib. I, 388. De musica, lib. VI, 387-389. De magistro, lib. I, 389.
Augustin prêtre (390-404).	De duabus anim. cont. Manich., lib. I, 389. De lib. arbit., lib. III, 388-395. Confess. lib. XIII, 400.
Augustin évêque (404-427).	De natura boni cont. Manich. lib. I, 404. De anima et ejus orig., lib. IV, 419. De civit. Dei, lib. XXII, 413-426. Retract., lib. II, 427.

L'auteur des *Rétractations* nous recommande lui-même de faire attention à la date de ses différents écrits, si nous voulons nous rendre un compte exact de leur valeur relative : « Inveniet fortasse quomodo scribendo profecerim quisquis opuscula mea, ordine quo scripta sunt, legerit. » (*Prol.*)

En somme, deux dates seulement ont, à ce point de vue, une importance considérable : celle qui a précédé son élévation à l'épiscopat, et celle qui l'a suivie. Voilà pourquoi il a divisé son ouvrage des *Rétractations* en deux livres, d'après cette double période. Dans la première, ses opinions sont souvent moins remarquables par la solidité que par la vivacité de l'esprit, et par je ne sais quel tour ingénieux et subtil. Aussi confesse-t-il qu'il a lui-même de la difficulté à entendre quelques-uns de ses premiers essais. (*Retract.*, II, 5.) La seconde, au contraire, révèle une forte maturité, plus de fermeté dans la doctrine, plus de nerf dans le raisonnement, plus de sévérité dans la marche ; le penseur prime l'écrivain. Mais dans l'une aussi bien que dans l'autre et dans chacun de ses ouvrages, l'auteur éprouve le besoin de philosopher, de remonter aux causes et aux principes.

Mais cette philosophie, à quelles sources est-elle puisée? Est-elle la fille de l'érudition, ou du génie de l'évêque d'Hippone? Des deux à la fois, sans doute, mais davantage du génie. On trouve, il est vrai, une érudition très appréciable dans cet esprit varié et cultivé ; pourtant elle n'a rien d'extraordinaire, et elle n'est pas éclairée d'une critique absolument sûre. Nous ne parlons pas, qu'on le remarque bien, de ses connaissances admirables en écriture sainte et en théologie, mais seulement de son savoir philosophique. Or, si les nombreux sages de la Grèce et de Rome sont presque tous cités par lui, principalement les pythagoriciens, les platoniciens et les stoïciens, c'est quelquefois d'une manière fautive. Ne possédant qu'imparfaitement la langue grecque, « et ego quidem græcæ linguæ perparum assecutus sum et propè nihil » (*De Trinit.*, III, proœm.), il ne connaît Platon que par les traductions de Cicéron, de Calcidius, Apulée et Victorin. « Vous fîtes tomber entre mes mains, ô mon Dieu, par le moyen d'un homme gonflé d'un immense orgueil, quelques livres platoniciens, *traduits du grec en latin.* » (*Confess.*, VII.)

De Platon, il ne paraît avoir lu que le Phédon, Phèdre, la République, Gorgias, le Banquet, peut-être le Timée. Encore ne connaît-il les systèmes platoniciens que par l'entremise de Plotin, de Jamblique et de Porphyre, dont il fait beaucoup de cas (*De civ. Dei*, VIII, 12, et IX, 11), et qui, nous l'avons vu, ont apporté à la doctrine platonicienne des altérations nombreuses et profondes. Après cela, qu'y a-t-il de surprenant à ce que sur certains points il n'ait pas découvert la véritable pensée du chef de l'Académie ; que, par exemple, il lui ait attribué d'avoir enseigné la création du monde *ex nihilo* et, obscurément du moins, le mystère de la Trinité? — Augustin n'est guère familier avec Aristote, bien qu'il ait lu les *Catégories*, et que sur plusieurs questions de la plus haute importance il ne pense pas autrement que lui. « De très habiles gens, dit-il, se sont rencontrés qui ont établi qu'il y a entre Aristote et Platon un tel accord, que des esprits ignorants et inattentifs peuvent seuls les opposer l'un à l'autre. « (*Cont. Acad.*, III, 19; *De civ. Dei*, IX, 4.) — Mais si l'auteur a moins étudié la philosophie grecque, il s'est davantage nourri de la sagesse romaine : Varron et Aulu-Gelle, Cicéron et Sénèque surtout n'ont pour lui aucun secret.

Hâtons-nous, maintenant, de demander à saint Augustin sa pensée sur les problèmes les plus importants de la philosophie. Il a touché à toutes les parties dont elle se compose, principalement à l'*anthropologie*, à la *théodicée* et à la *morale*. A ses yeux, toute la philosophie se ramène à ces trois questions : 1° Quelle est la cause première de tous les êtres? 2° Où se trouve la source de la connaissance et de la vérité? 3° En quoi consiste le souverain bien, fin dernière de la vie humaine? Quiconque expliquera bien ces trois choses, à quelque secte qu'il appartienne, Augustin le suivra. Or, il estime que Dieu seul « est le centre de toute subsistance, la raison de toute connaissance, la règle de toute bonne vie. » (*De civ. Dei*, VIII, 4.) Dans son opinion, toute la philosophie platonicienne se ramène là. (III, *Cont. Acad.*)

Dieu étant ainsi le fondement dernier et le centre de toutes choses, le principal souci du philosophe sera de le bien connaître. Mais la connaissance de Dieu suppose au préalable la connaissance de l'homme; conséquemment, la philosophie comprendra deux problèmes, le premier touchant l'homme, le second touchant Dieu. (*De Ordine*, II, 18.) Impossible toutefois de disserter comme il convient sur l'homme et sur Dieu, à moins qu'on ne soit familiarisé déjà avec l'art de la dialectique et l'étude des nombres. Donc, à la logique et aux nombres appartiendra la première place. (*De Ordine*, I, II, c. 13, n. 38.)

Il y a les nombres *sensibles* et les nombres *intelligibles*;

sans eux, on ne comprendra bien ni la connaissance, ni les êtres particuliers, ni le monde, ni le beau, ni les arts, ni le bien, ni Dieu lui-même ; car, partout il y a des rapports, et partout où il y a rapport il y a nombre. Poids, ordre, mesure, unité, ne sont-ce pas là des nombres et ne sont-ce pas là les éléments des choses ? Et le beau n'implique-t-il pas des parties multiples, variées, proportionnées, ordonnées et unies ? Et le bien, qu'est-il sinon l'unité, et le mal sinon une *dyade*, la violation de l'unité par la discorde ? (*Confess.*, IV, 15, et X, 29.) Comme la beauté sensible n'est que le symbole de la beauté intelligible, ainsi les nombres sensibles sont le reflet des nombres intelligibles, ceux-ci des nombres spirituels ou mystiques, et tous ensemble mènent à Dieu ; car, la multiplicité suppose l'unité et vient d'elle. (*De Musica*, c. vi.) Honneur donc à la philosophie pythagoricienne qui a compris la merveilleuse puissance des nombres, qui enseigne d'abord la nature des nombres purs, des quantités intelligibles et emploie tous les arts libéraux à élever l'esprit jusqu'à l'idée de Dieu. — Dieu une fois connu à l'aide du raisonnement, du monde et de l'âme, on descendra à la créature, et alors seulement on sera capable de résoudre parfaitement les trois grands problèmes indiqués plus haut. — Cet aperçu nous révèle bien l'esprit de la philosophie d'Augustin : d'un seul mot, elle peut être définie, *psychologico-théologique*, ascendante et descendante, analytique et synthétique. La méthode scolastique est toute trouvée : elle peut à bon droit se placer sous le patronage de l'évêque d'Hippone.

Nous ne parlerons pas de la *morale* contenue dans la *Cité de Dieu* : elle est en possession d'une admiration universelle auprès de tous les esprits libres des préjugés rationalistes ou libéraux. Il suffira de savoir que ce grand ouvrage, chef-d'œuvre philosophique plus encore que théologique, se divise en vingt-deux livres : les dix premiers employés à montrer le ridicule, la vanité et l'immoralité du polythéisme et de l'idolâtrie ; les douze derniers à mettre en présence la cité du monde et celle de Dieu, pour l'exercice, le triomphe et le couronnement des élus.

Nous ne parlerons pas non plus de la *logique* de saint Augustin ; ses principes sont empruntés d'Aristote. Nous nous bornerons aux points suivants, qui nous feront mieux connaître la philosophie de l'auteur, son caractère et ses principes : 1° sources de la connaissance ; 2° nature des corps ; 3° notion de l'âme ; 4° notion de Dieu.

« *Ad discendum dupliciter ducimur, auctoritate atque ratione. Tempore auctoritas, re autem ratio prior est.* » (*De Ordine*, l. II, c. ix, n. 26.) — Voilà, en peu de mots, les deux uniques sources de la connaissance humaine, et chacune mise à sa place, soit au point de vue chronologique, soit au point de vue logique. L'homme commence par croire, il comprend ensuite. « La Providence a su, dans son ineffable bonté, préparer à l'âme un remède contre l'erreur. C'est un précieux composé où se distinguent des éléments d'autorité et des éléments de raison... D'un autre côté, la raison n'est jamais complètement séparée de l'autorité. Car on considère à quoi il faut croire, et lorsqu'une vérité est évidemment connue elle exerce sur nous une souveraine autorité. » (*De Ordine*, II, 5, 9.) « Je m'éloigne également de ceux qui ne sanctifient pas la philosophie par la religion, et de ceux qui n'éclairent pas la religion par la philosophie. » (*Ibid.*, III, 20.) « *Intellectum valdè ama.* » (*Epist.*, 120 ad Consentium.) — On ne saurait mieux dire. Augustin, nous l'avons vu, avait commencé par ne croire qu'à la philosophie ; plus tard il lui associa la théologie ; mais, tout épris encore de la première et trop ignorant de la seconde, il était plus occupé d'accorder la foi avec la raison, que la raison avec la foi. Devenu chrétien, prêtre et évêque, il comprit que c'était à la philosophie, science inférieure et faillible, à faire les avances et à s'harmoniser avec la théologie.

Il décrit et venge les principaux critériums de la connaissance naturelle, les sens, la conscience, l'intelligence et le syllogisme, et paraît regarder comme plus irréfragable, plus à l'abri de toutes les atteintes de l'Académie, le témoignage de la conscience : « Nous sommes, nous connaissons que nous sommes, impossible de se tromper là-des-

sus, alors même qu'on se tromperait sur tout le reste. »
(*De Civ. Dei*, XI, 26.) « Quiconque comprend qu'il doute,
comprend le vrai, et est certain de cela même qu'il comprend ; il est donc certain du vrai. Donc, quiconque doute
s'il y a une vérité, a en lui-même quelque chose de vrai
qui lui suffit à ne pas douter. » (*De Ver. Relig.*, c. xxxix.)
— Ce qu'il recommande par-dessus tout à ceux qui cherchent la vérité, c'est l'humilité, disposition essentielle et
première : « *Ea est autem conditio*, 1ª *humilitas*, 2ª *humilitas*, 3ª *humilitas, et si amplius me interrogares, semper
eodem modo responderem.* » (*Ep.*, 118, Dioscoro, c. iii.)
L'orgueil a égaré les philosophes de l'antiquité païenne.

Sur la nature des *corps*, saint Augustin embrasse avec
enthousiasme la fameuse et importante théorie de la matière
et de la forme, qu'il se flatte d'avoir comprise non pas
tant par la lecture des philosophes, que par une lumière
divine toute spéciale. (*Confess.*, XII, 3, 4, 5, 6, 29.) « Seigneur, n'avez-vous pas instruit cette âme qui vous en rend
gloire ? N'est-ce pas vous, Seigneur, qui m'avez appris
qu'avant que vous eussiez formé et diversifié cette matière
sans forme, elle n'avait ni couleur, ni figure, ni corps, ni
esprit ? Elle n'était pas toutefois un pur néant. Mais elle
était comme une chose informe et indistincte... S'il faut
que ma langue et ma plume vous confessent tout ce que
vous m'avez appris sur cette question, quel est celui de
mes lecteurs qui pourra le saisir ? Mon cœur cependant ne
cessera de vous rendre gloire par ses hymnes de louanges,
pour les choses qu'il ne peut redire. » (*Confess.*, XII, 3.)
Plus loin : « Autre chose est la matière du ciel, autre chose
est sa forme ; vous avez tiré la matière du néant, et la forme
de la matière, mais vous avez fait l'une et l'autre en même
temps, en sorte que la forme suivit la matière sans aucun
intervalle de temps. La matière précède la forme d'une
façon purement logique, comme le son précède le chant,
puisque le chant n'est rien autre chose qu'un son in-
formé par des proportions musicales. » — Comment arriver à la connaissance de la matière première, sinon par le
changement des choses corporelles ? « *Mutabilitas enim*

rerum mutabilium, ipsa capax est formarum omnium in quas mutantur res mutabiles. Et hæc quid est? Numquid animus? Numquid corpus? Numquid species animi vel corporis? Si dici posset : nihil aliquid, quod est et non est, hoc eam dicerem, et tamen jam utcumque erat, ut species caperet istas visibiles et compositas. » (*Confess.*, XII, 5 : *De Genesi ad litt.*, I, 15; *De civ. Dei*, XII, 25.)

L'*anthropologie* augustinienne, si mal interprétée, ou plutôt si peu connue par telle école moderne, n'est pas moins concordante avec les doctrines scolastiques. Résumons-la à grands traits : « L'homme est un composé merveilleux d'âme et de corps. » (*De continentiâ*; XII.) « Modus quo corporibus cohærent spiritus, et animalia fiunt, omnino mirus est nec comprehendi ab homine potest, et hoc ipse homo est. » (*De civ. Dei.*, XXI, 10.) « Chez l'homme l'esprit et l'âme ne sont pas deux êtres distincts : l'esprit est la partie principale et maîtresse qui nous fait raisonnables, tandis que l'âme, principe de vie, est la partie qui nous unit à un corps; mais l'esprit comprend l'âme, car on appelle esprit la partie raisonnable de l'âme, dont les bêtes sont privées. » (*De Fide et symbolo*, I, 10.)

L'âme n'est ni corps, ni Dieu, mais un être mitoyen entre le corps et Dieu. Le corps, en effet, est une nature muable par rapport au lieu et au temps; l'âme, par rapport au temps, mais non par rapport au lieu, et Dieu n'est pas plus muable par rapport au temps que par rapport au lieu. L'homme donc, cet être intermédiaire, sera malheureux s'il se porte vers les êtres inférieurs, heureux, s'il s'élève vers l'Être souverain (*Ep.* 18, Cœlestino). — Non, certes, ce n'est pas pour une faute que l'âme a été unie à son corps (*De Peccator. meritis et remiss.*, I, 20); le corps lui-même est très bon et très beau, et rien n'est plus absurde que la fiction de la préexistence des âmes (*Confess.*, I, 21). — L'âme n'est pas seulement présente à la masse du corps prise dans son ensemble, mais elle est simultanément et tout entière présente à chaque partie du corps, bien qu'elle exerce plus d'opérations dans quelques parties et moins dans certaines autres (*De Trin.*, VI, c. v, n. 8). — De cette union intime résulte l'influx réciproque de l'âme et du corps. L'homme, en aimant cette union, aime la vie (*De civ. Dei*, c. vi, vii). Il y a chez lui trois vies distinctes, la vie séminale (végétative), la vie sensible et la vie intellectuelle (*De civ. Dei.*, V, ii). Cependant, toutes ces fonctions, tous les phénomènes physiologiques et non physiologiques, ainsi que l'unité du corps, ont leur principe dans l'âme : « Hæc anima corpus hoc terrenum præsentiâ suâ vivificat, colligit in unum, atque in uno tenet » (*De Quant. anim.*, c. xxxiii, n. 70). Saint Augustin ne dit pourtant pas, explicitement du moins, que l'âme soit unie au corps comme sa forme substantielle.

Par la vie et la sensation, l'homme communique avec les animaux qui sont tout autre chose que de simples machines. Ni les sens externes, ni les sens internes, sens commun, mémoire, sens appréciatif, imagination, ni les différentes passions de l'appétit sensible ne leur font défaut (*Enarr. in Psalm.*, 118). Mais si l'animal a la sensation, il n'a pas la science, et cette seule différence le place dans une espèce inférieure à celle de l'homme : « *Bestiæ sentiendi vim habent, non scientiam.* » (*De Quant. anim.*, c. XXVIII.)

Comment s'opère la sensation, et comment s'acquiert la science? La sensation suppose trois choses : l'objet extérieur, l'organe qui pâtit, l'âme qui connaît par l'intermédiaire du corps : « *Sensatio est passio corporis per seipsam non latens animam.* » (*De Music.*, vi, 5; *De Genes. ad litt.*, XII, 20.)

Cette connaissance sensible ne saurait avoir lieu sans les *espèces* ou représentations très fidèles émanées de l'objet et reçues dans la faculté sensitive : « Non possumus quidem dicere quod sensum gignat res visibilis; gignit tamen formam, velut similitudinem suam quæ fit in sensu, cùm aliquid videndo sentimus... Ratione colligimus nequaquam nos sentire potuisse, nisi fieret in sensu nostro aliqua similitudo conspecti corporis. » (*De Trin.*, XI, 2, et *Solil.*, I, 6). Au-dessus des autres facultés sensibles règnent la mémoire et l'imagination, décrites avec une abondance, une finesse et des détails qu'on chercherait en vain chez d'autres auteurs (*Confess.*, x, 8, 19, 25).

Placée par sa nature entre les sens et l'intelligence, l'imagination recueille des images de trois espèces : 1° celles qu'elle reçoit des sens externes; 2° celles qu'elle produit elle-même en combinant les premières images : 3° enfin celles qui naissent en elle par suite de la considération de certaines vérités spéculatives, et qui représentent les rapports des nombres, par exemple, ceux de la géométrie et de la musique. (*Epist.* 7, *Nebridio*, c. 11; *De Ver. Relig.*, c. 10.)

Pour la perception *intellectuelle*, elle ne vient qu'après la sensible; elle est fille de l'esprit, et l'esprit la conçoit, l'enfante par un verbe mental, après avoir été excité par l'espèce intelligible. (*De Trin.*, ix, 7, 9, 12; xi, 3, xv, 10; in Ps. 139, n. 15; *De Civ. Dei*, xi, 27 et *Epist. De videndo Deo*, c. 9, n. 22.) — La science, objet propre de l'intelligence, est le terme et non pas le début de la connaissance humaine; les sens externes, les sens internes, et le raisonnement, tels sont les degrés par lesquels on y parvient. (*De Quant. anim.*, c. 26, 27; *De Genes. ad litt.*, l, VII, c. 18, n. 24, 25 et *Epist.* 7, *Nebridio*, n. 6.)

La science se termine aux *idées* et trouve en elles son plus solide point d'appui.

Mais, que sont au juste ces fameuses idées, décrites avec tant d'enthousiasme par le saint docteur? (*De Trin.*, viii, 6, et *Cont. Acad.*, iii, 13; *De divers. quæst.*, 83.) Quelle en est la nature et quel est le sujet où elles résident? S'il faut en croire l'école *ontologiste*, les idées augustiniennes seraient non seulement innées, mais encore absolument éternelles, nécessaires et immuables; elles seraient en Dieu, nous les verrions en Dieu[1].

---

1. Dans quelques-uns de ses ouvrages, dit l'école dont nous parlons, saint Augustin enseigne que les essences des choses, éternelles et immuables, ne se trouvent pas ailleurs que dans la vérité divine où nous les apercevons (*De Lib. arbit.*, II, 4, 40; *De Ver. Relig.*, 4, 67; *Soliloq.* I; *Confess.* vii, 17). — Dans quelques autres, il répète avec insistance que la vérité immuable, c'est-à-dire l'essence métaphysique des êtres, est vue par nous dans les raisons éternelles,

Que l'évêque d'Hippone ait un moment admis le système de l'innéisme, c'est un fait, mais c'est un fait aussi qu'il a rétracté cette opinion de sa jeunesse (*Retract.*, I, c. 4, n. 4), où il renvoie au douzième livre sur la Trinité, c. 15. — Qu'il ait gardé jusqu'à la fin l'usage de certaines locutions platoniciennes, susceptibles d'être prises dans un double sens et de créer par là même une certaine difficulté aux interprètes de sa pensée, c'est également un fait; cette difficulté, il l'a sentie lui-même et a pris la peine de nous en avertir (*De civ. Dei*, I, 31). Mais qu'il faille compter ce grand homme parmi les partisans de la moderne erreur connue sous le nom d'*ontologisme*, c'est trop avancer, c'est, nous le croyons fermement, résister à la certitude historique. Contre cette supposition, en effet, les raisons abondent et sont toutes de poids. Tout le moyen âge, personne ne l'ignore, a rejeté avec énergie l'ontologisme et même les idées innées. D'autre part, saint Augustin a été vraiment l'oracle de l'École, selon la remarque de l'évêque de Meaux (*Déf. de la trad.*, X, 24). Or, s'explique-t-on ce double fait dans l'hypothèse des adversaires?

Et qu'on ne dise pas que l'illustre Père du quatrième siècle aura été peu étudié ou mal compris des scolastiques. Saint Thomas s'est inspiré de ses écrits plus que personne, et il a fait de la question qui nous occupe une étude particulière et profonde. Eh bien, saint Thomas dis-

---

dans la lumière de Dieu (*Confess.* VII, 25; *De Trin.*, XII, 2, n. 14, 15, et IV, 7, et c. 7.) — Ailleurs enfin, il dit que Dieu est la lumière de l'esprit humain, que c'est dans ce soleil de l'intelligible, dont la vive clarté éclaire et rend visibles toutes choses, sans se dérober au regard de personne, que nous contemplons la vérité, la beauté et la justice, et qu'enfin Dieu est ce maître intérieur qui s'unit à nous sans *intermédiaire*, et qu'il faut consulter pour entendre le vrai (*De Trin.*, XII, 2; *De Magistro*, c. 11, 13. *Solil.*, I, 15). — Saint Bonaventure interprète fort bien cette dernière pensée de l'évêque d'Hippone : « Hoc dicit Augustinus contra philosophos quorum opinio erat quod mens non conjungitur æternæ veritati immediate, sed mediante aliquâ intelligentiâ. » (*In Sent.*, Dist. 3, p. 1, n. 1, q. 3, ad 2.)

cute à peu près tous les textes de saint Augustin apportés aujourd'hui par les ontologistes, et dans aucun il ne découvre la trace de l'ontologisme. (S. C. G. III, 41 ; S. Th., 1ª, q. 84, a. 5, c. ; *De Spirituali creatura*, c. 10, ad 8.)
« Augustin, dit-il, suivant les traces de Platon jusqu'au point où la foi le lui permettait, ne soutint pas que les idées des choses subsistaient en elles-mêmes, mais, à la place, il en montra les raisons éternelles subsistant dans la pensée de Dieu, et démontra que, par la vertu de notre intellect, éclairé de la lumière divine, nous jugeons de la vérité avec certitude. Et il n'entendait pas cela dans le sens que nous apercevons nous-mêmes en Dieu ces raisons éternelles (ce qui est impossible sans la vision de l'essence divine), mais en tant seulement que ces raisons exercent une certaine impression sur notre esprit. Or, il importe assez peu de dire que Dieu nous rend participants des idées, des vérités intelligibles, ou que nous avons reçu de lui l'intelligence qui s'élève d'elle-même aux idées. » (*De Spirituali creat.*, loc. cit. [1].)

Ainsi, dans les textes allégués, l'évêque d'Hippone se borne à soutenir deux choses : 1° que les idées exercent

---

1. Et ailleurs : « Cùm quæritur utrum anima humana in rationibus æternis omnia cognoscat, dicendum est quod aliquid in aliquo dicitur cognosci dupliciter. Uno modo, sicut *in objecto cognito*, sicut aliquis videt in speculo ea quorum imagines in speculo resultant; et hoc modo, anima, in statu præsentis vitæ, non potest videre omnia in rationibus æternis; sed sic in rationibus æternis omnia cognoscunt *beati*, qui Deum vident, et omnia in ipso. — Alio modo, dicitur aliquid cognosci in aliquo, sicut *in cognitionis principio*; sicut si dicatur quòd *in* sole videntur ea quæ videntur *per* solem. Et sic necesse est dicere quòd anima humana omnia cognoscat in rationibus æternis, per quarum participationem omnia cognoscimus. Ipsum enim lumen intellectuale, quod est in nobis, nihil aliud est quam quædam participata similitudo luminis increati, in quo continentur rationes æternæ... Quòd autem Augustinus non sic intellexerit omnia cognosci in rationibus æternis, vel in incommutabili veritate, quasi ipsæ rationes æternæ videantur, patet per hoc quò ipse dicit (quæst. lib. 83, quæst. 66) quòd rationalis anima non omnis et quæcumque, sed quæ sancta et pura fuerit, asseritur illi visioni esse idonea. » (1ª. *Loc. cit.* Cf. *Cont. Gent.*, c. 47.)

sur notre intelligence une certaine action; 2° que notre intelligence arrive à les connaître, grâce à une influence spéciale de la lumière divine. Ou si l'on veut une autre formule, il considère Dieu comme la lumière suréminente qui éclaire à la fois l'intelligence et l'intelligible, parce qu'elle est leur principe, mais il ne dit pas, et toute la question est là, qu'il soit l'intelligible *formel* et *immédiat* de l'intelligence. — Au reste, si son langage garde ici quelque chose d'incertain et d'inexpliqué, il reçoit ailleurs toute la précision désirable, et cela dans des livres postérieurs pour la plupart à ceux allégués ci-dessus. Écoutez l'auteur des *Soliloques* : « Non, les idées ne sont ni Dieu, ni la science de Dieu. Si elles étaient la science de Dieu, j'aurais à les connaître toute la félicité que j'aurais à voir Dieu. » (*Sol.*, I, I, c. v, n. 1.) « Je suis obligé d'avouer qu'il y a toute la différence du ciel et de la terre, entre l'intelligible majesté de Dieu, et les spectacles, vrais et certains, que nous présentent ces sciences. » (*Ibid.*) « Dieu est intelligible, ces spectacles logiques sont intelligibles aussi; mais quelle différence! La terre aussi est visible, de même que la lumière est visible; mais la terre, si la lumière ne s'y répand, ne peut pas être vue. Ainsi toutes ces vérités scientifiques qui, aux yeux de celui qui les comprend, sont d'une absolue certitude, ces vérités ne sont intelligibles que parce qu'elles sont illuminées par un autre soleil qui est le leur. » (*Ibid.*, VIII, 15, Cf. *De civ. Dei*, c. 4, 6, Epist. Dioscoro, 118, al. 56; Consentio, Epist. 120, al. 222.)

Ce qui suit est encore plus décisif : l'ontologisme tout entier consiste à prétendre que nous connaissons Dieu immédiatement et en lui-même, tandis qu'Augustin veut qu'on ne s'élève à Dieu qu'à l'aide du monde extérieur et du monde intérieur; il ne met pas à la première place l'ontologie ou la théodicée, mais la cosmologie et la psychologie[1].

1. « *Videmus nunc per speculum et in ænigmate.* Quale sit et quod sit hoc *speculum,* si quæramus, profecto illud occurrit quod in speculo nisi *imago* non cernitur; hoc ergo facere conati sumus, ut per imaginem hanc quod nos sumus, videremus utcumque a

« Interrogez la beauté de la terre, interrogez la beauté de la mer...; interrogez la beauté du ciel...; interrogez les animaux, les âmes cachées, les corps qui paraissent; les êtres visibles qui sont gouvernés, les êtres invisibles qui gouvernent; interrogez ces choses, et ces choses vous répondent : Voyez, nous sommes belles ! Leur beauté, voilà ce qu'elles proclament. Qui a fait ces beautés changeantes, sinon une immuable beauté? Les philosophes en sont *ensuite* venus à l'homme, *afin de pouvoir entendre et connaitre Dieu, créateur de l'univers*, et dans l'homme ils ont interrogé à la fois le corps et l'âme... et ils ont trouvé que dans l'homme même l'âme et le corps étaient changeants. Le corps change par l'âge, par la corruption, par les aliments, par ce qu'il reçoit, par ce qu'il perd, par la vie, par la mort. Les philosophes ont trouvé que l'âme aussi était changeante : tantôt elle veut, tantôt elle ne veut pas, tantôt elle ignore..., tantôt elle s'élève à la sagesse, tantôt elle se laisse aller à la folie... Ils ont passé au delà, car ils ont cherché quelque chose d'immuable. *C'est ainsi qu'ils sont parvenus à connaitre Dieu qui a fait ces choses, par les choses qu'il a faites.* » (*Serm.* 141, c. II.) — Assez de citations, assez de preuves. Ceux qui en désireraient cent autres semblables, n'ont qu'à lire la lettre *De videndo Deo*, et les traités *De Genes. ad litt.*, IV, 32, *De peccatorum meritis et remiss.; De Trin.* I, III, c. 5, n. 8; *Enarr. in Ps.*, 41, n. 7.

Après les opérations, la *nature* de l'âme : « multiple dans ses actes, elle est simple dans son essence. » (*De*

quo facti sumus, tanquam per speculum. » (*De Trin.*, VIII, 4.) Et (*ibid.*, n. 16.) : « *In ænigmate...* Quantùm mihi videtur, sicut nomine speculi imaginem voluit intelligi, ita nomine ænigmatis, quamvis similitudinem, tamen obscuram et ad percipiendum difficilem. Cùm igitur speculi et ænigmatis nomine quæcumque similitudines ab Apostolo significatæ intelligi possint, quæ accommodatæ sunt ad intelligendum Deum, eo modo quo potest; nihil tamen est accommodatius quàm id quod imago ejus non frustra dicitur. Nemo itaque miretur etiam in isto modo videndi qui concessus est huic vitæ, per speculum, scilicet in ænigmate, laborare nos ut quomodocumque videamus. »

Trin., III, 2, 10, et X, 11.) Elle est substance et non accident (*De quant. anim.*, c. 3, n. 22 et seq.); elle est spirituelle, mais non pas une portion de la substance divine. (*De Anim. et ejus orig.*, II.) — D'où vient-elle ? D'un acte créateur de Dieu, ou d'une génération toute spirituelle des parents ? Ici le grand philosophe hésite et n'ose se prononcer. Volontiers il inclinerait vers la seconde hypothèse qui, à ses yeux, expliquerait mieux le dogme catholique du péché originel et de sa transmission. Mais, comme elle semble de nature à porter préjudice à la spiritualité de l'âme, il adjure ceux qui l'embrasseront de garder entière cette vérité fondamentale. (*De Genes. ad litt.*, X, 24-25). D'autre part, quand saint Jérôme le presse vivement de se ranger à la doctrine de la création, il répond en ces termes : « Je ne demande pas mieux que cette opinion de la création journalière soit la mienne aussi bien que la vôtre, si elle n'est point contraire aux articles inébranlables de notre foi ; mais si elle y est contraire, elle ne doit être non plus la vôtre que la mienne. » (*Epist.*, 166, c. xi, et *Retract.*, I, 1.)

Sur la question de l'immortalité de l'âme, il retrouve toute son assurance et son éloquence émue. Il consacre à la défendre un livre entier et de nombreux arguments, comme il a fait pour la spiritualité. Toutefois quelques-unes de ces preuves, empruntées du Phédon, ne semblent pas jouir d'une force absolument démonstrative. En voici deux, présentées avec une particulière insistance : 1° Le corps peut être dissous, mais non anéanti ; conséquemment, l'âme qui est supérieure au corps ne saurait périr, bien que, en sa qualité de substance créée, elle tende au défaut et au manque d'être. (*De Nat. anim. et ejus orig.*, I, ii.) 2° Considérez dans un sujet quelconque un attribut quelconque ; si cet attribut subsiste toujours, il faut nécessairement que le sujet subsiste aussi. Or, toute science est dans l'âme comme dans un sujet. Il est donc nécessaire que l'âme subsiste toujours, si toujours subsiste la science. Mais la science est vérité, et la vérité subsiste toujours. L'âme subsiste donc toujours, et l'on ne peut pas dire de l'âme qu'elle meure. » (*Solil.*, II, 13.) — Ce dernier argument serait moins sujet à contestation s'il était présenté sous la forme que lui a donnée l'Ange de l'École : Bien que la science ou la vérité puisse être reçue dans un sujet autre que l'âme humaine, toujours est-il que l'âme humaine est un de ses sujets. Si donc, comme il est certain, la vérité est impérissable, en vertu de sa spiritualité, l'âme humaine ne saurait manquer de l'être pareillement.

Relativement à la *théodicée* augustinienne, si correcte, si complète et si remarquable, il faudra nous borner à quelques indications rapides. Les preuves se présentent en foule pour établir l'existence de Dieu ; parmi elles, deux obtiennent de l'évêque d'Hippone une préférence marquée : celle qui se tire du *mouvement* ou du changement de toutes choses, des esprits aussi bien que des corps ; et celle que fournissent les *idées*. Effectivement, il n'est pas nécessaire que l'homme les aperçoive en Dieu ; mais il est nécessaire qu'elles trouvent en Dieu leur point d'appui, la raison de leur caractère absolu et immuable, indépendamment des hommes et des choses sensibles. Et comment arriver à connaître l'essence de ce Dieu que sa majesté souveraine rend naturellement invisible à tout regard créé? Par le monde et par l'âme ; il n'y a pas d'autre itinéraire. (*De Trinit.*, XV, n. 37, et *Enarr. in Ps.*, 41, n. 7.) *Éliminez* et *agrandissez* : éliminez toutes les imperfections, agrandissez à l'infini toutes les perfections réelles ou possibles, et vous aurez non pas le Dieu grossier du panthéisme, ni le Dieu indéterminé des idéalistes, mais un Dieu distinct du monde, vivant, personnel, souverainement parfait. Cependant, sa nature le place si fort au-dessus de notre raison, que l'âme ne connaît presque rien de lui, sinon qu'elle ne peut le connaître : « *Scitur Deus melius nesciendo.* » (*De Ordine*, II, 16 ; *Confess.*, I, 4 ; *Epist.*, 187, Dardano, 4 ; *Confess.*, II, 11, 12, 15 ; XIII, 16 ; *De civ. Dei*, XII, 18.) — Son nom propre paraît être celui d'*essence* plutôt que celui de *substance* : « On entend bien ce que c'est que substance dans les choses où se trouvent des propriétés qui supposent un sujet, comme dans un corps la forme ou la couleur. Le corps en effet subsiste, et ainsi est substance, tandis que les propriétés qui subsistent dans le corps comme dans leur sujet ne sont pas des substances, mais dans la substance... Or, si Dieu subsiste de telle sorte qu'on puisse dire proprement qu'il est substance, il y a en lui quelque chose qui s'y trouve comme dans un sujet et il n'est pas simple... Mais il n'est pas permis de dire que Dieu subsiste en tant que sujet de sa bonté et que cette bonté ne soit pas substance ou plutôt essence, et que Dieu lui-même ne soit pas sa bonté. Aussi est-il manifeste que sous cette expression de substance, plus fréquemment employée, il faut entendre l'idée d'essence, seule notion qui convienne exactement et vraiment à Dieu, si bien que Dieu seul doive être dit essence. » (*De Trin.*, VII, 5.)

Envisagé par rapport aux créatures, il se manifeste à nous sous trois aspects principaux : *logiquement*, comme base de la certitude; *physiquement*, comme principe des choses; *moralement*, comme souverain bien. Il n'est pas jusqu'à la sainte Trinité dont on ne trouve l'image dans la nature de l'homme : *être*, *connaître* et *vouloir* sont trois choses réellement distinctes, qui pourtant appartiennent à une seule et même essence. (*Confess.*, XIII, 11.) — Quant à la manière dont Dieu prévoit l'avenir et coopère aux actions libres de l'homme, tout en leur laissant, ou plutôt en faisant leur liberté, l'auteur des *Confessions* et du traité sur le *Libre arbitre* embrasse l'opinion qui sera plus tard soutenue par l'école thomiste : « *Nous voyons toutes les choses que vous avez faites, ô mon Dieu, parce qu'elles sont; pour vous, au contraire, elles ne sont que parce que vous les voyez.* » (*Confess.*, XIII, 16.) De là cette célèbre parole de Bossuet : « Saint Thomas n'est, à vrai dire, autre chose, dans le fond, et surtout dans les matières de la prédestination et de la grâce, que saint Augustin réduit à la méthode de l'École. » (*Déf. de la Trad.*, V, 24.)

Nous voudrions qu'on se fît de l'évêque d'Hippone une idée juste et complète. Par sa vie, par son génie et par ses pensées, c'est un esprit multiple et divers. La scolastique affecte une triple tendance et revêt, s'il se peut dire, trois formes : avec saint Thomas, elle est avant tout scientifique, avec saint Bonaventure, mystique, avec Scot, subtile. Ce triple caractère, ne le trouve-t-on pas chez saint Augustin? L'auteur des traités sur la *Musique* est d'une pénétration un peu subtile; l'auteur des *Soliloques* et des *Confessions* est un mystique incomparable; l'auteur de la *Cité de Dieu* est un savant à la manière de saint Thomas. Aucun doute qu'il ne mérite de passer pour un des plus illustres promoteurs de la théodicée et de la psychologie.

D'ordinaire, on le met au nombre des disciples de Platon. Platonicien, il l'est par l'élévation, l'élan, la tendance à l'idéal, la liberté dans la marche, et le mouvement du discours comme aussi par l'usage de plusieurs locutions. Mais pour la doctrine, si vous exceptez un très petit nombre d'opinions, une part un peu moins grande faite au corps, dans la nature de l'homme, et aux sens, dans la connaissance intellectuelle; si vous exceptez encore un peu d'indécision, et peut-être un manque de précision sur certains problèmes, vous n'aurez pas un platonicien, mais, selon la remarque de Bossuet, un scolastique.

Ve Siècle

Moins richement doté que le siècle d'Augustin, le cinquième siècle ne laisse pas de compter de sérieux représentants de la philosophie chrétienne : en Orient, Némésius et David l'Arménien; en Occident, Claudien Mamert et Salvien de Marseille.

Némésius, évêque d'Émèse en Syrie, appartient au commencement du cinquième siècle. D'une érudition très respectable et d'une élégance presque attique, s'il ne s'attache exclusivement à aucune école, il se rapproche beaucoup d'Aristote par la doctrine, la méthode et sa constante préoccupation de raisonner d'après l'expérience. Son livre *De naturâ hominis* est un manuel court et substantiel, d'une lecture instructive et attachante. Il contient des vues fort justes sur l'union de l'âme et du corps, et sur l'un et l'autre séparément. Le corps, résumé des perfections de la nature organisée, fait partie constitutive de l'homme; l'âme est une, à la fois raisonnable et irraisonnable. En tant que raisonnable, elle est spirituelle et immortelle, sujet de la pensée et de la liberté; en tant qu'irraisonnable, elle est végétative et sensitive. — L'homme occupe dans le monde la place d'honneur, mais le monde lui-même est plein de beauté, car il réalise toutes les espèces d'êtres, selon une gradation si habilement ménagée et des nuances si imperceptibles, qu'il n'y a point de saut dans la nature : *Nihil in naturâ per saltum.* Pour l'homme, il est à lui seul un petit monde, un merveilleux abrégé du monde sensible et du monde suprasensible. — Au milieu de cette psychologie et de cette cosmologie, notons cependant une erreur, empruntée d'Origène, selon toute apparence : la création *ab æterno* de tous les êtres spirituels. D'après le raisonnement de Némésius, si l'âme avait eu un commencement, elle devrait aussi avoir une fin et se trouver sujette à la mort.

David l'Arménien occupe dans l'histoire de la philosophie orientale une place très importante. Il était de Nerken dans le Douroupéran. Son évêque l'envoya étudier en Grèce, et sans doute il dut fréquenter les écoles chrétiennes d'Alexandrie, de Constantinople et d'Athènes. De retour à Nerken, riche de connaissances abondantes et variées, il les communiqua à ses compatriotes, dans plusieurs ouvrages, écrits soit en grec, soit en arménien. Bien qu'il touche à la plupart des problèmes philosophiques, la logique a néanmoins ses préférences, comme l'indique le titre de ses savants traités : *Définition des principes de toutes choses*; les *Fondements de la philosophie*, où se trouve une excellente réfutation du pyrrhonisme sous toutes ses formes; les *Apophthegmes des philosophes*; le *Commentaire de l'Isagoge* de Porphyre; le *Commentaire des catégories d'Aristote* avec des *Prolégomènes*, précieux pour la métaphysique et l'histoire de la philosophie; une traduction des *Catégories* et de l'*Hermeneia*; un extrait des *deux Analytiques*, une traduction du livre *De Cœlo et Mundo*, une traduction du traité sur *les Vertus et les Vices*. — Le Philosophe arménien fait des emprunts à Platon, mais il penche vers Aristote. Le style est élégant, et la pensée ne manque pas d'une certaine vigueur; sa patrie reconnaissante lui a décerné le titre de « très grand et d'invincible ».

Si l'on arrive à établir, ce qui paraît assez vraisemblable, que l'*Organon*, apporté en Arménie par David, a pénétré de là chez les Arabes, ceux-ci, loin d'avoir initié le moyen âge à la philosophie d'Aristote, y auraient été initiés eux-mêmes par un philosophe chrétien [1].

Mamert, moine et prêtre de Vienne et ami de l'illustre Sidoine Apollinaire, est un des personnages les plus célèbres de son temps. On lui doit une assez bonne psychologie, connue sous ce titre : *De statu animæ libri tres*. Quoiqu'il parle un langage parfois un peu étrange, le prêtre de Vienne est un esprit fort cultivé, formé à l'école d'Aristote et de Platon, et qui sait unir l'éloquence aux sévères procédés de la dialectique. Faustus de Riez, abbé de Lérins, soutenait dans son livre *De creaturis*, que Dieu seul est une substance immatérielle. C'est contre lui que Mamert plaide avec chaleur la cause de la spiritualité de l'âme. A l'appui de sa thèse, il invoque tour à tour l'autorité et la raison, la physique, la logique et la métaphysique, la Bible et les philosophes, Pythagore, Philolaüs,

---

[1] « Les œuvres de David, indépendamment de leur valeur propre, en ont une autre toute relative et qui n'est point à dédaigner... David représente le mouvement philosophique de la Grèce se propageant en Arménie, et contribuant pour sa part à celui que développèrent les Arabes un peu plus tard. Retrouver dans un monument authentique l'état des études philosophiques en Arménie, à la fin du cinquième siècle, c'est presque, ce semble, conquérir une nouvelle province à l'histoire de la philosophie. L'Arménie, jusqu'à présent, n'y figurait point à ce titre, et pourtant elle méritait d'y figurer. Elle vivait à cette époque de la vie philosophique en Grèce. Elle étudiait, comme Athènes elle-même, comme Alexandrie, comme Constantinople, Aristote et Platon... La gloire de David sera de représenter son pays en philosophie, comme il le représentait aux écoles d'Athènes. ».(Barthélemy Saint-Hilaire, *Dictionn. des sciences philos.*, 1876, p. 345.)

Platon, Porphyre et Cicéron, mais surtout Augustin, son guide vénéré et loué. Un de ses arguments préférés, c'est que l'âme, à moins d'être spirituelle, ne saurait s'élever à la vérité *absolue*. Mais il fait au corps la part qu'il mérite dans le composé humain. « In duabus substantiis constat homo, *immortali* et *illocali* animâ, et *mortali* et *locali* corpore. » (III, 11.) Ensuite, dans l'âme elle-même, il distingue très bien la substance des accidents, le fond immuable de la partie mobile, mesurée par le temps. (III, 15.)

Salvien, surnommé par Gennade « *episcoporum magister* », a écrit sur la Providence, *De Summâ Providentiâ*, un traité estimable, d'un style clair, vigoureux et généralement élégant. Ce qui le distingue, ce sont les considérations morales plutôt que les élévations métaphysiques [1].

VIᵉ Siècle

Le sixième siècle nous offre trois personnages qui ont bien mérité de la philosophie chrétienne : Boëce, Isidore de Séville et Cassiodore, auxquels on peut ajouter Zacharie le Scolastique et Philopone, d'une moindre valeur, le dernier même d'une orthodoxie incomplète.

Boëce, issu d'une illustre et noble famille, connut toutes les vicissitudes de la fortune; après avoir été ministre de Théodoric le Grand, il tomba en disgrâce, fut jeté en prison et condamné à être décapité [2].

---

[1]. A la même époque appartient Marcien Capella, originaire d'Afrique, auteur d'une encyclopédie, mêlée de prose et de vers, *Satyricon*, précédée d'un roman philosophique, sous le titre de : *Noces de Mercure et de la philosophie*. Cet ouvrage, encore qu'il n'ait pas grande valeur intrinsèque, fut assez recherché et même étudié.

[2]. La congrégation des Rites (Introduction des causes de béatification et de canonisation) a tenu, à la fin de décembre 1883, une séance plénière où a été discutée la cause ayant pour objet la confirmation du culte rendu de temps immémorial à Boëce, comme martyr. Cette question : *An sententia lata a Nº Dº Rº Episcopo Papiensi sit confirmanda in casu et ad effectum de quo agitur*, a reçu une réponse affirmative.

Philosophe, théologien, poète, Boëce est encore un grand érudit, ses écrits en font foi. On lui doit un commentaire sur l'*Isagoge* de Porphyre, une traduction des *Catégories* d'Aristote, accompagnée de commentaires, une traduction de l'*Hermeneia* avec commentaires, une traduction des *premiers et seconds Analytiques*, des *Topiques*, des *Arguments sophistiques*, des commentaires sur les *Topiques* de Cicéron, des *Opuscules* sur la définition et la division, le fameux ouvrage *De Consolatione philosophiæ*, et un traité sur la *Trinité*, commenté par saint Thomas.

L'auteur avait d'abord songé à montrer l'accord de Platon et d'Aristote sur les questions principales; mais il dut abandonner ce projet un peu chimérique, pour se mettre à l'école du Stagirite. Effectivement, le seul de ses écrits où l'on puisse trouver quelques tendances platoniciennes, est le *De consolatione philosophiæ*, qui d'ailleurs ne contient aucune des erreurs du philosophe athénien. C'est un abrégé de la théodicée, et surtout une brillante étude sur la Providence; le prisonnier de Pavie se livre à de sombres pensées, quand la philosophie lui apparaît sous les traits d'une femme et lui montre dans la Providence la source des plus pures et des plus solides consolations. — Ce traité, en forme de dialogue et composé alternativement de vers et de prose, est écrit avec une si parfaite élégance, qu'il suffit à placer son auteur au rang des premiers écrivains de son illustre patrie.

Soit à raison de son caractère religieux et même chrétien, soit à cause de ses doctrines péripatéticiennes et de ses traductions latines qui mettaient Aristote à la portée de ceux, nombreux alors, qui ne possédaient pas assez le grec, Boëce fut très pratiqué et très goûté des scolastiques. Le docteur Angélique le cite souvent et lui emprunte notamment ses définitions devenues célèbres, de l'éternité, du suppôt, de la personne et de la béatitude.

De plus, les meilleurs scolastiques ont adopté, en la précisant davantage, sa solution sur la nature des *universaux*. Porphyre, on le sait, s'était refusé à décider « si les genres et les espèces existaient dans les choses ou seulement dans l'intelligence, et dans le cas où ils existeraient par eux-mêmes, s'ils sont corporels ou incorporels, s'ils existent séparés des objets sensibles, ou dans ces objets et en faisant partie ».

Le commentateur de l'Isagoge est plus audacieux. La difficulté du problème et le désaccord de Platon et d'Aristote l'embarrassent visiblement. Néanmoins il expose avec modestie son opinion qui n'est autre que celle du réalisme modéré. « Les genres et les espèces sont dans les objets corporels, et aussitôt que l'âme les y trouve, elle en a le concept. Elle dégage du corps ce qui est de nature intellectuelle, pour en contempler la forme telle qu'elle est en elle-même ; elle *abstrait* du corps ce qui est incorporel. La ligne que nous concevons est donc réelle, et quoique nous la concevions hors du corps, elle ne peut exister séparément. Cette opération accomplie par voie de division, d'abstraction, ne conduit pas à des résultats faux. Les genres et les espèces, en tant que concepts de l'intelligence, sont formés de la similitude des objets entre eux ; par exemple l'homme, considéré dans les propriétés communes à tous les hommes, constitue l'espèce humaine, et, dans un degré supérieur de généralité, les ressemblances des espèces donnent les genres. Mais ces ressemblances que nous retrouvons dans les espèces et dans les genres existent avant tout dans les individus ; de sorte que, en tant que conçus, ils en sont distincts et séparés. Ainsi donc le particulier et l'universel, l'espèce et le genre ont un seul et même sujet, et la différence consiste en ce que l'universel est pensé en dehors du sujet, le particulier senti dans le sujet même où il existe. » (*In Porphyr.*, I, *in fine.*)

Ces remarquables paroles contiennent la vraie doctrine sur l'universel et le particulier, les sens et l'intelligence, la manière dont nous formons, par voie d'abstraction, les concepts généraux, et la nature de leur objectivité.

Cassiodore naquit à Squillace en Calabre, vers 470, et prolongea sa vie au delà de cent ans. Comme Boèce, il fut ministre de Théodoric, mais il sut garder plus longtemps les bonnes grâces de son prince et de la fortune.

Après cinquante années de succès dans la politique, il abandonna le monde et fonda le monastère de Viviers, à l'extrémité de la Calabre.

Il fit de son monastère une sorte d'académie où les religieux étudiaient à la fois les sciences sacrées et profanes. Ce travailleur infatigable composa plusieurs ouvrages utiles, un *Traité des sept arts libéraux*, classique au commencement du moyen âge, les *Institutions divines et humaines*, et un livre très estimable sur l'*Ame*. On y trouve des fragments des Pères et des philosophes, et une riche collection de définitions sur tous les sujets importants. Moins célèbre que Boëce, le moine de Viviers suit la même ligne en philosophie et renvoie fréquemment aux écrits de son maître.

Il faut se représenter saint *Isidore*, archevêque de Séville, comme le personnage le plus remarquable de l'Église au sixième siècle. Il était l'oracle des théologiens de son temps. Trois de ses ouvrages, qui ressemblent assez à des *mélanges*, le placent au nombre des philosophes dignes de ce nom et résolvent dans un très bon sens la plupart des problèmes philosophiques : *Etymologiarum (origines) libri* XX; *De Ordine creaturarum; Sententiarum libri* III. Le livre des origines est une encyclopédie de toutes les connaissances de l'époque : arts libéraux, philosophie, théologie, Écriture sainte. Isidore divise la philosophie à la manière des anciens, en *logique, naturelle* ou *physique*, et *morale* (*Étym.*, II, 24). La logique est un résumé de l'*Organon;* la physique incline vers la théorie de la matière et de la forme (*Sent.*, I, 10), et contient d'excellents aperçus sur Dieu, sur l'âme et le monde. Au reste, l'illustre archevêque de Séville préfère généralement la philosophie d'Aristote à celle de Platon. Peu d'auteurs sont aussi souvent cités par saint Thomas d'Aquin, qui s'est particulièrement inspiré des *Étymologies*. On trouve là, condensée en peu de mots, une excellente philosophie des lois [1].

---

[1]. Qu'on en juge par ce texte aussi riche que laconique : « Erit lex honesta, justa, possibilis, secundùm naturam (eorum quibus imponi-

Zacharie le *Scolastique* et *Philopone* appartiennent à l'Orient. Le premier, qui florissait vers le milieu du sixième siècle, fréquenta d'abord les écoles d'Alexandrie où Ammonius, fils d'Hermias, professait alors les théories néoplatoniciennes. Mais, loin de laisser entamer sa foi par l'enseignement du continuateur de Plotin, Zacharie écrivit plus tard deux ouvrages destinés à réfuter soit les erreurs des Alexandrins sur l'origine du monde, *De Opificio mundi*, soit le dualisme manichéen, *Disputatio contra Manichæos*. — Notre philosophe théologien mérita d'être évêque de Mitylène, dans l'île de Lesbos.

Quelques années plus tard naissait Jean le Grammairien, ou Philopone, esprit pénétrant, cultivé, âpre au travail, menant de front les lettres, la philosophie et la théologie, mais que sa hardiesse entraîna parfois hors des limites de l'orthodoxie. C'est ainsi que sous l'influence des néoplatoniciens, il admit le *trithéisme* et se fit condamner par le sixième concile œcuménique. — Néanmoins Philopone combat Jamblique et Proclus, et on lui doit des commentaires d'un vrai mérite sur les deux *Analytiques*, sur une partie de la *Physique* et de la *Métaphysique*, les traités de l'*Ame* et de la *Génération* des animaux, ainsi que deux ouvrages sur l'*Éternité du monde* et la *Cosmogonie* de Moïse.

VIIIᵉ Siècle

Le vénérable Bède et saint Jean Damascène sont les derniers représentants de la philosophie patristique.

Le premier (673-735), du diocèse de Durham, remplit en Angleterre le rôle de saint Isidore en Espagne. Laborieux génie, il sut unir aux occupations de la vie monas-

---

tur), secundùm consuetudinem patriæ, loco temporique convenients, necessaria (ad remotionem malorum), utilis (ad consecutionem bonorum), manifesta quoque, ne aliquid per obscuritatem in captionem contineat, nullo privato commodo, sed pro communi utilitate civium scripta. » (*Etym.*, V, 21.)

tique la culture de toutes les sciences, divines et humaines, et donner aux études une puissante impulsion. Sur toutes les branches de nos connaissances il a laissé de nombreux ouvrages, vastes et encyclopédiques compilations. En philosophie, Aristote, Cicéron et Boëce sont ses guides préférés. On a de lui des *Sentences*, extraites des écrits d'Aristote et de Cicéron, des *Axiomes Aristotéliques*, des *Commentaires* sur le *De Consolatione* de Boëce.

Ni moins célèbre, ni moins érudit est saint *Jean Damascène* (676-760), ainsi appelé du lieu de sa naissance, Damas, en Syrie. — D'abord conseiller du calife, mais dégoûté bientôt des grandeurs humaines, il donna ses biens aux pauvres et se retira dans la solitude pour s'y livrer à la piété et à la science. Ses succès furent tels, qu'il devint chez les Grecs ce que saint Thomas devait être plus tard chez les Latins, le philosophe et le théologien par excellence. Il a, un des premiers, appliqué la méthode aristotélicienne à la théologie, ce qui lui a valu le nom de père de la théologie scolastique. — Ses principaux ouvrages ont été réunis sous le titre de *Source de la Science*. La philosophie revendique les *Capita philosophica*, *De Anima partibus tribus, virtutibus quatuor*, et *De facultatibus*.

Ces écrits contiennent les plus importantes solutions de l'*Organon* (notamment une belle analyse des *Catégories*), de la *Métaphysique* et du *Traité de l'âme*. Il divise la philosophie en *spéculative* et *pratique*, attribuant à la première la théologie (science de Dieu et de l'âme par la raison) la physiologie et la mathématique, et à la seconde, l'éthique, l'économie et la politique (*Capita philos.*, c. 2 et 3). Pour la théodicée, il s'inspire principalement de saint Denys l'Aréopagite. Son traité *De Fide orthodoxa* contient, dans un texte important, tout un abrégé d'anthropologie : « Anima est vivens, simplex et incorporea substantia; immortalis, rationis et intelligentiæ particeps, organis instructo utens corpore, cui vitam, incrementum, sensum et gignendi vim tribuit, non aliam a se sejunctam mentem habens (mens quippe nihil aliud est quàm subtilissima ipsius pars), arbitrii libertate et agendi facultate prædita ». (II, 12, *De homine.*)

Le moyen âge fit de ces livres où tout était si net, si ordonné et si bien défini, un de ses manuels classiques les plus goûtés : le Docteur Angélique cite souvent saint Jean Damascène.

CHAPITRE II

PHILOSOPHIE SCOLASTIQUE

L'histoire entière de la philosophie n'offre aucune époque qui ait été appréciée d'une façon aussi fantaisiste que celle de la philosophie scolastique. Cousin n'y voit guère autre chose que la pensée asservie à la foi. En conséquence, il y distingue trois périodes, correspondant à trois degrés divers de l'union de la philosophie avec la théologie : 1° Subordination de la philosophie à la théologie; 2° alliance de la philosophie avec la théologie; 3° commencement d'une séparation, faible d'abord, mais qui peu à peu grandit et produit la philosophie moderne. (*Hist. génér. de la phil.*, 5ᵉ leçon.) Le chef du rationalisme contemporain ignore sans doute que toute philosophie chrétienne unit ensemble la raison et la foi, et subordonne essentiellement la première à la seconde. Non pas que cette subordination entraîne l'absorption de l'une dans l'autre; mais parce qu'il est juste que la pensée humaine, dans toutes ses manifestations, dépende de la pensée divine, c'est-à-dire de la vérité révélée. — Hauréau n'est pas plus heureux quand, à la suite de plusieurs modernes, il réduit toute la scolastique au problème des universaux. N'eût-elle résolu que cette question, elle n'aurait pas tout à fait démérité de la philosophie; car cet auteur reconnaît avec Cousin « que ce problème est toujours celui qui, à toutes les époques, tourmente et *féconde* l'esprit humain, et, par les diverses solutions qu'il soulève, engendre toutes les écoles. Il se teint en quelque sorte de toutes les couleurs du temps où il se développe; mais partout il est le *fond* duquel partent et auquel aboutissent les recherches philosophiques. Il a l'air de n'être guère qu'un problème de psychologie et de logique, et, en réalité, il domine toutes les parties de la philosophie ; car il n'y a pas une seule question qui, dans son sein, ne contienne celle-ci : tout cela n'est-il qu'une combinaison de notre esprit, faite par nous, à notre usage, ou tout cela a-t-il, en effet, son fondement dans la nature des choses ? » (*Introd. aux ouvr. inéd. d'Abél.*, p. 63, dans Hauréau, *De la philos. scol.*, t. I, ch. II, p. 44.)

Dans le vrai, les scolastiques ont scellé l'alliance de la philosophie avec la théologie, en faisant à chacune sa part et en élargissant l'une par l'autre. Ils ont aussi agité avec ardeur la grande question des universaux, et les plus célèbres parmi eux, Albert et saint Thomas, l'ont définitivement résolue. Mais ils ont fait plus que cela ; nous ne connaissons aucun problème philosophique qu'ils n'aient abordé, et, s'il faut dire toute notre pensée, nous cherchons vainement ce que les modernes ont ajouté à la dialectique, à la métaphysique, et à la morale des docteurs du treizième siècle. Nous espérons le montrer sans trop de peine.

Nous parlerons donc : 1° Des commencements de la scolastique ; 2° de son apogée ; 3° de son déclin ; 4° de la philosophie de la Renaissance, qui tient pour ainsi dire le milieu entre la philosophie scolastique et la philosophie moderne.

ARTICLE Ier

PREMIÈRE PÉRIODE DE LA SCOLASTIQUE

Origine de la scolastique ; neuvième siècle : Alcuin, Raban Maur, Scot Érigène, saint Heiric et Rémi ; — dixième siècle, surnommé siècle de fer : divers philosophes ; Gerbert ; sa célébrité ; son génie ; son érudition ; sa philosophie ; — onzième siècle : Roscelin et le nominalisme ; Guillaume de Champeaux et le réalisme exagéré ; — saint Anselme tient le milieu ; son génie ; doctrine du Monologium ; s'élever à Dieu, à l'aide du monde et de l'âme ; la raison et la foi ; ni ontologisme, ni réalisme ; le Proslogium et le fameux argument tiré de l'idée de Dieu ; — douzième siècle : Abélard ; sa célébrité ; conceptualisme, rationalisme et optimisme ; théologie et morale ; Gilbert de la Porrée ; — école mystique ; Hugues et Richard de Saint-Victor ; but et caractère de cette école ; — P. Lombard et le fameux livre des Sentences ; — panthéisme d'Amaury et de David, puisé dans la philosophie arabe ; — caractère et représentants de cette philosophie ; Alkendi, Al-Farabi, Avempace, Avicenne, Ibn-Thofaïl, Al-Gazel et Averroès ; génie, érudition, travaux, doctrine et influence d'Averroès ; philosophie juive ; son caractère ; Avicebron et Maïmonide.

Si grandes qu'elles doivent être un jour, les choses de

ce monde ont toutes des commencements modestes. La loi de l'évolution, mais non pas du transformisme, régit tout ce qui naît et vit ici-bas. Il n'en est pas autrement de la scolastique. — Au surplus, elle fait sa première apparition à une époque difficile, peu riche en littérateurs et en savants. Ici, c'est pour nous un bonheur de nous accorder avec Cousin. « Charlemagne, dit-il, est le *génie* du moyen âge ; il *l'ouvre* à la fois et le *constitue.* » Dans le dessein de rallumer le flambeau de la science, il chercha de toutes parts les moindres étincelles de l'ancienne culture. C'est lui « qui le premier ouvrit des écoles (*scholæ*) ; ces écoles étaient le foyer de la science d'alors ; aussi la science d'alors fut-elle appelée la *scholastique.* Voilà l'origine de la chose et du mot. Et où Charlemagne institua-t-il et pouvait-il instituer des écoles ? Là où il y avait le plus d'instruction encore, le plus de loisir pour en acquérir, avec le devoir d'en répandre le bienfait, c'est-à-dire auprès des sièges épiscopaux et dans les grands monastères. Oui, les *couvents* sont le *berceau* de la philosophie *moderne.* » (*Hist. génér. de la philos.*, 5ᵉ leçon.)

Deux parties peuvent être distinguées dans la première période de la scolastique : la première comprend le neuvième et le dixième siècle ; la deuxième, le onzième et le douzième. La seconde offre sur la première un progrès déjà sensible.

IXᵉ Siècle

Dès ses débuts, la philosophie scolastique compte cinq représentants en possession d'une certaine notoriété : Alcuin, Raban Maur, Scot Érigène, saint Heiric et Rémi.

Né dans la Grande-Bretagne, Alcuin (735-804) fit ses études dans la ville d'York, où il devint maître et s'acquit un grand renom. Charlemagne l'attira à sa cour, le mit à la tête de l'école du palais, et au nombre de ses principaux conseillers. Alcuin composa deux traités philosophiques : *De dialecticâ*, et *De ratione animæ.* Le premier renferme les dissertations suivantes : *De isagogis*, *De argumentis*, *De topicis*, *De perihermeniis*, avec une théorie sur les dix catégories, empruntée apparemment à Boëce ou à Cassiodore. Le second est un abrégé de psychologie ; l'auteur trouve dans l'âme humaine l'image de la Trinité, c'est-à-dire trois énergies, l'intelligence, la volonté et la mémoire, qui cependant appartiennent à une seule et même essence (VI). Il fait aussi d'intéressantes remarques sur la sensation, les espèces sensibles, l'imagination et la mémoire (VII). Comme saint Augustin qu'il aime à prendre pour guide, Alcuin n'ose se prononcer sur l'origine de l'âme (XIII).

Raban Maur (776-856) quitta Mayence sa patrie pour venir se mettre à l'école d'Alcuin. De retour dans la Germanie, son grand savoir le fit nommer professeur à l'abbaye de Fulde où ses leçons attirèrent de nombreux disciples. Trois de ses écrits se rapportent à la philosophie : *De universo*, un commentaire de l'*Hermeneia* et un commentaire de l'*Isagoge*. Le traité de l'*Univers* représente une sorte d'encyclopédie des sciences connues au neuvième siècle. Sur l'origine de la connaissance sensible et intellectuelle, l'archevêque de Mayence embrasse la doctrine de saint Augustin ; sur la nature des universaux, le réalisme modéré de Boëce ; et sur la nature de l'être, la thèse d'Aristote qui se refuse à regarder l'être comme genre suprême. Sans manquer d'élégance, son style se fait surtout remarquer par la clarté et la précision.

Plus grande, mais beaucoup moins sûre, devait être la renommée de l'Irlandais *Jean Scot Érigène*. Charles le Chauve l'appela à sa cour, à cause de sa grande érudition. La connaissance que Scot avait du grec lui permit de lire Platon, au moins le *Timée*, et de traduire les *Noms divins*. S'il est difficile de se faire une idée précise d'une doctrine où abondent les incohérences et les contradictions, on est en droit de reprocher à l'auteur d'avoir singulièrement favorisé, sinon professé ouvertement les erreurs les plus funestes. Le livre de la *Prédestination divine* (I, 1) contient les principes du rationalisme et confond la religion avec la philosophie. Celui de la *Division de la nature* va plus loin encore et aboutit au panthéisme et au faux mysticisme des

Alexandrins. Pour Scot Érigène, la nature n'est rien autre que la réalisation de Dieu sous quatre formes ou espèces : la première, *créatrice* et *incréée;* la seconde, *créée* et *créatrice;* la troisième, *créée et qui ne crée pas;* la quatrième, *qui ne crée pas et qui n'est pas créée* (I, 12). La première forme de la nature, c'est Dieu qui tire les êtres de sa propre substance, d'abord la forme créée et créatrice, savoir les universaux, puis la forme créée et non créatrice, ou l'univers sensible, et enfin, la forme ni créée ni créatrice, ou le retour, l'absorption finale de tous les êtres dans le sein de l'unité divine (III). Bien au-dessus des procédés ordinaires de la logique, le novateur irlandais place la vision Alexandrine; à ses yeux, les individus méritent à peine le nom d'êtres, les idées sont avec Dieu les seules réalités véritablement subsistantes.

L'enseignement philosophico-théologique de Scot était pour lui attirer les éloges unanimes des rationalistes contemporains, mais l'Église en a jugé autrement et n'a pas craint de le condamner comme hérétique.

Un philosophe français que plusieurs historiens passent sous silence, est saint *Heiric* d'Auxerre, digne pourtant d'une mention honorable. Après avoir étudié à l'abbaye de Fulde et à Ferrières, il devint professeur à l'abbaye de Saint-Germain, où ses succès lui attirèrent d'illustres disciples. On a récemment découvert à la Bibliothèque nationale un précieux manuscrit contenant l'*Hermeneia*, les dix *Catégories* et une traduction de l'*Isagoge*, avec d'excellentes gloses marginales dont l'auteur est notre saint Heiric. Il se prononce avec admiration pour le Stagirite, qu'il appelle « præcellens et acutissimus græcorum philosophus », il fait des observations pleines de sens sur chacune des catégories et embrasse le sentiment de Boèce sur la nature des universaux. On lui doit encore un poème sur la vie de saint Germain, où se lit un beau texte sur la distinction réelle entre l'essence, la faculté et l'opération, dans toute nature créée : « In omni naturâ rationali intellectuali tria hæc (οὐσία, δύναμις, ἐνέργεια) inseparabiliter semperque manentia considerantur ».

Heiric eut un disciple célèbre : *Rémi* d'Auxerre, le premier docteur qui ait professé la dialectique dans les écoles publiques de Paris. De ses écrits il ne reste aujourd'hui que des gloses sur la grammaire de Donat et un commentaire sur le *Satyricon* de Martianus Capella. Dans ce dernier ouvrage, il penche vers le réalisme exagéré des platoniciens. Sans admettre avec eux la préexistence des âmes, il admet l'innéité des arts et des sciences au point que tout homme serait naturellement rhéteur, dialecticien, musicien... Mais le péché d'origine a introduit des ténèbres épaisses au sein de notre intelligence ; et voilà l'homme, s'il veut être dialecticien ou rhéteur, condamné à de grands efforts pour dissiper les ténèbres, arriver jusqu'aux notions primitives, enfouies dans la mémoire et réveiller ses souvenirs effacés. Il paraît que les autres ouvrages du moine d'Auxerre contiennent une doctrine plus correcte, notamment sur les rapports de Dieu et du monde, de la raison et de la foi.

X° Siècle

« Novum inchoatur seculum, quod sui asperitate ac boni sterilitate *ferreum*, malique exsudantis difformitate *plumbeum*, atque inopiâ scriptorum appellari consuevit *obscurum*. « (*Baronius, Annal. eccl.*, ad ann. 900.) Parmi les rares philosophes de ce temps, il faut nommer Reinhard, moine de Saint-Burchard, qui commenta, dit-on, les *Catégories*, Poppo de Fulde, qui ajouta quelques scholies aux gloses de Boèce, Abbon, moine de Fleuri, grammairien et dialecticien habile, « abbé d'une haute philosophie », selon le mot de Brucker (*Hist. crit.*, t. III, p. 641), Bruno de Cologne, Ratbot, évêque de Trèves, et Ratgaire, évêque de Vérone. Malheureusement il ne reste d'eux aucun ouvrage authentique sur la philosophie.

Bien au-dessus de ces écrivains s'élève *Gerbert* d'Aurillac (930-1003), modérateur des écoles de Tours, de Fleuri, de Sens et de Reims, et plus tard pape sous le nom de Sylvestre II. Gerbert est le plus grand personnage de son siècle, et, selon l'expression d'un écrivain moderne, l'une des plus fortes têtes que le moyen âge ait produites.

Ayant voyagé en Espagne, il reçut des Maures de ce pays et de l'évêque Baito des connaissances étendues en arithmétique, en algèbre, en astronomie, en mécanique et en philosophie. Tant de savoir en fit presque un docteur universel. Son enseignement sur la Logique comprenait l'*Introduction* de Porphyre, d'après Victorinus et Boëce, les *Catégories* et l'*Hermeneia* d'Aristote, les *Topiques* de Cicéron, les six livres de commentaires écrits par Boëce sur cet ouvrage, et ses autres traités sur le syllogisme, la définition et la division. Il ne laissait pas non plus ignorer à ses disciples les hauts problèmes de la cosmologie, de la psychologie et de la théodicée. De cet illustre maître, nous ne possédons qu'un seul et très court traité philosophique : *De Rationali et ratione uti,* qui tend à prouver que l'auteur avait une certaine connaissance de Platon. Mais ses préférences avouées sont pour Aristote ; généralement il adopte la doctrine des *Catégories*, en particulier l'importante distinction de la puissance et de l'acte, le passage progressif de la puissance à l'acte et la distinction réelle entre la substance et les accidents, entre « le raisonnable et le raisonnant » (c. vi, vii, xiv, xvi). Sur la nature des espèces et des genres, comme d'ailleurs sur quelques autres points, l'opinion de Gerbert n'est pas facile à démêler. Il professe la nécessité et l'éternité des essences, mais sans dire clairement si elles jouissent de ces caractères en Dieu seul ou hors de Dieu.

XIᵉ Siècle

Roscelin, Guillaume de Champeaux, saint Anselme.

Roscelin (1000), chanoine de Compiègne, mena une vie fort agitée et agita lui-même l'École et l'Église. Il fut sinon l'inventeur, du moins le propagateur ardent d'un nominalisme excessif. A ses yeux, les individus absorbaient toute la réalité et les idées universelles étaient de purs mots, *flatus vocis*, dénués de toute valeur objective. Le téméraire dialecticien appliqua son système à la théologie, et soutint que la Trinité n'est qu'une unité factice, un simple signe exprimant le rapport des trois personnes, que les trois personnes seules représentent quelque chose de réel et qu'elles forment elles-mêmes trois substances, trois choses, « tres res, unaquæque per se, sicut tres angeli aut tres animæ ». (Cf. saint Anselme, *De Fide Trinit.*, c. 1, 3.) Mandé au concile de Soissons (1092), il se rétracta, *metu mortis*, au rapport de saint Anselme qui le combattit avec succès dans son livre de la Trinité.

Mais Roscelin trouve dans *Guillaume de Champeaux* (1070-1121) un bouillant adversaire qui se porte à l'excès opposé, pousse le réalisme à ses plus extrêmes conséquences et incline vers le panthéisme. Pour lui, il n'y a de réel que les universaux, les individus ne sont que des noms et des apparences. Au fond, tous les individus sont identiques; ils ne diffèrent que par les modifications accidentelles qui affectent leur commune essence : par exemple, il n'y a qu'un homme, l'homme universel et l'homme éternel.

Entre ces deux excès saint *Anselme* (1034-1109) sut tenir le milieu, et honorer à la fois la philosophie et la théologie. Ce grand homme était né à Aoste en Piémont. A vingt-sept ans il vint assister aux leçons de Lanfranc de Pavie, dans le monastère du Bec, et fut successivement prieur de ce monastère et archevêque de Cantorbéry.

Anselme appartient sans conteste à la famille des grands métaphysiciens, quoiqu'il n'ait pas cultivé toutes les branches de la philosophie; car il n'a pas touché à la morale, et en logique, il n'a écrit qu'un très court dialogue sur l'*Existence et la nature de la vérité*. De même, il n'a sur la psychologie que de simples aperçus, dont la haute valeur fait regretter la brièveté. En revanche, la théodicée reçoit de lui les développements les plus abondants et les plus élevés, et il donne çà et là des solutions sur un grand nombre de questions ontologiques. Par son génie, sa méthode et l'ensemble de sa doctrine, l'archevêque de Cantorbéry se rattache à l'évêque d'Hippone; aussi a-t-il été appelé le second Augustin. Sa philosophie se trouve presque entière dans le *Monologium*, le *Proslogium* et le *Liber apologeticus contra Gaunillonem*. Le troisième écrit n'étant que la défense du second, il suffira de rendre compte des deux premiers. Or, ces deux ouvrages ressemblent fort à des *méditations* ou à des *soliloques;* comme saint Augustin, Anselme, au milieu de ses discussions métaphysiques, éprouve le besoin d'élever son âme à Dieu, source de lumière et de chaleur, de lui adresser son ardente prière, de lui parler comme à un ami. Par leur but, ces deux écrits font penser, le premier, à la *Somme philosophique*, le second à la *Somme théologique* de l'Ange de l'École. Selon la remarque du P. Gratry, ils pourraient s'intituler *Intellectus quærens fidem*, *Fides quærens intellectum*, pour emprunter à saint Anselme lui-même deux mots justement célèbres. Car, le docteur du onzième siècle est de ceux qui ne consentent pas à séparer ce que Dieu a uni, l'autorité et la science, la raison de Dieu et la raison de l'homme. Avec saint Augustin, il estime que dans l'ordre du temps, la foi précède la raison et y conduit; avant de comprendre, l'homme commence par croire, et le fruit de la foi, c'est l'intelligence. *Credo ut intelligam.* Mais dans l'ordre de la connaissance réflexe, c'est la raison qui précède et qui, poussée jusqu'au bout, conduit à Dieu et à la foi. Tout l'esprit du *Monologium* est là.

Les religieux ont demandé à leur prieur « des méditations purement philosophiques, où rien absolument ne reposât sur la sainte Écriture, mais où tout s'appuyât sur l'évidence de la vérité, et les conclusions nécessaires de la raison ». Il suppose donc un homme qui cherche la vérité avec la raison toute seule, car il pense que « s'il s'agit de la plupart des vérités que nous croyons sur Dieu et la création, cet homme, qui les ignore ou n'y croit pas, peut cependant, avec un esprit médiocre, s'en convaincre lui-même par sa raison seule » (c. i). — Fidèle à sa promesse, le docte prieur expose à ses moines une belle théodicée qui établit l'existence de Dieu, détermine sa nature, définit successivement tous ses attributs, explique ses relations avec le monde en général, et avec l'homme en particulier.

— Mais ce philosophe que Hauréau donne pour un idéaliste sans nul souci de l'expérience, et que les ontologistes comptent parmi leurs ancêtres, s'élève au contraire à l'Être premier, à l'aide du raisonnement, appuyé de l'expérience externe et interne. Effectivement, « Dieu habite une lumière inaccessible, et sa nature invisible le dérobe aux regards mortels. « Verè, Domine, hæc est lux inaccessibilis in quâ habitas. Verè ideo hanc non video, quia nimia mihi est, et tamen quidquid video, per illam video : sicut infirmus oculus quod videt, per lucem solis videt, quam in ipso sole nequit aspicere. Non potest intellectus meus ad illam (attingere). Reverberatur fulgore... O tota et beata veritas, quàm remota es a conspectu meo, qui sic præsens sum conspectui tuo! In te moveor et in te sum, et ad te non possum accedere! » (*Proslog.*, c. XVI, et *Monol.*, c. 66.)

Encore qu'il soit au milieu de nous, l'infini n'est donc pas pour cela un objet proportionné à notre intelligence, il nous dépasse; impossible de voir en elle-même cette lumière éblouissante qui nous éclaire et nous permet de voir tout ce que nous voyons. Mais il est aisé de s'élever jusqu'à Dieu, à l'aide du monde des corps et du monde des esprits. Voici en effet la pensée qui surgit d'elle-même dans toute âme recueillie : « Cùm tam innumerabilia bona sint, quorum tam multam diversitatem et sensibus corporeis *experimur*, et ratione mentis discernimus, estne credendum esse unum aliquid, per quod unum sint bona quæcumque bona sunt? » (*Monol.*, c. 1.) Sur quoi saint Anselme raisonne de la sorte : il y a dans cet univers diversité et inégalité : inégalité de bonté, inégalité de force, inégalité de beauté, inégalité d'être et d'essence; sans doute le cheval vaut mieux que la plante, et l'homme mieux que le cheval. Donc les êtres de ce monde ne viennent pas d'eux-mêmes; ils ont une perfection empruntée et non essentielle ou subsistante; ils *participent*, selon des degrés divers, à la bonté, à la force, à la beauté et à la grandeur; mais ils ne sont ni la grandeur, ni la bonté. Donc, si l'on ne veut pas reculer à l'infini, il faut avouer au-dessus d'eux un être unique, souverainement parfait, qui soit tout ensemble la bonté et la beauté, la force, la grandeur, l'être et l'essence, et la source de toute beauté, de toute grandeur, de toute bonté, en un mot de tout être (*Monol.*, c. i, iv.)

A n'en pas douter, voilà un modèle achevé de raisonnement *a posteriori*, puisqu'il est tiré de la nature visible. Saint Augustin, nous l'avons vu, a pris le même point de départ; seulement il a préféré s'élever à l'Être immuable par les êtres mobiles et changeants, tandis que saint Anselme s'élève à l'Être subsistant et parfait par la diversité et l'inégalité de perfection des êtres sensibles. Le docteur Angélique empruntera à l'évêque d'Hippone l'argument tiré du *mouvement*, et au prieur du Bec l'argument tiré *ex variis gradibus qui inveniuntur in rebus*.

Mais c'est surtout en se voyant elle-même, que l'âme voit Dieu, ou plutôt qu'elle en voit le reflet et l'image : « Car il est évident qu'on ne peut pas voir en elle-même cette souveraine nature, mais qu'on ne peut la voir que par intermédiaire; il est certain que ce qui peut le mieux nous élever jusqu'à sa connaissance, c'est la vue de l'être créé qui lui ressemble le plus... De sorte que l'âme raisonnable qui, d'un côté, peut seule, parmi les créatures, s'élever jusqu'à chercher Dieu, est aussi, d'un autre côté, l'objet même dans lequel elle peut trouver les traces de celui qu'elle cherche. » (*Monol.*, c. xv.) « On peut donc dire de l'âme avec une parfaite vérité, qu'elle est pour elle-même un miroir où elle voit l'image de celui qu'elle ne peut contempler face à face. » (*Monol.*, c. lxvii.)

Une autre théorie très importante que nous sommes heureux de recueillir, est celle de la réelle *distinction* entre la *substance* et ses *accidents*. Notre docteur se rallie à la pensée de saint Augustin, et ne veut pas que Dieu soit appelé substance, à moins qu'on ne prenne ce mot pour l'équivalent d'essence. « Cùm omnis substantia admixtionis differentiarum vel mutationis accidentium sit susceptibilis; hujus immutabilis sinceritas omnimodæ admixtioni sive mutationi est inaccessibilis : quomodo ergo obtinebitur eam esse quamlibet substantiam, nisi dicatur substantia pro essentiâ, et sic sit extra, sicut est supra omnem substantiam? » (*Monol.*, c. xxvi.)

A la réflexion, Anselme a cru remarquer que les arguments du *Monologium* sont trop nombreux et demandent une attention trop suivie. N'y aurait-il pas quelque moyen de les réduire tous à un seul qui ne s'appuyât sur aucun autre et portât sa preuve en lui-même? C'est à résoudre ce problème qu'est employé le *Proslogium*. Or, voici l'argument unique et décisif, destiné à rendre évidente à tous l'existence de l'Être premier et parfait : Tout homme, l'impie aussi bien que le sage, a dans son esprit l'idée d'un être tel qu'on n'en peut concevoir de plus grand. En effet, l'impie me comprend quand je lui parle de cet être infiniment parfait. Mais il répugne que l'être tel qu'on n'en peut concevoir de plus grand n'existe que dans l'esprit. Car, il est sans doute plus parfait d'exister dans la réalité que dans l'esprit seulement. Si donc, l'être tel qu'on n'en peut concevoir de plus grand n'existe que dans l'esprit, on arrive à cette conséquence, que l'être tel qu'on n'en peut concevoir de plus grand est aussi l'être tel qu'on peut concevoir un être plus grand; ce qui est contradictoire dans les termes. En conséquence, il faut conclure que l'être tel qu'on n'en peut concevoir de plus grand, existe tout ensemble dans l'esprit et dans la réalité. (*Proslog.*, c. ii.) Tel est cet argument fameux, extrêmement cher à saint Anselme, et qui demeurera désormais attaché à son nom.

A peine connu, il trouva un contradicteur résolu dans Gaunillon, moine de Marmoutiers. Ce moine allégua que l'attribut ne saurait être d'un autre ordre que son sujet; que, dans le cas, le sujet *Dieu*, étant purement idéal, puisqu'on le prend d'une simple conception de l'esprit, l'attribut *existence* ne pouvait qu'être pareillement idéal. Il insista en disant que d'une idée, on peut bien tirer une autre idée, mais jamais une *chose*, une réalité vivante n'étant pas contenue dans une conception abstraite. Toute l'École, on le sait, a cru devoir se ranger à l'avis de Gaunillon, adopté d'ailleurs par plusieurs philosophes modernes, indépendamment de toute idée systématique. — Insuffisant, inexact même, si on lui laisse la forme à priori qu'il affecte dans le *Proslogium*, l'argument de saint Anselme acquiert toute sa force si on le présente, avec le P. Monsabré, comme la *résultante* de tous les arguments par lesquels nous arrivons à la connaissance de l'Être premier. « Je ne puis dire, en effet, que j'entends par le nom de Dieu ce qui se peut concevoir de plus grand, qu'après avoir mis en œuvre les principes de causalité, d'élimination, d'éminence et, par leur moyen, connu et affirmé l'existence et la souveraine perfection de Dieu; d'où il suit que la preuve anselmique est plutôt le *résumé* que le *prologue* de la démonstration thomiste, dans laquelle concourent l'expérience et la raison. » (*Confér. de N.-D.*, Carême 1873, notes, note 1re.)

D'autre part, rien n'autorise à penser que le prieur du Bec s'appuie sur *l'innéisme* de l'idée de Dieu. Il se borne à constater un fait psychologique certain, savoir la présence de cette idée dans notre esprit. Bien plus, dans sa réponse à Gaunillon, il déclare expressément que cette idée s'acquiert *a posteriori*, par la vue des objets moins parfaits : « Patet cuilibet rationali menti quia, de minoribus bonis ad majora conscendendo, ex his quibus aliquid cogitari potest majus, multùm possumus conjicere aliud, quo nihil potest majus cogitari... quia invisibilia Dei a creaturâ mundi, per ea quæ facta sunt, intellecta conspiciuntur. » (*Lib. apol. cont. insipientem*, c. VIII.)

Nous aurons fini avec ces observations quand nous aurons éclairci un autre point, mal expliqué par les historiens modernes : nous voulons parler du *réalisme* de saint Anselme. Cousin, Ubaghs, Hauréau et plusieurs autres, rangent sans hésiter notre docteur parmi les réalistes, et même parmi les réalistes les plus exagérés; c'est du moins l'opinion de Hauréau. Ces auteurs se fondent sur ce que l'archevêque de Cantorbéry a vivement combattu le nominalisme de Roscelin, et sur ce que, outre les individus, il reconnaît les essences qui s'en distinguent. Faibles raisons, à la vérité, pour attribuer à saint Anselme le réalisme de Platon, de Guillaume de Champeaux ou des scotistes.

Au reste, les différents textes allégués par Hauréau ne contiennent rien de plus que les déclarations suivantes : « Les créatures, avant d'être tirées du néant, n'étaient pas un pur néant, elles étaient dans l'intelligence de la sagesse divine qui en avait l'idée ou l'archétype » (*Monol.*, c. IX.) « Ces dialecticiens hérétiques de notre temps (Roscelin et ses sectateurs) regardent les universaux comme de purs mots, et ne distinguent pas la couleur du corps coloré, ni la sagesse de l'homme de son âme. » (*De fide Trinit.*, c. II.) « Celui qui ne comprend pas encore comment plusieurs hommes sont en espèce un seul homme, comment pourra-t-il comprendre que dans cette nature cachée (Dieu) plusieurs personnes, dont chacune est un Dieu parfait, ne soient qu'un seul et même Dieu ? Celui dont l'âme n'arrive pas à discerner son cheval de sa couleur, comment discernera-t-il un seul Dieu de ses relations multiples ? Enfin, qui ne comprend pas qu'autre chose est la nature humaine, autre chose un individu humain, il ne verra dans l'homme rien de plus qu'une personne humaine. » (*Ibid.*)

Tous ces textes mettent hors de doute que saint Anselme n'était pas nominaliste, qu'il distinguait à merveille entre la substance et les accidents, entre l'essence et l'individu, entre la nature humaine et la personne : autant de thèses qui nous sont chères ; mais ils ne supposent pas du tout qu'il regardât la nature des choses comme existant en Dieu seul, ou comme ayant une existence à part, ou comme existant dans l'individu, séparée de lui, à l'état d'universalité. En d'autres termes, le réalisme anselmique est le même que le réalisme modéré des péripatéticiens et des thomistes. — Nous sommes confirmé dans cette appréciation par un texte, à nos yeux d'une très haute importance, où le saint Docteur fait découler les idées générales de l'*abstraction* s'exerçant sur les choses sensibles et enseigne que tout acte de connaissance intellectuelle ou sensible se fait à l'aide d'images, *impresses* et *expresses :* « On ne peut nier d'aucune manière que, lorsque l'âme raisonnable se comprend au moyen de la pensée, cette pensée ne produise une image de l'âme raisonnable, bien plus, que cette pensée ne soit elle-même l'image de l'âme, formée à sa ressemblance comme par *impression*. Quelle que soit, en effet, la chose que l'âme veut se représenter fidèlement, soit au moyen de cette faculté corporelle qu'on appelle imagination, soit au moyen de la raison, elle emploie tous ses efforts à façonner dans sa pensée une *expression* de cette chose. Plus cette expression est fidèle, plus vraie est la pensée qu'elle a de la chose; et cela se voit plus clairement encore lorsqu'elle pense une chose qui n'est pas elle-même, et principalement un corps. En effet, quand je pense à un homme absent qui m'est connu, il se forme sur le miroir de ma pensée une image semblable à celle que la vue de cet homme a fixée dans ma mémoire, et cette image formée dans ma pensée, c'est le *verbe* de cet homme que je m'exprime en moi-même en pensant à lui. » (*Monol.*, c. XXXIII.)

XIIe Siècle

Le douzième siècle est encore plus animé et plus agité que le onzième, dans le domaine de la philosophie. Si l'on n'y rencontre aucun penseur du mérite de saint Anselme, il compte, en revanche, un plus grand nombre d'écoles et de systèmes.

Le premier philosophe qui se présente à nous est ce fameux *Abélard* (1070-1142), dont la vie fut si tourmentée. « Après avoir fait ses premières études dans son pays (Nantes), et parcouru les écoles de plusieurs provinces pour y augmenter son instruction, il vint se perfectionner à Paris, où d'élève il devint bientôt le rival et le vainqueur de tout ce qu'il y avait de maîtres renommés; il régna en quelque sorte dans la dialectique. Plus tard, quand il mêla la théologie à la philosophie, il attira une si grande multitude d'auditeurs de toutes les parties de la France et même de l'Europe que, comme il le dit lui-même, les hôtelleries ne suffisaient plus à les contenir, ni la terre à les nourrir. Partout où il allait, il semblait porter avec lui le bruit et la foule. » (Cousin, *Fragm. de philos. du moyen âge.*)

Cependant, le bruyant discoureur n'a bien mérité ni de la philosophie, ni de la théologie. En philosophie, il attaqua avec succès ses deux anciens maîtres, Guillaume de Champeaux et Roscelin, et renversa sans trop de peine le nominalisme et le réalisme exagéré. A l'un et à l'autre il substitua le *conceptualisme,* système intermédiaire plus raisonnable sans doute, mais sujet lui-même à presque autant de difficultés que le nominalisme pur. Cette théorie, on le sait, veut que l'universel ne soit pas réduit à des mots; elle regarde les idées comme des conceptions de l'esprit humain, mais des conceptions tellement subjectives qu'elles n'ont pas de fondement réel dans la nature. Ainsi, la plupart des objections adressées aux nominalistes retombent de tout leur poids sur les conceptualistes. (*Prælect. philosoph.*, t. I, 364.) — En *théodicée,* Abélard prélude à l'*optimisme* leibnitzien, et pense que Dieu ne peut faire autre chose que ce qu'il fait, et ne peut le faire meilleur qu'il n'est. (*Theol. christ.*) — En *morale,* il soutient que l'intention est tout, et que l'acte n'est rien; peu importe qu'on accomplisse ou qu'on n'accomplisse pas ce que le cœur a résolu.

Abélard appliqua la critique philosophique à la *théologie,* et inventa un système de libre interprétation, si libre, en effet, que les rationalistes modernes, Cousin, Ch. de Rémusat, Hauréau et Fouillée saluent en lui l'aimable chef de leur école. Saint Bernard le combattit avec force sur le terrain de la théologie et résuma ses griefs contre lui dans cette phrase célèbre : « Cùm de Trinitate loquitur, sapit Arium; cùm de gratiâ, sapit Pelagium; cùm de personâ Christi, sapit Nestorium. » (*Epist.*, 192.) Le concile de Sens (1140) condamna le novateur téméraire qui, à ce qu'on assure, finit par se soumettre à la décision de l'Église[1]. Voici ses ouvrages les plus connus : *Theologia*

---

1. Un autre dialecticien célèbre de ce temps, Gilbert de la Porrée, évêque de Poitiers, exagéra comme Abélard la portée de la raison et soutint dans son *Commentaire sur la Trinité* et dans son *livre des six principes* des idées qu'il fut obligé de rétracter au concile de Reims.

christiana; De Dialecticâ; De Generibus et Speciebus; Ethica; Sic et Non.

A l'opposé de cette école rationaliste se fonda une école *mystique*, illustrée par Hugues et Richard de Saint-Victor, prieurs de l'abbaye de Saint-Victor à Paris. Le premier est appelé par le cardinal Duperron la seconde âme de saint Augustin. Il a commenté avec amour saint Denys l'Aréopagite; mais son principal ouvrage est le traité *De Eruditione didascalicâ*. Le second, regardé comme le législateur du mysticisme psychologique, a écrit le *De eruditione interioris hominis, De statu interioris hominis, De præparatione animæ ad contemplationem.*

L'école de Saint-Victor a pour but non pas de nier absolument les forces de la raison humaine, comme les historiens rationalistes le donnent à entendre, mais d'en montrer l'insuffisance et de réagir contre l'intempérance dialectique d'Abélard. Elle préfère la contemplation au philosophisme pur. « Rerum notitiam modo triplici apprehendimus. Nam alia *experiendo* probamus, alia *ratiocinando* colligimus, aliorum certitudinem *credendo* tenemus. » (Richard, *De Trinit.*, I.) Hugues divise en *six* degrés l'échelle mystique qui conduit jusqu'à Dieu : les sens, l'imagination, la raison, la mémoire, l'entendement qui a pour objet les substances spirituelles, et l'intelligence qui unit à Dieu immédiatement et perçoit les principes des choses. L'*Eruditio didascalica* contient des vues fort élevées sur la méthode. (Voir la belle page citée dans nos *Prælectiones*, t. I, p. 190.)

Vers la même époque, florissait Pierre Lombard, évêque de Paris (1159). On ne peut classer le Maître des *Sentences* dans aucune école philosophique; et même il est plus juste de le compter parmi les théologiens que parmi les philosophes. Son ouvrage *Libri Sententiarum IV* renferme un excellent recueil des maximes des Pères sur les points les plus importants de la science chrétienne. Il fut le manuel obligatoire du moyen âge, et aucun autre livre, excepté la Sainte Écriture, n'eut plus de lecteurs et de commentateurs.

A la fin du douzième siècle, le *panthéisme* fit de nouveau son apparition et on l'enseigna jusque dans les chaires de l'Université de Paris. *Amaury* de Chartres et *David* de Dinan furent ses introducteurs et ses défenseurs. Amaury (*Peri-physeon*) professa que tout est un, que tout est Dieu et que Dieu est tout; qu'ainsi le Créateur et la créature sont une même chose, que les idées de l'intelligence divine sont à la fois créées et créatrices, que tous les êtres émanent de Dieu, doivent retourner à lui et s'absorber immuablement dans sa substance.

David (*Quaternuli*) identifie l'élément subjectif et l'élément objectif, le connu et le connaissant, sous prétexte que l'intelligence ne connaît qu'en s'assimilant ou plutôt en s'identifiant à l'objet connu. (Cf. Alb. M., *Summ. theol.*, p. II, Tract. XII, q. 72.) Il distingue ensuite trois principes, trois formes de l'existence : la *matière*, principe indivisible des corps; la *pensée*, principe indivisible des âmes; *Dieu*, principe indivisible des idées; mais ces trois principes se confondent à leur tour dans la matière première, substance indéterminée, dont les évolutions doivent engendrer toutes choses (Cf. S. Thomas, *in Sent.*, II, dist. 17, q. 1ª; *S. Cont. Gent.*, I, 17; S. Th. 1ª, q. 3, a. 8.)

Amaury et David ayant enseigné d'autres propositions plus subversives encore, le concile de Paris dut sévir contre eux (1209). Ils avaient puisé l'un et l'autre leurs pernicieuses erreurs dans la philosophie *arabe* qui arrivait alors à la connaissance de l'Université de Paris, par l'intermédiaire des Juifs venus d'Espagne.

Cette philosophie, qu'il est temps d'analyser, devait exciter une grande émotion dans l'Occident, et occuper une très large place dans les écrits des docteurs scolastiques du treizième siècle, tous occupés à la combattre. Or, la philosophie arabe, il faut bien le reconnaître, ne se recommande ni par des conceptions élevées, ni par l'originalité de ses vues. Elle s'inspire particulièrement de la théorie aristotélicienne sur l'intelligence, non toutefois sans lui faire subir des altérations nombreuses; elle ressuscite le néoplatonisme touchant l'union à Dieu et l'absorption de l'individu; mais, au caractère religieux de cette école, elle substitue un caractère purement scientifique et rationaliste. Son principal mérite se tire des nombreuses traductions qu'elle a faites de tous les livres d'Aristote et de ses anciens commentateurs, Alexandre d'Aphrodise, Théophraste, Thémistius, Porphyre, Syrien et Proclus. Il nous reste à connaître ses représentants.

Le plus ancien de ceux qui ont laissé un nom dans l'histoire est *Alkindi* (neuvième siècle), surnommé par les Arabes le *philosophe* par excellence. Il avait, dit-on, écrit *deux cents traités*, dont quelques-uns sur l'ordre des ouvrages du Stagirite, sur le but des *Catégories*, sur la nature de l'entendement, sur l'âme, substance simple et immortelle. Alkindi soumettait la liberté à l'influence des astres, et concevait Dieu comme un être indéterminé, sans aucun attribut positif. De ses nombreux ouvrages, aucun n'est parvenu jusqu'à nous.

En revanche, nous avons les écrits d'*Al-Farabi* (dixième siècle) : *De beatitudine animæ; De rebus studio aristotelicæ philosophiæ præmittendis; Fontes quæstionum*. Il plaçait la perfection de l'homme dans la culture de l'intelligence par les sciences spéculatives et faisait consister notre fin dans l'union à l'*intellect actif* (Dieu). L'homme est prophète dès que tout voile tombe ici-bas entre lui et l'intellect actif; la félicité veut être cherchée sur la terre, car il n'y a pas d'autre vie, l'âme devant périr en même temps que le corps. Cette doctrine est donc tout ensemble un mélange de matérialisme, de mysticisme et de rationalisme. Vincent de Beauvais, Guillaume d'Auvergne et Albert le Grand citent souvent Al-Farabi.

Ibn-Bâdja, plus connu sous le nom d'*Avempace*, naquit à Saragosse vers la fin du onzième siècle et fut le maître d'Averroès. Ses études se portèrent vers la médecine, les mathématiques et la philosophie. Il avait écrit *Le régime du solitaire* (où se trouvent les vues les plus singulières sur les régimes politiques et l'idéal de la société); *La possibilité de l'union*, et des commentaires sur Aristote. Il ne reste plus de lui qu'une *Lettre d'adieux,* contenant des réflexions sur le but de la vie humaine. A l'en croire, l'homme arrive à s'identifier avec l'*intellect actif* par la science et la spéculation; parvenu à ce bonheur, il prend pleine possession de sa conscience; alors c'est l'intellect *acquis*, le cercle de l'évolution est achevé, il n'y a plus qu'à mourir. Avempace est plus d'une fois cité par Albert le Grand et saint Thomas d'Aquin.

Il en est de même d'*Avicenne, Ibn-Sina* (980-1037), le seul philosophe vraiment populaire auprès de ses compatriotes. Un poème médical, qui probablement a fait son plus beau titre à la reconnaissance, lui a valu d'être longtemps compté au nombre des maîtres de la médecine. On lui doit encore des commentaires sur les livres *de l'Ame, du Ciel* et *du Monde*, de la *Logique* et de la *Métaphysique*. Avec Aristote, Avicenne admet une cause première et éternelle du mouvement, sans croire cependant qu'elle s'occupe de gouverner le monde. Par une réminiscence du panthéisme oriental et alexandrin, il confie la providence à une série d'intermédiaires, les intelligences et les sphères célestes qui, ayant reçu le mouvement, le communiquent de proche en proche à tous les êtres de la nature. A leur tour, les objets particuliers agissent sur les êtres supérieurs; et ceux-ci transmettant les impressions et images reçues à la cause première, elle arrive ainsi à une certaine connaissance des choses sensibles. L'intellect actif se communique à tous les hommes, mais ils n'ont en *propre* que l'intellect *possible*, matériel et périssable. Nul philosophe arabe, Averroès excepté, n'est aussi considéré et aussi fréquemment cité qu'Avicenne dans tout le moyen âge. (Cf. S. Th., I *Sent.*, dist. 24, q. 1, 3; S. Th. 1ª, q. 91, a. 2, ad 2; et q. 78, a. 4, 79, a. 6.) Au reste, il a commenté Aristote avec beaucoup plus d'exactitude que ses compatriotes.

Ibn-Thofail (douzième siècle), l'*Abubacer* des scolastiques, a composé une sorte de roman philosophique sous le nom de *Philosophus autodidactus*. Il représente un homme isolé qui, par ses seules forces, s'élève à une connaissance parfaite de Dieu; arrivé là, l'individu perd sa personnalité et disparaît entièrement dans la substance divine; c'est le *nirvâna* du bouddhisme oriental. Le mysticisme le plus outré, tel qu'on le trouve chez Jamblique, vient s'unir à cette forme de panthéisme indien, où l'unité divine existe seule, et où la pluralité et la variété passent pour une illusion de l'imagination.

Mais le plus original des écrivains arabes est sans doute *Al-Gazel*, *Al-Gazali*, ou *Gazali* (1038-1111), assez souvent cité par saint Thomas. Dans un ouvrage intitulé : *Ce qui sauve des égarements et ce qui éclaircit les raisonnements*, Gazali rapporte qu'il avait demandé la vérité aux livres des philosophes, mais que ne l'ayant point trouvée, le doute s'était emparé de son âme. Il doute des sens, parce que la raison contredit souvent leur témoignage, et il doute de la raison, parce qu'il existe peut-être quelque juge supérieur qui, s'il nous était connu, convaincrait d'erreur les jugements que nous croyons les plus certains. Le sage n'a qu'un parti à prendre : avouer la vanité de la science, se tourner vers Dieu, et aux recherches laborieuses de la raison, substituer les douceurs de l'extase. — Ces idées reçoivent de nouveaux développements dans un second ouvrage : *La destruction des philosophes*, où le mystique Arabe dirige contre eux vingt arguments, dont seize appartiennent à la métaphysique et quatre à la physique. Il n'y a pas jusqu'au principe de *causalité* qui ne soit battu en brèche et ramené à la perception d'une simple *succession* entre deux faits, sans que l'un influe aucunement sur l'autre. — Un troisième livre d'Al-Gazel : *Les Tendances des philosophes*, résume l'enseignement d'Aristote sur la logique, la physique et la métaphysique. Néanmoins, le commentateur n'expose provisoirement les preuves du dogmatisme que pour les réfuter plus tard et répéter ses premières conclusions.

Parlons enfin du dernier et du plus illustre représentant de la philosophie arabe, *Ibn-Roschd*, si connu sous le nom d'*Averroès*. Né d'une famille consulaire de Cordoue, il remplit de son existence presque tout le douzième siècle. Condamné à l'exil pour avoir manqué de respect à la religion de Mahomet, il fut plus tard rappelé; mais il demeura toujours antipathique à la foule qui voyait en lui un impie mécréant. La témérité de ses opinions provoqua la colère du peuple contre les philosophes. Dans un grand nombre de villes, leurs livres furent brûlés, à l'exception de ceux qui se rapportaient à la médecine, à l'arithmétique et à l'astronomie élémentaire. Défense fut faite sous des peines sévères de lire les livres condamnés ou même de les garder dans sa maison.

Le caractère propre d'Ibsn-Roschd est un immense savoir et une rare audace à défendre les conclusions les plus extrêmes du panthéisme et de la libre pensée. Grammaire, médecine, jurisprudence, philosophie et théologie, il sait tout. Le titre seul de ses innombrables ouvrages atteste hautement son érudition encyclopédique. Qu'il suffise de rappeler les plus importants de ceux qui se rapportent aux choses philosophiques : *Destruction de la destruction de Gazali; De substantiâ orbis; deux traités sur l'Union de l'intellect séparé avec l'homme; Abrégé de logique; Prolégomènes à la philosophie; De l'intellect et de l'intelligible; Questions sur le temps; Deux livres sur la science de l'âme; Critique des diverses opinions sur l'accord de la philosophie et de la théologie; Démonstration des dogmes religieux; Commentaire de la république de Platon; Commentaire de tous les livres d'Aristote*, excepté la *Politique.*

C'est ce dernier ouvrage qui a le plus contribué à la réputation de l'auteur; effectivement, il a composé sur le Stagirite trois sortes de commentaires, le grand avec des digressions théoriques, le moyen et le petit contenant une simple paraphrase du texte original. Ibn-Roschd mérite donc bien ce titre de *commentateur* qui lui a été attribué par les scolastiques et qui est demeuré attaché à son nom.

Non qu'il soit toujours un commentateur exact et fidèle, bien loin de là; car ne sachant pas le grec, il voit Aristote à travers le prisme des commentaires néoplatoniciens; et malgré son culte un peu fanatique pour le Philosophe, il en altère la pensée au point de professer des dogmes antireligieux et antiphilosophiques : le rationalisme, le panthéisme, la suppression presque entière de la personnalité humaine et la négation formelle de l'immortalité de l'âme. De là, cette juste critique de saint Thomas d'Aquin : « Non tam fuit peripateticus quàm peripateticæ philosophiæ depravator. »

La doctrine averroïste tend à dépouiller l'individu non seulement de l'intellect agissant, mais encore de l'intellect possible, à lui ôter la faculté non seulement de produire sa pensée, mais encore de recevoir l'impression de l'intelligible; à ne lui laisser, en un mot, que la faculté passive de recevoir l'impression des corps et de s'en former les images. L'intellect *acquis* et *individuel*, c'est la raison impersonnelle, en tant que participée par l'être personnel; quant à la raison impersonnelle, on n'en connaît guère la nature : elle serait, selon les uns, l'*intellect actif* lui-même, et, selon d'autres, la dernière des intelligences planétaires, et la plus voisine de l'humanité.

D'autre part, le principe de l'individuation vient de la *forme*, et celle-ci est la même dans tous les individus, on ne voit donc pas bien ce qui les distingue des unes aux autres. Malgré de telles prémisses, la liberté est laissée à l'homme, mais une liberté notablement diminuée par les objets extérieurs. L'intellect acquis lui permet de s'unir à l'intellect actif, et alors le premier disparaît, absorbé dans le second. Seule la *science* peut conduire à cette union, fin dernière de la vie; aucune part n'est faite au mysticisme. — L'univers se compose d'une série de principes éternels, divisés en hiérarchies, vaguement attachés à une Unité supérieure, destituée de toute providence. Au reste, l'univers est l'évolution nécessaire d'une substance éternelle et incréée; rien ne naît et rien ne périt absolument, la génération et la mort ne font que modifier les conditions de l'existence. — Pour la *morale*, elle occupe bien peu de place chez Averroès; il dit pourtant qu'elle consiste à faire prévaloir la raison sur les sens, et que le bien ne dépend pas uniquement de la volonté divine. La religion est nécessaire au peuple, et les Épicuriens qui cherchent à la détruire en même temps que la vertu, méritent la mort. Mais tout autre est la religion des philosophes ; leur religion à eux, c'est d'étudier ce qui est ; car « le culte le plus sublime qu'on puisse rendre à Dieu est la connaissance de ses œuvres, laquelle nous conduit à le connaître lui-même dans toute sa réalité ».

Tel est ce philosophe que saint Thomas prend si fréquemment à partie, et qu'il confond sur tous les points dans le huitième livre de la *Physique*, dans l'opuscule : *De Unitate intellectus adversus Averroïstas*, et dans plusieurs articles de la *Somme Philosophique* et de la *Somme Théologique* relatifs à la nature de l'âme.

La philosophie arabe et surtout la doctrine d'Averroès passe chez les *Juifs* qui l'accueillent avec empressement, sans prendre la peine de lui donner une forme originale, sauf à la modifier sur quelques points par les enseignements de Pythagore, de Platon et de la Bible. Deux noms seulement méritent d'être cités : *Ibn-Gébirol* ou *Avicébron*, et *Maimonide*. Ibn-Gébirol, l'auteur de la *Source de vie*, que cite souvent saint Thomas, se montre à la fois poète et philosophe, et mécontente les théologiens de son pays par ses hardiesses, malgré ses concessions à l'orthodoxie sur le dogme important de la création. Dieu excepté, tous les êtres de l'univers, âmes, purs esprits et corps, lui paraissent composés de matière première et de forme, celle-ci étant le principe de la distinction et de l'individuation, celle-là, au contraire, une et identique dans la pierre, la plante, l'animal, l'homme et l'esprit. (Cf. S. Th., *Quæst. disp., De animá.*)

Le grand *Maimonide*, ou le second Moïse, pour l'appeler comme ses compatriotes, était né à Cordoue au milieu du douzième siècle. Il passe à bon droit pour le fondateur de la philosophie juive. Partisan résolu des Arabes et surtout d'Averroès, il leur emprunte leur *rationalisme* scientifique, sans pousser toutefois la témérité aussi loin que ses maîtres, car il voudrait concilier le Talmud avec la philosophie. Sa doctrine est consignée dans le *Director dubitantium et perplexorum*. Cet écrit admet un Dieu fort semblable au Dieu abstrait et indéterminé de Proclus, un Dieu dépouillé de toute espèce d'attributs, de peur que les attributs ne s'ajoutent à son essence comme des entités distinctes, et ne viennent ainsi compromettre la pureté de sa perfection. Mais à force de vouloir épurer Dieu, Maimonide en vient jusqu'à lui refuser l'unité et même l'existence (c. L, LI, LIII, LVIII). Ailleurs, cependant, par une heureuse contradiction, il reconnaît la providence et les autres attributs de l'ordre moral. — La *psychologie* du philosophe juif ne s'éloigne pas sensiblement de celle d'Ibn-Roschd, sur l'intellect actif, le but de la vie et la science; toutefois elle fait une plus grande part à l'âme individuelle. Néanmoins elle laisse planer des doutes sur son immortalité.

Nous l'avons dit plus haut, les idées de la philosophie juive et arabe pénétrèrent dans l'université de Paris vers la fin du douzième siècle, sous le patronage d'Amaury et de David. Elles ne pouvaient manquer de gagner plusieurs partisans et de jeter le trouble dans bien des esprits. Comme les deux professeurs condamnés prétendaient tirer leurs opinions d'Averroès et d'Aristote, le concile de Paris (1209) dut interdire du même coup les ruisseaux et la source : « Nec libri Aristotelis de naturali philosophiâ, nec commenta legantur Parisiis publicè vel secreto. » (Dans Martène, *Thes. novus anecd.*, t. IV, p. 166.) Le statut de Robert de Courçon, légat du pape (1215), renouvela la sentence en ces termes, plus explicites encore : « Non legantur libri Aristotelis de metaphysicâ et naturali philosophiâ, nec summa de iisdem, aut de doctrinâ magistri David de Dinan, aut Amalrici hæretici, aut Mauritii hispani[1] ». (Du Boulay, *Hist. univ. Paris*, t. III, p. 82.) — « Ce qui est indubitable, dit Renan, c'est que le concile de 1209 frappa l'Aristote arabe, traduit de l'arabe, expliqué par des Arabes. » (*Averroès et l'Averroïsme*, 2ᵉ part., ch. II, § 4.) C'est donc se tromper à plaisir que de prétendre que l'Église condamna

---

1. Hauréau a découvert récemment un bref de Grégoire IX, levant, en 1231, l'interdit jeté par le concile de Paris sur la métaphysique d'Aristote.

Aristote et qu'on songea peu après à le canoniser. L'Église condamna l'Aristote falsifié par les Arabes et David de Dinan, et elle conseilla le véritable Aristote, commenté et suivi par Albert le Grand et saint Thomas. Si les docteurs du treizième siècle ont pu interpréter parfois le Stagirite avec quelque bienveillance, rien n'est commun entre sa philosophie, si attentive à élever Dieu au-dessus du monde, si jalouse de sauvegarder l'individualité de tous les êtres, et les théories rationalistes, panthéistes et semi-matérialistes des Arabes et de leurs sectateurs français.

ARTICLE II

SECONDE PÉRIODE DE LA PHILOSOPHIE SCOLASTIQUE ; SON APOGÉE, XIII° SIÈCLE

Grandeur exceptionnelle du treizième siècle ; philosophes qui brillent au second rang : *Guillaume d'Auvergne* ; son génie et son érudition : succès de ses ouvrages ; divers points de sa doctrine ; *Alexandre de Halès* ; succès de sa Somme de théologie ; *Vincent de Beauvais* ; caractère encyclopédique des *Specula* ; *Henri de Gand* ; son génie ; points plus remarquables de sa doctrine ; quelques dissidences ; — *Roger Bacon* ; son génie et son œuvre ; observation et expérimentation ; autres points ; quelques erreurs ; *Raymond Lulle* et l'*Ars universalis*.

Saluons avec respect et amour cet admirable treizième siècle, que nous pouvons nommer, selon l'heureuse expression de Cousin, « l'époque classique du moyen âge en philosophie comme en tout le reste ». Des saints innombrables et de grand nom s'y sont donné rendez-vous ; deux ordres nouveaux, destinés à une gloire immense, les Dominicains et les Franciscains, font leur apparition ; l'Église commande et règne en souveraine, l'État est personnifié dans saint Louis. Nos immortelles cathédrales s'élèvent vers le ciel, une légion d'écrivains prennent la plume, les poètes chantent, non pas la matière et la volupté, mai l'esprit, le Christ et ses héros. Les philosophes sont théologiens et les théologiens philosophes ; le dogme est porté à une élévation de pensée, à une précision de formules qu'il ne dépassera plus ; la dialectique est explorée en tous sens, le mystères de l'âme sont révélés, la métaphysique d'Aristote reçoit son couronnement et ses derniers développements[1].

« De toutes les choses du moyen âge, dit Ozanam, la plus calomniée, celle dont la réhabilitation s'est fait le plus attendre, c'est sa philosophie. Contre elle, l'ignorance a suscité le dédain; et le dédain, à son tour, a encouragé l'ignorance. » (T. VI, *Introd.*, p. 53.) Grâces à Dieu, l'heure de la réhabilitation a sonné, la calomnie et le dédain ont perdu de leur audace, l'ignorance se dissipe, et il sera permis désormais de regarder le siècle d'Albert le Grand, de saint Thomas, de saint Bonaventure et de Scot comme le siècle par excellence de la philosophie. Or, à cette époque féconde, on peut distinguer les philosophes qui ont brillé au second rang, et ceux qui ont tenu la première place.

A la première catégorie appartiennent Guillaume d'Auvergne, Alexandre de Halès, Vincent de Beauvais, Roger Bacon, Henri de Gand et Raymond Lulle.

Né à Aurillac, *Guillaume*[2] vint étudier à Paris, où s'étant fait remarquer parmi les plus habiles professeurs, il fut nommé évêque de Paris en 1228. A la fois théologien et philosophe, il combattit également pour les dogmes de la révélation et pour ceux de la raison. Rien ne lui manquait de ce qu'il faut pour soutenir ces grandes causes, ni la pénétration de l'esprit, ni l'érudition, même dans les sciences profanes. Il connaissait de Platon le *Phédon* et le *Timée*, d'Aristote la *Physique*, la *Métaphysique*, l'*Éthique*, le *Traité de l'âme*, plusieurs autres écrits, et un grand nombre d'ouvrages arabes. Le premier, il s'éleva contre

---

1. Nous ne prétendons pas que le treizième siècle ait été d'or pur sans alliage, mais nous croyons qu'à nulle autre époque le règne de l'Église et de la vérité n'a été aussi incontesté et aussi universel. (Cf. *Histoire de sainte Élisabeth de Hongrie*, par Montalembert, Introd.)

2. Lire l'étude pleine d'érudition de M. Noël Valois, *Guillaume d'Auvergne, sa vie et ses ouvrages*. Les copies des ouvrages de Guillaume se répandiront dans presque tous les pays, et plus tard s'éditèrent à Paris, à Leipzig, à Gand et à Strasbourg.

Averroès, réfuta le panthéisme, l'éternité de la matière, défendit avec force la personnalité humaine, la spiritualité de l'âme et l'universalité de la Providence. De très nombreux ouvrages témoignent de sa vaste érudition et de son génie métaphysique, entre autres : *De Trinitate; de fide et legibus; Summa de vitiis et virtutibus; De sacramentis; Rhetorica divina; de bono et malo; De claustro animæ; De immortalitate animæ; De anima et de universo.* Le *De universo*, qui est le plus considérable et le plus étendu, aborde les grands problèmes sur l'origine, la nature et la fin des choses, la nature des corps et des esprits, le jeu de la Providence dans le monde. — Sans s'attacher exclusivement à aucune école, il suit en général la philosophie péripatéticienne, au moins dans toutes ses conclusions importantes, comme celles sur l'origine et la nature des universaux[1] (*De universo*, 2ᵉ partis pars 2ᵃ, c. 25, et pars 3ᵃ, c. 9, la nature de l'âme et son union avec le corps dont elle est la forme substantielle et unique (*ibid.*, ch. 4, pars 2ᵃ et 3ᵃ), la nécessité des espèces pour l'acte de la connaissance (*Opp.*, II, suppl., p. 68). Mais, sur quelques points, sa pensée n'a pas toute la précision et toute la netteté désirable.

Alexandre de Halès, ainsi appelé du nom de sa patrie, bourgade du comté de Glocester, vint, comme Guillaume,

---

1. C'est bien à tort que certains modernes ont voulu voir dans Guillaume d'Auvergne le précurseur des ontologistes. Sans doute, il lui arrive parfois d'employer certaines expressions oratoires qui semblent favoriser ce système, par exemple quand il dit de Dieu : « Est speculum conjunctissimum naturaliterque coram positum intellectibus humanis, et ideo in eo legunt absque ullo medio dicta principia » (t. II, *suppl.*, p. 211). Mais il dit ailleurs très nettement que l'âme ne peut lire dans ce miroir « nisi dono et gratiâ revelationis divinæ, in beneplacito solo liberrimæ voluntatis Dei » (t. II, *suppl.*, p. 204, et p. 211, 212.) — Et ailleurs : « In tenebris in quibus nunc est intellectus, ab ipsis rebus materialibus accipit formas per quas illa (immaterialia) apprehendit. Immaterialia vero in hujusmodi statu non apprehendit ad nudum et liquidum, sed tanquam sub operimento, quoniam nec ipsum Creatorem, nisi tanquam sub nube universi et gubernationis ipsius. » (*De universo*, 2ᵉ partis pars 2ᵃ, c. 25.)

étudier à Paris et y acquérir sa réputation. Il commenta le Maître des *Sentences* avec tant de succès que le pape Innocent IV lui ordonna de former de ses leçons un corps de doctrine. Ce livre, intitulé *Summa theologiæ*, fut soumis à l'examen de soixante-dix docteurs et, sur leur avis, imposé comme manuel aux écoles chrétiennes. La théologie, empruntée aux Pères et à la tradition, y est exposée avec beaucoup de netteté et d'exactitude, à tel point que le savant franciscain a mérité le titre de *Docteur irréfragable*. Moins érudit que Guillaume, Alexandre connaît cependant Aristote et les Arabes, dont il se sert ou qu'il réfute au besoin. Il ne traite qu'accidentellement des choses philosophiques; pour la méthode et la doctrine, il suit de préférence le fondateur du lycée, surtout dans les problèmes de la psychologie.

Vincent de Beauvais[1], surnommé le Pline du moyen âge, appartient à la famille de Saint-Dominique. Lecteur de saint Louis et, dit-on, précepteur de ses enfants, il fut un des plus savants écrivains de son siècle. On peut en juger par son immense ouvrage les *Miroirs*, *Specula*, divisé en trois parties : *Speculum doctrinale*, *Speculum naturale*, *Speculum historiale*. Le *Speculum naturale* se compose de trente-deux livres, divisés en trois mille sept cent dix-huit chapitres, et les autres *Specula* ont à peu près la même étendue. Cette vaste encyclopédie n'est rien moins que le trésor de toutes les connaissances acquises à cette époque, de toutes les opinions recommandées par l'autorité d'un grand personnage, de toutes les histoires transmises par les livres et la tradition. « Opus universum, quod Speculum majus vocabatur, in tres partes principales distinxi. Prima pars continet totam historiam *naturalem*, et hæc vocatur Speculum *Creatoris*; secunda totam seriem *doctrinalem*, et hæc vocatur Speculum *scientiarum*; tertia verò, totam historiam *temporalem*, et hæc vocatur Speculum *historiarum*.

---

1. Lire l'ouvrage de l'abbé Bourgeat : *Étude sur Vincent de Beauvais, ou spécimen des études philosophiques, théologiques, scientifiques au moyen âge*; Paris, 1857.

Prima siquidem prosequitur naturam et proprietates rerum : secunda materiam et ordinem omnium artium; tertia vero seriem omnium temporum. » (*Praef.*) Vincent se pose en réaliste modéré : l'universel *ante rem*, c'est l'idée que Dieu possède de chaque chose avant de la produire, et l'universel *in re*, c'est l'essence des choses, commune à plusieurs et source de leur ressemblance : « Quamdam inter se naturam *communem* participant (homines) quæ est humanitas, per quam unusquisque dicitur homo; et illa, a quolibet eorum participata, dicitur universale. » (*Spec. Doct.*, III, 9.)

Chez *Henri de Gand* (1223-1299), nous allons trouver non seulement un grand théologien, mais encore un grand philosophe. Il enseignait à Paris avec d'éclatants succès, en même temps que saint Thomas d'Aquin.

La gravité de son langage et l'élévation de sa pensée lui ont valu le nom de *Docteur Solennel*. Les ouvrages de l'illustre professeur qui ont vu le jour sont une *Somme de théologie*, un *Catalogue des écrivains ecclésiastiques*, et des *Questions quodlibétiques*. Henri s'est occupé de la plupart des problèmes philosophiques, excepté de ceux qui regardent la politique et la morale. Dans toutes les questions importantes, il est d'accord avec le Docteur Angélique; mais il se sépare de lui sur un certain nombre d'opinions plus secondaires, comme nous aurons soin de le faire voir. Partisan moins absolu d'Aristote, bienveillant dans l'interprétation de certains passages de Platon, ses tendances le rapprochent de saint Augustin et de saint Bonaventure.

Une partie fort intéressante chez le Docteur Solennel, c'est l'exposé et la réfutation du scepticisme, par où débute la *Somme théologique*. L'argument qui suit révèle un esprit judicieux : « Il ne serait pas convenable que Dieu en créant l'âme humaine ne lui eût pas donné d'atteindre ses fins, lorsqu'il s'est montré si prévoyant à l'égard des créatures inférieures. C'est principalement de Dieu qu'on peut dire qu'il n'agit pas en vain et qu'il ne refuse à aucun être ce qui est nécessaire à sa nature. Or, quelle est l'opération propre et naturelle de l'âme humaine, sinon de connaître?

Il faut donc admettre d'une manière absolue que l'homme, avec ses facultés propres, *sans une illumination spéciale de Dieu, par des moyens purement naturels*, peut acquérir des notions certaines. La doctrine contraire déroge à la dignité de l'homme. » (A. I, q. 11). Plus loin cependant, Henri semble ne pas faire assez de cas de la philosophie recherchée pour elle-même : à l'entendre, les sciences rationnelles tirent toute leur valeur des services qu'elles peuvent rendre à la théologie[1].

En *psychologie*, notre docteur combat d'abord la théorie averroïste sur l'unité de l'intelligence, soutient la personnalité humaine et les vrais rapports de l'âme et du corps : « *Certissimè demonstrari potest quod anima sit forma et actus corporis, et etiam per consequens, secundùm corpora plurificabilis.* » *(Quodlib.*, IX, q. 14.)

La célèbre théorie des universaux reçoit aussi une solution très correcte ; avant d'être créée, chaque chose possède en Dieu « *esse quidditativum suæ essentiæ* ». (*Quodl.*, q. 5.) Une fois actuée, elle possède à l'état réel mais concret son essence, jusque-là purement idéale, et cette essence est commune à tous les êtres de même espèce. Donc l'universel *in re* se prend de « deux choses, pour l'objet qui est une essence, une nature, et pour la susceptibilité d'être prédicable de plusieurs ».

Quant à la manière dont l'homme forme ses idées, les propositions suivantes l'établissent en bons termes : « Il ne faut pas dire, avec Avicenne et les autres Arabes, qu'un agent séparé communique à notre intelligence la science, la vertu, comme un cachet imprime sa figure sur une cire amollie. » — « Nous tenons de la nature le savoir en puissance ; mais le savoir en acte est en nous une acquisition du travail, de l'expérience. » — « Notre intelligence atteint l'intelligible par les procédés de l'abstraction, du jugement et du raisonnement. » (*S. th.*, p. 1ª, a. 10, q. 4.)

---

[1]. « Qui philosophicas scientias discunt, finem statuendo in ipsis, propter scire naturas earum, non in ordine ad usum istius scientiæ, ambulant in vanitate sensûs sui. » (*S. theol.*, 1ª, a. 7, q. 10.)

Jusqu'ici rien à reprendre. Mais il faut reprocher au Docteur Solennel : 1° d'avoir enseigné avec Platon que les sens donnent l'opinion, et non la certitude parfaite ; 2° d'avoir exigé une certaine illumination divine particulière pour saisir l'essence des êtres, la raison immuable des choses (*Sum.*, q. 11.), illumination qui, à tout le moins, aurait besoin d'une explication précise ; 3° d'avoir soutenu que l'intelligence n'a pas besoin d'espèces intelligibles pour exercer son acte, et qu'il lui suffit des espèces sensibles. (*Quodl.*, IV, q. 7, 8 et 21.)

De même sur l'importante question de la matière et de la forme, on trouve chez Henri de Gand beaucoup à louer et un peu à blâmer. Dire que la matière première est au-dessus du néant, qu'elle a dans l'intelligence divine son idée et son essence, qu'elle est plus qu'une simple potentialité, en ce sens qu'elle est apte à recevoir une forme et à soutenir la forme « formarum quædam capacitas et compositi fulcimentum », c'est parler comme le Docteur Angélique. Mais c'est se tromper que de croire la matière capable de subsister séparée de la forme, même par l'effet d'une dérogation miraculeuse aux lois de la nature. (*Quodl.*, I, q. 10.) C'est se tromper aussi, à notre avis du moins, que d'admettre dans l'homme, outre l'âme raisonnable, forme principale et subsistante, une certaine forme de corporéité, principe des opérations physiques du corps. (*Quodlib.*, I, q. 2 et 3.) Enfin le philosophe de Gand a tort de se séparer d'Aristote, d'Albert le Grand et de saint Thomas touchant l'intéressante doctrine de l'individuation, pour proposer une solution que plusieurs trouveront sans doute peu soutenable. Il tire la différence individuelle des êtres compris dans la même espèce, immédiatement de l'acte de l'existence, et médiatement de Dieu, cause efficiente de l'existence. (*Quodl.*, XI, q. 1, et *Quodl.*, II, q. 8.) (Cf. *Prælect. philos.*, t. II, p. 74-76.)

Roger Bacon et *Raymond Lulle* nous arrêteront moins que le Docteur Solennel : leur nom appartient plutôt aux sciences naturelles qu'à la philosophie. Le premier (1214-1294) Anglais d'origine, fréquenta d'abord l'école d'Oxford, ensuite l'université de Paris. Puis il quitta le siècle pour l'habit de saint François d'Assise. Ses goûts le portèrent de préférence vers la physique, la chimie, l'astronomie, les mathématiques et la mécanique ; ce qui a fait dire à Montalembert : « Il réhabilite et sanctifie l'étude de la nature, classifie toutes les sciences, et prévoit, s'il n'a pas accompli, les plus grandes découvertes des temps modernes. » A la vérité, le moine franciscain a fait plusieurs découvertes scientifiques, et a surpassé, sous beaucoup de rapports, son homonyme le chancelier Bacon. Son vaste savoir, ses découvertes en des matières alors assez nouvelles, lui méritèrent le nom de *Doctor Mirabilis*. On lui doit les ouvrages suivants : *Opus majus, Opus minus, Opus* 3um, *Compend. philos.* et des commentaires sur la plupart des livres de la Physique d'Aristote. Roger, après avoir vanté les mathématiques, insiste sur l'insuffisance de la méthode abstraite et dialectique, et recommande avec force l'observation de la nature pour la découverte de la vérité, sans faire peut-être une place suffisante à la méthode déductive. On lui reproche ordinairement d'avoir abaissé l'autorité et la théologie, mais à tort, selon nous, car il s'exprime en bons termes sur les rapports de la philosophie et de la théologie. « *Nos christiani debemus uti philosophiâ in divinis, et in philosophicis multa assumere theologica, ut appareat quod una sit sapientia, utraque relucens.* » (*Opus majus*, pars 2^a, c. viii). Bien plus, la science naturelle lui semble inutile si l'on s'arrête à ses enseignements sans les rapporter à la vérité révélée. — Au reste, s'il n'est pas aussi versé dans les matières théologiques, Bacon a lu et cultivé les philosophes, particulièrement Aristote et les Arabes, dont les opinions sont souvent mentionnées dans ses ouvrages. Il avait même appris le grec et l'arabe, afin de pouvoir lire ces philosophes dans le texte original, et il engageait les étudiants dans la même direction (*Compend. philos.*, c. vii)[1].

1. Cependant le *Doctor Mirabilis* n'est pas sans défauts. Plus d'une fois il manque de modération et de mesure et prend le contre-pied de saint Thomas. On trouve même dans quelques-uns de ses

Raymond Lulle (1235-1315) naquit à Palma, petite ville de l'île Majorque. Il revêtit l'habit de Franciscain et alla trois fois en Afrique pour convertir les infidèles; mais la troisième fois ceux-ci le mirent à mort. Le *Docteur illuminé*, c'est le nom que lui donnèrent ses contemporains, a composé l'*Ars universalis seu Ars magna*, où il enseigne une méthode universelle, classe toutes les catégories de la pensée, tous les genres et toutes les espèces avec leurs différentes combinaisons possibles. Au moyen de cercles qui tournent autour d'un même centre, les sujets et les attributs de toute sorte viennent se placer l'un devant l'autre pour former des propositions, et celles-ci, en se combinant, des syllogismes [1]. La doctrine de Raymond jouit pendant quelque temps d'une assez grande faveur; elle eut des collèges à Palma, à Montpellier, à Paris et à Rome [2].

Les philosophes que nous venons de citer s'éclipsent devant les noms d'Albert le Grand, de saint Thomas, de saint Bonaventure et de Duns Scot. Les deux premiers sont fils de saint Dominique, et les deux autres de saint François.

---

ouvrages un certain penchant pour les rêveries astrologiques, des propositions téméraires et dangereuses : par exemple, que l'âme humaine est purement passive et que l'intellect actif est un principe séparé, une substance essentiellement distincte de l'intellect possible. (*Opus majus*, c. 5.)

1. Par exemple, si nous supposons deux cercles, l'un pour les sujets Dieu, ange, ciel, l'autre pour les attributs de bonté, de grandeur, d'éternité, et si nous faisons tourner le second, les attributs viendront successivement se placer sous les sujets, et nous obtiendrons les propositions suivantes : Dieu est bon, grand, éternel. Un troisième cercle ajouté aux deux autres nous donnera des syllogismes.

2. Après R. Bacon et Lulle, il convient de citer Richard Middletown, également franciscain, auteur d'un *Commentaire sur les sentences* et d'un opuscule rempli de vues originales sur les *facultés de l'âme*. Middletown mérita d'être appelé doctor *solidus, copiosus, fundatissimus*. Il est plus connu sous le nom latinisé de Médiavilla.

Albert le Grand (1193-1280)

Sa vie, son érudition et son génie; ses ouvrages; sa méthode; ses guides; l'autorité et la raison dans les sciences; classification des sciences; *logique* : l'induction et l'expérimentation; *anthropologie*; marche scientifique; solution très exacte des principaux problèmes; nature de l'âme, de la sensibilité et de l'intelligence; théorie de l'universel et principe d'individuation : conclusion.

Albert, de la famille de Bolstoedt, naquit à Lavingen en Souabe. Il étudia successivement à Cologne, à Paris et à Padoue. Son rare mérite lui valut d'être nommé grand maître du palais d'Alexandre IV, et plus tard évêque de Ratisbonne. Mais son ardent amour pour la science lui fit regretter sa cellule de moine et ses livres; il résigna ses hautes fonctions pour consacrer sa vieillesse à l'étude et à l'enseignement. Parmi les disciples nombreux qui se réunissaient au pied de sa chaire, se trouva Thomas d'Aquin, auquel il voua une amitié qui tenait du culte. L'Église compte Albert au nombre de ses bienheureux, et ses contemporains lui ont décerné les titres mérités de *Grand* et de *Docteur Universel*.

Ce qui frappe avant tout dans l'illustre moine, c'est son ardent amour pour la science. Il les célèbre toutes, les cultive toutes, et compose sur chacune des traités qui sont de véritables ouvrages. Pour ne point parler ici de ses commentaires savants sur un très grand nombre de livres de la Sainte Écriture, il suffira de nommer ses écrits sur les différentes branches des connaissances humaines : *De prædicabilibus et prædicamentis; — In logicam; — Super sex principia Gilberti Porretani; — In lib. periherm.; — Elenchor. lib. II; — De arte intelligendi; — De modo opponendi et respondendi; — De syllogismo lib. II; — De demonstratione lib. II; — Topicor. lib. III; — De sophistic. elench. lib. II; — De physico auditu (Physica) lib. VIII; — De cœlo et mundo lib. IV; — De generat. et corrupt. lib. II; — De meteoris lib. IV; — De mineralib. lib. V; — De animâ lib. III; — Metaphys.*

lib. XIII; — Ethicor. lib. X; — Politicor. lib. VIII; — De sensu et sensato lib. I; — De memoriá et reminiscent. lib. II; — De somno et vigilia lib. I; — De motibus animalium lib. II; — De juventute et senectute lib. I; — De spiritu et respiratione lib. II; — De morte et vitá lib. I; — De nutrimento et nutribili lib. I; — De nat. et orig. animæ lib. I; — De unit. intellectús cont. Averrohem lib. I; — De intellectu et intelligibili lib. II; — De naturá locorum lib. I; — De causis proprietatum elementorum lib. I; — De passionibus acris lib. I; — De vegetal. et plant. lib. VII; — De principiis motús progressivi lib. I; — Summa de creaturis; — Speculum astronomicum lib. I; — De animalibus (hist. natur. animal.) lib. XXVI; — De apprehensione et apprehensionis modis II; — Philosophia pauperum lib. I; — De alchimiá lib. I.

Les œuvres complètes de l'évêque de Ratisbonne ont été réunies par Jammy en 21 volumes in-folio (Lyon, 1651).

Ces volumes, on le voit par leurs titres, indiquent un docteur vraiment universel. Commentateur de la Sainte Écriture, théologien formé à l'école des Pères, scrupuleux investigateur des mystères de la nature, chimiste subtil, astronome hardi, habile interprète des théorèmes d'Euclide et par-dessus tout philosophe, on chercherait vainement un titre qui lui manquât. Il n'est pas jusqu'à la *phrénologie* dont il n'ait tenté de découvrir les lois, puisque, selon la remarque de Blainville, « il contient en germe la théorie de Gall et de Spurzheim son disciple, moins l'exagération et les principes matérialistes. » (*Hist. des scienc.*, t. II, p. 80[1].)

« Albert, dit Ozanam, Atlas qui porta sur sa tête le monde entier de la science et qui ne fléchit point sous le poids : familier avec les langues de l'antiquité et de l'Orient, il avait puisé à ces deux sources de la tradition des forces gigantesques. C'est dans l'immensité et la prodigalité de

---

1. Sur les travaux scientifiques d'Albert, lire A. Pouchet, *Histoire des sciences naturelles au moyen âge*, ou Albert le Grand et son époque, considérés comme point de départ de l'école expérimentale.

son érudition que réside son mérite principal. » (*Œuv.*, t. VII, part. 1, chap. II.) Aussi fut-il regardé par ses contemporains comme un homme divin, le miracle de son siècle, une sorte de magicien. « Vir in omni scientiâ adeo versatus, rapporte Ulrich Enhelbert, un de ses auditeurs, ut nostri temporis stupor et miraculum congruè vocari possit. »

Quelques-uns l'accusaient même de s'être, pour ainsi dire, enivré du vin de la science séculière, de la philosophie profane, et d'avoir osé la mêler aux lettres divines, laissant ainsi à ses successeurs une manière nouvelle et trop humaine d'interpréter les Saintes Écritures. Cependant Albert sut faire sa part à la théologie, et lui subordonner toutes les connaissances rationnelles. « *Hæc scientia finis aliarum scientiarum est, ad quam omnes aliæ referuntur ut ancillæ... et ideo libera est, et domina et sapientia, et in omnibus potior.* » (*Prol.* in 1^{am} part. *S. Theol.*)

Dans ce grand personnage, si multiple et si divers, nous ne devons considérer ici que le philosophe : comme tel, il a droit à tous nos respects, c'est trop peu dire, à notre vive reconnaissance et à notre sincère admiration. Son érudition est presque incroyable. Il connaît tous les philosophes grecs, latins et arabes, et il n'en oublie aucun, petit ou grand, célèbre ou obscur. Par là il est aisé de deviner sa *méthode* : elle est à la fois *historique* et *critique;* elle consiste à passer d'abord en revue toutes les opinions de ses devanciers, à rapporter consciencieusement toutes les raisons sur lesquelles ils appuient leurs systèmes, à déclarer ensuite sa pensée, en empruntant aux différents philosophes ce qui s'allie le mieux avec ses propres vues, fondées sur l'expérience et la raison. Bienveillant envers tous les vrais savants, il devient, quand il le faut, critique impartial et judicieux.

Par le fait même que le *Docteur Universel* a tout fait entrer dans sa vaste encyclopédie, que sur chaque partie de la science il a voulu être complet et abondant, qu'il a posé et tenté de résoudre tous les problèmes, qu'il s'est efforcé de répondre à toutes les objections, ce serait trop lui demander que d'exiger qu'il n'y ait point de répétition dans ses immenses développements, point d'inexactitude dans son érudition infinie, point d'erreur dans ses jugements et sa critique. Quelquefois il attribue à Platon les opinions d'Aristote; plusieurs de ses arguments ne sont que des raisons de convenance et n'aboutissent qu'à une conclusion probable; quelques-uns reposent même sur des hypothèses depuis longtemps vieillies, car sa science, ne l'oublions pas, c'est la science du treizième et non du dix-neuvième siècle. Au reste, pour peu qu'on fasse attention aux innombrables hypothèses, dites scientifiques, qui de nos jours et sous nos yeux se sont écroulées devant une observation plus sérieuse ou une découverte nouvelle, on sera facilement indulgent pour le savant du treizième siècle.

Entre tous les philosophes, il loue Platon et Aristote : « Scias quòd non perficitur homo in philosophiâ, nisi scientiâ duarum philosophiarum, Aristotelis et Platonis. » (*Met.*, lib. I, tr. 5, c. xv.) Mais, son vrai maître, son unique maître, c'est le chef du lycée. « In omnibus quæ dixit (Arist.) Platoni præponatur in positione principiorum. » (*De prædicab.*, tr. 2, c. iv.) « Aristotelem *Archidoctorem* philosophiæ. » (*De propriet. element.*, l. 1, tr. 1, c. i.) — Cependant, loin de tenir le Stagirite pour la règle absolue de la vérité, il sait au besoin le contredire et déclarer « qu'il le regarde non pas comme un Dieu, mais comme un homme sujet à faillir aussi bien que les autres » (*Phys.*, l. VIII, tr. 1, c. xiv). « En philosophie, dit-il, il serait honteux d'avoir une opinion et de ne pas l'appuyer sur la raison. » (*Ibid.*, c. xiii.) Et ailleurs (*Perihermeneias*, l. I, tr. 1, c. i.) « Quod autem de *auctore* quidam quærunt, *supervacuum* est, et nunquam ab aliquo philosopho quæsitum est, nisi in scholis Pythagoræ; quia in illis scholis nihil recipiebatur, nisi quod fecit Pythagoras. Ab aliis autem hoc quæsitum non est : a quocumque enim dicta erant, recipiebantur, dummodo probatæ veritatis haberent rationem. »

Hâtons-nous maintenant de demander à Albert comment il comprend la philosophie et comment il la divise; quelle place il assigne à chacune de ses parties, à quelles conclusions il arrive. Il conçoit la philosophie à la manière des anciens, c'est-à-dire comme la science *universelle* qui comprend tout dans son vaste sein, excepté la théologie sacrée, inconnue des premiers philosophes. Or, la science lui apparaît sous deux formes générales : elle est *contemplative*, ou *pratique*. La contemplative se divise en *physique, mathématique* et *métaphysique,* selon que, dans ses abstractions, elle s'élève au-dessus des individus, mais non pas de la matière sensible, au-dessus de la matière sensible, mais non pas de la matière intelligible ou de la quantité, enfin, au-dessus de toute quantité ou de toute matière.

A ne considérer que la dignité de ces trois sciences, la métaphysique tient sans conteste le premier rang. Viennent ensuite les mathématiques, et enfin la physique. Mais l'ordre de la connaissance humaine est inverse de celui de l'excellence des sciences : « L'étude, en effet, ne commence pas toujours par ce qui est le plus grand en soi, mais par ce qui est le plus aisé à connaître. Or, l'intelligence humaine, à cause de sa liaison étroite avec les sens, tire sa science du sens et des sensibles : il sera donc plus facile de commencer par la science que l'on peut acquérir par les sens, par l'imagination et par la raison (telle que la physique), puis on passera à celle que l'on peut acquérir par l'imagination et la raison (telle que les mathématiques) et l'on terminera par celle qui relève de la seule raison (telle que la métaphysique). » (*Phys.*, l. I, tr. 1, c. 1.)

Voilà une réflexion qui atteste un penseur profondément versé dans l'étude de l'âme. L'homme va du concret à l'abstrait, du particulier au général, du sensible à l'intelligible. Si donc l'on veut se conformer à la marche de son esprit et aux exigences de sa nature, on commencera par ce qui est plus particulier et plus sensible, pour s'élever doucement à ce qui est plus abstrait et plus immatériel.

Mais toute science suppose une discipline préalable, qui

« apprenne à raisonner, à discuter, à juger, en un mot, à trouver la vérité que l'on cherche : c'est le rôle de la *logique.* » (*De prædicab. et prædicam.*, init.) Science *spéciale*, si on la considère dans sa matière propre, science *générale* et *introduction* aux autres sciences, si on l'envisage dans les rapports particuliers qu'elle a nécessairement avec elles, la logique, à ce titre, devra être traitée en premier lieu. Et après la dernière partie de la science spéculative, qui s'appelle métaphysique, viendra la science pratique ou morale, à la fois *monastique*, *domestique* et *politique*, suivant qu'elle s'occupe de l'individu, de la famille ou de la société.

Nous ne suivrons pas l'auteur dans toutes les parties de sa philosophie : sa théodicée, qu'il développe dans ses commentaires sur le Maître des Sentences, sa morale et sa politique, qu'il expose dans ses commentaires sur Aristote, ne nous offriraient rien de particulièrement remarquable. Dans sa *physique*, bien supérieure à la physique moderne, par la recherche des causes et des principes suprêmes, il soulève, à l'exemple d'Aristote, les divers problèmes que les sciences et la philosophie agitent relativement au monde des corps. Les principes des choses, la nature, les causes diverses, l'infini, le mouvement, ses lois, ses propriétés et ses espèces la nécessité d'un premier moteur immobile, l'espace, le temps et l'éternité, toutes ces grandes notions sont successivement abordées, discutées et éclaircies. C'est là, en particulier, que la fameuse théorie de la matière et de la forme reçoit sa solution, solution d'une exactitude parfaite (l. I, tr. 3, c. III et seq.); là aussi qu'est prouvée l'impossibilité du vide absolu dans la nature (l. IV, tr. 2).

Logique. — La logique d'Albert, d'ailleurs complète et irréprochable, n'est qu'un long et précieux commentaire de la logique aristotélicienne. Le Stagirite, selon son habitude, a été sobre de détails et d'explications; mais son docte commentateur prévoit tout, explique tout, répond à tout. Sans doute, la logique est une science, comme les autres; mais elle a pour mission de nous apprendre à bien raisonner, aussi bien sur les matières simplement probables et contingentes, que sur les matières certaines et nécessaires. Elle comprend le *syllogisme* et l'*induction*. Citons les propres paroles d'Albert, pour montrer à plusieurs des partisans de Bacon que le moyen âge n'ignorait pas plus l'induction que le syllogisme et qu'il savait se servir des deux méthodes. « Non de omnibus fides esse poterit per syllogismum, propter hoc quòd discursus syllogisticus non est nisi ab universali universaliter accepto; quod in multis scientiis esse non poterit... Cùm igitur logica, ut ait Aristoteles, *det omni scientiæ modum disserendi, et inveniendi, et dijudicandi quod quæsitum est,* oportet quod de tali sit ut de subjecto quod omnibus in omni æqualiter applicabile est. Sunt autem adhuc quædam in quibus *ex singularibus* quærimus invenire quod ignotum est, sicut *in experimentalibus*, in quibus utimur vel syllogismo, vel *inductione*, ad universale accipiendum, et non possumus uti syllogismo perfecto. Propter quod syllogismus commune subjectum logicæ esse non potest. » (*De prædicabil.*, tr. 1, c. iv. [1])

Anthropologie. — Il faut nous arrêter davantage à l'anthropologie du Docteur Universel. Comme il aimait d'un amour particulier les sciences naturelles et qu'il plaçait la science de l'homme dans cette branche de nos connaissances, il s'est attaché à elle avec une complaisance marquée. Sans doute, à considérer son âme raisonnable, l'homme occupe une place exceptionnelle dans la nature; l'étude de l'homme pourra donc à bon droit constituer une science spéciale. Mais d'autre part, le corps n'entre pas moins que

1. Bien plus, Albert et Roger Bacon ont connu, pratiqué et recommandé l'*expérimentation*, comme le fait observer M. Pouchet : « Cet agent jusqu'alors négligé et duquel devait découler tout l'éclat de nos connaissances actuelles, ce sont deux hommes du treizième siècle, Albert le Grand et Roger Bacon, qui en conçoivent toute la puissance et la fécondité, et c'est à eux qu'il faut restituer la gloire de l'avoir indiqué les premiers. « (*Hist. des scienc. natur.*, p. 204.) Albert rapporte un grand nombre d'expériences qu'il dit avoir faites. (*De animal.*, VI, tr. 1, c. vi; l. I, tr. 1. *De meteor.*, l. II, tr. 2, c. xiii.) Et il promulgue la loi fondamentale de l'expérimentation dans cette phrase remarquable : « *Oportet experiri non in uno modo, sed secundùm omnes circumstantias probare.* » (*Eth.*, vi, 25; Cf. *De animal.*, l. XI, tr. 1, c. i.)

l'esprit dans la composition de son essence, et Albert a pu écrire, sans danger aucun de matérialisme : « Licet anima et opera ejus et passiones non sint corpus mobile, quod est subjectum philosophiæ naturalis, est tamen anima principium *essentiale* talis corporis; et ideo in scientiâ naturali oportet inquiri de ipsâ. » (*De animâ*, prooem., tr. 1, c. I.)

Pour bien parler de l'âme, l'auteur fait donc appel à toute sa science de naturaliste et de psychologue, et aborde successivement toutes les questions qui touchent à l'homme, qu'elles se rapportent au corps ou à l'esprit, ou à l'un et à l'autre à la fois. Le traité *De animâ* s'ouvre par des aperçus généraux sur la méthode à suivre pour connaître l'âme, sur la distinction réelle entre l'essence et les puissances (l. I, tr. 1, c. III), et sur la distinction entre les facultés *organiques*, savoir la faculté végétative, la faculté sensible, la faculté motrice, et les facultés *inorganiques*, c'est-à-dire l'intelligence et la volonté. (*Ibid.*, II, tr. 1, c. X.)

Dans le second traité, Albert consacre les quatorze premiers chapitres à rapporter et à juger les différentes opinions des philosophes sur la nature de l'âme; puis il défend sa substantialité, son unité, sa spiritualité qu'il établit par douze arguments, enfin son immortalité. Envisageant l'âme de l'homme dans ce qu'elle a de commun avec l'âme végétative des plantes et l'âme sensible des animaux, sujettes l'une et l'autre à la mort, il la définit très bien avec Aristote : *Actus primus corporis physici potentiâ vitam habentis*. Quoique simple et spirituelle, l'âme se compose d'essence et d'existence; et quoique végétative, sensible et intellectuelle, elle ne perd pas son unité, parce qu'elle est une seule substance, une seule forme, éminemment et virtuellement multiple, grâce à la perfection de sa nature. Elle peut, sans cesser d'être spirituelle, informer et organiser le corps, et même lui donner l'être, « parce que, chez les vivants, leur être c'est leur vie. » (Tr. 2, l. II, c. II.) Elle peut s'unir à la matière et, pour ainsi dire, se mêler avec elle par sa partie inférieure, en demeurant complètement distincte et même séparable par sa partie supérieure. (Tr. 1, c. IV et XI.)

La faculté de sentir est une faculté passive, puisqu'elle a besoin d'être excitée et mise en mouvement par son objet, et de recevoir la forme représentative des choses sensibles : ce qui ne veut pas dire, comme l'entendent en général les modernes, qu'elle soit dépouillée de toute activité : « *Nulla virtus est adeo passiva, quin per formam sui activi existentem in ipsâ possit agere..., et sic est de sensu qui efficitur in actu per formam sensibilis in ipso existentem.* » (L. II, tr. 3, c. 1.) Aussi bien que l'intelligence, la faculté de sentir connaît et perçoit, mais d'une façon moins abstraite et par conséquent moins parfaite.

A ce point de vue de l'abstraction, notre ingénieux et pénétrant psychologue distingue quatre degrés dans la connaissance : « Le premier, qui est le plus imparfait, abstrait et sépare la forme de la matière, mais non pas de la présence et des appendices de la matière : c'est le *sens extérieur;* — le second fait abstraction de la présence de la matière, mais non de ses appendices et de ses conditions, par exemple de la couleur, de la figure, de la disposition des parties : c'est l'*imagination;* — le troisième s'élève jusqu'à la connaissance de certaines qualités qui ne tombent pas directement sous les sens extérieurs, mais qui pourtant ne sont jamais connues sans eux, par exemple, que tel individu est sociable, ami, agréable, affable, ou possède des attributs contraires : c'est l'*estimative;* — le quatrième et le plus parfait, saisit la nature des choses dans toute sa simplicité et pureté, séparée de toutes les conditions individuantes et matérielles : c'est l'*intelligence*. En un mot, le sens est fait pour le particulier, l'intellect pour l'universel. » (*Ibid.*, c. IV.) — L'homme, et en général tout animal parfait, a cinq sens externes, et il n'en saurait avoir davantage; cette proposition peut s'établir par la considération des organes, du milieu et des qualités sensibles. (L. II, tr. 4, c. III, IV, 5.)

Le *style* d'Albert est d'ordinaire simple et grave; mais, quand il faut parler de l'intelligence (l. III, V, tr. 1), il s'anime, s'élève et devient solennel : « Comme les questions qui font la matière de ce traité sont très difficiles et très nobles, je me propose d'expliquer d'abord de mon mieux toute la doctrine d'Aristote; de reproduire ensuite les opinions des autres péripatéticiens; puis d'interroger Platon, et de déclarer enfin mon propre sentiment... La science de l'âme est admirable; mais ce que nous allons chercher en ce moment est ce qu'il y a de plus admirable et de plus élevé. »

Or la plus grosse difficulté qui demande à être résolue, c'est de savoir comment l'intelligence peut atteindre l'universel, qui est son objet propre, nous l'avons déjà dit : « Toute connaissance suppose une certaine proportion, une harmonie entre le sens et la chose sentie, entre l'imagination et la chose imaginée; de même, il faudra qu'il existe une proportion entre l'universel et l'intelligence. Mais un être individualisé et personnel, comme l'intelligence, paraît moins proportionné que contraire à l'universel; d'où il semble que l'intellect devrait être impersonnel, comme l'universel lui-même. » (*Ibid.*, c. III.)

On répond que « l'intelligence humaine est universelle et indéterminée de sa nature; et par conséquent l'intelligible reçu en elle sera universel en acte, bien que dans les choses il ne soit universel qu'en puissance. L'âme n'est individualisée qu'en tant qu'elle est reçue dans un corps déterminé, dont elle devient la forme ou l'entéléchie; car c'est la matière seule et non la forme qui est le principe de l'individuation. » (*Ibid.*, II, XIV et XV.) Si donc, d'une part, l'intelligence n'est individualisée que dans ses rapports avec son corps et les puissances sensibles : si, par elle-même, elle a quelque chose d'universel, d'impersonnel, d'identique dans les différents individus; si, d'autre part, elle n'atteint et ne reçoit pas l'universel, en tant qu'individuelle, en tant que forme du corps, l'objection s'évanouit, il y a harmonie parfaite entre l'intellect et l'universel.

Mais pour arriver à rendre universel en acte ce qui n'est universel qu'en puissance dans les choses, il faut à l'âme, outre l'intellect possible, l'intellect agissant, destiné à cette opération. « Intellectus habet recipere ea (intelligibilia) meliori modo quàm *tabula*, quia... ipse est quodammodo *formalis* ad ea, quod non tabula circa scripturam est; et est *operativus* circa intelligibilia, quod iterum tabula minùs facit circa scripturam. » (*Ibid.*, c. XVII.)

Albert fait connaître ensuite les différents objets vers lesquels se porte successivement l'intelligence humaine : d'abord elle entend, en consultant ses propres lumières, les premiers principes, qui sont évidents d'eux-mêmes; de ces principes elle infère d'autres vérités par la voie du raisonnement; des choses matérielles, à l'aide des images fournies par les sens, elle abstrait les vérités mathématiques; à la vue de ses propres opérations, elle prend conscience d'elle-même; enfin, grâce au principe divin qui est en elle et qui ne communique pas avec le corps, elle peut s'élever jusqu'aux vérités divines, qui sont indépendantes de la matière; alors, pour emprunter le langage des philosophes arabes, c'est l'intellect *acquis*, « intellectus adeptus ».

Métaphysique. — Quelques mots seulement sur la métaphysique du *Docteur universel*. Lui qui a tant célébré les autres sciences, même les sciences naturelles, il ne trouve plus d'expressions assez dignes pour louer convenablement cette « science désirable, doctrinale, divine, principale et maîtresse des sciences. Elle perfectionne l'intelligence dans sa partie supérieure et divine, tandis que les autres sciences la perfectionnent uniquement dans ses rapports avec le temps et l'espace. » Ajoutez que les sciences naturelles s'occupent d'une matière physique, par conséquent changeante et peu capable d'une certitude parfaite. La métaphysique, au contraire, a pour objet l'immatériel, l'immuable, le nécessaire et l'absolument certain.

Parmi les lumineux commentaires d'Albert sur cette partie de la philosophie aristotélicienne, nous nous bornerons à signaler une théorie remarquable entre toutes : nous voulons parler de la célèbre théorie de l'*universel*, où il se surpasse lui-même et donne d'une façon magistrale le dernier mot de la question. Il faut distinguer l'universel *ante rem, in re, post rem*, et *in ratione universalitatis : Ante rem*, il se confond avec les idées divines, exemplaires et archétypes des choses, destinées à devenir la forme des individus quand elles s'uniront à eux pour constituer leur essence et se communiquer indifféremment à plusieurs. — L'universel *in re*, c'est cette idée divine, cette forme idéale, actuellement existante dans les choses, communiquée, ou du moins susceptible d'être communiquée à plusieurs individus de la même espèce. Mais, entendu ainsi, l'universel est seulement en puissance et non pas en acte. — *Post rem*, c'est cette essence des choses reçue dans notre intelligence et considérée par elle d'une façon abstraite, c'est-à-dire abstraction faite des individus où elle existe. Que si maintenant l'intelligence vient à considérer cette essence abstraite comme étant commune ou comme pouvant être commune à plusieurs, elle lui confère le caractère proprement dit d'universalité. Car en soi l'essence n'est ni une ni multiple; par exemple, l'universel *homme* n'est ni un ni plusieurs; tandis que l'universel proprement dit, « cum ratione universalitatis », suppose essentiellement une relation à plusieurs; comme tel, il existe dans l'esprit plutôt que dans les choses. Voici la formule précise et définitive à retenir : « Universale duobus constituitur, *naturâ* videlicet cui accidit universalitas, et *respectu ad multa*, qui complet illam naturam in ratione universi. » (*Met.*, l. V, tr. 6, c. v, vi.)

De tout ce qui précède, il faut conclure que le *Docteur universel*, en même temps qu'il a touché à tout, a sérieusement approfondi et éclairci plusieurs points d'une haute importance. Sa pensée philosophique est d'une orthodoxie scolastique irréprochable. Nous trouvons chez lui à peu près toutes nos thèses les plus caractéristiques : la distinction entre la substance et l'accident (*Prædicam.*, I, tr. 1, c. vi), entre l'essence et les facultés de l'âme, la puissance et l'acte, la matière et la forme, l'intellect agissant et l'intellect possible (*De homine*, tr. i, q. 53, a. 4), la nature de la connaissance sensible et de la connaissance intellectuelle, du particulier et de l'universel. Sur ce point, la doctrine d'Albert mérite une attention toute particulière; sans doute, ses devanciers s'étaient occupés de déterminer la nature de l'universel, et plusieurs avaient indiqué en substance les éléments de la solution de ce difficile problème : mais aucun n'avait pu en saisir tous les points de vue avec précision et netteté.

Quant au fameux principe de l'*individuation*, personne, depuis le Stagirite, n'avait cherché à le résoudre. Or, bien que sur cette question l'éminent docteur soit plus court que la matière ne le demanderait, cependant il pose le problème et en donne la vraie solution. Aux textes cités plus haut, il suffit d'ajouter ceux-ci, qui ne laissent rien à désirer pour la clarté : « Forma per se non multiplicatur, quia forma non multiplicatur nisi per materiæ divisionem. » (*Met.*, l, V, tr. 6. c. v.) « Materia est primum principium individuationis. (L. XI, tr. 1, c. vii.)

En somme, malgré des lacunes, d'ailleurs très rares, malgré un peu d'indécision sur certains points et quelques formules trop vagues, empruntées des Arabes, le *Docteur universel*, par la richesse et la sûreté de sa doctrine, n'en réalise pas moins un très notable progrès sur les représentants de la philosophie chrétienne qui ont paru avant lui.

Saint Thomas d'Aquin (1225-1274)

Sa vie, sa sainteté; son portrait et son génie; divers éloges de saint Thomas; il est déclaré patron des écoles catholiques; universalité de sa science et de ses nombreux ouvrages; valeur particulière des commentaires sur saint Paul et sur Aristote; plan et but des deux Sommes; sublimité et certitude de doctrine; ses sources naturelles et surnaturelles; style; *logique* : la raison et la foi; *anthropologie* : les sens et l'intelligence; matière et forme; union et mutuelle influence de l'âme et du corps; saint Thomas proposé aux spiritualistes et aux amis des sciences; *théodicée*: Dieu; attributs, infinité, prescience, concours et providence; *morale*: élévation des principes; sagesse et modération de la morale particulière; divers points de cette morale; *politique*; conclusion : saint Thomas est-il original?

Saint Thomas a vu le jour dans la ville d'Aquino, au pied du Mont-Cassin. Sa famille était noble et illustre. Par ses ancêtres paternels, il était neveu de l'empereur Frédéric Barberousse, cousin de l'empereur Henri IV et de l'empereur Frédéric II; et dans la série de ses ancêtres maternels se trouvaient les Robert Guiscard et les Tancrède. Ses parents le confièrent dès l'âge de cinq ans aux moines du Mont-Cassin; à treize ans il achevait à Naples le cours de ses études littéraires. Né au sein de l'opulence, il voulut revêtir les habits de moine mendiant; à l'âge de dix-neuf ans, il s'enrôla sous la bannière de saint Dominique. Mais ses parents opposèrent la plus vive résistance à sa vocation; et lorsqu'on l'envoya à Paris, ils le firent enlever et conduire dans un château dont les avenues étaient soigneusement gardées.

On employa tous les moyens pour le détourner de son pieux projet: on alla jusqu'à introduire près de lui une vile courtisane, afin d'ébranler sa vertu. Thomas la mit en fuite avec un tison. Après cette victoire, le saint jeune homme, s'étant prosterné devant une croix qu'il avait tracée sur la muraille avec l'extrémité du tison, fut saisi d'un sommeil pendant lequel il sentit ceindre ses reins par les anges: et depuis ce temps il fut exempt des révoltes de la chair, comme il l'a révélé au Fr. Raynaud, avant de mourir. Précieuse leçon pour la jeunesse chrétienne qui devra se souvenir de ce trait en étudiant la doctrine de saint Thomas; si en effet les écarts de la raison, comme l'a établi le Docteur Angélique, naissent des plaisirs grossiers, « stultitia, quæ est peccatum, est filia luxuriæ » (2ª 2ᵐ, q. 46, a. 3), s'éloignerait-on de la vérité en reconnaissant dans la parfaite sagesse de ses écrits une conquête de sa chasteté?

Après ce mémorable triomphe, il vit tomber la résistance de sa famille et, libre enfin de suivre sa vocation, il prononça ses vœux avec bonheur et alla étudier successivement à Paris et à Cologne, sous la direction du plus illustre maître d'alors, Albert le Grand. L'humble disciple, entré alors dans sa vingt et unième année, parlait peu, écoutait et méditait beaucoup: ce qui le fit surnommer le *bœuf muet*. Mais, ayant un jour été interrogé en classe sur plusieurs questions des plus épineuses, et ayant fait à chacune une réponse admirable de force et de lucidité, Albert prononça devant tous les assistants cette parole prophétique: « Nous appelons Frère Thomas un bœuf muet; mais un jour les mugissements de sa doctrine s'entendront par tout le monde. »

Le jeune dominicain vint de nouveau, avec son maître, étudier à Paris, où il prit ses premiers grades et fit des cours publics qui eurent un grand retentissement. Ensuite ses frères l'envoyèrent à Rome défendre, devant le pape Alexandre IV, la cause des ordres mendiants, violemment attaqués par Guillaume de Saint-Amour. Nouveau triomphe. Après quoi il revint à Paris en 1253 et se fit recevoir docteur à l'âge de vingt-huit ans, malgré l'hostilité de ses interrogateurs, qu'il avait été obligé de combattre à Rome, dans l'affaire des ordres mendiants. Quant à ses derniers jours, il les employa à prêcher et à professer, avec un égal succès, la philosophie et la théologie, à Paris, à Rome, à Orvieto, à Viterbe, à Pérouse. En 1274, comme il se rendait au concile de Lyon, la maladie l'arrêta en chemin, et il mourut à l'abbaye de Fossa-Nuova, près de Terracine. Chez lui, le saint avait toujours égalé le docteur, et l'on avait surtout remarqué son humilité, sa modestie, sa pureté, sa sobriété, sa prédilection pour la pauvreté, l'étude, la contemplation, et son amour de l'Eucharistie et de la sainte Vierge. Pour toutes ces raisons, on l'a appelé « le plus saint des savants et le plus savant des saints », mais son nom propre est l'*Ange de l'École*. Toulouse s'enorgueillit de posséder le corps et le chef vénéré de ce personnage merveilleux.

« Le *Docteur Angélique* était d'une très haute et très droite stature, image parfaite de la rectitude et de l'élévation de son âme. Il était d'assez grosse taille ; son teint était pâle, d'une nuance légèrement brune, et qui rappelait, dit naïvement un contemporain, la couleur du pain de froment. Il avait la tête large et bien dessinée, le front très accentué et un peu chauve. Sa complexion était extrêmement délicate, et pour qu'il pût montrer tant d'énergie dans les périls, dans les travaux pénibles du professorat, dans les exercices de la prière, de la pénitence, il fallait que la volonté dominât complètement, et pour ainsi dire jusqu'au miracle, ses sens et ses nerfs, que le moindre accident extérieur blessait cruellement ; mais en réalité son corps était entièrement soumis à l'esprit, et ses sentiments à sa volonté. » (*Didiot*, doyen de la faculté de théologie de Lille, *Saint Thomas d'Aquin*, ch. x, p. 168.)

Maintenant, il nous faut étudier et apprécier l'*Ange de l'École* dans sa doctrine : cette étude sommaire que nous avons tracée avec amour sur notre maître vénéré ne tend qu'à une fin : exciter ceux qui ne le connaissent pas, ou qui ne le connaissent que par le témoignage d'autrui, à l'étudier dans ses œuvres, afin de le connaître par eux-mêmes.

Essayons donc de dire quelque chose du génie de cet homme incomparable, de ses écrits, de sa méthode, et de ses travaux sur la philosophie. « Mais qu'est-ce que je dis? Serait-il vrai que je chercherais à vous peindre ce que fut cet homme et ce que furent ses œuvres! Autant vaudrait que j'eusse la pensée de vous montrer les pyramides en vous disant ce qu'elles avaient de hauteur et de largeur. Laissons là ces vains efforts. Si vous voulez voir les pyramides, n'écoutez personne : passez la mer, abordez ce sol où tant de conquérants ont laissé la trace de leurs pas, avancez dans les sables de la solitude. Voici, voici quelque chose de solennel, de grand, de calme, d'immuable, de profondément simple : ce sont les pyramides! » (Lacordaire, *Disc. pour la translat. du chef de saint Thomas.*) Lacordaire, dans ce beau langage, n'exagère rien, car de tous les caractères qu'il attribue ici aux pyramides, il n'en est aucun qui ne convienne parfaitement à saint Thomas d'Aquin. Il a raison aussi de dire qu'il est impossible de peindre cet homme et ses œuvres : il faut le voir, il faut le lire soi-même.

« En vain liriez-vous tous les auteurs, si vous ne lisez Thomas d'Aquin; si vous le lisez seul, il vous suffit. » (Cardinal Casanate.) D'après le pape Jean XXII, qui l'a canonisé en 1323, « il a fait autant de miracles qu'il a composé d'articles; à lui seul il a donné plus de lumières à l'Église que tous les autres docteurs, et l'on profite plus en une année seulement dans ses livres que pendant une vie tout entière dans les écrits des autres. » Les paroles de Jean XXII, tous ses successeurs les ont répétées à l'envi; tous ont très instamment recommandé d'étudier et de suivre le *Docteur Angélique*. Urbain V, accordant à Toulouse en 1368 le corps de saint Thomas, recommandait à l'université de cette ville de suivre la doctrine de ce docteur « *tanquam veridicam et catholicam* ». Léon XIII a sanctionné leur vœu commun, lorsque, dans l'Encyclique à jamais mémorable *Æterni Patris* du 4 août 1879, il a exhorté tous les évêques de la chrétienté à faire enseigner dans leurs séminaires les doctrines philosophiques de Thomas d'Aquin, et lorsque, plus récemment encore, 4 août 1880, cédant à l'impulsion de son cœur, et répondant aux vœux d'un nombre imposant de cardinaux, d'évêques, de prêtres, de docteurs et de professeurs, « d'après l'avis unanime de la sacrée congrégation des Rites, pour la gloire du Dieu tout-puissant, et l'honneur du *Docteur Angélique*, pour l'accroissement des sciences et l'utilité commune de la société humaine, il l'a déclaré patron des Universités, des Académies, des Facultés, des Écoles catholiques, et voulu qu'il soit, comme tel, tenu, vénéré et honoré par tous. »

Aussi bien que son maître Albert, Thomas d'Aquin mérite le nom de Docteur *universel;* car il savait tout, et il a écrit sur tout. On rapporte qu'il possédait toute la sainte Écriture. Quant à la théologie et à la philosophie, elles n'avaient pas pour lui de secrets; il a au contraire éclairci tous leurs mystères pour les autres. Il avait étudié les sciences connues de son temps; il connaissait tous les philosophes, et possédait tous les Pères jusqu'à un : « Inter scholasticos Doctores omnes », dit l'Encyclique citée plus haut, « princeps et magister longè eminet Thomas Aquinas, qui, ut Cajetanus animadvertit, *veteres doctores sacros quia summè veneratus est, ideo intellectum omnium quodammodo sortitus est.* » (In 2ª 2ᵃᵉ, q. 148, a. 4, in fine.) Par là il a mérité aussi de devenir la source des docteurs qui ont vécu après lui, « *fons doctorum* », comme l'appelle l'Université de Paris. Ils se sont tous appliqués à comprendre et à commenter ses pensées; ce que lui doivent Soto, Suarez, de Lugo, tous les théologiens, tous les philosophes de l'École, est à vrai dire incalculable. Aussi peut-on, à bon droit, lui appliquer le mot de l'Écriture : « *Rigans montes de superioribus suis; de fructu operum tuorum satiabitur terra.* » Parmi les philosophes, celui dont il s'est le plus assimilé la doctrine, c'est Aristote, et parmi les docteurs chrétiens, Denys l'Aréopagite et saint Augustin.

Le titre seul de ses ouvrages innombrables témoigne éloquemment de cette universalité prodigieuse : *In lib. Perihermeneias; In 1um et 2um post. analyticor., In VIII lib. physicor.; In IV lib. de cælo et mundo; In lib. de generatione et corruptione; In IV lib. meteor.; In lib. de animâ; In lib. de sensu et sensato; In lib. de memoriâ et reminiscentiâ; In lib. de somno et vigiliâ; In VIII lib. metaphysicor.; In lib. ethicor.; In VIII lib. politicor.* Les seuls ouvrages d'Aristote que saint Thomas n'ait pas commentés sont les *Catégories*, les *Premiers analytiques*, les *Topiques*, les *Réfutations sophistiques*, les *Grandes Morales*, la *Morale à Eudème*, la *Poétique*, la *Rhétorique*, et l'*Histoire des Animaux*.

Notons ici une double différence entre les commentaires d'Albert le Grand et ceux de son disciple sur les œuvres du Stagirite. Ceux du premier comprennent tous les écrits du Philosophe sans exception et contiennent des gloses, des digressions nombreuses, des développements personnels très abondants, tandis que ceux du second sont relativement courts et se bornent à expliquer clairement la portée du texte commenté, sans faire précisément connaître la pensée personnelle du commentateur.

Certains auteurs modernes n'accordent pas une grande valeur aux commentaires du Docteur Angélique, qui, d'après eux, n'aurait pas eu le vrai texte d'Aristote, privé qu'il était de la connaissance du grec [1]. Ces auteurs ignorent

---

1. Au contraire, Brucker, J. Simon, Montet, Zévort, Pierron, Hauréau et Barthélemy Saint-Hilaire ont beaucoup d'estime pour les commentaires de notre docteur. « Verum est subtilem et acutum cum se Aristotelis interpretem demonstravisse, multaque ingenii acie vidisse, licet græcæ linguæ subsidio careret. « (Brucker, *Hist. christ. philos.*, period. 2ª, pars 2ª, t. II, c. II, sect. 2.) « Le com-

sans doute que, dans son respect scrupuleux pour la vérité, il fit d'abord traduire soigneusement tous les livres du Philosophe par un savant helléniste : « Wilhelmus de Brabantiâ, ordinis Prædicatorum, transtulit omnes libros Aristotelis de græco in latinum, verbum ex verbo, quâ translatione scholares adhuc hodiernâ die utuntur in scholis, ad instantiam domini Thomæ de Aquino. » (Lindenbrog, *Script. rerum germanicarum septentrional.*, édit. Fabric., 1706, in-fol., p. 206.) Plus tard, les versions de certains écrits du Stagirite ayant été défendues par l'Église, à cause des témérités panthéistes des traducteurs, saint Thomas fit entreprendre une nouvelle version plus exacte des livres de la Philosophie Naturelle, de la Morale, et de la Métaphysique. (Tocco, *Vit. S. Th.*, c. IV.)

On lui doit encore des commentaires très estimés sur le

mentaire de saint Thomas sur la Métaphysique d'Aristote est l'un des plus instructifs et des plus profonds qu'on puisse lire. » (J. Simon, *Hist. de la phil.*, p. 298.) « Quant à saint Thomas, plus concis, et non moins sagace que son maître, il a suivi, pas à pas, le texte de Morbéka, et il n'a pas laissé un passage sans une élucidation brève et décisive. » (Barthélemy Saint-Hilaire, *Phys. d'Arist.*, préf., p. 118.)

Plusieurs auteurs, anciens et modernes, admettent que saint Thomas avait quelque connaissance du grec, entre autres le P. Guyard, Rubéis, Roselli, Pierron et Zévort (*la Mét. d'Arist.*, introd., p. 131), Montet (*Mémoire sur S. Th.*), l'abbé Uccelli. Aussi trouve-t-on chez saint Thomas, comme chez Albert et Guillaume d'Auvergne, plusieurs explications sur des étymologies grecques, des remarques philologiques et grammaticales sur le génie de la langue grecque. (*De cælo et mundo*, I, II, lect. 21; in V. *Met.*, lect. 6; in *Periherm.*, lect. X; in IV *Met.*, lect. 6; in II *Eth.*, lect. 1.) De plus, il renvoie à différentes versions gréco-latines, surtout au sujet de l'*Hermeneia*, de la *Physique* et de la *Métaphysique*. De là ces formules : *Alia littera habet, alia translatio, littera Boetii...* Il confronte ces versions avec les versions arabes, pour marquer les variantes, choisir la meilleure leçon, et quand il le faut, en appeler au texte grec. (*In periherm.*, lect. 5, et l. 12, lect. 2; *In phys.*, lect. 9; l. II, lect. 5; I *Met.*, lect. 1, 2, 4, 5, 6, 14; l. III, lect. 7 et 8; *in græco habentur*; *in græco planius habetur* (*Poster. anal.* lect. 6); *Met.*, IV, lect. 6; 1 2æ, q. 50, a. 1, ad 2; *C. Gent.*, 61.) Grâce à ces secours, il signale souvent les défauts des versions arabes (In X *Met.*, lect. 5; in VIII *Phys.*, lect. 3; in II *Poster.*, lect. 8 et ailleurs *passim*).

traité des *Noms divins*, sur les livres de la *Trinité* et des *Hebdomades* de Boëce, sur le traité des *Causes*, sur le Maître des *Sentences* et sur la plupart des livres de la sainte Écriture. Ces derniers sont très remarquables, non seulement par la lumière qu'ils jettent sur les livres sacrés, mais encore par les vues rationnelles dont le savant interprète rehausse toutes ces explications. Et même on apprend dans ces commentaires quelques-unes de ses idées philosophiques qu'on ne retrouve pas dans ses autres ouvrages. — Parmi ceux de ces commentaires le plus justement célèbres, il faut citer la *Chaîne d'or*, qui rapporte sur chacun des versets des quatre Évangélistes les explications les plus autorisées d'un très grand nombre de Pères et de Docteurs. Il faut y ajouter le *Commentaire sur les épitres de saint Paul*, qui éclipse tout ce qu'on a écrit depuis sur le grand Apôtre. On sait que saint Pierre et saint Paul apparurent au pieux commentateur, et lui expliquèrent le sens des textes les plus difficiles.

Mais nous n'avons nommé jusqu'ici qu'une partie des ouvrages du prince des Scolastiques. Il a composé encore les *Quæstiones disputatæ*, sur la puissance de Dieu, le mal, les créatures spirituelles, l'âme, l'incarnation, les vertus et la vérité. A ces questions ajoutez les *Quodlibeta*, au nombre de onze, sur des sujets divers : *trente-cinq opuscules*, dont quelques-uns sont de vrais ouvrages, par exemple *Compendium Theologiæ*, le *De regimine principum*. Voici les plus intéressants au point de vue de la philosophie : *De ente et essentiâ; De fato; De principio individuationis; De principiis naturæ; De mixtione elementorum; De differentiâ Verbi divini et humani; De naturâ Verbi intellectûs; De instantibus; De fallaciis; De propositionibus modalibus; De unitate intellectûs contra Averroistas; De pulchro*.

Bien plus célèbres que tous ces ouvrages, la plupart pourtant d'un si haut mérite, sont les deux fameuses Sommes (*Summa cont. gent.*, et *Summa theol.*). La première, composée dans la jeunesse du grand docteur, est une œuvre à la fois théologique et philosophique, tendant à établir la vérité de la foi catholique et à réfuter les erreurs contraires des Mahométans, des Juifs, des hérétiques et des incrédules de toute nuance. Comme ces sortes d'adversaires ne croient pas à nos saints Livres ni à la révélation, il devenait nécessaire d'employer contre eux les armes de la raison, « à laquelle tout homme est obligé de se soumettre ». (I. II.) Le premier livre démontre l'existence et les attributs de Dieu. Le second fait voir comment toutes choses *procèdent* de Dieu : il s'étend spécialement sur les substances spirituelles et sur l'âme humaine. Dans le troisième, Dieu apparaît comme la *fin* de tous les êtres, et la suprême *béatitude* de l'homme. Dans le quatrième, qui appartient davantage à la théologie, on trouve un exposé rapide des dogmes catholiques, avec la réfutation des objections de l'incrédulité.

Quant à la *Somme théologique*, le dernier ouvrage de l'*Ange de l'École*, elle se divise en trois parties : la première, *naturelle*, parce qu'il y est parlé de la nature des choses, de Dieu d'abord, et ensuite des êtres créés; la seconde, *morale*, comprenant elle-même deux grandes sections, la 1ª 2ᵃᵉ, qui expose les principes généraux de la morale, et la 2ª 2ᵃᵉ, qui pénètre dans le détail des vertus et des vices; la troisième, *sacramentelle*, qui traite de l'incarnation du Verbe de Dieu et des sacrements. La *Somme théologique* ne contient pas moins de 2.600 articles et répond à plus de 10.000 objections; la rédaction de saint Thomas s'arrête à la 90ᵉ question de la 3ᵉ partie; ce qui suit a été ajouté d'après la propre doctrine de l'éminent docteur, renfermée dans ses autres ouvrages, particulièrement dans le commentaire sur le Maître des Sentences.

Un *écrivain moderne* a dit de la Somme : « L'Église catholique possède deux monuments incomparables : le Catéchisme et la *Somme de théologie*, l'un pour les simples, l'autre pour les savants. » (J. Simon, *Liberté de conscience*, Introd.) Bien que théologique, cet ouvrage immortel renferme un très grand nombre de questions uniquement philosophiques, une excellente théodicée, 1ª, les 26 premières questions, puis de la question 44ᵉ à la question 89ᵉ inclusivement, et les questions 103, 104, 105; une anthropologie parfaite, 1ª de la question 75ᵉ à la question 90ᵉ inclus., ensuite la question 118, et 1ª 2ᵉ, les questions 1, 2, 3, 4; la théorie des actes humains, 1ª 2ᵉ, questions 6, 8, 9, 10; celle des passions (*ibid.*) de la question 22 à la question 48 inclus; celle des habitudes et des vertus (*ibid.*) questions 49, 50, 51; des lois (*ibid.*) de la question 90 à la question 97, inclus.

Si maintenant, embrassant par la pensée tous les ouvrages que nous venons de citer, on réfléchit à l'incroyable variété des sujets qu'ils traitent, à l'élévation et à la difficulté des problèmes qu'ils résolvent; si, de plus, on observe que leur auteur a toujours rempli ses différents exercices de moine, qu'il a voyagé et prêché, qu'on l'a consulté de toutes parts et sur toutes sortes de sujets, et qu'il a vécu quarante-neuf ans seulement, on n'éprouvera aucune peine à croire que cet homme n'aurait jamais pu écrire ce qu'il a écrit, si une grâce spéciale n'était venue au secours de la nature, si l'inspiration n'avait fait autant et plus que le génie. Le pape Jean XXII l'a déclaré : *Doctrina ejus non potuit esse sine miraculo.*

Ce qui précède est déjà bien prodigieux; ce qui suit est, à notre avis, plus prodigieux encore. Sans doute Albert le Grand possède une érudition universelle : mais son érudition n'est pas parfaitement digérée, et elle fait tort à la profondeur, à l'élévation, parfois même à la précision et à la clarté. Chez Thomas d'Aquin, les pensées des autres sont devenues ses propres pensées, elles sont entrées dans sa substance, elles se sont converties en son âme, par une étonnante assimilation. Aristote dit de l'intelligence humaine qu'elle est apte à tout recevoir, à tout devenir, « *potens omnia fieri* ». Notre docteur a vérifié à la lettre cette grande parole. Et en même temps personne n'est aussi précis, aussi net, aussi achevé, aussi limpide; et s'il explique les choses du ciel, c'est avec un langage d'homme, « *scribe stylo hominis* ». « Aucune expression, dit Lacordaire, ne saurait peindre ce coup d'œil dans l'infini, cette domination de la pensée qui s'empare des lois et de leurs causes, et les réduit à un tissu palpable, que l'œil le plus vulgaire saisit et entend; simple comme l'aigle, vaste comme lui, on ne le perd jamais de vue dans son vol, si élevé qu'il soit, et, ses serres puissantes écartant tous les nuages, il demeure immobile dans la lumière et comme se transformant en sa substance. » (*Disc. pour la translat. du chef de saint Thomas.*)

Autant de mots, autant de traits de lumière; il pense et vous fait penser; non seulement les paroles signifient la chose qu'il veut établir, mais elles vous ouvrent des horizons infinis et vous jettent dans un monde que vous ne soupçonniez pas. Rien de plus fécond, de plus universel, de plus compréhensif que ses principes; ils sont des semences de vérités. « Philosophicas conclusiones Angelicus Doctor speculatus est in rerum rationibus et principiis, *quæ quam latissimè patent*, et *infinitarum* ferè veritatum *semina* suo velut gremio concludunt, a posterioribus magistris opportuno tempore et uberrimo cum fructu aperienda. Quam philosophandi rationem, in erroribus refutandis pariter adhibuit, illud a se ipso impetravit, ut et superiorum temporum *errores omnes unus* debellârit, et ad profligandos, qui perpetuâ vice in posterum exorituri sunt, arma invictissima suppeditavit. » (*Encycl. Æterni Patr.*) Ce qui a fait dire au Père Lacordaire, que « lors même que saint Thomas n'a pas tout prévu, il a encore tout dit ».

Tout cela exprimé sans effort et sans emphase; les vérités les plus difficiles expliquées avec facilité; une sérénité constante, un calme absolu; on dirait qu'il ne raisonne pas, mais qu'il voit. Et cependant, chose admirable, l'inspiration, l'intuition n'apportent aucune solution de continuité; dans la pensée de l'illustre docteur tout se tient, tout s'enchaîne, comme dans les mathématiques. Thomas est un géomètre, le géomètre de la philosophie et de la théologie. Jamais, dans ses nombreux et volumineux ouvrages, le moindre dissentiment, le moindre désaccord avec lui-même. La plupart des opinions qu'il soutient, n'étant que simple bachelier, il les enseignera et les défendra, devenu maître et docteur, souvent avec les mêmes preuves. « Opiniones et rationes quas adhuc bacellarius adinvenit, paucis exceptis, magister effectus scripsit, tenuit et defendit. » (Guill. de Tocco, *Vit. S. Th.*)

Un autre caractère, infiniment précieux, est à remarquer dans la doctrine du Chef de l'École, caractère qui ne saurait être mieux exprimé que par le nom de *certitude*. Non pas que toutes ses opinions philosophiques ou théologiques jouissent d'une certitude absolue; sur plusieurs points il est permis d'embrasser un autre sentiment que le sien. Mais, dans le choix de toutes ses opinions, cet éminent penseur a toujours été guidé par un infaillible bon sens; et tandis que, selon la remarque très judicieuse de Balmès, « les grands esprits sont le plus susceptibles de l'illusion des systèmes », il s'est toujours tenu à l'écart des opinions extrêmes et hasardées. Personne autant que lui ne s'est enquis scrupuleusement de ce qui avait été dit par les Pères ou les philosophes, de crainte de s'égarer en ne suivant que ses propres lumières, si sûres et si étendues qu'elles fussent. Personne autant que lui n'a eu soin de rien avancer sans en donner la preuve et d'établir son point d'appui sur la terre ferme, sur le roc inébranlable de l'expérience. Ce n'est pas lui qui, pour étayer plus commodément un système, partira jamais d'une hypothèse gratuite, d'une supposition *a priori*; ce n'est pas lui qui négligera de faire connaître les objections de ses adversaires et d'apporter à chacune une réponse précise et solidement motivée. Nous l'avons déjà dit, d'induction en induction, il peut s'élever jusque dans la nue et plonger son regard d'aigle dans les mystérieuses profondeurs de l'infini; mais, au point de départ, ses pieds se sont fortement appuyés sur la terre, vous avez pu le suivre sans effort dans toutes ses évolutions, et s'il vous a porté avec lui dans les régions les plus hautes de l'immatériel, de l'absolu et de l'immuable, il a d'abord attaché vos regards sur le particulier, sur le contingent et le sensible, il vous a conduit, de hauteur en hauteur, sans vous faire la moindre violence, sans négliger de vous montrer aucun des intervalles et intermédiaires à franchir. Aussi, les philosophes modernes, même les plus éloignés de lui, n'ont-ils qu'une voix pour exalter sa mesure, sa sagesse, son équilibre dans toutes ses pensées : tous répètent le mot célèbre de Leibnitz : « *Thomas Aquinas ad solidum tendere solet.* » (*Theod.*, *de bonit. Dei*, pars 2ª, nº 330.)

Au reste, pour faire cesser l'étonnement que provoquent des attributs si merveilleux et si divers réunis dans un seul homme, disons-le avec ses biographes et avec lui-même, l'Ange de l'École doit moins à son travail et à son génie qu'à ses *prières* et à ses *jeûnes*. Fermement convaincu que la lumière vient d'en haut, du père des esprits et du maître des sciences, il le suppliait, le conjurait plusieurs jours durant, jusqu'à ce qu'il lui révélât la vérité si ardemment cherchée. « Ce n'était point aux forces naturelles de son génie, nous dit le Frère Réginald, qui avait longtemps vécu dans son intimité, mais au mérite de sa prière qu'il devait cette science merveilleuse par laquelle il s'est élevé au-dessus de tous les autres docteurs ; car chaque fois qu'il voulait étudier, discuter, professer ou écrire, il recourait premièrement à la contemplation et demandait avec larmes la grâce d'entendre exactement les mystères de la révélation divine, et l'efficacité de son oraison était si grande qu'il découvrait toujours avec certitude ce qui lui paraissait auparavant douteux et incertain ; une nouvelle difficulté surgissait-elle pendant son travail, il s'adressait encore à l'oracle de la prière et toute obscurité disparaissait miraculeusement. »

Frère Romain, son disciple, lui ayant apparu quelques jours après sa mort, Thomas le pria de lui dire ce qu'il fallait penser de ce qu'il lui avait autrefois enseigné sur certaines questions difficiles, spécialement sur la vision de Dieu, et il en reçut pour toute réponse ces paroles du Psalmiste : « *Sicut audivimus, sic vidimus in civitate Domini virtutum.* »

Mais nous avons un témoignage plus sûr que le témoignage des hommes, le témoignage de Jésus-Christ lui-même, qui a daigné déclarer à l'humble docteur qu'il avait bien écrit de lui : « *Benè scripsisti de me, Thoma.* » Des documents historiques, qui paraissent au-dessus de toute contestation, font foi que notre saint fut honoré de cette réponse à trois reprises différentes. Une première fois à Paris, dans le couvent de Saint-Jacques, à l'occasion d'une dispute élevée entre les docteurs de l'*Université*, sur les *accidents eucharistiques*, dont saint Thomas défendit la réalité objective. Cette première manifestation nous est rapportée par le récit très explicite de Jean de Colonna, contemporain de saint Thomas, et par le texte de saint Antonin. Une autre fois à Orvieto, quand notre docteur eut achevé l'office du Saint-Sacrement sur l'ordre du pape Urbain IV. Saint Vincent Ferrier se porte garant de la véracité du second miracle, et l'église d'Orvieto dépose en sa faveur, par sa tradition et par le soin qu'elle a pris de conserver le crucifix d'où se fit entendre la parole du Christ, ainsi que les peintures et les anciens écrits qui consignent le fait. Une dernière fois, dans la chapelle de Saint-Nicolas, à Naples, quand saint Thomas, arrivé à la fin de sa laborieuse carrière, était sur le point d'achever la *Somme théologique* : craignant d'avoir laissé échapper quelque erreur, soit en ce livre, soit dans ses autres ouvrages, il consulta le Seigneur avec larmes devant un crucifix. Tout à coup une voix venant du crucifix fit entendre ces paroles : « Benè scripsisti de me; quam recipies pro tuo labore mercedem? » A quoi il répondit : « *Domine, nonnisi te.* » Bernard Guidonis parle de ce fait, et Guillaume de Tocco, disciple de saint Thomas, le raconte dans la légende qu'il présenta à Jean XXII, lors de la canonisation de notre saint. Pour toutes ces raisons, le pape saint Innocent VI n'a pas cru trop s'avancer en disant de *l'Ange de l'École* : « *Hujus doctoris doctrina præ cæteris, exceptá canonicá, habet proprietatem verborum, modum dicendorum, veritatem sententiarum, ita ut nunquam qui eam tenuerit, inveniatur a veritatis tramite deviásse, qui autem eam impugnaverit, semper fuerit de veritate suspectus.* » (*In orat. de S. Th.*)

Nous aurons fini avec ces remarques générales sur le génie et la doctrine de saint Thomas d'Aquin, lorsque nous aurons dit quelques mots sur sa manière d'écrire. Sans douto, il a été avant tout un grand penseur, si grand penseur qu'il n'aurait nul besoin pour sa gloire d'être encore un grand écrivain. Mais ce dernier titre, on ne saurait le lui refuser sans prouver par là qu'on ne se fait pas une idée assez juste de l'art d'écrire. Et ici, nous ne voulons point parler de ses hymnes admirables du Saint-Sacrement, où le poète le dispute au chrétien et au théologien. Tout le monde sait que Santeuil aurait donné tous ses vers pour cette seule strophe :

> Se nascens dedit socium,
> Convescens in edulium,
> Se moriens in pretium,
> Se regnans dat in præmium.

Mais si la propriété des termes la plus exacte, la précision la plus nette, si la proportion constante des mots aux choses et la lucidité étincelante sont les qualités principales du style, il faudra convenir que saint Thomas fut un admirable écrivain. Sur tous ces points il n'a pas été surpassé, il n'a pas été égalé. Son langage possède encore un caractère qui lui est propre, c'est je ne sais quelle richesse, quelle plénitude de sens que le P. Gratry a nommée d'un mot très heureux : « *densité métallique* ».

« Le style de saint Thomas, dit avec beaucoup de raison le P. Ramière, est au style des littérateurs proprement dits ce qu'est le Moïse de Michel-Ange à une statue chargée de bijoux. C'est un marbre qui pour briller n'a besoin d'aucun vernis et dont la surface n'est aussi polie que parce que la substance en est parfaitement compacte. La pensée du grand docteur se présente dans sa majestueuse nudité, dans la plénitude de sa force et dans l'harmonie de ses proportions. La vérité invisible resplendit de tout son éclat à travers les paroles qui l'expriment. Il n'y a là aucun miroitement de couleur, rien qui puisse distraire l'esprit en amusant les yeux : c'est un faisceau de lumière blanche, qui rend les objets pleinement visibles et donne à chacun sa couleur, en se dérobant lui-même à l'œil. Chaque mot exprime exactement son idée ; chaque membre de phrase fait faire un pas à l'esprit dans sa marche vers la vérité, chaque paragraphe est une étape vers la conclusion; et, quand l'esprit est arrivé au terme d'un article, il n'a qu'à se retourner en arrière pour embrasser d'un regard le chemin parcouru. Non, il ne saurait y avoir à cet égard aucun doute : si Bossuet a poussé à son plus haut point la perfection du style oratoire, saint Thomas n'a pas été moins éminent au point de vue de la perfection du style philosophique. » (*Études religieuses*, par des PP. de la Compagnie de Jésus, juin 1879, *Les autographes de saint Thomas*.)

Il ne faut pas en effet demander au style philosophique les ornements qui conviennent au style oratoire; ils seraient, au témoignage de Cicéron, déplacés et puérils : « *Omne quod de re bonâ dilucidè dicitur, mihi præclarè dici videtur. Istiusmodi autem res dicere ornatè velle, puerile est; planè autem et perspicuè expedire posse, docti et intelligentis viri.* » (*De fin.*, III, 5.) Or l'illustre auteur de la Somme a pleinement réalisé le vœu de l'orateur romain ; et même, selon le P. Gratry, « il pousse presque sur toute question le vrai jusqu'au sublime. Oui, on sent presque partout, si je puis m'exprimer ainsi, le germe du sublime frémir sous ces brèves et puissantes formules, où le génie inspiré de Dieu fixe la vérité. » (*Les Sources*, ch. XIV.)

« Mais voici, dit le P. Ramière, de quoi nous aurions pu douter avant d'avoir vu les autographes de Bossuet et de S. Thomas : c'est que les grands esprits ne se sont pas crus plus dispensés que le commun des mortels de travailler leur style et de se corriger eux-mêmes. Pour s'en convaincre, on n'a qu'à ouvrir au hasard le volume dans lequel M. l'abbé Uccelli nous offre la reproduction fidèle de l'autographe de la Somme *contra gentes :* on verra que les ratures n'y tiennent guère moins de place que le texte définitif; et on comprendra que, loin d'être affranchi de la loi du travail, le génie lui est redevable de la perfection de ses œuvres. »

Pour entrer enfin dans le détail de la philosophie du prince des Scolastiques, disons tout d'abord qu'elle est complète de tous points, qu'elle pose et résout tous les problèmes de la logique, de la métaphysique, de la morale. C'est pourquoi nous serions infini, si nous entreprenions de rendre compte d'une doctrine aussi abondante et aussi variée. Au reste, si l'on veut bien se souvenir des principes philosophiques d'Aristote, de Denys l'Aréopagite, de saint Augustin et d'Albert le Grand, d'avance on se fera une idée du *Docteur Angélique*. Ces quatre grands hommes revivent en S. Thomas, complétés et corrigés les uns par les autres. Qu'il suffise donc d'indiquer ici les précisions les plus remarquables qu'il a apportées à la doctrine de ses devanciers, les développements les plus heureux dont il a su l'enrichir, les solutions nouvelles qu'il a trouvées : ces questions touchent à la logique, à l'anthropologie, à la métaphysique et à la morale.

Logique. — Saint Thomas enseigne que la raison de l'homme a reçu de Dieu une double perfection, l'une naturelle, et l'autre surnaturelle. Or il a vérifié en lui-même cette admirable parole : il possède toutes les lumières de la raison et toutes celles de la foi : il est la conciliation, l'harmonie, la synthèse vivante de l'une et de l'autre. L'Encyclique *Æterni Patris* insiste particulièrement sur ce point et résume tout dans cette phrase mémorable : « Rationem, ut par est, a fide apprimè distinguens, utramque tamen amicè consocians, utriusque tum jura conservavit, tum dignitati consuluit, ita quidem ut ratio ad humanum fastigium Thomæ pennis evecta, jam fere nequeat sublimiùs assurgere, neque fides a ratione fere possit plura aut validiora adjumenta præstolari, quàm quæ jam est per Thomam consecuta. » — Il croit toute la foi et se garderait bien d'atténuer en rien aucun de ses dogmes par une interprétation trop humaine, sous prétexte de mieux l'accorder avec la raison, comme le faisait Origène; mais d'autre part, il n'a nulle peur de la raison, il sait qu'elle vient de Dieu aussi bien que la foi. Aussi est-il jaloux de lui faire constamment sa part, qu'il s'agisse des vérités de l'ordre naturel ou de celles de l'ordre surnaturel; et l'on peut assurer que chez aucun homme la foi n'a été aussi loin dans la recherche de l'intelligence.

Écoutez ce magnifique début de la Somme *contra gentes* : « Parmi toutes les occupations des hommes, la plus parfaite, la plus sublime, la plus utile et la plus agréable est l'étude de la sagesse... Dans les vérités qui regardent Dieu et que la foi confesse, les unes surpassent toutes les facultés de l'entendement humain, telle qu'est l'unité de Dieu en trois personnes ; les autres sont accessibles à la raison naturelle, telles que l'existence de Dieu, son unité et plusieurs dogmes semblables que les philosophes eux-mêmes, aidés des seules lumières de la raison naturelle, ont établis par des démonstrations... D'où il suit évidemment que le sage doit s'occuper de ces deux sortes de vérités divines... et détruire les erreurs qui leur sont opposées... J'ai donc l'intention de procéder comme il vient d'être dit. Je m'efforcerai d'abord de rendre manifestes les dogmes que la foi professe, en même temps que la raison les découvre. Je les établirai sur des démonstrations dont quelques-unes seront tirées des philosophes et des saints... M'élevant ensuite des choses plus claires aux choses les plus obscures, j'arriverai à la manifestation des dogmes qui surpassent les forces de la raison, et je montrerai la vérité de la foi en résolvant les objections des adversaires, autant que Dieu le permettra, au moyen de raisonnements et d'autorités. Ainsi sera accompli notre dessein de rechercher par la voie de la raison tout ce que l'esprit humain peut découvrir sur Dieu. » (C. II, III, IX.)

La révélation n'est pas seulement nécessaire à la connaissance des vérités surnaturelles, mais encore à celle de plusieurs vérités qui ne dépassent pas les forces de l'esprit humain. Et cela, pour trois raisons remarquables : 1º pour que l'homme arrive plus tôt à la connaissance des vérités divines, car la théologie, présupposant plusieurs autres sciences, ne peut venir qu'à la fin des études ; 2º pour que la connaissance de Dieu soit plus généralement répandue, plusieurs hommes, à cause d'obstacles divers, ne pouvant s'occuper des sciences avec succès ; 3º pour qu'elle soit plus certaine, car la raison humaine est très faible dans les choses divines, comme le prouvent assez les nombreuses erreurs des philosophes sur ce point (2ª 2ᵃᵉ, q. 2, a. 4, c). — Mais, en échange de ce triple secours, la philosophie peut rendre à la théologie trois services importants : 1° démontrer certaines vérités, qui sont les préambules de la foi, et se trouvent comme telles nécessaires à la science de la religion, par exemple l'existence de Dieu, son unité et ses autres attributs, comme aussi plusieurs vérités relatives aux créatures et que la foi suppose; 2° rendre plus sensibles les vérités de la foi, au moyen de certaines comparaisons tirées des choses humaines, comme le fait saint Augustin en plusieurs endroits de ses livres sur la Trinité; 3° enfin réfuter les objections que l'on élève contre la foi, soit en montrant qu'elles sont fausses, soit en faisant voir qu'elles ne sont pas concluantes. » (*Super Boetium de Trinit.*, q. II, a 3, c.)

Anthropologie. — Un autre problème qui intéresse au plus haut point la théorie de la connaissance et de la nature de l'homme, c'est l'accord des sens et de l'intelligence, de la matière et de la forme, de l'âme et du corps, du réel et de l'idéal, de l'un et du multiple. Ce problème, on le voit, est très complexe et touche aux questions les plus vitales de la philosophie et des sciences. D'autre part, il a été jusqu'à présent l'éternel écueil contre lequel sont venus se briser la plupart des philosophes, tant anciens que modernes, en inclinant visiblement les uns au sensualisme, les autres à l'idéalisme. Or, S. Thomas se montre ici infiniment supérieur à tous ses devanciers par la rectitude de son indéfectible bon sens, par la précision du langage et la mesure avec laquelle il se tient à égale distance des extrêmes.

Demandons d'abord à notre docteur d'établir l'accord de la matière et de la forme : il nous enseigne que ces deux éléments se trouvent unis dans tous les êtres qui composent ce monde visible, dans la pierre aussi bien que dans l'homme. Seulement, dans les êtres inférieurs, c'est la matière qui semble prédominer; dans les êtres supérieurs, c'est la forme. L'étendue, dans tous les corps, tombe sous les sens; Descartes et Malebranche n'ont vu que cela dans la matière; mais si l'on regarde de plus près et qu'au témoignage des sens on ajoute la vue plus fine et plus pénétrante de la raison, on y découvre une nature propre, des qualités diverses, de l'énergie et de l'unité : toutes choses qui ne sauraient découler de la matière, multiple, diffuse, indéterminée, passive de sa nature. Reconnaissez donc la matière et la forme se prêtant un mutuel appui. — Même phénomène dans la plante et dans l'animal, avec cette différence que le rôle de la forme devient chez eux plus considérable et plus manifeste. Il est vrai que les opérations vitales et sensitives sont organiques et s'accomplissent dans le corps, mais elles dépassent absolument les exigences de la matière, elles réclament une âme, un principe simple, mais non spirituel, non étendu, mais dépendant de l'étendue. Chez l'homme, le corps garde toutes les propriétés communes aux autres corps; mais ici, nous sommes en présence de phénomènes absolument nouveaux et d'un ordre supérieur; nous constatons, par l'expérience, des pensées et des volitions. Ces phénomènes réclament un principe, non seulement simple, mais encore spirituel et partant incorruptible, parce qu'ils sont indépendants de la matière et s'accomplissent sans elle. — Néanmoins, prenons bien garde de sauver l'unité substantielle de l'homme, de même que nous avons sauvé celle de l'animal, du végétal et du minéral. Voici comment : l'âme raisonnable, par la même qu'elle est supérieure à l'âme sensible et à l'âme végétative, contient éminemment toutes leurs propriétés. Donc elle saura faire à elle seule ce que celles-ci font dans l'animal et dans la plante, et elle fera plus encore : elle donnera à son corps de sentir, de se mouvoir, de vivre et d'être; et du fond de sa substance jailliront ces nobles facultés qui rendent l'homme capable de penser et de vouloir. (*Qq. disp. de Anima*, a. 9.)

Donc, poursuit le saint docteur, « l'être de l'âme humaine dépasse la matière corporelle, il n'est pas complètement absorbé par elle, et cependant il est atteint par elle en quelque manière. En tant que l'âme dépasse la matière et qu'elle peut subsister et agir par elle-même, elle est une substance spirituelle. Mais, en tant qu'elle est atteinte par la matière et qu'elle lui communique son être, elle est la forme du corps. Or, elle est atteinte par la matière, parce que toujours, comme l'enseigne saint Denys, l'être le plus parfait de l'espèce inférieure atteint l'être le moins parfait de l'espèce supérieure. D'où il suit que l'âme humaine, qui est la dernière des substances spirituelles, peut communiquer son être au corps humain, qui est le plus noble des corps, pour qu'il résulte de l'union de l'âme et du corps un seul être, composé de matière et de forme. » (*Qq. disp. q. de spirit. creat.*, a. 11.) « Cela étant, il faudra dire que l'homme n'est ni l'âme ni le corps, mais comme une troisième chose qui résulte de leur union. » (*De Ente et Essentiâ*, c. III.)

Quelle est au juste la part de l'âme et du corps, et en général de la matière et de la forme, dans le composé? Nous l'avons déjà montré, mais nous n'avons pas poussé la réponse jusqu'à la dernière précision. Un homme réel, Socrate par exemple, est un individu existant dans une espèce déterminée; il y a donc en lui quelque chose qu'il possède en commun avec les autres hommes, et quelque chose qui lui est propre, qui est, en un mot, le principe de son individualité. Ce principe, d'où vient-il? De l'âme, ou du corps? De la forme, ou de la matière? La forme est inhabile à remplir cet office; car en donnant au composé son essence, en étant le principe de ce qu'il y a en lui de commun, elle ne saurait, sous peine d'absorber toute la substance et d'être la source de propriétés opposées, lui donner ce qu'il a de propre et d'individuel. Ici encore faisons une part, quoique plus restreinte, à la matière, et posons qu'elle est le principe individuant; avec Albert et saint Thomas (*De princip. individui*), disons que l'âme devient *cette* âme, parce qu'elle est reçue dans *ce* corps qui lui imprime son individualité.

Il est un autre problème qui a particulièrement tourmenté les philosophes : c'est celui de l'influence du corps sur l'âme et de l'âme sur le corps; ce sont, en langage moderne, les rapports délicats du physique et du moral. Or, ce problème trouve une explication toute naturelle dans l'union substantielle de l'âme et du corps. Le *Docteur Angélique* raisonne ainsi : « D'après l'ordre de la nature, toutes les puissances de l'âme ayant leur principe dans une même essence, et l'âme et le corps étant unis dans l'être d'un même composé, les facultés supérieures et les facultés inférieures, l'âme et le corps exercent une mutuelle influence et se communiquent leurs propres affections. Voilà pourquoi, par suite d'une perception trop vive de l'âme, le corps peut éprouver tout à coup une impression de froid ou de chaud, impression capable de lui donner la santé ou la maladie, quelquefois même la mort; car il y en a qui meurent de joie, de tristesse ou d'amour. De même, les impressions du corps ont leur contre-coup dans l'âme; car l'âme, grâce à son union intime avec le corps, suit la complexion de celui-ci, devient insensée ou se trouve portée à la mansuétude et subit d'autres impressions semblables. Pareillement, les facultés supérieures agissent sur les facultés inférieures; par exemple, un mouvement intense de la volonté provoque un mouvement de passion dans l'appétit sensible, et, dans le ravissement d'une contemplation sublime, les puissances animales s'exercent peu ou pas du tout. Par contre, les facultés inférieures influent à leur manière sur les facultés supérieures, la violence des passions obscurcit à ce point le jugement de la raison, qu'elle trouve bon absolument ce qui convient à la passion. » (*Qq. disp. de verit.*, q. 26, a. X, c.)

Nous avons enfin obtenu la solution de l'accord des sens et de l'intelligence dans l'acte important de la connaissance, et partant, l'accord des sciences et de la philosophie, de l'expérience et de la raison. Aux sens appartiendra la première connaissance dans l'ordre chronologique; l'intelligence viendra après; elle se servira de tous les sens externes et internes, mais surtout de l'imagination et de la mémoire; elle s'emparera de toutes les données fournies par les sens, mais elle aura son objet propre, la nature des choses, l'immatériel, l'universel. À l'aide de l'abstraction, de la comparaison et de la généralisation, dans le fait elle découvrira la loi qui le régit, dans le phénomène la nature, la substance qui le supporte, dans le particulier, l'universel qu'il contient virtuellement; en observant les êtres qui nous entourent, elle les trouvera différents et inégaux en perfection, par conséquent limités, et du fini elle s'élèvera à l'infini, seul capable d'en expliquer l'existence.

On se demande vraiment pourquoi une telle doctrine ne serait pas acceptée avec empressement par tous les philosophes spiritualistes et par tous les amis des sciences expérimentales. Les premiers diraient-ils qu'elle ne s'éloigne pas assez du sensualisme? L'objection serait peu sérieuse, car le *Docteur Angélique* regarde l'âme humaine comme une substance réelle, quoique incomplète, comme un esprit étroitement uni à un corps, mais ayant un objet propre et des opérations propres et doué d'une activité merveilleuse, puisqu'il est la cause efficiente, bien que partielle, de toutes ses idées. A eux seuls, les textes suivants montrent qu'entre la doctrine thomiste et le sensualisme, il y a un abîme : « Non potest dici quod sensibilis cognitio sit totalis et perfecta causa intellectualis cognitionis sed *magis quodammodo est materia causæ* » (1ª, q. 84, a. 5, c.) : « Quod aliquid per certitudinem sciatur, est ex lumine rationis, divinitus interius indito, quo in nobis loquitur Deus. » (*Qq. disp., q. de verit.*, q. XI, a. 1.) « Necesse est dicere quod anima humana omnia cognoscat in rationibus æternis, per quarum participationem omnia cognoscimus. Ipsum enim lumen intellectuale, quod est in nobis, nihil est aliud quàm quædam participata similitudo luminis increati, in quo continentur rationes æternæ. » (1ª, q. 84, a. 5, c.) Est-il possible de rattacher plus immédiatement et plus intimement la raison de l'homme à la raison de Dieu, et nos idées à ses idées ? Tranchons le mot : le thomisme seul peut avoir parfaitement raison du sensualisme, parce que seul il lui fait toutes les concessions raisonnables auxquelles il a droit et s'établit ainsi sur un terrain tout à fait inexpugnable.

D'autre part, les vrais savants n'ont rien à reprendre dans la doctrine précédemment exposée. Ce n'est certes pas la méthode qui peut leur déplaire : c'est leur propre méthode, la méthode scientifique par excellence, la méthode qui observe d'abord pour raisonner ensuite, qui n'admet aucun principe inné ou *a priori*, qui fait profession de ne rien approuver qu'elle n'infère des données de l'expérience. Non, il n'y a pas conflit entre la science et la philosophie de saint Thomas d'Aquin; nous l'avons fait voir ailleurs plus en détail. (*Prælect. philos.*, t. II, *append. ad Cosmol., De concord. inter scient. natural. et sent. scolast.*, p. 215.) Il y a au contraire entre elles une harmonie si parfaite que si la science moderne veut enfin conclure un traité d'alliance avec la métaphysique, traité souverainement désirable pour l'une et pour l'autre, elle n'a qu'à s'adresser à la philosophie de l'Ange de l'École. Cette philosophie ne contredit pas la science, mais elle la complète, elle commence où la science s'arrête et peut lui rendre raison de bien des notions nécessaires, par exemple des notions d'acte et de puissance, de matière et de forme, d'espace et de temps, de cause et d'effet, de substance et d'accident, de force, de continu, de sensation, etc. Léon XIII le proclamait naguère dans l'encyclique déjà citée : « Etiam physicæ disciplinæ, quæ nunc tanto sunt in pretio, et tot præclarè inventis, singularem ubique cient admirationem sui, ex restitutâ veterum philosophiâ, non modo *nihil detrimenti*, sed *plurimum præsidii sunt habituræ*. Illarum enim fructuosæ investigationi et incremento non satis est consideratio factorum contemplatioque naturæ; sed cùm facta constiterint, altiùs assurgendum est, et danda solerter opera naturis rerum corporearum agnoscendis, investigandisque legibus quibus parent, et principiis, unde ordo illarum et unitas ex varietate, et mutua affinitas ex diversitate proficiscantur. *Quibus investigationibus mirum quantam philosophia scholastica vim et lucem et opem est allatura*, si sapienti ratione tradatur. Propterea, hac ipsâ ætate plures iique insignes scientiarum physicarum doctores palam apertèque testantur, *inter certas ratasque recentis* physicæ conclusiones et philosophica Scholæ principia nullam veri nominis pugnam existere. »

Que si, toutefois, pour avoir trouvé chez saint Thomas

quelques erreurs de physique, on voulait du même coup rejeter sa philosophie, on commettrait un véritable paralogisme ; car, s'il est vrai que sa théologie repose tout entière sur sa philosophie, il n'en est pas de même de celle-ci par rapport à la physique. Elle en est parfaitement indépendante ; tout au plus y aurait-il lieu de négliger parfois certains exemples, empruntés des choses physiques, exemples qui laissent d'ailleurs à la thèse philosophique toute sa force.

Métaphysique. — Les limites de cette analyse trop rapide nous obligeront, à notre grand regret, à nous borner à quelques remarques touchant la *théodicée* et la *morale* thomiste. C'est là pourtant qu'il y aurait le plus à louer. Sur la question de l'existence de Dieu et de sa démonstration, notre docteur part d'une idée principale, dont il ne s'écarte jamais ; c'est le texte de saint Paul : « Invisibilia Dei per ea quæ facta sunt intellecta conspiciuntur. » Tout d'abord, l'existence de Dieu doit être démontrée ; non qu'elle ne soit évidente en elle-même, puisque en Dieu l'existence n'est pas moins nécessaire que l'essence, mais parce qu'elle n'est pas évidente pour nous, précisément à cause de la perfection transcendante de Dieu, perfection qui dépasse absolument la faible vue de notre intelligence. (1ª, q. 2, a. 1, c.) Mais si elle doit être démontrée par la raison, elle peut l'être aisément, au moyen de la créature, qu'il est permis d'envisager sous différents aspects. (*Ibid.*, a. 2, c.) La créature se meut ; donc il faut un premier moteur immobile. Le monde nous offre le magnifique spectacle de causes efficientes enchaînées entre elles et dépendantes les unes des autres : donc, à moins qu'on ne veuille reculer à l'infini, il est nécessaire de recourir à une première cause efficiente, qui soit incréée et qui ait créé les causes secondes. — Les êtres que nous apercevons sont plus ou moins grands, plus ou moins nobles, plus ou moins beaux et parfaits ; donc ils ne subsistent pas par eux-mêmes, ils participent tous d'un être absolu et subsistant par sa propre vertu. — Les êtres qui composent cet univers visible naissent et meurent ; donc ils sont contingents, ils ont commencé, ils ont été faits par un être nécessaire et éternel. — Les êtres mêmes qui parmi eux sont privés de connaissance agissent pourtant d'une façon ordonnée et uniforme ; donc, c'est qu'au-dessus d'eux, il y a un être infiniment intelligent qui les dirige à leur fin. Cet être, nous l'appelons Dieu. (*Ibid.*, a. 3, c.)

Voilà, certes, cinq arguments qui défient toute contradiction : ils s'appuient tous sur un fait qui tombe sous les sens, ils conduisent ensuite à la cause de ce fait, et cette cause, d'après les lois les plus constantes du raisonnement, ne peut être que Dieu. C'est la méthode expérimentale, appliquée dans toute sa rigueur et toute sa pureté.

Mais, l'existence de Dieu une fois établie, il convient d'employer à son tour la méthode rationnelle et *déductive :* celle-ci nous fera pénétrer plus avant dans la nature intime du Créateur. On vient de le voir, il y a un premier moteur, une cause première de toutes les causes secondes, un être subsistant, nécessaire et souverainement intelligent. Mais, s'il existe par lui-même, en lui l'existence et l'essence sont une seule et même chose, et partant il n'est pas tel ou tel être particulier, il est l'être simplement dit, l'être subsistant. Or, l'être subsistant ne peut manquer d'être infiniment parfait, et en tant qu'être, et en tant que subsistant. En tant qu'être, parce que l'être représente quelque chose de positif, une entité véritable et actuelle, qui n'est renfermée dans aucun genre, bornée par aucune limite, mais qui, en vertu même de son caractère universel, embrasse toutes les perfections. En tant que subsistant, parce qu'il ne participe pas de l'être, il ne reçoit pas l'être à tel ou tel degré, il est l'être lui-même. « Ipsum esse est perfectissimum omnium; comparatur enim ad omnia ut *actus;* nihil enim habet actualitatem nisi in quantum est; unde ipsum esse est actualitas omnium rerum, et etiam ipsarum formarum [1] ».

---

1. « Ostensum est quòd Deus est ipsum esse subsistens; ex quo oportet quòd totam perfectionem essendi contineat. Manifestum est enim quòd si aliquod calidum non habeat totam perfectionem calidi, hoc ideo est quia calor non participatur secundùm perfectam rationem; sed si calor esset per se subsistens, non posset ei aliquid

A n'en pas douter, c'est ici la preuve la plus décisive de l'infinité de Dieu, et une réponse péremptoire à ceux qui prétendent que du fini on ne saurait s'élever à l'infini.

Ensuite, l'éminent philosophe soumet à l'analyse la plus sagace et la plus profonde chacun des attributs de Dieu, mais d'une façon particulièrement remarquable sa simplicité, son intelligence, son concours et sa providence. Et pendant qu'il établit victorieusement que Dieu opère dans tout ce qui opère, « movet res ad operandum, quasi *applicando* formas et virtutes rerum ad operationem (sicut artifex applicat securim ad scindendum) », il soutient avec énergie l'activité de tous les êtres et la liberté de l'homme : « Selon quelques philosophes, dit-il, l'opération divine en chaque être doit être entendue en ce sens que nulle vertu créée n'agit dans la réalité, et que toute action procède immédiatement de la puissance de Dieu. Mais c'est là une thèse impossible ; d'abord, parce que, dans une pareille supposition, la causalité des créatures serait détruite ; ce qui taxerait le Créateur d'impuissance, puisqu'il appartient à la cause première de donner aux effets qu'elle engendre la vertu d'en produire de nouveaux ; secondement, parce que les pouvoirs actifs que nous remarquons dans les créatures leur seraient attribués en vain si elles ne les exerçaient pas dans la réalité. Que dis-je ? les créatures elles-mêmes, privées de toute opération propre, paraîtraient exister inutilement, parce que la fin de l'existence de chaque chose, c'est l'action. » (1ª, q. 105, a. 5, c.)

Quant à la *liberté* humaine, il ne faut pas avoir peur qu'elle souffre le moindre dommage du concours divin ni de la prémotion physique : « Comme l'enseigne Denys, il

---

deesse de virtute caloris. Unde, cùm Deus sit ipsum esse subsistens, nihil ex perfectione essendi potest ei deesse. Omnium autem perfectiones pertinent ad perfectionem essendi ; secundùm hoc enim aliqua perfecta sunt, quod aliquo modo esse habent. Unde sequitur quod nullius rei perfectio Deo desit ; et hanc rationem tangit Dionysius (*De Div. nom.*, c. 5) dicens quòd Deus non quodammodo est existens, sed *simpliciter* et *incircumscriptè* totum in seipso uniformiter esse præaccepit. » (1ª, q. 4, a. 2, c, a. 11, ad 3.)

appartient à la providence, non pas de corrompre la nature des êtres, mais de la conserver. Ainsi elle meut tous les êtres conformément à leur nature, de telle sorte que l'opération divine fait produire aux causes nécessaires des effets nécessaires, et aux causes contingentes des effets contingents. » (1ª 2ᵉ, q. 10, a. 4, c.) « Dieu est (donc) la cause première qui meut à la fois et les causes naturelles et les causes volontaires. Et comme, lorsqu'il meut les causes naturelles, il n'empêche pas que leurs actes ne soient naturels; de même, lorsqu'il meut les causes volontaires, il n'empêche pas leurs actions d'être volontaires; mais il leur donne plutôt ce caractère; car il agit dans chaque être d'une manière conforme à sa nature. » (1ª, q. 83, a. 1, ad 3.)

La *providence* divine a si bien disposé toutes choses, le monde forme un ensemble si bien proportionné et si harmonieux, qu'on peut le tenir pour parfait, non pas sans doute dans le sens d'un optimisme absolu, mais en ce sens qu'il est l'expression la plus fidèle des desseins du Créateur, dans lesquels la magnificence de l'exécution le dispute à la sagesse de la conception. Dieu aurait pu se proposer d'autres desseins, créer d'autres cieux et une autre terre, qui aurait été peuplée d'autres êtres; mais, étant donnés ceux qu'il lui a plu de créer, il les a soumis à l'ordre qui convient le mieux à leur nature; et c'est dans cet ordre principalement que consiste la beauté de l'univers. Impossible d'ajouter à la perfection d'un seul être sans troubler l'harmonie et la proportion de l'ensemble. « Quorum (entium) si unum aliquod esset melius, corrumperetur proportio ordinis, sicut si una chorda plus debito intenderetur, corrumperetur citharædæ melodia. » (1ª, q. 25, a. 6, ad 3.)

N'objectez pas le *mal* qu'on aperçoit dans le monde : « Dieu fait ce qu'il y a de mieux pour l'ensemble, mais non ce qu'il y a de mieux pour chaque partie, à moins que les parties ne soient considérées dans leur rapport avec le tout. Or, le tout, c'est-à-dire l'universalité des créatures, est meilleur et plus parfait s'il renferme des êtres qui puissent s'écarter du bien, et qui en effet s'en écartent avec la permission de Dieu, qui leur a laissé la liberté. » (1ª, q. 48, a. 2, ad 3.) — « La perfection de l'univers demande qu'il y ait de l'inégalité parmi les êtres, afin que tous les degrés de la perfection soient reproduits. Or, c'est un degré de la perfection qu'il y ait des êtres si excellents qu'ils ne puissent jamais défaillir. Et c'est un autre degré de la perfection qu'il y en ait qui puissent s'écarter du bien. La nature nous offre elle-même ce spectacle dans le domaine de l'être; car il y a des êtres qui ne peuvent perdre l'existence, étant incorruptibles de leur nature; et il y en a qui peuvent la perdre, étant sujets à la corruption. Si donc la perfection de l'univers demandait qu'il y eût non seulement des êtres incorruptibles, mais encore des êtres corruptibles, elle demandait pareillement qu'il y en eût de capables de s'écarter du bien. » (*Ibid.*, c.)

A ces vues pleines à la fois d'élévation et de hardiesse, notre philosophe ajoute ces magnifiques paroles, où vibre une éloquence émue : « Il y aurait une foule de biens anéantis si Dieu ne permettait pas au mal d'exister. La mort des animaux dévorés par le lion est ce qui le fait vivre; de même, sans la persécution des tyrans, nous ne serions pas témoins de la patience des martyrs. » (1ª, q. 22, a. 2, ad 2.)

Morale. — La morale de saint Thomas est rigoureusement enchaînée à sa métaphysique. Or, elle se trouve en possession d'une admiration universelle; ce qui prouve que la Métaphysique et la Morale ne sont pas aussi étrangères ni aussi indifférentes l'une à l'autre qu'il a plu à certains modernes de l'imaginer. L'éthique thomiste tire son prix de deux qualités éminentes : l'*élévation* singulière des *principes* et la solution pleine de sagesse des questions diverses et délicates, agitées par la *casuistique.* « Le moraliste, dit M. Jourdain, qui se propose de régler la conduite humaine ne s'arrête pas sur ces hauteurs d'où l'œil n'aperçoit que les grandes lignes de la conduite humaine, il descend aux détails de la pratique, afin de voir de plus près ce qu'il se propose de diriger. Ce n'est pas un des moindres titres de saint Thomas d'avoir suffi à cette double tâche : poser dans la définition de notre fin dernière les règles fondamentales de la morale, parcourir en tout sens l'échelle immense des applications et saisir les dernières conséquences des principes établis. Nous avons vu qu'après avoir décrit la nature et les conditions de la béatitude, le *Docteur Angélique* avait traité successivement de la bonté et de la malice des actions humaines, des passions, des habitudes, des vertus et des vices, de la loi morale et des différentes espèces de lois, et que, pour couronnement de son œuvre, il avait tracé le code complet des devoirs de l'homme dans toutes les positions de la vie. Ce cadre immense demandait, pour être rempli convenablement, une vaste érudition, beaucoup de souplesse, de méthode et de subtilité, et surtout une fermeté de jugement presque infaillible. Aucune de ces qualités n'a manqué à saint Thomas, et on les retrouve dans toutes les questions de la *Somme de théologie;* mais c'est principalement dans la partie morale qu'elles brillent de tout leur éclat. Sur la plupart des points, les solutions que le saint docteur a proposées sont si sages, si exactement conformes à la raison, qu'elles ont formé une sorte de jurisprudence morale adoptée par le plus grand nombre des casuistes. » (*La Philosophie de saint Thomas,* t. II, l. III, ch. vi.)

Pour que le lecteur se fasse quelque idée de l'excellence de la morale et en même temps de la politique thomiste, nous allons reproduire quelques théories sur les points les plus importants, par exemple sur la nature et la règle suprême du bien et du mal, sur le mérite et le démérite, sur le gouvernement et la loi.

« Dans les actes humains, la bonté ou la malice se tire de leur rapport avec la raison; en effet, comme le dit saint Denys, le bien de l'homme c'est d'être selon la raison; et son mal, d'être contre la raison, parce que pour chaque chose, son bien, c'est ce qui est en harmonie avec sa nature propre, et son mal, c'est ce qui est contraire à sa nature. La nature propre de l'homme étant la raison, ses actes seront bons ou mauvais, selon qu'ils seront conformes ou contraires à la raison. » (1ª 2ª, q. 1., 5, c.)

On le voit, le moraliste chrétien fait une bien large

place à la raison. Il en sera d'autant plus fort pour combattre cette morale moderne qui se proclame autonome et indépendante. « Dans toutes les causes ordonnées, l'effet dépend plus de la cause première que de la cause seconde, car la cause seconde ne saurait agir qu'en vertu de la cause première. Mais que la raison humaine soit la règle de la volonté et la mesure de sa bonté, elle le tient de la loi éternelle qui n'est rien autre que la raison divine. De là ce mot du Psalmiste : « Multi dicunt : Quis ostendit nobis bona? Signatum est super nos lumen vultûs tui, Domine. » (Ps. iv, 6.) Comme s'il disait : la lumière de la raison qui est en nous n'est capable de nous montrer le bien et de régler notre volonté, qu'autant qu'elle est la lumière de votre visage, c'est-à-dire qu'elle descend de votre visage. Il est donc manifeste que la bonté de la volonté humaine dépend bien plus de la loi éternelle que de la raison humaine, et quand la raison humaine est insuffisante, il faut recourir à la raison éternelle. » (1ª 2ᵉ, q. 19, a. 4, c.) Et ailleurs : « *Humana sapientia tamdiu est sapientia, quamdiu est subjecta sapientiæ divinæ; sed quando recedit a Deo, tunc vertitur in insipientiam.* » (*Comment. in* 1ᵃᵐ *epist. ad Corinth.*, c. xx, lect. 5.)

Le *mérite* et le *démérite* suivent naturellement le bien et le mal. Il est à considérer que quiconque « vit en société est d'une certaine façon partie et membre de toute la société. Par suite, quiconque fait un acte qui tourne au bien ou au mal d'un membre de la société, atteint du même coup toute la société, comme celui qui blesse la main, blesse l'homme par là même. Lors donc qu'un homme agit pour le bien ou pour le mal d'un autre homme, il mérite ou démérite doublement : d'abord de la personne qu'il a servie ou offensée, et ensuite de toute la société. — Agit-il au contraire directement pour le bien ou pour le mal de la société? il mérite ou démérite premièrement et principalement de toute la société, et secondairement de chacun des membres de la société. — Enfin, lorsqu'il fait un acte qui se termine à son propre bien ou à son mal, il mérite ou démérite encore de la société tout entière dont il fait partie, et qui se trouve atteinte par là même. » (1ª 2ᵃᵉ, q. 21, a. 3, c.)

Politique. — C'est une erreur moderne monstrueuse que la prétention de séparer la politique de la morale : la politique n'est pas autre chose que la morale appliquée à la société. Or, toute la direction de la politique repose sur deux bases principales : la *forme* du gouvernement et la *loi*. Par la solution qu'il donne de ces deux questions fondamentales, le *Docteur Angélique* se place au rang des premiers politiques, nous dirions des plus sagement libéraux, si le mot libéral n'avait aujourd'hui un mauvais sens. Sur le premier point il raisonne ainsi : « On doit faire attention à deux choses pour établir un bon gouvernement dans une nation. La première est l'admission de tous à une part du gouvernement général ; par là en effet la paix est mieux assurée, tous étant attachés à ce gouvernement et intéressés à le conserver. La seconde regarde le choix de la meilleure forme politique... Or la meilleure forme politique est celle qui place à la tête de la cité ou de la nation un prince vertueux qui commande à tous ; au-dessous de lui un certain nombre de grands chargés de gouverner selon les règles de la vertu ; ce régime ne laisserait pas que d'être populaire, soit parce que les grands pourraient être choisis dans la multitude, soit parce qu'ils seraient élus par tous. Un tel État réunirait dans son organisation des pouvoirs heureusement combinés, la royauté, représentée par le gouvernement d'un seul, l'aristocratie, caractérisée par la pluralité des magistrats, choisis parmi les meilleurs citoyens, et la démocratie, ou la puissance populaire, manifestée par l'élection des magistrats, qui se ferait dans les rangs du peuple et par sa voix. Tel était le gouvernement établi par la loi divine sous Moïse et ses successeurs. » (1ª 2ᵃᵉ, q. 105, a. 1, c.)

Néanmoins, et cette remarque judicieuse fait voir que S. Thomas a tout prévu, cette forme politique si modérée et si libérale, il veut, après saint Augustin, qu'on l'établisse seulement chez les peuples qui, par leur sagesse, savent se montrer dignes et capables de la liberté. « Si un peuple, dit saint Augustin (*De lib. arb.*, I, c. 6), est parfaitement tranquille, qu'il soit sérieux et tout dévoué au bien public, on a raison de porter une loi qui lui permette d'élire lui-même ses magistrats qui veillent à l'administration de l'État. Mais si ce même peuple se déprave insensiblement, si son suffrage devient vénal et s'il confie le pouvoir à des chefs perdus de mœurs et de crimes, il est juste que le pouvoir de disposer des dignités lui soit enlevé et qu'on le remette à quelques hommes de bien. » (1ª 2ᵉ, q. 97, a. 1, c.)

C'est par la *loi* que le gouvernement dirige la société vers sa fin; c'est donc sur la loi, bien plus encore que sur la forme du gouvernement que s'appuie le principe de la bonne politique. « Or, dit Balmès, nous pouvons défier nos adversaires de présenter un juriste, un philosophe qui expose avec plus de lucidité, avec plus de sagesse et une plus noble indépendance que S. Thomas, les principes par lesquels doit se régler le pouvoir civil. Son traité des *Lois* est un ouvrage immortel; quiconque l'a compris à fond, n'a plus rien à apprendre touchant les grands principes qui doivent guider le législateur... D'après S. Thomas, la loi est un règlement dicté par la raison, ayant pour but le bien commun, et promulgué par celui qui a le soin de la communauté. » (1ª 2ᵉ, q. 90, a. 4, c.) — Règlement dicté par la raison, *quædam rationis ordinatio :* voilà d'un seul mot l'arbitraire et la force bannis; voilà le principe que la loi n'est pas un pur effet de la volonté... Si l'on y fait attention, le despotisme, l'arbitraire, la tyrannie, ne sont autre chose que le manque de raison dans le pouvoir, la domination de la volonté. Lorsque la raison commande, il y a légitimité, justice, liberté; lorsque la volonté seule commande, il y a illégitimité, injustice, despotisme. C'est pourquoi l'idée fondamentale de toute loi est qu'elle soit conforme à la raison; la loi doit être une émanation de la raison même appliquée à la société... Ces doctrines sont la déclaration la plus explicite, la plus concluante touchant les limites du pouvoir civil; et à coup sûr, elles valent un peu mieux sous ce rapport que toutes les déclarations des droits de l'homme. Ce qui humilie la volonté, ce qui blesse en nous le sentiment d'une juste indépendance, c'est le commandement exercé par la volonté d'autrui, c'est la soumission réclamée au nom de la volonté d'un autre homme. Mais se soumettre à la raison, se laisser diriger par ses prescriptions, ce n'est point s'abaisser; c'est au contraire s'élever, car c'est vivre conformément à l'ordre éternel, à la raison divine. » (*Le Protestantisme comparé au Catholicisme*, t. III, c. 53.)

Combien les principes d'un grand nombre de publicistes modernes sur la législation sont inférieurs aux principes de ce moine du treizième siècle, qui s'appelle Thomas d'Aquin! A la raison on a substitué la volonté; ce n'est plus la raison qui fait la loi, c'est le nombre, c'est une ou deux voix de majorité, d'accord ou non avec la raison, peu importe. Aussi l'Encyclique *Æternis Patris* recommande-t-elle d'une façon particulière la morale sociale du *Docteur Angélique*, comme contenant une force et une puissance invincibles pour renverser les faux principes « de ce droit qu'on appelle moderne, et qui est si dangereux à l'ordre public et au salut des sociétés ».

Avant de quitter le prince de l'École, il convient de répondre à une objection assez répandue qui tend à lui contester le *génie*. On trouve donc qu'il manque d'originalité, qu'il ne trace pas, comme Descartes, par exemple, une voie nouvelle, qu'il n'invente pas, comme d'autres, des principes nouveaux. — Disons d'abord aux auteurs de cette objection qu'il y a en philosophie une qualité infiniment plus précieuse que l'originalité, c'est l'exactitude; que l'on peut être excellent philosophe, sans être novateur, et novateur sans être bon philosophe. Ensuite, nions absolument l'hypothèse. Contester l'originalité de S. Thomas, c'est démontrer qu'on ne l'a guère lu, ou se méprendre sur les termes. « L'artiste qui élève un monument, dit M. Jourdain, n'a produit ni la pierre qu'il emploie, ni même les formes particulières qu'il rapproche dans une œuvre d'ensemble; cependant, il sera considéré comme un génie créateur, si l'édifice qu'il a construit offre de belles proportions qui charment la vue. Il y aurait plus que de la rigueur à tourner en objection contre S. Thomas le vaste savoir qui a été l'aliment de son génie, et qui lui a permis de produire cette suite d'excellents ouvrages, si solides, si complets, si instructifs. » (*La Philos. de S. Th.*, conclus. du 1er vol.)

En effet, le *Docteur Angélique* a construit un édifice suffisant pour mériter le titre de génie créateur. Disons mieux : ce n'est point un simple édifice qu'il a construit, c'est une *cité* : la *Somme théologique* est à elle seule une cité qui n'a pas sa pareille dans le monde intellectuel. — Et cette cité incomparable, c'est lui seul qui, par l'effort de son génie, en a conçu le plan et mesuré les proportions; lui qui, pour la construire, a ramassé dans tous les pays et dans tous les siècles des matériaux dispersés, et ces matériaux il les a réunis, il les a polis et travaillés avec un art infini, et chacun d'eux ainsi transformé est venu, comme de lui-même, se ranger à la place qui lui était destinée.

Dans cette cité présidée par le patron universel des académies et des écoles catholiques, savants, philosophes et théologiens, tous peuvent entrer et trouver une place qui leur convienne. Saint Thomas n'était pas un docteur exclusif, son œuvre n'est pas l'œuvre d'un parti ni d'un homme, elle est l'œuvre de la tradition et de tous. Les représentants les plus illustres de chaque science y ont travaillé plus ou moins, sous la haute et unique direction de celui qui, selon l'expression du P. Lacordaire, « depuis six siècles est assis sur le trône de la science divine, et à qui la Providence n'a pas encore envoyé de successeur ni de rival ».

Saint Bonaventure (1221-1274)

Sa vie, sa popularité et son éloquence; ses œuvres; génie mystique; défense du mysticisme chrétien; classification des sciences et leur subordination à la théologie; *Anthropologie*; distinction entre l'essence et les facultés; théorie de la sensibilité, de l'intelligence et de la volonté: l'âme forme substantielle du corps; principe d'individuation. — *Théodicée* oratoire et poétique; si les innéistes et les ontologistes se réclament avec raison de saint Bonaventure.

Jean de Fidanza, plus connu sous le nom de Bonaventure, naquit à Bagnera, en Toscane. A vingt et un ans, il entra dans l'ordre de Saint-François. Ses supérieurs l'envoyèrent étudier à Paris, alors la cité des philosophes, où il eut pour maître le *Docteur Irréfragable*, Alexandre de Halès, et remplaça Jean de la Rochelle dans sa chaire, en 1253.

Reçu docteur à l'âge de vingt-trois ans, il attire auprès de lui, comme Thomas d'Aquin, une jeunesse très nombreuse, passionnée pour sa personne et sa parole. Mais il dut bientôt quitter sa chaire de professeur pour se rendre aux vœux de ses frères qui venaient, à l'unanimité, de le nommer leur supérieur général. Son ordre a reçu de lui de si importants services, qu'il en est regardé comme un autre père, après saint François. Le Pape l'appela au Concile de Lyon où ses grandes lumières le rendirent très cher et très utile à tous les Pères. Il mourut dans cette ville, peu après sa promotion au cardinalat et à l'évêché d'Albano. L'Église l'appelle saint, et l'École, le *Docteur Séraphique*.

L'immense popularité qui s'attache au nom de saint Augustin, de saint Anselme et de saint François d'Assise, entoure pareillement le nom de frère Bonaventure. C'est qu'il avait hérité de leur génie et de cette tendresse bienveillante dont l'attraction est si irrésistible. Ses contemporains se plaisent à nous le représenter comme aussi gracieux dans sa vie et dans son enseignement que saint dans ses mœurs ; d'une si touchante humilité et d'une bonté si compatissante, que le voir c'était l'aimer : « *Ut quicumque eum viderent, ipsius amore incontinenti caperentur ex corde.* » (Franc. Fabrianensis, *Chronicus*, p. 142.) Mais c'est surtout comme prédicateur que saint Bonaventure exerçait sa puissance invincible de grâce et de séduction : « Eloquentissimus et pulcherrimus concionator, » dit l'auteur cité plus haut, « ut in ejus præsentiâ ubique terrarum omnis lingua sileret. » Le nombre des sermons qu'on lui attribue est vraiment incroyable : il prêcha devant l'Université de Paris, au clergé, à ses religieux et aux prêtres de saint Dominique, à la cour de France et à celle de Rome. Parmi ses nombreux amis, le plus illustre et peut-être le plus cher fut Thomas d'Aquin, son rival de sainteté et de gloire.

Ce qui distingue frère Bonaventure, ce n'est point l'étonnante érudition, ni l'universalité merveilleuse d'Albert ou de saint Thomas. Sans doute, il connaît les Pères et un assez grand nombre de philosophes, Avicenne, Platon, Aristote surtout; il fait même aux ouvrages de ce dernier de fréquents emprunts, particulièrement à l'*Organon*, à la *Physique*, au *Traité de l'Ame*, à la *Métaphysique* et à la *Morale*. Cependant ces citations diverses sont bien loin de rappeler les trésors d'érudition que nous avons admirés chez le *Docteur Universel* et le *Docteur Angélique*. A la différence de ces deux éminents philosophes, il n'a commenté aucun des livres du Stagirite, si l'on en excepte des questions sur les *Topiques*, sur les *Météores*, et sur le *Traité de la Génération*, opuscules récemment découverts par le P. de Fanna. Mais il a commenté un très grand nombre de passages et quelques livres entiers de la sainte Écriture.

Ses œuvres complètes furent réunies, par ordre de Sixte V (1588), en sept volumes in-folio. Dès l'origine, elles jouirent d'une si grande popularité, qu'on s'empressa de les traduire dans un très grand nombre de langues. On a été plus loin et l'on a mis sous le patronage du *Docteur Séraphique* plusieurs livres qui ne lui appartiennent point en réalité. De là une division marquée, entre ses éditeurs et les critiques, au sujet de l'authenticité d'un assez grand nombre de ses opuscules [1].

Quoi qu'il en soit, presque tous les ouvrages de l'illustre franciscain appartiennent aux différentes branches de la théologie et surtout de la théologie mystique, et aucun n'est de longue haleine, excepté le commentaire, en deux volumes in-folio, des quatre livres du Maître des Sen-

---

[1]. Après avoir examiné les manuscrits de saint Bonaventure qui se trouvent dans la plupart des bibliothèques de l'Europe, le P. de Fanna vient d'entreprendre une nouvelle édition des œuvres de notre docteur, édition qui contiendra plusieurs opuscules jusque-là inédits. (Lire l'ouvrage du P. de Fanna, annonçant cette édition et intitulé : *Ratio novæ collectionis oper. omn. sive editor. sive anecdotor. Seraph. Doct.*

tences. Les autres écrits qui intéressent le plus la philosophie sont l'*Itinerarium mentis ad Deum*, le *De Reductione artium ad Theol.*, et, si l'on en admet l'authenticité, attestée, dit le P. Fanna, par trois manuscrits, la question inédite : *An rationes æternæ sint rationes cognoscendi in omni certitudinali cognitione.*

Tout le génie du moine de Bagnera est renfermé dans son nom de *Docteur Séraphique;* là aussi est son originalité et ce qui le distingue des autres grands hommes du treizième siècle. Or, ce beau nom, il l'a doublement mérité : d'abord, parce que suivant les traces de saint Denys l'Aréopagite, de Richard et Hugues de Saint-Victor, dont il se réclame souvent, il a cultivé la théologie mystique avec un amour de prédilection ; ensuite, parce que, à l'exemple de saint Augustin, son maître préféré, il a joint, dans la plupart de ses livres, le cœur à la raison, la chaleur à la lumière, et à la contemplation l'amour. La bulle *Triumphantis Jerusalem*, de Sixte V, en 1587, qui proclama saint Bonaventure docteur de l'Église, s'exprime sur lui en ces termes : « Fuit in sancto Bonaventurâ id præcipuum et singulare, ut non solùm argumentandi subtilitate, docendi facilitate, definiendi solertiâ præstaret, sed divinâ quadam animas permovendi vi excelleret : sic enim scribendo cum summâ eruditione parem pietatis ardorem conjungit, ut lectorem docendo moveat, et in intimos animi recessus illabatur. » — « Ita scribebat, dit un de ses juges, dans le procès de sa canonisation, « ut gustare quæ scriberet videretur. Unde verè potuit dici illius sapientia, *sapida* scientia, quia ipso scribendo gustabat et eadem legentibus, etiamsi carnales sint, saporem generat sanctitatis. « (Baptista, ord. Prædic., *lib. de canonis. S. Bonav.*)

Grâce au *Docteur Séraphique*, et pour ne point parler ici du *Docteur Angélique*, nous avons une réponse péremptoire à ceux qui, de nos jours, ont prétendu que la scolastique sacrifiait le cœur à la raison, et même qu'elle tendait à dessécher la source du sentiment, au profit de l'abstraction. — Il est vrai que, se plaçant à un point de vue tout opposé, plusieurs rationalistes modernes, M. Hauréau par exemple, ont reproché à saint Bonaventure d'avoir sacrifié la raison et la science à la foi et au mysticisme, et de s'être égaré « dans des pérégrinations aventureuses, dans les régions fantastiques de l'absolu ». Mais ceux-là se font eux-mêmes une idée fantastique de l'absolu et du mysticisme. A leurs yeux, il n'y a guère qu'une différence de degré entre le mysticisme chrétien et le pseudo-mysticisme de l'école orientale ou alexandrine, qui regarde l'âme comme une émanation de la divinité, dans le sein de laquelle elle sera un jour absorbée de nouveau; qui méprise la science, condamne l'action et donne comme unique moyen de parvenir à la vérité, l'illumination, l'extase et l'identification de l'âme avec Dieu par les seules forces de la nature. Aucun de ces traits, est-il besoin de le dire, ne saurait convenir au mysticisme des chrétiens en général, et de saint Bonaventure en particulier. L'explication de Bossuet est ici tout à fait à sa place : « Les mystiques qui semblent la vouloir exclure (la connaissance), ne veulent exclure que la connaissance curieuse et spéculative qui se repaît d'elle-même. La connaissance doit, pour ainsi dire, se fondre tout entière en amour. Il faut entendre de même ceux qui excluent les lumières, car ou ils entendent des lumières sèches et sans onction, ou en tout cas, ils veulent dire que les lumières de cette vie ont quelque chose de sombre et de ténébreux, parce que plus on avance à connaître Dieu, plus on voit, pour ainsi parler, qu'on n'y connaît rien qui soit digne de lui; et, en s'élevant au-dessus de tout ce qu'on en a jamais pensé, ou qu'on en pourrait penser dans toute l'éternité, on le loue dans sa vérité incompréhensible, et on se perd dans cette louange; et on tâche de réparer en aimant ce qui manque à la connaissance, quoique tout cela soit une espèce de connaissance et une lumière d'autant plus grande que son propre effet est d'allumer un saint et éternel amour. » (*Médit. sur l'Évang.*, la Cène, 2ᵉ part., 37ᵉ jour.)

Ces paroles magistrales tranchent la question et donnent en même temps une très juste idée de l'esprit de saint Bonaventure. Il ne s'attache pas à la science pour la science, il ne s'arrête à étudier les créatures qu'autant qu'il le faut pour s'élever à la contemplation des choses divines : « Theologia, substernens sibi philosophicam cognitionem et assumens de naturis rerum *quantum* sibi opus est ad fabricandum speculum, per quod fiat repræsentatio divinorum, quasi scalam erigit, quæ in sui infimo tangit terram, et in suo cacumine tangit cœlum. » (*Breviloq.*, prol.) — Mais ce serait commettre une grossière méprise que de le croire indifférent aux choses de la philosophie. Il l'était si peu qu'il établit dans son ordre l'usage d'argumentations publiques aux jours des assemblées générales. Dialecticien subtil et délié, il excellait dans l'art de la démonstration et de la réplique. « In logicis demonstrationibus usque adeo excelluit, ut iis qui disputationem cum eo suscepissent, difficile esset argumentorum illius aciem effugere, si quando res postularet. » (Galesinius, *In vit. S. Bonav.*)

Toutefois, nous le reconnaissons volontiers, sa philosophie est loin de former un tout compact et complet, comme celle d'Albert et de saint Thomas; ce n'est qu'accidentellement qu'il touche à la logique et à la morale, et, sur ces deux parties comme en plusieurs autres points, il se rallie à l'enseignement d'Aristote. En conséquence, il nous suffira de faire connaître sa classification des sciences, son anthropologie et sa théodicée, où se montre davantage l'originalité de son génie.

« En admettant que toute illumination s'accomplit en nous par le même mode, c'est-à-dire par la perception interne du vrai, nous pouvons néanmoins distinguer une lumière *extérieure*, qui éclaire les arts mécaniques; une lumière *inférieure*, qui se réfléchit dans les connaissances acquises par les sens; une lumière *intérieure*, celle de la pensée philosophique; une lumière *supérieure*, celle de la grâce et de l'Écriture sainte. »

« La lumière des arts mécaniques éclaire les opérations artificielles, par lesquelles nous sortons en quelque sorte de nous-mêmes afin de satisfaire aux exigences du corps; et comme ce sont là des œuvres serviles, dérogatoires, étrangères aux fonctions spéculatives de la pensée, la lu-

mière qui leur est propre se peut nommer extérieure. Elle se divise en sept rayons qui correspondent aux sept arts reconnus par Hugues de Saint-Victor, savoir : la tisserie, le travail du bois, de la pierre et des métaux, l'agriculture, la chasse, la navigation, la théatrique et la médecine. » —
« La lumière des sens nous permet de saisir les formes naturelles de la matière ; on la nomme inférieure, parce que les connaissances acquises par les sens viennent d'en bas, et ne s'obtiennent qu'à la faveur de la lumière corporelle. Or elle est susceptible de cinq modifications différentes, qui répondent à la division des cinq sens ; les cinq sens à leur tour forment un système complet, qui fait ressortir toute la perfection de la sensibilité humaine, en montrant l'exacte correspondance des conditions diverses dont elle dépend, savoir : l'*organe*, l'*objet*, et le *milieu* par lequel ils communiquent.

« La lumière de la pensée philosophique nous conduit à la découverte des vérités intelligibles ; on l'appelle intérieure, car elle s'attache à la recherche des choses cachées, et d'ailleurs elle résulte des principes généraux et des notions premières que la nature a déposés au dedans de l'esprit humain. Cette lumière se distribue entre les trois parties de la philosophie, qui sont la philosophie *rationnelle*, la philosophie *naturelle*, la philosophie *morale*. On démontre de plusieurs manières la légitimité de cette tripartition. Et d'abord, la vérité peut se considérer ou dans le discours, ou dans les choses, ou dans les mœurs. Or, cette sorte d'étude, qu'on nomme rationnelle cherche à maintenir la vérité dans le discours ; celle qui est dite naturelle s'efforce de saisir la vérité dans les choses ; la morale s'applique à faire régner la vérité dans les mœurs. — En second lieu, comme la divinité peut être contemplée successivement comme cause *efficiente, formelle, exemplaire*, c'est-à-dire comme principe de l'être, raison de la connaissance, type et règle de l'action ; ainsi, à la clarté intérieure de la pensée, se révèlent les origines de toutes les existences, et c'est l'objet de la physique ; l'économie de l'esprit humain, et c'est l'objet de la Logique ; la conduite de la vie, et c'est l'objet de l'éthique... On peut employer de trois manières les services de la parole : à faire connaître de simples conceptions, à déterminer des convictions, à soulever des passions; et par conséquent la philosophie du langage se divise en trois parties : la grammaire, la logique et la rhétorique..., car les trois arts de la parole se rapportent nécessairement à ces trois ministères de la raison, qui *apprend*, par l'intermédiaire d'un langage correct, qui *juge*, à l'aide d'un langage exact, qui *s'ébranle* sous le charme d'un langage orné...

« Si l'entendement se tourne vers les choses du dehors, c'est toujours pour les expliquer en les ramenant aux raisons formelles (essentielles) qui les font être ce qu'elles sont. Or, les raisons formelles des choses peuvent se considérer ou dans la matière, et on les nomme *séminales*, ou dans les notions abstraites de l'esprit humain, et on les appelle *intelligibles*; ou dans la sagesse divine, et alors elles sont appelées *idéales*. C'est pourquoi la philosophie de la nature se partage en trois branches : la *physique* proprement dite, la *mathématique* et la *métaphysique*. La physique étudie la génération et la corruption des êtres, d'après les forces naturelles et les raisons séminales qui sont en eux. La mathématique considère les formes qui peuvent s'abstraire; elle les combine entre elles selon les raisons intelligibles. La métaphysique embrassant toutes choses, les réduit, en suivant l'ordre des raisons idéales, au principe unique de qui elles sont sorties, c'est-à-dire à Dieu, cause, fin, type universel... — Enfin, le gouvernement de la volonté peut être restreint dans les conditions de la vie individuelle; il peut se développer dans le cercle de la famille, et s'étendre sur toute la multitude d'un peuple qu'il faut régir. En conséquence, la philosophie morale se subdivise en trois parties : la *Monastique*, l'*Économique* et la *Politique*.

« La lumière de l'Écriture sainte nous initie aux vérités du salut; si on la nomme supérieure, c'est qu'elle nous élève à la connaissance des choses qui sont au-dessus de notre portée naturelle. C'est aussi qu'elle descend du Père des lumières par voie d'inspiration immédiate et non par voie de réflexion... Toutes les sciences humaines doivent converger vers la science que l'Écriture contient, car c'est par là que nos lumières retourneront à Dieu dont elles sont descendues. Alors le cercle commencé se refermera; le nombre sacré se complétera, et l'ordre divinement institué se réalisera par l'achèvement de ses harmonieuses proportions. » (*De Reduct. ar. ad theol.*, traduct. Ozanam.)

La belle page qu'on vient de lire se recommande d'elle-même à l'attention ; inutile d'insister pour faire voir tout ce que cette classification des arts et des sciences renferme de souplesse, de finesse, d'aperçus ingénieux et profonds sur les objets divers de la connaissance, aussi bien que sur les facultés cognoscitives et opératives dont l'homme est si abondamment pourvu.

Anthropologie. — L'anthropologie du *Docteur Séraphique* ne diffère pas sensiblement de celle du *Docteur Angélique*. Elle admet comme certaine la distinction réelle entre l'essence de l'âme et ses puissances (*In I Sent.*, dist. III, p. 2, a. 1, q. 3, c.). Celles-ci sont au nombre de trois principales : la mémoire, l'intelligence et la volonté, où se montre l'image de la sainte Trinité. (*Ibid.*, a. 1, q. 1.) Ailleurs pourtant la faculté végétative et la faculté sensible viennent compléter le nombre des attributs de l'âme. De même, il faut reconnaître une distinction réelle entre l'essence, la puissance et l'opération. (*Itin.*, c. I, n. 15.) La sensation, cette opération complexe, qui appartient à la fois à l'âme et au corps, à l'objet et au sujet, demande encore l'entremise des *espèces sensibles :* « Ce monde sensible entre tout entier dans l'âme humaine par la perception. Mais ces êtres sensibles qui entrent d'abord dans l'âme par les portes des cinq sens sont extérieurs; aussi n'entrent-ils pas par leurs substances, mais par leurs ressemblances, qui sont d'abord engendrées dans le milieu, et ensuite du milieu dans l'organe extérieur, de l'organe extérieur dans l'organe intérieur, et de celui-ci dans la puissance appréhensive. Et c'est ainsi que la génération de l'espèce dans le milieu et de là dans l'organe, suivie de la *réaction* de la puissance appréhensive sur elle, produit la perception de tout ce que l'âme peut percevoir au dehors. » (*Itin.*, c. i, n. 24.)

L'analyse de l'*intelligence* n'est ni moins exacte, ni moins précise que celle de la sensibilité. La connaissance intellectuelle, plus complexe encore que la connaissance sensible, a besoin de l'intellect *agissant*, de l'intellect *possible* et des *espèces intelligibles*. « D'abord il faut admettre, avec le Philosophe, que notre intelligence a été créée semblable à une table rase, dénuée de toute idée innée soit particulière, soit universelle, mais capable d'acquérir des idées avec le secours des sens et de l'expérience. Or, pour cet office, l'intellect agissant lui est indispensable; et cette faculté peut bien être éclairée de Dieu, selon la pensée exprimée par saint Augustin, en plusieurs endroits de ses livres où il dit que Dieu est le maître qui nous enseigne, la vérité qui nous dirige, la lumière qui éclaire tout homme venant en ce monde, comme parle saint Jean; mais elle doit néanmoins être attribuée en propre à l'âme humaine. Si, en effet, Dieu a donné à notre âme le pouvoir de comprendre, comme il a donné aux autres êtres des facultés propres à leurs opérations naturelles, de même, bien qu'il soit l'agent principal dans l'opération de chaque créature, il a cependant donné à chacune d'elles une puissance active apte à produire son acte propre; pour la même raison, nul doute qu'il n'ait donné à l'âme deux facultés personnelles, l'intellect agissant et l'intellect possible. Le premier a quelque ressemblance avec la forme, et le second avec la matière, en ce sens que le second est destiné à *recevoir* les espèces intelligibles, et le premier à les *abstraire* des choses sensibles »... « L'intellect possible ne comprend pas sans l'intellect agissant, et celui-ci n'agit pas séparément de l'intellect possible; mais ils se doivent prêter un mutuel concours en vue d'une opération commune. »

« Or, l'intellect agissant est tout ensemble comme une *lumière* et une *habitude*. En effet Denys observe avec raison que les substances intellectuelles, par cela même qu'elles sont intellectuelles, sont autant de lumières; donc la perfection et le complément d'une substance intellectuelle est une lumière spirituelle ; donc la puissance qui surgit dans la partie intellectuelle de l'âme est en elle comme une lumière, et l'on peut entendre de cette lumière la parole du psalmiste : « Seigneur, la lumière de votre face est imprimée sur nous » et il semble que le Philosophe a regardé l'intellect agissant comme étant cette lumière. Il dit, en effet, que cet intellect dont le propre est d'agir, « *quo est omnia facere*, est comme une habitude et une lumière, attendu que la lumière fait resplendir en *acte* les couleurs qui auparavant n'étaient couleurs qu'en *puissance*[1]. »

Recueillons soigneusement cette excellente exposition de la doctrine scolastique sur la connaissance intellectuelle ; elle nous servira plus loin à expliquer le sens de quelques textes un peu moins précis du *Docteur Séraphique*.

Arrivé aux grands problèmes relatifs à la *volonté* et à la *liberté*, il s'applique à les résoudre avec de plus amples développements et des détails plus circonstanciés : toute la distinction xxv² (*in I Sent.*) veut être lue avec attention. Nous ne pouvons mentionner ici que son explication si lucide de la liberté, son principe et ses rapports avec l'intelligence. — Personne n'ignore que la liberté présuppose la raison, au moins comme condition *sine quâ non* ; mais les doctes ne s'accordent pas sur le point de savoir si elle

---

[1]. Dans les paroles qui suivent, saint Bonaventure précise encore davantage les rapports de l'intellect agissant et de l'intellect possible. Le premier est « potentia de se quodam modo completa et habilitata » ; le second « indigens habilitatione et complemento ; et cùm sit nata ad illud complementum venire, mediante auxilio corporis, et corporalium sensuum, inest ipsi animæ secundùm quòd habet inclinari ad corpus. Et ex hoc contrahit duplicem possibilitatem, unam respectu actûs, quia non semper est in actu suo, propter impedimentum a parte corporis, alteram respectu phantasmatum, a quibus excitari habet ; una (intell. agens) semper est in actu ; altera verò (intell. possib.) non : non quia semper anima actu intelligat per intellectum agentem, sed quia, sicut lumen corporale semper lucet, et de se promptum est ad illuminandum ; res autem illuminabilis non semper illuminabitur propter aliquod impedimentum : sic et in proposito intelligendum est. » (*In II Sent.*, dist. xxiv, pars 1ª, a. 2, q. 4, *conclus.*; et *resp. ad object.*)

trouve dans la raison sa dernière cause, et si elle se conforme toujours à ses décisions, au moins en ce qui concerne le dernier jugement. (*Prælect. Philos.*, t. I, p. 324-329.) Sur cette question délicate, notre docteur pense absolument avec saint Thomas : « Le libre arbitre est une faculté qui embrasse la raison et la volonté; dicitur ab *arbitrando*, quia a rationali parte quid eligat quidve recuset, nomen accepit. » (*Dist.* xxv, a. 1, q. 3, c.); « il commence dans la raison et s'achève dans la volonté, à laquelle il appartient en propre de se déterminer après que la cause a été instruite par la raison... Toutefois, la volonté suit *toujours* le dernier jugement, le jugement définitif de l'intelligence; car il importe de distinguer deux sortes de jugement : l'un général, qui ne va pas au delà d'un simple *dictamen* et qui appartient en propre à la raison; l'autre, pratique et particulier, qui définit et arrête ce qu'il faut faire ou ne pas faire dans le cas présent, et celui-là n'est jamais sans la volonté. En effet, quelque longue que soit la délibération de la raison, la volonté détermine toujours le jugement définitif au parti qu'elle préfère. En conséquence, si l'on dit que la volonté suit toujours le jugement, cela n'est pas toujours exact, entendu du jugement général qui consiste dans un simple dictamen; mais si l'on veut parler du jugement définitif, on dit vrai, et néanmoins il ne faut pas croire pour cela que la volonté suit principalement un acte étranger; tout au contraire elle attire plutôt l'acte étranger (de la raison) à son acte propre. » (*Dist.* xxv, p. 1, a. 1, q. 6, et ad 3.)

Après l'étude qui envisage l'âme en elle-même et dans ses facultés, vient celle qui la considère dans les rapports qu'elle soutient avec son corps. Or, à l'exemple d'Aristote, d'Albert et de saint Thomas, saint Bonaventure applique à l'âme et au corps la théorie générale de la matière et de la forme qui convient pareillement aux êtres inférieurs (*in II Sent.*, dist. xii, a. 1 et 2). L'âme est dans tout le corps auquel elle donne l'être et la vie (*in I Sent.*, dist. viii, part. 2, a. 1, q. 3, c.), et selon le Philosophe, elle est l'*entéléchie* du corps; là est son essence et sa gloire, bien loin que, selon l'opinion de certains modernes, cette union avec le corps humain déroge à sa dignité : « Hoc quod est animam uniri corpori humano, non dicit actum *accidentalem*, nec dicit actum *ignobilem;* quia ratione illius est anima forma substantialis; et in animâ stat appetitus totius naturæ. Corpus enim humanum nobilissimâ complexione et organizatione, quæ sit in naturâ, est organizatum et complexionatum : ideo non completur, nec natum est compleri nisi nobilissimâ formâ. » (*In II Sent.*, dist. I, *pars* 2, q. 2, c.)

L'âme est la forme substantielle du corps; mais d'où lui vient son caractère individuant qui l'a fait *telle* âme en particulier? Chez les êtres composés, répond le *Docteur Séraphique*, l'individu résulte de l'union de la matière et de la forme, « union dans laquelle l'un des deux éléments s'assimile l'autre, *sibi appropriat alterum*. Mais la distinction numérique se tire de la matière, comme l'enseigne le Philosophe. » (*In II Sent.*, dist. III, p. 1, a. 2, q. 3.) Et ailleurs le saint Docteur fait dériver la multiplication des âmes de la multiplication des corps, absolument comme l'enseigne l'opinion thomiste. « Sicut dicit Philosophus, proprius actus habet fieri in propriâ materiâ; sed anima rationalis est actus et entelechia corporis humani; ergo, cùm diversa sint corpora humana, diversæ erunt animæ rationales, illorum corporum perfectivæ. » (*In II Sent.*, dist. XVIII, a. 2, q. 1, *contra*.)

Théodicée. — La théodicée du philosophe mystique se peut recueillir en partie dans le commentaire sur le Maître des *Sentences*, en partie dans l'*Itinerarium*. Le premier de ces ouvrages professe que « Dieu, étant la lumière suprême, est en lui-même le plus connaissable des êtres; et il serait également très connaissable par rapport à nous, n'était le défaut provenant de la faiblesse de notre intelligence. » (*In I Sent.*, dist. III, p. 1, a. 4, c.) « Et ad hoc duplex est ratio : una est propter *convenientiam*, altera propter *indigentiam*. Propter convenientiam, *quia omnis creatura magis ducit in Deum, quam in aliquid aliud*. Propter *indigentiam*, quia cùm Deus, tanquam lux summè spiritualis, *non possit cognosci in suâ spiritualitate ab in-*

tellectu, quasi materiali luce indiget anima ut cognoscat ipsum, scilicet per creaturam. » (*Ibid.*, q. 2, c.)

Pour l'*Itinerarium*, il est tout entier consacré à expliquer l'ascension de l'âme vers son Créateur. Le titre du livre est poétique, ainsi que la manière de procéder et de raisonner. Dans ses commentaires sur le Maître des *Sentences*, saint Bonaventure suit rigoureusement la méthode précise, sévère et didactique des scolastiques; ici, au contraire, il abandonne les formules positives de la science pour se livrer plus librement à l'émotion et à l'éloquence qui débordent de son cœur. Il emploie toutes ses ressources, fait appel à toutes les puissances de son âme, et s'élève à Dieu par l'imagination, par le cœur et par la foi aussi bien que par la raison : le théologien, le mystique et souvent le rhéteur viennent en aide au philosophe. Or, cette différence dans la forme déteint sur le fond lui-même et introduit des différences apparentes, sinon réelles, dans les opinions, particulièrement en ce qui regarde la connaissance de Dieu. — Six preuves sont apportées pour élever l'âme à l'Être suprême. Les deux premières sont des preuves *cosmologiques*, puisées dans la contemplation de l'univers qui est comme un *vestige* de la Divinité; pour cette raison, l'auteur les appelle des spéculations de Dieu, l'une *par* son vestige, l'autre *dans* son vestige. Aux deux suivantes qui sont des preuves *psychologiques*, il donne le nom de spéculations de Dieu, *par* son *image* et *dans* son image. Il emprunte les deux dernières de la *métaphysique*, savoir : l'une de l'idée d'être, tendant à montrer Dieu comme souverainement parfait dans son essence; l'autre de l'idée de bonté, et servant à établir la Trinité des personnes en Dieu. « Tel est le voyage de trois jours dans le désert de la vie présente. »

Nous apporterons en exemple une preuve tirée de chacun des trois ordres cosmologique, pyschologique et métaphysique.

La première preuve *cosmologique* a trois degrés. « D'une première manière, le regard de celui qui contemple les choses, en les considérant en elles-mêmes, y aperçoit le *poids,* le *nombre* et la *mesure :* le poids qui, en les entraînant, détermine leur position; le nombre qui les distingue, et la mesure qui les limite; et par là, il remarque en elles le mode, *modum,* la beauté et l'ordre, ainsi que la substance, la force et l'opération. Et de tout cela, il peut s'élever, comme d'un vestige, pour comprendre la puissance, la sagesse et la bonté immense du Créateur. » (N. 15.)

« De la seconde manière, le regard du fidèle, en considérant ce monde, se fixe sur son *origine*, son *cours* et son *terme*. Il apprend ainsi que le monde a été créé par la puissance de Dieu, qu'il est gouverné par sa providence, et qu'il sera jugé par sa justice. » (N. 16.) — « De la troisième manière, le regard de celui qui raisonne observe dans les créatures trois degrés : les unes n'ont que l'être, d'autres ont l'être et la vie; d'autres enfin ont l'être, la vie, le discernement... Et ainsi, à l'aide de ces êtres visibles, il s'élève jusqu'à la contemplation de la puissance, de la sagesse et de la bonté de Dieu comme existant, vivant et intelligent... » — « Celui qui n'est pas éclairé par tant de splendeurs des êtres créés est aveugle; celui que tant de cris n'éveillent pas est sourd; celui qui, en présence de tous ces effets, ne loue pas Dieu, est muet; et celui qui, à l'aide de tant d'indices, ne remarque pas le premier principe, est insensé. » (N. 19.)

Preuve *psychologique :* L'homme possède trois facultés principales, l'*intelligence*, la *mémoire* et la *volonté;* or, chacune de ces facultés prouve Dieu de plusieurs manières (c. III). Soit la preuve tirée de l'intelligence : « La fonction de l'intelligence est de comprendre les termes isolés, les propositions et les raisonnements. L'intelligence comprend le sens des termes quand elle en sait la définition. Or, la définition de chaque terme doit se faire par un autre terme plus général, qui à son tour se définira par un troisième plus étendu, jusqu'à ce qu'on rencontre les termes qui sont les plus larges et sans lesquels il serait impossible de rien définir. Donc, à moins de savoir ce qu'est l'être par soi, on ne peut savoir *complètement* la définition d'aucune substance particulière. (N. 59.) Mais l'être peut se concevoir défectueux ou parfait, relatif ou absolu, en puissance ou en acte, simple ou composé... Et comme les défauts et les privations ne peuvent être connus que par les positions, il s'ensuit que l'intelligence ne saurait analyser *complètement* la notion d'aucun être créé sans la notion d'un être complet, absolu, simple, éternel, en qui sont contenues les raisons de tout dans leur pureté. En effet, comment saurions-nous que tel être est défectueux et incomplet, si nous n'avions connaissance de l'être sans aucun défaut? » (N. 40.) — Même raisonnement au sujet du bien imparfait et du bien parfait, au n° 43. Le n° 44 revient encore sur cette idée et se termine par ces paroles : « En jugeant, notre faculté délibérative atteint les lois divines, *si elle fait la dernière analyse de son acte.* »

Preuve *métaphysique* prise de l'idée d'être. — « Le regard qui cherche à contempler la divine essence se fixe d'abord et principalement sur l'être même, et voit que le premier nom de Dieu est *celui qui est...* Or, il faut observer que l'être est tellement le plus certain en soi, qu'il est impossible de le penser comme n'étant pas; parce que l'être très pur ne se conçoit que par l'absence complète du non-être, comme le néant par l'absence complète de l'être. Or, puisque le non-être est une privation de l'être, il ne se conçoit que par l'être, et celui-ci au contraire ne se peut concevoir autrement que par soi, parce que tout ce qui se conçoit, se conçoit ou comme n'étant point, ou comme être en puissance, ou comme être en acte. Si donc le non-être ne se conçoit que par l'être, et l'être en puissance par l'être en acte, l'être en acte devient la première notion qui tombe sous sa pensée, et cet être est la même chose que l'acte pur. Mais l'objet de cette notion première ce n'est pas l'être particulier qui est limité et qui demeure sous ce rapport à l'état de puissance. Ce n'est pas non plus un être *analogue* (l'être en général), celui-ci n'ayant rien de l'acte, puisqu'il n'existe point. Il faut donc que ce soit l'être divin... Mais de même que l'œil doucement captivé par les nuances des couleurs ne voit point la lumière à la faveur de laquelle il voit tout le reste, ou s'il la voit ne la remarque cependant pas, de même l'œil de notre esprit, en remarquant ces êtres particuliers et universels, ne remarque pas l'être même qui est en dehors de tout genre, quoique celui-ci se présente le premier à notre esprit, et par lui les autres. De là on voit qu'il est vrai que tel qu'est l'œil de la chauve-souris par rapport à la lumière, tel est par rapport aux choses naturelles les plus manifestes l'œil de notre esprit, parce que, habitué aux ténèbres des êtres et aux fantômes des choses sensibles, en voyant la lumière même de l'être suprême, il lui semble qu'il ne voit rien. » (57-60.)

Les partisans des idées innées n'ont pas manqué d'alléguer ces derniers textes du *Docteur Séraphique*, et de le donner comme un fauteur de l'idée innée de l'infini; mais bien à tort, croyons-nous. D'abord, on ne l'a pas oublié, le commentaire sur le Maître des Sentences professe toute la doctrine scolastique sur l'origine de la connaissance humaine tant intellectuelle que sensible : il rejette ouvertement *toute* espèce d'idées innées et enseigne que l'homme acquiert *toutes* ses connaissances par le moyen des sens, de l'expérience et de l'abstraction; il établit que Dieu, bien que souverainement intelligible en lui-même, ne l'est pas par rapport à nous et que la faiblesse de notre intelligence a besoin d'une lumière matérielle pour arriver jusqu'à Dieu, en passant par les créatures.

D'où il suit que ranger saint Bonaventure au nombre des innéistes, c'est non seulement le mettre en contradiction avec tous les docteurs du moyen âge, mais encore l'opposer lui-même à lui-même sur une thèse de la plus haute importance, de l'aveu de tous les philosophes. Une conséquence aussi grosse devrait être appuyée sur des preuves péremptoires; mais de ces preuves, les textes cités plus haut n'en fournissent point. La plupart se bornent à dire que nous ne pouvons connaître parfaitement, *plenè*, les êtres défectueux, relatifs et variables, sans connaître auparavant l'acte pur, l'être parfait, absolu et inconditionnel. C'est le sentiment unanime de l'École. — Sans doute, avant de savoir s'il y a un Dieu, il est permis de voir les êtres dont se compose l'univers, tels qu'ils sont en eux-mêmes, inégaux, plus ou moins parfaits, limités et défectueux et incapables de subsister par leur propre vertu. Mais pour les connaître parfaitement, il faut, après s'être élevé à l'idée du Créateur, de l'être sans défaut, de l'acte pur, les soumettre à une nouvelle étude, les considérer dans les rapports qu'ils soutiennent avec lui, remarquer leur dépendance et leurs nombreuses lacunes. Ainsi l'imparfait conduit au parfait, le fini à l'infini; et l'infini une fois connu nous donne par voie de comparaison une connaissance plus vraie et plus entière du fini. C'est précisément la pensée de l'auteur de l'*Itinerarium*. D'après lui, nous ne pouvons nous élever jusqu'à l'être suprême sans passer par les créatures, par le monde extérieur et intérieur : « *Ab imis ad summa, ab exterioribus ad interiora, ex temporalibus ad æterna* (1, c. 8 et seq.), et néanmoins nous ne connaissons parfaitement, *plenè*, les êtres défectueux et *secundum quid*, que par l'être sans défaut, l'être *simpliciter*.

A vrai dire, un seul texte peut sembler embarrassant dans l'*Itinerarium*. C'est celui où l'auteur affirme que l'être divin est le premier connu. En présence d'un texte obscur ou susceptible d'un double sens, que doit faire la critique? Avant tout ne pas le séparer du contexte, encore moins l'opposer à la pensée dominante et clairement exprimée de tout le livre, car il faut expliquer, non pas les passages clairs par les passages obscurs, mais les choses obscures par celles qui sont claires, les solutions incidentes par les solutions principales et surtout les formules oratoires par les formules précises et didactiques. Faire ainsi, c'est expliquer un écrivain par lui-même, au lieu de l'opposer lui-même à lui-même.

Appliquons cette règle de bon sens au seul texte vraiment équivoque de l'ouvrage oratoire que nous analysons en ce moment, et attribuons-lui cette signification légitime, qui nous paraît donner toute la pensée de saint Bonaventure, car elle s'appuie sur ses propres paroles : « Après qu'on a examiné le monde visible et le monde invisible, le corps et l'âme; quand, s'élevant au-dessus de tous les êtres particuliers soumis au changement, on en vient à considérer la divine essence, le regard se fixe d'abord et principalement sur l'être même et voit que le premier nom de Dieu est celui qui est. » Alors, pour qui a su monter jusqu'au sommet de la métaphysique, la première idée qui se présente à son entendement, c'est l'idée de l'être pur et tout à fait spirituel, et qui est le principe, la raison dernière de toutes choses [1].

Cependant les ontologistes insistent de leur côté et s'efforcent d'attirer à eux le *Docteur Séraphique*. Ils basent principalement leurs prétentions sur la question inédite récemment publiée par le P. de Fanna : *An rationes æternæ sint rationes cognoscendi in omni certitudinali cognitione*, où le Philosophe franciscain enseigne que nous ne connaissons rien avec certitude, autrement que par les raisons éternelles, raisons que notre intelligence atteint dès cette vie. Mais dans l'opuscule qu'on nous oppose, l'auteur ne dit absolument rien dont les ontologistes puissent se prévaloir : il se borne à demander un concours spécial de Dieu pour les actes de l'intelligence, et à soutenir que nous atteignons les raisons éternelles en quelque façon, *aliquo modo*. Mais, selon la remarque très juste du P. de Fanna, il rejette ouvertement le système de la vision immédiate. Au reste, voici ses propres paroles : elles excluent d'elles-mêmes l'accusation d'ontologisme : « Quod autem mens nostra in certitudinali cognitione, *aliquo modo* attingat illas regulas et incommutabiles rationes, requirit neces-

---

1. Peut-être pourrait-on encore entendre ainsi le texte cité : « Si nous faisons la dernière analyse de l'acte de notre intelligence, comme de celui de notre volonté, nous trouvons que le premier connu et le premier désiré *naturellement*, c'est l'être premier, l'être souverainement intelligible en lui-même, qui a donné à toutes choses avec l'être, l'intelligibilité, et par la lumière duquel nous connaissons tout ce que nous connaissons. Or cet être suprême devrait être aussi en fait le premier connu de notre entendement; mais l'œil de notre esprit est relativement aux choses de la nature les plus manifestes, ce qu'est l'œil de la chauve-souris par rapport à la lumière du soleil : habitué aux ténèbres des êtres et aux fantômes des choses sensibles, il ne remarque pas la lumière à la faveur de laquelle il voit tout ce qu'il voit. »

sario nobilitas cognitionis et dignitas cognoscentis. Nobilitas, inquam, cognitionis, quia cognitio certitudinalis esse non potest, nisi sit ex parte scibilis immutabilitas, et ex parte scientis infallibilitas. Veritas autem creata non est immutabilis simpliciter, sed ex conditione sive suppositione : similiter neque lux creaturæ est omnino infallibilis, ex propriâ virtute; cùm utraque sit creata et prodierit de non-esse ad esse. Si ergo ad *plenam* cognitionem fiat recursus..., necesse est quod recurratur ad artem supremam, ut ad lucem et veritatem; lucem, inquam, dantem *infallibilitatem scienti;* et veritatem dantem *immutabilitatem scibili*. Unde, cum res habeant esse in mente, et in proprio genere, et in æternâ arte, non sufficit ipsi animæ, ad certitudinalem scientiam, veritas rerum secundùm quod esse habent in se, vel secundùm quod esse habent in proprio genere, quia utrobique sunt mutabiles, nisi *aliquo modo* attingat in quantum sunt in arte æternâ... Cum his (rationibus æternis) attingit rerum similitudines *abstractas a phantasmate*, tanquam proprias et distinctas cognoscendi rationes, sine quibus non sufficit sibi ad cognoscendum lumen rationis æternæ, quamdiu est in statu vitæ. » (Conclus.)

On le voit, l'auteur de l'*Itinerarium*, pas plus que l'auteur de la question inédite sur la connaissance humaine, ne contredit en réalité l'auteur des commentaires sur le Maître des Sentences, partisan résolu de la doctrine scolastique sur l'origine et la nature de nos idées. Empruntons à ce dernier ouvrage, qui est l'ouvrage philosophique et scientifique par excellence de saint Bonaventure, deux textes lumineux et tout à fait décisifs contre toute espèce d'ontologisme : « Ad illud quod objicitur, quòd Deus est nobis præsens, dicendum quòd quamvis Deus sit præsens, tamen *propter cæcitatem et caliginem intellectûs nostri, in quâ sumus, ipsum cognoscimus ut absentem.* » (*In Sent.*, dist. x, a. 1, q. 1, ad 1.) — « Quamvis immediata Dei *dilectio* sit in viâ, non tamen oportet quod *cognitio* sit immediata. » II *Sent.*, dist. xxii, a. 2, q. 3, ad 4.)

Duns Scot (1275-1309)

Sa patrie, sa vie, son génie et ses œuvres : *Physique* ; la matière première et ses différentes espèces ; matière et forme dans les esprits, en quel sens ; Scot est-il réaliste ? principe d'individuation. — *Anthropologie* ; distinction formelle entre les facultés et l'essence ; connaissance sensible et intellectuelle ; rapports entre l'intelligence et la volonté ; union de l'âme et du corps ; la forme de corporéité ; la raison seule ne prouve pas l'immortalité de l'âme. — *Théodicée* : preuves de l'existence de Dieu ; Dieu est-il dans un genre ; distinction formelle entre les attributs divins ; la sagesse déprimée au profit de la volonté ; la morale soumise au bon plaisir de Dieu ; conclusion.

On ne connaît pas au juste la nationalité de Duns Scot. Quelques auteurs le font naître en Irlande, d'autres en Angleterre dans le Northumberland, d'autres enfin, et c'est l'opinion la plus commune, lui donnent pour patrie le village de *Duns* en Écosse, d'où lui serait venu le surnom de Duns Scot.

Il entra assez jeune dans l'ordre de Saint-François et fit ses études à l'Université d'Oxford, au collège de Merton. Devenu régent de philosophie dans cette université célèbre, il se distingua parmi les maîtres les plus illustres et vit, s'il faut en croire Warton, trente mille auditeurs se presser autour de sa chaire. — Mais Oxford n'était plus un assez digne théâtre pour sa gloire. Il vint à Paris cueillir de nouveaux lauriers et se faire un plus grand nom. Peu après, Scot alla professer à Cologne, où il mourut d'une attaque d'apoplexie, à l'âge de trente-quatre ans, selon l'opinion la plus répandue. Certains auteurs le font vivre jusqu'à quarante-cinq ans, quelques autres jusqu'à soixante[1].

Scot mérite incontestablement d'être compté parmi les grands philosophes. Esprit vigoureux, facile, délié, critique d'une merveilleuse souplesse et d'une subtilité qui pénètre tout, c'est, d'autre part, un génie profondément original, qui éprouve le besoin d'établir les opinions com-

---

1. Il fut inhumé dans le couvent des Frères mineurs, qui, dans la suite, lui élevèrent un tombeau autour duquel étaient sculptées les figures de quinze docteurs ou pontifes, ayant pour la plupart appartenu à l'ordre des franciscains.

munes sur des arguments nouveaux, qui trouve du plaisir à se frayer des voies nouvelles, et dont la hardiesse approche plus d'une fois de la témérité; en un mot, c'est un chef d'école, car il y a l'école *scotiste* comme il y a l'école *thomiste*. « La qualité éminente de Scot, dit avec beaucoup de raison M. Jourdain, c'est la sagacité, qui reconnaît les différents aspects d'une question, qui échappe aux difficultés en les divisant, qui pousse, quand il le faut, la division jusqu'à ses dernières limites et qui éblouit l'adversaire, étonné par l'inépuisable variété des distinctions. Cet art de la *controverse*, porté chez Scot au plus haut degré, avait frappé tous ses contemporains, et lui a mérité le surnom de *Docteur Subtil*, que la postérité a confirmé. Il excellait à découvrir les côtés défectueux des systèmes d'autrui. Ni l'ancienneté des doctrines, ni la faveur dont elles jouissaient n'enchaînaient sa critique impitoyable. Il redressait l'erreur partout où il l'apercevait, aussi bien dans les plus minces détails que dans les points essentiels. » (*Phil. de S. Thomas*, t. II, ch. II, p. 71.) — A ce point de vue, on peut le considérer comme le *critique* du treizième siècle, et ses ouvrages comme la revision minutieuse de la philosophie de son temps.

Le moine de Duns, quoique très pieux, n'est point du tout un philosophe mystique à la manière de saint Bonaventure. Sans doute il fait sa place à la théologie, mais ses goûts l'entraînent vers la science et la raison raisonnante. Il ne faut pas davantage chercher en lui l'élévation sublime, la synthèse puissante, la simplicité profonde, la clarté soutenue et l'indéfectible bon sens du *Docteur Angélique*, non plus que la prodigieuse universalité d'Albert. En outre, il étudie moins la nature; il fait plus volontiers appel à la raison qu'à l'expérience : c'est avant tout un métaphysicien et un dialecticien, qui penche évidemment vers l'abstraction.

On raconte que dans sa jeunesse, affligé de la lenteur de ses progrès dans les lettres, il fit vœu de se consacrer à la Sainte Vierge, si elle daignait bénir ses efforts. Son vœu ayant été pleinement exaucé, il montra qu'il n'était pas indigne de cette faveur, et plus tard, à une époque où il était encore permis de discuter sur l'Immaculée Conception, le jeune docteur la défendit devant l'Université de Paris d'une façon si brillante et si triomphante que l'Université interdit à ses membres de soutenir désormais la thèse contraire.

Les œuvres de Scot ont été réunies par Wading en 12 vol. in-fol., dont voici les titres : — t. I : *Grammatica speculativa*; — *In universam Logicam Quæstiones*; — t. II : *Comment. in lib. Phys. Aristot.*, dont Wading conteste l'authenticité ; *Quæstiones in lib. de Animâ*; — t. III : *De rerum principio*; — *Tract. de primo principio*; — *Theoremata subtilissima*; — t. IV : *Comment. in Met.*; — *Conclusiones Met.*; — *Quæstiones Met.*; — t. V, VI, VII, VIII, IX, et X : *Distinctiones in lib. Sent.*; — t. XI : *Reportatorum parisiensium lib. XIV* : c'est un abrégé des livres précédents; — t. XII : *Quæstion. quodlibet.*

Ces ouvrages, leur titre l'indique suffisamment, se rapportent pour la plupart aux vastes problèmes de la philosophie ; et ils renferment une philosophie complète et abondante, si l'on en excepte la morale, qui s'y trouve traitée plus incidemment. Afin de donner une idée générale de la doctrine scotiste, disons que, pour les thèses principales, elle ne s'éloigne guère de la doctrine professée par saint Thomas ; mais que sur un grand nombre de points, dont plusieurs ont une réelle importance, elle s'en écarte ouvertement pour des raisons plus spécieuses que solides. Nous nous bornerons à résumer à grands traits la pensée du Docteur Subtil sur la physique, l'anthropologie, la théodicée et la morale.

Physique. — La physique va offrir à notre étude deux théories capitales et connexes : la théorie de la matière et de la forme, et celle de l'universel et du particulier. Pour la première, le Docteur franciscain l'admet résolument, sauf à donner sur la nature de la matière une explication toute personnelle. La solution qu'il présente influe singulièrement sur plusieurs de ses opinions relatives à tous les êtres composés de matière et de forme. A ses yeux et d'une façon générale, la matière première possède une entité générique indéterminée, purement passive et susceptible de recevoir indifféremment toutes les formes. Mais elle veut être envisagée sous trois aspects : la matière *premièrement* première, la matière *secondement* première, et la matière *troisièmement* première, c'est-à-dire : 1° la matière nue, n'ayant encore contracté aucune alliance avec la forme substantielle, ne pouvant être soumise à un autre agent que Dieu lui-même, mais appartenant cependant au genre de substance, étant vraiment une chose distincte de la forme et ne relevant de celle-ci à aucun degré : « Esse actualiter non habet ab ipsâ formâ formaliter : nec enim materia formaliter per formam est actu, sed per formam est *talis*, puta lignea, vel terrea, sicut cera non est cera per impressionem talem vel talem ; sed est talis, puta imago illius vel istius. » (*De rer. princ.*, q. xiii et *in II Sent.*, dist. xii, q. 1 et 2 et a. 3, n. 19.) On l'appelle premièrement première, parce qu'elle est imparfaite et indéterminée et que toutes les formes ultérieures la supposent et la déterminent ; 2° la matière douée déjà de la forme substantielle et rendue propre à recevoir les autres formes, de telle sorte qu'elle est le fondement indéterminé de toute génération et de toute corruption [1] ; 3° la matière engendrée, apte à se déterminer en acte final par l'adjonction de la forme qui change l'airain en sphère d'airain. (*De rer. princ.*, q. viii, a. 3.) — Cette matière est non seulement l'airain qui a revêtu la forme sphérique, c'est-à-dire *cette* matière objet de l'art, vraiment actuelle avant d'avoir reçu telle ou telle détermination finale des mains de l'ouvrier, mais encore la matière déterminée de *cet* homme, de Socrate, par exemple [2].

---

1. « Dicitur materia secundo prima quæ est subjectum generationis et corruptionis, quam mutant et transmutant agentia creata... quæ addit ad materiam primo primam, quia esse subjectum generationis *non potest sine* aliquâ formâ substantiali aut sine quantitate, quæ sunt extra rationem materiæ primo primæ. » (*Ibid.*, 20). On l'appelle première parce que les agents naturels la présupposent comme le fondement et le sujet indéterminé de toutes leurs opérations. Elle vient avant *ceci*, *cela*, et avant la détermination finale qui produira Socrate et la sphère d'airain.

2. « Dicitur materia tertio prima cujusque artis, et materia cujus-

Si vous reprochez à l'auteur de détruire l'unité substantielle des corps en introduisant dans chacun une véritable dualité substantielle, puisque la matière première a son actualité et son entité générique indépendamment de la forme, il vous répondra que, d'une part, la matière se rapporte d'elle-même à la forme, *appète* naturellement la forme, et que, d'autre part, la forme détermine la matière, la place dans telle ou telle espèce, *lignea vel terrea*, l'attire à soi, se l'assujettit et lui communique sa propre unité. (*Ibid.*, q. IX.) — Il serait facile de faire voir que cette réponse ne tranche pas la difficulté, et qu'il reste à expliquer : 1° comment on peut se représenter l'existence d'un être purement générique et indéterminé et doué cependant d'une entité substantielle ; 2° comment un être peut jouir de l'unité substantielle, lorsqu'il se compose de deux principes substantiels dont chacun possède en soi son actualité indépendamment de l'autre, la forme s'unissant à une matière qu'elle trouve déjà en possession de son entité générique, et qu'elle se borne à déterminer dans une espèce particulière. — Avec de telles prémisses, il ne répugnera nullement que par la vertu divine et par une dérogation aux lois ordinaires de la nature, la matière soit séparée de sa forme. Et cette séparation sera moins surprenante que celle des accidents et de la substance : la matière dépend moins de la forme que les accidents ne dépendent de la substance ; dans cet état, elle perd à la vérité son être spécifique, mais elle garde intégralement son être générique, (*De rer. princ.*, q. VIII, a. 6.)

Mais nous n'en avons pas fini avec la matière et la forme : il plaît à l'auteur de les admettre non seulement dans les corps, mais aussi dans tous les êtres créés, dans l'âme humaine et dans l'ange. Toutefois, Scot entendu, il

libet agentis materialis particularis ; quia omne tale agit veluti de aliquo semine, quod quamvis sit materia prima respectu corum quæ per artem producuntur, supponit tamen materiam primam quæ est subjectum generationis ; et ulterius aliquam formam per naturam productam ; sicut ars faciendi vestitum supponit pro materià pannum, et hoc, filum ; sic etiam est in naturalibus. » (*Ibid.*)

n'y a pas lieu de se scandaliser et de crier au matérialisme : il veut simplement dire que dans tout esprit créé et fini, on trouve un mélange de puissance et d'acte, un principe indéterminé et un principe déterminant, un principe passif et un principe actif. Le premier s'appelle matière, non pas une matière corporelle, mais une matière spirituelle et purement analogique. (*De rer. princ.*, q. VII, a. 2.) Réduite à ces termes, la thèse n'a rien que de très raisonnable et a été professée par plusieurs Pères, notamment par saint Augustin. Le premier principe devient la première puissance passive, et le second, la première puissance active. — Seulement, le Docteur Subtil ne s'en tient pas là : d'après lui, ces deux puissances sont réellement et substantiellement distinctes, parce que « passivum et activum sunt essentiæ distinctæ, sicut materia et forma, et sicut in essentiâ materiæ non fundatur potentia activa, sic nec in essentiâ formæ potentia passiva. » (*Ibid.*, q. VII, a. 2, n. 28.) Pour nous, au contraire, il nous semble que c'est multiplier les êtres sans raison suffisante, et oublier que, dans la créature, la même puissance, envisagée sous différents points de vue, peut être indéterminée et déterminée, passive et active, en tant qu'elle passe de la puissance à l'acte, qu'elle reçoit l'impression de son objet et qu'elle réagit sur cette impression.

Autre question. Puisque chez tous les êtres créés on trouve matière et forme, cette matière et cette forme sont-elles les mêmes chez tous? Pour la forme, le contraire est manifeste, car l'expérience nous montre les corps spécifiquement différents des esprits, et c'est de la forme que vient la différence spécifique. Mais il n'en va pas ainsi de la matière; celle-ci, en la prenant au sens de premièrement première, est la même chez tous les êtres créés, parce que, dans cet état, elle signifie seulement un principe indéterminé et passif, qui, de lui-même, ne se réfère à aucune forme particulière. (*Ibid.*, a. 4, n. 24 et suiv.) Grâce à cette communauté de matières premièrement premières, les êtres si divers dont se compose le monde se trouvent ramenés à une unité admirable. « Le monde est un arbre aux proportions gigantesques, qui a pour racines la matière première, pour feuilles les accidents éphémères, pour branches les substances sujettes à la corruption, pour fleur l'âme raisonnable, pour fruit la nature angélique. Et c'est Dieu qui l'a planté, qui le cultive. » (*Ibid.*, n. 30.)

Le problème de la matière et de la forme trouve son complément et son éclaircissement naturel dans le grand problème de l'universel et du particulier, de l'essence et de l'individu. Sur cette importante question, la pensée scotiste ne jouit pas toujours de toute la clarté désirable : nous tâcherons de la faire connaître exactement d'après les textes comparés de notre Docteur. Commençons par l'universel. Les auteurs modernes rangent d'ordinaire Scot parmi les partisans du réalisme formaliste, bien à tort selon nous, puisqu'il combat ce système aussi énergiquement que le nominalisme : 1° il ne se peut pas, observe Scot, que la même chose qui est dans un sujet se retrouve dans un autre et coexiste dans plusieurs ; et c'est pourtant ce qui aurait lieu, puisque nous attribuons l'universel comme prédicat à tous les êtres de la même espèce ; 2° une chose ne saurait faire partie d'une autre et en être comme le fond, sans que celle-ci participe à tous les caractères de celle-là ; donc si l'homme, en tant qu'universel, existe dans Paul, Paul participe à l'universalité, et il en sera ainsi de tous les autres individus, et l'on aura autant d'universaux que d'individus. (*Ibid.*[1].)

D'ailleurs, nous pouvons apporter un texte fort clair et

---

1. Hauréau a cru découvrir le réalisme exagéré dans les deux textes suivants du docteur franciscain : « In omni genere est unum primum, quod est *metrum* et *mensura* omnium quæ sunt illius generis. Ista unitas primi mensurantis est realis, quòd mensurata sunt realia et realiter mensurata : ens autem reale non potest mensurari ab ente rationis... Ista autem non est unitas singularis vel numeralis, quòd nullum est singulare in genere quod sit mensura omnium illorum quæ sunt in specie suâ ». (*In II Sent.*, dist. III, q. 1, n. 2.) — « Universale est ens, quia sub ratione non-entis nihil intelligitur, quia intelligibile movet intellectum. Cùm enim intellectus sit virtus passiva, non operatur nisi movetur ab objecto. Non-ens non potest movere aliquod objectum, quia movere est entis in actu. Quidquid

qui achève de déterminer l'opinion du Docteur Subtil relativement à l'universel *in re :* « Substantia materialis de se non est *hæc,* quia tunc non posset intelligi ipsa sub opposito... Potest hoc aliqualiter videri per dictum Avicennæ (V. *Metaph.*), ubi vult quòd *equinitas* sit tantùm equinitas; nec ex se *una,* nec *plures,* nec *universalis,* nec *particularis.* Intellige, non est ex se una unitate numerali, nec plures pluralitate oppositâ illi unitati, nec universalis *actu,* eo modo quo aliquid est universale factum in intellectu : nec est particularis de se; licèt enim non sit realiter sine aliquo istorum, non tamen est de se aliquod istorum, sed est prius naturaliter omnibus istis, et secundùm istam prioritatem naturalem est *quod quid est,* et per se objectum intellectûs, et per se ut sic consideratur a Metaphysico... Tale commune non est universale in actu, quia deficit ei illa differentia secundùm quam completive universale est universale, secundùm quam scilicet ipsum idem aliquâ identitate est prædicabile de quolibet individuo » (*in II Sent.,* dist. III, a. 10, a. 21 et seq.). Parler ainsi, ce n'est pas tenir le langage d'un réaliste, au sens que l'on prête d'ordinaire à ce mot; c'est faire profession de cette doctrine modérée qui trouve dans les choses l'universel en puissance et non pas en acte.

Nous serons moins heureux en ce qui concerne le difficile et intéressant problème de l'*individuation.* La solution de Scot est très obscure, et peu correcte, autant qu'il nous est donné de l'entendre. Rendons néanmoins à l'auteur ce témoignage d'avoir parfaitement compris l'importance de

autem intelligitur, intelligitur sub ratione universalis : ergo *illa ratio non est omnino non ens.* » (*In Porphyr.*)

Mais dans le premier de ces deux textes Scot se borne à placer au-dessus des individus l'espèce existant éminemment et réellement en Dieu et leur servant de commune mesure avant d'être participée par chacun d'eux; et le second pose que l'universel est intelligible, que l'intelligible agit sur l'intelligence et la meut, et que, par conséquent, l'universel est un peu plus que le non-être « non est omnino non ens ». Certes, une telle conclusion n'a rien que de modéré et l'on cherche vainement ce qui la différencie de la conclusion thomiste.

la question, de l'avoir étudiée plus à fond que personne et d'avoir su en montrer tous les aspects. (*Quodlib.*, q. 2, a. 7, et surtout *in II Sent.*, dist. III.) Il commence par combattre les opinions des autres philosophes, puis il s'efforce d'établir la sienne. Un contemporain de Scot avait enseigné que l'individualité d'un sujet quelconque repose tout entière sur deux négations : négation de la pluralité à l'égard de sa propre nature; négation de l'identité à l'égard des autres êtres. Or une telle opinion se réfute sans peine, car cette double négation se trouvant la même dans chaque sujet est incapable d'expliquer leurs différences individuelles. (*In II Sent.*, dist. III, q. 2.) D'ailleurs le principe d'individuation ne saurait être purement négatif, ni même consister dans une qualité purement accidentelle. Ce n'est pas une négation; car de même que l'essence perfectionne le genre en le déterminant, ainsi l'individualité perfectionne l'espèce en lui donnant une détermination ultérieure et finale. (*Ibid.*, 6.) Ce n'est pas un accident, parce que l'accident vient après la substance qui est son sujet naturel, et l'on ne cherche pas ce qui advient accidentellement à la substance, mais ce qui l'établit dans sa détermination finale, comme sujet de tous les accidents. (*Ibid.*)

Faudra-t-il, avec d'autres auteurs, placer l'individuation dans l'acte simple de l'existence, tout ce qui existe étant, par le fait même, individualisé, un en soi, et distinct de tout le reste? Mais l'existence actuelle est par elle-même ce qu'il y a de plus vague et de plus indéterminé; donc elle est inhabile à déterminer l'essence. Bien plus, elle emprunte à l'essence le principe de sa propre détermination; prise en soi, elle est une et identique dans tout ce qui existe, et si mon existence se distingue de la vôtre, c'est qu'elle est reçue dans mon essence et non dans la vôtre : « Existentia, ut determinata et distincta, præsupponit ordinem et distinctionem essentiarum. » (*Ibid.*)

Scot montre ensuite, après saint Thomas, que l'individuation ne saurait venir de la forme, qui par elle-même est universelle, indifférente à se communiquer à plusieurs êtres de la même espèce et qui ne tend qu'à déterminer le genre, à constituer l'être dans son entité quidditative, et nullement dans son entité numérique individuelle. « Intelligendo quamlibet entitatem quidditativam, non habet (res) in illâ unde sit *hæc;* ergo illa entitas quæ de se est *hæc,* est alia entitas a quidditate ». (*Ib.*, n. 15.) Mais il refuse de même à la matière d'être principe individuant, quoi qu'en aient pensé Aristote, Albert le Grand, saint Bonaventure et saint Thomas; contre cette opinion, que nous avons brièvement justifiée plus haut (p. 236), le Docteur Subtil accumule les objections. (*Quæst. in Met.*, VII, q. xiii et *in II Sent.*, dist. vi, q. v et vi.) On nous dispensera de rapporter ici ces objections, dont la discussion nous entraînerait trop loin; nous les avons du reste exposées et réfutées ailleurs. (*Prælect. philos.*, t. II, p. 77.)

Le terrain étant ainsi déblayé, Scot travaille enfin à établir le système qui lui semble s'approcher le plus de la vérité. Il pose d'abord la différence spécifique, ensuite la différence individuelle : or la première doit nous aider à nous faire une idée de la seconde. La différence spécifique, venant s'ajouter à la matière générique, constitue l'espèce; la différence individuelle venant s'ajouter à l'espèce, constitue l'individu. Et de même que la différence spécifique répugne à être divisée en plusieurs espèces de même ordre, la différence individuelle répugne à être divisée en plusieurs sujets semblables. De même aussi que la différence spécifique est actuelle à l'égard du genre, puisqu'elle a le pouvoir de le déterminer et de lui communiquer un acte nouveau, de même la différence individuelle détermine l'espèce qui était en puissance par rapport à elle.

Après ces explications, on s'attend naturellement à ce que l'entité individuante qui donne à l'être son *hæccéité,* pour parler le langage des scotistes, soit quelque chose de réel et de réellement distingué dans la forme. Notre subtil philosophe va frustrer notre attente : « Cette entité n'est ni la matière, ni la forme, ni le composé, en tant que chacune de ces choses est une nature, mais elle est la *dernière* actualité de la matière, de la forme et du composé : car parmi les entités qui déterminent l'être, l'une est l'entité formelle de la nature, et l'autre (celle dont nous parlons) est une entité formellement singulière, bien que ces deux entités ne diffèrent pas comme une chose d'une autre, *sicut res et res*, ainsi qu'il se voit dans les réalités du genre et de l'espèce; dans le même être, qu'il soit tout ou partie, elles sont des entités d'une même chose formellement distinctes l'une de l'autre. » (*Ibid.*, n. 16.) Ainsi, l'entité de la forme et l'entité individuante sont une seule et même chose envisagée à deux points de vue; l'entité individuante n'est que la forme considérée non plus en tant qu'elle détermine l'espèce de l'être, mais en tant qu'elle le détermine à être *ceci*, *cela*, Socrate ou Platon; ou, si l'on veut, l'entité individuante est la dernière forme, la dernière actualité de la différence spécifique. — A cette théorie par trop subtile nous répondrons d'un mot : il y a une différence réelle entre l'espèce et l'individu : donc il y a pareillement une différence réelle entre la forme qui est le principe de l'espèce, et l'entité singulière qui est le principe de l'individu.

Anthropologie. — L'anthropologie de Scot est une des parties de sa philosophie où la critique a le plus à blâmer. Tout d'abord, il rejette la distinction réelle entre les puissances et l'essence de l'âme, distinction nécessaire, admise par les Pères et tous les docteurs du treizième siècle. « Substantia animæ est idem quod sua potentia *realiter*, ita quòd anima dicitur *forma*, per comparationem ad corpus quod perficit... sortitur verò nomen et rationem *potentiæ*, solo respectu et comparatione ad varia objecta et operationes, ita quòd anima et actum suum eliciat, et actum subjectivè suscipiat; ut patet in actu intelligendi, per suam substantiam est principium eliciens actus et efficienter et etiam subjectivè; non per aliquam potentiam re absolutà differentem ab eâ. » (*De rer. princ.*, q. xi, a. 3, n. 15.) Le commentaire sur le Maître des Sentences (II, dist. xvi, q. 1) admet entre l'essence et les facultés, d'une part, et entre les facultés elles-mêmes, d'autre part, une distinction *formelle* : les facultés ne sont pas de vraies entités ajoutées à la substance, c'est la substance envisagée à des points de vue différents.

La théorie scotiste, généralement adoptée par la philosophie moderne, soulève les difficultés métaphysiques les plus graves, et bouleverse l'anthropologie tout entière. (*Prælect. philos.*, t. I, p. 238.) Comment, par exemple, expliquer ce fait révélé manifestement par l'expérience, que les facultés sont soumises les unes aux autres et dépendent les unes des autres dans leur exercice, si on les confond avec l'essence de l'âme qui est une et identique avec elle-même? Et quel moyen y a-t-il d'accorder ces deux propositions qui semblent évidemment contradictoires : les facultés sont identiques avec l'essence, et cependant l'essence est une et les facultés sont multiples, bien plus, spécifiquement différentes? N'est-il pas évident que la volonté est tout autre chose que l'intelligence, et, à plus forte raison, que les facultés organiques, la faculté végétative, sensitive et motrice, sont tout autre chose que l'intelligence et la volonté, facultés inorganiques et spirituelles? Si l'on rejette cette distinction, rien n'empêchera plus d'admettre une seule faculté dont les autres seront une pure et simple transformation. Saint Thomas a raison : « *Impossible* est dicere quòd essentia animæ sit ejus potentia, licet hoc quidam posuerint. (1ª, q. 77, a. 1, c.)

Au sujet de la sensation, Scot se range à l'opinion unanime de l'École : il lui attribue pour sujet le *composé* humain, c'est-à-dire l'âme et le corps unis, et non point l'un ou l'autre séparément. (*De rer. princ.*, q. xii, a. 2, n. 28.) Il admet encore la théorie scolastique sur l'acte de l'intelligence et le concours des espèces intelligibles ; mais il n'ose décider absolument si l'intelligence humaine en a besoin en vertu d'une loi naturelle résultant de son union intime avec le corps, ou seulement pour une cause accidentelle, en raison de la dépendance plus grande et de l'espèce de servitude qu'elle a contractée vis-à-vis de son corps par le péché. (*Quæst. de animâ.*, q. xvii, n. 4.)

De plus, contrairement à l'avis de presque tous les scolastiques, Scot soutient l'intelligibilité du *particulier*, en tant que tel (*De animâ*, q. xiii; *Quæst. in Met.*, VII, q. xv; *De rer. princ.*, q. xiii, sect. 2, a. 3). A cette fin, il suppose que l'intelligence est présente à tous les sens et à toutes les perceptions sensibles dans l'homme, qu'elle concourt activement aux différents actes de la connaissance sensible (n. 17); bien plus, que dans l'œil elle voit les couleurs et dans l'oreille elle entend les sons, et de même pour les autres objets sensibles (n. 20) et qu'ainsi les sens et l'intelligence collaborent à la même perception, laquelle se commence dans la sensation et s'achève dans l'intellection. D'où il suit que l'action par laquelle l'intelligence atteint directement le particulier matériel est accidentellement organique (n. 21, *De ver. princ.*, q. xiii, a. 2), en tant qu'elle saisit l'existence de la chose sensible et la sensation « in organo et per organum. Et per hoc potentia intellectiva, cum faciat cum illâ sensatione unam actionem numero, potest dici per accidens organica. » (*Ibid.*, a. 3, n. 46.) — Il n'échappera à personne combien cette proposition est grosse de conséquences fâcheuses, combien elle assimile l'opération intellectuelle à l'opération sensible, et combien elle rend difficile la démonstration de la spiritualité de l'âme. (*Prælect. philos.*, t. I, p. 284 et 285.)

Mais voilà que tout d'un coup le Docteur Subtil se rapproche des spiritualistes les plus décidés et pense à peu près comme saint Bonaventure au sujet de la certitude de la connaissance. A ses yeux, les choses extérieures étant sujettes au changement, et l'intelligence étant faillible de sa nature, elle a besoin d'être éclairée et fortifiée par la lumière divine, et de tourner vers elle son regard. « Concludo quod certam scientiam et infallibilem veritatem si contingat hominem cognoscere, hoc non contingit ei aspiciendo ad exemplare per sensum acceptum, quantumcumque sit depuratum et universale factum, sed requiritur quod aspiciat ad exemplare increatum... » Mais si la lumière incréée éclaire les anges d'un rayon direct, elle n'envoie à l'homme que des rayons obliques : « ideo lux increata est intellectui nostro *ratio videndi, et non visa* ». (*In I Sent.*, dist. iii, q. 3). — De même, vainement le maître instruirait-il son disciple, si pendant qu'il stimule sa raison, un maître intérieur ne l'instruisait aussi. « Ni la lettre écrite, ni la parole extérieure n'enseignent : elles ne font qu'*exciter* et *mouvoir* le disciple; au dedans de l'âme, il y a un docteur qui l'éclaire et qui lui dit la vérité. » (*Super. Poster.*, q. 2.)

Rendons cet hommage au Docteur Subtil : il a énergiquement affirmé l'activité de toute créature et la liberté de la volonté humaine. Mais tandis que saint Bonaventure et saint Thomas expliquent à merveille les rapports de dépendance de la volonté vis-à-vis de la raison, Scot les supprime d'un trait, sous prétexte d'établir l'autonomie de la volonté. A l'entendre, les déterminations de la volonté sont tellement libres, pour ne pas dire arbitraires, qu'elles ne dépendent ni de la sensation, ni de la pensée. Ce n'est pas assez que la volonté ait le pouvoir de diriger l'entendement et de l'appliquer à une chose ou à une autre, et, par là, de préparer librement la détermination ultérieure qui fixera son choix : il veut soustraire la volonté à l'influence de l'intelligence aussi bien qu'à celle des objets extérieurs. (*In II Sent.*, dist. xxv, q. 1.)

Si après avoir considéré l'âme en elle-même et dans ses actes, on l'envisage dans ses rapports avec le corps, il y a lieu de se demander de quelle façon elle lui est unie, et si elle peut survivre à sa dissolution, en un mot, si elle est immortelle. Or, sur aucun de ces deux problèmes, le Docteur Subtil ne nous donne satisfaction. Il prouve longuement et abondamment que l'âme est unie au corps plus qu'aucune autre forme à sa matière, parce qu'étant plus parfaite et plus spirituelle, elle a plus de force pour l'attirer et se l'assujettir; qu'il faut admettre en l'homme une seule personne et une seule nature composée de l'âme et du corps étroitement unis, et qu'enfin l'âme doit être tenue pour la forme immédiate et substantielle du corps. (*In IV Sent.*, dist. xi, q. 3; *De rer. princ.*, a. 2, sect. 1, 2, 3). Mais il atténue singulièrement, pour ne rien dire de plus, l'union substantielle de l'âme et du corps, en introduisant dans l'homme deux formes substantielles, l'âme raisonnable et la forme de *corporéité*. La seconde informe le corps en tant qu'il est corps et la première l'informe en tant qu'il est corps humain, c'est-à-dire en tant qu'il vit, qu'il sent, et qu'il appartient à la nature humaine. — Voici l'argument principal du Docteur franciscain : « Formâ animæ non manente, manet corpus : et ideo, universaliter, in *quolibet* animato, necesse est ponere illam formam quâ corpus est corpus, aliam ab illâ quâ est animatum ». (*In IV Sent.*, dist. xi, q. 3.) — Toutefois, Scot fait des efforts désespérés pour montrer que cette forme de corporéité n'introduit pas dans l'homme une double substance. D'après lui, la forme de corporéité ne suffit pas à rendre le corps tel corps individuel, ni tel corps spécifique, ni même à faire de lui une substance [1]. Cependant, si le corps peut, grâce à la forme de corporéité, avoir tout son être corporel, et même exister séparé de l'âme, il faut bien qu'il soit une substance, une substance corporelle de telle espèce, et même un individu ; car tout ce qui existe est individualisé, et tout ce qui existe en soi est substance et telle espèce de substance. — Au surplus, à quoi bon cette forme de corporéité ? Et s'il faut une forme de corporéité pour que le corps humain soit corps, n'en faudra-t-il pas une pour qu'il soit vivant, une autre pour qu'il soit sensible ? Et ainsi, au lieu d'une forme substantielle unique dans l'homme, on en aura quatre, savoir : la forme du corps, celle du corps vivant, celle du corps sensible, et celle de l'homme, ou de l'animal raisonnable. Que devient alors l'unité substantielle de l'âme, si énergiquement défendue par l'auteur ? — Et si l'âme raisonnable, en sa qualité de forme supérieure, contient éminemment les propriétés de l'âme sensible et de l'âme végétative, dont elle se distingue spécifiquement, en quoi lui serait-il plus difficile de contenir pareillement les propriétés de la forme de corporéité ? — D'ailleurs, pourquoi attribuer

---

[1] « Non autem loquor de illâ quâ est corpus, hoc est individuum corporis, quod est genus ; nam quodcumque individuum suâ formâ taliter est corpus, ut corpus est genus, habens corporeitatem ; sed loquor de corpore, ut est altera pars compositi. Per hoc enim non est individuum, nec species in genere corporis, nec in genere substantiæ, quod est superius, sed tantummodo per reductionem. » (*Ibid. Schol.*, 54.)

une si grande force à l'argument scotiste : « *Formâ animæ non manente, manet corpus?* » Si chaque être a une forme substantielle proportionnée à sa nature propre, le corps humain séparé de l'âme étant tout autre qu'auparavant, nous disons qu'au moment de la séparation de l'âme d'avec son corps, celui-ci reçoit par le fait même une nouvelle forme sortable à son état présent (*Prælect. philos.*, t. I, p. 387 et 388.)

Quant à l'*immortalité* de l'âme, Scot enseigne qu'elle ne saurait être démontrée par la raison, et qu'on peut tout au plus donner de cette vérité des arguments probables : « Dico igitur ad hunc articulum, quòd pro hoc non video aliquam rationem demonstrativam necessariò concludentem propositum. Sed ad hoc est manifesta auctoritas Salvatoris ». (*In II Sent.*, dist. III, q. 2, n. 13.) A l'en croire, si l'immortalité de l'âme était démontrable par la raison, Aristote l'aurait sans doute démontrée, et cependant il est resté hésitant et incertain sur ce problème; et si l'âme est spirituelle, il faudrait prouver qu'elle est absolument indépendante du corps dans ses opérations, et si elle est incorruptible en elle-même, qu'elle n'est pas corruptible accidentellement, c'est-à-dire par la corruption du composé.

La faiblesse même de ces raisons est une preuve de plus de la solidité des arguments qui établissent l'immortalité de l'âme. Nous nous sommes expliqué déjà sur la pensée du Stagirite relativement à cette importante vérité (*sup.*, p. 59, 60). Et quand bien même sur ce point il se serait montré moins affirmatif et moins explicite qu'il ne serait à désirer, est-ce que Platon n'a pas ouvertement enseigné l'immortalité de l'âme, et ne l'a-t-il pas appuyée sur de nombreuses raisons? Sans doute, notre âme, dans la vie présente, emprunte aux facultés sensibles le concours de leurs opérations; mais cela n'entre pas dans son essence. Elle est non seulement simple, mais encore spirituelle; et comme telle, elle peut penser et vouloir sans le concours de son corps; donc elle est immortelle de sa nature, elle peut survivre au corps, puisque la dissolution de celui-ci ne la prive ni de son essence, ni de ses opérations propres.

Sa séparation d'avec le corps est pour elle un état anormal, mais nullement un état impossible, un état temporaire, non définitif, puisque la résurrection des corps, certaine d'après la foi, est à peu près certaine d'après les lumières de la philosophie (*sup.*, p. 110).

Théodicée. — La théodicée, ainsi que l'anthropologie scotiste, se fait remarquer par son originalité et par certaines vues d'une assez grande élévation ; mais on y trouve aussi des propositions ou erronées ou inexactes. — Il suffit d'énoncer les thèses suivantes pour voir que nous avons affaire à un philosophe scolastique : l'existence de Dieu n'est pas évidente pour nous ; elle a besoin d'être démontrée (*in I Sent.*, dist. III, q. 2) ; l'existence de Dieu peut être connue avec certitude par les lumières seules de la raison (*Ibid.*, dist. III). — Pour l'établir, voici la marche savante suivie par l'auteur : il commence par démontrer que dans la série des causes efficientes, dans celle des causes finales et dans l'ordre de la perfection, il existe nécessairement un premier terme au delà duquel la pensée ne peut en concevoir un autre. Il montre ensuite que ce premier terme doit être infini, soit comme cause efficiente, soit comme cause finale, soit parce qu'il comprend tout ce qui est intelligible, soit enfin parce qu'il est souverainement parfait. (*In I Sent.*, dist. II, q. 2.)

Les caractères de Dieu une fois bien déterminés, convient-il de le placer dans un *genre ?* Ses attributs se distinguent-ils les uns des autres ? Deux questions importantes, auxquelles Scot ne répond ni assez clairement, ni assez exactement. Si Dieu était dans un genre, ce serait sans doute dans le genre de l'être ; mais l'être lui-même est-il un genre ? Le traité *De rerum principio* donne une réponse négative : « *Ens genus esse non potest... quia differentiæ sunt extra naturam generis, nihil autem est quod sit extra naturam entis* » (q. 1, a. 3, n. 15). Cependant un peu plus loin l'auteur regarde l'être comme un genre analogue et métaphysique. « L'être pris d'une façon générale, en tant qu'il embrasse le Créateur qui n'est que l'*être*, et l'être qui *possède* (reçoit) l'être, n'est pas un genre *prédicamen-*

tal, mais seulement un genre *métaphysique*. » « La nature de ce genre est de signifier une propriété qui se dise premièrement et par elle-même de l'un de ses membres, et par attribution et participation des autres membres... dans le premier membre de sa division, il est une *mesure, stat pro mensura*, et dans le second, il est une chose *mesurée*, « *stat pro mensurato*. » (*Ibid.*, q. 13, a. 1, n. 4.) — Dans ce genre métaphysique, « solum nomen est commune, et nulla res, nec naturæ, nec rationis, nec considerationis, quia, natura rei, nec natura considerationis, nec rationis est communis Deo et creaturis. » On trouvera sans doute que ces explications lèvent une grande partie de la difficulté, mais on conviendra aussi qu'elles sont embarrassées, et qu'il eût été infiniment plus simple de ne placer Dieu dans aucun genre ni métaphysique, ni prédicamental.

En ce qui concerne les attributs divins, saint Thomas, on le sait, n'établit entre eux aucune distinction réelle, mais seulement une distinction *virtuelle*; en soi, l'intelligence est la même chose que la volonté, la volonté que la puissance, et la bonté que la justice : c'est une seule chose qui, étant de soi infinie, enveloppe toutes les autres ; une en réalité, elle est virtuellement multiple, puisqu'elle produit tous les effets que produisent dans la créature des puissances multiples. Scot n'est pas content de cette solution si raisonnable qui sauvegarde si bien l'unité, la simplicité et la souveraine perfection de Dieu. Il établit entre les attributs divins une distinction obscure à définir, difficile à comprendre, qui n'en fait pas des entités mais des *formalités* différentes, semblable à celle qu'il admet entre les puissances de l'âme. (*In I Sent.*, dist. 8, q. 4, n. 17.) « Si, en général, la sagesse et la bonté ne sont pas identiques, elles ne doivent pas l'être davantage en Dieu... Il est vrai qu'en Dieu, elles sont infinies, mais l'infinité ne change pas l'essence des choses. Des propriétés qui se trouvent portées à un degré infini demeurent ce qu'elles étaient avant d'avoir reçu cet accroissement ; si elles étaient par elles-mêmes distinctes, indépendamment de l'opération de l'intelligence, elles restent distinctes en soi ». (*In I Sent.*, dist. VIII, q. 4.) — Il espère cependant sauver la simplicité de Dieu, en disant que dans la créature, les attributs sont « *forma informans aliquid et pars compositi. In divinis autem nihil est forma, secundùm illam duplicem rationem imperfectionis* », parce que chaque attribut, à cause de son infinité, est parfaitement égal au sujet Dieu.

Une autre erreur fort regrettable du docteur Subtil est relative à la *volonté* divine : comme il a exagéré la volonté de l'homme au détriment de la raison, ainsi exagère-t-il la volonté de Dieu au détriment de sa sagesse. Dieu ne se détermine point à créer par des raisons de *convenance* tirées de sa bonté infinie qui tend naturellement à se communiquer, selon la thèse excellente de saint Thomas; non, il crée *arbitrairement*, il crée parce qu'il veut créer et la liberté divine ne serait pas parfaite si elle n'était d'une certaine façon *contingente* : « Primam contingentiam oportet quærere in voluntate divinâ ». (*In I Sent.*, dist. XXXIX, q. 1.) Dieu veut parce qu'il veut et comme il veut, et si l'on demande pourquoi il a voulu ceci, cela, il faut simplement répondre « *quia voluntas est voluntas* » (*in I Sent.*, dist. VIII, q. 5), et ne pas supposer un autre degré à l'échelle des causes. Scot ne supporte même pas que la volonté de Dieu dépende de sa nature, pas plus que de son intelligence. (*De rer. princ.*, q. IV, a. 2, sect. 4.)

Morale. — Nous ne sommes point au bout des conséquences du système excessif sur l'indépendance de la volonté divine : il reste à lui sacrifier la morale : Scot va presque jusque-là. Le Docteur Angélique ne fait pas dépendre la distinction entre le bien et le mal de la volonté arbitraire de Dieu, mais de la nature des choses, ou de la volonté divine, en tant qu'elle est éclairée par la raison et qu'elle s'attache au bien qu'elle lui présente. Non, reprend le Docteur Subtil, la loi morale repose tout entière sur la volonté divine livrée à elle-même, et ne connaissant d'autre règle que sa propre décision. « Lorsque l'intelligence de Dieu présente à sa volonté une règle, cette règle est droite, juste et bonne, s'il *plait* à sa *volonté* qu'elle le soit. Lui convient-il de changer la loi qu'il a établie? Il communique à la loi nouvelle, par son *seul* décret, toute la rectitude de la première. La *justice*, la loi, c'est ce qui *plaît* à Dieu ». (*In I Sent.*, dist. XLIV, q. 1.) — Seuls, les deux premiers commandements du *Décalogue* sont immuables, parce qu'ils renferment un bien absolu et s'imposent à la raison et à la conscience de l'homme. Mais pour les autres, ils ont une valeur simplement *relative*. « Le bien qu'ils nous indiquent n'est pas nécessairement le bien, et n'a pas un rapport essentiel avec notre fin dernière. Et le mal qu'ils nous défendent ne nous détourne pas nécessairement de cette fin ; sans la défense dont elles sont frappées, les actions mauvaises pourraient se concilier avec la possession de notre destinée éternelle ». (*In III Sent.*, dist. XXXVII, q. 1.) Par exemple, si cela plaisait à Dieu, l'homicide, le vol et l'adultère n'auraient rien de mauvais, « *stantibus omnibus circumstantiis eisdem in isto actu qui est occidere hominem, variatâ solâ circumstantiâ prohibiti et non prohibiti* ». (*Ibid.*) — C'est aller évidemment contre l'idée que tous les hommes se font de la morale, c'est oublier l'axiome célèbre : *Non bona aut mala, quia præcepta vel prohibita, sed præcepta aut prohibita, quia bona vel mala;* c'est en un mot supprimer toute différence entre la loi *naturelle* et les lois *positives*. (*Prælect. philos.*, t. II, p. 347, 348.)

S'il fallait résumer nos jugements sur le Docteur Subtil, nous dirions qu'à côté de mérites éminents, de vues originales et parfois profondes, il a des torts nombreux, des opinions hardies, inexactes, de véritables erreurs sur Dieu, sur l'homme et sur la morale. Souvent il distingue où il ne faut pas et il ne distingue pas où cela serait nécessaire ; souvent il ajoute aux difficultés des choses des difficultés nouvelles, et il répand sur les problèmes philosophiques plus de doutes que de véritables lumières.

ARTICLE III

TROISIÈME PÉRIODE DE LA PHILOSOPHIE SCOLASTIQUE ; SON DÉCLIN, XIV° SIÈCLE

I. Vrai caractère de cette période ; classification des écoles. — II. École nominaliste : Guillaume de la Marre, Warron, Occam, Durand de Saint-Pourçain ; nombreuses et funestes erreurs d'Occam ; bons et mauvais côtés de Durand ; autres nominalistes... — III. École *thomiste* : son importance ; Pierre de Tarentaise, Giles de Rome, Hervé, Bradwardine, Capréole, Dante ; valeur de la philosophie de Giles ; commentaires précieux de Capréole sur saint Thomas ; valeur théologique et philosophique de Dante ; ses guides ; place qu'il fait à la morale ; ses principales idées en philosophie ; remarque importante d'Ozanam ; divers autres thomistes ; — IV. École *mystique* : Eckard, Tauler, Pétrarque, Raymond de Sébonde et Gerson ; analyse de la philosophie de Gerson.

I

Nous descendons des sommets les plus élevés de la philosophie et de nouveau nous allons marcher dans la plaine, en compagnie de personnages bien petits à côté de ceux que nous venons de quitter, mais aussi grands que ceux que l'on rencontre aux époques ordinaires. Les modernes ont répandu plus d'une erreur sur cette période de la philosophie scolastique, ainsi que sur les précédentes. Plusieurs, à la suite de Cousin, enseignent qu'à ce moment la philosophie commence à s'affranchir de la théologie, ce qui n'est vrai que pour Occam, enfant perdu au quatorzième siècle. D'autres en grand nombre déclarent que la scolastique d'alors passe entre les mains des nominalistes, et dégénère en arguties, en pures subtilités ; et ils prennent occasion de confondre la philosophie de ce temps avec la scolastique elle-même, la grande scolastique du treizième siècle, la seule que nous nous glorifions de suivre. Or, nous ferons voir que si plusieurs nominalistes du quatorzième siècle, non pas tous, ont en effet professé une philosophie subtile et ergoteuse, les thomistes ont gardé la majorité et ne se sont jamais écartés de la doctrine sage et modérée de leur maître.

Trois écoles se présentent à notre étude ; l'école nominaliste, l'école thomiste et l'école mystique.

II. — ÉCOLE NOMINALISTE

Elle se recrute surtout parmi les franciscains, dont le plus grand nombre, sur plus d'une question, s'éloignent à la fois et de saint Thomas et de leur Docteur Subtil.

Le premier qui attaque en face l'Ange de l'École est *Guillaume de la Marre*, professeur de théologie à l'université d'Oxford et surnommé *antesignanus antithomistarum*. Dans son *Correctorium operum F. Thomæ*, il réprouve quarante-sept articles de la première partie de la *Somme théologique*, vingt-huit de la deuxième et diverses propositions tirées des autres ouvrages de saint Thomas. Il s'en prend surtout à la thèse de la possibilité de la création *ab æterno* (p. 20), au principe d'individuation attribué à la matière (p. 170), et à l'unité de la forme substantielle dans l'homme. A l'en croire, c'est rendre l'âme raisonnable à la fois spirituelle et matérielle, que de prétendre qu'elle peut en même temps penser et animer le corps. Pour lui, il ne craint pas de donner à l'homme deux formes substantielles, indépendamment de l'âme raisonnable, l'une sensitive, et l'autre animale, chargées de présider à la vie corporelle (p. 233). Au reste, les arguties et les chicanes occupent une bonne place dans le *Correctorium* de Guillaume, qui passe souvent à côté des textes qu'il attaque, faute de les comprendre.

A Guillaume de la Marre succède Guillaume *Warron*, vers la fin du treizième siècle. Warron commença ses études à Oxford et vint les achever à Paris. Les qualités solides de son esprit lui ont acquis le surnom de *Doctor Fundatus*. On a de lui un *Commentaire sur le Maître des Sentences*, resté manuscrit et connu seulement par les emprunts que lui a faits le Docteur Subtil; Duns Scot eut Warron pour maître et il le tenait, paraît-il, en assez haute estime.

Mais le plus célèbre franciscain du quatorzième siècle est ce fameux Guillaume *d'Occam*, *Doctor Invincibilis*, dont l'existence fut si inquiète et si agitée. D'abord disciple de Duns Scot et ensuite son adversaire implacable, prenant parti pour Philippe le Bel et le duc Louis de Bavière contre le pape Boniface VIII, anathématisé et ne tenant nul compte des anathèmes, il finit cependant par reconnaître ses erreurs et se soumettre à l'autorité. Wading lui attribue quarante traités, commentaires ou opuscules sur toutes sortes de sujets, mais plusieurs sont apocryphes et très peu ont été publiés; parmi ces derniers, citons les *Questions quodlibétiques*, le *Commentaire sur le Maître des Sentences* et les *Dialogues*, composés contre le pape Jean XXII. Occam ne se borne pas, comme plusieurs de ses contemporains, à révoquer en doute les thèses secondaires de la scolastique, il attaque tout et ne laisse rien subsister de la philosophie.

En *psychologie*, il critique longuement les formes diverses du réalisme, le réalisme si modéré de saint Thomas (*Sent.*, I, dist. II, q. 7 et 8), aussi bien que le réalisme outré de Guillaume de Champeaux; après quoi il se pose en défenseur du nominalisme le plus effréné. A ses yeux, si l'universel existe, c'est en vertu d'une institution purement arbitraire, alors qu'un mot, par exemple celui d'homme, qui est singulier, est employé dans un sens universel. » (*Ibid.*, q. VIII.) Et parce que la science a pour objet propre l'universel, celui-ci n'étant rien d'effectif, elle étudiera non pas les *choses*, mais les *mots* et les purs *signes;* il en sera ainsi de *toute* science, qu'elle s'appelle réelle, logique ou grammaticale (*I Sent.*, dist. II, q. 8). L'individuel seul peut être l'objet réel de la pensée, de l'intelligence aussi bien que des sens (*I Sent.*, dist. 3, q. 6). — Cela posé il semble bien difficile de soutenir encore la notion de *substance* : aussi le moine audacieux qui ne recule devant aucune conséquence se montre-t-il fort hésitant au sujet de la substantialité et de la spiritualité de l'âme humaine. « Nous n'expérimentons pas en nous ce genre de pensée qui est l'opération propre de la substance immatérielle, et il suit de là, que nous ne pouvons conclure qu'il existe en nous une substance immatérielle qui est notre forme; et quand bien même nous expérimenterions en nous ce genre de pensée, nous n'en pourrions rien conclure si ce n'est que son sujet est en nous comme moteur, mais non qu'il s'y trouve comme la forme essentielle de notre existence ». (*Quodlib.* I, q. 10). Voilà une déclaration que Locke peut recueillir et que peut invoquer le positivisme contemporain.

Le scepticisme d'Occam touchant l'âme et les notions générales envahit pareillement la *théodicée* et la *morale*. Oui, on peut établir par la raison l'existence de Dieu : il faut aux choses de ce monde une cause créatrice et surtout une cause conservatrice de leur être. (*Sent.* I, dist. II, q. 9.) Mais c'est tout ce que nous savons de la divinité ; à son égard l'esprit humain est dans la même situation que l'aveugle-né à l'égard des couleurs. (*Sent.* I, dist. II, q. 11.) Impossible à la raison de prouver aucun des attributs de Dieu, ni son unité, ni son infinité, ni sa puissance. (*Quodlib.* I et II, q. 1 ; *Sent.* 1, dist. XXXV, q. 2.) Seule, la foi peut nous apprendre quelque chose de l'être suprême avec certitude.

La science des *mœurs* n'a pas plus de solidité ; elle dépend tout entière de la volonté arbitraire de Dieu qui peut la faire et défaire à son gré. « Bien que *la haine de Dieu*, le vol, l'adultère,... offrent des circonstances mauvaises, en tant que ces actes sont défendus par un décret divin, ils pourraient être dégagés de toute circonstance mauvaise et même devenir bons s'ils tombaient sous le précepte divin qui aujourd'hui nous les défend ». (*Sent.*, II, q. 19.) — En *politique*, Occam exagère le pouvoir civil pour rabaisser le pouvoir pontifical et le mettre bien au-dessus du second. « Defendas me gladio, écrivait-il à Louis de Bavière, ego te defendam calamo. »

On regrette de rencontrer parmi les sectateurs du nominalisme un dominicain qui porte un grand nom dans l'histoire du quatorzième siècle, *Durand de Saint-Pourçain*, ainsi appelé du lieu de sa naissance. Il commença ses études chez les dominicains de Clermont, et vint les achever avec éclat à l'Université de Paris. Grâce à ses talents, il fut successivement maître du sacré Palais sous Clément V, professeur d'Écriture sainte à la cour pontificale, évêque du Puy et de Meaux. Ses commentaires sur le *Maître des Sentences* révèlent un philosophe original, mais assez souvent hardi jusqu'à la témérité et trop ami de la nouveauté; l'école l'appelle *Doctor Resolutissimus*.

Dès le début, Durand déclare avec beaucoup de justesse que la science repose bien plus sur la raison que sur l'autorité, et que pour lui, il suivra la raison de préférence à toute autorité humaine, « persuadé que, si c'est un devoir d'aimer tous les hommes, il faut aimer et honorer encore plus la vérité que toute la terre invoque. » (*Præf.* et *Comment.*, I, prol.)

Malheureusement, ce chaud défenseur de la raison ne lui a pas toujours été si fidèle, qu'il n'ait commis des erreurs et avancé des propositions téméraires, qu'il dut rétracter dans la suite. Bornons-nous à signaler ses opinions les plus importantes en *psychologie* et en *théodicée*.

Durand montre fort bien la distinction réelle entre l'âme et ses facultés, et cela par des arguments psychologiques faciles à saisir. Il observe d'abord que nous ne sentons et ne pensons pas toujours, mais que ce sont là des opérations variables qui, par conséquent, supposent dans l'âme des puissances particulières, surajoutées comme accidents à l'essence, et destinées à servir d'intermédiaire entre l'âme et ses actes. — Il ajoute que l'âme, à ne considérer que l'essence, se prête indifféremment à tous les genres d'opérations, dont elle ne saurait accomplir l'une plutôt que l'autre si elle n'y était déterminée par un principe spécial, distinct de l'essence. — De plus, lorsque l'âme perd quelqu'une de ses facultés, la vue par exemple, dira-t-on qu'elle perd une partie de son essence? (*Sent.*, dist. II, q. 2.) Mais de cet excellent principe il ne sait pas faire tout l'usage désirable. C'est ainsi qu'il rejette la doctrine traditionnelle touchant la distinction réelle entre l'intelligence et la volonté. (*Sent.*, dist. III, q. 3.) — Sa théorie sur l'intelligence renferme aussi plus d'une inexactitude et plus d'une erreur. En effet, il soutient que l'intelligence atteint par elle-même le particulier aussi bien que l'universel; que l'universel ne préexiste pas à l'opération de l'entendement, mais qu'il la suit, qu'il en est le résultat, qu'il n'est que le particulier saisi en dehors des notes individuantes, qu'il n'est que « la dénomination donnée à l'objet d'après le point de vue sous lequel l'esprit le considère ». (*Sent.*, II, dist. III, q. 7, et I, dist. IV, q. 5.) Après de telles prémisses, il n'y a plus de raison pour conserver l'intellect agissant (*Sent.*, I, dist. III, q. 5), non plus que les espèces sensibles et intelligibles, unanimement admises par l'école. (*Sent.*, II, dist. III, q. 6.) — Quant au fameux principe d'individuation, Durand ne le considère pas comme quelque chose d'effectif, distingué de l'être en tant que réel et existant. « Natura universalis et individua seu singularis sunt idem secundùm rem : differunt autem secundùm rationem, quia quod dicit species indeterminatè, individuum dicit determinatè. » L'universel est conçu, l'individu existe dans la réalité. C'est l'intelligence qui produit l'universel, et c'est la cause efficiente qui produit l'individu en lui conférant l'actualité. « Per quid ergo est Sortes individuum? Per illud quod est existens. » (*Sent.*, II, dist. III. q. 3).

De la *théodicée* du Philosophe de Saint-Pourçain nous relèverons deux thèses seulement : l'une très exacte, et l'autre très répréhensible : la première relative à l'existence de Dieu, et la seconde relative au concours qu'il prête à la créature dans ses opérations.

Il professe que l'existence de Dieu, bien qu'évidente en soi, ne l'est nullement par rapport à nous, parce que, nous n'apercevons pas intuitivement le rapport de connexion qui existe entre le sujet Dieu et l'attribut existence : « Cognito eo quod primo occurrit nobis de significato ejus termini *Deus*, et de significato ejus termini qui est *esse*, non statim apparet connexio terminorum. » (*Sent.*, I, dist. III, q. 3.) — Mais il estime que la créature agit par elle-même, et que Dieu n'opère avec elle que médiatement, par l'entremise des facultés qu'il lui a données et qu'il lui conserve. Et cela s'applique à tous les actes, tant à ceux qui procèdent de la nature qu'à ceux qui procèdent du libre arbitre : « Deus non est causa actionum liberi arbitrii, nisi quia liberum arbitrium ab ipso et est et conservatur. » (*Sent.*, II, dist. xxxvii, q. 1, et dist. i, q. 5.)

Dans les questions où il s'écarte de l'enseignement thomiste, Durand fut réfuté par un de ses compatriotes, Durand le Jeune, surnommé *Durandelle*, qui lui reprocha vivement d'avoir parlé contre son frère en religion, l'*Angélique Docteur*.

Bornons-nous maintenant à mentionner les nominalistes moins célèbres qui appartiennent à la seconde période du quatorzième siècle. François de *Mayronnis*, *Doctor Illuminatus*, n'a guère su justifier son nom. Ses traités sur les *Formalités*, sur l'*Univocité de l'être*, et sur le *Premier principe*, ses *Questions quodlibétiques* et ses *Commentaires sur le Maître des Sentences*, poussent l'abstraction, les distinctions et la subtilité jusqu'aux limites les plus extrêmes. Rien d'étonnant qu'on l'ait appelé *magister abstractionum*, et qu'Aristote lui ait paru un détestable métaphysicien, « quia nescivit abstrahere ».

L'Aragonais *Antonio Andrea*, franciscain, surnommé *Doctor Dulcifluus*, a commenté le *Maître des Sentences*, la *Physique*, la *Métaphysique*, l'*Organum*, et quelques autres traités d'Aristote. Il s'attache à suivre fidèlement Scot, son maître, dont il se fait l'abréviateur. — *Robert Holcot*, dominicain, professeur à l'Université d'Oxford, a composé un *Commentaire sur le Maître des Sentences* et quelques autres ouvrages théologiques moins importants. Il défend le nominalisme, et soutient cette thèse, bien accueillie de certains modernes, qu'une chose peut être vraie en philosophie et fausse en théologie. Il ne lui répugne pas non plus que Dieu « puisse affirmer sciemment une chose fausse, avec l'intention de tromper la créature. » (*In II Sent.*, q. 2, a. 8.)

Une mention spéciale est due à Jean Buridan, de Béthune, à Pierre d'Ailly, et à Gabriel Biel. *Buridan* enseigna longtemps à l'Université de Paris, dont il devint plus tard le recteur; ancien auditeur de Guillaume d'Occam, il passait pour son disciple le plus illustre. Voici la liste de ses ouvrages : *Summa de Dialectica; Compend. Lo-*

gicæ; In Aristot. Met., Quæst. in lib. Polit., In Ethic., Sophismata. Plusieurs de ces traités ont été réimprimés au seizième et au dix-septième siècle. On lui prête l'argument célèbre contre la liberté, qui représente un âne se laissant mourir de faim entre deux mesures d'avoine également éloignées de lui et qui ne l'attirent pas plus l'une que l'autre. Cette comparaison ne se trouve dans aucun de ses ouvrages et aura été inventée par ses adversaires pour tourner sa doctrine en ridicule. Toutefois, dans quelques passages de son éthique, Buridan semble incliner vers ce genre de fatalisme qui subordonne la volonté à l'influence des motifs, et qui est connu en philosophie sous le nom de *déterminisme.*

Pierre d'Ailly (1350-1420), originaire de Compiègne, fut tour à tour directeur du collège de Navarre, chancelier de l'Université de Paris, confesseur du roi Charles VI, évêque de Cambrai et cardinal. Non moins habile dans l'action que dans la spéculation, il fut activement mêlé à toutes les affaires de son temps. On lui doit des commentaires sur le *Maître des Sentences* et le *Traité de l'âme,* où, tout en suivant au fond la thèse d'Occam sur les universaux, il la présente néanmoins en termes plus modérés. Où il s'égare le plus, c'est quand inclinant vers le *fidéisme,* il soutient que l'existence de Dieu et les autres vérités qui s'y rattachent ne peuvent être démontrées philosophiquement avec certitude.

Mais le tenant le plus modéré de l'école nominaliste, c'est sans contredit *Gabriel Biel,* né à Spire au commencement du quinzième siècle. Élève d'Occam, il sut, dans sa chaire de Tubingen, exposer les idées de son maître avec une grande lucidité. Une de ses plus graves erreurs est d'avoir attribué à Dieu toute l'activité de la nature et posé ainsi le principe de *l'occasionalisme* (*in IV.Sent.,* dist. 1, q. 1, n. 3). On lui doit un *Epitome et Collectarium super IV lib. Sent.*, et quelques ouvrages de théologie, souvent imprimés.

III. — École thomiste

S'il fallait croire les historiens modernes de la philosophie, le nominalisme aurait absolument triomphé au quatorzième siècle. Suarez, sans doute mieux renseigné, a pu dire du réalisme modéré, professé par l'école thomiste : « Hæc sententia *communis* est antiquorum et *recentium* philosophorum. » (*Metaph.*, disp. VI, sect. 2, n. 8.) Parmi ses plus illustres représentants, il faut compter Pierre de Tarentaise, Gilles de Rome, Hervé de Nédellec, Thomas Bradwardine et l'auteur de la *Divine Comédie*.

Pierre de Tarentaise (1225-1276) eut l'honneur d'assister aux cours de saint Thomas, de jouir de son amitié et d'être son disciple le plus célèbre. Il fut successivement professeur de théologie à Paris, provincial de l'ordre des Dominicains, archevêque de Lyon et pape sous le nom d'Innocent V. On lui attribue des *Questions quodlibétiques*, et divers opuscules sur l'*Unité de la forme, la Matière du Ciel, l'Éternité du monde, l'Entendement et la volonté*. Nous ne possédons plus aucun de ces ouvrages, et il ne nous reste de leur auteur que le *Commentaire sur le Maître des Sentences*, en 4 vol. in-fol. Pierre de Tarentaise suit fidèlement saint Thomas, et son commentaire sur P. Lombart ne fait guère qu'abréger celui de son maître et ami.

Gilles de Colonne, ou Gilles de Rome, Ægidius Romæ, est peut-être le plus grand personnage dont s'honore la philosophie au quatorzième siècle. Il appartient à l'ordre des Augustins, et avait été auditeur de saint Thomas durant treize ans. Son enseignement à Paris eut tant d'éclat que Philippe le Hardi le choisit pour être le précepteur de son fils aîné, et le fit nommer dans la suite à l'archevêché de Bourges. On lui doit des *Questions quodlibétiques*, un traité *De regimine principum* en 3 livres, souvent réimprimé, des *Commentaires* sur plusieurs ouvrages d'Aristote et sur le *Maître des Sentences* et plusieurs opuscules philosophiques et théologiques. Ses écrits étaient si estimés qu'ils servirent de texte et de manuel obligatoire à toutes les maisons dépendantes de son ordre. Par quelques citations le lecteur se fera une idée du mérite de cet interprète éminent de la doctrine thomiste.

D'abord, il s'exprime d'une façon remarquable sur la grave question de la connaissance et de ses sources. Il tient la philosophie en très haute estime, et veut qu'elle s'appuie principalement sur la raison, car « locus ab auctoritate est valdè debilis et infimus... Non credimus philosophis, nisi quatenus rationabiliter locuti sunt ». (*Sent.* I, part. I, q. 1, a. 2, t. I.) L'âme est d'abord comme une table rase, selon l'expression d'Aristote, souvent cité par Ægidius, et le sens est la cause première de la pensée. (*Sent.*, t. II, dist. xxviii, q. 1, a. 3.) L'archevêque de Bourges établit ensuite longuement la spiritualité de l'âme humaine, mais il ne répugne pas à ce qu'on admette en elle quelque chose « se habens per modum materiæ. Nam sicut materia carnis subjicitur suæ formæ et perficitur per illam, sic substantia animæ subjicitur suis potentiis et perficitur per ipsas. » (*Sent.*, dist. xvii, q. 1, a. 3; t. II.) Quant à l'individuation de l'homme et des anges, il défend avec beaucoup de force et d'habileté la doctrine de l'*Angélique Docteur*. (*Sent.*, part. 1, dist. iii, q. 1, a. 1, t. I.)

Un autre point à relever chez Gilles de Colonne, c'est la diligence qu'il met à soutenir l'activité de tous les êtres. « Quelques-uns ont accordé trop peu aux créatures, ou même leur ont refusé toute espèce d'action... » Mais comme le remarque le Commentateur, toute nature a sa vertu propre, toute vertu son opération. Donc supprimer l'opération, c'est supprimer la vertu, et avec la vertu la substance... Aussi le Commentateur ajoute-t-il que cette opinion est tellement étrangère à la nature humaine, que ceux qui la professent n'ont pas l'esprit sain. (*Sent.*, part. 1, dist. 1, q. II, a. 6).

Sa défense de la Providence peut être comparée aux plus belles pages de Joseph de Maistre. Le mal est la conséquence des lois *générales* établies en vue du bien de l'univers. « En vue du bien général le bien *particulier* a dû être sacrifié. Ne voyez-vous pas dans la nature la partie s'exposer pour le tout, le bras s'exposer pour la défense du corps? De même, Dieu a fait la pluie en vue du bien général, quoiqu'il pleuve fréquemment avant la rentrée des grains. » Si le grain se plaignait trop à Dieu d'être détruit par la pluie, Dieu lui répondrait qu'il a fait une loi générale d'après laquelle il pleut toutes les fois que des vapeurs humides se sont élevées de la terre et ont formé des nuages. Sans doute, cette loi générale, utile pour l'ensemble, devait avoir des inconvénients, et il aurait pu les empêcher par un miracle, en faisant, par exemple, qu'il ne plût pas tant que les grains ne seraient pas à couvert. « Mais, ajouterait-il, je suis l'agent universel; je n'ai pas voulu suspendre une règle qui était bonne, en raison de quelque mal particulier que je prévoyais. Je n'ai pas voulu renverser miraculeusement une loi de la nature, à moins que je n'eusse un motif grave de le faire; j'ai voulu et je veux gouverner le monde en abandonnant les choses à leur propre cours et à leur mouvement. » (*Sent.*, dist. III, q. 1, a. 3, t. II.)

Le traité sur le *Gouvernement des princes* contient un code complet des différents devoirs d'un roi, traite les questions politiques relatives à la paix et à la guerre, et se prononce pour la monarchie héréditaire (III, part. 2, c. 3 et 5). Malheureusement, sur la question de l'esclavage, il ne s'éloigne pas assez d'Aristote et des philosophes anciens (*Ibid.*, p. 3, c. 13). — Un mérite assez rare au quatorzième siècle contribue à recommander encore les écrits d'Ægidius; c'est un style élégant et facile, auquel ne manque ni l'ampleur ni l'élévation. A la suite de ce grand homme et après en avoir mûrement délibéré dans une assemblée tenue à Florence en 1287, l'ordre entier des Ermites de Saint-Augustin passa sous la bannière du Docteur Angélique.

Hervé de Nedellec, ou Hervé le Breton, appartient à l'ordre de Saint-Dominique dont il fut le quatorzième supérieur général. C'est un esprit cultivé, original, plein de finesse. Commencées à Morlaix, ses études s'achevèrent à

Paris. Elles se traduisirent au dehors par de nombreux ouvrages : des *Commentaires sur le Maître des Sentences*, des *Questions quodlibétiques* et divers opuscules sur *l'Éternité du monde, l'Unité de la forme substantielle chez l'homme, les Relations, les Béatitudes et les Vertus*. Le philosophe breton déclare qu'il « suivra les opinions du vénérable frère Thomas » (*De beatitud.*, c. 4), et il se montre fidèle à sa promesse. Comme Ægidius, il croit aux forces naturelles de la raison : « Les créatures se révèlent à nous comme l'œuvre de Dieu, leur être dépend de lui, et elles retournent à lui comme à leur principe... Elles nous apprennent aussi ce que Dieu est en général, par exemple, qu'il est une substance, un pur esprit, comme l'enseignent les philosophes qui avaient connu la divinité par les seules recherches de la raison » (*Quodlib.* VI, q. 3). — Ces paroles suffisent à réfuter Hauréau, qui représente notre auteur comme inclinant au *fidéisme*. — Hervé se montre particulièrement original, dans sa défense habile et solide de la doctrine thomiste sur le problème de l'individuation, et dans sa réfutation péremptoire de l'opinion scotiste sur le même sujet. Aussi ne craint-il pas de dire en finissant : « Videtur mihi quòd positio ista sit *nulla*. » (*Quodlib.* III, q. 9.)

C'est aussi parmi les fervents disciples de l'Angélique Docteur, que se place *Thomas de Bradwardine*. Il naquit au comté de Chester, vers la fin du quatorzième siècle, devint procureur de l'université d'Oxford et professeur au collège de Merton. Ses rares mérites le désignèrent au roi d'Angleterre, Édouard III, qui le choisit pour confesseur, et le fit nommer plus tard à l'archevêché de Cantorbéry. Grand théologien, astronome et mathématicien distingué, habile philosophe, Thomas est cité par le poëte Chaucer à côté de Boëce et de saint Augustin. Gerson en faisait aussi le plus grand cas. Son principal ouvrage a pour titre *De Causâ Dei contra Pelagium et de virtute causarum*.

Il annonce dans sa préface qu'il réfutera Pélage par la philosophie et la raison; fidèle à ce dessein, il établit d'abord l'existence de Dieu, sa providence et ses autres attributs, la personnalité et l'immortalité de l'âme, puis il explique l'action de la cause première dans le monde et le concours qu'elle prête aux opérations de la créature. Ses auteurs préférés sont saint Augustin, P. Lombard et saint Thomas. Tout en soutenant énergiquement l'activité et la liberté de l'homme, l'archevêque de Cantorbéry n'a garde de la faire indépendante du concours divin; au contraire, il se prononce ouvertement pour le concours *immédiat*, pour la prémotion *physique*. Non seulement Dieu participe à tous les effets produits par les causes secondes, « mais sa part est la plus directe et la plus immédiate. C'est lui qui, directement, meut les corps, c'est lui qui, directement, touche les âmes. « *Sanis oculis reputo manifestum quod nihil potest quidquam movere sine Deo immediatè idem movente, imo et immediatiùs alio motore quocumque.* » (I, 4.) Le style du Philosophe anglais se fait remarquer par l'abondance et la facilité, souvent même par une grande élévation.

Mais le partisan le plus enthousiaste de saint Thomas, c'est l'illustre Dante (1265-1321), malheureusement trop peu connu en France, malgré l'étude remarquable d'Ozanam : *Dante et la philos. cathol. au treizième siècle.* Poète, savant, philosophe, théologien et politique, aucun dogme, ni humain ni divin, ne lui était inconnu : *Theologus Dantes nullius dogmatis expers*, comme il est dit au premier vers de son épitaphe. Chez lui le politique est contestable et souvent inexact; le poète compte parmi les premiers, le philosophe nous appartient aussi bien que le théologien. Ici nous n'avons à parler que du philosophe.

Après avoir cultivé les lettres, le droit, les sciences et les arts, Dante consacra près de trois ans à l'étude exclusive de la philosophie, qui, pour parler sa langue, devint « la dame de ses pensées ». Ses guides dans cette science étaient Aristote dont il possédait deu traductions, Platon dont il connaissait au moins le Timée, commenté par saint Thomas, saint Augustin, saint Grégoire le Grand (pour la morale), l'auteur du livre *De Causis*, Avicenne, Richard de saint Victor, le Docteur Angélique et Gilles de Rome.

Ce ne fut pas assez d'avoir fréquenté les écoles les plus célèbres d'Italie; il voulut demander à Paris le couronnement de son éducation intellectuelle, et il y eut pour maître ce *Sigier* qu'il a préservé de l'oubli. Ses cours achevés, Dante soutint avec les solennités ordinaires une dispute *de quolibet*, où il répondit sans interruption sur quatorze questions tirées de diverses matières. Ensuite il lut et commenta publiquement le *Maître des Sentences* et l'Écriture sainte et subit les diverses épreuves requises en la faculté de théologie. Admis au grade suprême, l'argent lui manqua pour les frais de réception, et il se vit ainsi fermer les portes de l'Université.

La doctrine philosophique de Dante se trouve dans trois principaux ouvrages : *la Divine Comédie, le Convito*, et le *De Monarchiâ*, qui contient ses opinions sur la société, le droit et la politique. Ce dernier ouvrage fut mis à l'*Index*, comme favorisant les prétentions excessives du pouvoir politique, et comme trop peu respectueux pour l'autorité pontificale.

La méthode du grand poète consiste à joindre ces nobles choses, si admirablement unies au treizième siècle : la raison et la foi, l'érudition et la discussion, l'expérience et la métaphysique, l'intuition et le raisonnement. Comme tous les hommes de génie, il doit beaucoup à son érudition; car « les hommes de génie, a dit Ozanam, sont de grands débiteurs, et ce n'est pas une faible partie de leur gloire que tout le genre humain leur ait prêté ».

Parmi les anciens philosophes, celui qu'il a le plus loué et dont il s'est le plus assimilé la doctrine, c'est le Stagirite, nommé par lui des plus beaux noms : le docteur de la raison, le sage pour qui la nature eut le moins de secrets, le maître de ceux qui savent. « Dans le *Convito* seul, remarque Ozanam, on trouve, outre les simples allusions, soixante-dix citations expresses de la Métaphysique, de la Physique, du Traité de l'Âme, de l'Éthique, de la Politique, des différents écrits dont se compose l'Organon et de plusieurs autres moins célèbres. » (*Op. cit.*, part. 3ᵉ, ch. II.)

Ce qu'il admire le plus, et à juste titre, dans la philosophie du chef du Lycée, c'est la Morale, si peu en faveur auprès de certains modernes. Il fait voir que la nature du souverain bien, c'est-à-dire la fin de l'homme, à peine entrevue par Socrate et Platon, a été dégagée de toutes ses obscurités par Aristote. Or la direction des moyens appartenant à celui qui connaît la fin, les destinées de la science tout entière lui paraissent renfermées dans la doctrine péripatéticienne. Consacrée par une adoption universelle et souverainement digne de foi, il estime qu'on peut la proclamer catholique. (*Convito*, I, 9 ; III, 5 ; IV, 2, 17, 27.) — Cependant, il met l'Ange de l'École bien au-dessus du Philosophe de Stagire : c'est lui qui, au ciel, lui découvre bien des mystères cachés, « lui qui est parmi les saints, comme Aristote parmi les philosophes, le maître de ceux qui savent. » Aussi, la politique exceptée, adopte-t-il la philosophie thomiste tout entière, dans ses thèses secondaires comme dans les principales.

L'auteur du *Convito* (*Tratt.* II, 14) divise la philosophie en trois parties : Physique, Métaphysique et Morale. Il laisse la Dialectique au second degré du Trivium et ne lui accorde pas toute l'estime qu'elle mérite. (*Tratt.* II, 14). La morale, au contraire, lui apparaît comme l'*ordonnatrice* de l'entendement humain : elle purifie l'âme et ménage l'accès aux autres sciences, qui ne sauraient exister sans elle ; enfin, elle produit la félicité intérieure, inséparablement attachée à la vertu. De là, la prééminence accordée aux vérités morales, la nécessité pour le disciple d'être simple, docile et pur, s'il veut atteindre le vrai (*Infern.*, II ; *Purgat.*, II), et l'impossibilité où se trouve le génie lui-même de comprendre certaines notions, s'il n'a passé par les flammes de l'amour. (*Parad.*, VII.) — La morale étant considérée à ce point de vue, toutes les connaissances peuvent se ranger sous la notion du bien et du mal. « Il y aura un ensemble de doctrines qui comprendra le mal d'abord, puis le mal en lutte ou en rapport avec le bien : enfin, le bien lui-même, dans l'homme, dans la société, dans la vie à venir, dans les êtres extérieurs, aux influences desquels la nature humaine est soumise. Le monde invisible sera pris pour théâtre principal de ces explorations, parce que là seulement les problèmes du monde visible ont leur solution définitive; là se contemplent face à face les substances et les causes admises ici-bas sur la foi de leurs phénomènes et de leurs effets. Ainsi les conceptions savantes de la raison entreront d'elles-mêmes dans le cadre poétique donné par la tradition religieuse : *Enfer, Purgatoire* et *Paradis.* » (Ozanam, *op. cit.*, part. 2, ch. I, n. 4.)

Le mal, sa nature, ses différentes espèces, mal physique, intellectuel et moral, ses causes, ses effets et ses remèdes, toutes ces intéressantes notions sont l'objet d'une étude solide et approfondie (*Inferno*). Relevons seulement cette magnifique parole, au sujet du mal intellectuel, c'est-à-dire l'*erreur*, que notre époque regarde moins comme un mal que comme un droit : « Si la vie est la manière d'être des êtres vivants, et si la vie humaine est essentiellement rationnelle, vivre, pour l'homme, c'est raisonner; et se départir du légitime usage de la raison, c'est mourir. Et si quelqu'un dit : Comment peut-on appeler mort celui que l'on voit encore agir? il faut répondre que l'homme est mort et que la bête est restée. » (*Convito*, IV, 7.)

La *physique* de Dante, comme celle d'Aristote, se réduit tout entière au jeu de trois principes : la matière, la forme et la privation; ces principes expliquent le mouvement, et le mouvement, dans sa variété et dans ses combinaisons multiples, explique tous les phénomènes du monde visible, les lois de la physiologie comme celles de l'astrologie. (*Purgat.*, XXV; *Convit.* III, 11; IV, 2, 9; III, 9.) Mais l'éternel amour produisit des formes séparées de la matière pure, et des formes spirituelles unies à la matière : « La forme et la matière unies et épurées sortirent de cet acte exempt d'imperfection, comme d'un arc à trois cordes sortent trois flèches. Alors fut concréé et établi l'ordre de ses substances; et celles-là furent la cime du monde dans lesquelles l'acte pur se produisit : la pure matière tint la place inférieure; mais au milieu un tel nœud unit la forme et la matière, que jamais il ne se dénoue. » (*Parad.*, XXIX.)

Si, en physique, Dante a fait des emprunts à Ptolémée

et à Galien, en *psychologie* il suit uniquement Aristote et saint Thomas. Avec eux il enseigne que l'âme raisonnable est la forme substantielle du corps et qu'elle s'unit à lui non pas au moment de la conception, mais lorsqu'il a déjà une certaine organisation animale : « Tu ne sais pas encore comment d'animal cette vertu devient homme. C'est là un point qui a égaré un plus sage que toi ; car, dans sa doctrine, il a séparé de l'âme l'intellect possible, parce qu'il ne voit dans l'âme aucun organe propre à cette faculté. Ouvre ton cœur à la vérité que je te présente, et sache que dans le fœtus aussitôt que les ressorts du cerveau sont propres à fonctionner, le premier moteur se tourne joyeux vers ce chef-d'œuvre de la nature et lui inspire un esprit nouveau, tout rempli de vertu, qui absorbe en sa substance tout ce qu'il trouve là d'actif et il s'en fait une seule âme qui vit, qui sent, et qui se replie sur elle-même. » (*Purgat.*, XXV.) — De même en est-il pour la sensation (*Convit.*, III, 9), pour les espèces sensibles et les fantômes (*Parad.*, XV), le sens commun (*Purgat.*, IV), l'imagination (*Purgat.*, XVII), l'estimative ou appréhension (*Purgat.*, XVIII), la mémoire (*Infern.*, I, *Parad.*, 1), l'intellect actif et passif (*Purgat.*, XXV), les premiers principes indémontrables, non innés, mais qui procèdent spontanément de nos facultés innées (*Purgat.*, XVIII ; *Parad.*, II), l'expérience placée à la base de la science « et d'où découlent les ruisseaux des arts (*Parad.*, II), qui met du plomb aux pieds du sage, l'oblige à s'avancer lentement dans les voies du raisonnement et ne lui permet pas de franchir, sans chercher l'appui d'une distinction secourable, les deux pas difficiles de l'affirmation et de la négation » (*Ibid.*, XIII) ; les trois appétits naturel, sensible et rationnel, découlant tous les trois de l'*amour*, cette passion maîtresse et universelle (*Purgat.*, XVII), dont « ni Créateur ni créature ne furent jamais privés »; l'âme survivant au corps, parce qu'elle peut agir sans lui, et emportant avec elle la mémoire, l'intelligence et la volonté, mais non pas les facultés sensibles (*Purgat.*, XXV). — Seulement, au dire du poète, l'âme séparée de son corps, en informe un autre, plus subtil, dans lequel elle exerce les fonctions sensitives, en attendant qu'elle soit de nouveau unie à son propre corps. Cette opinion, d'ailleurs sans fondement théologique ou philosophique, a été admise par quelques Pères, notamment par saint Irénée et Origène, soit pour assurer davantage à l'âme son individualité, soit pour lui permettre d'éprouver la souffrance ou la jouissance sensible.

La *métaphysique* de Dante, comme sa psychologie et sa morale, nous offrirait d'excellentes idées à recueillir. Chez lui, comme chez saint Thomas et Aristote, on trouve partout des considérations profondes sur l'essence, la substance et l'accident, l'acte et la puissance, la contingence et la nécessité, la matière et la forme (*Parad.*, XXIX, XXXIII), et, au sommet des choses visibles et invisibles, Dieu leur créateur, le moteur immobile de tout ce qui se meut (*Parad.*, I), centre invisible où convergent tous les lieux et tous les temps (*Parad.*, XXIV), cercle qui circonscrit le monde et que rien ne circonscrit (*Purgat.*, XI; *Parad.*, XIV). Tous les attributs divins, élevés au même degré de perfection souveraine, se maintiennent dans un équilibre indestructible; en sorte qu'il est permis d'appeler Dieu « *la première équation.* » (*Parad.*, XV.)

Et maintenant, ne sommes-nous pas en droit de conclure que si la philosophie grecque a son Homère dans la personne de Platon, la philosophie thomiste a le sien dans la personne de Dante? « La Divine Comédie, a dit Ozanam, est la Somme littéraire et philosophique du moyen âge; et Dante est le saint Thomas de la poésie. » — Étendons davantage nos conclusions : « L'union de deux choses si rares, une philosophie poétique et populaire, une philosophie poétique et vraiment sociale, constitue un événement mémorable qui indique un des plus hauts degrés de puissance où l'esprit humain soit jamais parvenu. » — Et cette philosophie devenue tout à coup la plus belle des poésies, ce n'est pas la philosophie du divin Platon, que plusieurs modernes estiment seule capable de s'élever jusqu'à l'idéal, c'est cette scolastique qu'on aime à représenter parlant un langage barbare, pédantesque, aride, ne s'adressant ni à l'âme ni au cœur, sans largeur de vues, toute livrée à des spéculations sans profit et à des disputes sans fin. « Eh bien, la voilà qui s'exprime dans la langue la plus mélodieuse d'Europe, dans un idiome vulgaire que les femmes et les enfants comprennent. Ses leçons sont des chants que les princes se font réciter pour charmer leurs loisirs, et que répètent les artisans pour se délasser de leurs travaux... Il y a là sans doute un phénomène remarquable en soi. Mais peut-être il y aura plus : on se laissera réconcilier par l'élève avec les maîtres, on ira s'asseoir à leurs pieds. » (Ozanam, *op. cit.*, introd., p. 54, 57.)

Après Dante, Bradwardin, Hervé, Œgidius et Pierre de Tarentaise, il faut citer avec éloge plusieurs partisans de la philosophie thomiste, mais d'une moindre renommée : *Gilles de Lessine*, ainsi appelé du lieu de sa naissance, petite ville située dans le Hainaut; il appartient à l'ordre de Saint-Dominique, et il a composé un ouvrage sur l'*Unité de la forme*, où il établit l'unité de la forme substantielle dans l'homme et dans tout être par les arguments que nous connaissons déjà; *Bernard de Trilia*, originaire de Nîmes, dominicain : il professa à Montpellier et à Paris et composa plusieurs ouvrages philosophiques; le seul qui nous soit parvenu a pour titre : *Quæstiones XVIII de cognitione animæ conjunctæ corpori*. — Les contemporains de Bernard nous le représentent comme un esprit solide, judicieux, ciconspect, « et très imbu du doux nectar de la doctrine de saint Thomas »; — *Humbert*, un des supérieurs de l'ordre de *Citeaux*; à sa suite tout son ordre passa sous la bannière du Docteur Angélique; on a de lui un commentaire de la Métaphysique aristotélicienne, sorte de compilation d'extraits empruntés d'Averroès, d'Avicenne, d'Albert, et surtout de saint Thomas; — *Gérard de Bologne*, prieur général des religieux du *Mont Carmel*; il a écrit un commentaire sur le Maître des sentences, une *Somme théologique*, des *Questions ordinaires* et des *Quodlibeta*, où il combat Duns Scot, et défend les plus pures doctrines de l'École, notamment sur la nature et l'origine des idées, sur l'unité de la forme substantielle dans l'homme, et sur la matière comme principe d'individuation. Avec lui tout son ordre se prononça pour la philosophie de saint Thomas; *Godefroy de Fontaines*, chancelier de l'Université de Paris, et dont l'autorité était très grande; on a de lui des *Questions Quodlibétiques*, où il professe une singulière admiration pour la doctrine de saint Thomas : « Après les Pères qui font autorité dans l'Église, aucune doctrine n'est aussi utile et digne de louange que celle de frère Thomas. On peut lui appliquer ces paroles de Jésus aux apôtres : Vous êtes le sel de la terre. Sa parole est l'arome qui corrige, qui développe et qui conserve la saveur des autres doctrines; si elle venait à disparaître, les leçons de tous les autres maîtres n'offriraient qu'un aliment bien fade aux étudiants. » (*Quodlib.*, XII, q. 5[1].) — *Capréole*, du Rouergue, qui florissait vers la fin du quatorzième siècle et à qui l'on doit un ouvrage en quatre volumes du plus grand prix, sous le titre de *Commentaires sur les sentences*. Son but est à la fois d'*expliquer* saint Thomas et de le *venger*. Pour cela, il s'attache de préférence aux questions les plus controversées, et en comparant entre elles les différentes parties de la doctrine du Maître, en rapprochant les textes de ses différents ouvrages, il montre aux adversaires, Duns Scot, Warron, Occam, Durand de Saint-Pourçain, Grégoire de Rimini, que l'enseignement thomiste est irréprochable et qu'ils l'ont mal compris ou même défiguré par des additions et

---

1. Mentionnons encore Denys le Chartreux, mystique distingué et très attaché aux doctrines de saint Thomas; Guillaume de Hotun, qui fut professeur à Paris, et ensuite archevêque de Dublin; Bernard d'Auvergne, qui combattit Henri de Gand sur les points où il s'écarte du Docteur Angélique; Thomas d'Argentina, de l'ordre des Augustins, plus remarquable comme théologien que comme philosophe; Jean de Paris, qui réfuta le fameux *Correctorium* de Guillaume de la Marre; Sigier de Brabant, qui eut l'honneur d'être le maître de Dante; son illustre élève a dit de lui : « Cette éternelle lumière de Sigier, qui, en professant dans la rue de Jouarre, excita l'envie par les syllogismes remplis de vérités. » (*Parad.*, X.) Il combattit énergiquement les scotistes et les nominalistes et se prononça pour la doctrine de saint Thomas.

de fausses suppositions. Si éclatant fut le succès de l'illustre commentateur, qu'on le surnomma « *princeps scholæ thomisticæ* » et que tous les professeurs de son ordre durent le suivre dans leur enseignement [1].

Cependant le Docteur Angélique venait d'être canonisé (1323) et le pape Jean XXII avait dit de lui ces mémorables paroles : « *Quot articulos scripsit, tot fecit miracula.* » L'année suivante, Étienne de Borest, évêque de Paris, dans une assemblée des plus solennelles, annula la sentence portée en 1276 par un certain nombre de théologiens réunis à Paris, et présidés par Étienne Tempier, évêque de Paris, contre trois propositions de saint Thomas relatives au principe d'individuation. Cette déclaration où l'illustre Maître était appelé « la lumière de l'Église, la perle du clergé, la fleur des Docteurs, le miroir de l'Université de Paris » (*Hist. Acad. Paris*, par Du Boulay), acheva d'affermir l'autorité de l'école dominicaine, et, selon la remarque de M. Jourdain, « les seuls adversaires sérieux du thomisme dans les universités furent désormais quelques esprits audacieux et novateurs qui ne reconnaissaient pas de maîtres, qui attaquèrent également le Docteur Subtil et le Docteur Angélique, et qui, en dehors de toutes les traditions scolastiques, cherchèrent à se frayer des sentiers nouveaux. » (*La Philos. de S. Thomas*, t. II, ch. III.)

IV. — ÉCOLE MYSTIQUE

Elle est représentée par cinq personnages d'un assez grand nom, mais d'une nuance diverse : Eckard, Tauler, Pétrarque, Raymond de Sébonde et Gerson.

---

[1]. Isidore de Isolamo, un de ses biographes, fait du savant dominicain ce magnifique éloge : « Capreolum non minori veneratione excipiendum quàm S. Thomam, in quem spiritum angelicum transmisisse videtur Spiritus sanctus, prudentissimo munere christianissimæ simplicitatis ab illo donatum, qui ante imaginem B. Mariæ peculiari studio longas quotidianasque moras orans trahere consueverat. » (Lire la *Lettre* de Mgr de Rodez à son clergé, 1ᵉʳ déc. 1881, où il consacre une intéressante notice à Capréole.)

Eckard, originaire d'Allemagne et fils de Saint-Dominique, est un esprit très cultivé, très nourri de la philosophie péripatéticienne et porté aux spéculations métaphysiques. Cependant si une partie de sa doctrine dérive des sources de l'École, par un autre côté elle confine au mysticisme panthéistique. A travers ses formules souvent indécises, et sous les dehors de sa métaphysique rêveuse, il est aisé d'apercevoir que Dieu est tout et que tout est Dieu ; « car l'amour divin anéantit tout ce qu'il y a d'humain dans notre âme, pour la confondre, pour la convertir en Dieu, de même que la formule sacramentelle change la substance du pain eucharistique, et le fait devenir le vrai corps de Jésus-Christ. »

Jean Tauler (1290-1361), dominicain et disciple d'Eckard, sait se tenir éloigné des erreurs de son maître et suivre plus fidèlement les doctrines thomistes. Dans ses *Institutiones divinæ*, plusieurs fois traduites en français, il sépare très bien le Créateur de la créature, se garde avec soin de toute attache panthéiste et fait toujours sa place à l'élément rationnel. Le nom de Tauler appartient plutôt à la théologie qu'à la philosophie ; il prêcha avec de grands succès à Cologne et à Strasbourg.

Vers la fin de sa vie, *Pétrarque* (1304-1374) se dégoûta des lettres profanes et composa des traités de métaphysique mystique, légèrement entachés de néoplatonisme. Voici, en ce genre, ses livres les plus importants : *De contemptu mundi; Secretum sive de conflictu curarum; De remediis utriusque fortunæ; De sui ipsius et multorum ignorantiâ*. Ce dernier ouvrage, d'ailleurs fort intéressant, raconte les efforts que firent les Averroïstes, alors très nombreux en Italie, pour attirer Pétrarque à leur parti, et quelle haine il avait pour « ce chien enragé d'Averroès, lequel, transporté d'une aveugle fureur, ne cesse d'aboyer contre le Christ et la religion catholique ». D'une façon générale, Pétrarque montre une aversion prononcée pour tout ce qui est arabe, et plus de goût pour l'antiquité que pour le moyen âge.

Raymond de Sébonde, médecin espagnol, vint à Toulouse

au commencement du quinzième siècle, enseigner la philosophie et la médecine. A la place des sciences il met deux grands livres : l'*Écriture sainte* et la *Nature*, surtout la nature humaine. Son *Liber creaturarum sive naturæ*, dont Montaigne a pris la défense dans ses *Essais*, rabaisse les forces naturelles de l'âme et incline au rationalisme; il a été mis à l'Index.

Parmi les mystiques du quatorzième siècle, notre *Gerson* (1363-1429), *Doctor Christianissimus*, occupe sans contredit la première place. Successeur de Pierre d'Ailly comme chancelier de l'Université de Paris, il prit une part considérable aux affaires de son temps, et passa ses dernières années à Lyon, où il se fit maître d'école des enfants et composa pour eux un beau livre : *De parvulis ad Christum ducendis*. Ses œuvres complètes forment 5 volumes in-folio. Voici les titres de ses œuvres qui se rapportent plus directement à la philosophie : *De concordiâ Metaphys. cum Logicâ; De modis significandi; Centilogium de causa finali; Theologia mystica*.

Avec Tauler, Gerson admet trois sortes de connaissance; et, supposant l'âme emprisonnée dans un sombre cachot, divisé en trois étages, il raisonne de la sorte : « Le nom du premier étage est *sensibilité (sensualitas)*; celui du second, *raison*; celui du troisième, *intelligence simple*. Les fenêtres de l'étage inférieur ne laissent arriver jusqu'à l'âme aucune lumière, si ce n'est la lumière corporelle, celle que contemplent les brutes elles-mêmes. Par les ouvertures de l'étage intermédiaire pénètre quelque lumière plus spirituelle, que l'âme reçoit lorsqu'elle s'élève jusque-là. Enfin, au faîte de la prison, à l'étage supérieur, elle peut voir la lumière divine, qui, resplendissant aux lieux hauts, s'introduit à travers les étroites fissures de la muraille. » (*Contra van. curiosit.*, lect. 1.) — Ces paroles disent assez que, sans contester les lumières de l'expérience, ni celles de la raison, le chancelier de Paris les regarde comme insuffisantes, et met bien au-dessus la lumière de la théologie mystique qui vient d'en haut; c'est elle qui a tout son amour, parce qu'elle est à la portée des simples aussi bien que des savants, parce qu'elle unit plus intimement à Dieu et que seule elle peut donner à l'âme la paix et le bonheur. (*Theol. myst.*, *Opp.*, t. III, p. 284-330.) — Au reste, si le mysticisme de Gerson s'exprime quelquefois par des formules empreintes d'exagération, il est d'ordinaire sobre et scientifique ; il repose sur l'expérience, non pas, à la vérité, sur l'expérience des faits extérieurs, mais sur l'expérience des faits qui ont pour théâtre la partie la plus intime de l'âme religieuse ; « *Theologia mystica innititur experientiis habitis intra, in cordibus animarum devotarum.* » (*Ibid.*, p. 366.)

Pour ce qui regarde les questions philosophiques alors agitées dans l'École, le chancelier de Paris combat également le nominalisme et le réalisme formaliste, et sa solution se rapproche d'aussi près que possible de celle de saint Thomas et de saint Bonaventure, son docteur préféré. Les *formalistes* (réalistes) se trompent, en ne tenant pas compte de la nature de nos concepts, en tant qu'ils sont une affection de notre esprit, et l'erreur des nominalistes, c'est d'envisager nos idées uniquement comme des phénomènes de notre esprit, sans considérer l'objet extérieur auquel elles se réfèrent naturellement. De même que la parole écrite ou parlée est en elle-même une chose matérielle et ne reçoit sa forme, qui en fait un signe intellectuel, que de sa relation avec la pensée qu'elle exprime, ainsi l'idée, considérée comme existant dans l'esprit, ne constitue que le côté matériel de la pensée ; son élément formel, qui en fait un acte de connaissance, résulte uniquement de sa relation avec les choses perçues. (*De concord.*) — En tant que phénomène de l'esprit, l'idée est du domaine de la logique qui en étudie les propriétés sans se préoccuper de l'objet. La science *réelle*, au contraire, c'est-à-dire la physique et la métaphysique, ne peut exister que si nous considérons l'idée comme l'expression d'une chose distincte de nous, laquelle en est le *substratum*. Voilà pourquoi les nominalistes ou terministes ne sortent jamais de la logique : « Quæ consideratio *clavis* est ad concordantiam formalizantium cum terministis. » (T. IV, p. 227, édit. Paris. 1606.) C'est sur ce terrain seulement qu'il croit possible l'accord de la métaphysique et de la théologie, et il travaille de toutes ses forces à l'établir.

De même, au sujet de la manière dont nous connaissons Dieu ici-bas, comme sur la distinction de ses attributs, Gerson ne se sépare pas de l'École. Les attributs divins ne sont pas distingués entre eux d'une distinction purement nominale et synonymique, comme le prétendent les nominalistes; mais ils ne sont pas non plus des entités différentes, comme l'enseignent les formalistes, qui transportent en Dieu les distinctions qu'on remarque dans la créature [1].

En *morale,* l'auteur s'égare à la suite de Scot et d'Occam : comme eux il la fait reposer tout entière sur la seule volonté de Dieu : « Dieu ne veut pas certaines actions parce qu'elles sont bonnes, mais elles sont bonnes parce qu'il les veut, de même que d'autres sont mauvaises parce qu'il les défend. (*Opp.,* t. III, p. 13 de l'édition d'Anvers 1706.) « Les choses étant bonnes parce que Dieu veut qu'elles soient telles, il ne les voudrait plus ou les voudrait autrement que cela même deviendrait le bien. » (*Opp.,* t. I, p. 147, et t. III, p. 26.)

ARTICLE IV

PHILOSOPHIE DE LA RENAISSANCE

XVe et XVIe Siècles

I. Caractère de la Renaissance et de la philosophie à cette époque; classification des Écoles. — II. École *platonicienne :* Gémiste, Ficin, les Pic de la Mirandole, Patrizzi, Bruno et Ramus. — III. École *péripatéticienne :* Pierre d'Albano, Pomponat, les Piccolomini, Zarabella, Césalpin, Vanini, Télésio et Campanella. — IV. École *sceptique :* Sanchez, Montaigne et Charron; caractère de Montaigne; pensées sur l'éducation, les lois et le gouvernement. — V. École *mystique :*

---

[1] « Hic est lapsus logicam ignorantium vel spernentium, qui ponunt in Deo contingentias a parte rei et formas seu formalitates, quales sunt in creaturis, et præcisiones et signa, cùm sit in natura sua purissimus actus et unicus, omnis autem creatura potentialis et multa, et vix per analogiam similis Deo dicta. » (*Ibid.*)

Nicolas de Cuss, Reuchlin, Paracelse, Agrippa, Van Helmont, Boëme. — VI. École *thomiste* : Javelli, Savonarole, Ferrariensis et Cajetan ; valeur de ces deux derniers ; autres thomistes dominicains ; thomisme dans la Compagnie de Jésus : PP. de Coïmbre ; importance de leurs travaux : Fonseca et Goës ; thomisme plus mitigé de Tolet, Vasquez, Bellarmin, Lessius et Suarez ; esprit de cette école ; génie de Suarez et particularités de sa doctrine ; appréciation ; saint François *de Sales* ; vues remarquables sur la psychologie ; théorie de la connaissance sensible et intellectuelle.

1. — « La scolastique a fait son temps. » Ainsi parle Cousin, en commençant son étude sur la philosophie de la Renaissance. M. Fouillée et plusieurs autres modernes s'expriment comme lui, sans paraître se douter qu'ils commettent un énorme paralogisme historique. Il est vrai que, dès le quatorzième siècle, l'École tend à se diviser en partis contraires sur un assez grand nombre de questions ; il est vrai aussi que la division entre les philosophes s'accentue davantage encore au quinzième et au seizième siècle, qui forment la période de la Renaissance. Mais l'histoire affirme que l'école thomiste occupe une très grande place, même à cette époque, et que si la philosophie peut alors s'honorer de quelques grands noms, c'est chez elle seulement qu'elle doit les rencontrer.

Occam, nous l'avons vu, avait déjà levé le drapeau de l'indépendance, mais Occam n'avait pas été suivi. Dans la période de la Renaissance, au contraire, une foule nombreuse s'empresse autour de ce drapeau bruyamment agité par plusieurs chefs. « Tout *s'ébranle* et tend à se *renouveler*, dit M. Jourdain : les opinions, les mœurs, les lois, le gouvernement, l'industrie, les formes du goût dans la littérature et dans les arts. » — La société nouvelle a la haine du passé, principalement du moyen âge ; elle supporte avec peine l'autorité de l'Église catholique et lui substitue le régime de la libre-pensée. — Ajoutez la révolution religieuse du protestantisme qui achève de troubler les esprits, de ruiner le principe d'autorité, de généraliser l'indépendance funeste de la raison. — Dans ce bouleversement universel, les ordres religieux eux-mêmes ne se préservent pas complètement de la contagion des idées nouvelles ; les agitations du dehors pénètrent dans quelques cloîtres et séduisent les imaginations les plus ardentes.

Toutefois, à l'autorité de la théologie et de l'Église, la philosophie de cette époque substitua une autre autorité, l'autorité du monde païen, l'autorité de la philosophie grecque. C'est la prise de Constantinople qui est la cause principale de cette révolution. C'est elle qui transporte en Europe les arts, la littérature et la philosophie de la Grèce; les savants de la Grèce émigrent en Italie, et l'Italie devient tout à coup une ancienne Grèce. Jusque-là, on lisait généralement en Europe la philosophie grecque dans les versions latines des Arabes; désormais on lira Platon et Aristote dans leur langue. Néanmoins, il importe de le remarquer, les philosophes de la Renaissance interprètent trop souvent Aristote d'après Alexandre d'Aphrodise et Averroès, et Platon d'après les Alexandrins. Ils manquent à la fois de *méthode* et de *critique*. — Cette apparition de la Grèce, son beau langage, sa littérature si brillante et si pure, exercent une sorte de fascination sur les esprits; ils en sont comme enivrés. « Notre âge, dit Thomas Giunta dans la préface de son édition d'Averroès, n'admire et n'accepte que ce qui est tiré des trésors de la Grèce; il n'adore que la Grèce; il ne veut que les Grecs pour maîtres en médecine, en philosophie, en dialectique; qui ne sait pas le grec, ne sait rien. » — Alors se forme un parti nouveau : le parti des *humanistes*, Valla, Bembo, Vivès, Nizolius, Pic de la Mirandole, qui exigent de la philosophie un langage élégant et orné, et s'éloignent de la scolastique parce que ses formules semblent barbares à leurs oreilles délicates. Dans l'ardeur de cet engouement pour l'antiquité, dans cette renaissance de la parole et de la pensée païennes, tous les systèmes se mêlent et se heurtent; on devient péripatéticien, platonicien, pythagoricien, stoïcien, épicurien, alexandrin, et l'on est peu chrétien et peu philosophe.

Pour mettre un peu d'ordre dans cette étude, nous parlerons : 1º de l'école platonicienne; 2º de l'école péripatéticienne; 3º de l'école sceptique; 4º de l'école mystique; 5º de l'école thomiste.

II. — ÉCOLE PLATONICIENNE

Georges Gémiste, surnommé Pléthon, lettré byzantin venu en Italie au commencement du quinzième siècle, se mit à prêcher la doctrine de Platon avec enthousiasme à la cour des Médicis, toute remplie d'artistes et de lettrés. Une académie platonicienne fut aussitôt fondée à Florence et Côme en confia la direction à *Marsile Ficin* qu'on peut regarder comme le chef de cette école, et que la Renaissance a nommé l'âme de Platon (1433-1489). Ficin donna de Platon une traduction latine qui se répandit dans l'Europe entière, mais les commentaires dont il l'enrichit sont trop souvent empruntés à la source des Alexandrins. Il traduisit encore Plotin tout entier, et la plupart des écrits de Porphyre, de Jamblique et de Proclus. Dans son grand ouvrage intitulé : *Theologia platonica, sive de immortalit. animarum et æternâ felicit.*, lib. XVIII, il essaya de concilier le platonisme avec le christianisme. L'engouement pour le chef de l'académie devint de l'exaltation, et peu s'en fallut qu'on ne lui élevât un temple et qu'on n'instituât une fête en son honneur, comme au temps de Porphyre et de Plotin.

Les comtes *Jean* et *François Pic de la Mirandole* furent les disciples et les amis de Marsile Ficin. Le premier (1463-1494) quitta même sa couronne de la Mirandole pour se livrer plus entièrement aux spéculations philosophiques. C'était un personnage extraordinaire, doué d'une imagination orientale, d'une âme d'artiste, d'une exquise sensibilité et par-dessus tout d'une mémoire prodigieuse. En quelques mois, il possédait le dictionnaire entier d'un idiome; à dix-huit ans, il savait vingt-deux langues. Accueilli à Rome avec enthousiasme, il imagina une espèce de carrousel philosophique, et se mit à formuler neuf cents thèses, chacune formée de diverses propositions où il y avait de la physique, de l'histoire naturelle, de la médecine, de la théologie, de la philosophie et de la cabale. Treize de ces thèses ayant été déférées au pape Alexandre comme entachées d'hérésie, une commission chargée de les examiner avec soin n'y trouva rien de condamnable aux yeux de la théologie.

Francesco Patrizzi (1529-1597), professeur à Ferrare et à Rome, conçut le dessein de concilier Platon et Aristote. Mais ses *Discussiones peripateticæ* et sa *Nova de universis philosophia* ne contiennent rien autre que le platonisme et un platonisme intempérant.

Le dominicain *Giordano Bruno* (1548-1600), né à Nola, près de Naples, eut une existence à la fois plus inquiète et plus illustre. Sa philosophie est à l'image de son âme, ardente et troublée. Des doutes sur la religion l'ayant porté à quitter son ordre, il vint à Genève où il ne put s'accorder avec Calvin et Théodore de Bèze; de là il se rendit à Paris où il se posa en adversaire d'Aristote; plus tard il retourna en Italie où il fut enfin condamné à mort comme hérétique opiniâtre et athée.

Dans ses ouvrages *De immenso et innumerabilibus*, *De infinito*, il s'éprend de Pythagore, de Platon et des Alexandrins; à ses yeux, Dieu est l'unité suprême, l'unité indéterminée et sans attributs, être universel en qui tout subsiste, et qui se transforme en toutes choses, tout en demeurant un et identique à lui-même. Tantôt Bruno absorbe l'individu dans l'universel, et tantôt il répand l'universel dans les individus. Au fond, il ne laisse presque point de place à l'individualité et à la personnalité de l'homme. — Mais le trait dominant de ses théories, c'est l'*infini* qu'il met partout, en Dieu et dans les œuvres divines, afin qu'elles soient dignes de leur auteur. Donc le nombre des êtres est infini, infinie est leur durée, infini le progrès du monde. Dieu fait tout l'être de l'univers; tout est animé, chaque être est une unité vivante, une monade qui tantôt se concentre en elle-même, et tantôt se répand dans le corps, et les corps ne sont pas autre chose que la force expansive de l'âme. En un mot, la philosophie de Bruno est un panthéisme idéaliste, puisé aux Éléates et aux Alexandrins.

Pierre la Ramée ou Ramus (1515-1572), né en Picardie de parents très pauvres, devait mener pareillement une vie agitée et brillante. Il vint de bonne heure à Paris, fut d'abord domestique dans un collège, et travailla si bien qu'il mérita d'être plus tard professeur au Collège de France et directeur du collège de Presle. Ramus conçut un amour passionné pour Socrate, Platon, Xénophon, et se déclara l'adversaire fougueux d'Aristote, chez lequel il s'offrit un jour de prouver que tout était fausseté. Dans ses leçons, il fut le premier à mêler à la philosophie les mathématiques et la littérature pour laquelle il avait des goûts très prononcés. Cependant sa haine trop ardente pour Aristote l'égara et ses *Institutiones dialecticæ* et *Animadversiones aristotelicæ* furent supprimées par ordre de François Ier. Son caractère de protestant lui attira des partisans en Allemagne et en Angleterre; et son traité de logique antipéripatéticienne fut réduit et arrangé pour les classes par les soins de Milton lui-même. Mais il paraît que cet adversaire irréconciliable d'Aristote a fait à sa logique d'assez nombreux emprunts; et tout le monde connaît ces deux vers :

Hic in Aristotelis dum famam et dogma vagatur,
O quantum debet Ramus Aristoteli!

III. — ÉCOLE PÉRIPATÉTICIENNE

Pendant que l'Académie de Florence s'efforçait de faire revivre Platon, entendu à la façon des Alexandrins, une autre académie se fondait à Padoue toute dévouée aux doctrines d'Aristote. Malheureusement elle devait les interpréter dans l'esprit d'Alexandre d'Aphrodise, qui niait l'immortalité de l'âme, ou d'Averroès, qui n'admettait que l'immortalité collective de l'espèce humaine. C'est surtout l'étude de la médecine, dit Renan, qui contribua à fonder à Padoue le règne des Arabes, et, sous ce rapport, *Pierre d'Albano* mérite d'être considéré comme le fondateur de l'averroïsme padouan (1303). Cet écrivain est l'auteur du *Conciliator differentiarum philosophorum et medicorum*.

Mais le premier philosophe de cette école est *Pierre*

Pomponat, originaire de Mantoue (1462-1524), qui n'a pas plus de foi aux dogmes de la philosophie qu'à ceux de la religion. Le christianisme lui paraît tout à fait refroidi et près de sa fin. Comme philosophe, il ne croit ni à la spiritualité, ni à l'immortalité de l'âme, ni à la providence; mais, si on l'exige, il y croit comme théologien, car à ses yeux la même proposition peut fort bien être fausse en philosophie et véritable en théologie. (*De incant.*, p. 53.) Ce mécréant fut condamné par le pape Léon X. Outre le traité cité plus haut, il a encore écrit le *De immortal. animæ; De fato; De libero arbitr.; De prædestinatione et providentia.*

Les deux *Piccolomini* de Sienne sont moins célèbres et moins irréligieux que Pomponat. François Piccolomini (1520-1604) a composé une philosophie morale sous ce titre : *Universa philosophia de moribus*. Alexandre Piccolomini (1508-1578) a écrit sur la logique, la philosophie naturelle et la morale. — Après les Piccolomini, et de la même école, il faut nommer *César Crémoni* (1550-1631), du duché de Modène, auteur d'un traité de psychologie.

Zarabella (1564-1589), philosophe d'une assez grande renommée, reprend les traditions de la chaire de Padoue, et emprunte ses théories tantôt à Ibn-Roschd, tantôt aux Alexandristes. Il admet que l'âme est la forme du corps, place dans la forme le principe de l'individuation, et rétablit, en partie du moins, la personnalité humaine contre les thèses averroïstes. Par sa nature, dit-il, l'intellect individuel serait périssable; mais, transformé par l'illumination divine, il devient immortel. Ses leçons se trouvent dans son ouvrage intitulé *De naturalibus lib. XXX*.

Césalpin d'Arezzo (1529-1643), plus connu en botanique et en histoire naturelle qu'en philosophie, a pourtant écrit des *Questiones peripateticæ* en cinq livres, où il admet l'unité de l'intellect actif, la différence purement accidentelle des individus humains, et la substance divine comme cause matérielle et formelle, mais non pas efficiente, de l'univers. Il n'y a qu'une seule vie, qui est la vie de Dieu ou de l'âme universelle. Les premiers hommes naquirent par génération spontanée, et sortirent de la matière qui produit les grenouilles. (*Op. cit.*, l. V, q. 1.)

Le Napolitain *Vanini* (1586-1619) n'est qu'un esprit inquiet, vain, licencieux, fanfaron d'impiété, professeur du scepticisme et du matérialisme le plus effronté. Son premier ouvrage, *Amphitheatrum æternum Providentiæ divino-magicum*, admet l'existence de Dieu (*Exercit.* 1), et garde en général une certaine réserve. Mais ses *Dialogues* et le *De admirandis naturæ reginæ deæque mortalium*, nient les dogmes les plus fondamentaux, tels que la liberté, la distinction entre la vertu et le vice, et professent l'éternité du monde, avec bien des théories dignes d'un parfait libre-penseur. Au reste, il n'est pas toujours aisé de connaître la vraie pensée de Vanini, car souvent, afin de donner le change, il réfute l'opinion qu'il veut inculquer. Après avoir beaucoup voyagé, il vint à Toulouse où il fut livré au tribunal de l'Inquisition et condamné à mort comme impie et athée. En marchant au supplice, il déclara qu'il mourait en philosophe, s'appropriant un mot fameux d'Averroès, son idole : *Moriatur anima mea morte philosophorum*.

A côté des platoniciens et des péripatéticiens d'Italie, deux philosophes sont à nommer, qui prétendent n'appartenir à aucune école, et ne se fier qu'à leur propre raison : *Telesio* (1508-1588), et *Campanella* (1568-1639). Le premier, professeur de philosophie naturelle à Naples, a composé un ouvrage assez considérable : *Natura juxta principia propria*, où il attaque Aristote de toutes ses forces. Démocrite est son héros, il veut réformer la scolastique par l'étude de la nature, et il enseigne qu'il n'y a d'autre criterium que l'expérience sensible. Telesio écrit avec élégance et facilité.

Campanella, Napolitain comme Telesio, et de la famille dominicaine, est plus philosophe que son compatriote et non moins réformateur. Esprit cultivé et rigoureux, âme généreuse mais ardente et inquiète, ses idées furent aussi troublées que sa vie. Tout en combattant Aristote, il s'efforce de séparer saint Thomas de sa cause, et emprunte même à ce dernier quelques-uns de ses meilleurs principes. Ce qui l'occupe avant tout, c'est de trouver un dogmatisme philosophique appuyé sur l'expérience, que l'on puisse opposer au doute du scepticisme, et sur ce point sa métaphysique renferme quelques aperçus précieux. — Mais une assez grande analogie le rattache à Jordano Bruno. Politicien téméraire et novateur présomptueux, il voudrait réformer toutes les parties de la philosophie. Dans son système, tous les êtres sont regardés comme la reproduction des attributs divins, et comme une sorte de participation à la vie, à l'intelligence et à l'amour. Quand il suit Platon, c'est pour lui emprunter ses théories morales les plus malsaines et ses utopies les plus insensées, comme la communauté des femmes et des biens, du travail et des logements, la réglementation de toutes choses par l'État, et d'autres rêveries qui remplissent la *Cité du Soleil*. — Voici le titre de quelques-uns des innombrables écrits sortis de sa plume diserte et féconde : *Atheismus triumphatus; Prodromus philos. instaurandæ; De sensu et magiá; Metaphysica rerum juxta propria dogmata lib. XVIII; Philosophiæ realis epilogisticæ partes IV; Philosophia sensibus demonstrata VII disput.; Philosophiæ realis partes V*, videlicet Grammatica, Dialectica, Rhetorica, Poetica, Historiographia; *Astrologicor. lib. VI*, juxta Sacras Scripturas, Albertum et S. Thomam.

IV. — École sceptique

A une époque aussi troublée que celle de la Renaissance, où les idées et les systèmes s'entrechoquent comme dans une vaste mêlée, le scepticisme ne pouvait manquer de trouver des sectateurs. Il en a trois en effet : Sanchez, Montaigne et Charron.

Sanchez (1562-1632), né en Portugal, vint professer la médecine à Montpellier et à Toulouse. Dans un ouvrage philosophique intitulé : *De multúm nobili et primá universali scientiá quod nihil scitur*, il expose qu'après avoir demandé la vérité à l'étude, à la nature, aux morts et aux vivants et à sa propre raison, il s'aperçut enfin qu'elle est introuvable : « Quo magis cogito, magis dubito. Dubita mecum, nec veritatem speres unquam ut sciens tenere ». (*Præf.*)

Tout le monde connaît ce fameux *Michel Montaigne* (1533-1592), qui a popularisé en France le scepticisme gai et facile, fort semblable au scepticisme léger d'Épicure. Les *Essais* furent appelés le bréviaire des libres-penseurs. De fait, Montaigne y raisonne sans contrainte aucune, sans ordre ni suite, sans règle ni frein, allant à l'aventure d'un sujet à l'autre, parlant de tout absolument « car il n'est aucun sujet si vain qui ne trouve sa place en cette rapsodie », se répétant souvent, se contredisant bien des fois, et ne cessant d'entretenir son lecteur de sa personne. Il a fait de lui-même un portrait qui peint admirablement son genre et ses écrits : « Je donne à mon âme tantôt un visage, tantôt un autre, selon le côté où je la couche... Toutes les contrariétés s'y trouvent selon quelque façon : honteux, insolent, chaste, luxurieux, bavard, taciturne, laborieux, délicat, ingénieux, hébété, chagrin, débonnaire, menteur, véritable, savant, ignorant et libéral et avare et prodigue ; tout cela, je le vois en moi aucunement, selon que je me vire. » (II, 1.) La plume de Montaigne est ouvertement licencieuse.

« La vérité, dit-il, est chose si grande, que nous ne devons dédaigner aucune entremise qui nous y conduise. » (III, 13.) Mais il prétend que l'homme est incapable d'arriver jamais à la découvrir. En effet, à qui s'adresser ? A la raison ? « Elle n'est qu'une coureuse qui ne sait où s'arrêter. Nouvelle Pénélope, elle défait chaque jour ce qu'elle a fait la veille. » — A l'évidence ? « Il n'y a point d'enseigne à l'hôtel de l'évidence... Pour juger des apparences que nous recevons des objets, il nous faudrait un instrument judicatoire ; pour vérifier cet instrument, il nous y faut de la démonstration : pour vérifier la démonstration, un instrument ; nous voilà au rouet... Aucune raison ne s'établira sans une autre raison ; nous voilà à reculons jusqu'à l'infini. » — Sur quoi s'appuyer quand « tout bouge », l'homme aussi bien que tout le reste, sinon davantage encore. « Certes, c'est un sujet parfaitement vain, divers et ondoyant, que l'homme, il est malaisé d'y fonder jugement constant et uniforme. » (I, 1.) En somme, la raison peut établir le pour et le contre sur toute chose. — Mais notre gai philosophe a l'esprit trop bien fait pour se livrer à un pyrrhonisme universel. S'il ne croit pas à la raison, il croit à la *coutume* et à la *religion*, et sur ce double oreiller, il dort en paix autant que personne.

Néanmoins, le spirituel auteur des *Essais* a souvent des vues pleines d'un bon sens aussi sûr qu'il est fin et délicat. Qu'on en juge par quelques-unes de ses pensées sur l'*éducation*, les *lois* et le *gouvernement* : on les dirait écrites pour notre temps. — « Non par opinion, mais en vérité, l'excellente et meilleure police est à chacune nation celle sous laquelle elle s'est maintenue. Sa forme et commodité essentielle dépend de l'usage... Es affaires politiques, il n'est aucun si mauvais train, pourvu qu'il aie de l'âge et de la constance, qui ne vaille mieux que le changement et remuement... Rien ne presse un État que l'innovation. Quand quelque pièce se démanche, on peut l'étayer ; on peut s'opposer à ce que l'altération et corruption naturelle à toutes choses ne nous éloigne trop de nos commencements et de nos principes. Mais d'entreprendre de refondre une si grande masse et de changer les fondements d'un si grand bâtiment, c'est à faire à ceux qui pour décrasser effacent, qui veulent amender les défauts particuliers par une confusion universelle, et guérissent les maladies par la mort. Toutes grandes mutations ébranlent l'État et le désordonnent. » (III, 9; II, 17.)

« Ceux qui donnent le branle à un État sont volontiers les premiers absorbés en sa ruine. Le fait du trouble ne demeure guère à celui qui l'a ému, il bat et brouille l'eau pour d'autres pêcheurs. » (I, 21.)

« Nous avons en France plus de lois que tout le reste du monde ensemble, et plus qu'il n'en faudrait à régler tous les mondes d'Épicurus : *ut olim flagitiis, sic nunc legibus laboramus.* » (Tacite, *Annal.*, III, 13.)

« De vrai, le soin et la pensée de nos pères ne vise qu'à nous meubler la tête de science : du jugement et de la vertu peu de nouvelles. » (I, 24.) — « Toute autre science est dommageable à celui qui n'a la science de la bonté. » (*Ibid.*, 25.)

Pierre Charron, ami et disciple de Montaigne, est plus méthodique et moins original que son maître. Fils d'un libraire de Paris, qui avait vingt-cinq enfants, Charron mena une vie des plus variées et des plus mouvementées : d'abord avocat, puis ecclésiastique, célèbre prédicateur, vicaire général de l'évêque de Cahors, il revint à Paris, où il mourut subitement dans la rue, d'une attaque d'apoplexie. Il a composé trois ouvrages : *les trois Vérités*, les *Discours chrétiens* et *la Sagesse*. Le premier et le troisième sont assez orthodoxes. Le second, qui a eu un grand nombre d'éditions, résume et condense les *Essais* de Montaigne. L'auteur incline assez ouvertement au matérialisme (I, 12), attaque toutes les religions, lesquelles « sont également estranges et horribles au sens commun » (II, 5), et se prononce sans détour pour le scepticisme. « La vérité n'est point un aquest ni chose qui se laisse prendre et manier, et encore moins posséder à l'esprit humain. Elle loge dans le sein de Dieu, c'est là son gîte et sa retraite... Les erreurs se reçoivent en notre âme par même voye et conduite que la vérité ; l'esprit n'a pas de quoi les distinguer et choisir. » (I, 16.)

V. — École mystique

Le mysticisme du quinzième et du seizième siècle compte un assez grand nombre de partisans, mais aucun ne porte un grand nom dans l'histoire.

Le cardinal allemand *Nicolas de Cuss* (1401-1464), à la fois astronome, mathématicien et philosophe, est le fondateur de cette école, et son représentant le plus sage et le plus considérable. Ses trois ouvrages forment trois volumes ; le plus connu est une apologie de la docte ignorance,

« *De doctâ ignorantiâ*, » mêlée à doses presque égales de pythagorisme, de platonisme et de mysticisme, avec une légère teinture de scepticisme. « Dieu est le *maximum* de grandeur que l'on puisse concevoir, l'absolu, l'un-tout, qui est en tout et a tout en lui, le plus grand et le plus petit ; car rien ne peut lui être opposé ; bien plus, l'être et le non-être. » (*De Doct. ignor.*, II.) — Inaccessible en lui-même, il se révèle à nous sous les symboles mathématiques. — La nature tend à l'état le plus parfait par une aspiration irrésistible, et tout être nourrit en soi le désir d'arriver à l'état le meilleur que son essence comporte. — La vérité attire l'intelligence saine, et le signe de la vérité, c'est l'évidence : « car nous ne doutons pas qu'une chose ne soit parfaitement vraie, lorsque aucun entendement sain ne peut s'empêcher de la reconnaître. » (*Ibid.*)

Jean Reuchlin, de Pforzheim (1455-1522), esprit cultivé, connaissant les langues orientales, professait un mysticisme mêlé d'allégories et d'alchimie, comme l'annonce, du reste, le titre de ses ouvrages : *De verbo mirifico; De arte cabalisticâ*. — *Corneille Agrippa*, de Cologne (1486-1535), ami de Reuchlin, vint étudier à Paris, voyagea beaucoup et composa deux ouvrages : *De philosophiâ occultâ; De vanitate scientiarum*. Le premier contient une sorte d'encyclopédie des sciences au seizième siècle ; le second professe un demi-scepticisme, attaque violemment l'Église et préconise la magie, « la suprême et la parfaite science, le complet achèvement de la plus noble philosophie ».

Paracelse (1495-1541), né à Einsiedeln, en Suisse, et assez connu en médecine, fait presque autant de place à l'alchimie qu'à la vraie science dans son *Archæum magnum*. Il prétend expliquer toutes choses au moyen de trois principes. — *Van Helmont*, de Bruxelles (1577-1644) appartient à l'école de Paracelse, et sa doctrine est un composé d'alchimie et de mysticisme.

Bien au-dessus de Van Helmont, de Paracelse et de Reuchlin, s'élève le célèbre cordonnier de Gorlitz, *Boëme*, appelé le Philosophe teutonique, et qu'on peut regarder comme le précurseur des métaphysiciens allemands. Ce pauvre sans instruction, qui, pour tout savoir, n'avait qu'une faible connaissance de la Bible et des écrits du pasteur protestant Weigel, a su composer plusieurs ouvrages regardés comme l'évangile du mysticisme : *l'Aurore; Les trois principes de l'être; De la naissance et de la signification des êtres.*

Ses écrits, d'où la méthode est absente, et où la Genèse, l'alchimie, le gnosticisme et le panthéisme s'étonnent de se trouver réunis, offrent à l'intelligence d'assez grandes difficultés. En voici le fond et les idées principales, relatives à Dieu, au monde et à la connaissance. La nature de tout être, Dieu ou créature, est une dualité constante : être et néant, tendresse et violence, amertume et douceur, bien et mal; mais cette dualité se ramène à l'unité par un troisième survenant, comme dirait Hegel, qui s'est plus d'une fois inspiré de Boëme. — Avant la naissance de ces deux principes, Dieu n'existe pas réellement, il est Père, c'est-à-dire l'indéterminé, le néant, mais il devient être dans le Fils qui est le corps du Père; l'Esprit est l'identification de toutes choses avec Dieu, de l'être et du non-être, du oui et du non. — La nature ou la créature est l'être de Dieu plus déterminé; en Dieu tous les êtres ne forment qu'un seul être, l'Éternel Un. — Impossible à l'homme d'arriver à la vérité autrement que par la voie de l'illumination.

VI. — École thomiste

I. — Au milieu de cette philosophie désordonnée et païenne, c'est une bonne fortune de rencontrer encore quelques sages, quelques hommes fidèles à la grande tradition du treizième siècle. On en trouve, en effet, plusieurs, soit dans l'ordre de saint Dominique, soit dans l'ordre nouvellement fondé par saint Ignace de Loyola, et si tous n'ont pas une égale valeur, tous ont un mérite réel, plusieurs même appartiennent à la génération des grands philosophes.

Les philosophes dominicains du quinzième et du seizième

siècle sont très nombreux; nous ne pouvons en faire ici qu'une mention rapide, sauf à parler plus en détail de ceux qui portent un plus grand nom.

Chrysostome Javelli, né dans l'Italie supérieure vers la fin du quinzième siècle, est, au témoignage d'Échard, un homme éminent. Il commenta publiquement et avec éclat le Maître des Sentences à l'Académie de Bologne, et le cardinal Cajétan en faisait le plus grand cas. Ses œuvres, plusieurs fois éditées, forment 3 volumes in-folio. Voici le titre des traités qui se rapportent à la philosophie. T: I : *Compend. logicæ isagogicæ*, ad eam quæ est apud Arist.; *Universæ philos. natur. Epitome; Epitome in lib.* XII *Met.; Tract. de Transcendent.; In lib. De causis comment.* II; *Quæst. acutissimæ sup.* III *lib. Phys.* ad mentem S. Th., Arist. et Commentatoris; *Quæst. natural. sup.* II *lib. de Animá*, juxta thomist. dogma decisæ; *Quæst. super* XII *Met. ad ment. S. Th.*, t. II : *In X lib. Ethic.; In* VIII *lib. Politic. epitome;* t. III : — *Quæst. sup. lib. de Memor. et reminisc.; Quæst. sup. lib. de sensu et sensato*. Javelli a encore écrit sur la morale et la politique.

Jean Benedicti, né à Évreux, et mort à Langres en 1572, professa la théologie à la Sorbonne avec tant de succès qu'il fit revivre des jours depuis longtemps oubliés, disent les contemporains. On lui doit un ouvrage plusieurs fois imprimé sous ce titre : *Introductiones dialecticæ*. — *Silvestre de Pierio*, ou Prieirias, originaire du Piémont (1460), professa avec de brillants succès dans l'Académie dominicaine de Bologne et dans la grande Académie de Padoue où l'appela le vote du Sénat de Venise. Il fut opposé à Luther par Léon X, qui l'avait institué maître du Sacré Palais, sur la demande de François Ier et de Cajétan. Il a laissé un ouvrage de philosophie intitulé : *Textus dialecticæ*. — *Antoine Marrapha* ou *Martina*, Italien, personnage considérable, enseigna la métaphysique dans l'université de Naples. Il a écrit un ouvrage de philosophie sérieux et estimé, qu'on a édité sous ce titre : *Opus de animá*, « sine dubio novum et omninò divinum, omni doctrina genere refertum, philosophis, theologis ac concionatoribus apprimè necessarium. »

Barthélemy de Spina, né à Pise, était regardé comme un des plus savants hommes de son temps; le sénat vénitien lui confia la chaire de théologie dans l'université de Padoue. Paul III le nomma plus tard maître du sacré Palais, et le mit au nombre des cinq grands théologiens chargés de résoudre les doutes des évêques sur les divers sujets de dogme et de morale traités au concile de Trente. Ses ouvrages en 3 vol. in-fol. sont particulièrement consacrés à défendre l'immortalité de l'âme contre Pomponat et d'autres adversaires. L'un a pour titre : *Propugnaculum Aristotelis de immortalit. animæ*; un autre est intitulé *Questiones de Deo*; un troisième : *Quæst. de informatione animæ intellectivæ*.

Jacques Naclante, Florentin, professeur distingué au collège dominicain de Saint-Thomas *ad Minervam*, fut nommé par Paul III à l'évêché de Chioggia en Vénétie. Il joua un rôle important au concile de Trente, et Pallavicini en parle avec éloge. Le second volume de ses œuvres renferme de nombreux traités philosophiques : *Theoremata metaph. : De divinâ materialium et contingentium cognitione; De præstantiâ intellectûs super voluntate; De natur. et propriet. boni; Theoremat. naturæ; De unione formæ materiæ dispositæ; De animâ animalis perfecti; De immort. anim.; De origine contingentiæ; De infinitate primi motoris in VIII Phys.*

Isidore de Isolamo (1522), Milanais, professa la philosophie et la théologie en divers collèges dominicains et devint régent des études au couvent de Bologne. « Les monuments qu'il nous a laissés de son génie, dit Échard, accusent un homme universel, très érudit dans toutes les branches des connaissances humaines, et doué d'une diction facile et pure. » Voici ses ouvrages philosophiques : *Tract. de mundi æternit. cont. Averrois. lib. IV; De velocitate motuum; De immort. humani animi; Tract. de futur. mundi mutatione.* — Si l'on en croit Échard, *Thomas Badia* ne le céda à aucun de ses contemporains pour la pénétration de l'intelligence et l'excellence des doctrines. Professeur à l'école de Bologne, ensuite maître du Sacré Palais sous Clément VII, il fut député à la diète de Worms pour convaincre Luther, et en récompense de ses brillants services, créé cardinal en 1542. Badia avait composé d'excellents traités de philosophie, malheureusement perdus aujourd'hui : *Quæst. phys. et met. de animá : De intensione formarum; De analogiá entis* et *De pluralitate intelligentiarum juxta Aristot. tract. III; De immort. anim. tract. et alius de modo quo anima rationalis informat corpus.*

Pierre Crochart ou Pierre de Bruxelles (1465-1514), passa en France sa vie tout entière partagée entre l'étude et la prédication. Chargé par son ordre d'expliquer publiquement à Paris le Maître des Sentences, il devint professeur de théologie à l'Université de cette ville, et s'acquitta de sa fonction avec de très grands succès. Pierre de Bruxelles nous a laissé plusieurs ouvrages philosophiques intéressants, où éclate son attachement aux doctrines du Docteur Angélique : *Summularium artis dialecticæ, unà cum fructuosis quibusdam quodlibetis; Acutissimæ quæst. in singul. Arist. logic. lib.; In D. Thomæ opusc. de ente et essentiá; Argutissimæ. subtil. ac fæcund. quæst. phys. in VIII lib. Phys., in III lib. de Animá*[1].

---

1. Il faut encore nommer ; *Pierre Olovier*, Provençal, qui florissait vers le milieu du seizième siècle, et qui publia un opuscule sous ce titre : *De inventione dialecticæ libellus :* — *Barthélemy Fumus*, saint et savant religieux qui remplit l'office d'inquisiteur général et qui a composé un ouvrage intitulé *Philotéa, opus immortalis animæ continens dignitatem;* — *Jérôme de Formariis*, évêque de Belcastro, auteur d'un traité en faveur de l'immortalité de l'âme : *Tractatus aureus de immort. animæ et examen disput. inter Pomponatium et Nyphum;* — *Vincent Colzado*, encore appelé Vincent de Valence (du nom de la ville où il naquit, seizième siècle), recteur de l'Académie publique de Bologne : il écrivit pour réfuter Pomponat un traité sur l'immortalité de l'âme; — *Pierre de Bergame*, auteur d'une table méthodique très détaillée de tous les écrits de saint Thomas; — *Manrique*, à qui on doit la première et la meilleure édition des œuvres de saint Thomas publiée à Rome en 1570, par les ordres du pape Pie V; — *Albert Paschalée*, professeur de

Mais au-dessus de ces laborieux et sages thomistes planent les noms bien autrement célèbres de Savonarole, de François Silvestro, de Soto et du cardinal Cajétan.

Il n'est pas dans l'histoire, dit M. Audin, de problème plus mystérieux que celui relatif à *Savonarole* (1452-1498); ce personnage a des ennemis et des apologistes fanatiques; pour les uns, c'est un bienheureux, presque un martyr; pour les autres, un factieux. Artiste, il eût manié le ciseau et le pinceau aussi bien que la plume et la parole; orateur, il enflammait tous ceux qui l'entendaient; tribun, il entraînait les foules; érudit, il s'était livré à l'étude de l'astronomie, de la physique, de la mécanique et des sciences naturelles; philosophe et théologien, il connaissait Platon, Aristote, les Alexandrins, saint Thomas, et, dans ses écrits, il mêlait les vues de la métaphysique aux vérités révélées; homme politique, il gouverna Florence, sa ville natale. Malheureusement, ce qui domine chez Savonarole, c'est le chef de parti, l'âme ardente et indisciplinée qui troubla la ville, la chaire, les consciences et l'Église. Il refusa d'obéir au pape et méprisa l'excommunication; mais du haut du bûcher, il se rétracta et se repentit de ses fautes.

Les principaux écrits du moine dominicain sont le *Triumphus crucis* et le traité sur le *Gouvernement de Florence*. Le premier, contenant une apologie sommaire du christianisme adressée aux incrédules, s'appuie sur la raison pour établir successivement l'existence et les attributs de Dieu, la vérité de la religion catholique, pour combattre les fausses religions, et réfuter les objections des adversaires de toute sorte. Or, ce livre, par l'esprit et la méthode, la force et l'accord de la raison avec la foi, se rapproche beaucoup de la *Somme contre les Gentils*. — Néanmoins, dans ses *Ré-*

philosophie à l'Université de Padoue, aussi distingué par la beauté de son langage que par la solidité et l'élévation de sa doctrine : *De optimo philosophorum genere*; — François Romée, supérieur général de son ordre, auteur d'un ouvrage estimable, intitulé : *Brevis deductio ad animæ immortalitatem christianè et peripateticè ostendendam*. Au concile de Trente le savant dominicain eut une part importante dans la rédaction du chapitre relatif à la sainte eucharistie.

vélations, le moine exalté attaque l'antiquité, Aristote, la rhétorique et la scolastique, et déprécie la raison au profit de la foi. Mais ce n'est là qu'une saillie passagère, un mouvement d'humeur, car sur les questions importantes de l'existence et des perfections de Dieu, de l'origine de nos connaissances, de la nature et des facultés de l'âme, et de la fin de l'homme, il ne s'écarte guère du prince de l'École. — La même remarque est à faire au sujet du traité sur le *Gouvernement de Florence*, tant pour la marche que pour le fond lui-même et les arguments. Toutefois, il ne subordonne pas la couronne à la tiare, ainsi que l'exigerait la vérité.

Dominique Soto (1491-1566) est considéré à bon droit par Échard comme une des gloires de l'Espagne et des colonnes de l'Église. Il parut avec éclat au concile de Trente, où il représentait Charles-Quint dont il était le confesseur. Bien que les écrits de ce grand homme portent pour la plupart sur l'Écriture, P. Lombard et saint Thomas, on lui doit pourtant un certain nombre d'ouvrages philosophiques très appréciables et d'une doctrine très pure : *In dialectic. Arist. comment.*; *In VIII lib. Phys. comment. et quæst.*; *In III lib. De animâ comment*. Le dernier de ces ouvrages est resté manuscrit, mais les deux autres ont été souvent réimprimés au seizième et au dix-septième siècle. Ajoutez son excellent traité *du Droit et de la Justice*, divisé en dix livres, qui rappelle les théories morales et sociales de la *Somme de Théologie*. L'éminent professeur bannit le nominalisme des universités d'Alcala et de Salamanque. — Un proverbe espagnol disait qu'on savait tout, quand on savait Soto.

François Sylvestre, surnommé de Ferrare, *Ferrariensis* (1474-1528), du nom de sa ville natale, était maître général des provinces françaises de son ordre, quand il mourut à Rennes, en les visitant. Il s'est illustré par ses commentaires sur le Philosophe de Stagire et l'Ange de l'École : *Annotation. in lib. Poster. Arist. et D. Thomæ*; *Quæst. luculentiss. in VIII lib. Phys. Arist.*; *Quæst. luculentiss. in III lib. de Animâ, Arist.* Mais son chef-d'œuvre est le commentaire sur la *Somme contre les Gentils*. Ce commentaire est si remarquable que le pape Léon XIII, juge si éclairé en cette matière, a ordonné qu'on le rééditât en même temps que les œuvres de saint Thomas. Aussi les dominicains regardent-ils Sylvestre comme un des représentants les plus distingués de leur école.

Thomas de Vio, plus connu sous le nom de cardinal *Cajétan* (1469-1534), de la ville de Gaëte où il vit le jour, fut un des personnages les plus considérables de son époque, et on doit le ranger parmi les plus illustres maîtres en philosophie et en théologie. Il a commenté la *Somme de théologie* d'une façon si distinguée qu'on l'a surnommé le prince des commentateurs du Docteur Angélique, et que Léon XIII a ordonné que ce commentaire serait réimprimé avec la *Somme théologique*. — Dès l'âge le plus tendre, Thomas de Vio fit l'admiration de ses maîtres par sa piété, son opiniâtreté au travail, et la pénétration de sa vive intelligence. Entré de bonne heure dans l'ordre de saint Dominique, il surpassa les espérances que ses premières années avaient fait concevoir, et, à vingt-trois ans, professa les arts dans l'université de Padoue, de façon à remplir toute l'Italie du bruit de sa renommée[1].

Successivement professeur dans les écoles publiques de Padoue, de Rome et de plusieurs autres grandes villes

---

1. Ses supérieurs lui ordonnèrent de soutenir publiquement des thèses devant un chapitre général de son ordre, présidé par le supérieur général, le duc de Ferrare et l'illustre Pic de la Mirandole. Ce dernier, qui, jusqu'à ce jour, n'avait pas trouvé de rival dans le monde savant, entra en lice avec le jeune Gaëtan et déploya contre lui toutes les ressources de l'érudition et de la subtilité. Mais le modeste répondant ne vit là qu'une escarmouche inoffensive; il répéta avec tant de fidélité les objections de son redoutable adversaire, les réduisit à néant avec tant de bonheur, de science, de méthode et de clarté, que Pic enthousiasmé l'embrassa avec effusion, et le conduisit comme en triomphe auprès du duc de Ferrare et du maître général de l'ordre, demandant qu'on le créât sur-le-champ maître de théologie; ce qui fut accordé. Thomas de Vio n'avait que vingt-six ans, et rien de semblable ne s'était vu chez les frères prêcheurs, depuis le temps des triomphes de Thomas d'Aquin.

d'Italie, procureur et maître général de son ordre, et enfin créé cardinal par Léon X, il fut comme le bras droit de ce pape ainsi que de ses successeurs Adrien VI et Clément VII. Voici la liste de ses ouvrages purement philosophiques : *In opusc. de Ente et essentiâ comment.* (excellent); *In lib. Poster. Analyt. Arist. comment.; In Prædicabil. Porphyr. et Prædicament. Arist.; in III lib. de animâ.* Il y fait preuve d'une profonde connaissance des doctrines scolastiques qu'il résume en peu de mots; son exposition est très lucide et très régulièrement ordonnée et son style d'une sobriété qui ne manque pas de grandeur.

II. — Cependant Ignace de Loyola venait de fonder la Compagnie de Jésus (1534) et lui avait donné pour règle de suivre en philosophie Aristote, et en théologie saint Thomas d'Aquin. Les jésuites se conformèrent avec fidélité à cet ordre de leur fondateur, et dans tous leurs collèges, fréquentés par une jeunesse nombreuse, le thomisme fut la base de leur enseignement.

Parmi les ouvrages composés à cette époque par l'illustre Compagnie, sous l'inspiration du Docteur Angélique, il faut placer en première ligne les savants écrits des Pères qui enseignaient au collège de *Coïmbre*, rival de l'Université laïque de cette ville. Les jésuites y professaient simultanément la théologie et les arts, et pendant deux siècles, c'est-à-dire jusqu'à leur expulsion, ils attirèrent à eux toute la jeunesse des environs. — Les Coïmbrois tiennent en philosophie une place très importante, soit par la pureté scolastique de leur enseignement[1], soit par le nombre des ouvrages qu'ils ont produits en cette science. Ces ouvrages sont au nombre de vingt-deux, de 1542 à 1726. Logique,

---

1. Sur un petit nombre de points pourtant, ils s'éloignent de la doctrine thomiste : par exemple, ils admettent que la matière pourrait, en vertu de la puissance divine, exister sans la forme substantielle (in I *Phys.*, c. IX, q. 6, a. 3), que l'intellect saisit le singulier avant l'universel (*Ibid.*, l. I, c. 1, q. 4, a. 2; de *Animâ*, l. III, c. 8), que l'acte de l'intelligence ne précède pas nécessairement l'acte de la volonté (*Ibid.*), et que le concours divin n'est pas efficace de sa nature (in II *Phys.*, c. X, q. 13).

Physique, Métaphysique, Morale et Politique, ils embrassent tous les problèmes agités dans le vaste champ de la philosophie. Les plus importants de ces écrits sont les commentaires de *Fonseca* sur l'*Introduction* de Porphyre et sur la métaphysique d'Aristote, le *Cours de Philosophie générale* d'*Emmanuel Goës*, comprenant la *Physique*, le *Ciel*, les *Météores*, la *Morale*, les *Parva naturalia*, le traité de la *Génération* et de la *Corruption*, et les livres sur l'*Ame*.

Un homme qui n'est guère suspect de partialité pour les jésuites, Barthélemy Saint-Hilaire, a écrit ces lignes sur les professeurs de Coïmbre : « Ils parcourent avec le plus grand soin et une exactitude vraiment admirable toutes les solutions données par les écoles et les docteurs les plus renommés; il les classent avec une méthode parfaite; il les subordonnent selon l'importance qu'elles ont, et ils arrivent à les exposer et à les discuter toutes sans confusion, sans prolixité, et sans perdre un seul instant de vue la question principale, à travers les mille détours de cette minutieuse analyse. Puis, après avoir noté toutes les phases diverses et souvent si délicates par lesquelles a passé la discussion, ils la résument et donnent leur solution propre, conséquence souvent heureuse de toutes celles qui ont précédé. » (*Dictionnaire des sciences philos.*, art. Coïmbre.) D'une façon générale, Aristote est énergiquement défendu et interprété non seulement d'après ses différents écrits, mais encore d'après les différents commentaires qu'il a suscités. Ses nouveaux interprètes ont aussi constamment à cœur de faire voir le parfait accord de la philosophie aristotélicienne avec les dogmes théologiques, notamment sur la nature de l'homme et l'union de l'âme et du corps. Entre leurs mains, Aristote est christianisé et rajeuni, et reçoit des développements historiques et critiques remarquables de méthode, de solidité, de sagesse et souvent aussi d'élégance. Au nombre des plus achevés, nous citerons ceux qui se rapportent aux premières parties de l'Organon, et ceux de Fonseca sur les douze livres de la Métaphysique.

En même temps d'autres jésuites célèbres écrivaient à la fois sur la théologie et sur la philosophie, et fondaient une école de thomisme plus *mitigé*. Au premier rang des chefs de cette nouvelle école, qui devait tenir le milieu entre saint Thomas et Duns Scot, tout en se rapprochant beaucoup plus du premier que du second, il faut nommer *Tolet* (1532-1596), *Vasquez* (1551-1604) et *Suarez*[1]. Une grande ressemblance de doctrine et de procédés existe entre ces trois théologiens et philosophes ; leur méthode, tout ensemble *historique* et *critique*, consiste à rapporter fidèlement les opinions des auteurs anciens et modernes, puis à les apprécier librement et à dire ensuite leur avis. Leurs ouvrages sont très précieux à consulter pour connaître l'histoire de la philosophie depuis le treizième siècle jusqu'au seizième. — Ces auteurs, et Suarez en particulier, parlent une langue facile, claire, abondante, élégante même, autant que peuvent le permettre les procédés austères de la science.

Comme leur philosophie est très ressemblante, exposer celle d'un seul d'entre eux sera exposer celle de tous les trois ; et comme Suarez est de beaucoup le plus éminent, c'est à lui que nous allons nous attacher comme au représentant le plus accompli du thomisme mitigé. Disons seulement que le cardinal Tolet a commenté plusieurs livres du Stagirite et que son *Commentaire de la Physique* est son principal titre en philosophie. Vasquez a écrit les *Disquisitiones metaphysicæ*, et composé un commentaire assez étendu sur la *Somme de Théologie*. Il fut surnommé l'Augustin de l'Espagne.

---

1. On pourrait encore citer *Lessius* (1554-1623), *Bellarmin* (1542-1621) et *Molina* (1535-1604). A la vérité ils appartiennent à la théologie plutôt qu'à la philosophie ; plus d'une fois pourtant ils abordent les problèmes métaphysiques, Lessius dans son traité célèbre *De perfectionibus divinis*, Bellarmin dans son beau livre *De ascensu mentis ad Deum*, et Molina dans son ouvrage *De concordiâ gratiæ et liberi arbitrii*, qui devait exciter de si vives discussions dans l'école.

Suarez (1548-1617)

Suarez naquit à Grenade, de parents nobles. Après avoir étudié le droit à l'Académie de Salamanque, il entra dans la Compagnie de Jésus, où il fut appliqué à la philosophie, sans obtenir d'abord de grands succès dans cette science. Mais, ayant été confié à l'illustre Père Rodriguez, il ne tarda pas à faire de rapides progrès, si bien qu'il acheva ses études de la façon la plus brillante. Il fut ensuite chargé d'enseigner la philosophie à Ségovie, et plus tard la théologie à Valladolid, Rome, Alcala, Salamanque et Coïmbre. Sa réputation ne fit que s'accroître avec le temps. A une grande intelligence, il joignait deux facultés éminemment propres à faire de lui un brillant docteur : une ardeur infatigable au travail et une mémoire qui n'oubliait rien. — Pour que rien ne manquât à cet homme éminent, la sainteté du religieux le disputait à la science du docteur. Avant d'expirer, il dit à ceux qui l'entouraient : « Je ne croyais pas qu'il fût si doux de mourir. » — Les œuvres de Suarez, relatives pour la plupart aux problèmes de la théologie, forment 24 volumes in-folio, édit. Lyon. Voici ceux de ses écrits plus exclusivement philosophiques : *Disputationes Metaph.*, 2 vol. in-folio, contenant toute l'ontologie proprement dite, la théologie naturelle et la cosmologie générale, en tout 54 disput.; *De Animâ* in VI lib., comprenant toutes les questions que l'on pose sur la nature de l'âme, ses rapports avec le corps, ses puissances considérées en général et en particulier, et sur l'état de l'âme séparée; un traité spécial *De Deo*, dont les trois premiers livres de la première partie sont à peu près exclusivement philosophiques; quatre opuscules, moitié philosophiques et moitié théologiques : *De concursu, motione et auxilio Dei.; De scientiâ Dei futurorum contingentium; De libertate divinæ voluntatis; De Justitiâ Dei.*

Il serait inutile de rapporter ici les points de doctrine

où l'illustre jésuite s'accorde avec le Docteur Angélique; nous nous bornerons donc à dire brièvement ce qui fait son originalité et quelles modifications il introduisit dans la philosophie thomiste. Elles se rapportent à certaines thèses d'Anthropologie, d'Ontologie, de Cosmologie et de Théodicée; quelques-unes ne manquent pas d'importance, mais aucune ne porte sur des problèmes regardés comme fondamentaux dans l'École. Une autre remarque à faire, c'est que le professeur de Salamanque conteste parfois certains arguments de saint Thomas, alors même qu'il accepte ses conclusions. Mais sur quelques points, tout en ayant contre lui l'école dominicaine, Suarez prétend avoir pour lui saint Thomas, dont il croit qu'on exagère la pensée.

La première question où il se sépare du prince des Scolastiques se rapporte à la théorie de la connaissance intellectuelle. D'abord, il lui semble plus probable que l'intellect actif et l'intellect passif sont une seule et même faculté, envisagée sous deux points de vue. Sa raison est que, les actions spirituelles étant immanentes, c'est la même faculté qui produit l'acte et qui le reçoit; d'où il infère que la même faculté peut préparer l'intellection par son activité (intellect agissant), et la produire et la recevoir en elle-même avec le secours de l'espèce (l'intellect possible) (*Disput.* 18 *met.*, *sect.* 7). On peut répondre que la difficulté soulevée par Albert le Grand et saint Thomas demeure entière après comme avant la distinction suarézienne : c'est de regarder comme une seule et même faculté celle qui produit l'espèce intelligible (intellect actif) et celle qui est déterminée par cette espèce à produire l'acte de l'intellection (intell. passif). (Cf. *Prælect phil.*, t. I, p. 201.)

Ensuite, notre docteur va contre l'opinion de la grande majorité des scolastiques, en soutenant que l'intelligence peut connaître le singulier matériel par son espèce propre, et le connaître directement. Il prouve la première assertion, parce qu'il ne répugne pas qu'une espèce spirituelle impresse soit représentative du singulier matériel par son espèce propre, *ut sic*, espèce que l'intellect agissant pourra produire, et qui, reçue par l'intellect passif, lui permettra de connaître le singulier matériel par son espèce propre. Ce qui confirme cette hypothèse, c'est que l'universel matériel est représenté par une espèce spirituelle, et que, sans cela, l'intelligence n'aurait aucune idée propre et distincte du singulier (*De Animâ*, l. IV, c. iii, n. 5). Cette thèse étant admise, il faudra dire que le singulier matériel est connu directement par l'esprit humain; il faudra dire aussi probablement que notre intelligence connaît le singulier avant l'universel.

La conséquence est légitime, l'antécédent nous paraît contestable. Si, en effet, le singulier matériel ne nous est connu, comme il est prouvé par l'expérience, qu'à l'aide d'un organe, on sera contraint d'admettre avec Duns Scot que l'intelligence opère, *mediante organo*, ce qui ne s'accorde guère avec son immatérialité. — De plus, l'universel matériel peut être saisi par une espèce spirituelle, car la matière intelligible est quelque chose d'abstrait et d'idéal, ce qu'on ne saurait dire à aucun titre du singulier matériel, ou de *cette* matière. — Or, la fausseté de l'antécédent entraîne celle du conséquent qui reposait uniquement sur lui, c'est-à-dire que l'intellect connaît le singulier matériel par voie de réflexion et non pas directement (*Prælect. philos.*, t. I, p. 284), et il connaît l'universel avant le singulier, puisque celui-là est son objet propre et direct, et que celui-ci n'est que son objet accidentel, objet qu'il connaît par voie de réflexion seulement.

D'après ce qui précède, on doit s'attendre à ce que Suarez diminue le rôle du *phantasma* fourni par l'imagination, dans l'acte de la connaissance intellectuelle. A ses yeux, l'intelligence peut produire les espèces des choses connues par le sens « ipsâ sensibili cognitione minimè concurrente *efficienter* ad eam actionem, sed habente se instar *materiæ*, aut excitantis animam, aut verò ad instar causæ exemplaris; atque ita fit ut anima, cùm, primùm *phantasiando* cognoscit rem aliquam, per virtutem spiritualem, quam intellectum agentem vocamus, quasi depingat rem eamdem in intellectu possibili, atque ideo per actionem *transeuntem*, quæ proinde cognitio non est. » (*De Anim.*, l. IV, c. II, n. 12-18.) Dans la doctrine de saint Thomas et de Scot, au contraire, le fantôme concourt d'une façon effective, quoique secondaire et instrumentale, à la production de la connaissance intellectuelle. (*Prælect. phil.*, t. I, p. 288.)

Sur la difficile question des rapports de la volonté avec l'intelligence, le Philosophe de Grenade s'écarte aussi de la doctrine thomiste; il pose que le jugement, même le dernier jugement pratique, meut la volonté seulement *ex parte objecti* : il ne la détermine jamais efficacement, il se borne à l'inviter, *quantùm potest practicè*, à désirer ceci ou cela. (*Disp.* XIX *Met.*, sect. VI, n. 7, 8, 14.) — Or, nous avons vu plus haut, p. 262, que dans la doctrine thomiste la volonté ne peut pas ne pas suivre le dernier jugement ou la dernière décision pratique de l'intelligence.

En *ontologie*, deux thèses suaréziennes sont à signaler, l'une sur la distinction entre l'essence et l'existence, l'autre sur le principe d'individuation. C'est l'opinion du savant jésuite que, dans la créature, l'existence se distingue de l'essence actuée d'une façon purement logique, cum fundamento in re. « Dicendum est *eamdem* rem esse essentiam. *concipi* autem sub ratione *essentiæ*, quatenus ratione ejus constituitur res sub tali genere et specie... At verò hæc *eadem* res concipitur sub ratione *existentiæ* quatenus est ratio essendi in rerum naturâ et extra causas. » (*Met. Disp.*, XXXI, sect. VI, n. 23 et 24.) Le fondement de cette distinction, c'est que les choses créées, à cause de leur imperfection, ne possèdent pas l'être par elles-mêmes et peuvent même ne pas exister du tout, ce qui nous porte à concevoir leur essence comme indifférente à être ou à n'être pas en acte, et par là même à concevoir leur existence comme actuant l'essence et la posant en acte en dehors de ses causes. Sed « sicut albedo est de essentiâ albi, ut album est, ita existentia est de essentiâ creaturæ, ut res actu creata est; nam æquè vel magis formaliter illam constituit, quàm albedo album. »

Suarez se trompe, croyons-nous, et son exemple ne porte pas. Il est bien clair que la blancheur est de l'essence du blanc, puisque ces deux mots expriment la même notion, l'un d'une façon abstraite, l'autre d'une façon concrète. Mais l'essence est d'un autre ordre que l'existence, et, pour être actuée, elle n'en garde pas moins ses caractères d'essence, absolument différents des caractères de l'existence. L'essence est essentiellement déterminée, et intrinsèque à la chose, elle constitue l'être dans son espèce, et ne dit aucun rapport nécessaire à l'existence ; au contraire, l'existence est essentiellement indéterminée de sa nature, et si elle se détermine et se distingue dans les êtres, c'est qu'elle est reçue dans des êtres différents ; elle ne place la chose dans aucune catégorie, elle vient du dehors, comme parle saint Thomas, « *et facit compositionem cum essentiâ.* » Enfin l'existence est l'acte de l'essence, et l'essence est, par rapport à elle, à l'état de puissance et de sujet. (*Prælect. phil.*, t. II, p. 22.)

Quant à la question fameuse de l'individuation, Suarez, après avoir combattu les solutions des autres philosophes, expose ainsi sa propre opinion : « Toute substance singulière est individualisée par elle-même, c'est-à-dire par son entité propre, ou par les principes internes qui constituent son entité, sans qu'il soit besoin de rien autre. S'agit-il d'une substance simple, d'un ange, par exemple? elle sera individualisée par son entité simple. S'agit-il au contraire d'une substance composée de matière et de forme? ces deux éléments réunis formeront son individualisation, comme ils forment son essence, car entre l'individu et l'essence, il y a une distinction de raison, mais non pas une distinction réelle. » L'argument qui plaît surtout à l'auteur, c'est que le fondement de l'unité d'un être ne saurait se distinguer de son entité. Comme donc l'unité individuelle n'ajoute rien de positif à l'entité individuelle, ainsi le fondement de cette unité, en tant qu'elle se distingue des autres, ne peut rien ajouter de réel à l'entité une et individuelle, et, par conséquent, cette entité est par elle-même le fondement de son individuation, ou de ce qui la distingue des autres. (*Disp. V Met.*, sect. vi, n. 1.)

A nos yeux : 1° la distinction entre l'essence ou l'espèce et l'individu est encore plus réelle que celle qui existe entre l'essence et l'existence; 2° si l'entité individuante ne se distingue pas réellement de l'unité de l'être, il reste à expliquer ce qui constitue l'unité de l'être dans son individualité : Suarez n'en dit rien, et par conséquent il laisse la question entière. (*Prælect. phil.*, t. II, p. 76.)

En *cosmologie*, il paraît s'écarter de saint Thomas sur un point seulement, relatif à la nature de la matière première; encore le P. Zigliara observe-t-il que la différence est plutôt nominale que réelle; car, selon l'illustre cardinal, il arrive plus d'une fois à Suarez de manquer de justice envers l'école dominicaine, de se poser en adversaire des thomistes, alors même qu'il admet leurs conclusions, *mutatis verbis*. Donc, pour Suarez, 1° la matière première possède par elle-même une certaine actualité transcendantale; 2° elle possède un acte d'existence propre; 3° elle possède encore un acte de subsistance partiel et proportionné. Elle est donc « *aliquis actus entitativus secundùm quid* », et par conséquent quelque chose de plus qu'une pure puissance. Cependant, elle ne se suffit pas à elle-même pour exister, séparée d'un acte substantiel (la forme), qui la perfectionne et l'actue. Puis il conclut : « Metaphysicè (non physicè) concedi debet materiam componi ex actu et potentiâ sibi proportionatis, i. e. ex genere et essentiâ et existentiâ, naturâ et subsistentiâ incompletis. » (*Disp. XIII Met.*, sect. v, n. 7, 13.)

Or l'école thomiste refuse d'accorder à la matière première un acte entitatif, l'acte d'essence, parce que c'est cet acte qui place l'être dans une espèce déterminée, et que la matière première, Suarez en convient, est indéterminée de sa nature et n'appartient à aucune espèce. Et parce qu'il répugne de supposer l'existence d'un acte essentiel incomplet, la même école refuse à la matière première l'acte de l'existence indépendamment de la forme. Mais saint Thomas enseigne aussi bien que Suarez, que la matière première est quelque chose de réel, une partie de l'essence du composé, et qu'e e a, d'une certaine façon, son genre et sa différence : « Quod si materiæ primæ essentia definiretur, haberet pro *differentia* ipsum suum ordinem ad formam (ce qu'admet Suarez) et pro *genere* ipsam suam substantiam. » (*Quodl.* IX, a. vi, ad 3.) En fin de compte, l'opinion suarézienne se distingue de l'opinion thomiste dans les mots bien plus que dans les choses. (Cf. Zigliara, *De Mente concil. Vienn.* pars 1ª, c. ii, n. 20-25.)

La dernière question où le docte jésuite fait subir une modification à la doctrine thomiste, est relative à la nature du *concours* que Dieu prête aux actions de la créature raisonnable. D'après lui, ce concours diffère en deux points de celui que Dieu accorde aux actes des agents naturels : 1° en ce que Dieu se borne à *offrir* son concours à la créature raisonnable, en lui laissant la liberté de l'accepter ou de le refuser, d'agir ou de ne pas agir; 2° en ce qu'il prête aux agents naturels un concours déterminé et propre à leurs différentes actions, tandis qu'il prête à la créature libre un concours *un* et *indéterminé*, qu'elle peut appliquer indifféremment à tel ou tel acte. (*Disp.* XXII *Met.*)

Voilà, résolue au sens *moliniste*, cette fameuse question du concours divin qui a divisé les théologiens aussi bien que les philosophes et soulevé des luttes ardentes et mémorables. Or, quoique le molinisme ait l'assentiment de plusieurs bons esprits, nous le croyons en désaccord avec les principes de saint Thomas et sujet à plusieurs difficultés, qui ne laissent pas d'être assez graves : 1° on ne s'explique guère que Dieu prête un concours un, indifférent et indéterminé à des actions particulières, déterminées et même spécifiquement différentes, comme sont les actions de la créature raisonnable; — 2° si la créature, par son acceptation ou son refus, peut frustrer le concours divin de son effet, en sorte qu'il tire d'elle seule son efficacité, on ne voit pas comment Dieu peut prévoir avec certitude les futurs libres; car ils demeurent libres dans quelques circonstances ou conditions objectives et subjectives qu'on les suppose, un être libre pouvant toujours se déterminer autrement que sembleraient le demander les circonstances où il se trouve; — 3° il y aura un acte de la créature libre qui échappera au concours divin, bien que Suarez s'efforce de rejeter cette conséquence : c'est l'acte par lequel elle accepte ou refuse le concours qui lui est offert de Dieu, car cette détermination provient uniquement de la créature, et Dieu, suivant les propres expressions de Suarez, « est quasi indifferens et exspectans ut juxta usum liberum voluntatis, ita illi cooperetur. » (*Ibid.*, ad 5.)

Pour ces raisons et quelques autres encore, nous préférons l'opinion de saint Thomas, connue sous le nom de *prémotion physique*, et dont nous avons parlé en son lieu. (*Prælect. phil.*, t. II, p. 293, 308 et *suprà*, p. 243.)

Suarez, on vient de le voir, ne se sépare généralement du prince de l'École que sur les points secondaires, et ses systèmes sont étayés sur des arguments spécieux. — Néanmoins, les différentes parties de la philosophie thomiste nous paraissent, d'une part, bien liées les unes aux autres, et, d'autre part, elles se font mutuellement équilibre, se corrigent ou se complètent heureusement. Au surplus, les arguments de Suarez ne nous semblent pas ébranler ceux de saint Thomas d'Aquin, et l'on peut faire aux systèmes qu'il propose des objections pour le moins aussi fortes que celles qu'il fait aux systèmes qu'il combat. Autorité pour autorité, et raisons pour raisons, la doctrine de l'Ange de l'École est encore, à nos yeux, la plus scientifique et la plus sûre.

Ne nous séparons pas des scolastiques du seizième siècle sans rappeler un nom aimé entre tous, qu'on ne s'attendait sans doute pas à trouver ici : nous voulons parler de saint *François de Sales* (1567-1622). Non pas que nous prétendions ranger l'illustre prélat parmi les philosophes de profession: mais nous voulons dire que dans ses écrits de théologie et de mystique, et spécialement dans son immortel *Traité de l'amour de Dieu*, il s'est appliqué, autant que personne, à expliquer la foi par la raison, le dogme théologique par le dogme philosophique. Or, la philosophie à laquelle a eu recours cet esprit d'un bon sens si élevé, si fin et si délicat, n'est pas autre que la philosophie de saint

Thomas, lequel, selon l'expression heureuse de notre saint, « avait un des plus grands esprits qu'on puisse avoir ».

On a trouvé récemment, parmi les manuscrits de saint François de Sales, un traité de *logique*, fruit de sa jeunesse, et parfaitement conforme aux divers préceptes de l'*Organon*. Il y a plus : le *Traité de l'amour de Dieu*, ouvrage de très haute théologie, reproduit les principales thèses philosophiques de l'École : sur le beau (I, I), sur la diversité des opérations et des facultés de l'âme et l'empire exercé sur chacune d'elles par la volonté; sur l'unité de l'âme végétative, sensitive et rationnelle dans l'homme (*Ibid.*, c. II, et l. II, c. II), sur l'appétit sensible et l'appétit rationnel (*Ibid.*, III), la nature des passions et l'amour, source et maître de toutes les passions (*Ibid.*, et c. IV), la nature et les rapports de la passion et du sentiment (*Ibid.*, c. IV), la partie supérieure et la partie inférieure de l'âme (*Ibid.*, XI), la nature de Dieu et les rapports qui existent entre ses divers attributs (II, I, II), la convenance qui existe entre Dieu et l'homme, où il montre que l'âme est toute dans tout le corps et tout entière en chacune de ses parties (I, XV).

Mais le chapitre XI du livre III veut être particulièrement médité; on y trouve tout entière la grande théorie scolastique sur la connaissance sensible et intellectuelle, sur les sens externes et internes, sur les espèces sensibles et intelligibles, sur le verbe mental, l'intellect actif et l'intellect passif. Nous ne saurions résister au plaisir de rapporter ici les précieuses paroles de l'éminent docteur.

« Quand nous regardons quelque chose, quoyqu'elle nous soit présente, elle ne s'unit pas à nos yeux elle-mesme, ains seulement leur envoye une certaine représentation ou image d'elle-mesme, que l'on appelle espèce sensible, par le moyen de laquelle nous voyons. Et quand nous contemplons et entendons quelque chose, ce que nous entendons ne s'unit pas non plus à notre entendement, sinon par le moyen d'une autre représentation et image très délicate et spirituelle, que l'on nomme espèce intelligible. Mais encore, ces espèces, par combien de destours et de changements viennent elles à nostre entendement? Elles abordent au sens extérieur, et de là passent à l'intérieur, puis à la phantaysie, de là à l'entendement actif, et viennent enfin au passif, à ce que passant par tant d'estamines et sous tant de limes, elles soient par ce moyen purifiées, subtilisées et affinées, et que, de sensibles, elles soient rendues intelligibles.

« Nous voyons et entendons ainsi, Théotime, tout ce que nous voyons ou entendons en cette vie mortelle, oüy mesme les choses de la foy. Car, comme le mirouër ne contient pas la chose que l'on y void, ains seulement la représentation et espèce d'icelle, laquelle représentation arrestée par le mirouër en produict une autre en l'œil qui regarde : de mesme la parole de la foy ne contient pas les choses qu'elle annonce, ains seulement elle les représente ; et cette représentation des choses divines qui est en la parolle de la foy en produit une autre, la quelle nostre entendement, moyennant la grâce de Dieu, accepte et reçoit comme représentation de la saincte vérité. »

TROISIÈME PARTIE

PHILOSOPHIE MODERNE

L'avènement de la philosophie moderne est généralement considéré comme la cause d'une révolution dans le monde de la pensée, révolution nécessaire et bienfaisante pour les uns, inutile et même funeste pour les autres. Nous sommes, est-il besoin de le dire, avec ces derniers.

Et d'abord, une réforme de la philosophie était-elle nécessaire, ou seulement désirable au dix-septième siècle? Ceux qui le prétendent allèguent que la raison humaine avait été retenue esclave sous le règne de la scolastique, esclave de l'Église et d'Aristote; il fallait briser le joug de l'autorité et rendre à la raison l'indépendance à laquelle elle a droit. — De plus, a-t-on ajouté, la scolastique ne connaissait que le syllogisme et l'*a priori;* elle déduisait, mais elle ne savait pas observer; Bacon devait venir, pour enseigner aux hommes la méthode expérimentale; enfin, l'école se perdait dans des arguties, dans des subtilités misérables qu'elle exprimait à l'aide d'une langue composée de formules énigmatiques et barbares. Pour toutes ces raisons, il fallait, à cette science étroite et purement nominale, substituer une science réelle, large et humaine.

Voilà bien, en résumé, toutes les objections qu'on a élevées contre le moyen âge et sa philosophie. Or, il n'en est aucune qui ne porte à faux, aucune à laquelle nous n'ayons pleinement répondu, en opposant les faits aux phrases sonores. On nous pardonnera de condenser tout ce que nous avons déjà dit et prouvé, dans un syllogisme bien simple, dont voici seulement la majeure : cette philosophie ne saurait être appelée étroite, qui a mis à l'aise et attiré les plus grands esprits et qui a compté parmi les siens Albert le Grand, saint Thomas, saint Bonaventure, Ægidius, Dante, Cajétan et Suarez; barbare, qui a produit des monuments sans nombre dont plusieurs sont impérissables, comme par exemple les deux *Sommes* et la *Divine Comédie;* nominale, qui a résolu les plus grands problèmes de l'ordre réel ou de l'ordre idéal, et qui n'a connu aucune de ces grossières erreurs si abondantes dans les autres périodes de l'histoire : le sensualisme, l'idéalisme, le panthéisme et le scepticisme.

En somme, qu'y avait-il donc à réformer dans la philosophie de l'École? La méthode? Mais, nous l'avons montré par vingt exemples, c'était la méthode expérimentale et rationnelle, la méthode historique et critique, la méthode éclectique, au sens le plus exact et le plus élevé. S'appuyer sur les découvertes récentes de la science, n'était-ce pas marcher dans la voie tracée par Albert, Thomas et Roger Bacon? — Les principes? Mais la plupart sont démontrés par la raison; et quant aux thèses secondaires, elles sont, aujourd'hui encore, parfaitement soutenables; en tous cas, on pouvait les contester librement, si on le jugeait meilleur, comme on avait fait jusque-là, comme venait de le faire l'école même de Suarez.

Si la révolution philosophique du dix-septième siècle n'était ni nécessaire, ni utile, fut-elle du moins bien conçue et bien exécutée? — Nullement; elle a mal commencé et mal fini. En effet, elle a commencé par faire table rase du passé, par rejeter à peu près sans examen tout ce qu'on avait écrit et pensé jusque-là. Jeter à bas tout d'un coup un monument gigantesque, auquel vingt siècles avaient travaillé et qui venait enfin de recevoir son couronnement, c'était une entreprise bien hardie. Le mot de Montaigne vient bien ici : « D'entreprendre de refondre une si grande masse et de changer les fondements d'un si grand bâtiment, c'est à faire à ceux qui pour décrasser effacent, et qui veulent amender les défauts particuliers par une confusion universelle. » Aussi les novateurs ont-ils été punis par où ils avaient péché; la méthode nouvelle, en laquelle ils avaient une absolue confiance, les a égarés. Nous allons voir se rompre l'accord entre la philosophie et la théologie, entre les sens et la raison, entre la métaphysique et les sciences; nous allons voir, en plein dix-septième siècle, ressusciter tout à coup ces vieilles et radicales erreurs qui s'appellent sensualisme, idéalisme et scepticisme. L'unité philosophique du treizième siècle a disparu; la division et le doute vont atteindre les fondements et jusqu'à la manière même de philosopher.

Nous parlerons successivement du dix-septième, du dix-huitième et du dix-neuvième siècle.

CHAPITRE PREMIER

PHILOSOPHIE DU DIX-SEPTIÈME SIÈCLE

Cette période offre à notre étude cinq écoles bien distinctes : 1° l'école empirique ; 2° l'école idéaliste ; 3° l'école sceptique ; 4° l'école mystique ; 5° l'école thomiste.

I. — ÉCOLE EMPIRIQUE

Bacon; sa vie et son caractère ; sa réforme ; classification des sciences ; Dieu, la nature et les causes finales ; l'homme ; logique et morale ; séparation de la philosophie et de la théologie ; méthode ; dédain de l'antiquité et du syllogisme ; l'induction ; mérites de Bacon ; son rôle en philosophie et en physique ; — *Hobbes* ; matérialisme abject appliqué à *toutes* les branches de la philosophie ; — *Gassendi* ; nouvelle édition corrigée de la philosophie de Démocrite ; influence et disciples de Gassendi ; — *Locke*, métaphysicien de l'école sensualiste ; son caractère ; sensualisme semi-spiritualiste ; erreurs sur l'origine des idées ; l'idée de l'infini ; les essences, la substance et la personnalité ; théodicée meilleure ; morale utilitaire ; politique libérale ; influence de Locke sur le dix-huitième siècle.

BACON (1561-1626)

Le fondateur de l'école empirique fut François Bacon, qui se donna comme le réformateur *universel* de la philosophie et des sciences. Sa vie aussi bien que sa doctrine est très loin d'être sans tache. S'il arriva aux dignités les plus hautes, s'il devint successivement procureur général, chancelier, lord Vérulam et baron de Saint-Alban, ce ne fut que par des voies tortueuses et basses. Quand la reine Élisabeth fit monter le comte d'Essex sur l'échafaud, Bacon consentit à justifier la sentence qui condamnait son ancien protecteur et ami. Parvenu plus tard aux premières charges de l'État, il fit de ses grandeurs un abus si criant, que le Parlement lui intenta un procès et le convainquit de vénalité et de concussion. — C'est alors qu'il consacra ses loisirs à l'étude des sciences et de la philosophie. Son ouvrage principal, *Instauratio magna*, comprend deux parties : la 1re, *De Dignitate et augmento scientiarum*, divise les sciences, en raconte l'histoire et les progrès, en montre l'excellence et l'utilité; la 2e, *Novum Organum*, fait connaître l'instrument nouveau qui doit régénérer et agrandir la science.

Lord Vérulam partage les différentes branches des connaissances d'après les facultés de l'âme humaine : « Partitio doctrinæ humanæ sumitur ex triplici facultate animæ rationalis, quæ doctrinæ sedes est : *historia* ad memoriam refertur, *poesis* ad phantasiam, *philosophia* ad rationem. » (*De Augm. scient.*, l. I, c. I, n. 1.) L'histoire est naturelle ou civile, la science comprend la philosophie et la théologie, la poésie renferme à son tour un certain nombre de subdivisions.

Chacun aperçoit aisément combien cette classification des connaissances humaines est superficielle et mal fondée; à moins de prendre notre esprit pour la mesure des choses, ce n'est pas d'après le sujet connaissant, mais bien d'après l'objet connu que les sciences doivent être divisées.

Cela fait, le philosophe anglais passe en revue, sans s'arrêter, toutes nos connaissances, mais il n'en pénètre aucune; il court, il vole, excepté quand il parle de la physique, la science de ses prédilections. — La philosophie comprend trois parties, suivant les trois objets qu'elle considère : *Dieu*, la *nature* et l'*homme* : « Natura percutit intellectum radio *directo;* Deus autem, propter medium inæquale (creaturas scilicet) radio *refracto;* homo vero sibi ipsi monstratus et exhibitus, radio *reflexo*. » — Cependant, « les différentes sciences, ressemblant aux rameaux d'un arbre, tous réunis dans un tronc commun, » il faut reconnaître une science *universelle* qui soit la mère des autres, et qu'on peut appeler « philosophie *première*, dont l'objet propre soit le sommet des choses et renferme dans son sein les axiomes généraux communs à toutes les sciences. » (*Ibid.*, l. III, c. i, n. 1, 3, 4.)

Dieu. — Quant à la théologie, elle est moins une science qu'une étincelle de science, « *scientiæ scintilla* ». (*Ibid.*, c. ii, n. 1.) Elle peut bien réfuter l'athéisme et faire connaître imparfaitement les attributs divins et la loi naturelle, mais elle réussirait moins à établir une religion ; ce soin important ne convient qu'à la foi. En conséquence, Bacon ne croit pas devoir parler plus longuement de Dieu, ni de la religion naturelle ; à la théologie révélée de s'acquitter de cette tâche.

La nature. — La philosophie naturelle est *spéculative* ou *pratique* (*ibid.*, c. 3), suivant qu'elle enseigne à connaître la nature ou à l'imiter. Spéculative, elle comprend la physique et la métaphysique ; la première étudie la cause efficiente et la cause matérielle des êtres créés ; la seconde recherche leur cause formelle et finale. — Sur quoi nous observons d'abord que Bacon restreint outre mesure, ou plutôt dénature entièrement la notion de la métaphysique, en ne lui attribuant ni l'ontologie ni la théodicée, et en la réduisant à l'étude de la cause formelle et finale des corps et du monde. (*Ibid.*, c. iv, n. 11.) C'est là le domaine de la cosmologie et moins proprement de la métaphysique, car cette dernière, son nom seul le dit assez, s'élève tout à fait au-dessus du monde des corps. — Nous observerons ensuite, qu'ôter à la physique toute recherche de causes finales, c'est incliner visiblement vers cette physique moderne toute positiviste, qui ne veut connaître que des faits généralisés. L'auteur prétend que la recherche des causes finales fait oublier celle de la nature des êtres, et qu'elle a été jusque-là une vraie calamité pour la philosophie. Aussi réprimande-t-il assez vivement Platon et Aristote de s'être trop occupés de cette étude, et donne-t-il de grands éloges à Démocrite qui n'en a eu nul souci. (*Ibid.*, n. 13.) Plus loin (c. v, n. 1), il accuse les causes finales d'une façon tout à fait générale : « Causarum finalium inquisitio *sterilis* est, et tanquam virgo Deo consecrata, nihil parit. »

A Bacon opposons Leibnitz, qui raisonne à merveille sur

ce sujet : « Mais, dit-on, en physique, on ne demande point pourquoi les choses sont, mais comment elles sont. *Je réponds qu'on y demande l'un et l'autre.* Souvent, par la fin on peut mieux juger des moyens. Outre que pour expliquer une machine, on ne saurait mieux faire que de proposer son but et de montrer comment toutes ses pièces y servent, cela peut même être utile à trouver l'origine de l'intention. Je voudrais qu'on se servît de cette méthode encore en médecine ; le corps de l'animal est une machine en même temps hydraulique, pneumatique et pyrobolique dont le but est d'entretenir un certain mouvement ; et en montrant ce qui sert à ce but et ce qui nuit, on ferait connaître tant la physiologie que la thérapeutique. Ainsi, on voit que les causes finales servent en physique, non seulement pour admirer la sagesse de Dieu, *ce qui est le principal*, mais encore pour connaître les choses et pour les manier. » (Lettre à M. Nicaise).

Pourtant, ô inconséquence de l'esprit humain ! voilà que le savant anglais, tout à l'heure si scrupuleux sur les procédés scientifiques, trouve bon maintenant d'ajouter la *magie* à la métaphysique, comme servant beaucoup à la découverte des formes cachées et des merveilles de la nature (*ibid.*, c. v, n. 3). Et plus loin, il ne craindra pas d'introduire l'*alchimie* dans la métaphysique.

L'homme. — Lord Vérulam ne nous instruira pas plus sur la science de l'homme que sur celle de Dieu et de l'être ; il a trop peu de foi en la *psychologie*. Après avoir dit (l. V, c. i, n. 1-5) qu'elle se divise « en philosophie de l'*humanité* et philosophie *civile*, selon qu'elle étudie l'individu ou la société, il déclare qu'elle est très noble et comme la fin des autres sciences, qu'elle doit étudier l'âme et le corps séparés et unis, et ensuite les grandeurs et les faiblesses de l'homme. » D'après lui, il y aurait dans l'homme deux âmes réellement distinctes, l'une *sensitive*, engendrée de la matière, matérielle et composée « d'air et de feu » (n. 14), l'autre *raisonnable*, divine et créée de Dieu, mais qu'il appartient à la religion *seule* de faire connaître, pour l'étrange raison que voici : « C'est que sans cela on exposerait cette étude à bien des erreurs et notamment aux illusions des sens ; car cette âme étant créée de Dieu et non pas tirée des éléments célestes ou terrestres, *dont s'occupe la philosophie*, comment cette science pourrait-elle nous en donner la raison ? » (N. 3.) — D'ailleurs, au gré de Bacon, la psychologie est une science vaine et de nul usage : « Quand l'esprit humain s'applique à la matière et à l'œuvre de Dieu sous nos yeux, il en tire une science réelle comme le monde ; mais quand il se tourne sur lui-même, il est comme l'araignée filant sa toile et n'enfante aussi que de subtiles doctrines, admirables par la délicatesse de leur travail, mais sans solidité et de nul usage. » (L. I, n. 31.) — Pour les facultés de l'âme, après en avoir d'abord admis trois : la mémoire, l'imagination et la raison, il ajoute ensuite l'intelligence, l'appétit et la volonté (l. IV, c. III, n. 5), sans rien dire de plus de leur nature.

Logique et morale. — L'intelligence et la volonté sont dirigées par deux sciences spéciales : la *logique* et l'*éthique*, deux sœurs jumelles qui ne vont pas l'une sans l'autre. « Etenim illuminationis puritas et arbitrii libertas simul inceperunt, simul corruerunt. Neque datur in universitate rerum tam intima sympathia quàm illa veri et boni. Quo magis rubori fuerit viris doctis, si scientiâ sint tanquam angeli alati, cupiditatibus verò tanquam serpentes qui humi reptant. » Suivent sur la logique et la morale quelques rapides aperçus, mais où rien n'est approfondi, ni même expliqué. Notons pourtant une excellente remarque sur l'influence des sciences *rationnelles* : « Quæ reliquarum omnino *claves* sunt : atque, quemadmodum *manus instrumentum instrumentorum, anima forma formarum, ita et illæ, artes artium ponendæ sunt*, neque solùm *dirigunt*, sed et *roborant* : sicut sagittandi usus et habitus non tantùm facit ut meliùs quis collimet, sed ut arcum tendat fortiorem. » (Lib. I, c. I, n. 3.)

Mais, immédiatement après, Bacon trouve que « cette lumière sèche de la logique offre peu de saveur et de goût au palais d'un grand nombre et ne paraît guère qu'un filet tendu tout rempli de subtilités épineuses. » (*Ibid.*) Ailleurs encore il lui semble « que l'esprit humain, laissé à lui-même, est à bon droit suspect et que la médecine apportée d'ordinaire à ses maladies, à savoir, la dialectique, est elle-même plus faible que le mal à guérir, « nec ipsa mali expers », et si elle peut servir aux choses civiles et aux arts qui reposent sur le discours et l'opinion, un abîme la sépare de la subtilité de la nature, et si l'on pense à ce qu'elle ne saisit point, elle est bien plutôt propre à établir et à confirmer l'erreur qu'à ouvrir la voie à la vérité. » (*Inst. magn., præf. gen.*, n. 13.)

Il y a encore dans le *Novum organum* bien des choses qui ne nous plaisent pas davantage. D'abord, on peut trouver assez fantaisiste la division des sources de nos erreurs en « *idola tribûs, idola specûs, idola fori, idola theatri* », selon qu'elles proviennent de la nature humaine, *tribûs*; de chaque individu, comme enfermé dans une prison sans jour, *specûs*; du commerce avec les autres hommes, *fori*; ou des philosophes, débitant leur rôle comme sur un théâtre, *theatri*. — Ensuite il est telle assertion qui favorise singulièrement le *scepticisme objectif* : « Omnes perceptiones tam *sensûs* quàm *mentis*, sunt ex *analogiâ hominis, non ex analogiâ universi*. Estque intellectus humanus instar speculi inæqualis ad radios rerum, qui suam naturam naturæ rerum *immiscet* eamque *distorquet et inficit*. » (*N. org.*, I, 41.)

Une autre erreur non moins répréhensible, c'est de séparer absolument la science de la théologie, sous prétexte que leur union ne pourrait être que préjudiciable à l'une et à l'autre : « Revera, si quis diligentiùs animum advertat, non minùs periculi naturali philosophiæ ex istiusmodi fallaci fœdere, quàm ex apertis inimicitiis imminere. » (*Cogitata et Visa*, opp., t. IX, p. 167-168.) Ailleurs, Bacon atténue un peu les suites de cette opinion excessive, dans ces paroles qu'on a si souvent citées : « Certissimum est, atque experientiâ comprobatum, leves gustus in philosophiâ movere fortassis ad atheismum, sed pleniores haustus ad religionem reducere. » « Hæc antidotus sive aroma cujus mixtio temperat scientiam eamque saluberrimam efficit, est charitas. » (*De Augm. scient.*, 1, 3.) Et, au livre VII (c. III, n. 1), il dit que la philosophie morale doit servir la théologie, « instar *ancillæ* prudentis et pedissequæ fidelis, quæ ad omnes illius nutus *præsto* sit et *ministret*. »

Méthode. — Arrivons enfin à la *méthode* nouvelle, destinée à réformer la philosophie et les sciences, et dont l'exposition se trouve dans le *Novum organum.* C'est la pensée de Cousin, que « Bacon ne présente à l'impartiale postérité que sa méthode, et encore, il ne l'a pas inventée, il la doit en partie à ses devanciers d'Italie, mais il a la gloire de l'avoir magnifiquement célébrée ». (*Hist. gén. de la phil.*, 7° leçon.)

En quoi consiste donc cette méthode fameuse? A dire « qu'on ne saura jamais rien tant qu'on marchera dans l'ancienne voie; que Platon et Aristote ne sont que de purs sophistes, bien que d'un rang plus élevé et réformé »; que le syllogisme n'apprend absolument rien, qu'il n'est d'aucun usage pour trouver les premiers principes des sciences, ni même les principes moyens, enfin, qu'il n'atteint pas les choses (*N. Org.*, I, 12, 13)[1]. « Tout au plus ce vieil instrument peut-il être employé dans les sciences *populaires*, par exemple l'éthique, la politique, les lois et d'autres semblables, ou encore dans la théologie. » (*De Aug. scient.*, l. V, c. II, n. 4...) « *Spes est una in inductione verá.* » (*N. Org.*, I, 14.)

L'Auteur du *Novum organum* se vante sans modestie lorsqu'il se flatte d'avoir enfin trouvé la véritable induction, comme si Aristote ne l'avait pas trouvée et recommandée vingt siècles plus tôt, et comme si Albert le Grand n'en avait pas fait une partie essentielle de la Logique. Au contraire, lord Vérulam aurait plutôt faussé la notion de

---

1. « Demonstrationem per syllogismum rejicimus, quòd confusiùs agat et naturam emittat manibus... Rejicimus syllogismum, neque id solùm quoad principia, sed etiam quoad propositiones medias quas educit utcumque, sed operum steriles et a practicâ remotas et planò, quoad partem activam scientiarum, incompetentes. » (*Inst. magn.*, distrib. op., n. 10.)

l'induction véritable, en la distinguant trop peu de l'expérimentation, dont elle diffère absolument. — Ensuite, il ne compte pour rien le consentement des hommes, quand il s'agit des choses intellectuelles : « Pessimum omnium est augurium quod ex consensu capitur, in rebus intellectualibus, exceptis divinis et politicis, in quibus suffragiorum jus est. » (*N. Org.*, 1, 77.)

Que si maintenant, on veut savoir à quoi se réduisent les *mérites* et les *services* de Bacon, tout ce qui précède tend à l'indiquer, sans qu'on y ait mis aucune passion; il a été le promoteur de la méthode expérimentale appliquée aux sciences physiques, et il a bien décrit les diverses lois de l'expérimentation. (*De Augm. scient.*, l, V, c. II, n. 5 et suiv.) En outre, il a présenté des nomenclatures souvent ingénieuses, quoique parfois arbitraires, de toutes les sciences, et, sur toutes, il a ouvert quelques aperçus bons à recueillir.

Mais ce qui rend le Philosophe anglais d'une lecture particulièrement attachante, c'est son imagination presque orientale, son style riche, coloré, étincelant de verve et d'esprit, quoique prétentieux, et tout rempli de comparaisons empruntées de la nature physique. Il fait de l'image un emploi excessif, qui donne à sa langue une couleur matérialiste et réaliste fortement accentuée. — Ajoutez que s'il a cru, bien à tort, pouvoir blâmer Aristote, « ce dictateur de l'École », comme il lui plaît de l'appeler, d'avoir inventé à sa guise des mots nouveaux sur les sciences et les arts, il est lui-même tombé dans cet abus, de la manière la plus fâcheuse; on ne saurait croire, en effet, combien il a fabriqué de termes plus ou moins étranges. Citons entre autres le mot « *suitas* » pour désigner la recherche de soi-même. (*De Augm. scient.*, l. VII, c. II, n. 1.)

Dans son fond, la philosophie de Bacon présente des incohérences et d'innombrables lacunes; elle n'explique aucun problème tant soit peu important, contient plusieurs inexactitudes, plusieurs erreurs d'un caractère très grave, et, pour dire le vrai, incline visiblement au sensualisme. Il n'y a donc rien de trop dans cette conclusion de Barthélemy Saint-Hilaire : « Avec cette préoccupation exclusive de la physique, avec cette répugnance profonde qu'il a montrée pour la science de l'esprit, et en général pour les sciences rationnelles, Bacon a détruit, autant qu'il était en lui, la vraie philosophie. Il a tâché, plus que qui que ce soit, de mettre à sa place ce que le vulgaire appelle la philosophie *naturelle*, et ce que de nos jours on a cru pouvoir appeler la philosophie *positive*. » (*Log. d'Arist.*, préf., p. 117.)

Quant aux sciences physiques, qui, selon la remarque de Cousin, forment le domaine propre de lord Vérulam, il a « fait quelques expériences plus ou moins estimables, sur la chaleur par exemple, mais sans laisser aucune théorie un peu générale qui garde son nom. Contemporain de Viète, de Képler, de Césalpini et de Hervey, il n'a cultivé ni les mathématiques, ni l'astronomie, ni la physiologie. » (*Op. cit. sup. ibid.*)

Hobbes (1588-1679)

Hobbes, ami de Bacon, s'engagea plus avant dans le sensualisme et aboutit partout à des conclusions *matérialistes*, en psychologie, en morale et en politique. Un autre caractère le distingue de lord Vérulam : autant celui-ci est partisan exclusif de l'induction, autant celui-là use et abuse de l'argument déductif.

D'après Hobbes, toute la réalité se réduit à la matière et au mouvement; la philosophie, la science doit donc borner là ses recherches, et Dieu, s'il est un Dieu, doit être abandonné à la théologie (*Logica*, c. i, § 8). — Si l'esprit est un corps, un corps à la vérité très subtil (*De la nat. hum.*, c. xi, § 4), il s'ensuit que le bien se confond nécessairement avec le plaisir et l'utile, et le mal avec le nuisible. (*Ibid.*, c. vii, § 3.) — La liberté morale est une pure chimère; il n'y a que la liberté physique, c'est-à-dire la puissance de faire ce que nous désirons le plus vivement. La volonté n'est que le désir le plus fort qui l'emporte sur les autres et détermine nécessairement l'action (*Ibid.*, c. x, §§ 1, 2). — Tous nos sentiments se ramènent à *l'égoïsme*, dont ils sont des manifestations particulières; par exemple, la piété, la religion et le respect, se réduisent à la crainte, et il en est ainsi pour le autres.

Telle psychologie, telle morale; et telle morale, telle politique : jamais ce double axiome ne fut mieux vérifié que dans le système du philosophe anglais. D'abord, il n'admet pas que l'homme soit sociable par sa nature, comme l'avait prétendu Aristote; au contraire, il tient l'homme pour ennemi de l'homme, *homo homini lupus*. En effet, ce qu'un homme possède ou désire, un autre homme le désire ou le possède; de là, la guerre affirmée comme l'état naturel de l'humanité : « *Bellum omnium contra omnes.* » (*De Cive*, pars 1ª, § 6.) Dans cet état de liberté absolue, aucune injustice n'est possible; il n'y a qu'une loi, c'est la force; qu'un droit, la puissance du plus fort. — Mais cet état de guerre universelle n'est pas avantageux à l'homme, dont le bien consiste à *jouir* dans la paix. Les individus, s'ils veulent être fidèles à la loi suprême de l'utile, doivent donc renoncer au droit absolu qu'ils possèdent naturellement sur toutes choses et s'engager les uns envers les autres par un *contrat* réciproque. Une fois établi, ce contrat est obligatoire pour tous.

Néanmoins, la prudence prévoit le cas où il viendrait à être violé par quelques citoyens avides d'indépendance : l'utile veut qu'on se prémunisse contre cette éventualité et qu'on établisse un gouvernement protecteur de la loi naturelle. Or, le gouvernement le plus fort sera aussi le meilleur; en conséquence, le gouvernement le meilleur sera la monarchie *absolue*, qui fera le vrai et le juste, aura tous les droits sans connaître aucun devoir, et disposera souverainement de la conscience, de la religion et de la vie de ses sujets. Le souverain, concentrant en lui la cité, sera lui-même la cité vivante, une espèce de dieu mortel, *Leviathan*, selon l'expression du philosophe anglais.

Voici les principaux ouvrages de Hobbes : *Elementa*

philosophiæ; De Cive; De Libertate et necessitate. Ils sont écrits dans un style sobre et robuste.

Pierre Gassendi (1592-1655)

L'abbé Gassendi, Provençal et professeur au Collège de France, tenait en grande estime les ouvrages de Hobbes. Mais il combattit Descartes avec beaucoup de vivacité; celui-ci lui ayant écrit dans une lettre : « *O caro!* » il lui répondit : « *O mens!* » — Le but assez chimérique de notre auteur est de christianiser un peu la philosophie très païenne d'Épicure. Voilà pourquoi il corrige dans sa doctrine ce qui choque trop ouvertement les principes du christianisme, comme par exemple l'éternité des atomes et le hasard. Mais, en somme, Gassendi est sensualiste. — Ses opinions les plus singulières concernent la notion de l'*espace*, du *temps* et des *atomes*. L'espace lui paraît être un *vide* immense, et destiné à recevoir les corps, quelque chose d'improduit, d'éternel et d'indépendant des corps, quelque chose qui ne soit ni accident, ni substance, qui soit immatériel, et cela d'une façon toute spéciale, car l'espace a trois dimensions différentes des dimensions corporelles (*Phys.*, l. II, sect. II, c. 1). — Pour le temps, Gassendi lui attribue des caractères semblables, sauf en ce qui regarde les trois dimensions; d'après lui, le temps a existé avant le monde et il existerait encore quand bien même le monde viendrait à être anéanti (*Phys.*, sect. I, l. II, c. vii). — Il croit pouvoir expliquer les corps par les atomes (*Phys.*, sect., I, l. III, c. viii). (Pour la réfutation de ces opinions étranges, voy. *Prælect. philos.*, t. II, p. 99, 101, 109, 179.)

Les œuvres de Gassendi, presque toutes écrites en latin, forment 6 volumes in-folio; sa philosophie porte ce titre : *Syntagma philosophiæ, Epicuri cum refut. dogmatum quæ contra fid. christian. ab eo asserta sunt.* On a dit de lui (plusieurs sans doute auront de la peine à le croire) qu'il était le plus savant des philosophes et le plus philosophe des savants.

Gassendi exerça en France une influence funeste et eut plusieurs disciples qui favorisèrent plus ou moins la libre-pensée; citons entre autres : Sorbier, son biographe, Bernier, Chapelle, Cyrano de Bergerac, Molière et Saint-Évremond.

Locke (1631-1704)

En philosophie, Locke a plus de valeur que Gassendi, Hobbes et Bacon lui-même. D'abord médecin, puis diplomate, homme politique, homme du monde, et enfin philosophe, l'action le conduisit à la spéculation. Comme Gassendi, qu'il goûte beaucoup, ses penchants l'attirent vers les sciences naturelles et ne lui permettent pas d'apprécier la méthode syllogistique (*Essai sur l'ent. hum.*, IV, 17 et suiv.). On l'a surnommé le *métaphysicien* de l'école sensualiste, non qu'il soit à proprement parler un métaphysicien (la métaphysique peut-elle s'accorder avec le sensualisme?), mais parce qu'il est de tous les sensualistes le plus sage et le plus modéré. — Ce qui le caractérise, c'est en général un grand bon sens, une tendance marquée vers le spiritualisme, et une timidité dogmatique qui l'empêche de rien pousser à bout. « Il s'interdit les hautes questions et se trouve fort porté à nous les interdire. Ce sont nos limites qu'il cherche; il les rencontre vite et ne s'en afflige guère. Enfermons-nous dans notre petit domaine et travaillons diligemment. » (Taine, *Hist. de la litt. anglaise*, III, 3.)

On doit à Locke un *Essai sur le gouvernement civil*, des *Lettres sur la Tolérance*, et un *Traité du Christianisme raisonnable*, regardé comme l'évangile des libres-penseurs. Mais son grand ouvrage est le fameux *Essai sur l'entendement humain*, divisé en quatre livres et consacré à l'étude de l'âme, de ses facultés, de ses forces et de ses limites. Ainsi Locke peut passer pour le fondateur de la psychologie empirique; on trouve aussi dans son ouvrage des aperçus sur la logique, l'ontologie, la théodicée et la morale.

Psychologie. — Dans l'âme, Locke s'attache de préférence à la grande question de l'origine de nos connaissances et il la résout en sensualiste mitigé. Il consacre son premier livre à réfuter la théorie si peu scientifique des idées *innées*, et il prouve sa thèse en étudiant une à une nos idées principales, d'où il infère cette conclusion générale, digne d'un vrai sage : « Dieu ayant doué l'homme des facultés de connaître qu'il possède, n'était pas plus obligé par sa bonté à graver dans son âme les notions innées dont nous avons parlé jusqu'ici, qu'à lui bâtir des ponts et des maisons, après lui avoir donné la raison et des matériaux. » (L. I, c. III, § 12.) — L'âme étant supposée à l'origine vide de tous caractères, *tabula rasa*, elle tirera toutes ses connaissances de l'expérience *externe* et *interne* : l'expérience externe, qui nous arrive par la sensation, fournit la première part et la plus importante; l'expérience interne ou sentiment intérieur, a pour objet propre « la perception des opérations de notre âme sur les idées qu'elle a reçues par les sens, opérations qui, devenant l'objet des réflexions de l'âme, produisent dans l'entendement une autre espèce d'idées, que les objets extérieurs n'auraient pu lui fournir; telles que sont les idées de ce qu'on appelle apercevoir, penser, douter, croire, raisonner, connaître, vouloir, et toutes les différentes actions de notre âme. Ce sont là, à mon avis, les *seuls* principes d'où *toutes* nos idées tirent leur origine, savoir les choses extérieures et matérielles, qui sont les objets de la *sensation*, et les opérations de notre esprit, qui sont les objets de la *réflexion*. » (L. II, c. I, §§ 2, 3, 4.)

Mais ni la sensation, ni la réflexion de l'âme sur ses propres opérations, ne peuvent nous fournir des idées *universelles* et *nécessaires*, douées d'une réalité objective. C'est évident; en conséquence, Locke fait une profession de foi toute *nominaliste* : « Les universaux ne sont que de *simples productions de notre esprit*, dont la nature générale n'est autre chose que la capacité que l'entendement leur communique, de signifier ou de représenter plusieurs particuliers. » (L. III, c. III, § 2). — De là, cette autre conséquence relative à l'essence des choses : « Il faut distinguer les essences *réelles* et les essences *nominales* : au sujet des premières, l'opinion la plus raisonnable est celle de ceux qui reconnaissent que toutes les choses naturelles ont une certaine constitution réelle, mais inconnue, de leurs parties insensibles, d'où découlent ces qualités sensibles qui nous servent à distinguer les choses l'une de l'autre. Les essences des choses nous sont *entièrement inconnues.* » — Quant aux essences nominales, elles désignent les genres et les espèces, pures productions de notre esprit, dont il se sert pour ranger les choses sous de communes dénominations (*ibid.*, §§ 15 et 17). — Mais l'idée de *substance* est trop voisine de celle d'essence pour n'en pas suivre le sort : « Qui voudra prendre la peine de se consulter soi-même sur la notion qu'il a de la pure substance en général, trouvera qu'il n'en a absolument point d'autre que de je ne sais quel sujet qui lui est *tout à fait inconnu* et qu'il *suppose* être le soutien des qualités. » (L. II, c. XXIII, § 2.)

Voilà certes des principes gros de conséquences funestes et auxquels nos modernes positivistes trouveront fort peu à reprendre.

Avec les spiritualistes, Locke admet la liberté de l'âme ainsi que son immortalité (l. II, c. XXI ; l. IV, c. III, §§ 6 et 15). Mais il s'approche des matérialistes lorsqu'il enseigne que nous ne sommes pas en état de rien savoir avec *certitude* sur son immatérialité : « Peut-être ne serons-nous jamais capables de connaître si un être purement matériel pense ou non, par la raison qu'il nous est impossible de découvrir, par la contemplation de nos propres idées, sans révélation, si Dieu n'a point donné à quelques amas de matière, disposés comme il le trouve à propos, la puissance d'apercevoir et de penser... A l'égard de l'immatérialité de l'âme, si nos facultés ne peuvent parvenir à une certitude démonstrative, nous ne le devons pas trouver étrange. Toutes les grandes fins de la Morale et de la Religion sont établies sur d'assez bons fondements, sans le secours des preuves de l'immatérialité de l'âme, tirées de la philosophie, puisqu'il est évident que celui qui a commencé à nous faire subsister ici comme des êtres sensibles et intelligents, et qui nous a conservés plusieurs années dans cet état, peut et veut nous faire jouir encore d'un état pareil de sensibilité, dans l'autre monde, et nous y rendre capables de recevoir la rétribution qu'il a destinée aux hommes, selon qu'ils se seront conduits dans cette vie. » (L. IV, c. III, § 6.)

Sur toute cette question, le philosophe anglais se trompe étrangement; nous connaissons assez la pensée pour savoir qu'elle est simple, et la matière, pour savoir qu'elle est étendue, et que simple et étendu sont des termes contradictoires. — D'autre part, l'âme étant supposée matérielle, tout tendra à prouver qu'elle périt avec le corps, et il faudra un miracle de la puissance divine pour l'arracher des mains de la mort, partout étendues sur ce qui est matière ou dépendant de la matière.

L'erreur de Locke sur la nature de la substance l'entraîne naturellement dans une erreur semblable sur la *personnalité* et l'*identité* de la personnalité humaine. Il établit d'abord que la conscience accompagne toujours la pensée, ce qui n'est pas exact; ensuite, il place dans cette conscience et la personne et l'identité de la personne. « Car, puisque la conscience accompagne toujours la pensée et que c'est là ce qui fait que chacun se nomme soi-même et par où il se distingue de toute autre chose pensante, c'est aussi en cela *seul* que consiste l'identité personnelle, ou ce qui fait qu'un être raisonnable reste toujours le même. Et aussi loin que cette conscience peut s'étendre sur les actions ou les pensées déjà passées, aussi loin s'étend l'identité de cette personne. » (L. II, c. XXVII, § 9.) — Autant de mots, autant d'erreurs. La personnalité humaine, loin de résider dans la conscience, réside dans l'âme et le corps substantiellement unis; c'est là ce qui constitue le *moi*, bien que le moi n'arrive à se connaître et à se distinguer du *non-moi*, que par la réflexion qu'il fait sur ses actes, par la connaissance qu'il acquiert de lui-même. — Au reste, pesez les conséquences de la doctrine de Locke; elle contient logiquement les propositions suivantes : le moi, c'est-à-dire la personnalité, est quelque chose de purement accidentel, une simple action; toutes les fois que le moi cesse d'avoir la conscience actuelle de ses actes, il cesse du même coup d'être une personne ; il varie, augmente ou diminue, selon qu'il se tourne à des actions différentes, qu'il augmente la somme de ses actions ou qu'il oublie ses actions passées.

Théodicée. — Chose étrange ! c'est dans la théodicée que l'auteur de l'*Essai sur l'entendement humain* se montre le plus juste et le plus irréprochable. Son enseignement peut être tenu pour orthodoxe, ou peu s'en faut, si l'on excepte ce qu'il dit sur l'infinité de Dieu. S'il est une vérité que Locke enseigne d'une façon dogmatique et avec une singulière énergie, c'est celle de l'*existence* de Dieu. « Il est aussi certain qu'il y a un Dieu, qu'il est certain que les angles opposés qui se font par l'intersection de deux lignes droites sont égaux. Et il n'y eut jamais de créature raisonnable qui se soit appliquée sincèrement à examiner la vérité de ces deux propositions, qui ait manqué d'y donner son consentement. » (L. I, c. III, § 16.) En effet, soit qu'il se considère lui-même, soit qu'il jette un regard sur le monde, l'homme arrive sans effort à l'existence de Dieu. « C'est une chose incontestable que l'homme connaît clairement et certainement qu'il existe et qu'il est quelque chose. Il sait encore par une connaissance de simple vue que le pur néant ne peut non plus produire un être réel, que le même néant peut être égal à deux angles droits... Et par conséquent, si nous savons clairement que quelque être réel existe, et que le non-être ne saurait produire aucun être, il est d'une évidence mathématique que quelque chose a existé de toute éternité, puisque ce qui n'est pas de toute éternité a un commencement, et que tout ce qui a un commencement doit avoir été produit par quelque chose. » Et encore : « Quid enim verius quam neminem esse oportere tam arrogantem, ut in se mentem et rationem putet inesse, in cœlo mundoque non putet. » (L. IV, c. x, §§ 2, 3, 4, 6 et 7.)

Voilà certes une déclaration surprenante et digne de tout éloge dans la bouche d'un sensualiste ; acceptons-la cependant comme venant de Locke plus que de son système. Ce philosophe serait sans doute embarrassé si l'on exigeait de lui qu'il montrât la solidité d'une démonstration appuyée tout entière sur le *principe* de causalité, principe *abstrait, absolu* et qui, comme tel, ne saurait entrer en nous par la porte des sens, ni germer de la seule réflexion de l'âme sur ses opérations.

Après avoir bien établi (il le croit du moins) l'existence de Dieu, Locke prouve successivement ses différents attributs et montre qu'il est créateur (l. IV, c. x, § 18), doué de providence, tout-puissant (*ibid.*, § 4), intelligent (*ibid.*, § 5, 6), spirituel (*ibid.*, § 9 et ss.); et là il rapporte des arguments de nature à démontrer que la matière est incapable de pensée. On trouverait aussi beaucoup à louer, non pas sans quelque restriction, dans le chapitre xviii, livre IV, relatif aux limites et à l'accord de la *foi* et de la *raison*.

Mais le philosophe anglais s'égare tout à fait quand il lui faut démontrer l'*infinité* de Dieu. « A la vérité, nous ne pouvons qu'être persuadés que Dieu, cet être suprême, de qui et par qui sont toutes choses, est *inconcevablement* infini. » (L. II, c. xvii, § 17.) Mais qu'est-ce que l'infini et comment pouvons-nous arriver à le connaître au moyen de la sensation? « Pour ce qui est de l'idée du fini, la chose est fort aisée à comprendre, car des portions bornées d'étendue, venant à frapper nos sens, introduisent dans l'esprit l'idée du fini, et les périodes ordinaires de succession, comme les heures, les jours et les années, qui sont autant de longueurs bornées, par lesquelles nous mesurons le temps et la durée, nous fournissent encore la même idée. » (*Ibid.*, § 2.) — Parfaitement. « Mais, ajoute-t-il aussitôt, nous n'avons *aucune* idée *positive* de l'infini; l'infini n'est rien autre chose pour nous que ce qui est plus grand que tout ce que nous connaissons, quelque chose qui augmente et recule sans cesse, à mesure qu'on s'efforce de l'atteindre; en un mot, l'*infini c'est l'indéfini*. » (*Ibid.*, § 4 et ss.)

Morale. — Il faut savoir gré à Locke de faire dépendre de l'idée de Dieu « toute la religion et la bonne morale ». (L. IV, c. x, § 7.) Mais il faut regretter que son sensualisme le porte à renverser toute la science des mœurs; on en jugera par les lignes suivantes qui se passent de commentaire : « Les choses ne sont bonnes ou mauvaises que par rapport au plaisir ou à la douleur. Nous nommons *bien* tout ce qui est propre à produire et à augmenter le plaisir en nous, ou à diminuer et abréger quelque douleur... Au contraire, nous appelons *mal* ce qui est propre à produire ou à augmenter la douleur en nous, ou à diminuer quelque plaisir. » (L. II, c. xx, § 2.) Par conséquent, le bien et le mal considérés moralement « ne sont autre chose que la conformité ou l'opposition qui se trouve entre nos actions volontaires et une certaine loi : conformité et opposition qui nous attirent du bien et du mal par la volonté et la puissance du législateur : et ce bien et ce mal, qui n'est autre chose que le plaisir ou la douleur qui, par la détermination du législateur, accompagnent l'observation ou la violation de la loi, c'est ce que nous appelons récompense et punition. » (*Ibid.*, c. xxviii, § 5.)

Si nous avions le temps d'interroger l'auteur des *Essais* sur la morale *sociale*, il nous satisferait davantage, quoiqu'il y ait encore beaucoup à reprendre dans un système où l'idée de liberté joue le rôle principal. L'homme est fait pour la société, et celle-ci repose sur l'égalité et la liberté : le droit naturel, antérieur et supérieur au droit civil, est fondé sur des relations d'être libre à être libre. — Le droit de propriété résulte du travail, du libre usage des facultés et des membres. « Encore que la terre et les créatures inférieures soient communes, chacun pourtant a un droit particulier sur sa propre personne. Tout ce qu'il a tiré de l'état de nature par sa peine et son industrie appartient à lui seul, car cette peine et cette industrie étant sa peine et son industrie propres, personne ne saurait avoir droit sur ce qui a été acquis par cette peine et cette industrie... » Au reste, la *valeur* vient, pour la plus grande part, du *travail* : « Je pense que la supputation sera bien modeste, si je dis que, des productions des terres cultivées, neuf dixièmes sont les effets du travail. La conséquence de cette doctrine, c'est que je suis bien propriétaire de la chose que mon travail a créée; car je puis dire que j'ai créé ce qui, sans moi, serait inutile. Un champ en friche n'est rien, il ne devient quelque chose que par le travail humain. Il appartient donc de droit à celui qui l'a ensemencé et fécondé. » (*Essai sur le pouv. civ.*, c. vi.)

La société a pour fin de faire régner la justice sous ses différentes formes : mais les droits du gouvernement ne sont pas illimités comme le voulait Hobbes ; ils sont limités par ses devoirs et par sa fin. Au surplus, le pouvoir civil ne peut jamais rien entreprendre contre « les lois de la nature qui subsistent toujours comme des règles éternelles pour tous les hommes, pour les législateurs aussi bien que pour les autres. » (*Ibid.*, c. xviii.) — En ce qui regarde les relations de la société civile et de la société *religieuse*, l'une ayant pour fin la vie céleste, et l'autre la vie terrestre, leur état naturel, c'est la séparation, avec la liberté pour l'Église, conformément au droit commun. (*Lettres sur la tolér.*, p. 234 et ss.; *Essai*, II, 150 et ss.)

Par son *Essai sur l'entendement*, et son *Traité du christianisme raisonnable*, Locke est un des philosophes qui ont exercé le plus d'influence sur les idées du dix-huitième siècle, en France principalement.

II. — École idéaliste

1° Descartes.

Sa vie et ses œuvres; sa *méthode* et ses règles; doute provisoire, mais universel et réel; conséquences par rapport au scepticisme et au rationalisme; dédain de la certitude morale et des vérités de sens commun; procédés algébriques dans tous les ordres de la pensée. — *Doctrine* cartésienne sur les différentes parties de la philosophie; peu de place faite à la logique et à la morale; *Psychologie* : l'homme, c'est l'âme, et l'âme la pensée; ce que c'est que la pensée; conséquences; union accidentelle de l'âme et du corps; voie frayée à l'occasionalisme; la vie végétative attribuée au corps; conséquences; idées innées; erreurs sur la nature, la division et la source des passions; impuissance de la raison à prouver l'immortalité de l'âme; *Ontologie*; les essences soumises au bon plaisir divin; fausses notions sur la substance, l'espace et le beau; *Théodicée*; lacunes, preuves de l'existence de Dieu; critique; la sagesse sacrifiée à la volonté; — *Cosmologie*; l'existence des corps basée sur une propension aveugle; le monde indéfini sinon infini; la matière réduite à l'étendue ; la vie confondue avec les propriétés physiques; les animaux machines; prétérition des causes finales; conclusion.

Les plus illustres représentants de cette école sont Descartes et Leibnitz, qui, à la suite de Bacon, se posent en réformateurs de la philosophie; mais Bacon, en faisant trop peu de place à l'esprit, avait incliné au sensualisme, tandis que Descartes et Leibnitz, en faisant trop peu de place au corps et aux sens, inclinent à l'idéalisme. Plusieurs autres philosophes du dix-septième siècle, comme Spinosa, Malebranche, Fénelon et Bossuet, se rattachent, en partie du moins, à l'école cartésienne [1].

Descartes (1596-1650)

René Descartes naquit à La Haye, en Touraine, et fit ses études sous les jésuites, au collège de La Flèche. « Mais sitôt, dit-il lui-même, que l'âge me permit de sortir de la sujétion de mes précepteurs, je quittai entièrement l'étude des lettres, et, me résolvant de ne chercher plus d'autre science que celle qui se pouvait trouver en moi-même, ou bien dans le grand livre du monde, j'employai le reste de ma jeunesse à voyager, à voir des cours et des armées, à fréquenter des gens de diverses humeurs et conditions, à recueillir diverses expériences, à m'éprouver moi-même, dans la rencontre que la fortune me proposait, et partout à faire telles réflexions sur les choses qui se présentaient, que j'en puisse tirer quelque profit. » (*Méth.*, 1re part., n. 14.) C'est ainsi qu'il s'engagea en qualité de volontaire d'abord au service du prince Maurice d'Orange, puis dans les armées de divers princes d'Allemagne, et que, renonçant ensuite à la vie militaire, il parcourut les diverses contrées de l'Europe, revint à Paris, et se retira enfin en Hollande, pour se livrer tout entier à l'étude, au sein d'une solitude tranquille. Il y demeura vingt-trois années, après lesquelles, cédant aux instances de la reine Christine, il alla passer ses derniers jours en Suède.

---

1. Voici les plus fidèles disciples de Descartes : *Régis*, professeur à Toulouse; *Arnauld* (1612-1694), auteur de la *Logique de Port-Royal*; les Jésuites *André* et *Buffier*; le P. *Lamy*, de l'Oratoire, et le cardinal *de Polignac*, qui a composé l'*Anti-Lucrèce*.

Cousin a donné la première édition des œuvres complètes de Descartes, en 11 volumes in-8° (1824-1826), dont voici les titres : *Discours de la méthode;* la *Dioptrique;* les *Météores* et la *Géométrie; Méditations sur la première philosophie; Principes sur la philosophie; Traité des passions de l'âme; Traité de l'homme et de la formation du fœtus; Règles pour la direction de l'esprit; Lettres.*

Afin de nous rendre un compte exact de la pensée de ce philosophe fameux, il convient d'étudier d'abord sa méthode, ensuite les principales conclusions auxquelles il a été conduit.

I

Voici, dans ses lignes essentielles, la méthode cartésienne : au point de départ le doute; du doute émerge une première vérité, qui est l'existence d'un sujet pensant : *Cogito, ergo sum;* la règle générale qui permet de trouver d'autres vérités, c'est l'évidence, et le point d'appui de l'évidence, c'est la véracité de Dieu.

1° « Pour bien philosopher, dit Descartes, il faut se résoudre, une fois en sa vie, à se défaire de *toutes* ses opinions, quoiqu'il y en ait parmi elles qui puissent être vraies, afin de les reprendre ensuite une à une et de n'admettre que celles qui sont indubitables. » (*Rép. aux 7es obj. contre les médit.*, § 7.) Ainsi fait-il ; et, s'apercevant qu'il s'est trompé jusque-là sur bien des choses qui lui avaient paru évidentes, et reconnaissant, d'autre part, son impuissance à démêler parmi ses opinions les vraies d'avec les fausses, il doutera provisoirement de tout, hormis de ce qui regarde la religion et la pratique. « La première règle de ma morale provisoire était d'obéir aux lois et usages de mon pays, retenant constamment la religion en laquelle Dieu m'a fait la grâce d'être instruit dès mon enfance et me gouvernant en toutes choses selon les opinions les plus modérées et les plus éloignées de l'excès, qui fussent communément reçues en pratique par les gens les mieux sensés de ceux avec lesquels j'aurais à vivre. » (La *Méth.*, 3ᵉ part., n. 2.)

2º « Mais aussitôt après, je pris garde que pendant que je voulais ainsi penser que tout était faux, il fallait nécessairement que moi qui le pensais fusse quelque chose, et remarquant que cette vérité : *je pense, donc je suis*, était si ferme et si assurée que toutes les plus extravagantes suppositions des sceptiques n'étaient pas capables de l'ébranler, je jugeai que je pouvais la recevoir sans scrupule pour le *premier principe* de la philosophie que je cherchais. » (*La Méth.*, 4º part., n. 1.)

3º « Après cela, je considérai *en général* ce qui est requis à une proposition pour être vraie et certaine... et, ayant remarqué qu'il n'y a rien du tout en ceci, *je pense, donc je suis*, qui m'assure que je dis la vérité, sinon que je vois très clairement que pour penser il faut être, je jugeai que je pouvais prendre pour *règle générale* que les choses que nous concevons fort clairement et fort distinctement sont toutes vraies. » (*La Méth.*, 4º part., n. 3.)

4º Mais cette règle générale, qui en garantit absolument la certitude? Qui prouve que l'esprit humain ne s'égare point en la recevant, de même qu'il se trompe dans les songes? « Que les meilleurs esprits y étudient tant qu'il leur plaira, je ne crois pas qu'ils puissent donner *aucune* raison qui soit suffisante pour ôter ce doute, s'ils ne *présupposent* l'existence de Dieu. Car, premièrement, cela même que j'ai tantôt pris pour une règle, à savoir, que les choses que nous concevons très clairement et très distinctement sont toutes vraies, n'est assuré qu'à cause que Dieu est ou existe, et qu'il est un être parfait et que tout ce qui est en nous vient de lui : d'où il suit que nos idées ou notions, étant des choses réelles et qui viennent de Dieu en tout ce en quoi elles sont claires et distinctes, ne peuvent en cela être que vraies. » (*La Méth.*, 4ᵉ part., n. 7.)

Telle est la méthode dite cartésienne, qui a trouvé tout à la fois de grands admirateurs et des contradicteurs résolus. Il nous semble que ces derniers ont pleinement raison.

D'abord, nous ne voyons aucun motif sérieux « de se défaire une fois en sa vie de *toutes* ses opinions » et de placer au seuil de la philosophie le doute universel. Quelques auteurs répondent que le doute cartésien n'a pas été général, et qu'en tout cas il n'a pas été réel, mais simplement *méthodique* et *fictif*. Mais cette interprétation, que nous souhaiterions être exacte, paraît fort difficile à soutenir en présence des assertions réitérées dans les différents ouvrages de notre philosophe; il fait une seule exception à son doute provisoire, universel et réel, et cette exception est en faveur de la religion et de la morale. — « Le doute *général* que je demande ne doit s'appliquer qu'aux matières spéculatives et non à la pratique de la vie. Les raisons qui ne suffisent pas pour nous faire douter toujours peuvent légitimer un doute temporaire. » — « Faire la revue de ses anciennes opinions après les avoir rejetées, c'est vider sa corbeille et n'y replacer les fruits qu'après examen... » (*Rép. aux 7ᵉˢ obj. cont. les Médit.*, §§ 1, 2.) — « Comme je juge quelquefois que les autres se trompent dans les choses qu'ils pensent le mieux savoir, que sais-je s'il (Dieu) n'a point fait que je me trompe aussi *toutes les fois que je fais l'addition de deux et de trois*, ou que je nombre les côtés d'un carré?... Mais peut-être que Dieu n'a pas voulu que je fusse déçu de la sorte, car il est dit souverainement bon. Toutefois, si cela répugnait à sa bonté de m'avoir fait tel que je me trompasse *toujours*, cela semblerait aussi lui être contraire que je me trompe quelquefois, et néanmoins je ne puis douter qu'il ne le permette... Auxquelles raisons *je n'ai certes rien à répondre : mais enfin je suis contraint d'avouer qu'il n'y a rien de tout ce que je croyais autrefois être véritable dont je ne puisse en quelque façon douter; et cela non point par inconsidération et légèreté, mais pour des raisons très fortes et mûrement considérées; de sorte que désormais je ne dois pas moins soigneusement m'empêcher d'y donner créance qu'à ce qui serait manifestement faux*, si je veux trouver quelque chose de certain et d'assuré dans les sciences. » (*Médit.* 1ʳᵉ, n. 8.) « Je vois si manifestement *qu'il n'y a point d'indices certains par où l'on puisse distinguer nettement la veille d'avec le sommeil,* que je suis tout étonné, et mon étonnement est tel qu'il est presque capable de me persuader que je dors. » (*Ibid.* Cf. *Principes de la Philos.*, 1re part., n. 5.)

D'après les textes si nombreux et si formels que l'on vient de lire, l'auteur de la méthode veut que nous doutions des sens, de l'intelligence, de l'évidence, du raisonnement, des corps et des esprits, et par conséquent son doute est bien universel, pour tout ce qui touche à la spéculation.

Mais ne pourrait-on pas le tenir pour simplement fictif, grâce aux mots *supposer* et *feindre* dont il se sert quelque part[1]? Ni les paroles expresses de Descartes, soulignées par nous à dessein, ni les raisons sur lesquelles il fonde son doute ne semblent se prêter à cette interprétation. En effet, d'où vient son doute? De ce qu'un génie puissant et malin, de ce que Dieu lui-même peut vouloir que nous soyons toujours égarés, de ce que jusqu'ici les sens et la raison nous ont souvent trompés en des choses qui nous paraissaient évidentes, et qu'il n'y a point d'indice certain par où l'on puisse distinguer nettement la veille d'avec le sommeil, toutes raisons très fortes et mûrement considérées auxquelles il n'a certes rien à répondre.

Deux autres considérations très acceptables nous conduisent à la même conclusion : Si le philosophe français n'avait pas réellement douté de tout ce qui appartient à l'ordre des vérités spéculatives, il n'aurait eu aucun mo-

---

1. « Je supposerai qu'un mauvais génie non moins rusé et trompeur que puissant, a employé toute son industrie à me tromper; je penserai que le ciel, la terre, les couleurs, les figures, les sons et toutes les autres choses extérieures ne sont que des illusions et des rêveries dont il s'est servi pour tendre des pièges à ma crédulité; je me considérerai comme n'ayant point de mains ni d'yeux, point de chair... comme n'ayant aucun sens, mais croyant faussement avoir toutes ces choses. » (*Médit.* n. 10 et *Méth.* 4e partie, n. 1.)

tif, même apparent, de mettre à l'abri de son doute et tout à fait à part les vérités de la religion et de la pratique, ni de se composer une morale provisoire pour tout le temps que durerait son doute, car, il l'avoue lui-même, le doute fictif peut s'appliquer à toutes les vérités, même révélées, jusqu'à celle de l'existence de Dieu. (*Lettre IX*, à E. Buitendich.) Aussi confesse-t-il que son dessein n'est que trop hardi pour plusieurs « ni un exemple que chacun doive suivre. Et le monde n'est quasi composé que de deux sortes d'esprits auxquels il ne convient nullement. » (*La Méth.*, 2ᵉ part., n. 3.) — Voilà pourquoi, voulant se justifier de toute attache au scepticisme, il répète que son doute n'est que provisoire, et qu'il ne doute pas pour douter, comme font les sceptiques, « mais pour s'assurer et rejeter la terre mouvante et le sable, pour trouver le roc ou l'argile. » (*La Méth.*, 3ᵉ part., n. 6.)

Autre remarque : Descartes a cru faire quelque chose de grand, de hardi et d'entièrement nouveau ; mais, si son doute n'est que partiel et fictif, on se demande vainement où se trouve la nouveauté et la hardiesse de sa méthode. Aristote et saint Thomas n'avaient-ils pas déclaré en termes formels que la méthode débute par le doute particulier ? « Decet investigare volentes, præ opere, h. e. ante opus, benè dubitare : posterior enim investigatio est solutio dubitatorum. » (*Metaph.*, III, 1.)

— Quand au doute *fictif*, les théologiens l'appliquent sans aucun scrupule à toutes les vérités révélées qu'ils ont dessein d'établir, et les savants à toutes les thèses qu'ils veulent démontrer. Seulement, il n'y a jamais lieu de l'appliquer aux vérités premières, soit empiriques, soit rationnelles, précisément parce qu'elles sont évidentes et que ni les préjugés, ni les passions ne peuvent les atteindre. — Bien plus, le doute universel, même hypothétique et purement provisoire, est impossible par rapport aux vérités premières ; elles s'imposent tellement à nous que ni la nature ni l'évidence ne souffrent qu'on les mette sérieusement en question. Comme dit Aristote, il y a des problèmes qu'on ne pose pas.

Faisons à la méthode cartésienne un autre reproche : elle favorise au moins beaucoup, si elle n'entraîne pas logiquement le *scepticisme* universel. En effet, Descartes fait tout reposer, jusqu'à l'évidence elle-même, sur le fondement suprême de la véracité de Dieu ; mais l'existence et la véracité de Dieu, qui les prouve, sinon l'esprit humain, à l'aide de ses idées, auxquelles, par hypothèse, il n'a nul droit d'avoir confiance ? Le cercle vicieux est manifeste. Or, nous n'imaginons pas, nous répétons les paroles déjà citées : « Cela même que j'ai tantôt pris pour une règle à savoir, que les choses que nous concevons très clairement et très distinctement sont toutes vraies, *n'est assuré qu'à cause que Dieu est ou existe, et qu'il est un être parfait, et que tout ce qui est en nous vient de lui* ». (La *Méth.*, 4ᵉ part., n. 7.) — « Si l'athée ne croit pas à un Dieu vérace, il ne peut être certain des choses mêmes qui lui paraissent le plus évidentes. » (*Rép. aux* 6ᵉˢ *obj. contre les Médit.*, n. 4, et *Rép. aux* 2ᵉˢ *obj.*, n. 3.)

Le même philosophe, il est vrai, dit aussi que la certitude de l'existence de Dieu ne nous est pas nécessaire pour admettre les principes « au moment où nous les concevons avec clarté, mais pour recevoir les conséquences des principes que nous avons oubliés et que nous nous souvenons seulement d'avoir clairement conçus autrefois. » (*Ibid.*, et *Rép. aux* 4ᵉˢ *obj.*) — Pour commencer, ces paroles contredisent ouvertement les textes cités plus haut, et, disons-le sans crainte, le système général sur le mauvais génie qui nous trompe toujours, et sur l'impossibilité de distinguer par des indices certains le sommeil de la veille ; il n'y a pas de témérité à penser que Descartes a eu recours à ce biais, afin de se débarrasser d'une objection imprévue et d'ailleurs insoluble. Au reste, il semble difficile de saisir le sens de ces paroles et de les prendre tout à fait au sérieux. Car enfin, qu'avons-nous besoin de penser à la véracité de Dieu pour admettre les conséquences de principes oubliés et que nous avons conçus clairement autrefois ? Si nous nous souvenons d'avoir conçu jadis les principes avec évidence, nous pouvons légitimement, en vertu de ce souvenir, admettre leurs conséquences dans le moment présent aussi bien que nous l'avons fait dans le moment passé. Quant à nous appuyer sur la véracité de Die., cela n'ajoutera de force nouvelle ni aux principes oubliés, ni à la sûreté de notre souvenir.

Par là encore l'auteur du *Discours de la Méthode* ouvre la porte au *rationalisme*. D'abord, n'est-ce pas déjà un commencement de rationalisme que de faire fi du passé et de l'autorité, pour « ne rechercher plus d'autre science que celle qui se pourrait trouver en soi-même »? Mais il y avait plus; il y avait cette fameuse règle première de la méthode, de « ne recevoir jamais aucune chose pour vraie que je ne la connusse *évidemment* être telle. » (*La Méth.*, 2ᵉ part., n. 7, et *Rép. aux 3ᵉˢ obj.*, n. 4.) — « Je jugeai que je pouvais prendre pour règle générale que les choses que nous concevons *fort* clairement et *fort* distinctement sont toutes vraies. » (*La Méth.*, 4ᵉ part., n. 3.) — Or, personne n'ignore que les idées claires, au sens cartésien, sont celles-là seules où l'attribut appartient à l'*essence* du sujet et est aperçu comme tel par l'intelligence. Mais que deviennent alors les vérités physiques et morales qui ne comportent pas l'évidence de cette sorte ? Pour les premières, l'auteur veut les traiter à la façon des mathématiques et les ramener aux mathématiques, « car, entre tous ceux qui ont ci-devant recherché la vérité dans les sciences, il n'y a que les *seuls* mathématiciens qui ont pu trouver quelques démonstrations, c'est-à-dire quelques raisons *certaines et évidentes*. » « Ces longues chaînes de raisons toutes simples, dont les géomètres ont coutume de se servir... m'avaient donné occasion de m'imaginer que *toutes* les choses qui peuvent tomber sous la connaissance des hommes s'entresuivent en même façon. » (*Méth.*, 2ᵉ part., n. 11.) — Ainsi, voilà bien l'idée fixe de notre philosophe : rechercher partout les idées claires, n'accepter que l'évidence mathématique et réduire, en conséquence, les sciences physiques à n'être qu'une section des mathématiques, en les traitant par voie de déduction. « *Omnia, apud me, mathematicè fiunt,* » dit-il quelque part. Et par là, observe très à propos M. Cousin, « loin de rendre la vérité plus évidente, il l'obscurcit en lui prêtant une fausse clarté. Il a l'air de rapporter à la déduction ce qui n'en vient point, ce qui n'en peut venir, ce qui dérive seulement de la lumière naturelle. Ne craignons pas de le dire : les mathématiques, qui d'ailleurs composent une si grande partie de la gloire de Descartes, sont en quelque sorte son mauvais génie en métaphysique. » (*Hist. gén. de la phil.*, 8ᵉ leçon.)

Quant à la certitude *morale* et aux vérités de *sens commun*, Descartes y croit le moins possible ; il fait si peu de cas de cette sorte d'arguments, qui en valent pourtant bien d'autres, de l'aveu de tous les philosophes, que l'on chercherait en vain, dans toutes ses œuvres, une preuve de l'existence de Dieu tirée du consentement des hommes. Son dédain de l'autorité va si loin qu'il ne lui accorde pas la force d'une certitude proprement dite, mais seulement celle qui vient d'une grande probabilité. « La première certitude est appelée morale, c'est-à-dire suffisante pour régler nos mœurs, ou aussi grande que celle des choses dont nous n'avons point coutume de douter touchant la conduite de la vie, bien que nous sachions qu'il se peut faire, absolument parlant, qu'elles soient fausses. Ainsi, ceux qui n'ont jamais été à Rome ne doutent point que ce ne soit une ville en Italie, bien qu'il se pourrait faire que ceux desquels ils l'ont appris les eussent trompés. » (*Principes de la philos.*, 4ᵉ part., nº 205.) Et, au numéro suivant, à cette certitude morale, il ne trouve à opposer que la certitude mathématique.

Ne dites pas que Descartes a placé les vérités de la foi à l'abri et au-dessus de son doute spéculatif et qu'il n'a point exigé d'elles une évidence intrinsèque. Car il sépare absolument la théologie d'avec la philosophie, la foi d'avec la raison. Séparation étrange et contre nature de deux sciences faites pour vivre unies et se compléter mutuellement. — D'ailleurs, la logique ira jusqu'au bout et dépassera les intentions du philosophe abusé : si l'on érige en principe général qu'il n'y a qu'une seule méthode scientifique, à savoir, la méthode mathématique, et que dans l'ordre de la spéculation il ne faut admettre que l'évidence, on met du même coup la théologie au ban de la science, et, de là à la considérer comme peu rationnelle, il n'y a qu'un pas. Voilà pourquoi tous les rationalistes modernes et tous les partisans du libre examen saluent leur chef en Descartes [1].

Du reste, la certitude de la religion catholique est-elle autre chose qu'une certitude morale, et ne repose-t-elle pas tout entière sur l'autorité ? Mais Descartes, on l'a vu, fait descendre cette certitude morale jusqu'au rang de la simple probabilité. Voilà donc la foi, de sa nature plus certaine que la raison, réduite à tomber au-dessous de la science et du même coup privée de toute véritable certitude. Et, comme si ce n'était pas encore assez, au lieu de placer, avec tous les théologiens, le motif de la foi dans la véracité divine, Descartes le confond avec la grâce et il l'appelle « une lumière intérieure et surnaturelle que Dieu nous accorde par sa grâce. » (*Rép. aux 2es obj.*, n° 38.)

Pour toutes ces raisons et pour d'autres encore qui nous frapperont dans notre examen détaillé de la philosophie cartésienne, un personnage compétent et d'ailleurs fort modéré, disait naguère : « Descartes était philosophe, Descartes était chrétien, mais il n'était pas un philosophe chrétien [2]. »

II

La *logique* cartésienne se résume à la méthode et à quel-

---

[1]. « Rendez-vous compte de la nature de ce précepte (de ne recevoir jamais aucune chose pour vraie que je ne la connusse évidemment être telle) ; mesurez-en la portée, et vous verrez que dans sa simplicité profonde il contient toute une révolution. D'abord, il s'applique à tous les emplois de la pensée ; ensuite, il émancipe l'esprit et le pousse à une juste indépendance... Par là tombent d'un seul coup toutes les autorités... même les dominations religieuses... à moins que ces autorités ne prennent la peine ou ne trouvent le secret de nous rendre évidente, et d'une évidence irrésistible, la vérité qu'elles nous apportent. » (Cousin, *Hist. gén. de la Phil.*, 8e leçon.)

[2]. Les œuvres *philosophiques* de Descartes ont été mises à l'in-

ques préceptes sur la conscience et sur la connaissance des corps ; la *morale*, qui s'en étonnerait après ce qui a été dit, est presque entièrement oubliée. Descartes se contente d'y toucher dans quelques-unes de ses lettres à Madame Élisabeth, princesse palatine, où il semble incliner vers l'éthique stoïcienne, bien qu'il prétende aussi faire leur part aux théories d'Épicure et d'Aristote. « Le souverain bien d'un chacun en particulier ne consiste qu'en une ferme volonté de bien faire, et au contentement qu'elle produit. Dont la raison est que je ne remarque aucun autre bien qui me semble si grand, ni qui soit entièrement au pouvoir d'un chacun. » (*Lettre Ire* à la reine de Suède et *Lettre VII* à Madame Élisabeth.) — D'autre part, Descartes s'éloigne trop peu de l'opinion de Socrate et de Platon touchant le mal, quand il dit : « *Tous* les vices ne viennent *que* de l'incertitude et de la faiblesse qui suit l'*ignorance* » (*Ibid.*). « Si nous voyions clairement que ce que nous faisons est mauvais, il nous serait impossible de pécher pendant tout le temps que nous le verrions de la sorte, c'est pourquoi on dit que : *Omnis peccans est ignorans.* » (*Lettre XLVIII.*)

Nous aurons achevé de faire connaître le chef de la philosophie moderne, quand nous aurons résumé sa doctrine sur l'anthropologie, l'ontologie, la cosmologie et la théodicée.

Anthropologie. — L'anthropologie est la partie à laquelle le philosophe français s'est le plus appliqué. Malheureusement, il n'y a guère réussi, et même il s'est fait une idée très fausse de l'homme, de l'âme, de ses puissances et de ses opérations. A ses yeux, l'homme, ce n'est pas l'âme et le corps substantiellement unis, ce n'est que l'âme, et dans l'âme, la pensée. « Partant de cela même que je connais avec certitude que j'existe et que cependant je ne remarque point qu'il appartienne nécessairement aucune autre chose à ma nature ou à mon essence, sinon que je suis une chose qui pense, je conclus fort bien que mon essence consiste

dex, avec la formule adoucie : *Donec corrigantur.* (*Décr.* 20 nov. 1663.)

en cela seul que je suis une chose qui pense. » (*Médit.* 6e, no 8.) — Il ne conteste pas que le corps ne soit uni à l'âme d'une façon très étroite, « quoiqu'on n'explique point quelle est cette union » (*Lettre XXXLV*, à M. Régius), et que même « on puisse appeler ces deux substances *accidentelles*, en ce que, ne considérant que le corps seul, nous n'y voyons rien qui demande d'être uni à l'âme, et rien dans l'âme qui demande d'être uni au corps : c'est pourquoi j'ai dit que l'homme est en quelque façon, et non absolument parlant, un être *accidentel*. » (*Lettre XXXVI*, à M. Régius.)

Pourquoi s'étonner d'ailleurs que Descartes ne sache pas expliquer l'union de l'âme et du corps et qu'il la trouve accidentelle, après qu'il a fait de l'âme et du corps deux substances complètes, séparées par un abîme, toute l'essence de l'une étant dans la pensée, et toute l'essence de l'autre dans l'étendue? Aussi hésite-t-il à dire si elles agissent l'une sur l'autre, et comment elles agissent. Il admet bien « que l'âme a la vertu de faire mouvoir le corps » (*Lettre XLVIII*), « et le corps d'agir sur l'âme en causant ses sentiments et ses passions ». (*Lettre XVIII* à Madame Élisabeth.) Mais outre ce qu'il y a de vague dans tout ceci, ces assertions se trouvent encore atténuées par d'autres qui semblent réduire les rapports de l'âme et du corps à une simple correspondance.

L'âme ne réside que dans le cerveau (*Principes de la phil.*, 4e part., no 196), ou plutôt dans la petite glande nommée *conarion* (*Lettre LXIII*), et « elle rayonne en tout le reste du corps par l'entremise des esprits, des nerfs et même du sang. Elle a autant de diverses perceptions qu'il arrive de divers mouvements en cette glande, comme aussi réciproquement la machine du corps est tellement composée, que de cela seul que cette glande est diversement mue par l'âme, ou par telle autre cause que ce puisse être, elle pousse les esprits qui l'environnent vers les pores du cerveau qui les conduisent par les nerfs dans les muscles, au moyen de quoi elle leur fait mouvoir les membres. » (*Les pass. de l'âme*, 1re part., a. 34.) Cette correspondance entre les perceptions de l'âme et les mouvements du corps ressemble fort à l'harmonie de l'occasionalisme. — Bien plus, le corps vit et se meut par lui-même, et nullement par l'âme : « Il n'y a aucune de nos actions extérieures qui puisse assurer que notre corps n'est pas seulement une machine qui se remue soi-même naturellement et par ressorts. » (*Lettres XXIV et XLIV et les pass. de l'âme,* 1re part., a. 4, 5.)

Vous n'en saurez pas davantage en interrogeant Descartes sur la nature de l'âme, sur ses puissances, ses opérations, ses idées, ses passions et son immortalité.

Il confond d'abord l'essence de l'âme avec ses puissances et celles-ci avec leurs opérations, ce qui, nous l'avons déjà vu, consomme la ruine de la psychologie : « Nous ne pouvons point les concevoir (la pensée et l'étendue) autrement que comme la substance même qui pense et qui est étendue. » (*Principes de la phil.,* 1re part., a. 63 et 64.) Puis il met l'essence de l'âme dans la pensée « *ou la nature qui pense* ». « Par la pensée, je n'entends point quelque chose d'universel, qui comprenne toutes les manières de penser, mais bien une nature particulière qui reçoit en soi tous ces modes. » (*Lettre LVIII.*) — Comme si ce n'était pas assez de toutes ces erreurs, il confondra encore la pensée avec tous les phénomènes de l'âme : « Par le mot de penser, j'entends *tout* ce qui se fait en nous, de telle sorte que nous l'apercevons immédiatement et par nous-mêmes ; c'est pourquoi non seulement entendre, vouloir, imaginer, mais aussi sentir est la même chose ici que penser. » (*Principes de la phil.,* 1re part., n. 9 ; *Rép. aux* 2es *obj.*, et *Lettre XLV.*)

Cette confusion de la pensée avec la sensation est une des plus grossières et des plus funestes erreurs que puisse commettre un philosophe ; car si penser c'est sentir ou imaginer, comme imaginer et sentir est une opération organique, la pensée ne sera plus qu'un mode particulier, la simple transformation d'une opération organique, et le matérialisme pourra entrer dans la place. — Au reste, la doctrine cartésienne ouvre toute grande une autre porte au matérialisme, lorsqu'elle ne tire la vie *végétative* que du corps seulement : « La force végétative dans l'homme n'est qu'une certaine disposition des parties du corps. » (*Lettre XXXII, à* M. Régius, *Les pass. de l'âme,* 1re part., a. 4, 5, 6.) Sur quoi le Dr Chauffard observe fort à propos « que les enseignements de Descartes en physiologie ont inauguré le matérialisme physiologique, à l'ombre d'un spiritualisme impuissant; ils ont permis de dire : La vie n'est qu'un résultat de la matière et de ses propriétés... Mais si la vie n'est rien au delà de la matière, pourquoi l'âme serait-elle plus que la vie et la matière?... L'organicisme aboutissait logiquement au matérialisme et il prouvait que l'inconséquence n'est pas un oreiller sur lequel puissent longtemps sommeiller l'esprit humain et la science. » (*L'Âme et la vie.*)

Passons maintenant aux *idées* qui occupent dans la psychologie une place si importante. Il plaît à Descartes de les regarder comme purement *passives* et de réserver l'activité à la seule volonté, comme si la volonté n'était pas mue par le bien, autant que l'intelligence par le vrai, et comme si l'intelligence n'était pas la cause de ses idées, aussi bien que la volonté de ses déterminations. « Je ne mets d'autre différence entre l'âme et ses idées que comme entre un morceau de cire et les diverses figures qu'il peut recevoir; et comme ce n'est pas proprement une action, mais une passion dans la cire, de recevoir diverses figures, il me semble aussi que c'est une passion dans l'âme de recevoir telle ou telle idée, et qu'il n'y a que ses volontés qui soient des actions. » (*Lettre XLVIII.*)

On regarde généralement l'auteur du *Discours de la méthode* comme un partisan déclaré des idées *innées.* La vérité est que, sur ce grave sujet, comme sur plusieurs autres, il soutient le pour et le contre en termes également formels. *Pour :* « La raison pour laquelle je crois que l'âme *pense toujours* est la même qui me fait croire que la lumière luit toujours, bien qu'il n'y ait point d'yeux qui la regardent; que la chaleur est toujours chaude, bien que l'on ne s'y chauffe point. » (*Lettres XLI et XLVI.*) « Et quelle merveille y a-t-il de ce que nous ne nous ressouvenons pas des pensées que nous avons eues dans le ventre de nos mères,... puisque nous ne nous ressouvenons pas des pensées que nous savons fort bien avoir eues étant adultes, sains et éveillés? » (*Rép. aux* 2es *obj.*, n° 4.) — « Entre ces idées, les unes me semblent *nées avec moi*, les autres étrangères et venir du dehors (*adventitiæ*), et les autres être faites ou inventées par moi-même (*fictitiæ*). » (*Médit.* 3°, n. 10.) — « Je n'aurais pas l'idée d'une substance infinie, si elle n'avait été *mise* en moi par quelque substance qui fût véritablement infinie. Et de vrai, on ne doit pas trouver étrange que Dieu, *en me créant*, ait mis en moi cette idée, pour être comme la marque de l'ouvrier empreinte sur l'ouvrage. » (*Médit.* 3°, n. 15 et 24.)

Contre : « Quand il dit (Leroy) que l'esprit n'a pas besoin d'idées, ou d'axiomes qui soient nés ou naturellement imprimés en lui, et que cependant il lui attribue la *faculté* de penser, c'est-à-dire une faculté naturelle et née avec lui; il dit en effet la même chose que moi; car je n'ai jamais écrit ni jugé que l'esprit ait besoin d'idées naturelles. Je les ai nommées naturelles, mais je l'ai dit au même sens que nous disons que la générosité, par exemple, est naturelle à certaines familles; ou que certaines maladies, comme la goutte ou la gravelle, sont naturelles à d'autres : non pas que les enfants qui prennent naissance dans ces familles soient travaillés de ces maladies au ventre de leurs mères, mais parce qu'ils naissent avec la *disposition* ou la *faculté* de les contracter. » — « Lorsque j'ai dit que l'idée de Dieu est naturellement en nous, je n'ai pas entendu autre chose que ce que lui-même dit en termes exprès, c'est à savoir, que la nature a mis en nous une *faculté* par laquelle nous *pouvons* connaître Dieu, mais je n'ai jamais écrit ni pensé que de telles idées fussent *actuelles*, ou qu'elles fussent des espèces distinctes de la faculté même que nous avons de penser. » (*Lettre XXXVIII, Réfut. du placard de Leroy.*)

La théorie de la *volonté* n'est pas non plus à l'abri de la critique. D'abord, à entendre Descartes, non seulement la volonté serait plus parfaite qu'aucune autre faculté de l'âme, mais encore elle n'aurait aucune borne : « De toutes les autres choses qui sont en moi, il n'y en a aucune si parfaite et si grande que je ne reconnaisse bien qu'elle pourrait être plus grande et plus parfaite. Il n'y a que la volonté seule, ou la seule liberté du franc arbitre que j'expérimente en moi être si grande que je ne conçois point l'idée d'aucune autre plus ample et plus étendue. » (*Médit.* 4º, n. 10.) Suit l'opinion très fausse qui attribue le jugement à la volonté et non à l'intelligence, sous prétexte que « par l'entendement seul, je n'assure ni ne nie aucune chose, mais je conçois seulement les idées des choses que je puis assurer ou nier. » (*Ibid.*) Et ce qui est plus grave, c'est que Descartes semble placer la liberté dans la simple liberté de *coaction* [1].

Le philosophe français commence en ces termes son étude sur les *passions* : « Il n'y a rien en quoi paraisse mieux combien les sciences que nous avons des anciens sont défectueuses, qu'en ce qu'ils ont écrit des passions... Ce qu'ils en ont enseigné est si peu de chose, et pour la plupart si peu croyable, que je ne puis avoir aucune espérance d'approcher de la vérité qu'en m'éloignant des chemins qu'ils ont suivis. » (*Les pass. de l'âme*, a. 1.) — L'auteur peu modeste de ces paroles ignorait apparemment la doctrine magnifique de saint Thomas sur les passions, où rien n'est oublié de ce qui touche à leur nature, à leurs différentes espèces, à leur origine, à leur cause et à leurs différentes relations. — Pour lui, il s'éloigne si bien des chemins suivis jusque-là, que rien n'est moins philosophique ni moins exact que ce qu'il dit à propos de cet intéressant problème. Deux ou trois citations permettront d'en juger : « Il me semble qu'on peut généralement les définir (les passions) : des *perceptions*, ou des sentiments, ou des émotions de l'âme, qu'on rapporte particulièrement à elle, et qui sont causées et entretenues et fortifiées par quelque

---

[1] « Elle consiste (la liberté) seulement en ce que, pour affirmer ou nier, poursuivre ou fuir les choses que l'entendement nous propose, nous agissons de telle sorte que nous ne sentons point qu'aucune force *extérieure* nous y contraigne. » (*Ibid.*, n. 10 et 7.)

mouvement des esprits. » (1re part., a. 27.) — Ainsi, voilà les passions appelées perceptions ou sentiments, ce qui est une première erreur, et attribuées à l'âme en propre, ce qui en est une seconde. — Plus loin, au lieu des onze passions admises par Bossuet avec toute l'École, on nous apprend qu'il n'y en a que six : l'admiration, l'amour, la haine, le désir, la joie et la tristesse (2e part., a. 69); et, chose inouïe dans l'histoire de la philosophie, on assure que la première passion est *l'admiration* et non pas l'amour (*ibid.*, 53). — Au reste, excepté quelques conseils utiles sur l'usage de chaque passion, tout ce traité se réduit à des explications physiologiques, ou plutôt physiques et mécaniques.

Serons-nous au moins plus heureux sur le dernier et si important problème de l'*immortalité* de l'âme? Pas davantage. Descartes en parle à peine; et s'il prouve l'immortalité *ab intrinseco* par la distinction de l'âme d'avec le corps, il prétend ne rien savoir, par la raison, sur l'immortalité *ab extrinseco*, et veut s'en référer à la seule révélation. « Quant à ce que vous ajoutez que de la distinction de l'âme d'avec le corps, il ne s'ensuit pas qu'elle soit immortelle, parce que nonobstant cela on peut dire que Dieu l'a faite d'une telle nature que sa durée finit avec celle de la vie du corps, *je confesse que je n'ai rien à y répondre*, car je n'ai pas tant de présomption que d'entreprendre de déterminer par la force du raisonnement humain une chose qui ne dépend que de la pure volonté de Dieu. » (*Rép. aux 2es obj.*, n. 44, et *Lettre VII* à Madame Élisabeth.)

Théodicée. — Nous serons plus court en ce qui touche la théodicée cartésienne. Une remarque importante à faire, c'est que notre philosophe ne mentionne en faveur de l'existence de Dieu, ni la preuve tirée de l'ordre et de la beauté du monde, ni celle tirée du consentement des peuples : la première, parce qu'il ne pourrait l'apporter sans tomber dans un cercle vicieux, attendu qu'il prouve l'existence du monde par la véracité de Dieu; la deuxième, parce qu'il ne croit pas à la certitude morale, ainsi que nous l'avons dit plus haut. — En somme, Descartes prouve l'existence de

Dieu par trois arguments : le premier se tire de ce que nous avons l'idée de l'infini et que Dieu seul a pu la mettre dans notre esprit (*Princip. de la phil.*, 1re part., n. 18); le deuxième découle de l'*idée* même de Dieu qui implique toutes les perfections, et par là même, l'existence : « De cela seul que je ne puis concevoir Dieu que comme existant, il s'ensuit que l'existence est inséparable de lui, car il n'est pas en ma liberté de concevoir un Dieu sans existence, c'est-à-dire un être souverainement parfait, sans une souveraine perfection. » (*Médit.* 5e, n. 4; *Méth.*, part. 4e, n. 5; *Principes de la phil.*, 1re part., n. 14.) Le troisième s'appuie sur la nature de l'âme humaine, qui, « étant imparfaite et limitée, n'a pu se donner l'être pas plus qu'elle n'est capable de se conserver elle-même dans l'existence. De là vient la nécessité d'un Dieu créateur et conservateur de l'âme. » (*Médit.* 3e, n. 20 et ss.)

Parmi ces trois preuves, les deux premières n'ont aucune valeur, parce que l'homme est en mesure d'acquérir par lui-même l'idée de Dieu, et que de la simple notion abstraite de l'infini, on ne saurait aucunement tirer sa réalité (*sup.*, p. 179, 180). Reste la troisième, qui contient une application légitime du principe de causalité et sur laquelle repose toute la théodicée cartésienne. — Ce qu'il dit ensuite des attributs de Dieu, de son intelligence, de sa volonté, de la conservation et de la providence, est très sommaire; on y peut relever une erreur assez grave qui consiste à placer la nature de Dieu dans sa *volonté*, volonté arbitraire, dont toutes choses dépendent, et qui elle-même ne dépend de rien, pas même de l'intelligence et de la sagesse.

Ontologie. — Quant aux grands principes de l'ontologie, absorbé qu'il était par la considération du sujet pensant, Descartes en a presque entièrement négligé l'étude. On peut même soutenir qu'il a virtuellement renversé cette partie élevée de la métaphysique par la théorie étrange sur les essences qu'il soumet au bon plaisir de Dieu. « Vous me demandez, *in quo genere causæ Deus disposuit æternas veritates* : Je vous réponds que c'est *in eodem genere causæ* qu'il a créé *toutes choses*, c'est-à-dire *ut efficiens et totalis causa*... Vous me demandez aussi qui a nécessité Dieu à *créer* ces vérités : et je dis qu'il a été aussi libre qu'il ne fût pas vrai que toutes lignes tirées du centre à la circonférence fussent égales comme de ne pas créer le monde. » (*Lettre XLV, Rép. aux 6es obj.*, n. 2). — Dans la lettre *XLIVe*, il n'ose dire « que Dieu ne puisse faire une montagne sans vallée, ou que deux et deux ne fassent pas trois. » (Cf. *Lettres XLVIII et LXXI.*)

Au surplus, les rares aperçus que l'on trouve chez Descartes, sur les grandes notions ontologiques, par exemple, sur la *substance*, l'*espace* et le *beau*, sont dépourvus d'exactitude : « Lorsque nous concevons la substance, nous concevons seulement une chose qui existe en telle façon qu'elle n'a besoin que de soi-même pour exister... A proprement parler il n'y a que Dieu qui soit tel. » (*Princip. de la phil.*, n. 51.) Une telle définition menant droit au panthéisme, l'auteur se voit obligé de la rétracter peu après. — La substance créée n'a qu'un attribut, qui est, dans les corps, l'étendue, dans les esprits, la pensée, et cet attribut constitue son essence. (*Ibid.*, n. 53.) — « L'espace, ou le lieu intérieur, et le corps qui est compris en cet espace, ne sont différents aussi que par notre pensée. Car, en effet, la même étendue en longueur, largeur et profondeur, qui constitue l'espace, constitue le corps. » (*Ibid.*, n. 10 et ss.) C'est dire que l'espace qui contient les corps est confondu avec la chose contenue. — « Pour votre question, savoir, si l'on peut établir la *raison du beau*, c'est tout de même que ce que vous me demandiez auparavant, pourquoi un son est plus *agréable* que l'autre... Généralement ni le beau ni l'agréable ne signifie qu'un rapport de notre jugement à l'objet, et parce que les jugements des hommes sont si différents, on ne peut dire que le beau et l'agréable aient une mesure déterminée. L'un trouve ceci plus beau, un autre cela, chacun suivant sa *fantaisie*, et l'on ne peut dire absolument lequel des deux est le plus beau. Mais ce qui plaira à plus de gens pourra être nommé simplement le plus beau, ce qui ne saurait être déterminé. » (*Lettre LXXII.*)

Cosmologie. — La cosmologie cartésienne, dont il nous faut parler maintenant, est entachée d'erreurs si graves et si manifestes, qu'elles ne blessent pas moins le sens commun que la philosophie. La première est presque incroyable. De ce que les sens l'ont souvent trompé et de ce qu'on peut éprouver dans le rêve les mêmes sensations que dans la veille, le philosophe français infère que nous n'apercevons pas les corps par les sens (il aurait pu, pour les mêmes motifs, dire que la raison n'est pas non plus un critérium assuré), mais que l'existence des corps repose uniquement sur la véracité divine. « Dieu n'étant point trompeur, il est très manifeste qu'il ne m'envoie point les idées (des choses corporelles) immédiatement par lui-même, ni aussi par l'entremise de quelque créature dans laquelle leur réalité ne soit pas contenue formellement, mais seulement éminemment. Car ne m'ayant donné aucune faculté pour connaître que cela soit, mais au contraire une très grande inclination à croire qu'elles partent des choses corporelles, je ne vois pas comme on pourrait l'excuser de tromperie, si en effet ces idées partaient d'ailleurs ou étaient produites par d'autres causes que par des causes corporelles, et partant, il faut conclure qu'il y a des choses corporelles qui existent. » (*Médit.* 6°, n. 9.)

Voilà donc la première connaissance de l'homme et la plus évidente ramenée à une simple inclination instinctive, tandis que la connaissance des corps a besoin de naître d'un raisonnement et se trouve postérieure à la connaissance de Dieu. En outre, nous ne pourrons plus nous appuyer sur le monde pour nous élever jusqu'à Dieu, comme le veut la sainte Écriture avec le sens commun, mais nous devrons nous appuyer sur l'existence et la véracité de Dieu pour croire à l'existence des corps. D'aussi étranges conséquences font bien voir tout ce que l'hypothèse a de paradoxal; du reste, c'est bien vainement que Descartes a recours à la véracité divine : elle n'est point chargée de rectifier les erreurs des sens, non plus que celles de la raison.

Après cela, il prétend que le monde est *indéfini* et même

presque infini. « N'ayant aucune raison pour prouver, et même *ne pouvant concevoir que le monde ait des bornes*, je le nomme indéfini, mais je ne puis nier pour cela qu'il n'en ait peut-être quelques-unes qui sont connues de Dieu, bien qu'elles me soient incompréhensibles. C'est pourquoi je ne dis pas absolument qu'il est infini. » (*Lettre XXIII; Princip. de la phil.*, 2° part., n. 21.) Il conclut de là qu'il ne peut y avoir plusieurs mondes « à cause que nous concevons manifestement que la matière, dont la nature consiste en cela seul qu'elle est une chose étendue, occupe maintenant tous les espaces imaginables où ces autres mondes pourraient être. » (*Ibid.*, n. 22.)

Il fait ensuite consister l'essence des corps dans la seule étendue, et il soutient qu'ils sont tous composés de la même matière et ne diffèrent qu'accidentellement. « Lorsqu'ils (les adversaires) distinguent la substance corporelle d'avec l'extension ou la grandeur, ou ils n'entendent rien par le mot de substance corporelle, ou ils forment seulement en leur esprit une idée confuse de la substance immatérielle, qu'ils attribuent faussement à la substance corporelle. » (*Princip. de la phil.*, 2° part., n. 9, et ailleurs *passim*.) — « Je pense que tous les corps sont faits de même matière et qu'il n'y a rien qui fasse de la diversité entre eux, sinon que les petites parties de cette matière qui composent les uns ont d'autres figures ou sont autrement arrangées que celles qui composent les autres. » (*Lettre XXIV; Princip. de la phil.*, 2° part., n. 23.)

Et comme notre philosophe place l'essence des corps dans la seule étendue, inerte par sa nature, du même coup il les prive de toute activité et en fait quelque chose de purement passif, qui n'a en soi aucun principe de mouvement, la force qui meut n'étant point du ressort du corps et ne pouvant venir que de Dieu. (*Princip. phil.*, pars 2ª, n. 36, 37, 43.) Mais, ce qui est plus grave encore, surtout au point de vue théologique, c'est que, l'étendue actuelle étant donnée comme l'essence des corps, il répugne qu'elle puisse en être séparée, même par un miracle. Or ceci ne s'accorde nullement avec la théologie, qui nous montre dans l'Eucharistie les accidents du pain et du vin subsistant séparés de leur substance après la transsubstantiation.

Quant aux *végétaux*, Descartes, ainsi que nous l'avons vu, ne les distingue pas essentiellement des corps inanimés et il explique la vie par les forces physico-mécaniques. Il ne fait pas aux animaux une condition meilleure, car il les tient pour des *machines* bien organisées ou de simples *automates*. « Ceci ne semblera nullement étrange à ceux qui, sachant combien de divers *automates* ou machines mouvantes l'industrie humaine peut faire, sans y employer que fort peu de pièces, considéreront le corps de l'animal comme une machine qui, ayant été faite des mains de Dieu, est incomparablement mieux ordonnée et a en soi des mouvements plus admirables qu'aucune de celles qui peuvent être inventées par les hommes... Les mouvements naturels qui témoignent les passions peuvent être imités par des machines aussi bien que par les animaux. » (La *Méth.*, 5ᵉ part., n. 9.)

« Je crois fermement que l'âme des brutes n'est rien autre chose que leur sang. » (*Lettre LXIX.*) Or, la raison principale d'une méprise si regrettable, c'est que Descartes n'a pas su faire la distinction entre une substance simple et une substance spirituelle, entre la sensation et la pensée. Comme il attribue la sensation à l'âme seule et qu'il en fait une espèce de pensée, il n'a pas osé l'accorder aux bêtes, de peur d'avoir à leur accorder aussi une âme pensante et spirituelle.

Par une dernière erreur de cosmologie, Descartes, à la suite de Bacon, interdit au philosophe la recherche des causes finales. « *Nous rejetterons entièrement de notre philosophie la recherche des causes finales*, car nous ne devons pas tant présumer de nous-mêmes que de croire que Dieu nous ait voulu faire part de ses conseils. » (*Princip. de la phil.*, 1ʳᵉ part., n. 28.)

Après tout ce qui vient d'être dit, non pas sur de vaines préventions, mais toujours d'après les textes les plus formels empruntés aux différents ouvrages de Descartes, on voit que la philosophie doit peu de chose à cet écrivain célèbre, « *Magni passus, sed extra viam.* » Le mot de Bacon vient bien ici : « Plus un esprit est grand, plus il est nécessaire qu'il s'égare, s'il établit son point de départ en dehors de la route. » Nous ne trouvons guère à louer dans l'auteur du *Discours sur la méthode*, que les progrès qu'il a fait faire aux sciences et à la langue française [1].

2° Philosophes qui plus ou moins s'inspirent de Descartes.

Spinoza : sa vie ; rapports du spinozisme avec le cartésianisme ; panthéisme rationaliste et algébriste ; déterminisme, mysticisme et utilitarisme. — *Malebranche* tient le milieu entre Descartes et Spinoza ; génie idéaliste ; philosophie incomplète ; la psychologie n'est pas une science ; occasionalisme, ontologisme et optimisme ; tendances fidéistes. *Fénelon* : caractère de son génie ; méthode cartésienne, sauf quelques réserves ; union accidentelle de l'âme et du corps ; ontologisme mitigé ; théodicée ; beautés et défauts ; voie frayée à l'occasionalisme. — *Bossuet* : ses différences avec Fénelon ; son génie ; beaucoup plus thomiste que cartésien ; méthode psychologique ; beau plan d'anthropologie ; l'âme n'est pas dans la pensée ni les corps dans l'étendue ; matière et forme ; facultés organiques et facultés inorganiques ; la sensibilité, l'intelligence et les idées ; la volonté et la prémotion divine ; union de l'âme et du corps ; âme des bêtes ; les causes ; Dieu et la Providence ; optimisme *relatif* ; logique ; le doute et la probabilité ; excellente morale ; réfutation du quiétisme ; politique absolue.

BARUCH SPINOZA (1632-1677)

Spinoza était né à Amsterdam, de parents juifs, et il est mort à La Haye. Il étudia d'abord l'hébreu, puis le latin sous le fameux van den Ende, qui déposait, disait-on, la semence de l'athéisme dans l'esprit de ses élèves. La philosophie cartésienne lui étant tombée entre les mains, cette lecture lui plut beaucoup et le gagna au rationalisme, si bien qu'il se sépara de la synagogue, et que celle-ci, à son tour, l'excommunia et le déclara anathème, pour avoir nié l'authenticité des Livres saints, et soutenu qu'ils n'enseignent ni la spiritualité de Dieu, ni l'immortalité de l'âme.

---

1. « Toute la partie saine et féconde de la méthode de Descartes tiendrait dans cette courte phrase qui n'est pas de lui, mais de saint Paul : *Omnia probate, quod bonum est tenete.* » (Mgr d'Hulst, *Annal. de philos. chrét.*, p. 2. *Le Positivisme et la science expérimentale*).

Le philosophe d'Amsterdam commença par être le disciple zélé de Descartes. Il lui emprunta presque toute sa physique, la passion des démonstrations géométriques appliquées à la philosophie, le principe de l'évidence ou des idées claires comme unique règle, l'insuffisance des sens à donner la certitude, l'idée de Dieu comme le point d'appui de toute certitude (*Eth.*, p. 10; *Tract. theol.*, praef.), la proscription des causes finales et une définition équivoque de la substance, dont il devait tirer logiquement le panthéisme. On connaît le mot de Leibnitz : Le spinozisme n'est « qu'un cartésianisme immodéré [1] ». Le premier ouvrage qui parut sous le nom de Spinoza avait pour titre : *Renati Descartes principiorum philos., pars I et II*, more geometrico demonstratae. Il publia plus tard un traité *De Emendatione intellectus, Cogitata metaphysica*, ensuite son *Tractatus theologico-politicus* qui fut suivi d'un ouvrage posthume : *Ethica, more geometrico demonstrata*.

Comme l'indique le titre de ses ouvrages, l'auteur procède d'une façon toute mathématique, par définitions, propositions, axiomes, postulats et corollaires. Voici le fond du système spinoziste : « La substance est ce qui est en soi et est conçu par soi, c'est-à-dire ce dont le concept peut être formé sans avoir besoin du concept d'une autre chose » (*Eth.*, 1^a pars, definit. 3^a). Une telle substance est naturellement unique et infinie. Elle possède deux attributs infinis comme elle : la pensée et l'étendue; toutes choses émanent ou de la pensée ou de l'étendue divine, et ne sont que des manifestations nécessaires de ce double attribut (2^a pars, prop. 1, 2). — Avec de tels principes, Spinoza ne peut admettre que l'âme humaine soit libre ni responsable, ni immortelle en tant qu'individuelle, mais seulement en tant qu'impersonnelle ou intellectuelle. Il se représente l'homme comme « un automate spirituel ». (*Ethica IV*, pr. 32 et II, pr. 48.)

La *morale* spinoziste est caractérisée par un déterminisme

---

[1] Sur les rapports entre le spinozisme et le cartésianisme, voy. Ritter, *Hist. de la philos. mod.*, t. I, p. 172 et ss.

absolu, mêlé de matérialisme, de stoïcisme et de mysticisme. « Le bien et le mal ne marquent rien de positif dans les choses considérées en elles-mêmes, et ne sont que des façons de penser. » (*De Emend. intell.*, prol.) « Le bien, pour nous, c'est l'utile, ce qui nous apporte de la joie; le mal, le nuisible, ce qui nous cause de la tristesse. » (*Ibid.*, IV, VIII.) « Le droit de chacun s'étend jusqu'où s'étend sa puissance. » — Il faut s'élever et s'unir à Dieu par l'amour et le saisir comme une partie de nous-mêmes. — La vertu veut être cherchée pour elle-même et ne permet pas les motifs intéressés. — « L'âme du sage peut à peine être troublée, car elle possède, par une sorte de nécessité éternelle, la conscience de soi-même, de Dieu et des choses. »

En *politique*, Spinoza fait de l'utilité l'unique loi des humains et tire d'elle seule la raison de la société et la force obligatoire des contrats. (*Tract. theol. polit.*, c. XVI.) Bien qu'il professe généralement les principes du libéralisme et qu'il assigne comme fin de l'État la plus grande somme de liberté possible, il transporte à celui-ci le pouvoir *religieux* et lui permet de traiter en ennemis ceux qui soutiennent des opinions différentes des siennes (*ibid.*, et c. XIX.)

Spinoza n'eut aucune influence au dix-septième siècle, mais de nos jours les rationalistes le placent très haut et saluent en lui un des maîtres de la pensée moderne.

Malebranche (1638-1715)

Malebranche tient le milieu entre Descartes et Spinoza. Le plus souvent son point de départ est le cartésianisme qu'il parvient encore à exagérer; et plus d'une fois ses principes le conduiraient droit au spinozisme, s'il n'était retenu par la religion. Deux qualités indispensables manquent à ce génie brillant mais égaré : l'observation et la mesure. Il a un tel dédain pour le monde sensible et l'expérience, qu'il ne regarde jamais à terre; il s'établit au milieu des airs, met toutes ses complaisances dans l'abstraction et la géométrie, et là, il raisonne à perte de vue, tout abîmé en Dieu, et ne se doutant guère qu'il y a des créatures à ses pieds.

On juge bien qu'un tel contemplatif ne s'inquiète guère de ce qui a été dit ou pensé avant lui. Il ne connaît absolument que deux hommes pour lesquels il professe une admiration sans bornes : saint Augustin et Descartes; mais en réalité, il entend mal le premier qu'il s'efforce vainement d'attirer à lui. Ce fut la lecture du *Traité de l'homme* de Descartes qui lui révéla sa vocation, et il s'assimila si bien la doctrine de ce philosophe qu'il alla jusqu'à dire que, si ses ouvrages venaient à être perdus, il se faisait fort de les rétablir. Son admiration pour Descartes n'a d'égal que son dédain pour la scolastique dont il dénature les enseignements.

La philosophie de Malebranche est aussi incomplète que celle de Descartes; comme lui, il réduit la *logique* à une théorie de la source de nos erreurs (*Rech. de la Vérité*, t. I, l. I, ch. II-XX), et aux règles de la méthode qu'il accepte de ses mains (t. I, l. I, ch. VI). Toujours à l'exemple de Descartes, il se préoccupe peu de la morale.

Où il se sépare le plus de son guide ordinaire, c'est sur les questions qui se rapportent à la *psychologie*, fondement et point de départ de la philosophie cartésienne. Malebranche ne croit pas que la psychologie soit une science, parce qu'elle ne s'appuie pas sur des idées claires, qu'il voudrait voir partout et qu'il trouve bien rarement. « Faute d'avoir une idée claire de l'âme, dit-il dans une lettre du 12 juin 1714, nous n'en connaissons rien, car le sentiment intérieur n'est pas proprement une connaissance... » — Et, dans la même année, le 6 septembre : « Démontrer proprement, c'est développer une idée claire et en déduire avec évidence ce que cette idée renferme nécessairement, et nous n'avons pas, ce me semble, d'idées assez claires pour faire des démonstrations, que celles de l'étendue et des nombres; l'âme même ne se connaît nullement : elle n'a que le sentiment intérieur d'elle-même et de ses modifications. » (Dans Cousin, *Hist. gén. de la*

Phil., 8ᵉ leçon, p. 455; *Rech. de la Vérité*, t. 1, l. II, ch. II, § 2.) — Une autre différence importante le distingue de Descartes; loin de séparer, comme celui-ci, la philosophie d'avec la théologie, il unit étroitement ces deux sciences, et fait appel à la foi pour mieux établir ses théories. — En somme, l'illustre oratorien ramène toute la philosophie à trois théories principales, qui reviennent sans cesse sous sa plume : l'*occasionalisme*, l'*ontologisme* et l'*optimisme*.

L'occasionalisme est le système qui fait de Dieu seul une cause véritable et des êtres créés des causes purement occasionnelles, ou des occasions dont Dieu se sert pour produire tous les effets que nous admirons dans le monde. Par exemple, ce n'est pas le feu qui brûle, c'est Dieu à l'occasion du feu. D'après Malebranche, toute action renferme une certaine création, quelque chose d'infini qui ne saurait convenir à un autre qu'à Dieu. Au reste, Dieu n'est-il pas capable de produire tous les effets qu'on attribue d'ordinaire à la créature, et cela n'est-il pas plus simple et par conséquent plus digne de Lui? Si l'on attribuait à la créature le pouvoir d'agir, ne serait-ce pas la rendre en quelque façon indépendante de son Créateur? (*Entr. sur la Mét.*, 7ᵉ et 8ᵉ entr., *Rech. de la Vér.*, 2ᵉ part., ch. III et t. II, l. VI, ch. III.) « Il n'y a qu'un seul vrai Dieu et une seule cause qui soit véritablement cause... Dieu ne peut même communiquer sa puissance aux créatures... il n'en peut faire de véritables causes, il n'en peut faire des dieux... *Corps, esprits, pures intelligences, tout cela ne peut rien.* » — Mais cette théorie générale va faire de l'homme un être purement passif, un automate spirituel, pour parler comme Spinoza, et alors que devient la liberté? Aussi bien, Malebranche préfère manquer un peu de logique et accorder à l'homme juste autant d'activité qu'il lui en faut pour être libre, pour mériter et démériter. Il voit en notre âme deux facultés principales : l'entendement et la volonté; l'entendement est absolument passif comme la matière; la volonté est passive aussi, mais elle jouit pourtant d'une certaine activité qui constitue sa liberté. « Par le nom de liberté, je n'entends autre chose que la force qu'a l'esprit de détourner cette impression (vers le bien en général) vers les objets qui nous plaisent, et faire ainsi que nos inclinations naturelles soient terminées à quelque objet particulier. » (*Rech. de la Vér.*, t. I, l. I, ch. 1.)

Ce principe posé, Malebranche en fait l'application à l'union de l'âme et du corps et à la théorie de la connaissance. A en croire le fondateur de l'occasionalisme, le corps et l'âme sont deux substances complètes et indépendantes qui ne peuvent rien l'une sur l'autre. Leur union consiste seulement dans une harmonie parfaite entre les mouvements de l'un et les pensées de l'autre, harmonie dont Dieu seul est l'auteur : en d'autres termes, à l'occasion des mouvements du corps, Dieu produit dans l'âme des pensées correspondantes, et à l'occasion des pensées ou des volitions de l'âme, Dieu produit dans le corps des mouvements correspondants. (7ᵉ *Entr. sur la Mét.*) Ce système a reçu le nom d'*harmonie* ou d'*assistance* divine.

Quant à la *connaissance*, elle ne saurait être attribuée qu'à l'intelligence, car les sens n'ont été donnés à l'homme que pour les besoins de son corps, et, si nous les consultons, ils ne peuvent que nous induire en erreur. (*Rech. de la Vérité*, t. I, ch. v-xx.) Mais il appartient à l'intelligence de connaître le particulier et le général, les corps et les principes universels, Dieu et l'âme. Or elle sait, ou plutôt elle voit tout en Dieu. Pour les corps, comme ils ne peuvent agir ni sur notre âme ni sur nos sens, nous ne sommes assurés de leur existence que par une *révélation naturelle* « selon laquelle l'auteur de la nature agit dans notre esprit à l'occasion de ce qui arrive à notre corps, en conséquence de quelques lois générales qui nous sont connues. » (*Entr.* 6ᵉ *sur la Mét.*, n. 7.) Cependant, Malebranche finit par avouer que cette connaissance des corps est seulement *probable*, et que, si l'on veut avoir la certitude proprement dite, il faut en venir à la révélation surnaturelle, à la foi « qui nous fournit une démonstration à laquelle il est impossible de résister; car qu'il y ait ou qu'il n'y ait pas de corps, il est certain que nous en voyons et qu'il n'y a que Dieu qui nous en puisse donner les sentiments. C'est donc Dieu qui présente à mon esprit les *apparences* des hommes avec lesquels je vis, des livres que j'étudie, des prédicateurs que j'entends. Or, je lis dans l'*apparence* du Nouveau Testament les miracles d'un homme-Dieu, sa résurrection, son ascension au ciel, la prédication des Apôtres, son heureux succès, l'établissement de l'Église… Ce ne sont encore là que des apparences… Mais la foi m'apprend que Dieu a créé le ciel et la terre; elle m'apprend que l'Écriture est un livre divin. Et ce livre ou son *apparence* me dit nettement et positivement qu'il y a mille et mille créatures. Donc voilà toutes mes apparences changées en réalités. » (*Ibid.*, n. 8.)

Nous voyons tout en Dieu, et les corps et les idées des choses, parce que Dieu seul peut agir sur nous, et que d'autre part, il est immédiatement et intimement présent à notre âme, et qu'il contient dans son essence les idées archétypes de toutes choses. (*Rech. de la Vér.*, l. III, 2ᵉ part., ch. vi; *Entr.* 2ᵉ *sur la Méth.*) S'il en est ainsi, faudra-t-il donc mettre les corps en Dieu, malgré sa spiritualité? Malebranche avance en effet « que tous les corps sont étendus dans l'immensité de Dieu, que le monde est en lui ou dans son immensité. » (*Entr.* 8ᵉ, n. 4.) Mais, ailleurs, il dit que nous ne voyons pas les corps en réalité, mais seulement les idées des corps; par exemple, nous ne voyons pas *cet* homme ni *ce* triangle, mais seulement l'*idée* d'homme et de triangle. (*Ent.* 2ᵉ *sur la Mét.*)

Quant aux idées, il est certain « qu'elles sont efficaces, puisqu'elles agissent dans l'esprit et qu'elles l'éclairent… Or rien ne peut agir immédiatement dans l'esprit s'il ne lui est supérieur, rien ne le peut que Dieu seul; car il n'y a que l'auteur de notre être qui en puisse changer les modifications. » (*Rech. de la Vér.*, loc. cit., ch. vi.) — « A la vérité vous voyez alors la *substance* divine, *car il n'y a qu'elle qui soit visible*, ou qui puisse éclairer l'esprit. » (*Entr.* 2ᵉ *sur la Mét.*) « Et par là on aperçoit l'absolue dépendance où toute créature, et l'homme plus qu'aucune autre, se trouve vis-à-vis de Dieu, et « nous demeurons dans ce sentiment que Dieu est le monde intelligible et le lieu des esprits, de même que le monde matériel est le lieu des corps. » (*Ibid.*) Néanmoins, Malebranche prétend qu'en voyant la substance divine, nous ne voyons pas Dieu, à proprement parler, parce que nous ne voyons pas sa substance telle qu'elle est en elle-même, mais seulement en tant qu'elle représente les êtres créés.

Dans la plupart des autres questions de psychologie, Malebranche suit Descartes : comme lui il place la nature de l'homme et de l'âme dans la seule pensée, comme lui il fait consister l'essence de la matière uniquement dans l'étendue. (*Rech. de la Vér.*, t. I, l. III, 2° part., ch. VIII, n. 2.) — Il a les mêmes opinions sur la nature et le sujet de la sensation (*ibid.*, ch. X), sur la distinction de l'âme et du corps et le siège de l'âme dans le corps (*ibid.*), sur le jugement, qu'il attribue à la volonté (*ibid.*, t. I, l. V, c. II), sur le principe vital qu'il tire des forces mécaniques, sur l'âme des animaux qu'il confond avec leur sang (*ibid.*, t. I, l. III, 2° part., ch., VI).

La *théodicée* de Malebranche diffère sensiblement de la théodicée cartésienne, bien qu'elle néglige également les preuves physiques et morales de l'existence de Dieu. Le philosophe oratorien s'attache surtout à un argument qu'il reproduit vingt fois et dont voici la formule : « La preuve de l'existence de Dieu la plus belle, la plus relevée, la plus solide, et la première, ou celle qui suppose le moins de choses, c'est l'idée que nous avons de l'infini, car il est constant que l'esprit *aperçoit* l'infini... puisqu'on ne peut concevoir que l'idée d'un être infiniment parfait soit quelque chose de créé. » (*Ibid.*)

De plus, tandis que Descartes sacrifice la sagesse de Dieu à sa volonté, Malebranche, au contraire, sacrifice entièrement la volonté et même la liberté à la sagesse, et par là en arrive à un système fondamental dans sa philosophie, nous voulons parler de l'*optimisme*. L'optimisme oblige Dieu à prendre toujours le parti le meilleur ou le plus parfait *en soi*, à agir toujours le plus divinement qu'il se puisse, cette manière d'agir étant la seule digne de son infinie sagesse. En vertu de ce principe, Dieu aurait pu s'abstenir de produire quelque chose en dehors de soi, mais s'étant déterminé à créer, il a dû créer le monde le plus parfait qu'on réussisse à concevoir. Or, ce qui fait la perfection de l'univers, ce n'est pas précisément la perfection des créatures qui le composent, mais bien la simplicité, la fécondité, l'universalité et l'uniformité des lois qui le gouvernent et qui sont autant de manifestations des attributs divins. « La sagesse (de Dieu) lui défend de prendre de tous les desseins possibles celui qui n'est pas le plus sage. L'amour qu'il se porte à lui-même ne lui permet pas de choisir celui qui ne l'honore pas le plus. » (*Entr.* 9° *sur la Mét.*, n. 10.) « Un monde plus parfait, mais produit par des voies moins fécondes et moins simples, ne porterait pas tant que le nôtre le caractère des attributs divins. Voilà pourquoi le monde est rempli d'impies, de monstres, de désordres de toutes façons. Dieu pourrait convertir tous les hommes, empêcher tous les désordres : mais il ne doit pas pour cela troubler la simplicité et l'uniformité de sa conduite, car il doit l'honorer par la sagesse de ses voies, aussi bien que par la perfection de ses créatures. » (*Ibid.*, n. 11; cf. *Prælect. philos.*, t. II, p. 128.)

Il fallait s'y attendre, Malebranche a transporté dans la conduite de l'homme l'optimisme auquel il soumet la conduite de Dieu. Pour lui, le bien, c'est la perfection, et la perfection, c'est l'ordre. Agir en vue de l'ordre universel et de l'universelle régularité, et faire régner dans la vie quelque chose de l'universelle géométrie, voilà le bien.

On rapporte que Bossuet dit un jour au sujet du livre de *La nature et de la grâce* : « *Pulchra, nova, falsa.* » On pourrait en dire autant des *Entretiens sur la métaphysique* et de la *Recherche de la Vérité*. Au reste, il paraît que, vers la fin de la vie, las des objections sans nombre qu'on lui faisait de toutes parts, et auxquelles il ne pouvait guère répondre, l'humble oratorien inclina vers le *fidéisme*. « Pour moi, je ne bâtis que sur les dogmes de la foi. »

Personne en France, même au dix-septième siècle, n'a

fait parler la philosophie dans une langue plus pure, plus séduisante que Malebranche; et l'on ne saurait trop regretter qu'un si grand génie se soit épuisé à soutenir des thèses paradoxales qui ne blessent pas moins le bon sens que la philosophie et la théologie.

Fénelon (1651-1715)

Fénelon tient à la fois de saint Augustin, de Descartes et de Malebranche. Génie infiniment souple, subtil et pénétrant, âme ardente et généreuse, toute passionnée pour le vrai, écrivain d'une parfaite lucidité et d'une rare élégance jusque dans les matières philosophiques, il appartient à la famille des métaphysiciens. Cet esprit brillant était porté vers l'idéal dans tous les ordres de la pensée; mais l'idéal, quand on n'a pas soin de s'établir d'abord sur la terre ferme de l'expérience, conduit aisément à l'idéalisme. Fénelon a penché de ce côté, et a trop subi l'influence de Descartes, dont il a réussi pourtant à éviter les plus graves erreurs.

Au reste, la philosophie a été pour l'évêque de Cambrai une occupation accessoire : il n'a écrit que le *Traité sur l'existence de Dieu et de ses attributs* et les *Lettres sur divers sujets de Métaphysique et de Religion*. Dans ces deux ouvrages, la plupart des problèmes philosophiques sont touchés, hormis ceux relatifs à la Logique et à l'Ontologie; mais aucun n'est traité à fond, sauf peut-être ceux qui regardent la Théodicée. Le *Traité de l'existence de Dieu*, qui est le principal écrit philosophique de Fénelon, comprend deux parties : la première et en même temps la plus populaire, où il s'attache avant tout à établir l'existence de Dieu par les merveilles du monde, la seconde plus métaphysique, où il pénètre dans la nature intime de Dieu et où il étudie ses principaux attributs. Dans la première partie, l'éloquent prélat reproduit le plus souvent le fameux traité *De naturâ deorum* de Cicéron, mais il y ajoute son cœur et laisse échapper, au milieu de trésors d'élégance, cette abondance de sentiments tendres et passionnés qui provoquent les émotions nobles et grandes. On l'a dit avec raison : c'est une lecture qui, bien faite, équivaut à une prière. La seconde partie est moins exacte et prête davantage à la critique. — Ses *Lettres* traitent sans s'y arrêter de l'existence de Dieu, du culte qui lui est dû d'après la raison et d'après la révélation, de la spiritualité, de la liberté et de l'immortalité de l'âme, et enfin de son union avec le corps.

Voici les principales fautes qu'on peut relever dans les écrits philosophiques de l'évêque de Cambrai : 1° Sous l'influence de Descartes, il fait trop peu de place à l'autorité en philosophie, et la doctrine scolastique lui est à peu près étrangère. Cependant, il faut lui savoir gré des paroles suivantes qu'il a eu un certain mérite à écrire en plein dix-septième siècle : « Si j'avais à croire quelque philosophe sur la réputation, je croirais bien plutôt Platon et Aristote qui ont été pendant tant de siècles en possession de décider ; je croirais même saint Augustin bien plus que Descartes sur les matières de pure philosophie ; car outre qu'il a beaucoup mieux su les concilier avec la religion, on trouve d'ailleurs dans ce Père un bien plus grand effort de génie sur toutes les vérités métaphysiques, quoiqu'il ne les ait touchées que par occasion et sans ordre. Il y a dans Descartes des choses qui ne paraissent pas dignes de lui, comme par exemple son monde indéfini, s'il ne signifie pas un monde réel... Il y a beaucoup d'autres choses sur lesquelles il n'est jamais venu aux dernières précisions. » (*Lettre II sur div. suj. de Mét. et de Relig.*)

2° Fénelon a eu le tort de s'attacher avec trop d'ardeur au doute méthodique de Descartes, et de s'arrêter à certaines rêveries de ce philosophe, comme sont celles sur le sommeil et la veille, sur l'homme qui pense et celui qui a perdu l'usage de la raison, sur la possibilité d'être trompé par un génie puissant et malin. (*Exist. de Dieu*, 2° part., ch. 1.) — Remarquons pourtant, à la louange de l'évêque de Cambrai, qu'il rejette tout ce qu'il y a de plus ouvertement erroné et dangereux dans la méthode cartésienne. Pour commencer, il ne fonde pas l'évidence sur la véracité de Dieu, ce qui aboutirait à un cercle vicieux, mais il admet l'évidence comme étant son propre critérium, et n'ayant besoin que d'elle-même pour gagner l'assentiment de l'esprit. — Ensuite, et cette considération est d'une haute importance, si l'auteur déclare ne s'en référer qu'aux idées claires, en philosophie, il ne les entend pourtant pas, à la manière de Descartes, des seules vérités géométriques ou nécessaires, mais il les trouve pareillement dans les vérités de sens commun, dont l'objet est plus étendu. « Qu'est-ce que le sens commun? N'est-ce pas les premières notions que tous les hommes ont également des mêmes choses? Ce sens commun qui est toujours et partout le même, qui prévient tout examen, qui rend l'examen même de certaines questions ridicule, qui fait que malgré soi on rit au lieu d'examiner, qui réduit l'homme à ne pouvoir douter, quelque effort qu'il fît pour se mettre dans un doute, ce sens qui est celui de tout homme, ce sens qui n'attend que d'être consulté, mais qui se montre du premier coup d'œil et qui découvre aussitôt l'évidence ou l'absurdité de la question, n'est-ce pas ce que j'appelle mes idées? » (*Exist. de Dieu*, 2ᵉ part., ch. ii, n. 33, édit. Napoléon Chaix.)

De plus, Fénelon se garde bien du paralogisme cartésien qui fait dépendre notre connaissance des corps d'un *instinct* fondé sur la véracité de Dieu : « L'être singulier est vrai et intelligible selon la mesure dont il existe par communication... Il est l'objet immédiat de mes connaissances singulières. » (*Ibid.*, ch. vi, n. 60.) Ici même, toutefois, le prélat philosophe soutient l'opinion très invraisemblable et déjà réfutée par nous (p. 280) qui met le principe d'individuation dans la simple existence.

3° Fénelon, entraîné par Descartes, se méprend tout à fait sur la *personnalité* humaine et l'union de l'âme avec le corps. A ses yeux, le *moi* c'est l'âme, et l'âme c'est la pensée. « Ce que j'appelle *moi* ou mon esprit. » (*Ibid.*, ch. ii, n. 25.) « Je connais ce que j'appelle *moi*, qui pense et à qui je donne le nom d'esprit. » (*Ibid.*, n. 21.) Et entre ce moi, dont la nature est de penser, et le corps, il ne voit qu'une union accidentelle, forcée, qui n'a rien de naturel et qui est une gêne pour l'âme. — « La cessation d'une union si accidentelle à ces deux natures. » (*Lettre II sur la relig.*, ch. II, n. 2.) — « L'union de l'âme et du corps *ne* consiste que dans un *concert* ou rapport naturel entre les pensées de l'une et les mouvements de l'autre... Ce concert n'est point naturel à ces deux êtres si dissemblables et si indépendants l'un de l'autre. » (*Ibid.*, n. 3.) Nous voilà ramenés à l'occasionalisme de Malebranche. Fénelon dit bien ailleurs que l'empire de l'âme sur le corps est souverain, et que ma simple volonté fait mouvoir tous les membres de mon corps. Il rapporte même avec éloge un texte où saint Augustin enseigne que « les parties internes de nos corps ne peuvent être vivantes que par nos âmes. » (*Exist. de Dieu*, 1re part., ch. II, n. 47.) Mais on ne voit pas qu'il tire aucun parti de ces paroles. — Quant aux animaux, il leur accorde l'instinct, dont il se refuse à définir la nature : « Ne cherchons pas en quoi consiste cet instinct; contentons-nous du simple fait sans raisonner... Il n'est pas question de savoir si les bêtes ont de la connaissance : je ne prétends entrer en aucune question de philosophie. » (*Ibid.*, ch. II, n. 23.)

4° Non moins regrettable est l'erreur de Fénelon touchant la nature et l'origine de nos *idées* générales. Ici, osons le dire, il professe l'ontologisme, non pas sans doute l'ontologisme de Malebranche qui voit tout en Dieu, mais cet ontologisme plus modéré et aussi peu philosophique qui regarde Dieu comme l'objet *immédiat* de notre connaissance, et qui suppose que nous apercevons en lui toutes nos idées générales. « C'est dans l'infini que mon esprit connaît le fini. On ne conçoit le fini qu'en lui attribuant une borne qui est une pure négation d'une plus grande étendue. Ce n'est donc que la privation de l'infini, et on ne pourrait jamais se représenter la privation de l'infini, si on ne concevait l'infini même. » (*Ibid.*, ch. II, n. 51.) — « L'objet *immédiat* de *toutes* mes connaissances universelles est Dieu même. » (2° part., ch., IV, n. 60.) « Il faut conclure invinciblement que c'est l'être infiniment parfait qui se rend *immédiatement* présent à moi, quand je le conçois, et qu'il est *lui-même l'idée que j'ai de lui.* » (*Ibid.* ch. II,

n. 29.)... Quoi donc! mes idées seront-elles Dieu? Elles sont supérieures à mon esprit, puisqu'elles le redressent et le corrigent. Elles ont le caractère de la divinité, car elles sont universelles et immuables comme Dieu... Tout ce qui est vérité universelle et abstraite est une idée. Tout ce qui est une idée est Dieu même, comme je l'ai déjà reconnu. » (*Ibid.*, ch. IV, n. 30-40.) « Voilà la source des vrais universaux, des genres, des différences et des espèces. » (*Ibid.*, n. 43; cf. 1re part., ch. II, n. 21.) — On ne saurait trop s'étonner de voir un esprit aussi pénétrant ne pas savoir distinguer entre l'*idée* et l'*objet* qu'elle représente, entre nos idées qui ne sont rien autre que des modifications de notre âme et l'objet que ces idées atteignent : cet objet d'ailleurs n'est pas l'être concret et vivant que nous appelons Dieu, mais seulement un être abstrait et idéal. (Cf. *Prælect. philos.*, t. I, p. 352, et t. II, p. 26-30.)

5° La *théodicée* de Fénelon a des beautés réelles, sans toutefois mériter une approbation absolue. Parmi les preuves de l'existence de Dieu apportées par l'illustre prélat, plusieurs sont justes et très éloquemment exposées; mais plusieurs portent à faux, par exemple celle de l'idée de l'infini, celle tirée des *deux raisons* qui sont en nous, l'une au-dessus de nous, droite, infaillible et qui nous corrige, l'autre inférieure, fautive, sujette à se tromper, qui est nous-même ; la preuve tirée de la nature des idées générales ne vaut pas davantage.

Au sujet des attributs de Dieu, la doctrine de Fénelon sur la nature, l'unité, la simplicité, l'immutabilité, l'éternité et la science de Dieu, est remarquable et bien supérieure à tout ce qu'on lit d'ordinaire dans les ouvrages des philosophes modernes. Et même sur la science de Dieu et sur la manière dont il connaît les futurs contingents ou conditionnels, l'enseignement de l'évêque de Cambrai ne diffère pas de l'enseignement thomiste : « L'intelligibilité de mon objet est indépendante de mon intelligence, et mon intelligence reçoit de cet objet intelligible une nouvelle perception. Il n'en est pas de même de Dieu; l'objet n'est objet, n'est vrai et intelligible que par lui; ainsi c'est l'objet qui reçoit son intelligibilité, et l'intelligence infinie de Dieu ne peut en recevoir une nouvelle perception... *Il ne peut rien voir que dans sa propre volonté*, qui fait l'être, la vérité, et par conséquent l'intelligibilité de tout ce qui existe hors de lui. A plus forte raison ne voit-il que dans cette même volonté les êtres *conditionnellement* futurs. » (*Exist. de Dieu*, 2ᵉ part., ch. ıv, a. 5, n. 114, 116, 117.)

Mais le langage, sinon la pensée de Fénelon, s'écarte de la vérité philosophique touchant la *spiritualité* et *l'immensité* de Dieu. « Dieu n'est pas plus esprit que corps, ni corps qu'esprit; à proprement parler, il n'est ni l'un ni l'autre. Au sens où l'Écriture appelle Dieu esprit, je conviens qu'il en est un; car il est incorporel et intelligent: mais dans la rigueur des termes métaphysiques, il faut conclure qu'il n'est pas plus esprit que corps. S'il était esprit, c'est-à-dire déterminé à ce genre particulier d'être, il n'aurait aucune puissance sur la nature corporelle, ni aucun rapport à tout ce qu'elle contient. » (*Ibid.*, ch. v, n. 66, 67.) — « Il y a une extrême différence entre attribuer à Dieu tout le positif de l'étendue, et lui attribuer l'étendue avec une borne ou négation. Qui met l'étendue sans bornes change l'étendue en immensité; qui met l'étendue avec une borne fait la nature corporelle. Dès que vous ne mettez aucune borne à l'étendue, vous lui ôtez la figure, la divisibilité, le mouvement... Où est-il? il est; et il est tellement, qu'il faut bien se garder de demander où... Il est tout, il est l'être; ou, pour dire encore mieux en disant plus simplement, il est : car moins on dit de paroles de lui et plus on dit de choses : il est, gardez-vous d'y rien ajouter. » (*Ibid.*, a. 4, n. 100, 101.) — Non, Dieu est plus esprit que corps; il est esprit dans la rigueur des termes métaphysiques, ce qui ne lui ôte en aucune façon son empire sur la nature matérielle. Quant à l'étendue, c'est se méprendre étrangement de croire qu'on lui ôtera sa nature corporelle en lui ôtant ses bornes, et qu'on pourra la convertir en l'immensité qui ne saurait convenir qu'à un esprit.

6º Enfin, l'évêque de Cambrai rapetisse trop la créature, au moins la créature corporelle, quand il lui refuse toute *activité :* il pose des principes en tout conformes à ceux de l'occasionalisme, et qui le conduiraient à priver l'homme de toute activité véritable, s'il était conséquent avec lui-même. « L'auteur du *fond* de l'être l'est aussi de *toutes* les *modifications* ou manières d'être des créatures. C'est ainsi que Dieu est la cause réelle et *immédiate* de *toutes* les configurations, combinaisons et mouvements de tous les corps de l'univers; c'est à *l'occasion* d'un corps qu'il a mû qu'il en meut un autre; c'est lui qui a tout créé, et c'est lui *qui fait tout dans son ouvrage.* » (*Exist. de Dieu*, 1re part., ch. ii, n. 65.) « Un corps ne se meut en rien lui-même; il n'agit en rien, il est seulement agi... Pour les esprits, il n'en est pas de même; ma volonté se détermine elle-même... Si c'est Dieu qui me modifie, je me modifie moi-même avec lui. » (*Ibid.*, n. 67, et 1re part., ch. iii, n. 80.)

Bossuet (1627-1704)

Plusieurs auteurs attribuent la même valeur philosophique à Bossuet et Fénelon. Cette assimilation n'est pas exacte. Bossuet s'attache plutôt aux sentiments d'Aristote et de saint Thomas qu'à ceux de Descartes, bien que l'École ne puisse le revendiquer exclusivement[1]. Au reste, mêlé qu'il était à toutes les affaires de son temps, ce grand homme ne s'est occupé de philosophie que d'une façon accessoire et dans la mesure nécessaire pour remplir ses fonctions de précepteur du Dauphin. Ce n'est donc pas dans cette sphère qu'il a déployé tout son génie et acquis

---

[1]. « Avant d'appartenir au cartésianisme, Bossuet est de l'école de saint Thomas. Son chef-d'œuvre philosophique, *La Connaissance de Dieu et de soi-même*, n'est souvent que l'abrégé éloquent de la Somme de théologie. » (Jourdain, *La Philos. de saint Thomas*, t. II, c. vi.) Il étudia au collège de Navarre, le plus florissant de l'Université de Paris, sous Dusoussay, qui commentait la *Somme théologique.* C'est dans ses *Sermons* que Bossuet reproduit le plus souvent la doctrine de saint Thomas; voir aussi *Déf. de la tradition*, l. III, c. 20.)

l'immense autorité dont jouit l'auteur des *Oraisons funèbres*, du *Discours sur l'histoire universelle* et de l'histoire des *Variations*. Néanmoins, il a porté dans la philosophie ces qualités éminentes qui ne l'abandonnent jamais, un bon sens soutenu, une élévation pleine de majesté, un langage si précis et si clair qu'il illumine les idées les plus abstraites. C'est aussi le mérite de l'Évêque de Meaux, — mérite qui le rapproche beaucoup des philosophes scolastiques, — d'*observer* d'abord avec soin, et de ne généraliser qu'après avoir observé. Par là, au lieu d'être ontologique comme celle de Malebranche ou même de Fénelon, sa méthode est avant tout expérimentale et psychologique. — Ainsi que la plupart des auteurs du dix-septième siècle, quoique plus érudit, il cite peu les philosophes, et l'on ne trouve guère sous sa plume que les noms de saint Augustin, de saint Thomas, de Platon, et surtout d'Aristote, auquel il fait de nombreux emprunts. Écrivant sa philosophie pour le Dauphin, il n'a pas trouvé à propos de faire étalage de science, et il a préféré mettre en tout leur jour les grandes vérités de sens commun, tâche délicate où il a merveilleusement réussi. (*Lettre à Innocent XI*.) Pour l'exactitude, il se montre supérieur à tout ce qu'il y a de philosophes au dix-septième siècle.

Bossuet touche à peu près à tous les problèmes philosophiques ; mais à l'exception de la psychologie et de la logique, il traite chaque question trop rapidement pour atteindre le fond des choses.

Il commence par l'étude de l'homme dont il fait comme la base de toute sa philosophie. De l'homme il s'élève à Dieu, pour s'appliquer ensuite, à l'aide de la logique et de la morale, à développer les deux facultés maîtresses de l'âme, c'est-à-dire l'intelligence et la volonté. (*Lettre à Innocent XI*.) Nous pourrons suivre cet ordre dans l'exposé de la doctrine de ce grand penseur. On la trouve principalement dans le *Traité de la Connaissance de Dieu et de soi-même*, les *Élévations*, 1re et 2e semaine, les *Sermons*, le *Traité des causes*, la *Logique*, le *Traité du libre arbitre*, et la *Morale*.

Anthropologie. — « La sagesse consiste à connaître Dieu et à se connaître soi-même. La connaissance de soi-même nous doit élever à la connaissance de Dieu. » (*Connaissance de Dieu et de soi-même,* prol.) Tout Bossuet est dans ces deux phrases : il veut aller de l'homme à Dieu, et non pas de Dieu à l'homme.

« Il y a dans l'homme trois choses à considérer : l'âme séparément, le corps séparément, et l'union de l'un et de l'autre. » (*Prol.*) Voilà un beau début et le plan d'une anthropologie complète, que Bossuet saura remplir fidèlement, en unissant pour cette étude la physiologie et la psychologie, comme chez l'homme il y a union entre l'âme et le corps. Ce n'est pas lui qui, avec Descartes et Fénelon, ne verra dans l'homme que l'âme, et dans l'âme que la pensée. « C'est, ce me semble, une *étrange* métaphysique de dire que le fond de la substance de l'âme soit seulement penser et vouloir. » (*Œuvr. comp.,* t. XVIII, p. 129, édit. Olivier Fulgence, 1845-1846.) De même, il n'entend pas qu'on réduise la matière à la seule étendue : « Toutes les fois que M. de Leibnitz entreprendra de prouver que l'essence du corps n'est pas dans l'étendue actuelle, non plus que celle de l'âme dans la pensée actuelle, je me déclare hautement pour lui [1]. » (T. XXVI, p. 277.)

Il nous annonce ensuite qu'il suivra dans l'étude de l'homme la méthode *expérimentale :* « Il s'agira d'observer et de concevoir ce que chacun de nous en peut reconnaître en faisant réflexion sur ce qui arrive tous les jours ou à lui-même ou aux autres hommes semblables à lui. » (*Prol.*) Et il commence par étudier l'âme séparément : « Nous connaissons notre âme par ses opérations qui sont de deux sortes : les opérations sensitives, et les opérations intellectuelles » (ch. 1, § 1). Plus loin, il montre que le

---

[1]. Les paroles suivantes, assurément fort remarquables, contiennent en abrégé le double principe constitutif des corps, la matière et la forme : « Ne voyez-vous pas, chrétiens, que dans *toutes* les choses corporelles, outre la partie agissante, il y en a une autre qui ne fait que souffrir, que nous appelons la matière? » (1er *Serm.* pour le 1er dimanche de carême.)

propre des premières, c'est d'être organiques, tandis que les secondes sont inorganiques ou immatérielles (ch. III, § 13).

Cette distinction et cette notion des facultés de l'âme est le fond même de la psychologie thomiste, et ce qui la distingue essentiellement de la psychologie cartésienne, pour laquelle sentir est la même chose que penser. Mais il faut regretter qu'après avoir nettement distingué la substance des accidents (*Serm. sur la mort*, 1ᵉʳ point) et les facultés entre elles, Bossuet, par une étrange inconséquence, ne sache pas les distinguer de l'essence de l'âme, une et indivisible de soi (ch. I, § 20). — Parlant ensuite de la sensation, de sa nature, de son objet et de son sujet, l'auteur de la *Connaissance de Dieu et de soi-même* revient aux sentiments de l'École, quoiqu'il atténue un peu l'action du corps au profit de l'âme. « Nous pouvons définir la sensation : la première *perception* qui se fait en notre âme à la présence des corps que nous appelons objets, et ensuite de l'impression qu'ils font sur les organes de nos sens » (ch. I, § 1). De même il professe la doctrine péripatéticienne sur les sensibles *propres, communs* et par *accident*, les sens extérieurs et les sens intérieurs (ch. I, n. 3, 5), et compte au nombre de ces derniers le sens commun, l'imagination et la mémoire sensible qu'il distingue fort bien de la mémoire intellectuelle (*ibid.*, II, 12). Mais il oublie l'estimative, et ne donne pas du sens commun une idée assez exacte. — La connaissance sensible engendre un appétit du même ordre, qui se divise en *concupiscible* et *irascible*, et qui comprend onze passions, toutes fondées sur l'amour. Ici l'évêque de Meaux reproduit, justifie et commente fidèlement l'admirable théorie du Docteur Angélique (*Ibid.*, n. 6).

Les opérations intellectuelles se rapportent à l'entendement et à la volonté. Connaître le vrai, atteindre le fond des choses, avoir conscience d'elle-même, s'élever à des idées générales, concevoir, juger et raisonner, rendre raison de ce qu'elle fait et au besoin redresser les erreurs des sens, voilà le propre de l'intelligence. Bossuet complète ces excellentes notions par un parallèle fort remarquable entre l'intelligence et les sens, dont les principales idées sont empruntées au Stagirite; aussi ajoute-t-il « qu'Aristote a parlé divinement quand il a dit de l'entendement et de sa séparation d'avec les organes, ce que nous venons de rapporter. » (*Ibid.*, n. 7, 12, 13, 16, 17.) Ces prémisses lui permettent d'établir que non seulement l'âme est simple, mais encore spirituelle, selon la distinction célèbre des scolastiques, malheureusement peu connue des philosophes du dix-septième siècle. — Mais, pour être spirituelle, l'âme humaine n'en est pas moins dépendante des sens et de l'imagination, dans l'exercice de son activité (ch. III, n. 15). « Il faut pourtant reconnaître qu'on n'entend point sans imaginer ni sans avoir senti, car il est vrai que par un certain accord entre toutes les parties qui composent l'homme, l'âme n'agit pas, ne pense pas et ne connaît pas sans le corps, ni la partie intellectuelle sans la partie sensitive. De là vient que nous ne pensons jamais ou presque jamais à quelque objet que ce soit, que le nom dont nous l'appelons ne nous revienne; ce qui marque la liaison des choses qui frappent nos sens, tels que sont les noms, avec nos opérations intellectuelles. » (*Ibid.*)

Venons enfin à la fameuse théorie de l'origine et de la nature des *idées*: ici, nous devons le reconnaître, Bossuet se montre moins précis et moins exact que nous le souhaiterions. Il définit l'idée: « Ce qui représente à l'entendement la vérité de l'objet entendu. » (*Log.*, I, II.) Cette définition toute scolastique distingue nettement l'idée de l'objet qu'elle représente. Mais plus loin il enseigne que « *toutes* nos idées sont universelles » (*ibid.*, ch. XXXIV), par cette raison que « nous ne connaissons pas ce qui fait précisément la différence numérique et individuelle des choses, c'est-à-dire ce qui fait qu'un cercle diffère précisément d'un autre cercle, ou un homme d'un autre homme. » (*Ibid.*, ch. III.) Double erreur : il est aussi aisé de connaître ce qui distingue un homme d'un autre homme que ce qui distingue un homme d'un cheval, et par suite, la philosophie doit admettre avec le sens commun l'existence des idées particulières et singulières aussi bien que celle des idées générales.

Mais quelle est la nature et l'origine des idées? Pour l'infini, Bossuet professe que « le *parfait* est le premier et en soi et dans nos idées. L'homme ignorant croit connaître le changement avant l'immutabilité, parce qu'il exprime le changement par un terme positif et l'immutabilité par la négation du changement même : et il ne veut pas songer qu'être immuable c'est être, et que changer c'est n'être pas; or l'être est, et il est connu devant la privation qui est le non-être. » (1re sem., 2e *Élév. sur les myst.*) — Ces paroles contiennent plus d'une inexactitude; car elles supposent que l'imparfait, le changement est purement négatif; or l'imparfait est quelque chose de positif, quoique limité; un homme, par exemple, si imparfait qu'on le suppose, est quelque chose de réel. En outre, si l'être imparfait et changeant se présente à nous avant le parfait et l'immuable, pourquoi ne le connaîtrions-nous pas avant lui? Et s'il est moins parfait en lui-même, cela prouve-t-il qu'il soit moins proportionné à notre faible vue, ou plutôt n'est-ce pas le contraire qui est vrai? — Mais, enfin, si Bossuet veut que nous connaissions le parfait avant l'imparfait, et celui-ci par celui-là, pourquoi dit-il que « la philosophie consiste principalement à rappeler l'esprit à lui-même, pour s'élever ensuite comme par un degré sûr jusqu'à Dieu, et qu'il a commencé par là comme par la recherche la plus aisée? » (*Lettre à Innocent XI.*)

Mêmes divergences au sujet des idées *universelles*. Voici un passage assez favorable à l'ontologisme modéré : « C'est en lui (Dieu), d'une certaine manière qui m'est incompréhensible, c'est en lui, dis-je, que je vois ces vérités éternelles; et les voir, c'est me tourner à celui qui est immuablement toute vérité, et recevoir ses lumières... C'est dans cet éternel que ces vérités éternelles subsistent. C'est là aussi que je les vois... Ces vérités éternelles que tout entendement aperçoit toujours les mêmes... sont quelque chose de Dieu, sont Dieu même... Car toutes ces vérités éternelles ne sont au fond qu'une vérité[1]. » (*Conn. de Dieu*, iv, 5.)

---

[1]. Cependant il est juste de reconnaître que Bossuet a énergiquement combattu l'ontologisme excessif de Malebranche (105e lettre

Le texte suivant ferait croire à un partisan de l'*innéisme* : « Sans nous égarer avec Platon dans ces siècles infinis où il met les âmes en des états si bizarres, il suffirait de concevoir que Dieu en nous créant a mis en nous certaines idées primitives où luit la lumière de son éternelle vérité et que ces idées se réveillent par les sens, par l'expérience et par l'instruction que nous recevons les uns des autres. » (*Log.*, I, xxxvii.) Mais la fin du chapitre montre que l'auteur émet ici une simple hypothèse [1].

Cependant, la doctrine suivante est décisive pour les *scolastiques* : « L'universalité est l'ouvrage de la précision par laquelle l'esprit considère en quoi plusieurs choses conviennent, sans considérer ou sans savoir en quoi précisément elles diffèrent. » (*Log.* I, xxx.) « Par là se comprend la nature de l'universel. Il y faut considérer ce que donne la nature même, et ce que fait notre esprit. La nature ne nous donne au fond que des êtres particuliers, mais elle nous les donne semblables. L'esprit venant là-dessus et les trouvant tellement semblables qu'il ne les distingue plus dans la raison dans laquelle ils sont semblables, ne se fait de tous qu'un seul objet, comme nous l'avons déjà dit souvent, et n'en a qu'une idée. C'est ce qui a fait dire au commun de l'École qu'il n'y a point d'universel dans les choses mêmes ; et encore, que la nature donne bien, indépendamment de l'esprit, quelque fondement à l'univer-

---

à un disciple de Malebranche), et dans plusieurs de ses Sermons, il parle des idées plutôt en disciple de saint Augustin qu'en ontologiste proprement dit : « Sans doute il y a au dedans de nous une divine clarté : un rayon de votre face, Seigneur, s'est imprimé en nous... c'est là que nous découvrons comme dans un globe de lumière... c'est la première raison qui se montre à nous par son *image*. » (2ᵉ *Serm. sur la mort*, 2ᵉ point.) « Ces lois de l'équité naturelle ne sont autre qu'un extrait fidèle de la vérité primitive qui réside dans l'esprit de Dieu, et c'est pourquoi nous pouvons dire que la vérité est en nous. » (2ᵉ point du Serm. *sur le respect dû à la vérité*.)

1. « Que cela soit ou ne soit pas ainsi, que les idées soient ou ne soient pas formées en nous dès notre origine, qu'elles soient engendrées ou seulement réveillées par nos maîtres et par les réflexions que nous faisons sur nos sensations, ce n'est pas ce que je demande ici. »

sel, en tant qu'elle fournit des choses semblables, mais qu'elle ne donne pas l'universalité aux choses mêmes, puisqu'elle les fait toutes individuelles; enfin, que l'universalité se commence par la nature, et s'achève par l'esprit : *Universale inchoatur a naturá, perficitur ab intellectu.* » (*Ibid.*, XXXI.)

La doctrine de Bossuet sur la *volonté* humaine, son objet, sa nature, ses actes, sa spiritualité, sa liberté, est tout entière empruntée à saint Thomas, jusqu'aux arguments mêmes par lesquels il cherche à l'établir. (*Conn. de Dieu*, I, 18, 19; III, 15, 16.) Où il se montre le plus ouvertement thomiste, c'est quand il parle de la manière dont Dieu aide notre volonté et concourt à tous nos actes, car il soutient avec une vigueur pleine d'éloquence et une saisissante clarté le système de la *prémotion physique*. « Tel est le sentiment de ceux qu'on appelle thomistes; car voilà ce que veulent dire les plus habiles d'entre eux par ces termes de prémotion et prédétermination physique, qui semblent si rudes à quelques-uns, mais qui, étant entendus, ont un si bon sens. » (*Du libre arbitre*, ch. VIII.) Tout ce traité fameux, consacré, on peut le dire, à cette question, est celui où l'Évêque de Meaux pénètre le plus avant dans les entrailles de la question.

Reste le grand problème de l'union de l'âme et du corps, où Bossuet tient pour ainsi dire le milieu entre les thomistes et les cartésiens, tout en se rapprochant des premiers beaucoup plus que des seconds. Loin de regarder cette union comme accidentelle et forcée, d'après les termes de Fénelon, il la trouve naturelle et demandée par la nature de l'âme, ainsi que l'enseigne l'École. « Il était convenable, afin qu'il y eût de toutes sortes d'êtres dans le monde, qu'il s'y trouvât et des corps qui ne fussent unis à aucun esprit, telles que sont la terre et l'eau, et les autres de cette nature, et des esprits qui comme Dieu même ne fussent unis à aucun corps, tels que sont les anges; et aussi des esprits unis à un corps, tels que l'âme raisonnable, à qui, *comme à la dernière de toutes les créatures intelligentes*, il devait échoir en partage ou plutôt *convenir na-*

turellement de faire un même tout avec le corps qui lui est uni. » (*Conn. de Dieu*, III, 1.) Et bien qu'il lui semble difficile et peut-être impossible de pénétrer le secret de cette union qu'il regarde, non sans exagération manifeste, comme « une espèce de miracle perpétuel, général et subsistant », cependant, à ce qu'il a déjà dit touchant la raison de cette union, il ajoute cette explication solide : « Si l'âme n'était simplement qu'intellectuelle, elle serait tellement au-dessus du corps qu'on ne saurait par où elle y devrait tenir ; mais, parce qu'elle est sensitive, on la voit manifestement unie au corps par cet endroit-là, ou, pour mieux dire, *par toute sa substance*, puisqu'elle est indivisible et qu'on peut bien en distinguer les opérations, mais non pas la partager dans son fond. » (*Ibid.*, n. 2.)

Sans pousser plus loin avec l'École l'explication de l'union de l'âme et du corps, l'illustre prélat s'applique à en montrer les effets et l'utilité, pour l'un comme pour l'autre, ce dont il s'acquitte longuement et consciencieusement (*ibid.*, n. 2-12). A propos des sensations, il observe que l'âme les éprouve dans tout le corps, et, par suite, qu'elle est présente à tout le corps en tant que sensitive (*ibid.*, n. 6, 5e prop., et n. 2). « D'où il résulte que l'âme doit lui être unie en son tout, parce qu'elle lui est unie comme à un seul organe, parfait dans sa totalité. »

Bossuet achève sa psychologie par une longue et intéressante étude sur l'âme des bêtes et sa différence d'avec l'âme des hommes. Ce problème l'embarrasse visiblement et le tient longtemps indécis ; néanmoins, il sème ces pages de remarques très judicieuses, démontre à fond que les animaux n'ont ni liberté, ni réflexion, ni même le dernier degré du raisonnement, puisqu'ils n'inventent rien et qu'ils vont toujours un même train, et, après bien des hésitations, obligé enfin de se prononcer entre les scolastiques et les cartésiens, il constate que l'opinion qui fait de la bête un pur automate « entre peu jusqu'ici dans l'esprit des hommes » et qu'en somme il vaut mieux regarder l'âme des bêtes comme n'étant ni un corps ni un esprit, mais une nature mitoyenne, c'est-à-dire simple, quoique absorbée par le corps en toutes ses opérations, et par conséquent destinée à périr avec lui (v, 13).

Métaphysique. — La métaphysique proprement dite est à peine esquissée par Bossuet. Sa doctrine est répandue çà et là dans ses divers ouvrages; à ces notions éparses il faut ajouter celles que nous fournit le petit *Traité des causes* qui reproduit très heureusement la célèbre division péripatéticienne des quatre causes, *efficiente*, *matérielle*, *formelle* et *finale*. Notre commentateur s'attache particulièrement à développer la théorie de la cause finale, battue en brèche par Bacon et Descartes; il apporte à cet effet de nombreux exemples et y revient fréquemment dans ses divers ouvrages. Il conclut en montrant Dieu comme le principe et la fin de toutes choses, et spécialement de la vie humaine, et il déclare « qu'Aristote est digne d'une éternelle louange pour avoir dit, tout païen qu'il était, que le plus digne emploi de l'homme est celui qui lui donne le plus de moyens de vaquer à Dieu. » (*Eth. à Nicom.*, X, 7.)

Nulle part Bossuet ne traite séparément et d'une façon suivie les questions de la *théologie naturelle*. Non pas que l'idée de Dieu occupe un rang inférieur dans sa pensée : on sait combien cette idée tenait de place chez les écrivains du dix-septième siècle; mais chez aucun peut-être elle ne joue un si grand rôle que dans les écrits de l'Évêque de Meaux : à vrai dire, il la trouve partout, et elle est l'âme et le couronnement de tous ses écrits. C'est dans la *Connaissance de Dieu et de soi-même* et les *Élévations* qu'il revient le plus souvent à l'existence de la cause première. Il la prouve par les merveilles des plantes, des animaux, de notre corps, de notre âme, de leur union admirable et de la nature des idées. — Enfin, il est le seul philosophe du dix-septième siècle qui invoque le consentement des peuples en faveur de l'existence de Dieu. « Parmi tant de mœurs et de sentiments contraires qui partagent le genre humain, on n'a point encore trouvé de nation si barbare qui n'ait quelque idée de la divinité : ainsi nier la divinité, *c'est combattre la nature même.* » (*Logic.*, l. III, c. 22.) — Bossuet parle ensuite brièvement mais avec grande éloquence de chacun des attributs divins, et le plus souvent il raisonne comme le Docteur Angélique, par exemple lorsqu'il nous représente Dieu « comme la *forme des formes*, l'*acte des actes*, comme « étant tout ce qu'il est en vertu de son essence qui se confond avec son existence; enfin, comme possédant la plénitude de l'être ou plutôt comme étant l'être même ». (T. XXII, p. 199.) Mais personne n'a parlé aussi admirablement de la providence que l'auteur du *Discours sur l'histoire universelle*. Partout il la montre présidant à l'ensemble du monde et à chaque chose en particulier, et il se prononce en faveur de l'*optimisme relatif*. « Dieu a répandu sa sagesse sur toutes ses œuvres : Dieu a tout vu, Dieu a tout mesuré, Dieu a tout compté. Rien n'excède. A regarder le total, rien n'est plus grand ni plus petit qu'il ne faut ; ce qui semble défectueux d'un côté sert à un ordre supérieur et plus caché que Dieu sait. Tout est répandu à pleines mains, et néanmoins tout est fait et donné par compte. Ce qui l'emporterait d'un côté a son contre-poids dans l'autre. La balance est juste et l'équilibre parfait. » (T. XXV, p. 394.) — Et contre Malebranche, qui n'admettait dans la providence que des lois et des vues générales, il s'écrie : « Dieu ne veut pas les choses en général seulement, il les veut dans tout leur état, dans toutes leurs propriétés, dans tout leur ordre. » (T. XXII, p. 292.)

Logique. — Nous dirons peu de chose de la logique de Bossuet, quoique, selon nous, elle mérite d'être classique aussi bien que le *Traité de la connaissance de Dieu et de soi-même*. C'est tantôt le *résumé* et tantôt le *commentaire* lucide et fidèle de l'*Organon* d'Aristote; et rien n'y est à reprendre, excepté les erreurs signalées plus haut sur la nature des idées et la négation de la distinction réelle entre l'essence et l'existence dans les créatures (I, 41). — Quelques mots seulement de la théorie de Bossuet sur les idées *claires* et sur la *probabilité*, théorie dans laquelle il s'écarte absolument de l'école cartésienne. D'abord, il a trop de bon sens pour s'arrêter un seul instant au doute méthodique et pour s'établir au sein des ténèbres, afin de mieux chercher la lumière. Sans doute « la vraie règle de bien juger est de ne juger que quand on voit clair. C'est une partie de bien juger que de douter quand il faut. Celui qui juge certain ce qui est certain, et douteux ce qui est douteux, est un bon juge. » (*Conn. de Dieu*, I, 16.) Mais « sous prétexte qu'il ne faut admettre que ce qu'on entend clairement, on approuve ou rejette tout ce qu'on veut, sans songer qu'outre nos idées claires et distinctes, il y en a de confuses et de générales qui ne laissent pas d'enfermer des vérités si essentielles, qu'on renverserait tout en les niant. » (T. XXVI, p. 202.) Et à côté des arguments démonstratifs, il y a les arguments probables, auxquels Bossuet attache la plus grande importance, et sur lesquels il émet des vues lumineuses. « Cet argument est celui qui se fait en matières contingentes et qui ne sont connues qu'en partie, et il s'y agit de prouver, non pas que la chose est certaine, mais qu'elle peut arriver plutôt qu'une autre... Ce genre d'argument est fréquent dans la vie ; car les pures démonstratives ne regardent que les sciences. L'argument vraisemblable ou conjectural est celui qui décide les affaires, qui préside, pour ainsi parler, à toutes les délibérations... Il est donc d'une extrême importance d'apprendre à bien faire de tels raisonnements sur lesquels est basée toute la conduite... C'était la règle de Socrate : *Cela n'est pas certain, mais je le suivrai jusqu'à ce qu'on m'ait montré quelque chose de meilleur...* Que si ce principe est reçu dans les matières de science, comme en effet Socrate l'emploie souvent..... à plus forte raison aura-t-il lieu dans les matières où il n'y a que des conjectures et des apparences. » (*Log.*, III, xxvii.)

Morale. — Bossuet est un esprit essentiellement pratique qui ramène toutes ses spéculations à la conduite et à la réalité. « Malheur à la connaissance stérile qui ne se tourne point à aimer et se trahit elle-même. » (*Conn. de Dieu*, iv, 9.) Cependant son traité spécial sur la morale est fort court. Il comprend dans une première partie cent neuf sentences tirées de la Sainte Écriture et de quelques auteurs profanes, et dans sa deuxième partie, des extraits bien choisis et paraphrasés de la morale d'Aristote, sur la perfection et le bonheur de l'homme, sur la société et les relations commerciales ou autres, sur la vertu placée dans le milieu entre les extrêmes, ainsi qu'un certain nombre de pensées détachées. — Mais n'oublions pas qu'à propos du *quiétisme*, Bossuet a défendu la bonne doctrine sur le motif de nos actions et montré que l'amour de Dieu n'exclut nullement la pensée de la récompense. « Imaginer un amour qui ne porte point de délectation, c'est imaginer un amour sans amour. » (T. XXIX, p. 138.) L'amour est essentiellement unitif, ou plutôt, c'est l'union même de celui qui aime avec l'objet aimé. » (T. XIX, p. 312.) « Profane ou sacré, la nature de l'amour est de désirer la possession assurée de ce qu'on aime. » (T. XVII, p. 475.) Et la chose du monde la plus « véritable, la mieux entendue et la plus constante, c'est qu'on veut être heureux et qu'on veut tout pour cela : c'est la voix commune du genre humain, des chrétiens comme des philosophes. » Au reste, l'idée de récompense ne rend pas l'amour plus intéressé, puisque la récompense qu'il désire n'est autre chose que celui qu'il aime; « et partant, l'idée de la béatitude est confusément l'idée de Dieu, et tous ceux qui désirent la béatitude dans le fond désirent Dieu : aimer la béatitude, c'est donc confusément aimer Dieu, puisque c'est l'amas de tout bien; et aimer Dieu, en effet, c'est aimer plus distinctement la béatitude. » (T. XVII, p. 661; t. XVIII, p. 323.) Telle est aussi la doctrine formelle de saint Thomas d'Aquin.

Nous aurions quelques réserves à faire sur la *politique* de Bossuet; elle fait le pouvoir du prince trop absolu, et rend son autorité trop indépendante de toute autorité humaine. (*Polit. tirée de la S. Écrit.*, l. VIII, a. 2, 1ʳᵉ prop.; l. IV, a. 1, prop. 2ᵉ et 3ᵉ.) De plus, il est inexact de dire avec l'auteur : « Otez le gouvernement, la terre et tous ses biens sont aussi communs entre les hommes que l'air et la lumière... De là est né le droit de propriété, et, en général, *tout* droit doit venir de l'autorité publique. » (L. I, a. 3, prop. 4ᵉ.) Non, le droit de propriété ainsi que plusieurs autres est un droit naturel, fondé sur la raison.

Il est antérieur au gouvernement et n'en dérive en aucune façon.

LEIBNITZ (1646-1716)

Vie de Leibnitz; son génie; universalité et hardiesse; son but et ses œuvres; importance du *Systema theologicum*; *Logique* : utilité de la logique et du syllogisme; dépréciation de l'induction; critique du doute méthodique; accord de la raison et de la foi; éclectisme; réhabilitation de la scolastique; *Anthropologie*; distinction entre les facultés et l'essence de l'âme; connaissance sensible et intellectuelle; dépréciation du monde sensible; innéisme et nominalisme; déterminisme; l'âme, forme substantielle du corps et l'harmonie préétablie; l'origine de l'âme; *Ontologie* : thèses excellentes sur la puissance et l'acte, le fondement des essences, la distinction entre la substance et les accidents, l'unité et l'activité des êtres, les causes finales; notions erronées sur la raison suffisante, la substance, le principe d'individuation, l'espace et le temps, l'action *ad extra*; *Cosmologie* : optimisme; monadisme abandonné pour la matière, la forme et les accidents absolus; défense de l'Eucharistie; nature, origine et immortalité de l'âme des bêtes; lien des êtres; espèces moyennes et équivoques; principe de la sympathie et des indiscernables; *Théodicée* : l'argument de Descartes complété; autres preuves; la liberté sacrifiée à la sagesse; le mal et sa nature; *Morale* : mérites et erreurs; conclusion; sources des erreurs de Leibnitz.

Leibnitz naquit à Leipzig, d'une famille de professeurs. Son professeur de philosophie à l'université de cette ville fut Jacques Thomasius, personnage très versé dans l'antiquité, et qui sut inspirer à son brillant élève le goût de l'histoire et de la scolastique. A l'âge de dix-sept ans, Leibnitz obtint le grade de docteur, en soutenant une thèse sur le difficile problème de l'individuation. Ses études une fois achevées, à l'université d'Iéna, il se mit en rapport avec des hommes d'État, fut chargé d'importantes missions diplomatiques, et visita les principales contrées de l'Europe, l'Italie, la France, l'Angleterre et la Hollande. Dans ces voyages, Leibnitz voulut voir tous les personnages les plus célèbres : les cours et les sociétés savantes lui firent l'accueil le plus empressé. De retour dans sa patrie, il se livra aux études avec une rare opiniâtreté, encouragea les sociétés savantes et fonda l'Académie de Berlin dont il fut le premier président. De là il noua des relations philosophiques et scientifiques avec la plupart des célébrités de son siècle, notamment avec Huet, Bossuet et Arnauld. —

Curieux et capable de tout savoir, il embrasse toutes les connaissances humaines sans exception : philosophie, théologie, sciences naturelles, sciences exactes, histoire, droit, philologie, poésie : pour lui emprunter une de ses expressions, son esprit devient le miroir de l'univers. Sans contredit, ce grand homme est le premier philosophe de son siècle, et ni Descartes ni Malebranche ne sauraient entrer en comparaison avec lui. D'une activité prodigieuse et d'une immense avidité intellectuelle, il s'occupe de tout, écrit sur tout, « remue toutes choses », comme autrefois le Philosophe de Stagire.

Le dessein de Leibnitz était de garder le milieu entre le sensualisme de Locke et l'idéalisme de Descartes, et de combattre énergiquement l'un et l'autre. C'était bien choisir ses adversaires, et parmi les services qu'il a rendus, on doit mettre en première ligne celui d'avoir réfuté victorieusement ces chefs d'école également dangereux à divers points de vue. Mais il ne sut pas se tenir à égale distance des deux erreurs qu'il combattait : l'*idéalisme* le gagna. — De plus, au milieu de vues élevées et même grandioses, on trouve chez Leibnitz des hypothèses d'une hardiesse téméraire, où le bon sens est distancé par l'imagination, où le philosophe cède le pas au rêveur. « Il confondit souvent, observe M. Nourrisson, le rôle du philosophe avec les habitudes du géomètre. De là des abstractions qui étonnent, des constructions hardies, mais fragiles, des théories subtiles, mais creuses ou compromettantes. Leibnitz, d'autre part, a laissé des *essais* plutôt qu'une doctrine. Partagé entre les études les plus diverses, il ne prit aucun soin de ramener ses travaux à un plan déterminé, ni ses idées philosophiques à une formule invariable. » (*Essai sur la philos. de Bossuet*, conclus.) — En rapportant les pensées de ce grand homme sur les différentes parties de la philosophie, nous aurons soin de noter ce qui est bon, parfois même excellent, et ce qui est sans fondement, incohérent ou même dangereux.

Ses œuvres ont été publiées par Erdmann, 1840, en sept volumes in-8°. En 1857, M. Foucher de Careil a publié de nouvelles lettres et des opuscules inédits du même auteur. Ses ouvrages les plus considérables sont : *Nouveaux Essais sur l'entendement humain*, consacrés à réfuter ceux de Locke : *Essais de théodicée; Monadologie; Principes de la nature et de la grâce; Lettres*, et le fameux *Systema theologicum*, écrit posthume de la plus haute importance, et malheureusement encore trop peu connu, malgré la traduction de M. Emery, et celle si élégante du duc de Broglie. Dans ce dernier ouvrage, incontestablement authentique, et que l'on peut regarder comme ses *novissima verba*, Leibnitz se prononce pour la confession catholique, sur tous les points, tout en mêlant au dogme certaines explications qui rappellent l'ancien protestant, et il se rallie de plus en plus à la philosophie scolastique, dont il défend avec beaucoup de force la thèse fameuse sur la matière et la forme et les accidents absolus.

Logique. — Leibnitz attache une grande importance à la Logique, et il tient pour excellent l'*Organon* d'Aristote, où il signale surtout les *Catégories*, les préceptes sur la division, la *Topique* ou les arguments probables, le syllogisme et l'art de l'expérimentation « dans lequel excellait Vérulamius ». « Je suis persuadé que la plus mauvaise tête se servant de tous les avantages qui lui sont donnés peut faire aussi bien que la meilleure des têtes, de même qu'un enfant avec une règle trace des lignes plus exactes que le plus grand maître avec sa main. Mais le génie qui se servira aussi de ces avantages s'élèvera jusqu'à faire des choses incroyables. » (*Lettre à Wagner*, cit. dans Foucher de Careil, notes de l'introd. p. 398.) — « Je tiens que l'invention de la forme des syllogismes est une des plus belles de l'esprit humain et même des plus considérables; c'est une espèce de mathématique universelle dont l'importance n'est pas assez reconnue, et l'on peut dire qu'un art d'infaillibilité y est renfermé. » (*N. E.*, l. IX, ch. XVII, § 4.) — Si l'on employait le syllogisme avec sa forme rigoureuse, « on pourrait très souvent, dans les plus importantes questions scientifiques, en venir au fond des choses, et se défaire de beaucoup d'imaginations et de rêves ; l'on couperait court, par la nature même du procédé, aux répétitions, aux exagérations, aux divagations, aux expositions incomplètes, aux réticences, aux omissions involontaires ou volontaires, aux désordres, aux malentendus, aux émotions fâcheuses qui en résultent. » (*Lettre à Wagner;* Cf. *Théodic., conform. de la foi et de la rais.*, n. 27.) — A côté du syllogisme démonstratif que Leibnitz trouve parfaitement étudié par Aristote, il place l'argument *probable*, auquel il attache à bon droit une très haute importance; mais il regrette que notre logique n'ait pas suffisamment creusé cette matière, et ne se soit pas assez appliquée à l'art de trouver des arguments probables « et d'estimer les degrés des preuves ». (*Lettre à Th. Brunet.*) Malheureusement, c'est à peine s'il parle du grand procédé de l'*induction*, et il le déprécie jusqu'à ne lui attribuer qu'une certitude morale, ou une très grande probabilité, sous prétexte qu'on n'a pas observé tous les cas particuliers ou tous les individus, et que les individus non observés peuvent n'être pas parfaitement semblables à ceux qu'on a observés. (*De stylo phylos. Nizolii,* § 32.)

Pour ce qui touche à la *méthode,* il raille, non sans raison, le doute méthodique de Descartes. « Tout ce qu'il a dit qu'on doit douter de tout, qu'on doit mettre les choses douteuses pour fausses, n'a servi qu'à le faire écouter, à faire du bruit, à attirer le monde par la nouveauté » (*Lettre* Ire *sur Descartes et le cartésian.,* cit. dans Foucher, p. 12.)

La méthode leibnitzienne a plus d'une analogie avec la méthode scolastique. Elle pose avant tout l'accord et l'union de la philosophie avec la théologie : « Deux vérités ne pouvant se contredire, il ne saurait y avoir d'opposition entre la raison et la foi, non plus qu'entre la raison et l'expérience. » (*Théodic., conform. de la foi avec la rais.,* § 1 et 6.) « Pour être au-dessus de la raison, la foi n'est point contraire à la raison » (*ibid.,* n. 23, 60 et ss.), et quoi qu'en dise Bayle, on ne peut faire contre elle aucune objection insoluble (*ibid.,* § 25, 27). — « Au reste, il ne faut pas demander toujours des notions *adéquates* et qui n'enveloppent rien qui ne soit expliqué; puisque même les qualités sensibles, comme la chaleur, la lumière, la douceur, ne nous sauraient donner de telles notions. Ainsi, nous convenons que les mystères reçoivent une explication, mais cette explication est imparfaite. Il suffit que nous ayons quelque connaissance analogique d'un mystère, telle que la Trinité et l'Incarnation, pour que nous ne prononcions pas des paroles entièrement dénuées de sens... Il en est de même des autres mystères, où les esprits modérés trouveront toujours une explication suffisante pour croire, et jamais autant qu'il en faut pour pouvoir comprendre. » (*Ibid.*, n. 54-56.)

Leibnitz entendait pratiquer un *éclectisme* plein de largeur : « J'ai été frappé d'un nouveau système... Depuis, je crois voir une nouvelle face de l'intérieur des choses. Ce système paraît allier Platon avec Démocrite, Aristote avec Descartes, les scolastiques avec les modernes, la théologie et la morale avec la raison : il semble qu'il prend le meilleur de tous côtés et qu'après, il va plus loin qu'on n'est allé encore. » (*N. E.*, l. I, c. 1.)

C'est l'habitude du philosophe de Leipzig, habitude qui contraste singulièrement avec l'usage des hommes de son siècle, de citer beaucoup des auteurs anciens et modernes, de trouver quelque chose de bon chez les plus décriés, qu'il loue parfois plus que de raison, et de trouver à reprendre chez les plus célèbres et les plus sûrs. Ce grand réformateur voudrait réformer un peu tout à la fois; et pour mener à bonne fin cette entreprise, il voudrait allier la philosophie des anciens, en lui faisait subir quelques retouches, avec les découvertes des modernes. Quoiqu'il ait en quelques endroits parlé assez peu révérencieusement des scolastiques, il tient beaucoup à leur philosophie; et il annonce qu'il veut la rétablir malgré les cris des modernes. « Je sais que j'avance un grand paradoxe en prétendant de réhabiliter en quelque façon l'ancienne philosophie et de rappeler *postliminio* les formes substantielles presque bannies; mais peut-être qu'on ne me condamnera pas légèrement, quand on saura que j'ai assez médité sur la philosophie moderne, que j'ai donné bien du temps aux expériences de physique et aux démonstrations de géométrie, et que j'ai été longtemps persuadé de la vanité de ces êtres que j'ai été enfin obligé de reprendre malgré moi et comme par force, après avoir fait moi-même des recherches qui m'ont fait reconnaître que nos modernes ne rendent pas assez de justice à saint Thomas et à d'autres grands hommmes de ce temps-là, et qu'il y a dans les sentiments des philosophes et théologiens scolastiques bien plus de solidité qu'on ne s'imagine, pourvu qu'on s'en serve à propos et en leur lieu. Je suis même persuadé que si quelque esprit exact et méditatif prenait la peine d'éclaircir et de digérer leurs pensées à la façon des géomètres analytiques, il y trouverait un trésor de quantité de vérités très importantes et tout à fait démonstratives. » (*Disc. sur la Métaph.*, n. 11.) « Je trouve ordinairement que les opinions les plus anciennes et les plus reçues sont les meilleures. » (2e *lettre* à M. Arnauld, dans Foucher de Careil, p. 220.)

Anthropologie. — L'Anthropologie leibnitzienne prête le flanc à bien des critiques; les *Nouveaux Essais* contiennent sans doute une réfutation solide du sensualisme de Locke et en général de toute espèce de sensualisme, mais ils ne s'occupent pas de plusieurs questions importantes, approfondies par l'École, par exemple celles qui concernent la nature de la sensation et des passions, l'objet propre de l'intelligence humaine, la manière dont elle s'exerce et le rôle que jouent les sens dans ses opérations. Ajoutez plusieurs solutions indécises, incohérentes même et aussi de graves erreurs.

Tout d'abord, Leibnitz enseigne-t-il une distinction réelle entre l'essence de l'âme et ses facultés? Il le devrait, puisqu'il admet une distinction réelle entre la substance et les accidents, et que le problème est identique dans l'un et dans l'autre cas. Et il semble en effet pencher de ce côté; car, après avoir parlé des âmes ou entéléchies primitives, il ajoute : « Je conçois les qualités ou les forces dérivatives, ou ce qu'on appelle formes accidentelles, comme des modifications de l'entéléchie primitive. Ces modifications sont dans un changement perpétuel, pendant que la substance simple demeure. » (*Théod.*, part. 3ᵉ, n. 396.) « La faculté n'est qu'un attribut. » (*Théod.*, part. 1ʳᵉ, n. 87.) « Sans doute, la pensée est une action et ne saurait être l'essence. » (*N. E.*, II, ch. xix, § 4; II, ch. xxii, § 11), où il admet, avec les scolastiques, non seulement la faculté ou puissance d'agir, mais encore le *conatus* ou la tendance à l'action.

Avec les anciens, Leibnitz distingue une double connaissance, la connaissance des sens et la connaissance de l'intelligence, et même les sens externes et les sens internes. « Les vérités primitives sont de deux sortes, les vérités de raison, perçues par l'intelligence, et les vérités de fait, perçues par les sens. » (*N. E.*, IV, ch. ii, 1.) « Pour ce qui est de la connaissance de l'existence réelle, il faut dire que nous avons une connaissance *intuitive* de notre existence, une *démonstrative* de celle de Dieu, et une *sensitive* des autres choses. » (*Ibid.*, § 21.) — Cependant « les idées des qualités sensibles, comme de la couleur, de la saveur, etc. (qui ne sont en effet que des fantômes), nous viennent des sens, c'est-à-dire de nos perceptions *confuses*. » (*Ibid.*, l. IV, § 5.) — « Sensibilia autem... fluxa sunt, et magis *fiunt* quàm *existunt*. » (*Epist. ad Hauschium*, n. 3), où il célèbre le monde intelligible de Platon, et, entraîné par lui, déprime à tort le monde sensible.

Pour réfuter l'erreur de Locke sur l'origine des idées universelles, ce qui est, nous l'avons déjà dit, le dessein principal des *Nouveaux Essais*, il suffisait d'admettre l'innéisme de l'intelligence avec la faculté et même la facilité (*conatus*) d'acquérir ces idées, et de dire, comme Leibnitz le fait d'ailleurs : « Nihil est in intellectu, quod non fuerit in sensu, *excipe : nisi ipse intellectus*. » (*N. E.*, l. II, i, § 2 et ss.) Mais au lieu de s'en tenir à la proposition contradictoire, il semble aller jusqu'à la contraire, et professer, en termes parfois obscurs, l'innéisme des idées elles-mêmes : « Je me suis servi de la comparaison d'une pierre de marbre qui a des veines... S'il y avait des veines dans la pierre qui marquassent la figure d'Hercule préférablement à d'autres figures, cette pierre y serait plus déterminée, Hercule y serait comme inné en quelque façon, quoiqu'il fallût du travail pour découvrir ces veines, et pour les nettoyer par la polissure, en retranchant ce qui les empêche de paraître. C'est ainsi que les idées et les vérités nous sont innées, comme des *inclinations,* des *dispositions,* des habitudes ou des virtualités naturelles, et non pas comme des actions. » *N. E.,* av.-prop.) Cette explication trop vague, que les scolastiques pourraient admettre sans difficulté, reçoit une signification plus clairement innéiste dans les paroles suivantes : « L'expérience est nécessaire, afin que l'âme prenne garde aux idées qui sont en nous; mais le moyen que l'expérience et les sens puissent donner des idées? » (*Ibid.,* § 2 et ss.) — « J'ai montré ci-dessus que nous avons toujours une infinité de petites perceptions sans nous en apercevoir. » (II, ch. xix, § 4.) — « Je suis de l'avis des cartésiens, en ce qu'ils disent que l'âme pense toujours. » (*Ibid.,* § 12.) — « Les facultés sans quelque acte, en un mot les pures puissances de l'École, ne sont aussi que des fictions... Car où trouvera-t-on jamais dans le monde une faculté qui se renferme dans la seule puissance sans exercer aucun acte? » (*Ibid.,* § 2 et ss.)

Ce qui suit est bien autrement grave : « *Toute* substance exprime, quoique confusément, tout ce qui arrive dans l'univers, passé, présent ou avenir, ce qui a quelque ressemblance à une perception ou connaissance infinie » (*Disc. sur la mét.,* n. 9)[1].

Leibnitz se trompe deux fois : d'abord, en supposant qu'une faculté qui n'agit pas toujours est une pure fiction; ensuite, en attribuant à l'âme, bien plus, à toute substance, la représentation ou perception du monde sensible et

---

[1] « Quævis mens quemdam in se mundum intelligibilem continet, imo, et hunc ipsum sensibilem sibi repræsentat. Sed infinito discrimine abest intellectus noster a divino, quòd Deus omnia simul adæquatè videt; in nobis paucissima distinctè noscuntur, cætera confusa, velut in chao perceptionum nostrarum latent. « (*Epist.* ad Hauschium, n. 3.)

du monde intelligible, et cela en vertu de sa nature. Une puissance qui n'agit pas toujours est une vraie puissance, pourvu qu'elle puisse agir : ma volonté ou mon intelligence ne cesse point d'être une faculté réelle, parce qu'elle ne s'exerce pas à chaque instant. D'autre part, il n'y a qu'une intelligence infinie qui puisse contenir en soi la représentation de l'univers, et percevoir le passé, le présent et l'avenir.

Le *nominalisme* est une conséquence naturelle du système des idées innées : aussi Leibnitz célèbre-t-il « la secte des nominaux, la plus profonde des sectes de l'École, » et en adopte-t-il tous les principes : « On appelle nominaux, ceux qui pensent qu'à l'exception des substances singulières, toutes les choses ne sont que de purs noms, et conséquemment, soutiennent que les abstraits et les universaux n'ont aucune réalité... Et certainement il n'y a rien de plus véritable que ce sentiment. » (*De stylo philos. Nizolii*, n. 28.)

La *volonté* suit l'intelligence, l'auteur des *Essais* le montre parfaitement ; il fait voir qu'elle agit toujours pour quelque motif, que la raison seule peut lui présenter, et qu'elle ne peut jamais aller contre le dernier *dictamen* de cette faculté ; jusqu'ici, tout est à notre gré. Mais pendant que Descartes sacrifie la raison à la volonté, Leibnitz sacrifie la volonté à la raison. Il proteste bien que l'homme est libre, mais il ne laisse point de place à la liberté, et inaugure le système connu aujourd'hui sous le nom de *déterminisme*. En effet, il veut que rien n'arrive sans une raison suffisante et même déterminante, ce qui laisse subsister la liberté de coaction, mais non pas la liberté de nécessité, puisque la volonté se trouve nécessitée par le déterminisme des motifs. Leibnitz semble ne demander que deux conditions pour la liberté ; la délibération de l'intelligence et la spontanéité de la volonté ; à ses yeux, « la liberté n'est que la spontanéité de l'être intelligent ». (*De Libert.*, p. 669, éd. Erdmann, *N. E.*, l. II, ch. XXI, § 13.) En un mot, un être est libre toutes les fois qu'il suit la raison. De plus, « pour une substance, *toujours* son état présent est une suite *naturelle* de son état précédent... en sorte que le présent est *gros* de l'avenir. « (*Lettre VI* à Arnauld; *Princip. philos.*, ch. XXIII.) — » Le futur se pourrait lire dans le passé : l'éloigné est exprimé dans le prochain. » (*Princip. de la nat. et de la grâce*, n. 13.) Voilà qui porte le dernier coup à la liberté, d'autant plus que l'auteur de ce système adapte toutes les actions de l'âme aux mouvements du corps, mouvements qu'il soumet tous à des lois nécessaires et fatales.

Au sujet de la nature de l'homme, de l'union de l'âme et du corps, et de l'origine de l'âme, la doctrine de Leibnitz laisse beaucoup à désirer. Il admet pourtant dans l'homme une seule personne, « un seul suppôt, composé de l'union de l'âme avec le corps ». (*Théod., conform. de la foi et de la rais.*, n. 55.) Bien plus, il professe avec l'École, que l'âme est la forme substantielle du corps : « La première difficulté que vous indiquez, Monsieur, est que notre âme et notre corps sont deux substances réellement distinctes; donc il semble que l'une n'est pas la forme substantielle de l'autre. Je réponds que, à mon avis, notre corps, en lui-même, l'âme mise à part, ou le *cadaver*, ne peut être appelé une substance que par abus, comme une machine ou comme un tas de pierres, qui ne sont des êtres que par l'agrégation, car l'arrangement régulier ou irrégulier ne fait rien à l'unité substantielle. D'ailleurs, le dernier concile de Latran déclare que l'âme est véritablement la forme substantielle du corps. » (*Lettre IV* à Arnauld.)

Mais le système de l'*harmonie préétablie*, soutenu par Leibnitz, n'est guère compatible avec la thèse scolastique qui établit que le corps tient de l'âme sa vie, la sensation, le mouvement, son espèce et son être. « Figurez-vous deux horloges ou montres qui s'accordent parfaitement. Or cela se peut faire de trois manières : la première consiste dans une influence mutuelle, la deuxième est d'y attacher un ouvrier habile qui les redresse et les mette d'accord à tout moment; la troisième est de fabriquer ces deux pendules avec tant d'art et de justesse, qu'on se puisse assurer de leur accord dans la suite. » Et après avoir rejeté les deux premières hypothèses, il conclut : « Dieu a fait dès le commencement chacune de ces deux substances (l'âme et le corps) de telle nature, qu'en ne suivant que ses propres lois, elle s'accorde pourtant avec l'autre, tout comme s'il y avait une influence mutuelle, ou comme si Dieu y mettait toujours la main au delà de son concours général. » (2° *éclairciss. du syst. de la communic. des substances*, I, p. 133, éd. Erdmann).

Si l'on cherche le siège de l'âme dans le corps, il ne faut pas la considérer comme fixée dans un point, mais comme étant unie et répondant à tout le corps par la voie de l'harmonie, « et l'on comprend alors comment l'âme à son siège dans le corps par une présence immédiate qui ne saurait être plus grande, puisqu'elle y est comme l'unité est dans le résultat des unités, qui est la multitude. » (*Epist. XII,* ad des Brosses; *Syst. nouv. de la nat.*, n. 14.)

Mêmes incohérences par rapport au moment où l'âme est unie à son corps. 1ʳᵉ *thèse* : « On peut dire que Dieu ne l'a produite (l'âme) que lorsque ce corps animé qui est dans la semence se détermine à prendre la forme humaine. Cette âme brute qui animait auparavant ce corps avant la transformation est annihilée lorsque l'âme raisonnable prend sa place (ce qui se rapproche assez de l'opinion de l'École) : ou si Dieu change l'une dans l'autre, en donnant à la première une nouvelle perfection, par une influence extraordinaire, c'est une particularité sur laquelle je n'ai pas assez de lumières. » (*Lettre* à Arnauld *sur l'hypoth. de la concomitance;* 4° *Lettre métaph.* à Arnaud.) — 2° *thèse* : « Je croirais que les âmes qui seront un jour âmes humaines, comme celles des autres espèces, ont été dans les semences et dans les ancêtres jusqu'à Adam, et ont existé par conséquent depuis le commencement des choses, toujours dans une manière de corps organisé... Mais il me paraît encore convenable, pour plusieurs raisons, qu'elles n'existaient alors qu'en âmes sensitives ou animales, douées de perception et de sentiment et destituées de raison; et qu'elles sont demeurées dans cet état jusqu'au temps de la génération de l'homme à qui elles devaient appartenir, mais qu'alors elles ont reçu la raison ; soit qu'il y ait un moyen naturel d'élever une âme sensitive au degré d'âme raisonnable (ce que j'ai de la peine à concevoir), soit que Dieu ait donné la raison à cette âme par une espèce de transcréation. » (*Théod.*, 1re part., n. 91.) Leibnitz croit aussi « que les âmes ne sont jamais sans quelque corps, et même que Dieu seul, comme étant un acte pur, en est entièrement exempt. » (*N. E.*, l. II, ch. i, § 12.)

Ontologie. — En ontologie, nous trouvons à recueillir des conclusions très importantes sur la puissance et l'acte, la nature et le fondement des essences, la distinction réelle entre la substance et ses accidents, l'unité et l'activité des êtres, enfin sur les causes finales.

1° « L'esprit, observant comment une chose cesse d'être et comment une autre, qui n'était pas auparavant, vient à exister..., se forme l'idée de la puissance... Si la puissance répond au latin *potentia*, elle est opposée à l'acte, et le passage de la puissance à l'acte est le changement. C'est ce qu'Aristote entend par le mot de mouvement, quand il dit que c'est l'acte, ou même l'actuation de ce qui est en puissance... Il y aura deux puissances, l'une passive, l'autre active. L'active pourra être appelée *faculté*, et peut-être que la passive pourrait être appelée *capacité* ou *réceptivité*. » (*N. E.*, l. II, ch. xxi, § 1.)

2° « Dieu est la source, non seulement des existences, mais encore des essences, en tant qu'elles sont réelles, ou, ce qui revient au même, la source de ce qu'il y a de réel dans la possibilité... Et sans lui, il n'y aurait aucune réalité dans les possibilités, et rien non seulement n'existerait, mais encore ne serait possible. » (*Princip. philos.*, n, 53-44.)

3° « Il est bon qu'on prenne garde qu'on confondant les substances avec les accidents, en ôtant, comme Descartes, l'action aux substances créées, on ne tombe dans le spinozisme, qui est un cartésianisme outré. *Ce qui n'agit point ne mérite point le nom de substance* : si les accidents ne sont pas distingués des substances; si la substance créée est un être successif comme le mouvement, si elle ne dure pas au delà d'un moment, et ne se trouve pas la même durant quelque partie assignable du temps, non plus que ses accidents; si elle n'opère point, non plus qu'une figure de mathématique ou qu'un nombre; pourquoi ne dira-t-on pas, comme Spinoza, que Dieu est la seule substance, et que les créatures ne sont que des accidents ou des modifications? Jusqu'ici, on a cru que la substance demeure et que les accidents changent; et je crois qu'on doit se tenir encore à cette ancienne doctrine, les arguments que je me souviens d'avoir lus ne prouvant point le contraire. » (*Théod.*, 3ᵉ part., n. 393.)

4° « On a toujours cru que l'un et l'être sont des choses réciproques. Autre chose est l'être, autre chose est des êtres; mais le plusieurs suppose le singulier, et là où il n'y a pas un être, il y aura encore moins plusieurs êtres. » (*Lett. V métaph.*, à Arnauld.) Compagne inséparable de l'être, l'unité devra se trouver dans les substances inférieures aussi bien que dans l'homme : « Je crois aussi que de vouloir renfermer dans l'homme presque seul la véritable unité ou substance, c'est être aussi borné en métaphysique que l'étaient en physique ceux qui enfermaient le monde dans une boule. » (*Ibid.*, cf. *Syst. nouv. de la nat.*, n. 3.)

5° Leibnitz n'a peut être rien d'aussi remarquable que sa théorie sur les causes finales; nous avons rapporté plus haut à ce sujet, page 337, un texte magnifique. Or quand cet illustre penseur n'aurait défendu que les thèses fondamentales que nous venons de rappeler, autant de thèses battues en brèche par Descartes et son école, nous estimons qu'il aurait bien mérité de la philosophie.

Cependant chez l'auteur de la *Monadologie*, le vrai va rarement sans le faux; et nous avons à relever plusieurs erreurs dans sa doctrine ontologique : sur le principe de raison suffisante, la substance, l'individuation, l'espace et le temps, et l'action *ad extra*.

1. — « Nos raisonnements sont fondés sur deux grands principes, celui de la contradiction... et celui de la raison suffisante, en raison duquel nous considérons qu'aucun fait ne saurait se trouver vrai ou existant, aucune démons-

tration véritable, sans qu'il y ait une raison suffisante (ailleurs raison déterminante), c'est-à-dire quelque chose qui puisse servir à rendre raison *a priori* pourquoi il en soit ainsi et pas autrement. » (*Théod.*, part. 1re, n. 44.) Sur le premier, il fonde les vérités contingentes ou de fait (*Princip. philos.*, n. 31 et ss.). — Or, c'est placer trop haut le principe de raison suffisante que de le mettre sur le même pied que celui de contradiction, car celui-ci est la base de celui-là; et, d'un autre côté, c'est en restreindre la portée que de l'appliquer seulement aux vérités contingentes, car il n'est pas moins vrai des vérités nécessaires, qui aussi bien que les autres ont leur raison d'être.

2. — « Leur nature (des monades) consiste dans la force. » (*Syst. nouv. de la nat.*, edit. Erdmann, 124-125; Cf. *de 1 philos. emend. et de notion. subst.*, 122.) Ici on peut reprocher à Leibnitz ce qu'il reproche avec tant de raison à Descartes, à savoir que la force suppose un sujet fort, tout comme l'étendue suppose un sujet étendu. D'ailleurs, si la substance est une force, ce n'est pas en tant que substance, c'est en tant que douée de facultés; comme substance, elle ne signifie rien autre qu'un être existant en soi-même.

3. — À cette erreur, il ajoute celle qui place l'individuation dans l'entité *totale* de l'être (*De princip. indiv.*), et celle qui nie la possibilité de deux êtres semblables, sous prétexte qu'ils « seraient indiscernables, et que l'un serait justement la même chose que l'autre » (*Lettres* entre Leibnitz et Clarke, 3e écrit, § 5; 4e écrit, § 4, 5), en sorte « qu'il n'y a pas dans la nature deux gouttes d'eau, il n'y a pas deux feuilles d'un arbre qui se ressemblent. » (*Lettres* entre Leibnitz et Clarke, 5e écrit de Leibnitz, n. 23.) Assertion étonnante, qui confond deux choses aussi diverses que la ressemblance et l'identité, et conclut de la première à la seconde.

4. — L'espace et le temps, aux yeux de Leibnitz, sont de simples *rapports* qui appartiennent à l'ordre *idéal* plutôt qu'à l'ordre réel : « J'ai marqué plus d'une fois que je tenais l'espace pour quelque chose de *purement relatif*, comme le temps, pour un *ordre* des coexistences, comme

le temps est un *ordre* de successions. » (*Lettres* entre Leibn. et Clarke [1], 3° écrit de Leibn., n. 4.) « L'espace en soi est une chose *idéale* comme le temps. » (5° écrit de Leibn., § 7.) Cette théorie d'ailleurs se relie à la fameuse théorie des monades, lesquelles, étant simples, ne peuvent avoir que des relations de coexistence et de succession, ou d'action mutuelle. — Si l'espace et le temps sont des relations, ce sont des relations réelles et physiques ; l'espace, c'est la relation ou la propriété des corps, en tant qu'ils sont reçus les uns dans les autres, et le temps est la relation ou la propriété des corps en tant qu'ils sont mesurés par un mouvement uniforme. (*Prælect. philos.*, t. II, p. 96, 99, 104, 105.)

5. — Mais une des opinions les plus étranges et les plus funestes de l'auteur de la *Monadologie* est celle qui nie l'existence et même la possibilité de l'action *ad extra* : « Il n'y a pas moyen d'expliquer comment une monade puisse être altérée ou changée en son intérieur par quelque autre créature, puisqu'on n'y saurait rien transposer, ni concevoir en elle aucun mouvement interne, qui puisse être excité, dirigé, augmenté ou diminué... Les monades n'ont point de fenêtres, par lesquelles quelque chose puisse entrer ou sortir. Les accidents ne sauraient se détacher ni se promener hors des substances. » (*Princip. philos.*, n. 7.) Que les êtres agissent les uns sur les autres, c'est un fait si bien attesté par l'expérience et par la conscience, qu'il ne sert de rien de lui opposer un argument *a priori*. De plus, lorsqu'un être agit sur un autre, il ne se détache pas un accident qui se transmette du premier au second, mais le premier excite une virtualité du second et le fait passer de la puissance à l'acte. Au reste, ôtez l'échange d'action et

---

[1]. Leibnitz combattit énergiquement l'opinion de Clarke (1675-1729), auteur d'un *Traité de l'exist. et des attrib. de Dieu* (traité d'ailleurs estimable), et de Newton (1642-1727), *Principes mathématiques de philosophie naturelle*, qui confondaient l'espace et le temps avec l'immensité et l'éternité de Dieu et qui disaient que l'espace est le *sensorium*, ou l'organe dont Dieu se sert pour sentir les choses.

de passion entre les êtres, du même coup vous supprimez les relations qui font l'ordre du monde, et il ne vous restera plus qu'à recourir à l'harmonie préétablie.

Cosmologie. — Nulle part l'imagination de Leibnitz ne s'est donné aussi libre carrière que dans l'étude du monde, envisagé ou dans sa généralité, ou dans les différents êtres qui le composent. Ici se place tout d'abord la fameuse théorie de l'*optimisme*, qui détermine Dieu à créer le monde le plus parfait possible : « Je ne saurais approuver l'opinion de quelques modernes qui soutiennent hardiment que ce que Dieu fait n'est pas de la *dernière* perfection, et qu'il aurait pu agir bien mieux. Car il me semble que les suites de ce sentiment sont tout à fait contraires à la gloire de Dieu : *Ut minus malum habet rationem boni, ita minus bonum habet rationem mali.* Et c'est agir imparfaitement que d'agir avec moins de perfection qu'on n'aurait pu. » (*Disc. de Mét.*, n. 3; *Théod.*, part. 1re, § 8, part. 2e, p. 194.) — Une infinité de mondes étant possible, et un seul pouvant exister, il faut qu'il y ait une raison suffisante du choix de Dieu, « et cette raison, on ne peut la trouver que dans les degrés de perfection propres à chacun de ces mondes, puisque tout être possible a un droit à prétendre à l'existence, proportionné à la mesure de perfection qu'il enveloppe. » (*Princip. phil.*, ch. LV, LVI.) « Dieu a choisi le monde le plus parfait, c'est-à-dire qui est en même temps le plus simple en hypothèses et le plus riche en phénomènes. » (*Disc. de Mét.*, n. 6.)

Ne laissons pas passer sans le réprouver ce double principe qu'un être a droit à l'existence en raison du degré de sa perfection, et qu'un moindre bien est un mal, comme un moindre mal est un bien. Aucun être fini n'a droit à l'existence, et un moindre bien, par là même qu'il est un bien, ne saurait être un mal.

Quant au *détail* du monde, les opinions de Leibnitz ne sont pas moins étranges, et l'on ne sera pas peu surpris d'apprendre ce qu'il enseigne sur la nature des corps et des animaux, et sur l'harmonie destinée à relier ensemble ces différentes monades ou substances. — En premier lieu, il avait supposé que les corps se composent de monades inétendues, juxtaposées dans l'espace; que ces monades sont en nombre infini, la matière et chaque partie de matière étant divisible à l'infini; qu'elles agissent en elles-mêmes mais non point les unes sur les autres; que chacune est douée de perception et d'appétit, et par conséquent d'une âme, ou tout au moins d'une entéléchie; et enfin que ces monades ne peuvent commencer que par la création et finir par l'annihilation. (*Princip. philos.*, ch. CXVIII et LX et ss.) « Si l'on veut appeler âme tout ce qui a la perception et l'appétition,... on pourrait appeler âmes toutes les substances simples ou les monades créées. Mais comme l'aperception emporte quelque chose de plus qu'une simple perception, il est plus convenable de conserver le nom général de monades et d'entéléchies aux substances simples qui n'ont que la simple perception (les monades inférieures aux animaux) et de donner le nom d'âmes à celles seulement dont la perception est plus distincte et jointe avec la mémoire. » (*Ibid.*, ch. XIX.) — « La plus *petite* portion de matière renferme un *monde* de créatures vivantes, d'animaux, d'entéléchies, d'âmes. » (*Ibid.*, ch. LXVI, LXVII.)

Mais le *Systema theologicum*, qui est le dernier ouvrage de Leibnitz, modifie sur un point important la théorie relative à la nature des corps, et s'arrête à la solution scolastique de la *matière* et de la *forme*. « Quelques esprits distingués et subtils... imbus des principes d'une philosophie nouvelle et séduisante pour l'imagination, croient comprendre clairement et distinctement que l'essence du corps consiste dans l'étendue, que les accidents ne sont que les modes de la substance, et par conséquent ne peuvent subsister sans un sujet, ni se séparer de la substance, pas plus que la circonférence du cercle... Nous aussi nous nous sommes appliqués sérieusement aux études mécaniques et mathématiques, ainsi qu'aux expériences sur la nature, et d'abord nous avons penché pour les opinions que nous venons de rapporter, mais ensuite nos méditations continues nous ont contraint de recevoir les enseignements de l'ancienne philosophie... Bien loin (donc) qu'aucun philosophe ait donné cette démonstration si vantée (que l'essence des corps consiste dans l'étendue), il semble au contraire qu'on peut montrer par des raisons solides que la nature des corps exige à la vérité qu'ils soient étendus, à moins que Dieu n'y mette obstacle, mais que leur essence consiste dans la matière et la forme substantielle, c'est-à-dire dans un principe de passivité et d'activité, car il est de l'essence de la substance de pouvoir être active et passive. La matière est donc la première puissance passive; mais la forme substantielle est le premier acte ou la première puissance active; et si l'ordre des choses demande que ces deux substances soient circonscrites par un espace d'une certaine grandeur ou étendue, il n'est cependant pas de nécessité absolue qu'il en soit ainsi... Nous avons (dans les corps) deux qualités absolues, ou deux accidents réels, la masse, ou la puissance de résister, et l'effort, ou la puissance d'agir; qualités qui ne sont pas les modes de la substance corporelle, mais qui lui ajoutent quelque chose de réel et d'absolu; car, quand ces qualités changent, il arrive dans les corps un changement réel, quoique la substance demeure. Et en général, il est nécessaire ou qu'il y ait des accidents réels ou absolus, qui ne diffèrent pas de la substance seulement quant au mode, ou que tout changement réel soit en même temps essentiel, ce que n'admettent point même ceux qui nient les accidents réels. »

Puis, appliquant cette belle philosophie au dogme de l'Eucharistie, dont il prend la défense en toute occasion, l'illustre philosophe ajoute : « Si l'essence d'une chose consiste en ce qui fait qu'elle est la même malgré la diversité de ses dimensions et de ses qualités, et si, par conséquent, l'essence n'est ni divisible ni variable en même temps que ses dimensions, si elle ne change point avec ses qualités, il s'ensuit qu'elle en est réellement distincte. Or, régulièrement, tout ce qui est réellement distinct peut être séparé par la puissance absolue de Dieu (prop. trop absolue)... La chose ou l'essence étant enlevée, il (Dieu) pourra soutenir et conserver les dimensions et les qualités.

Et dans tout cela, on ne saurait voir de contradiction. » (*De l'Euchar.*, trad. de Broglie.)

Que si, après avoir appris de Leibnitz ce qu'il pense de la nature des corps, vous lui demandez ce qu'il pense de l'âme des bêtes, il vous répondra, en faisant allusion à l'opinion cartésienne, « qu'il sera difficile d'arracher au genre humain cette opinion reçue toujours et partout, et catholique, s'il en fut jamais, que les bêtes ont du sentiment » (pour sensation). (*Lettre mét. VI* à Arnauld.) Il ne leur attribue pourtant pas la raison ni la conscience proprement dite, mais il les veut immortelles. En ce qui concerne leur origine, il les fait venir tout ensemble de la création et d'un certain transformisme; c'est-à-dire qu'il confond la génération avec une simple évolution : « J'ai beaucoup de penchant à croire que toutes les générations des animaux dépourvus de raison, qui ne méritent pas une nouvelle création, ne sont que des transformations d'un autre animal déjà vivant, à l'exemple des changements qui arrivent à un ver à soie. Ainsi les âmes des brutes auraient été toutes créées dès le commencement du monde, suivant cette fécondité des semences mentionnée dans la Genèse; mais l'âme raisonnable n'est créée que dans le temps de la formation de son corps. » (*Lettre mét. IV* à Arnauld et *lettre VI.*)

Mais ces monades, infinies en nombre, qui peuplent l'univers, à savoir les minéraux, les plantes, les animaux, l'homme et les êtres supérieurs, comment les *relier* ensemble, de manière à produire un tout harmonieux? La philosophie thomiste, d'accord avec le bon sens et l'expérience, admet entre les différents êtres du monde un triple lien : le lien des essences, le lien dynamique et le lien téléologique; en d'autres termes, elle établit que les différentes espèces se suivent graduellement et sont reliées entre elles, de telle sorte que les individus supérieurs de l'espèce inférieure atteignent de bien près les individus inférieurs de l'espèce supérieure : *Supremum infimi attingit infimum supremi*, » ce qui ménage admirablement et rend presque imperceptible la transition d'une espèce à l'autre; elle admet, en outre, que les êtres agissent les uns sur les autres, et que les inférieurs sont subordonnés aux supérieurs, comme à leur fin prochaine. Mais parce que Leibnitz rejette l'action *ad extra*, il suppose, pour la remplacer, que *chaque substance est un petit monde complet*, qui n'a pas besoin de recevoir aucun secours étranger, et il croit expliquer l'harmonie du monde à l'aide de trois principes : 1° le principe des *indiscernables* qui établit la variété dans tous les individus ; 2° la loi de la *continuité*, qui relie les espèces ; et 3° le principe de la *sympathie*, qui simule notre lien dynamique. — Quelques mots sur ces deux derniers principes, dont le rôle est si considérable dans la philosophie leibnitzienne. Son auteur est tout plein de ce principe : *Natura non facit saltum*. En conséquence, et pour qu'il n'y ait aucun saut, si petit qu'on le suppose, dans toute la nature, il place entre les différentes espèces, des espèces mitoyennes et *équivoques*, participant à la fois des propriétés de chacune des espèces qu'il s'agit d'unir. Par exemple, entre les minéraux et les végétaux, entre ceux-ci et les animaux, entre l'homme, les anges et Dieu, il admet de ces espèces équivoques, nécessaires pour combler ce qu'il appelle « *vacuum formarum*, » et produire une continuité où rien ne manque. « De même qu'il n'y a point de vide dans les variétés du monde corporel, il n'y aura pas moins de variété dans les créatures intelligentes. En commençant depuis nous et allant jusqu'aux choses les plus basses, c'est une descente qui se fait par de fort petits degrés, et par une suite *continue* de choses... Il y a des poissons qui ont des ailes et à qui l'air n'est pas étranger, et il y a des oiseaux qui habitent dans l'eau, et qui ont le sang froid comme les poissons... Les amphibies tiennent également des bêtes terrestres et aquatiques... Il y a des bêtes qui semblent avoir autant de raison et de connaissance que quelques animaux qu'on appelle hommes ; et il y a une si grande proximité entre les animaux et les végétaux, que si vous prenez le plus imparfait de l'un et le plus parfait de l'autre, à peine remarquerez-vous aucune différence considérable entre eux. Ainsi, jusqu'à ce que nous arrivions aux plus basses et moins organisées parties de la matière. Nous avons (aussi) raison de nous persuader qu'il y a beaucoup plus d'espèces de créatures au-dessus de nous qu'il n'y en a au-dessous, parce que nous sommes beaucoup plus éloignés en degrés de perfection de l'être infini de Dieu, que de ce qui approche le plus près du néant. » (*N. E.*, l. III, ch. vi, § 12 et *Théod.*, part. 3ª, n. 348.)

Si vous faites remarquer à Leibnitz que la nature, en fait, n'offre pas de ces espèces moyennes et équivoques, par exemple entre l'homme et la bête, il vous dira qu'il *doit* y en avoir dans un *autre* monde, et qu'il y a apparemment quelque part des animaux qui nous passent, mais que « la nature a trouvé bon de les éloigner de nous pour nous donner sans contredit la supériorité que nous avons sur notre globe ». (*Ibid.*, l. IV, ch. xvi, § 12.)

Enfin, le principe de la *sympathie* vient combler ce qui pourrait manquer au principe des indiscernables et de la continuité : « C'est comme à l'égard de plusieurs bandes de musiciens ou chœurs, jouant séparément leurs parties et faisant en sorte qu'ils ne se voient et même ne s'entendent point, qui peuvent néanmoins s'accorder parfaitement en suivant seulement leurs notes, chacun les siennes, en sorte que celui qui les écoute tous y trouve une harmonie merveilleuse et bien plus surprenante que s'il y avait de la connexion entre eux. » (*Lettre mét. V*, à Arnauld.) — Ce n'est pas assez : « Une monade demande avec raison que Dieu, combinant toutes les autres monades dans l'origine des choses, tienne compte d'elle, et les adapte les unes aux autres de façon à ce que, dans la suite, les mouvements de chacune correspondent avec ceux de toutes les autres. » — Mieux encore : « Toutes les substances reçoivent quelque changement proportionnel répondant au moindre changement dans tout l'univers... car « à cause de la continuité et divisibilité de toute matière (tout est plein dans le monde), le moindre mouvement étend son effet sur les corps voisins, et par conséquent de voisin à voisin à l'infini, mais diminué à proportion; ainsi, notre corps doit être affecté en quelque sorte par le changement de tous les autres. Or, à tous les mouvements de notre corps répondent certaines perceptions plus ou moins confuses de notre âme; donc, l'âme aussi aura quelque pensée de tous les mouvements de l'univers, et selon moi, toute autre âme ou substance en aura quelque perception ou expression. » (*Lettre mét.* VI, à Arnauld; *Princip. philos.*, n. 63.)

« De la sorte, à cause de la multitude infinie des substances simples, il existe en quelque manière autant d'univers différents, qui ne sont pourtant que des représentations *scénographiques* du même univers, suivant les différents points de vue de chaque monade. » (*Princip. philos.*, n. 59.)

Théodicée. — C'est Leibnitz qui a créé le nom de théodicée, parce qu'il s'est proposé principalement de justifier la bonté de Dieu, des objections que l'on tire contre elle de l'existence du mal dans le monde. Le philosophe allemand a donc voulu avant tout écrire un traité sur la Providence : mais en fait, sa théodicée contient à peu près toutes les questions qu'on aborde dans nos théodicées modernes.

Il regarde la connaissance que nous avons de Dieu comme *innée* et comme *démonstrative* tout ensemble. Or, il prétend l'établir par trois arguments principaux : 1° par son idée; 2° par le fondement des idées universelles, 3° par l'harmonie universelle.

1. Leibnitz trouve incomplet l'argument de Descartes renouvelé de saint Anselme, mais il estime qu'on peut le compléter et le rendre démonstratif en prouvant seulement la possibilité de Dieu; car la possibilité se confondant avec l'essence, si Dieu est défini un être qui existe par son essence, il devra exister par le fait même de sa possibilité. Mais voyant bien qu'on lui demandera de prouver que Dieu est un être existant par soi, Leibnitz façonne si bien son argument *a priori*, qu'il en fait un véritable argument *a posteriori*. Voici comment il raisonne : « Si l'être de soi est impossible, tous les êtres par autrui le seront aussi, puisqu'ils ne sont que par l'être de soi. » (*N. E.*, l. IV, ch. x, § 7; *Princip. phil.*, n. 45.) Qui ne voit que c'est sor-

tir de l'idée de Dieu et s'appuyer sur l'idée des êtres qui sont par lui?

2. Il faut assigner un fondement aux vérités éternelles ou universelles. Or, ce fondement ne peut être placé ni dans l'esprit humain, ni dans les choses, qui n'ont rien que de contingent et trouvent même leurs lois ou leur raison déterminante dans les vérités nécessaires. « Cela nous mène enfin au dernier fondement des vérités, savoir à cet esprit suprême et universel qui ne peut manquer d'exister, dont l'entendement, à dire vrai, est la région des vérités éternelles, comme saint Ausgustin l'a reconnu et l'exprime d'une manière assez vive. » (*N. E.*)

3. Une harmonie admirable éclate dans les lois de chaque monade et dans celles qui régissent les monades infinies dont se compose l'univers : les perceptions de toutes les âmes sont adaptées à chacune. Donc « il y a une intelligence éternelle qui a conçu et créé cet ordre merveilleux ».

Or, parmi les raisons qu'on vient d'apporter, la dernière tend particulièrement à prouver *l'infinité* de l'intelligence créatrice et ordonnatrice; « car ce monde qui existe étant contingent, et une infinité d'autres mondes étant également possibles, et également prétendant à l'existence, il faut que la cause du monde ait eu égard à tous ces mondes possibles, pour en déterminer un... Et cette cause intelligente doit être infinie de toutes les manières et absolument parfaite en puissance, en sagesse et en bonté, puisqu'elle va à tout ce qui est possible; et comme tout est lié, il n'y a pas lieu d'en admettre plus d'une. Son entendement est la source des *essences*, et sa volonté la source des *existences*. Voilà en peu de mots la preuve d'un Dieu unique avec ses perfections, et par lui, l'origine des choses. » (*Théod.*, part. 1re, n. 7.) — Au reste, ne suffirait-il pas de nous regarder nous-mêmes, pour connaître un rayon des perfections divines? « Les perfections de Dieu sont celles de nos âmes, mais il les possède sans bornes : il est un Océan dont nous n'avons reçu que des gouttes; il y a en nous quelque puissance, quelque connaissance, quelque bonté;

mais elles sont toutes entières en Dieu. L'ordre, les proportions, l'harmonie, nous enchantent, la peinture, la musique en sont des échantillons; Dieu est tout ordre, il garde toujours la justesse des proportions, il fait l'harmonie universelle : toute la beauté est un épanchement de ses rayons. » (*Théod.*, préf.)

On ne saurait méconnaître ce qu'il y a de grand et d'élevé dans ces considérations, quoiqu'il entre dans le génie de leur auteur de mêler presque toujours l'hypothèse à la thèse, ce qui est douteux ou fantastique à ce qui est solide et réel. Mais la plus grande tache de la théodicée leibnitzienne, c'est qu'elle supprime la *liberté* de Dieu, sous prétexte de la mieux soumettre à la sagesse. Elle oblige Dieu d'agir toujours d'après une raison déterminante, même dans ses actions extérieures, si bien qu'il n'a pu faire que ce qu'il fait et de la manière dont il le fait. Le philosophe allemand croit sauver la liberté divine, en distinguant entre « les conséquences (raisons) *géométriques,* qui sont nécessitantes, et les conséquences *physiques* et *morales* qui inclinent sans nécessiter, et le physique même ayant quelque chose de volontaire et de moral par rapport à Dieu, puisque les lois du mouvement n'ont point d'autre nécessité que celle du meilleur, Dieu choisit librement, quoiqu'il soit déterminé à choisir le mieux. » (*N. E.*, l. II, ch. xxi, § 13.)

Mais il n'échappera à personne que cette explication défend, en effet, la liberté de *coaction,* sans trouver la liberté de *nécessité;* quand un être est déterminé à agir, que la raison soit géométrique ou morale, peu importe, il n'est pas libre.

Nous avons dit que le dessein de la théodicée est de défendre la bonté de Dieu, et de faire voir que le mal du monde, aussi bien le mal moral que le mal physique ou métaphysique, ne saurait en aucune façon lui être imputé. D'abord, il valait mieux permettre des défauts *particuliers* que de violer les lois *générales,* et l'on peut dans ce sens employer ce beau mot de saint Bernard : *Ordinatissimum est minus interdum ordinate fieri aliquid;* — « les désordres particuliers sont redressés avec avantage dans le total, même en chaque monade. » Au reste, le mal est l'occasion du bien, et le bien est supérieur au mal, soit dans l'ordre moral, soit dans l'ordre physique. « Un peu d'acide, d'âcre ou d'amer, plaît souvent mieux que du sucre; les ombres rehaussent les couleurs; et même une dissonance placée où il faut donne du relief à l'harmonie... » « Goûte-t-on assez la santé et en rend-on assez grâces à Dieu, sans avoir jamais été malade? » Si nous sentons le mal plus vivement que le bien, c'est que le bien est plus ordinaire et que par là même il nous frappe moins que le mal. Il nous faut ajouter que l'usage trop fréquent et la grandeur des plaisirs seraient un mal très préjudiciable. — N'est-ce pas aussi une merveille que le Créateur ait su faire des êtres si frêles, si sujets à la corruption, et pourtant si capables de se maintenir dans leur état normal »?

Les explications qu'on vient de lire sont, ou peu s'en faut, toutes irréprochables et dignes d'un philosophe chrétien : mais l'ensemble de la théodicée repose sur la théorie de l'*optimisme* et tend à présenter le mal comme une suite absolument nécessaire de la nature limitée des créatures; en sorte que le mal physique et moral vient, en dernière analyse, se résoudre dans le mal métaphysique. Erreur d'autant moins excusable que le mal métaphysique, au sens leibnitzien, n'est nullement un mal. Une créature est mauvaise quand elle n'a pas le bien qu'elle devrait avoir; mais elle n'est point mauvaise pour n'avoir pas le bien d'une créature supérieure, pourvu qu'elle ait celui de sa nature, « alioquin, dit fort sagement saint Thomas, sequeretur quòd ea quæ nullo modo sunt, mala essent, et iterum, quòd quælibet res esset mala, ex hoc quòd non haberet bonum alterius rei; ut quòd homo esset malus, quia non habet velocitatem capræ, vel fortitudinem leonis. » (1ª, q. 84 a. 3, c.)

Morale. — Leibnitz n'a pas accordé d'aussi longs développements à la philosophie morale qu'à la philosophie spéculative. Néanmoins, là aussi, nous devons relever quelques vues excellentes et une erreur assez grave.

Il critique vivement l'opinion de Puffendorf[1], très répandue aujourd'hui, qui sépare absolument le droit naturel de la morale : d'après les défenseurs de cette opinion, le droit naturel aurait pour objet unique les actes extérieurs, traduisibles devant le for extérieur, tandis que les actes internes de l'âme ne relèveraient que de la morale ; en un mot, le droit naturel ne s'occuperait que de la légalité et nullement de la moralité des actes humains. Après avoir protesté contre cette erreur, le grand philosophe ajoute ces paroles décisives : « Bien plus, dans la science du droit, si l'on veut donner une idée pleine de la justice humaine, il faut la tirer de la justice divine comme de sa source. » (*Monit. quæd. ad Puffendorf princip. Nolano directa*, t. IV, part. 3°, p. 277, § 7, 11, 12.)

Mais il ne blâme pas avec moins d'énergie ni moins de raison l'opinion cartésienne qui fait dépendre le bien et le mal de la libre détermination de la volonté divine : « La justice suit certaines règles d'égalité et de proportion qui ne sont pas moins fondées dans la nature immuable des choses et dans les idées de l'entendement divin, que les principes de l'arithmétique et de la géométrie. On ne peut donc pas plus soutenir que la justice et la bonté dépendent de la volonté divine, qu'on ne peut dire que la vérité en dépend aussi : paradoxe inouï qui est échappé à Descartes. » (*Ibid.*, § 15.)

Sur le motif de nos actions, Leibnitz concilie, de la même manière que Bossuet, l'amour pur avec la recherche de notre bien. Mais il se trompe quand il veut déterminer l'origine du mal moral : au lieu d'en faire une faute de la volonté, il n'y voit qu'une erreur de l'intelligence : « *Peccatum omne ab errore.* (*Confess. philos.*, dialog. ined.).

Si maintenant nous voulions tirer une conclusion générale touchant la philosophie de Leibnitz, nous dirions, en lui appliquant un mot dont il s'est servi quelque part avec peu d'exactitude, en parlant des scolastiques : elle contient

---

1. Puffendorf, célèbre publiciste allemand, favorable aux idées progressistes (1632-1694).

de l'or mêlé à des scories. Les nombreuses erreurs qui déparent ses beautés, d'ailleurs réelles, ont presque toutes leur source dans trois idées dominantes, caressées avec amour et orgueil par Leibnitz : la négation de l'action *ad extra*, la loi de la continuité, et le principe de raison suffisante, exagéré et mal interprété.

III. — ÉCOLE SCEPTIQUE

École sceptique : scepticisme proprement dit : Glanville et Bayle; caractère de ce dernier; *fidéisme* : Huet et Pascal; Pascal exagère la faiblesse de la raison, mais n'est pas sceptique absolu; les trois mondes; faiblesse et force du pyrrhonisme et du dogmatisme; certitude de fait; passage à la certitude de droit; la foi accorde les philosophes et les inclinations contraires de notre nature; pyrrhonien, géomètre et chrétien; mérites et torts de Pascal.

Au dix-septième siècle, le scepticisme se présente sous deux formes : celle du scepticisme proprement dit et celle du fidéisme. A la première catégorie appartiennent l'Anglais Glanville et Pierre Bayle; à la seconde, Huet et Pascal.

Glanville (1636-1680), esprit fin et cultivé mais inconséquent, fut membre de la Société royale de Londres et chapelain ordinaire du roi Charles II. On lui doit plusieurs ouvrages : *Vanité du dogmatisme, Scepsis scientifica, Essais philosophiques et religieux*, et un gros traité sur l'*Apparition des esprits*. Glanville, à la fois antidogmatique et superstitieux, s'en prend surtout au principe de causalité qui, d'une part, lui semble être la clef de voûte de la science : « Les causes sont l'alphabet de la science, sans lequel on ne peut lire dans le livre de la nature » (*Scepsis*, c. XXV); et, de l'autre, lui paraît dénué de toute force objective, notre connaissance étant basée sur les sens, et les sens n'apercevant rien au delà des phénomènes.

Bayle (1647-1706) est un écrivain spirituel et très érudit, mais inquiet, mobile, souvent en contradiction avec lui-même, aussi bien dans sa vie que dans sa philosophie. De protestant, il se fit catholique; de catholique, protestant, et l'on prétend qu'à la fin de sa vie, il songeait à revenir au catholicisme.

A la manière des anciens sophistes, Bayle se plait à plaider le pour et le contre sur toutes sortes de sujets, sans paraitre plus attaché à une opinion qu'à une autre. « Je ne suis que Jupiter assemble-nues; mon talent est de former des doutes; mais ce ne sont pour moi que des doutes. » (*Lettre au P. Tournemine.*) Voilà pourquoi, selon la remarque de Cousin, Bayle est par-dessus tout un ami du paradoxe. « Il se met presque toujours derrière quelque nom ou quelque opinion un peu décriée, qu'il reprend en sous-œuvre, sans l'adopter nettement et franchement, mais qu'il excelle à éclaircir, à fortifier et à remettre en honneur. » — Nous pourrions citer comme exemple son étrange théorie sur le manichéisme, système absurde, dit-il, si on l'envisage en soi et *a priori*, mais vrai et certain, si on le considère *a posteriori*. (*Dict. hist. crit.*, art. *Manichéens, Marcionites.*) — « Cependant, ajoute Cousin, pour être juste envers lui, il faut convenir qu'il a inventé, pour son compte, un certain nombre de paradoxes qui lui appartiennent; par exemple, c'est dans les *Pensées sur la Comète* que se trouve, pour la première fois, ce principe fameux qui a fait depuis bien du chemin : qu'une idée fausse ou peu digne de Dieu est pire que l'indifférence ou l'athéisme. C'est encore là que Bayle avance qu'un peuple sans religion est encore très capable d'ordre social, et que toute société n'est pas essentiellement religieuse. » (*Hist. gén. de la Philos.*, 9ᵉ leç.)

Les écrits de ce sceptique fantaisiste ont été recueillis en 4 volumes in-folio, sans compter son fameux *Dictionnaire historique et critique*, plusieurs fois réimprimé et particulièrement destiné à combattre la religion catholique.

Daniel Huet (1630-1721), évêque d'Avranches, et précepteur des enfants de France, est un personnage célèbre par son érudition ample et variée, et par le système nouveau auquel il a attaché son nom. Ce système se nomme *fidéisme.* — Le dessein de Huet est d'abattre la raison en lui montrant sa faiblesse, et, par là, de la persuader plus sûrement de la nécessité de la foi. Il démontre par treize arguments, empruntés de Sextus, que, livrée à elle-même, la raison est incapable d'atteindre la certitude et qu'elle peut tout au plus arriver à saisir la probabilité. Mais il assure que la foi, en s'ajoutant à la raison, fortifie sa faiblesse et la rend apte à connaître le vrai avec certitude. — Voici les ouvrages qui contiennent cette doctrine : *Censura philos. Cartesianæ; De Concord. ration. et fidei; De imbecillitate ration. humanæ; Démonstration évangélique.*

Il ne faut pas réfléchir longtemps, pour s'apercevoir que le système proposé pèche par la base et qu'il n'est pas moins préjudiciable à la foi qu'à la raison. La foi, en effet, s'appuie sur la raison, comme la grâce sur la nature, et tout ce que l'on ôte à la raison, on l'ôte du même coup à la foi que l'on établit sur des fondements seulement probables, et sur des motifs de crédibilité insuffisants.

Pascal (1623-1662) appartient aussi à l'école fidéiste. S'il eût été plus modéré, ce profond penseur aurait rendu à la cause de la vérité d'immenses services et fait infiniment d'honneur à la raison humaine. Mais son génie austère et sa constitution maladive le portaient aux opinions extrêmes; le jansénisme et la lecture presque exclusive de Pyrrhon, de Montaigne et d'Épictète achevèrent de le prévenir contre la raison et la nature, et de le tourner au scepticisme. Néanmoins, il y aurait, croyons-nous, exagération et injustice à ranger Pascal parmi les sceptiques proprement dits, selon l'opinion de Cousin. Sans doute, plusieurs de ses pensées, prises à la lettre, sont celles d'un sceptique et d'un désespéré, mais elles perdent ce caractère et ne présentent plus que des exagérations de la faiblesse humaine, si l'on fait attention au contexte, au dessein de l'auteur et à d'autres pensées formellement opposées au scepticisme.

L'auteur des *Pensées* distingue trois mondes : le monde de la matière, le monde de la pensée et le monde de la foi ou de la grâce. — Le monde de la matière est infini en grandeur comme en petitesse, car on y découvre des infiniment grands et des infiniment petits : « La terre, la mer, le ciel surtout, la nature entière dans sa haute et pleine majesté, voilà l'immensité et l'infini. Mais tout ce monde visible n'est qu'un trait imperceptible dans le sein de la nature :

nulle idée n'en approche. C'est une sphère infinie, dont le centre est partout, la circonférence nulle part... Mais pour lui présenter (à l'homme) un autre prodige aussi étonnant..., qu'un ciron lui offre, dans la petitesse de son corps, des parties incomparablement plus petites, des jambes avec des jointures, des veines dans ces jambes, du sang dans ces veines, des humeurs dans ce sang, des gouttes dans ces humeurs, des vapeurs dans ces gouttes... Je lui veux peindre non seulement l'univers visible, mais l'immensité que l'on peut concevoir de la nature, dans l'enceinte de ce raccourci d'atome. Qu'il lui voie une infinité d'univers... et qu'il se perde dans ces merveilles aussi étonnantes par leur petitesse que les autres par leur étendue. » (*Pensées*, ch. iv n. 1, éd. Frantin.)

Or l'infini entraîne l'*incompréhensibilité*; le monde est donc incompréhensible pour nous, dans son principe comme dans sa fin; nous ne pouvons « qu'apercevoir quelque apparence du milieu des choses, dans un désespoir éternel de connaître ni leur principe ni leur fin. » (*Ibid.*, ch. iv, a. 3, n. 68.)

Cependant, si « l'homme n'est qu'un néant dans la nature à l'égard de l'infini, » il *pense*, et la pensée l'élève infiniment au-dessus de tout l'univers : « Tous les corps, le firmament, les étoiles, la terre et ses royaumes, ne valent pas le moindre des esprits, car il connaît tout cela, et soi; et les corps rien... De tous les corps ensemble, on ne saurait en faire réussir une petite pensée : cela est impossible et d'un autre ordre. » (*Ibid.*, ch. vii, a. 1, n. 2.) Donc, « toute notre dignité consiste dans la pensée »; « c'est la pensée qui fait l'être de l'homme ». (*Ibid.*, ch. iv, a. 1, n. 7, 8.)

Mais la raison elle-même, dans la réalité, n'est que *faiblesse*, et elle se contredit toujours. « Nous voguons sur un milieu vaste, toujours incertains et flottants, poussés d'un bout vers l'autre. Quelque terme où nous pensions nous attacher et nous affermir, il branle et nous quitte. » (Ch. iv, a. 1.) « Il faudrait avoir une règle : la raison s'offre; mais elle est ployable à tous sens; et ainsi, il n'y en a point. »

(*Ibid.*, a. 3, n. 60.) « L'homme est à lui-même le plus prodigieux objet de la nature, car il ne peut concevoir ce que c'est que corps, et encore moins ce que c'est qu'esprit, et, moins qu'aucune chose, comment un corps peut être uni avec un esprit. C'est là le comble de ses difficultés, et cependant, c'est son propre être. » (*Ibid.*, II, 66.) — « Pour les philosophes, 288 souverains biens. » (*Ibid.*, n. 82.) — Trois degrés d'élévation du pôle renversent toute la jurisprudence... Un méridien décide de la vérité... Plaisante justice qu'une rivière borne... Vérité en deçà des Pyrénées, erreur au delà... La coutume fait toute l'équité... » (*Ibid.*, n. 13.) — « Les principales forces des Pyrrhoniens sont que nous n'avons aucune certitude des premiers principes, hors la foi et la révélation, sinon en ce que nous les sentons naturellement en nous ; or, ce sentiment naturel n'est pas une preuve convaincante de leur vérité, puisque, n'y ayant point de certitude, hors la foi, si l'homme est créé par un Dieu bon, par un démon méchant, ou à l'aventure, il est en doute si ces principes nous sont donnés, ou véritables, ou faux, ou incertains, selon notre origine. De plus, que personne n'a d'assurance, hors la foi, s'il veille ou s'il dort, vu que dans le sommeil on croit veiller aussi fermement que nous faisons. » (*Ibid.*, a. 6, n. 1.)

Au moins, peut-on appuyer la faiblesse de la raison sur la véracité divine, comme faisait Descartes ? Pour cela, il faudrait être assuré de l'existence de Dieu et connaître quelque chose de sa nature ; mais les preuves données par les philosophes « sont si éloignées du raisonnement des hommes et si impliquées qu'elles frappent peu ; et quand cela servirait à quelques-uns, ce ne serait que pendant l'instant qu'ils voient cette démonstration ; mais une heure après, ils craindraient de s'être trompés. » (*Ibid.*, ch. III, a. 6, n. 2.) — Au reste, « s'il y a un Dieu, il est infiniment incompréhensible, puisque, n'ayant ni parties ni bornes, il n'a nul rapport à nous. Nous sommes donc incapables de connaître, ni ce qu'il est, ni s'il est. » (*Ibid.*, ch. III, n. 8.) — Ailleurs, Pascal accorde que la raison, sans connaître la nature de Dieu, peut néanmoins connaître son existence : « Nous connaissons qu'il y a un infini, et nous ignorons sa nature... On peut bien connaître qu'il y a un Dieu, sans savoir ce qu'il est. » (*Ibid.*, ch. III, n. 7.)

« Que fera donc l'homme en cet état? Doutera-t-il de tout? Doutera-t-il s'il veille, si on le pince, si on le brûle? Doutera-t-il s'il doute? Doutera-t-il s'il est? On n'en peut venir là; et je mets en fait qu'il n'y a jamais eu de pyrrhonien effectif et parfait. La nature soutient la raison impuissante et l'empêche d'extravaguer jusqu'à ce point. » (*Ibid.*, a. 6, n. 2.) — « Je m'arrête à l'unique fort des dogmatistes... Nous connaissons la vérité, non seulement par la raison, mais par le cœur; c'est de cette dernière sorte que nous connaissons les premiers principes, et c'est en vain que le raisonnement, qui n'y a point de part, essaie de les combattre... Et c'est sur ces connaissances du cœur et de l'instinct qu'il faut que la raison s'appuie et qu'elle y fonde tout son discours... Les principes se sentent, les propositions se concluent, et le tout avec certitude, quoique par différentes voies. » (*Ibid.*, n. 1.) — « Nous avons une impuissance de prouver invincible à tout le dogmatisme. Nous avons une idée de la vérité invincible à tout le pyrrhonisme. » (*Ibid.*, n. 9.)

De tout ce qui précède, la conclusion à tirer n'est donc point le scepticisme proprement dit, c'est seulement une impuissance de prouver, c'est une certitude de *fait* et non de *raison*, une certitude qui repose sur l'impossibilité de douter et non sur la perception claire de la vérité; car la nature repousse invinciblement le doute, et le sentiment, ou l'instinct, comme on voudra, vient au secours de la raison et l'oblige de donner son consentement; seulement, cette adhésion forcée n'est point l'effet de la raison qui raisonne, ni de l'intelligence, sûre d'elle-même et de la vérité; mais la nature supplée à la perception, et les objections de la raison se taisent devant l'impulsion ou le besoin de la nature. — Comment passer de cette certitude de fait et d'instinct qui mérite à peine le nom de connaissance, à la certitude de droit et de raison, à une connaissance assurée et infaillible? Il n'y a qu'un moyen d'y parvenir, répond l'auteur des *Pensées*, c'est la *foi*. Pendant qu'elle dissipe nos incertitudes, elle nous explique les contradictions des philosophes et de notre nature. Le stoïciens, n'ayant vu en nous que la raison, nous avaient faits capables de certitude et de bonté, et sans le péché, la raison, en effet, en eût été capable. Les Épicuriens, n'apercevant au contraire que notre misère présente, nous ont voués au plaisir et à l'ignorance de la nature des choses, faute de nous croire en mesure d'atteindre à l'honnête et au vrai. En fait, les Épicuriens ne sont pas loin d'avoir raison, le péché originel a tout gâté, tout corrompu en nous, l'intelligence et la volonté.

Ainsi donc, la foi accorde les philosophes ainsi que les inclinations contraires de notre nature, les nobles et les basses; donc elle est vraie; et la grâce ou la charité, s'ajoutant à la foi, nous rend les forces perdues et nous en donne de nouvelles. La foi, voilà le troisième monde de Pascal, en face duquel le monde de la matière et le monde de la pensée ne sont rien. « Tous les corps ensemble, et tous les esprits ensemble, et toutes leurs productions, ne valent pas le moindre mouvement de charité; cela est d'un ordre infiniment plus élevé. De tous les corps et de tous les esprits, on ne saurait tirer un mouvement de vraie charité, cela est impossible et d'un autre ordre (surnaturel). » (Ch. vii, a. 1, n. 1.) — « C'est ainsi que la philosophie conduit insensiblement à la théologie, et il est difficile de n'y pas entrer, quelque vérité que l'on traite, parce qu'elle est le centre de toutes les vérités. » (Ch. iv, a. 8, n. 4.)

D'ailleurs, la foi ne va nullement à contredire la raison. « La foi dit bien ce que les sens (et la raison) ne disent pas, mais non pas le contraire de ce qu'ils voient. Elle est au-dessus, et non pas contre. » (Ch. ii, n. 12.) — En résumé, « il faut avoir ces trois qualités : pyrrhonien, géomètre, chrétien soumis; et elles s'accordent et se tempèrent, en doutant où il faut, en assurant où il faut, en se soumettant où il faut. » (*Ibid.*, n. 1.)

Cette philosophie, dont nous croyons avoir montré le dessein, l'ordre et la pensée avec exactitude, on peut l'apprécier maintenant avec ses mérites et ses défauts. Il est hors de doute qu'elle contient des vues, non seulement justes, mais aussi grandes et élevées. Le parallèle entre les trois mondes est parfait. D'autre part, les contradictions de la nature humaine, ses nobles, ses grandes aspirations, d'un côté, et son impuissance avec sa bassesse, de l'autre : tout cela est profondément étudié et vivement dépeint. Et si les contradictions signalées dans la nature humaine par notre philosophie ne démontrent pas, rigoureusement parlant, le péché originel, elles le rendent au moins vraisemblable ; et, à son tour, ce péché explique bien des choses inexpliquées sans lui.

Mais, voici ce qu'il faut blâmer dans Pascal. Il met un abîme entre la matière, la pensée et la foi ; or, c'est là une séparation contre nature, puisque la nature a uni très intimement ces trois choses. De plus, à la suite de Descartes, il place exclusivement la nature de l'homme dans la pensée, et, après avoir abattu la raison, il abat à son tour la volonté et accorde trop aux vérités géométriques, au détriment des autres. Enfin, est-il besoin de remarquer que Pascal exagère outre mesure les suites du péché originel, dans la volonté, aussi bien que dans l'intelligence ? Seul un janséniste a pu écrire ces lignes : « La concupiscence et la force sont la source de toutes nos actions : la concupiscence fait les volontaires, la force les involontaires. » (*Ibid.*, ch. iv, a. 3, n. 19.) — De plus, c'est un paralogisme, que de faire reposer la certitude sur l'impossibilité de douter, sur le sentiment ou l'instinct, toutes choses purement subjectives et nullement rationnelles. Le fondement de la certitude est plus solide et plus clair ; la connaissance de l'homme est plus noble et mieux assurée : elle s'appuie sur l'évidence et non pas sur une impulsion aveugle. Toute certitude repose, en dernière analyse, sur l'évidence, évidence immédiate ou médiate, intrinsèque ou extrinsèque, de la chose perçue, ou des motifs de crédibilité. (*Prælect. philos.*, t. I, p. 31, 32, 36, 92.)

IV. — ÉCOLE MYSTIQUE

<small>Van Helmont et Amos; More et Poiret; importance et originalité de ce dernier.</small>

L'école mystique, au dix-septième siècle, recrute ses représentants en Allemagne, en Angleterre et en France; mais aucun ne porte un grand nom.

L'Allemagne nous offre Mercure van Helmont, fils du célèbre van Helmont (1618-1699), et Jean Amos (1592-1671).

Le premier écrivit de nombreux ouvrages, entre autres : *Opuscula philosophica*, et *Seder Olam*, h. e. historica enarratio doctrinæ philosophicæ, per *unum* in quo sunt *omnia*. — Le second aurait voulu réformer la physique à l'aide du mysticisme : *Synopsis physices ad lumen divinum reformatæ*; *Pansophia* et *Prodromus*, in-8°.

En Angleterre, *Henri More* (1614-1687) commença par le cartésianisme, si bien que Descartes rechercha son jugement et fit imprimer ses observations avec la réponse. Mais, plus tard, dégoûté du cartésianisme, il donna ses préférences au mysticisme néoplatonicien et même à la cabale. Parmi les nombreux ouvrages de cet auteur, il faut compter : *Enchiridion ethicum* et *Defensio cabbalæ triplicis*. — *Jean Pordage* (1625-1698), prédicateur, médecin et philosophe, introduit dans sa patrie les idées de Bœhme, qu'il présente sous une forme plus systématique : *Metaphysica vera et divina*, trois volumes; *Sophia sive detectio cœlestis sapientiæ de mundo interno et externo*; *Theologia mystica*.

Mais tous ces mystiques pâlissent auprès de *Pierre Poiret* de Metz, ministre protestant (1646-1719). De cartésien, il se fit mystique, et composa un très grand nombre d'ouvrages : *Cogitationes rationales de Deo, animâ et malo; Économie de la divine Providence*, 7 vol. in-8°; *Fides et ratio collatæ et suo utraque loco redditæ adversus principia Lockii; De Eruditione triplici, solidâ, superficiariâ et falsâ; Vera et cognita omnium prima, sive de naturâ idearum; Bibliotheca mysticorum*, où il donne la théorie et l'histoire du mysticisme. — Tandis que van Helmont,

Amos et Pordage cultivent de préférence le mysticisme *naturaliste*, Poiret, à la fois *métaphysicien* et *moraliste*, tend davantage à la pratique et se propose avant tout le perfectionnement de l'âme. — Si vous l'en croyez, il y a dans notre esprit trois facultés distinctes, faites pour trois sortes de vérités : l'entendement, la raison humaine et l'esprit divin. L'entendement n'est rien autre que la disposition à recevoir l'impression des objets du dehors; la raison humaine est la faculté de former des idées; l'esprit divin est la puissance de recevoir les influences divines; et ces facultés répondent à trois ordres de lumière : la lumière naturelle et extérieure, l'obscure lumière de la raison, qui produit la philosophie; et la lumière divine. La seconde est la plus imparfaite; les deux autres sont infaillibles et purement passives. Or la perfection de l'homme ne consiste pas à agir, mais à se prêter aux influences de la nature et à se tenir dans un état entièrement passif à l'égard de l'action divine : « *Pati Deum Deique actus.* » Les vérités ne sont pas innées, comme le veut Descartes, ni acquises, comme le prétend Locke, mais infuses, ou suggérées par la lumière divine.

V. — École thomiste

La plupart des universités, fidèles à saint Thomas; valeur de la philosophie de Complut; nombreux thomistes dans l'École dominicaine; auteurs plus marquants : Arnu, Madlhat et Goudin; Jean de Saint-Thomas et Bannez; le Jésuite Maurus.

Au dix-septième siècle, la philosophie thomiste compte peu d'adhérents, dans le clergé séculier comme dans le monde; pourtant le cardinal de Lugo, *In lib. III de anima*, et le cardinal Pallavicini, *De universa philosophia libri tres*, *Philosophia contemplativa*, méritent d'être mentionnés avec honneur. On a vu aussi que Leibnitz et Bossuet embrassent un assez grand nombre des thèses de l'école. Mais la plupart des grandes universités lui demeurent fidèles : Salamanque, Coïmbre et Complut. Le *Cursus philosophia complutensis* est un des exposés les mieux développés et les plus appréciés de la philosophie de saint Thomas d'Aquin. Il se divise en 4 volumes in-4° : I, *In Log. Aristotel.;* II, *In VIII lib. Physic.;* III, *In lib. de Ortu et interitu, seu de generat. et corrupt.;* IV, *In lib. de Animâ.* Les *Commentaria in lib. Phys. et de Animâ* sont du P. Antoine de la Mère de Dieu; le P. Michel est l'auteur des *Commentaria logices.* Ce dernier était considéré par le cardinal Balthazar de Moscoso y Sandoval, comme un des maîtres les plus illustres de son temps. — La philosophie de Complut a été plusieurs fois rééditée, et elle le mérite, soit pour la correction de la forme, soit pour l'exactitude de la doctrine et ses précieuses indications historiques. — Si grande fut sa renommée, que le chapitre général de l'Oratoire [1], en 1676, recommanda expressément aux professeurs de philosophie de cette congrégation d'enseigner la doctrine de saint Thomas, « prout explicatur a præcipuis ejus commentatoribus, et Complutensibus Joanne a S. Thomâ et Philippo a SSâ Trinitate ».

Les ordres religieux demeurent tous fidèles à la philosophie du Docteur Angélique. Et bien que la plupart des professeurs et écrivains de cette école soient restés obscurs, l'histoire de la philosophie leur doit une mention. On les compte en grand nombre, surtout dans l'illustre famille de saint Dominique.

Alexandre de Sébille (1612-1657), professeur de théologie à Louvain, défendit avec énergie les doctrines thomistes sur le libre arbitre et la grâce. On a de lui un ouvrage de philosophie considérable, comprenant dix-huit opuscules sous ce titre : *Resolutiones variæ de logicalibus, physicalibus*

---

1. Le cardinal de Bérulle, dans son ouvrage de haute métaphysique chrétienne : *Discours de l'Estat et des Grandeurs de Jésus,* professe ouvertement la plupart des principes philosophiques de l'École : sur la substance et les accidents (2e *discours*), la connaissance sensible et intellectuelle, les espèces sensibles et intelligibles (3e *discours*), l'intelligence et la volonté (*ibid.*), l'acte et la puissance, l'union substantielle et accidentelle (3e *discours*), le principe d'individuation (1er *discours*).

et metaphysicalibus, secundum doctrin: D. Angelici. La grâce et l'abondance du style, jointes à la solidité de la pensée, font regretter que cet ouvrage soit resté manuscrit dans le couvent dominicain d'Anvers, patrie de notre philosophe. — *Séguier* (1600-1671), longtemps régent des études au couvent dominicain de Douai, est l'auteur d'une philosophie en trois volumes : *Dialectica, Logica et Physica.*

Citons encore *Jérôme Cantarini*, d'une famille patricienne de Venise, mort en 1620 évêque de Capo d'Istria; il écrivit deux ouvrages dans un style d'une rare perfection : *Comment. in quosd. lib. Aristotel.*, et *Teatro del Cielo et della Terra.* — *Antoine Reginald*, auteur d'un ouvrage excellent en trois volumes : *Doctrinæ D. Thomæ tria principia, cum suis consequentiis, ubi totius doctrinæ compendium et connexio continentur.* Le 2e et le 3e principes sont consacrés à développer les nombreuses et fécondes conséquences du principe thomiste : *Deus est actus purus.* — *Jérôme Capredonius*, Italien, premier régent des études au couvent de Bologne, ensuite inquisiteur général à Mantoue, auteur d'un traité sur l'immortalité de l'âme : *Quæst. metaphys. de anim. rational. indeficientiâ; De Cognitione animæ separatæ; De subst. separatis; De earum cognitione et cognitionis medio*[1].

---

1. Nommons encore Pierre Bachot, Dauphinois, auteur d'un *Cursus philosophiæ*; François Bernier, de Sens, professeur au couvent de saint Jacques, à Paris, qui a écrit un ouvrage fort élégant : *Libellus de hominum primâ ratione vivendi*, où l'on trouve de curieux détails sur la longévité des hommes antédiluviens, et la brièveté de la vie actuelle; François Félix, Dauphinois : *Totius doctrinæ philos. compend. tractat. juxta mentem D. Angelici*, un vol. in-4°; Jérôme Corrégia, auteur de mérite : *De concordiâ scientiarum*; Paulin Berti, de Lucques : *Thesaurus scientiarum*, ouvrage encyclopédique, emprunté, dans sa substance, aux écrits d'Albert le Grand; Vincent Pons, Portugais, professeur du collège royal d'Aix : *Quæstiones philosophicæ*, où il aborde des problèmes fort intéressants sur l'objet de la logique, les causes et la nature de la matière première; *Riballosa*, Catalan, célèbre parmi ses contemporains par son éloquence, sa science et son érudition de linguiste : *Teatro de las mayores principes del mundo;* le cardinal Ptolemæus, S. J.; *Philosophia mentis et sensûs*; J. Poncius, Ord. Min : *Cursus Philosophiæ.*

Mais il nous reste à parler de philosophes d'un plus grand mérite : Nicolas Arnu, Raymond Madlhat, Goudin, Jean de Saint-Thomas et Dominique Bannez.

Arnu, de Mirancourt, près Verdun (1629-1692), d'abord professeur de théologie aux couvents d'Urgel et de Perpignan, professa ensuite dans l'Université de cette dernière ville et fut mis à la tête de la Faculté de théologie. Sa renommée de prédicateur et de savant attira les yeux du supérieur général de son ordre qui l'appela près de lui et le nomma régent du collège de la Minerve. Enfin l'Université de Padoue lui confia la chaire de saint Thomas. On doit au savant dominicain les ouvrages suivants : *Clypeus philos. thomist. contra novos ejus impugnator.; Dilucidum philos. syntagma, complect. univers. philos. juxta S. Th. et Alberti principia.*

Madlhat, du comté de Foix, se distingua si bien comme prédicateur et professeur que le pape Innocent XI l'honora de sa confiance et de son amitié, et le nomma consulteur du Saint-Office. — On a de lui un ouvrage excellent : *Summa philosophica*, en quatre parties ; la première est consacrée à la logique, la deuxième aux huit livres de la physique, la troisième commente les traités d'Aristote sur le ciel, la génération et les météores ; la quatrième réunit les traités de la psychologie, de la métaphysique et de la morale. Cet ouvrage, clair et concis, est particulièrement recherché de ceux qui veulent acquérir une connaissance solide de la philosophie de l'Ange de l'École. Il a eu plus de quinze éditions.

Antoine Goudin, de Limoges (1639-1695), est connu de tous les thomistes. Les dominicains le considèrent avec raison comme un de leurs philosophes les plus distingués. Sa *Philosophia juxta inconcussa D. Thomæ dogmata* eut, du vivant de l'auteur, dix éditions. Elle a été depuis plusieurs fois rééditée. La philosophie de Goudin se divise en logique, physique, morale et métaphysique. On ne saurait assez rendre hommage à la pénétration, à la solidité et à la sobriété de l'auteur, qui est aussi un polémiste fort habile. Rien de plus régulier que son argumentation, de plus net, de plus lucide que son style ; aussi est-il généralement considéré comme un modèle dans le genre didactique. Peut-être pourrait-on reprocher à cet ouvrage de faire trop de place à l'argument théologique et de n'être pas assez proportionné dans ses parties. La physique y reçoit de trop longs développements et ne se trouve plus d'accord avec les progrès de la science. En outre, comme polémiste, Goudin a combattu Descartes et Copernic avec une vivacité qui tourne à l'âpreté.

Jean de Saint-Thomas (1589-1644), de Lisbonne, appartient à une famille noble. Il a su faire honneur à son nom, à son ordre et à l'Église d'Espagne, si riche en théologiens éminents. Après avoir professé la théologie dans l'Université de Complut avec un incroyable succès, Jean de Saint-Thomas reçut la charge de confesseur de l'empereur Philippe VI. Voici la liste de ses ouvrages philosophiques : *Artis logicæ* 1ª *pars, De Dialect. institut. quas summulas vocant;* 2ª *pars, In Isagog. Porphyr., Arist... Categ... et Periherm. ac Poster. lib.;* — *Natural. philos.* 1ª *pars, De materiâ in communi et ejus affectionibus.* — 2ª *pars, in VIII lib. Physic.* — 3ª *pars, De ente mobili, corruptibili, ab lib. Aristotel. de Ortu et interitu, cum X tract. de Meteoris;* 4ª *pars, de Ente mobili animato, ab lib. Arist. de Animâ*[1].

Dominique Bannez, né dans la Biscaye espagnole, en 1527, mort à Médina en 1604, n'est pas seulement célèbre pour ses rapports avec sainte Thérèse, dont il fut huit ans le directeur, mais encore par des *Commentaires de la Somme,* qui l'ont placé au rang des théologiens de premier ordre. Il a laissé aussi des ouvrages philosophiques d'une incontestable valeur : *Institution. minor. Dialecticæ, hoc est, Summulæ,* in-8°; et *In lib. Arist. de Generatione et corruptione comment. et question.;* plusieurs fois réimprimé. — Bannez se fait remarquer par sa fidélité à suivre la doctrine de saint Thomas, la clarté avec

---

1. Vivès vient de donner une édit. complète des œuvres du savant dominicain, en 9 volumes.

laquelle il l'expose, l'érudition dont il l'entoure, la rapidité, la netteté et même l'élégance qu'il sait donner à son style. Parmi les thèses thomistes qu'il a le plus vaillamment défendues, se trouve la prémotion physique, dont, bien à tort, quelques modernes lui ont attribué la paternité.

Dans la Compagnie de Jésus, le P. *Sylvestre Maurus* mérite d'être cité avec honneur.

Maurus était d'une famille noble de Spolète, dans l'Ombrie. Il publia des *Institutiones philosophicæ* et commenta savamment tous les ouvrages d'Aristote. Les succès du docte jésuite attirèrent sur lui tous les regards, et lui valurent la chaire de philosophie et de théologie au Collège Romain, et enfin celle de recteur. Il mourut en 1687.

Maurus procède à la façon de saint Thomas d'Aquin : exposé des objections, *videtur quod non*, conclusion, et réponse aux objections. Ses guides ordinaires sont le Stagirite et l'Ange de l'École, dont il expose et défend la doctrine avec force et fidélité. On trouve dans sa philosophie d'excellents aperçus sur la logique, sur l'anthropologie, en particulier sur l'union de l'âme et du corps, la division des facultés de l'âme, leur distinction réelle avec l'essence, le moment où l'âme est créée et unie à son corps, enfin sur la nature de la matière première et la distinction réelle entre l'essence et l'existence. On y trouve aussi la solution de beaucoup d'objections, renouvelées par les modernes, contre la philosophie thomiste. Aux mérites du fond, viennent s'ajouter ceux de la forme : sobriété, clarté et précision dans le style, argumentation serrée et régulière.

Les amis de la philosophie scolastique ne peuvent que faire un bon accueil aux trois volumes in-8° de la nouvelle édition des *Quæstiones philosophicæ*, parue en 1876.

CHAPITRE II

PHILOSOPHIE DU XVIII° SIÈCLE

Chose étrange! le siècle qui s'est le plus piqué de philosophie est un des plus pauvres et des plus mauvais que la philosophie ait traversés. Beaucoup de philosophes et peu de philosophie, c'est à vrai dire tout ce qu'a produit le dix-huitième siècle. Toutes les conséquences mauvaises renfermées dans les principes du siècle précédent, il les tire avec audace et les pousse aux extrémités. Ainsi, le sensualisme tempéré de Bacon et de Locke se change en un matérialisme grossier et abject; l'idéalisme modéré de Descartes et de Leibnitz revêt une forme absolue entre les mains de Berkeley; et le fidéisme de Huet et de Pascal aboutit à un scepticisme objectif à peu près universel. Bien plus, un grand nombre de philosophes s'abaissent au point de se mettre au service de l'incrédulité et de l'impiété.

La philosophie du dix-huitième siècle peut se ramener à sept écoles : l'école sensualiste, l'école sociale, l'école idéaliste, l'école sceptique, l'école du sens commun, l'école mystique et l'école thomiste faiblement représentée.

I — ÉCOLE SENSUALISTE

Voltaire, vulgarisateur sophistique de la philosophie lockienne; son influence; — Condillac, métaphysicien de l'école; les deux phases de sa pensée; la sensation transformée; genèse des facultés de l'âme. — Helvétius, Diderot, d'Holbach, Saint-Lambert, Robinet et Bonnet.

Une foule railleuse et légère, en France surtout, s'empresse sous l'étendard du sensualisme : Voltaire, Condillac, Diderot, d'Holbach, Helvétius, Lamettrie, Saint-Lambert, Robinet, auxquels il faut joindre Bonnet, de Genève.

Voltaire (1694-1778) est trop léger pour mériter le titre de philosophe. Il n'a d'ailleurs étudié la philosophie que dans la mesure nécessaire à un lettré, curieux d'avoir une teinture de toutes choses. C'est en Angleterre, auprès de Bolimbrocke, opposant sans principes, que Voltaire s'initia à la philosophie qu'il devait prêcher parmi nous; c'est là aussi qu'il s'éprit de Locke alors triomphant et qui lui parut « le plus sage des métaphysiciens ». De retour en France, il s'appliqua à vulgariser la doctrine de l'auteur des *Essais*, en la revêtant d'une forme sceptique et impie. Car, dans le vrai, Voltaire est un pur sophiste qui se plaît à se contredire ou à émettre des doutes sur les questions les plus graves : « Si la nature est limitée, pourquoi l'intelligence suprême ne le serait-elle pas? Pourquoi ce Dieu, qui ne peut être que dans la nature, serait-il plus étendu qu'elle? » (*Philos. génér.*; p. 263, œuv. compl., édit. 1784, t. XXXII.) — « Dieu est fait auteur du péché dans tous les systèmes, excepté dans celui des athées (1). » (*Dictionn. phil.*, art. *Hom.*, p. 100.) — « L'âme est une propriété donnée à nos organes, et non une substance. » (*Dict. phil.*, art. *Hom.*, p. 98; *Phil. génér.*, p. 241.) « Toutes les vraisemblances sont contre la spiritualité et l'immortalité de l'âme. » (*Phil. génér.*, p. 54.) « Les bonnes actions ne sont autre chose que les actions dont nous retirons de l'avantage, et les crimes les actions qui nous sont contraires. » (*Ibid.*, p. 69.) Enfin, après avoir célébré la liberté de l'homme, Voltaire ne craint pas de la révoquer en doute : « L'homme est libre quand il peut ce qu'il veut; mais il n'est pas libre de vouloir. » (*Ibid.*, p. 178[2].)

1. Cependant il a écrit : « L'athéisme spéculatif est la plus insigne des folies, et l'athéisme pratique le plus grand des crimes. Il sort de chaque opinion de l'impiété une furie armée d'un sophisme et d'un poignard, qui rend les hommes insensés et cruels. » (T. XXXVI, p. 72.)

2. Théorie de Voltaire sur le mensonge : « Le mensonge n'est un vice que quand il fait le mal; c'est une très grande vertu quand il fait du bien... Il faut mentir comme un diable, non pas timidement,

Avec l'abbé de *Condillac*, de Grenoble (1715-1780), l'école sensualiste du dix-huitième siècle trouve son métaphysicien, si ce titre ne dépasse pas le mérite de l'homme. Mieux qu'aucun sensualiste, Condillac analyse nos facultés, en montre l'origine et les développements, disserte sur leur nature et leurs rapports, en un mot, prend à tâche de rendre raison des choses absolument comme ferait un métaphysicien. Mais tout cela n'est qu'une ombre, un simulacre de métaphysique. D'abord notre philosophe n'observe pas, il suppose et affirme, et de ses suppositions transformées en principes, il tire une foule de déductions, à la façon des géomètres. « Il est ainsi conduit, selon l'observation très juste de Cousin, à une science purement verbale, à un nominalisme, où tout sentiment de la réalité disparaît. Il est la démonstration personnelle de cette vérité que l'empirisme n'est pas de tous les systèmes philosophiques celui qui se soucie le plus de l'expérience. » (*Hist. génér. de la phil.*, x^e leçon.)

Essentiellement superficiel, Condillac a pu être fécond et disert; aussi ses œuvres complètes, d'après l'édition de 1798, forment-elles 23 vol. in-8°. Résumons à grands traits sa pensée. Il faut distinguer deux époques dans les idées de l'auteur : la première, où il s'essaie sur les ouvrages de Locke, sans s'éloigner beaucoup du philosophe anglais; la deuxième, où il devient lui-même et professe le système de la *sensation transformée*, dans le fameux *Traité des sensations*.

A la réflexion, Condillac s'est aperçu que la théorie de Locke n'est pas encore assez simple, et qu'au lieu de deux sources de toutes nos connaissances, la sensation et la réflexion, il suffit d'une seule, la sensation, qu'on aura soin de transformer en autant de facultés qu'il en faut à l'homme. De plus, Locke avait admis l'innéisme des facultés de l'âme; grave erreur aux yeux de Condillac, qui ne veut absolument rien d'inné en nous, la sensation lui parais-

---

non pas pour un temps, mais hardiment et toujours. » (Lettre à Thiériot, 21 oct. 1736.)

sant également féconde pour enfanter des facultés et des idées.

Voici maintenant, d'après le système, la genèse des facultés de notre âme. Supposez une statue de marbre. — c'est l'exemple de l'auteur, — intérieurement organisée comme nous, mais n'ayant rien autre que des organes ; mettez cette statue en contact avec les objets extérieurs, elle deviendra successivement sensation, attention, mémoire, imagination, jugement, raisonnement, désir, volonté, en un mot, toute l'âme et tout l'homme. La première impression, entièrement passive, sera la sensation d'une rose ; cette sensation passée, on pourra en procurer une autre à la statue, celle d'un œillet si l'on veut : la plus vive des deux attirera naturellement l'attention ; d'autre part, la sensation passée deviendra l'objet de la mémoire, si on se rappelle seulement sans aucune représentation vive, et de l'imagination, si le souvenir est accompagné d'une représentation si forte que la sensation passée paraisse encore présente. La statue ne pourra manquer de comparer ses différentes sensations et de remarquer entre elles quelque différence ou quelque ressemblance : « Or, apercevoir de pareils rapports, c'est juger. » — Pressée d'acquérir des notions plus précises, elle devra considérer séparément les qualités des choses, leur couleur, leur figure, leur grandeur, aller d'un objet à l'autre. L'attention ainsi conduite est comme une lumière qui « réfléchit d'un corps sur l'autre, pour les éclairer tous les deux et je l'appelle réflexion ». Enfin, raisonner est aussi facile que réfléchir sur les sensations ; et voilà tout le système de nos facultés cognitives expliqué sans trop de peine. — La sensation engendre pareillement le désir, et le désir la volonté. Donc « si nous considérons que se ressouvenir, comparer, juger, discerner, imaginer, être étonné, avoir des idées abstraites, connaître des vérités générales et particulières, ne sont que différentes manières d'être attentif ; qu'avoir des passions, aimer, haïr, espérer, craindre et vouloir ne sont que différentes manières de désirer : et qu'enfin être attentif et désirer ne sont, dans l'origine, que sentir : nous conclurons que la sensation enveloppe toutes les facultés de l'âme. » (*Des sensations*, 1re part., ch. vii, § 2.)

Comme il fait découler toutes nos facultés de la sensation transformée, Condillac agit de même par rapport à l'*objet* de nos connaissances et ne tire pas d'une autre source le moi, la bonté, la beauté, et ainsi des autres. « Son moi (de la statue) n'est que la collection des sensations qu'elle éprouve et de celles que la mémoire lui rappelle. » (*Des sensat.*, 1re part., ch. vi, § 3.) « Les mots bonté et beauté expriment les qualités par où les choses contribuent à nos plaisirs... En effet, on appelle bon, tout ce qui plaît à l'odorat ou au goût, et on appelle beau, tout ce qui plaît à la vue, à l'ouïe et au toucher. Le bon et le beau sont encore relatifs aux passions et à l'esprit. Ce qui flatte les passions est bon, ce que l'esprit goûte est beau. » (*Ibid.*, 5e part., ch. iii, § 1.)

Néanmoins, Condillac ne tire pas de son système les conséquences immorales et impies qu'il renferme : ce sera la tâche de ses disciples Helvétius et d'Holbach.

Si l'on pensait qu'une telle doctrine n'est point réfutée suffisamment par son exposition, il faudrait remarquer que la statue de Condillac n'ayant pas de facultés, à l'origine, l'impression des objets extérieurs ne pourra pas lui en donner davantage; bien plus, qu'elle sera incapable de percevoir les impressions des objets sur elle, parce que pour apercevoir, il faut auparavant être doué de la faculté d'apercevoir. — En outre, lui donnât-on la vertu d'éprouver des sensations, elle n'aurait pas celle de les transformer en attention, comparaison, jugement, raisonnement, etc., car toutes ces opérations sont actives, demandent de l'effort, et Condillac regarde la sensation comme purement passive. — Enfin, quand cette statue serait aussi active qu'elle est passive, elle ne trouverait pas le secret de transformer le passif en actif, le matériel en immatériel, la sensation en idée, et la passion en sentiment, à moins qu'on ne prétende, et l'auteur paraît le supposer en effet, qu'il n'y a entre toutes ces choses qu'une différence de degré et non point une différence essentielle. Dans ce cas, le transformisme de Darwin et des matérialistes modernes serait tout trouvé.

Helvétius (1715-1771) tient tout ensemble de Hobbes et de Condillac. Dans son livre de l'*Esprit*, il professe sans pudeur les dernières conséquences du matérialisme le plus abject. L'intelligence résulte de l'organisme, la liberté dépend des passions, et la vertu de l'égoïsme. Comme la sensation transformée produit le monde intellectuel, l'égoïsme transformé produit le monde moral. La morale est la *physique* de la nature. Elle vient s'absorber dans la législation, et celle-ci dans la science de la nature. L'art du législateur consiste à montrer à l'individu qu'il a plus d'intérêt à observer la loi qu'à la violer; si cette condition fait défaut, la loi est mal faite. — Le livre de l'*Esprit*, qui parut excessif à Voltaire lui-même, n'en eut pas moins un immense succès, scandale bien fait pour donner une juste idée de son siècle.

Diderot (1713-1784), un des fondateurs de l'Encyclopédie, a écrit les *Pensées philosophiques* et les *Pensées sur l'interprétation de la nature*. A son gré, la nature est comme un grand tout dont les individus sont les parties et dont l'universelle transformation est la loi. La conclusion de l'*Interprétation de la nature* donnera une idée suffisante de tout le système : « J'ai commencé par la nature qu'ils ont appelée ton ouvrage, et je finirai par toi, dont le nom sur la terre est Dieu. O Dieu, je ne sais si tu es, mais je penserai comme si tu voyais dans mon âme, j'agirai comme si j'étais devant toi... Je ne te demande rien dans ce monde, car le cours des choses est nécessaire par lui-même, si tu n'es pas, ou par ton décret, si tu es. J'espère en tes récompenses dans l'autre monde s'il y en a un, quoique tout ce que je fais dans celui-ci, je le fasse pour moi. Si je suis le bien, c'est sans effort; si je laisse le mal, c'est sans penser à toi. Me voilà tel que je suis, portion nécessairement organisée d'une matière éternelle et nécessaire, ou peut-être ta créature. »

Ce qui caractérise cet écrivain obscène, a dit un auteur contemporain « c'est la sensualité de l'animal, et le goût pour l'ordure ».

Le baron d'*Holbach* (1722-1782) professe les mêmes idées dans son *Système de la nature*. Quant à *Lamettrie*, le titre de ses livres : l'*Homme machine* et l'*Homme plante*, nous dispense d'en faire connaître l'esprit et le caractère. — *Saint-Lambert* (1717-1803) n'est que le panégyriste et le continuateur d'Helvétius. Son *Catéchisme universel* vulgarise la morale d'Helvétius en petits préceptes et petites pratiques.

Robinet (1735-1820), auteur du *Livre sur la nature* en 4 vol. in-8°, et des *Considérations philosophiques sur la graduation naturelle des formes de l'être*, enseigne une doctrine naturaliste d'un matérialisme plus contenu. Il soutient qu'il n'y a dans ce monde que des êtres organisés et vivants, que ces êtres ne sont tous que des variétés ou des *graduations continues* du type animal, qu'il n'y a point d'âme sans corps, ni de corps sans âme, le corps n'étant animé que par l'esprit et l'esprit ne pensant que par le corps ; et que la loi universelle de l'espèce animale, et conséquemment de l'espèce humaine, est l'instinct plus ou moins perfectionné. D'où il suit que le sens moral est « un sens intérieur fort semblable aux sens externes, par exemple au goût du doux et de l'amer, lequel nous détermine à juger du juste et de l'injuste, comme nous jugeons des saveurs avant toute réflexion ». — Dieu existe, car ses œuvres le proclament à tous les yeux ; mais nous ne pouvons rien savoir de ce qui le concerne, parce qu'il n'y a entre lui et nous aucune espèce d'analogie qui nous permette de juger de ses attributs par les nôtres.

Bonnet (1735-1793), naturaliste comme Robinet, a écrit un *Essai de psychologie* et la *Palingénésie philosophique*, où il défend la théorie du progrès continu, et admet pour tout être vivant la faculté d'une nouvelle naissance après sa mort, sous une autre forme et avec des organes supérieurs.

II. — ÉCOLE SOCIALE

Rousseau : son esprit et son influence; spiritualisme et rationalisme; contrat social et souveraineté du peuple; la loi; vues sociales de Montesquieu; Turgot et Condorcet; utilitarisme de Bentham; Vico; sa philosophie de l'histoire, théorie sur le *fait* et le *vrai*.

L'École sociale, son nom l'indique, demande surtout à la philosophie la solution des problèmes qui intéressent la société. C'est encore en France qu'elle recrute la plupart de ses sectateurs : Rousseau, Montesquieu, Turgot, Condorcet, et dans une certaine mesure, Voltaire et Helvétius, avec l'Anglais Bentham et l'Italien Vico. Parmi ces écrivains, d'ailleurs célèbres, quelques-uns professent le sensualisme, et presque tous le rationalisme.

Rousseau (1712-1778), spiritualiste en philosophie, se montre radical en morale et en politique. Esprit emporté et malade, il se contredit aussi souvent que Voltaire. La Profession de foi du Vicaire Savoyard défend les dogmes connus du spiritualisme, l'existence de Dieu et la Providence, l'immatérialité et l'immortalité de l'âme, la religion naturelle, la récompense des bons, et les peines réservées aux méchants dans l'autre vie.

Mais ses vues sur la société, qui ont exercé et exercent encore en France une influence néfaste, contiennent le programme complet du radicalisme et de toutes les utopies. Son principe fondamental est que les hommes naissent bons et parfaits, parce qu'ils naissent libres et égaux; car si l'on cherche précisément « en quoi consiste le plus grand bien de tous... on trouvera qu'il se réduit à ces deux biens principaux : la liberté et l'égalité. » (*Contrat soc.*, II, 11.) Les hommes vécurent d'abord en dehors de la société, au milieu des forêts, au sein de l'égalité et de la liberté, ne connaissant d'autres lois que celles de la nature. Malheureusement, l'idée leur vint un jour de se réunir en un corps social et politique, et c'est de là que sortirent tous les maux, les lettres, les arts, l'industrie, la propriété, l'inégalité, le despotisme (*Disc. sur l'orig. et les fond. de l'inég. parmi les hommes,*

t. II). — La société est donc à refaire, et voici sur quelles bases : « Trouver une forme d'association qui défende et protège de toute la force commune la personne et les biens de chaque associé, et par laquelle chacun, s'unissant à tous, n'obéisse pourtant qu'à lui-même et reste aussi libre qu'auparavant. Tel est le problème fondamental, dont le contrat social donne la solution. » (*Contr. soc.*, I, vi.) « La clause suprême du contrat porte l'*aliénation totale* de chaque associé, avec tous ses droits à la communauté. » « Cependant, chacun se donnant à tous ne se donne à personne; et comme il n'y a pas un associé sur lequel on n'acquière le même droit que sur soi, on gagne l'équivalent de ce que l'on perd et plus de force pour conserver ce que l'on a. » (*Ibid.*, II, vi.) Par le fait même, la communauté entre en possession de tous les droits; et « la volonté ne pouvant se donner des chaînes pour l'avenir, le peuple ne saurait promettre obéissance à personne, » car « il se dissoudrait par cet acte et perdrait sa qualité de peuple; à l'instant qu'il y a un maître, il n'y a plus de souverain, et dès lors le corps politique est détruit. » (*Ibid.*, II, i.)

En conséquence, la république est le seul gouvernement légitime, fondé sur le droit naturel : mais il ne s'agit pas d'une république constitutionnelle ou représentative : « La souveraineté ne peut être représentée, par la même raison qu'elle ne peut être aliénée… Les députés du peuple ne sont donc ni ne peuvent être ses représentants, ils ne sont que ses *commissaires* » (*Ibid.*, II, xv), et toute leur mission se borne à faire exécuter ses volontés souveraines ou la loi. « La loi est l'expression de la volonté générale. » Mais, parce qu'il serait impossible au peuple d'exercer directement le pouvoir législatif dans un grand État, Rousseau préconise le système des petits États confédérés, puisant dans leur union la force de repousser les agressions extérieures, et dans leur petit nombre la meilleure garantie de leur liberté.

Tout cela est chimérique : la perfection naturelle de l'homme, l'origine conventionnelle de la société, la liberté psychologique et morale assimilée à la liberté politique, la loi mise dans la volonté et non dans la raison, la souveraineté absolue du peuple, l'inaliénabilité de cette même souveraineté, l'impossibilité où serait le peuple d'obéir, aussi bien que son droit prétendu de changer tous les jours, *ad nutum*, et la loi, et ses mandataires. (*Prælect. philos.*, t. II, p. 408, 416, 420, 434, 445.)

On trouve chez *Montesquieu* (1689-1755) des vues plus raisonnables et plus justes sur la philosophie sociale. Au lieu de placer la loi dans la volonté, comme Rousseau, il la place dans la raison, et au-dessus des lois positives, faites par des hommes, il admet « des rapports de justice possibles; dire qu'il n'y a rien de juste ni d'injuste que ce qu'ordonnent ou défendent les lois positives, c'est dire qu'avant qu'on eût tracé des cercles, tous les rayons n'étaient pas égaux. » (*Esprit des lois*, I. I.) La loi de l'humanité est « la raison humaine, en tant qu'elle gouverne tous les peuples de la terre; et les lois politiques et civiles de chaque nation ne doivent être que les cas particuliers où s'applique cette raison humaine. » (*Ibid.*, I, III.) — De même, on ne saurait trop applaudir à cette définition de la liberté, et les publicistes modernes gagneraient à en pénétrer la signification : « La liberté ne peut consister qu'à pouvoir faire ce que l'on doit vouloir, et à n'être point contraint de faire ce que l'on ne doit point vouloir. » (*Ibid.*, XI, III.) Mais l'auteur donne une idée peu exacte des lois en général quand il assure « qu'elles sont les rapports nécessaires qui dérivent de la nature des choses. » (*Ibid.*, I, I.) Grand est le nombre des lois, justes d'ailleurs, qui ne dérivent point de la nature des choses et n'expriment point des rapports nécessaires. La critique aurait aussi bien des réserves à faire dans l'ensemble de l'*Esprit des lois*.

Turgot (1727-1781), économiste et homme d'État, plutôt que philosophe, se pose en partisan des idées progressistes et de la perfection sans cesse croissante de l'humanité. En même temps il ose, dans ses *Discours sur l'histoire universelle*, se déclarer l'adversaire du sensualisme en métaphysique et en morale. — Condorcet (1743-1794) va plus loin; il est libre-penseur avec Helvétius, il est utopiste avec

Rousseau. Son *Esquisse d'un tableau historique des progrès de l'esprit humain* contient beaucoup de rêveries sociales; elle annonce, pour en donner un exemple, la destruction de l'inégalité entre les nations, la cessation de leurs luttes et l'abolition de l'inégalité des sexes.

Jérémie Bentham (1748-1832) se tient entre Hobbes et Helvétius. En dehors de l'intérêt, il ne sait découvrir aucun principe des actes humains et le culte du devoir pour le devoir lui paraît un ascétisme impossible. Par suite, la morale doit se borner à régulariser l'égoïsme. Pour cela, il faut savoir que le criterium du plus grand bien n'est pas autre que le criterium du plus grand plaisir. Ce principe posé, on peut évaluer les plaisirs par une sorte de mathématique morale; il n'y a qu'à les comparer entre eux sous les rapports de l'intensité, de la durée, de la fécondité en jouissances nouvelles, de l'absence de mélange avec la douleur, de la proximité, de la certitude et de l'étendue en conséquences sociales. — Rien de bon, rien de mal en soi, « le plus abominable plaisir du plus vil des malfaiteurs est bon en soi, et ne devient mauvais que par la chance des peines qu'il entraîne à sa suite. » Rassurez-vous d'ailleurs sur les suites du système; Bentham vous répond que les peines attachées au vice accordent infailliblement l'intérêt avec la vertu.

Vico (1668-1714) s'est illustré comme philologue, comme jurisconsulte et comme historien et philosophe. Penseur original, érudit distingué, tout plein de Platon, de Tacite, de Dante et de Bacon, écrivain vigoureux, il parle malheureusement une langue difficile et obscure. La partie à laquelle il s'est le plus appliqué, c'est la philosophie de l'histoire, dont il passe pour le créateur aux yeux des modernes. Ce qui le distingue nettement de tous les auteurs cités plus haut, c'est qu'il fait à l'idée de Dieu une place très large dans la société et dans l'histoire; Dieu est pour lui la providence des peuples, aussi bien que des individus. En outre, Vico veut qu'on étudie l'humanité dans la nature même de l'homme et qu'on pose en principe que les individus et les peuples sont régis par des lois semblables. Or, on peut distinguer quatre états successifs dans l'histoire des individus : l'enfance, la jeunesse, la virilité et la vieillesse; telles seront en conséquence les quatre phases par lesquelles chaque nation devra naturellement passer. Cependant, si elles peuvent tomber, les nations peuvent aussi se relever et refaire leur histoire : de là, la loi des *retours historiques*.

Sans contester ce qu'il peut y avoir de fondé dans ces considérations sur l'histoire, et tout en faisant un mérite à l'auteur d'unir ensemble les notions du droit naturel, du droit des gens et de la philosophie, on peut trouver que parfois il suppose plus qu'il n'observe, qu'il soumet l'histoire des peuples à quelque chose de trop absolu, de trop inflexible et qu'il fait dépendre l'élément réel de l'élément idéal.

Une théorie fort singulière, dans le domaine de la philosophie pure, est celle où Vico donne la même signification aux mots *verum* et *factum*. « La vérité est le fait même; par conséquent, Dieu est la vérité première, parce qu'il est le premier agent (*factor*); la vérité infinie, parce qu'il a fait toutes choses; la vérité absolue, car il représente tous les éléments des choses tant internes qu'externes, et il les représente parce qu'il les contient. Savoir, c'est réunir les éléments des choses..., c'est connaître la manière dont une chose se fait : connaissance en vertu de laquelle l'esprit *fait* lui-même l'objet connu, puisqu'il recompose ses éléments. » (*De l'Ancienne sagesse de l'Italie*, I, 1.) D'où cette conséquence « que le criterium de la vérité, *c'est de l'avoir faite*; ainsi l'idée claire et distincte que nous avons de notre esprit n'est point un criterium de vérité, parce que l'âme qui se connaît ne se fait point elle-même, car puisqu'elle ne se fait point, elle ignore la manière dont elle se connaît. La science humaine ayant pour base l'abstraction, les sciences offrent d'autant moins de certitude qu'elles se rapprochent davantage de la matière. » (*Ibid.*, XXXI.)

Supposer qu'on ne peut connaître que ce qu'on a fait est un paralogisme si énorme qu'il n'a pas besoin d'une réfutation directe; observons seulement qu'il renverse, ou peu s'en faut, tout l'édifice des sciences humaines, car il y a bien peu de choses au monde dont l'homme puisse se glorifier d'être la cause, et les principes eux-mêmes, les axiomes, sur lesquels, en dernière analyse, repose toute certitude, ne relèvent et ne dépendent aucunement de nous. Nous pouvons les constater, mais non pas les faire.

III. — École idéaliste

École idéaliste; Berkeley; son dessein et son excès : idées et esprits, unique réalité; l'existence des corps, pure fiction; — Wolff, vulgarisateur de Leibnitz : esprit géométrique et encyclopédique; les monades et l'intelligence.

Le dix-huitième siècle est trop au sensualisme pour favoriser les rêveries idéalistes. Cependant, Berkeley et Wolff se vouent à la défense de ces théories délaissées.

Berkeley (1684-1755), évêque anglican de Cloyne, s'est ému des impiétés de la philosophie sensualiste et « a pris en main la cause de l'âme et de Dieu, de la vertu et de la science ». Mais comme un excès en appelle presque toujours un autre, l'évêque de Cloyne ne croit pouvoir combattre plus efficacement le sensualisme qu'en s'efforçant de lui opposer l'idéalisme. Le principe fondamental de sa philosophie est que « les objets de notre connaissance sont nos idées et nos idées seulement », l'esprit ne saisit immédiatement que ses propres pensées. Or, les idées sont aperçues dans un esprit et par un esprit qui les reçoit en lui-même; de là l'existence du moi ou sujet pensant. — Mais, quel que soit le pouvoir que j'exerce sur ma pensée, je trouve en moi des idées qui ne dépendent pas de moi, dont je ne suis pas le maître, que je ne suis pas libre d'avoir ou de ne pas avoir. Il faut donc qu'il y ait une intelligence supérieure à la mienne, qui les produise en moi : cette intelligence, je l'appelle Dieu. Et voilà, du même coup, l'existence de l'âme et de Dieu établie au moyen des seules idées, naturels intermédiaires entre l'âme et Dieu.

Mais n'y a-t-il rien de plus au monde que des idées et des esprits? Rien absolument, ou du moins rien qui nous soit connu. La philosophie admet, il est vrai, l'existence des corps; mais c'est là une pure fiction. La sensation ne prouve rien en faveur des corps, car les corps ne sont point sa cause, ils ne peuvent agir, et encore moins peuvent-ils agir sur l'âme qui est spirituelle. En somme, des idées et des esprits, voilà toute la réalité; une série de phénomènes dont ni la production ni l'enchaînement ne dépendent de nous, voilà le monde : l'enchaînement régulier de ces phénomènes, voilà la loi de la nature.

Telle est en résumé la doctrine des *Principes de la connaissance*, de la *Nouvelle théorie de la Vision* et du *Dialogue entre Hylas et Philonoüs*, ouvrages où la faiblesse du fond n'a d'égale que l'élégance et la beauté de la forme. — Sans faire ici une critique de détail de cette philosophie, qu'il nous suffise d'observer qu'elle repose tout entière sur un principe manifestement faux : l'homme ne connaît pas seulement ses idées, il connaît aussi l'objet que ses idées représentent; bien plus, il connaît l'objet de ses idées avant de connaître par la réflexion ses idées elles-mêmes.

Jean-Chrétien Wolff, originaire de Breslau (1679-1754), a tant écrit que ses ouvrage suffiraient à composer une bibliothèque. Bornons-nous à citer les principaux : *Philosophia rationalis sive Logica; Philosophia prima sive Ontologia; Cosmologia generalis; Psychologia empirica; Psychologia rationalis; Theologia naturalis; Philosophia practica universalis; Jus naturæ; Jus gentium; Philosophia moralis.*

Wolff, le professeur par excellence, comme l'appelle Cousin, n'est le plus souvent que l'écolier et le vulgarisateur de Leibnitz. C'est ainsi qu'il adopte la théorie de l'optimisme, de l'harmonie préétablie, des monades comme éléments constitutifs des corps, et la fameuse loi de continuité. Mais il sait donner aux idées du maître une forme plus rigoureuse et plus systématique; en toutes choses, Wolff procède géométriquement. A la passion des démonstrations mathématiques, il joint celle de la méthode et des classifications : il faut qu'il pose toutes les questions et qu'à chaque chose il assigne invariablement sa place. Mais plusieurs de ses classifications prêtent le flanc à la critique : par exemple, sa division des sciences en *historiques, mathématiques et philosophiques*, la division de la philosophie en *psychologie, physique et théologie*, et celle de la psychologie, reproduite bien à tort par un grand nombre de modernes, en psychologie *expérimentale* et psychologie *rationnelle*. — Au reste, sa constante préoccupation de ramener toutes choses à l'unité lui a inspiré une conception évidemment fausse et dangereuse : il a voulu faire dériver toutes les sciences d'un seul principe, le principe de contradiction, et en même temps regarder ce principe comme purement subjectif.

Sa théorie des *monades*[1], comme sa tendance générale à traiter d'une façon abstraite même les choses les plus concrètes, place naturellement Wolff parmi les philosophes idéalistes; sur un point cependant, et sans doute par une fausse application de la loi de continuité, il touche au sensualisme, en ne distinguant pas assez la raison de la sensation. D'après lui, la raison est une faculté représentative qui s'appelle sensation ou intellection, suivant qu'elle est confuse, ou claire et distincte. D'où il suit, comme le fait justement observer Ritter, « que toutes nos connaissances dérivent de la sensation, et que l'entendement n'est qu'un développement, un raffinement, une amplification de celle-là. » (*Hist. de la phil. mod.*, t. III, p. 332.)

IV. — École sceptique

Importance de ses représentants; Hume : l'intelligence et l'association des idées; ni substances, ni causes; théorie de l'induction; Kant : sa vie et son génie; ses œuvres; son dessein; la raison pure et la raison pratique; phénomènes et noumènes; subjectivité de la sensibilité, de l'intelligence et de la raison; catégories; antinomies du cosmos, de l'âme et de Dieu; analyse de la raison pratique; le devoir et ses postulats; la morale fondement de la métaphysique; le devoir pour le devoir; la bonne volonté; autonomie de la volonté; séparation de la morale et du droit; droit international; l'art intermédiaire entre la science et la morale; critique du Kantisme.

Parmi les écoles philosophiques du dix-huitième siècle,

---

1. Vers la même époque, le P. Boscowich, S. J. (1711-1787), *Theo-*

l'école sceptique se place au premier rang, grâce à la célébrité de ses maîtres : Hume et Kant sont incontestablement des esprits vigoureux, et l'influence de leurs principes se fait encore sentir aujourd'hui. Ni l'un ni l'autre pourtant ne s'est posé en défenseur du scepticisme universel; mais l'un et l'autre y aboutissent logiquement et fatalement.

Hume, d'Édimbourg (1711-1776), a exposé son système philosophique dans trois ouvrages : *Traité de la nature humaine; Recherches concernant l'entendement humain; Essais de morale et de politique*. A l'ancienne métaphysique qui prétendait atteindre les choses dans leur fond, il substitue la *critique* de l'intelligence, qui nous apprendra ce qu'elles sont en nous et par rapport à nous; or, il n'y a que deux choses dans notre âme, des *impressions* ou modifications, et des *rapports* entre ces impressions. Les impressions sont-elles présentes et vives, on a des sensations ou des sentiments; sont-elles au contraire passées, et par conséquent affaiblies, on a des idées. « Voilà toute l'étoffe de nos pensées, et la fonction de l'âme consiste à en faire l'assemblage, à en saisir les différents rapports. » (*Essais*, p. 23.) Ces rapports ou *associations* d'idées, selon l'expression du philosophe d'Édimbourg, se peuvent ramener à trois chefs : ressemblance et différence, contiguïté de temps et de lieu, et succession nécessaire, vulgairement connue sous le nom de causalité. Mais si les deux premières relations n'entraînent aucune difficulté particulière, il n'en est pas ainsi de la troisième. Jusqu'ici, la philosophie s'en est servie pour étayer la théorie fameuse des substances et des causes, mais dans la réalité il n'y a ni substances ni causes, il y a seulement des associations de phénomènes. Déjà Berkeley a montré que la substance matérielle n'est rien autre « qu'un ensemble de perceptions externes, qui constituent le *non-moi;* or, pour les mêmes raisons, la substance spirituelle n'est rien autre qu'un ensemble de per-

ria philosophiæ rationalis, reprend pour son compte le monadisme leibnitzien, en lui faisant subir certaines retouches, destinées à lui ôter ce qu'il a de plus visiblement insoutenable.

ceptions internes ou d'idées qui se succèdent avec une rapidité incroyable et qui constituent le *moi* ». (*Nat. hum.*, I, 437 et ss.)

La notion de *cause* n'a pas plus de réalité que celle de substance. Le monde extérieur et le monde intérieur ne nous présentent que des phénomènes successifs, phénomènes ordonnés, tant qu'on voudra, mais complètement différents de la cause et impuissants par eux-mêmes à en faire naître l'idée dans notre esprit (*Essais*, II, 40; *Nat. hum.*, I, p. 245). Sans doute, les phénomènes se suivent dans un ordre nécessaire, mais Hume n'accorde pas que cette nécessité soit ailleurs que dans notre esprit et représente autre chose « qu'une détermination de l'esprit à conduire ses pensées d'un objet à l'autre ». (*Nat. hum.*, I, 283.) Au reste, cette espèce de contrainte intérieure s'explique naturellement par l'*habitude*, car l'habitude donne à l'esprit une facilité pour faire ou concevoir une chose, avec une tendance ou inclination à faire ou à concevoir cette même chose. (*Ibid.*, II, 261.) — L'induction se trouve ainsi transformée en une science d'habitude qui nous détermine à attendre pour l'avenir la même série de phénomènes que dans le passé; mais cette science est dénuée de toute valeur objective, parce que l'hypothèse de la ressemblance de l'avenir au passé n'a pour elle aucun argument solide. En résumé, la cause peut être définie « un objet qui en précède un autre, qui lui est contigu dans le temps et lui est uni de telle sorte que l'idée de l'un détermine l'esprit à se former l'idée de l'autre. » (*Nat. hum.*, 236.) Il existe en effet une sorte d'harmonie préétablie entre le cours de la nature et celui de nos pensées, et nos pensées suivent le même cours que les autres ouvrages de la nature.

Nous rétablirons plus loin, à l'occasion du positivisme, la valeur objective de l'idée de cause et de substance : qu'il nous suffise de remarquer ici que ces deux idées sont le pivot de toute science et de toute certitude, et que leur négation ouvre la porte au scepticisme universel. Supprimez les causes et vous ne connaissez plus la nature d'aucun être; supprimez les substances et vous ne saisissez plus que des phénomènes fugitifs, des ombres de l'être que rien ne soutient ou ne relie; plus rien ne demeure, tout se fait et se mêle dans un perpétuel devenir.

Emmanuel Kant (1720-1804) mena une vie presque aussi abstraite et immuable qu'un principe de mathématique. Professeur de philosophie à Kœnigsberg, on prétend qu'il ne sortit jamais de sa ville natale. « Au fond des mers du nord, il y avait alors une bizarre et puissante créature, un homme; non, un système, une scolastique vivante, hérissée, dure, un roc, un écueil taillé à pointes de diamant dans le granit de la Baltique. Toute philosophie avait touché là, s'était brisée là. Et lui, immuable. On l'appelait Emmanuel Kant; lui, il s'appelait critique. Soixante ans durant, cet être tout abstrait, sans rapport humain, sortait juste à la même heure, et, sans parler à personne, accomplissait pendant un nombre donné de minutes précisément le même tour, comme on voit, aux vieilles horloges des villes, l'homme de fer sortir, battre l'heure, et puis rentrer. » (Michelet.)

Kant a touché à toute la philosophie; il en a, on peut le dire, remué toutes les pierres, et autant qu'il était en lui, il n'a rien laissé debout. — Son œuvre révèle une singulière pénétration, une subtilité d'analyse peu commune, une puissance de synthèse surprenante, capable de tout embrasser et de tout faire tenir dans un système. Il y a là un effort de tête, dont on saurait à peine se faire une idée, mais c'est un effort non moins violent que soutenu. C'est le syllogisme substitué à l'expérience, la déduction à l'observation, le subjectif à l'objectif, l'idéal au réel; c'est l'homme qui devient la *mesure* des choses, au lieu de consentir à se laisser mesurer par elles. Édifice gigantesque, tant qu'on voudra, mais édifice bâti dans les airs et sans point d'appui.

Voici les principaux ouvrages du philosophe allemand : *Critique de la raison pure*; *Critique de la raison pratique*; *Critique du jugement*; *Métaphysique des mœurs*; *Critique de la religion*; *Principes métaphysiques du droit* (trad. Barni et Tissot).

Kant avait été frappé des principes de Hume et vivement impressionné par ses objections à l'idée de cause et de substance. Mais il crut que ces objections pouvaient être généralisées et appliquées à tous les concepts de notre esprit, sans restriction ni distinction. Mécontent, soit du dogmatisme, soit du scepticisme, qu'il trouvait également déraisonnables et exagérés, il pensa clore le différend au moyen de la philosophie *critique*. On arriverait, selon lui, à ce résultat, si l'on réussissait à bien établir l'étendue et les limites de nos facultés, d'après la nature et les lois de la pensée : car si l'on parvient à trouver quel est le mécanisme ou la forme essentielle de la raison humaine, on pourra dire à l'avance dans quelles limites seront forcément renfermées ses explorations scientifiques.

Or, il y a dans l'homme une double raison : la raison *théorique*, qui répond à la question : *que puis-je savoir?* et la raison pratique, qui répond à la question : *que dois-je faire?* et *qu'osé-je espérer?* Kant livre successivement à une critique sévère cette double raison. La science peut se tenir dans les limites de l'expérience et demeurer *naturelle*, ou s'étendre au delà de ces limites et devenir *métaphysique*. Mais la science, soit naturelle, soit métaphysique, est-elle possible? Certainement, répond Kant, nous savons des choses qu'elles nous *apparaissent* de telle ou telle façon, et rien n'est plus aisé que de constater des *phénomènes*, mais nous ignorons absolument si les choses sont en elles-mêmes telles qu'elles nous apparaissent; d'un côté, le sujet attire à soi les objets, les soumet aux conditions de sa pensée et les teint, pour ainsi dire, de ses couleurs, et de l'autre, la substance ou la nature des objets ne tombe point sous notre aperception. (*La rais. pure*, préf.)

Nos facultés de connaître, le critique les ramène à la sensibilité, à l'intelligence et à la raison. La sensibilité est une faculté toute passive, une pure réceptivité, selon l'expression kantiste; elle se divise en sensibilité externe et en sensibilité interne, selon qu'elle reçoit des impressions du dehors ou du dedans. Son rôle consiste à unir dans l'espace et le temps les sensations multiples et confuses fournies par les sens. La sensibilité externe relie et coordonne les sensations dans l'espace, et la sensibilité interne, ou conscience empirique, les relie et coordonne dans le temps. L'espace et le temps sont les conditions nécessaires de l'exercice de notre sensibilité, et sans elles nous ne pourrions rien apercevoir ni au dehors ni au dedans de nous, car nous n'apercevons rien qui ne nous apparaisse dans l'espace et le temps. Mais ces formes étant des *conditions* de l'expérience, il s'ensuit que ce n'est point l'expérience qui les fournit; nécessaires et universelles, elles possèdent tous les caractères des notions *à priori*. Or, par là même qu'elles sont des formes purement subjectives et idéales, elles n'ont de valeur que pour le sujet sentant, et rien ne prouve que le monde des choses senties réponde aux impressions ou intuitions du sujet sentant. (*Esthét. transcend.*, 1ʳᵉ part., sect. 1ʳᵉ et 2ᵉ.) C'est ainsi que l'élément objectif et *matériel* de la sensation, savoir la partie changeante fournie par les choses, vient s'absorber dans l'élément *formel* et s'assujettir aux conditions relatives du sujet sentant.

De même pour l'*intelligence*. Cette faculté, dans le système kantiste, a pour objet d'élever les phénomènes de l'âme à une unité supérieure, en les reliant par des principes suprêmes et invariables. Le premier de ces principes s'appelle le principe de la *raison suffisante* : il veut que tout phénomène ait sa raison d'être dans un autre phénomène; le second, qui est le principe de l'*harmonie*, porte que tous les phénomènes sont dans une harmonie mutuelle; et le troisième est le principe de la *permanence de la force*, en vertu duquel la même quantité de force ou de substance demeure sous les divers phénomènes. (*Log. transc.*, l. II, sect. 3, c. ii.) Grâce à ces principes, tout s'enchaîne et se tient dans l'univers sensible, chaque chose est *rattachée* aux autres et au tout, et un déterminisme universel, condition indispensable de la science, régit et relie tous les êtres les uns aux autres.

Comme la sensibilité a besoin de formes sensibles innées pour sentir, l'intelligence a besoin de formes idéales innées pour juger des choses. Ces formes sont ramenées par le philosophe de Kœnisberg à douze *catégories*, rangées elles-mêmes sous quatre chefs. En effet, chaque jugement peut se considérer aux quatre points de vue de la *quantité*, de la *qualité*, de la *relation* et de la *modalité*. La quantité exprime l'extension du sujet et donne naissance aux jugements *singuliers*, *particuliers* et *généraux*. La qualité, prise de l'extension de l'attribut, comprend les jugements *affirmatifs*, *négatifs* et *indéfinis* ou *limitatifs*; par exemple : l'âme n'est pas mortelle. La relation marque le rapport entre l'attribut et le sujet : elle embrasse les jugements *catégoriques*, *hypothétiques*, *disjonctifs*; enfin, autour de la modalité viennent se grouper les jugements *problématiques*, *assertoriques et apodictiques*, selon qu'ils désignent la simple possibilité ou impossibilité, l'existence ou la non-existence, et la nécessité ou contingence. (*Log. transc.*, l. IV, c. ı, sect. 2ᵉ.)

Voilà les douze catégories trouvées par Kant et qu'il entend substituer aux dix catégories d'Aristote, embrassées par toute l'École. Mais Aristote avait fondé sa division des catégories sur l'observation même de la nature, tandis que le critique allemand fonde la sienne uniquement sur la constitution de l'esprit humain : en conséquence, l'une est objective et l'autre purement subjective. Au reste, Kant ne demande pas mieux que de prouver le subjectivisme de l'intelligence; à vrai dire, c'est le but même de son système. Il raisonne ainsi : outre les caractères de nécessité et d'universalité, les formes de l'intelligence possèdent encore celui d'être la condition indispensable de tout jugement; donc elles ne procèdent pas de l'expérience, elles sont à priori et purement subjectives, elles expriment bien la nature de notre entendement, mais non pas celle des choses, et si notre entendement lui-même eût été différemment constitué, autres auraient été ses lois, autre sa manière de juger. Néanmoins, pour n'être pas des formes entièrement vides, les intuitions *pures* de l'entendement veulent être appliquées aux intuitions *empiriques* fournies par la sensibilité, ce qui se fait au moyen de la notion du *temps*, qui a de l'affinité avec les unes et les autres. Grâce au concept du temps, les images sensibles sont généralisées et contiennent comme la synthèse de l'élément sensible et de l'élément intellectuel. Par la sensibilité, je n'ai que l'idée de *ce* triangle en particulier; l'intelligence unie à la sensibilité me représente le triangle en général.

Reste la *raison*, qui a le privilège de fonder la métaphysique et d'élever la connaissance à une unité plus haute encore que celle obtenue au moyen de l'intelligence, d'embrasser dans sa totalité la chaîne des êtres et de la suspendre tout entière à un premier anneau, en remontant de faits en faits, de lois en lois, de conditions en conditions jusqu'à ce qu'on arrive à l'inconditionnel et aux premiers principes de toutes choses. Or, ces premiers principes inconditionnels, qui peuvent et doivent rendre raison de tout, sont au nombre de trois : au dedans de nous, l'*âme;* au dehors de nous, le *monde;* au-dessus de l'âme et du monde, *Dieu,* condition de l'un et de l'autre. Mais ce triple objet de la métaphysique, est-il donné à la science de l'atteindre? Non, si l'on a recours à la raison théorique, car sans compter les difficultés que nous venons d'énoncer et qui ne permettent en aucune façon de passer du subjectif à l'objectif, de toutes parts la raison vient se heurter à des *antinomies* insolubles.

Au dedans de nous, la conscience nous atteste notre pensée, mais nullement la chose qui pense, le *substratum* substantiel que l'ancienne école admettait comme sujet et cause de la pensée. Il est donc impossible de passer du moi *phénoménique* au moi *nouménique,* de la pensée à la nature et à la substance du sujet pensant. — Sur le monde envisagé dans son ensemble, la cosmologie étudie quatre problèmes et vient échouer devant autant d'antinomies qui se peuvent établir par des arguments d'égale force. Première antinomie : le monde est-il limité dans le temps et dans l'espace? Deuxième antinomie : le monde est-il divisible à l'infini, ou la matière se résout-elle en des parties simples? Troisième antinomie : y a-t-il de la liberté dans le monde, malgré le déterminisme universel dont nous avons parlé plus haut? Quatrième antinomie : n'y a-t-il que des êtres contingents, ou peut-on remonter à un être nécessaire, soit dans le monde, soit hors du monde? (*Dialect. transc.*, l. II, c. ii, sect. 2º.) Pour résoudre ces objections redoutables, Kant ne trouve rien de mieux à proposer que la solution radicale de l'idéalisme transcendental. (*Ibid.*, sect. 2º.)

Nous n'obtiendrons pas plus de certitude sur les problèmes relatifs à Dieu, objet suprême de la métaphysique. La raison théorique ne nous offre aucun argument convaincant qui établisse l'existence de l'être absolu.

En effet, ou bien on apporte avec Descartes et Leibnitz l'argument *a simultaneo* (*argument ontologique*); ou bien l'on s'appuie sur les arguments *a posteriori*, tirés de la cause efficiente (*argument cosmologique*) et des causes finales (*argument théologico-physique*). Dans le premier cas, on part de l'idéal, et on ne peut aboutir qu'à un Dieu idéal; dans le second cas, on peut bien s'élever à un être intelligent, mais non pas à une intelligence parfaite et à une sagesse infinie, car « si le monde nous ouvre un théâtre si immense de diversité, d'ordre, de finalité et de beauté, que tout langage est impuissant pour rendre de si nombreuses, de si infiniment grandes merveilles, et l'impression qu'elles font sur nous, et que notre jugement doit se résoudre en une admiration muette, mais d'autant plus éloquente »; néanmoins, tant de beautés réunies ne suffisent pas à prouver un être infini dans ses perfections. — L'argument tiré de la contingence du monde n'est pas plus solide : si les êtres contingents prouvent un être nécessaire, ils ne prouvent pas que cet être nécessaire soit doué de toutes les perfections. (*Log. transc.*, l. II, c. ii, sect. 3-7.) « L'être suprême demeure donc, pour l'usage purement spéculatif de la raison, un pur idéal, mais cependant un idéal sans défauts, concept qui termine et couronne toute la connaissance humaine, concept dont la réalité objective ne peut être prouvée par ce moyen, mais dont la réalité ne peut pas être niée non plus. » (*Ibid.*, sect. 7º.)

Conclusion : réduite à ses forces, la raison théorique est impuissante à rien établir avec certitude en dehors du monde tout subjectif des phénomènes. Il s'ensuivrait logiquement le scepticisme, si la raison pratique ne possédait le secret de relever de ses ruines le monde renversé par la critique de la spéculation pure. Ce rétablissement inespéré de la science, c'est la *morale* qui l'opère. Voici comment : non seulement nous concevons le bien comme possible, mais encore comme nécessaire et obligatoire ; la conscience nous l'impose absolument, le devoir est un *impératif catégorique*. Mais le devoir ne se conçoit pas sans liberté, car le devoir implique le pouvoir ; donc la liberté existe ; douteuse, nous l'avons dit, au point de vue psychologique ou métaphysique, elle est certaine au point de vue moral. Or, la vie présente ne suffit pas à réaliser le bien moral avec son double caractère de sainteté et de félicité ; donc, la personne morale est permanente après cette vie, car il faut que le triomphe moral appartienne au bien, et il faut aussi qu'il y ait un être souverainement bon et moral, qui préside au triomphe de la moralité. Cet être, nous l'appelons Dieu (*Rais. pure*, *Méthod. transcend.*, c. II, sect. 2º ; *Rais. prat.*, l. II, c. II, n. 4-6.) Ainsi, au lieu de fonder la morale sur la métaphysique et la théologie, comme fait l'École, c'est au contraire sur la morale que l'auteur de la *Raison pratique* construit l'édifice de la métaphysique et de la théologie.

L'éthique repose sur le devoir, qui est absolu : elle a pour objet le bien indépendamment de toute hypothèse, le bien absolu et par lui-même. Donc, le bien doit être voulu uniquement pour lui-même, les motifs intéressés ne peuvent être qu'hypothétiques : *le devoir pour le devoir*, telle est la formule de la moralité. Mais il n'y a qu'une chose au monde qui ait une valeur absolue et qui soit bonne par elle-même, indépendamment de tout résultat : c'est la bonne volonté. « La bonne volonté ne tire pas sa bonté de ses effets ou de ses résultats, ni de son aptitude à atteindre tel ou tel but proposé, mais seulement d'elle-même, et considérée en elle-même, elle doit être estimée incomparablement supérieure à tout ce qu'on peut exécuter par elle...

Quand un sort contraire, ou l'avarice d'une nature marâtre priverait cette volonté de tous les moyens d'exécuter ses desseins, quand ses plus grands efforts n'aboutiraient à rien et quand il ne resterait que la bonne volonté toute seule (et je n'entends point par là un simple souhait, mais l'emploi de tous les moyens qui sont en notre pouvoir), elle brillerait encore de son propre éclat, comme une pierre précieuse, car elle tire d'elle-même toute sa valeur. L'utilité ou l'inutilité ne peut rien ajouter ou rien ôter à cette valeur. L'utilité n'est guère que comme un encadrement qui peut bien servir à faciliter la vente d'un tableau, ou à attirer l'attention de ceux qui ne sont pas assez connaisseurs, mais non à le recommander aux vrais amateurs et à déterminer son prix. » (*Métaph. des mœurs*, 1re sect.)

La volonté libre et raisonnable ayant par elle-même une valeur absolue, elle est tout ensemble l'objet de la morale et la loi, la liberté et l'autorité, le législateur et le sujet. Elle est complète par elle-même et partant *autonome*. De là découlent deux principes qui servent de fondement à toute la morale : 1° « Agis de telle sorte que tu traites toujours la volonté libre et raisonnable, c'est-à-dire l'humanité, en toi et en autrui, comme une *fin* et que tu ne t'en serves jamais comme d'un *moyen*. 2° Agis de telle sorte que la raison de ton action puisse être érigée en une loi universelle pour tout être libre et raisonnable. » (*Mét. des mœurs*, 2e sect.)

Kant veut qu'on distingue soigneusement la morale d'avec le *droit*. A ses yeux, la morale a pour objet unique les actes intérieurs, ce qui est bien en soi et absolument ; le droit ne connaît que des actes extérieurs, et de la simple légalité. Or, le droit est le respect mutuel de deux volontés libres et raisonnables ; d'où ce principe en qui viennent se résumer tous les devoirs civils et politiques : « Agis extérieurement de telle sorte que ta liberté puisse s'accorder avec la liberté de chacun, suivant une loi générale de liberté pour tous. » La *co-existence des libertés*, tel est le grand problème social, l'unique fin de la société et par conséquent le souci unique du législateur.

Le droit *international* se règle d'après les mêmes principes que le droit civil; les nations se trouvent en effet les unes vis-à-vis des autres dans les mêmes rapports que les différents individus, elles sont libres et autonomes; quand il y a conflit entre elles, on a recours à la guerre, qui est l'*ultima ratio*, mais qui ramène la société à l'état de nature. Pour prévenir une extrémité aussi fâcheuse, le philosophe allemand a composé un *Projet de paix perpétuelle* sur les bases suivantes : 1° Nul État, grand ou petit, ne pourra être acquis par un autre, ni par conquête, ni par héritage, ni par vente, ni par échange ou donation; 2° les armées permanentes cesseront d'exister avec le temps; 3° toute intervention armée dans les affaires intérieures d'une nation est illicite; 4° le droit des gens sera fondé sur une confédération d'États indépendants et sur l'alliance des peuples. L'assemblée fédérale réglera les querelles qui pourront éclater entre les différents États.

Dans sa critique du jugement *esthétique*, Kant place l'art entre la science et la morale. Il définit le beau « la représentation symbolique du bien, conséquemment de la liberté, au moyen des formes de la vie ». Le beau se manifeste sous des formes déterminées et finies, tandis que le sublime présente à la pensée quelque chose d'infini. Voilà pourquoi le sublime n'est pas dans la nature, mais seulement dans la pensée qui le contemple sous sa forme idéale.

Maintenant, il est aisé de voir que la *Critique de la raison pratique* et, bien plus encore, la *Critique de la raison pure*, auraient grand besoin d'une critique supérieure qui les redressât l'une et l'autre. Quelques remarques feront sentir les vices principaux du système[1].

Il faut le dire bien haut, si Kant a prétendu trouver un moyen terme et clore les débats entre le dogmatisme et le scepticisme, il n'a point vu le succès répondre à son attente, il a au contraire préparé les voies au scepticisme et amoncelé des ruines sur la philosophie morale comme sur

---

1. Pour une réfutation plus complète, voir notre ouvrage : *le Kantisme et le positivisme.*

la philosophie spéculative. Refuser toute certitude objective à la raison théorique, qui est la source de la plus grande partie de nos connaissances, la réduire à se repaître de phénomènes, sans pouvoir espérer d'atteindre jamais les noumènes, c'est se rapprocher singulièrement du scepticisme universel et du doute absolu.

Kant allègue que nos idées ne viennent point des choses ou de l'expérience, mais seulement des formes de notre esprit, formes *a priori* et purement subjectives, et qui auraient été tout autres, si notre esprit avait reçu une constitution différente (*Crit. de la raison pure*, 1re part., sect. 1, § 8). Mais, qui ne le voit, l'objection est générale et atteint du même coup toute la raison humaine, la raison pratique aussi bien que la raison théorique. — Au reste, en vertu de quel droit la raison pratique aurait-elle plus de valeur que la raison théorique? — Est-il donc plus aisé de savoir ce qu'il faut faire que de savoir ce qu'il faut croire? Si l'on pouvait établir une différence entre la morale et le dogme, elle serait probablement à l'avantage de celui-ci sur celle-là. La morale, en effet, au moins quand on en vient aux cas particuliers et à l'application des principes, offre une matière bien autrement contingente, variable et complexe, que le dogme, absolu de sa nature et au-dessus de la mobilité des circonstances. — Ajoutez encore, et cette observation tranche la question, que la raison théorique et la raison pratique ne sont pas deux raisons différentes, mais bien une seule et même raison sous deux noms différents. C'est la même faculté qui, tantôt se livre à la spéculation pure, et tantôt considère ou commande ce qu'il faut faire (*Prælect. philos.*, t. I, p. 301). — Kant nous dit que le devoir est absolu, que la conscience l'impose à tous comme un impératif catégorique. Assurément; mais les principes de la raison pure seraient-ils, par hasard, moins absolus et moins catégoriques? Ma raison m'impose-t-elle avec moins de force ce principe : le tout est plus grand que sa partie, que cet autre : il faut éviter le mal et faire le bien? Et si l'on récuse le premier, sous prétexte qu'il nous est imposé par notre raison, faculté subjective, sera-t-on en droit d'admettre le second, qui nous est imposé par notre conscience, faculté non moins personnelle et subjective?

Au surplus, dans le système du penseur allemand, les vérités pratiques appartiennent à la *foi* plutôt qu'à la *science;* car si la raison en démontre la nécessité, elle ne sait pas dissiper les épaisses ténèbres qui les cachent aux regards, aussi bien que les vérités de l'ordre spéculatif. Impossible de leur assurer une certitude universelle et absolue; elles dépendent principalement des dispositions morales et subjectives de ceux qui les admettent.

Fort heureusement l'argumentation kantiste n'a point de force contre la raison théorique. Nos idées possèdent en effet tous les caractères de l'objectivité; elles ne résultent point de formes innées ou *a priori*, mais de l'observation, de l'abstraction et de la comparaison, méthode éminemment positive et scientifique. Quant à notre intelligence, Dieu sans doute aurait pu la créer plus parfaite ou moins parfaite qu'elle n'est, mais non pas lui donner une nature contraire; l'essence des choses ne dépend point de la volonté de Dieu, et s'il répugne qu'une vérité contredise une autre vérité, il ne répugne pas moins qu'une intelligence contredise une autre intelligence.

D'autre part, les innombrables antinomies que l'auteur relève dans le domaine de la raison pure existent seulement dans son esprit et nullement dans les choses. Quelques exemples permettront à chacun de s'en convaincre. En *théodicée*, Kant rejette l'argument physico-théologique, parce qu'il s'appuie sur l'argument cosmologique, et l'argument cosmologique, parce qu'il s'appuie à son tour sur l'argument ontologique. Mais ni l'une ni l'autre de ces assertions n'est exacte. L'argument physico-théologique se tire uniquement de l'ordre et de la beauté du monde, sans qu'on doive faire appel à l'idée de contingence. Et l'argument cosmologique prend son point de départ *a posteriori*, dans la contingence du monde; par conséquent il conclut à un Dieu nécessaire et réel, sans avoir aucun besoin d'être fortifié par l'argument ontologique ou *a simultaneo*.

En *psychologie*, Kant regarde comme des paralogismes

les preuves par lesquelles on établit la substantialité et l'immortalité de l'âme humaine. Mais ce sont bien plutôt ses objections que l'on peut appeler des paralogismes. En effet, il conteste la première conclusion, parce que la substantialité de l'âme n'est pas l'objet d'une intuition sensible, et la seconde, parce que si l'âme, en tant que spirituelle, ne peut périr par décomposition de parties, rien n'empêche qu'elle ne périsse par un affaiblissement graduel de ses facultés et de sa conscience (*Crit. de la rais. pure*, *Log. transc.*, conclus.). — Ces raisons n'ont pas de valeur appréciable. Ma conscience atteint en moi non seulement des phénomènes successifs, mais le sujet qui supporte ces phénomènes. J'ai conscience qu'il y a en moi, au-dessous des phénomènes divers qui paraissent et disparaissent, quelque chose d'un et d'identique, de permanent et d'immuable. Ce quelque chose, je l'appelle substance. La conscience, il est vrai, ne m'en dit pas la nature, mais elle m'en atteste clairement l'existence. De plus, l'immortalité de l'âme est une conséquence logique et nécessaire de sa spiritualité. Des facultés organiques peuvent, selon la remarque de saint Thomas, s'affaiblir accidentellement avec le temps et par l'usage, parce qu'elles sont liées à des organes sujets à s'altérer; mais il ne saurait en être ainsi des facultés inorganiques qui ne dépendent du corps ni dans leur être ni dans leurs opérations, et, par suite, ne portent en elles aucune cause de dépérissement et d'affaiblissement.

Le philosophe de Kœnigsberg a aussi une singulière manière d'expliquer les rapports et l'influence mutuelle de l'âme et du corps, c'est de supprimer toute différence intrinsèque entre l'un et l'autre : « Si l'on fait attention que ces deux espèces d'objets ne diffèrent pas l'un de l'autre intrinsèquement, mais seulement en tant que l'un semble extérieur à l'autre... la difficulté disparaît, et il n'en reste pas d'autre que celle-ci : comment, en général, un commerce entre les substances est-il possible? » (*Ibid.*)

La philosophie *morale* est chez Kant supérieure à la philosophie spéculative. C'est avec infiniment de raison qu'il place le bien, non pas dans l'intelligence, mais dans la volonté considérée en elle-même, indépendamment de tout résultat utile ou inutile. C'est en termes d'une éloquence magnifique et émue qu'il célèbre le devoir. « Devoir! mot grand et sublime, toi qui n'as rien d'agréable ni de flatteur et commandes la soumission en proposant... une loi qui d'elle-même s'introduit dans l'âme et la force au respect, sinon toujours à l'obéissance; et devant laquelle se taisent tous les penchants, quoiqu'ils travaillent sourdement contre elle; quelle origine est digne de toi? Où trouver la racine de ta noble tige, qui repousse fièrement toute alliance avec les penchants, cette racine où il faut placer la condition indispensable de la valeur que les hommes peuvent se donner à eux-mêmes! » (*La rais. prat.*, 1e *part.*, l. I, c. 3).

Néanmoins, il faut le reconnaître, le devoir n'est qu'un vain mot dans la philosophie kantiste; car l'auteur le fait indépendant de Dieu, et il va jusqu'à dire que la volonté seule se l'impose à elle-même, qu'elle est à la fois l'autorité et la liberté, le législateur et le sujet. Mais jusqu'ici on a cru que c'est autre chose de commander et autre chose d'obéir, que personne ne peut s'obliger soi-même, toute obligation exigeant nécessairement deux personnes, l'une pour donner et l'autre pour recevoir la loi. D'ailleurs, l'auteur de la *Critique* tombe en plein dans le *stoïcisme*, quand il proscrit comme mauvais tout motif intéressé. — La morale *sociale* repose tout entière sur les principes erronés du libéralisme : il y a quelque chose de mieux que la liberté, c'est la vérité et le droit, et, s'il incombe au pouvoir de résoudre le problème de la coexistence des libertés réciproques des citoyens, il lui incombe aussi, quoi qu'en dise le philosophe allemand, de protéger la morale et la religion, de s'occuper de ce qui est bien en soi, de ne pas borner ses soins à la légalité, et surtout de ne pas opposer la légalité au devoir.

Faisons encore une remarque : donner la liberté, l'immortalité de l'âme et l'existence de Dieu, comme de simples *postulats* de la raison pratique, est-ce les établir sur une base suffisamment solide et leur accorder la place qui leur revient? Ces grandes vérités que la conscience constate ou que la raison démontre invinciblement, on les condamne, ou du moins on les déclare douteuses *a priori*, on en fait des antinomies insolubles, et l'on veut ensuite contraindre l'esprit à les recevoir, sous prétexte que la morale les réclame comme des postulats. Ce peut être un tour de force, hardi, mais ce n'est pas un procédé légitime aux yeux de la froide raison. Non, le dogme ne repose pas sur la morale, mais la morale sur le dogme; avant de faire, il faut savoir, et l'action n'est qu'une extension, une application de la science.

La langue dans laquelle l'auteur du *Criticisme* a parlé sa philosophie n'est pas plus irréprochable que sa philosophie elle-même; c'est une langue *sui generis* qui donne aux mots les plus consacrés par l'usage un sens arbitraire et nouveau et qui invente un vocabulaire dont le besoin ne se faisait nullement sentir. De là, cette obscurité de style qui, venant s'ajouter à l'obscurité de la pensée, rend la lecture de Kant si difficile et demande un effort de tête dont peu de personnes sont capables.

V. — École du sens commun ou école écossaise

Caractère empirique de cette école; ses représentants; Hutcheson, Reid, Stewart, Smith et Hamilton; erreurs de Reid sur la classification des facultés, le sens commun, les idées, le jugement et le sens moral; particularités de la doctrine des autres Écossais.

Le philosophe de Kœnigsberg, ainsi que nous l'avons vu, se renferme dans la métaphysique, qu'il met partout et à laquelle il subordonne toutes choses, le monde, l'âme et Dieu. Au contraire, l'école écossaise ne croit pas à la métaphysique, la spéculation pure lui est suspecte; elle s'interdit la recherche des causes suprêmes, recherche qui n'est bonne qu'à éloigner du sens commun, à conduire au scepticisme. — Mais, comme la philosophie consiste précisément dans l'étude des premiers principes et des dernières causes, il s'ensuit que l'école écossaise est assez peu philosophique.

Cousin loue sans mesure les Écossais d'avoir rétabli la méthode psychologique, tombée en oubli depuis Malebranche, et d'avoir relevé l'étude de l'âme. Il serait plus juste de dire avec M. Fouillée « qu'ils ont réduit la psychologie à une étude empirique des phénomènes selon la méthode de Bacon, et qu'ils ne représentent qu'une école descriptive qui énumère des faits ou invoque des croyances générales, sans faire la critique de ces prétendues croyances de sens commun. » (*Hist. de la phil ; phil. mod.*, ch. vi, n. 6.) On verra dans la suite que bien d'autres griefs seront élevés contre ces philosophes.

Les représentants de l'école du sens commun sont : Hutcheson, Th. Reid, Dugald Stewart, Adam Smith et Hamilton. — *Hutcheson* (1694-1747), professeur de morale au collège de Glasgow, s'attacha principalement aux vérités de l'ordre pratique. On lui doit un *Compendium logicæ*, un *Système de philosophie morale; Metaphysicæ synopsis*, et des *Essais sur les passions et les affections*. Disciple de Locke en métaphysique, il fonde en morale un système nouveau qui attribue à une faculté à part, au sens *moral*, le gouvernement de la vie. Au-dessus de tous nos instincts personnels ou sociaux, il y a un instinct spécial, dont la fonction est d'apprécier les autres instincts et les biens divers auxquels ils tendent, et d'établir entre ces instincts et ces biens une certaine hiérarchie.

Reid (1710-1796), originaire de Stracham, comté de Kinkardine, en Écosse, fut successivement ministre à New-Machar, près d'Aberdeen, professeur de philosophie à Aberdeen et à l'Université de Glasgow. Ses principaux ouvrages, traduits par Jouffroy, sont : *Recherches sur l'entendement humain; Essais sur les facultés intellectuelles; Essais sur les facultés morales*. Psychologie et morale, tel est le champ où se complaît Th. Reid. Mais la psychologie du philosophe écossais est sans aucune de ces vues élevées qui révèlent un penseur. Cousin a donc dépassé la mesure de l'hyperbole, quand il a nommé Reid « un homme de génie, le Socrate du dix-huitième siècle ».

Indiquons les principes trop souvent erronés du professeur de Glasgow. 1° Il réduit toutes les facultés de l'âme à l'entendement et à la volonté, l'entendement comprenant toutes nos facultés *contemplatives*, et la volonté nos facultés *actives*. L'entendement embrasse neuf facultés principales, savoir : 1° les facultés que nous devons à nos sens externes; 2° la mémoire; 3° la conception; 4° la faculté d'analyser les objets complexes et de combiner ceux qui sont simples; 5° le jugement; 6° le raisonnement; 7° le goût; 8° la perception morale; 9° la conscience. » (*Ess. sur les fac. intell. de l'homme*, Essai I, ch. vii.) Mais d'abord l'entendement et la volonté ne sauraient comprendre ni la faculté végétative, ni les sens, ni la faculté motrice. Ensuite, la conception, l'abstraction ou l'analyse, le jugement, le raisonnement, le goût, la perception morale et la conscience ne sont point des facultés, mais des actes, et des actes d'une seule et même faculté, à savoir l'intelligence.

2° Reid attribue au sens commun, à je ne sais quelle croyance instinctive, la connaissance des vérités premières, quand il devrait l'attribuer à l'intelligence (*op. cit.*, Ess. VI, ch. ii). Or le sens commun n'est ni une faculté spéciale, ni une croyance instinctive; c'est une faculté complexe qui se compose d'intelligence et de raison, et dont la fonction est de percevoir les vérités évidentes par elles-mêmes ou qui n'exigent qu'un raisonnement facile. (*Prælect. phil.*, t. I, p. 73.)

3° La grande théorie des idées ne renferme pas moins de fautes. — Reid prétend que les espèces sensibles et intelligibles sont une pure fiction de Locke et des scolastiques, et que leur introduction dans la philosophie fait qu'au lieu de connaître les choses, nous ne connaissons plus que nos idées. De là, le scepticisme objectif, voire même le sensualisme et le fatalisme. Pour lui, il va jusqu'à confondre l'idée avec son objet, en sorte qu'il ne voit dans l'idée que l'objet connu et le sujet connaissant. (*Op. cit.*, Essai VI, ch. iii; Essai II, ch. v, vii.) — Mais l'idée n'est précisément ni l'un ni l'autre : elle est la représentation intellectuelle de l'objet dans le sujet, représentation qui ne s'oppose nullement à ce que l'objet soit connu immédiatement et par lui-même, puisqu'elle vient de l'impression immédiate que l'objet fait sur le sujet.

4° Une erreur singulière de Reid est relative à la notion du jugement. Tout le monde sait que pour juger de la convenance ou de la disconvenance du sujet et de l'attribut, il faut auparavant les rapprocher; qu'ainsi, tout jugement est essentiellement comparatif, et que, avant de comparer deux ou plusieurs termes, il faut les examiner séparément. D'où il suit que l'appréhension ou perception est la première opération de l'esprit. — Cet enseignement du bon sens paraît au philosophe écossais une pure fiction sans fondement réel. Il imagine des jugements *primitifs* qui ne sont précédés d'aucune comparaison et que l'âme prononce en vertu d'une croyance, d'une simple impulsion de sa nature. « Au lieu de dire que la croyance et la connaissance dérivent du rapprochement et de la comparaison des simples appréhensions, il faut dire plutôt que les simples appréhensions dérivent de l'analyse de nos jugements naturels et primitifs. » (*Rech. sur l'entend.*, ch. II, sect. VI.)

5° Mais voici autre chose : le sens moral, donné comme une faculté *sui generis*, est destiné à être le *dernier* criterium des vérités pratiques. « Quelques philosophes, dont je partage l'opinion, attribuent ce pouvoir (de distinguer entre les bonnes actions et les mauvaises) à une faculté originelle qu'ils appellent *sens moral, faculté morale, conscience*... Nul doute que la dénomination de sens moral ne soit analogique et qu'elle n'ait été empruntée aux sens externes; mais quand on connaît bien les fonctions des sens, cette analogie ne paraît point chimérique. » (*Ess. sur les fac. act.*, Ess. III, part. 3, ch. VI.)

Le premier tort de cette faculté *sui generis*, c'est de ne pas exister, ainsi que beaucoup d'autres admises pourtant par le chef de l'école écossaise. Nous l'avons dit à propos de Kant, il n'y a qu'une faculté pour percevoir le vrai et le bien, et distinguer entre le bien et le mal comme entre le vrai et le faux. On le verra plus bas au sujet de Smith, c'est exposer à de grands dangers la morale que de la faire reposer tout entière sur le sentiment.

Dugald-Stewart (1753-1828), d'abord professeur de mathématiques et ensuite de philosophie morale à l'université d'Édimbourg, continue la tradition de Reid dans ses *Éléments de la philosophie de l'esprit humain et Essais philosophiques*. Le second de ces ouvrages est principalement consacré à réfuter les erreurs de Locke, Berkeley, Hume, Hartley, Priestley et Darwin, sur l'origine de nos connaissances.

Reid avait prétendu que la sensation n'aperçoit pas les corps et que leur existence nous est connue au moyen d'une simple propension ou croyance instinctive. Stewart va plus loin encore : à ses yeux, notre conviction de l'existence de l'étendue ou de l'espace ne résulte ni du raisonnement ni de l'expérience, et si les qualités *premières* des corps impliquent l'étendue, on peut les supposer anéanties par la puissance du Créateur. Quant aux qualités *secondes*, « elles ne nous apparaissent que comme les causes inconnues de sensations connues ». Relativement à la notion de temps et d'espace, Stewart partage l'opinion idéaliste de Kant. Ces deux idées se présentent à nous comme ayant une existence indépendante à la fois et de l'esprit humain et de l'univers matériel : l'une atteint l'immensité, l'autre l'éternité, sans qu'il soit possible à l'imagination elle-même d'imposer des limites à l'une ou à l'autre. (*Essais phil.*, Essai II, ch. ii, sect. 2.)

Il faut encore reprocher à Dugald-Stewart une grave erreur touchant l'objet de la conscience. « Suivant nos meilleurs philosophes, c'est la conscience qui nous révèle notre existence, mais à la rigueur, il n'est pas vrai que notre propre existence soit l'objet *direct* de notre conscience. Nous avons la conscience des sensations, des désirs, des pensées, qui affectent le moi, et non pas du moi lui-même... Notre propre existence nous est connue par une *suggestion* naturelle qui suit la sensation. » En vertu de cette distinction, Stewart s'approprie le *cogito, ergo sum* de Descartes. (*Ess. phil.*, Ess. I, ch. ii.)

Mais la conscience nous révèle aussi bien notre existence que notre pensée; je pense et je me sens penser, ou je sens que c'est moi qui pense. Au reste, il est impossible au sujet pensant de conclure, à l'aide du raisonnement, son existence, de sa pensée; il ne peut s'attribuer ses pensées qu'autant qu'il a conscience d'en être lui-même l'auteur.

Adam Smith (1723-1790), particulièrement célèbre comme économiste, enseigna successivement la logique et la morale à l'université de Glascow. Son principal ouvrage philosophique est une *Théorie des sentiments moraux*.

Smith ne reconnaît pas d'autre fondement à la morale que la *sympathie*, tendance bienveillante qui nous porte à nous mettre en harmonie de sentiments avec nos semblables, à jouir de leurs joies, à souffrir de leurs souffrances. Une bonne action est donc celle qui excite notre sympathie, une mauvaise action celle qui excite notre antipathie. Et s'il s'agit de nous-mêmes, nous avons en quelque sorte le pouvoir de nous dédoubler, de nous figurer, quand nous agissons, que nous sommes témoins de notre action, et d'éprouver pour elle les sentiments de sympathie et d'antipathie qu'éprouverait un témoin véritable et désintéressé. — Les vices de ce système tombent sous le sens. Le bien est quelque chose d'objectif, d'absolu et d'immuable, tandis que le sentiment est subjectif, relatif et changeant selon les individus et les circonstances; le bien est intrinsèque à l'action, et le sentiment lui est extrinsèque. — La sympathie ou l'antipathie des spectateurs, c'est, sous un autre nom, l'opinion publique, sujette à toutes les variations et à toutes les erreurs. « Que la morale soit toute dans le sentiment, a dit Royer-Collard, rien n'est bien, rien n'est mal en soi; le bien et le mal sont relatifs : les qualités des actions humaines sont précisément telles que chacun les sent. Changez le sentiment, vous changez tout : la même action est à la fois bonne, indifférente et mauvaise, selon l'affection du spectateur. Faites taire le sentiment, les actions ne sont que des phénomènes physiques, l'obligation se résout dans les penchants, la vertu dans les plaisirs, l'honnête dans l'utile. C'est la morale d'Épicure. » (*Œuv.* de *Th. Reid*, t. III, p. 410.)

Vers le commencement du dix-neuvième siècle, l'école écossaise reçoit de sir *William Hamilton* (1788-1836) une forme plus systématique et plus philosophique. A la fois métaphysicien et fort versé dans la connaissance des philosophes anciens et modernes, Hamilton se met par malheur à la remorque de Kant et de Hume. Dans son article *Cousin-Schelling*, il professe la théorie décevante de la *relativité* de la connaissance humaine. Si vous l'en croyez, l'absolu, objet propre de la métaphysique, est entièrement inaccessible à notre savoir. En effet, la pensée étant une relation de l'objet pensé au sujet pensant, l'objet ne peut être connu que dans et par cette relation. L'objet connu par nous est donc relatif à nous et nullement absolu. Penser, c'est soumettre un objet aux conditions subjectives du sujet pensant, c'est, en le déterminant, lui imposer des limites. Mais il répugne que l'absolu soit conditionné ou limité; il répugne donc qu'il soit pensé ou connu. — Cependant, si l'absolu ne peut être l'objet de la science, rien ne s'oppose à ce qu'il soit l'objet de la croyance et de la foi. De là une nuance mystique et religieuse dans la doctrine de William Hamilton.

VI. — École mystique

Jacobi; opposition entre la science et la foi; le sens divin source de la certitude; Swedemborg : importance de cet auteur et originalité de sa doctrine.

Le mysticisme rencontre au dix-huitième siècle deux partisans résolus dans la personne de Jacobi (1743-1819) et de Swedemborg (1688-1772). Le premier appartient à l'Allemagne, le second à la Suède; ils portent l'un et l'autre un nom connu dans l'histoire. On doit à Jacobi plusieurs ouvrages qui ont eu un assez grand retentissement : *David Hume et la foi, ou l'Idéalisme et le réalisme; Dialogue sur l'idéalisme; Lettre à Fichte; De l'entreprise du criticisme de rendre la raison raisonnable; Des choses divines*. Ses principaux adversaires sont Kant, Fichte et Schelling. Le plus souvent sa pensée se déguise sous la forme du roman, du dialogue, ou celle plus familière encore d'une lettre, quand elle ne se présente pas sous la gravité de l'aphorisme.

Selon Jacobi, il y a opposition absolue entre la science ou la spéculation et la foi : la science est incapable de rien établir avec certitude ; bien plus, elle détruit toute réalité, parce qu'elle fait passer l'objet connu dans le sujet connaissant, le confond avec lui et par là même le supprime. Mais la foi ou le sentiment, sorte de sens divin, d'instinct naturel et spontané, possède le privilège de rétablir la certitude et de donner aux choses une réalité objective. La foi nous met en contact immédiat avec Dieu et nous le fait sentir plutôt que comprendre. L'existence d'un Dieu vivant et personnel, l'origine divine de l'âme humaine, la réalité objective du sentiment externe et interne, la vérité absolue de tout ce qui est donné par la conscience, l'excellence de la vertu, voilà les dogmes principalement chers au penseur allemand [1].

Swedemborg, après s'être livré avec ardeur aux sciences physiques et mathématiques, les abandonna tout à coup pour passer dans le camp des mystiques. Il crut que Dieu lui était apparu et lui avait confié la mission d'expliquer aux hommes le sens caché des Écritures, et d'être l'intermédiaire entre le monde invisible et le monde visible. Swedemborg « comprend en sa personne presque tous les mystiques antérieurs et embrasse les trois points de vue essentiels sous lesquels s'est jusqu'ici montré le mysticisme, à savoir le mysticisme métaphysique et moral, le mysticisme naturaliste et le mysticisme allégorique. » (Cousin, *Hist. gén. de la phil.*, 12ᵉ leçon.)

---

1. Il écrivait en 1803 : C'est la religion qui fait l'homme. Je m'appuie sur un sentiment invincible, irrécusable, qui est le fondement de toute science et de toute religion. Ce sentiment m'apprend que j'ai un organe pour les choses intelligibles spirituelles. La science spéculative, au lieu de dissiper notre ignorance et nos erreurs, souvent y ajoute une confusion. C'est contre elle et non contre la philosophie véritable que sont dirigées mes objections. Ma philosophie part du sentiment et de l'intuition... »

Dieu se compose de deux attributs principaux : la *sagesse*, qui est son être, et l'*amour*, qui est sa vie. La première manifestation de Dieu s'accomplit au moyen d'un soleil spirituel qui n'est pas Dieu, mais qui en procède immédiatement, et qui produit toutes choses en se servant du soleil visible comme d'un instrument. La chaleur du soleil représente l'amour, et sa lumière la sagesse de Dieu. Dieu a tiré les créatures non pas du néant, mais de sa propre substance. Il y a le monde visible qui procède de la chaleur et de la lumière du soleil, et le monde invisible qui comprend le ciel, le purgatoire et l'enfer, sur lesquels notre philosophe théologien donne les explications les plus détaillées. Suit une doctrine religieuse, mélange incohérent d'idées chrétiennes et de rêveries superstitieuses. — Les ouvrages de Swedemborg sont presque innombrables; voici les plus connus : *Opera philosophica et mineralia*, 3 vol. in-fol.; *Prodromus philosophiæ ratiocinantis de infinito et causâ finali creationis, deque mecanismo operationis animæ et corporis; Doctrina novæ Hierosolymæ; De cælo et ejus mirabilibus et de inferno, ex ejus auditis et visis; Vera christiana religio, continens universam theologiam novæ Ecclesiæ.*

Il s'est formé à Londres une société swedemborgienne, qui est devenue une Église, la nouvelle Jérusalem. Cette église est reconnue en Suisse et répandue en Pologne, en Russie, en Angleterre, en Amérique et aux Indes orientales.

VII. — École thomiste

La philosophie thomiste, de plus en plus oubliée des gens du siècle, trouve toujours dans les ordres religieux des représentants fidèles, sinon illustres. Entre tous, nommons les PP. Guérinois et Roselli, de l'ordre de Saint-Dominique, et Babenstuber, fils de saint Benoît.

Le P. *Guérinois*, de Laval, a laissé un ouvrage philosophique considérable, sous le titre de *Clypeus philosophiæ thomisticæ, contra veteres et novos ejus impugnatores.* Le premier volume est consacré à la logique, le deuxième et le troisième aux différents livres de la physique d'Aristote, le quatrième a pour objet la métaphysique et la morale. Le P. Guérinois se fait remarquer par l'abondance de l'érudition.

Le P. *Roselli* appartient à la fin du dix-huitième siècle. On a de lui une *Summa philos. ad mentem S. Thomæ*, riche de doctrine et d'érudition et rendue attrayante par la pureté et l'élégance du style.

Babenstuber, du monastère d'Etalle, en Bavière, et célèbre professeur à Salzbourg, a composé un cours de philosophie thomiste distribué en quatre tomes, que réunit un in-folio sous ce titre : *Philosophia thomistica sallisburgensis*. Il traite successivement les questions de logique, de cosmologie, d'anthropologie et de métaphysique. Une marche dégagée, une argumentation claire, rapide, entraînante, une analyse poussée fort loin sans subtilités qui fatiguent, et de spirituelles saillies çà et là répandues, font de cet ouvrage un des plus intéressants commentaires de la philosophie de l'Ange de l'École. Aussi mérita-t-il, quand il parut, une approbation élogieuse dont la forme quelque peu hyperbolique s'allie avec un grand fond de vérité. Le doyen de la faculté de théologie de Salzbourg disait en effet : « Absit ut opus hoc habeat quidquam contra fidem, nisi forte hoc, quod contra morem fidei, abhorreat obscuritatem, amet claritatem, jure speret perpetuitatem. »

CHAPITRE III

PHILOSOPHIE DU XIXe SIÈCLE

Le dix-neuvième siècle est un des plus féconds en philosophes de toute sorte et de toute nuance. Il vient à la suite de deux siècles peu soucieux d'érudition, et toutefois il se montre très attaché à la connaissance du passé. Plusieurs écrivains dépassent même la mesure et prétendent substituer à la méthode dogmatique la méthode historique, à la philosophie l'histoire de la philosophie.

La philosophie contemporaine, malgré ses variétés sans nombre, compte à peu près dix écoles principales, dont plusieurs se subdivisent encore à leur tour : 1° l'école sensualiste; 2° l'école idéaliste; 3° l'école sceptique, 4° l'école panthéiste athée; 5° l'école pessimiste; 6° l'école éclectique; 7° l'école autoritaire et traditionnaliste; 8° l'école mystique; 9° l'école ontologiste; 10° l'école aristotélicienne et thomiste. — On peut lire, mais avec précaution, *la Philosophie en France au dix-neuvième siècle*, par Félix Ravaisson; nous lui ferons, à l'occasion, quelques emprunts.

I. — ÉCOLE SENSUALISTE

Nuance simplement *sensualiste* : de Tracy et Laromiguière; — nuance *matérialiste* : Cabanis et Broussais; Gall et Spurzheim, et la phrénologie; — nuance *socialiste* : Saint-Simon, Fourier, Leroux, Reynaud, Proudhon, Karl Marx, Bebel, Guesde, Jaurès...; nuance *positiviste* : Comte, Littré et Taine; Stuart-Mill, Spencer, Bailey, Bain et Lewes; Moleschott, Vogt et Buchner; analyse de la philosophie positive; logique; anthropologie, cosmologie, ontologie, théodicée et morale; critique; défense des substances, des essences, et des causes; — nuance *transformiste* : Lamarck et Darwin.

1° *Nuance simplement sensualiste.* — Le sensualisme de Condillac trouve deux sectateurs au commencement du dix-neuvième siècle, dans la personne de Destutt de Tracy et de Laromiguière. Avec son maître Condillac, de Tracy (1754-1836) ne voit, dans les diverses facultés de l'homme, qu'une forme particulière de la sensibilité; sa morale, plus modérée dans les applications que celle de Hobbes, ressemble cependant, par plusieurs côtés, à celle du matérialiste anglais. — Une faculté qui joue un rôle prépondérant chez le disciple de Condillac, c'est la *volonté*. La volonté est la cause du mouvement; elle est la personne et l'homme même. Dans le torrent des sensations, où l'on ne trouve que phénomènes et apparences, la conscience de notre vouloir nous révèle à la fois et nous-mêmes et quelque chose hors de nous-mêmes, un monde extérieur et un monde intérieur opposés l'un à l'autre, et se rencontrant, se pénétrant dans un même acte. Voici les écrits philosophiques dus à la plume de M. de Tracy : *Éléments d'idéologie; Traité de la volonté et de ses effets; la logique.*

Pierre Laromiguière (1756-1837) donna à Paris, de 1811 à 1813, des leçons de philosophie qui eurent un immense succès. Imprimées sous le titre de *Leçons de philosophie* et *Éléments de métaphysique,* elles furent presque aussitôt traduites dans un grand nombre de langues.

Laromiguière tient généralement le milieu entre Locke et Condillac, bien que, sur certaines questions, il se rapproche davantage des spiritualistes. Il distingue dans l'homme les *facultés* proprement dites ou pouvoirs *actifs*, et les simples *capacités* ou *receptivités*. Les facultés se ramènent à l'entendement et à la volonté. L'entendement comprend l'attention, la comparaison et le raisonnement; la volonté, le désir, la préférence et la liberté. Mais la faculté principale, que l'on peut regarder comme la source de toutes les autres, c'est l'*attention,* éminemment active de sa nature.

Touchant l'origine de nos idées, Laromiguière se sépare à la fois de Condillac et de Locke. Reconnaissant l'insuffisance de la sensation et même de la réflexion, il admet quatre sources d'idées : le *sentiment-sensation,* le *sentiment de l'action des facultés de l'âme,* le *sentiment rap-*

port et le *sentiment-moral*. — Laromiguière combattit le matérialisme ; mais sa doctrine, pour mitigée ou épurée qu'elle soit, n'en est pas moins une forme du sensualisme.

2° *Nuance matérialiste.* — *Cabanis* et *Broussais*, médecins l'un et l'autre, professent le matérialisme le plus écœurant. Cabanis (1757-1808) résume ainsi tout son système : « Le cerveau est l'organe particulier destiné à produire la pensée, comme l'estomac et les intestins à faire la digestion. Les aliments tombent dans l'estomac avec leurs qualités propres, et en sortent avec des qualités nouvelles. L'estomac digère. Ainsi les impressions arrivent au cerveau par l'entremise des nerfs : ce viscère entre en action, il agit sur elles, et bientôt les renvoie métamorphosées en idées ; d'où nous pouvons conclure avec la même certitude que le cerveau digère en quelque sorte les impressions, et fait organiquement la sécrétion de la pensée. » (*Rapport du physique et du moral*, t. I.)

Telle est aussi la doctrine soutenue par le célèbre docteur Broussais (1772-1838), dans son livre *De l'irritation et de la folie*. « Dès que je sus par la chirurgie que du pus accumulé à la surface du cerveau détruit nos facultés, et que l'évacuation de ce pus leur permet de reparaître, je ne fus plus maître de les concevoir autrement que comme des actes du cerveau vivant. » — Pour expliquer la volonté et la vertu, le médecin philosophe suppose une lutte entre le mouvement cérébral et le mouvement intestinal, et l'acte est bon ou mauvais selon que le premier l'emporte sur le second, ou le second sur le premier.

Gall (1758-1828) et *Spurzheim* (1776-1833) vinrent mettre leur savoir au service de Broussais et créèrent ce qu'il leur plut d'appeler la science de la *cranioscopie* ou *phrénologie*. Gall attaqua l'unité et la simplicité de l'âme en s'efforçant de montrer que l'esprit n'est qu'un assemblage de facultés distinctes et indépendantes les unes des autres, localisées en différentes parties du cerveau. L'inspection du crâne devait prouver que les aptitudes et les inclinations des hommes sont absolument liées aux différentes protubérances de l'organe cérébral. Mais après avoir fait un instant beaucoup de bruit, ce nouveau système ne put suffire aux exigences combinées de la psychologie et de la physiologie. Nos plus célèbres physiologistes, tels que Flourens, Longet, Camille Dareste, Vulpian et Gratiolet n'eurent pas de peine à établir que les faits allégués par les défenseurs de la cranioscopie ne reposaient sur rien de réel.

En Italie, *Lombroso : L'homme criminel; L'anthropologie criminelle; Ferri : Nouveaux horizons du droit pénal; Ganofalo : La criminologie;* et *Colajanni : Sociologie criminelle*, viennent de renouveler le système de la cranioscopie. Ils admettent le type du criminel-né, donné par la nature, reconnaissable à certains signes anatomiques, microcéphalie, asymétrie, angle facial, auxquels s'ajoutent des caractères physiologiques et psychologiques ; par exemple des troubles dans les fonctions des sens, une dépression de l'intelligence et une sorte d'impuissance de la volonté.

3° *Nuance socialiste.* — Saint-Simon, Fourier, Pierre Leroux, J. Reynaud et Proudhon, sont les créateurs du socialisme moderne [1]. « Selon Saint-Simon, dit M. Ravaisson, le christianisme au nom d'un Dieu tout esprit avait frappé la chair d'un injuste anathème : le moyen âge l'avait méprisée, opprimée; l'âge moderne devait la réhabiliter. Pour cela, il fallait comprendre que Dieu était à la fois chair et esprit... Les temps modernes devaient (aussi) réhabiliter le peuple (méprisé par le moyen âge); leur tâche était, selon une formule empruntée par Saint-Simon à Condorcet, de travailler à améliorer le sort de la classe la plus nombreuse et la plus pauvre.

« Telles furent les généralités d'un caractère à peu près philosophique qui servirent de principes à la doctrine qui se nomma, du nom de son auteur, la doctrine saint-simo-

---

[1]. Le socialisme fait tous les jours de nouvelles recrues. Karl Marx, Lassalle, Bebel, Guesde et Jaurès sont en possession d'une grande notoriété. Athéisme, matérialisme et collectivisme, voilà les points fondamentaux de la doctrine professée par ces chefs.

nienne. Enfantin y ajouta des développements où l'on trouve des marques souvent choquantes d'une sorte de culte des fonctions par lesquelles l'homme est le moins éloigné de l'animal. Le saint-simonisme, du reste, fut surtout, comme on sait, un système de politique générale et d'économie politique, où la philosophie tient peu de place.

« Le but du système *phalanstérien* de *Ch. Fourier* (1768-1837) fut le même que celui de Saint-Simon : établir pour tous sur cette terre la félicité que le christianisme réserve pour les élus à une autre vie; seulement, ce que Saint-Simon attend, à cet effet, d'une autorité à peu près absolue, Fourier l'attend d'une liberté absolue de tous, liberté, c'est-à-dire, à son sens, satisfaction sans aucune contrainte de toutes les passions. Le monde physique, dit Fourier, s'explique depuis Newton par l'attraction mutuelle de toutes les parties de la matière; le monde moral doit s'expliquer par ce qu'on peut appeler l'attraction passionnelle, laquelle rapproche et associe les individus doués d'inclinations analogues et harmoniques. Toutes les misères, toutes les fautes sont le résultat de passions contrariées. » La part philosophique qui revient au fouriérisme, c'est une théorie particulière sur les passions et sur la nature de l'homme.

Il faut dire la même chose de *Joseph Proudhon* (1809-1864). Il « tiendra sans doute toujours un rang distingué parmi les littérateurs de notre temps, non pas pour cela, peut-être, parmi les penseurs... Pour la philosophie, il faut cette sorte d'intelligence qui se manifeste par l'ensemble et la suite des idées; et ce n'est pas celle qu'on remarque chez Proudhon. Aussi, quoiqu'il ait touché en plus d'un de ses ouvrages à des matières philosophiques, on ne peut dire que jamais il ait exposé ni même laissé soupçonner ce qu'on peut appeler une philosophie. » (*Op. cit. sup.*, I, p. 41, 42, 43.) Des blasphèmes sur Dieu, des paradoxes insensés sur la propriété, et la tentative de fonder une morale tout à fait indépendante, voilà ce qui revient en propre à cet utopiste fameux.

Leroux et *Reynaud* sont davantage philosophes. Dans

sa *Réfutation de l'éclectisme,* Leroux (1798-1871) distingue dans l'homme la sensation, le sentiment et la connaissance, qui correspondent à l'industrie, à l'art et à la science. Et dans son livre *De l'Humanité*, il s'efforce d'établir qu'avec ces trois facultés maîtresses, l'homme est indéfiniment perfectible, et qu'il doit atteindre sa félicité sur cette terre, mais dans une éternité d'existences successives. L'immortalité consiste donc à renaître après la mort, le même et autre tout ensemble, dans les générations successives, qui tour à tour et à tout jamais occuperont cette terre.

Reynaud (1806-1863), dans son livre *Terre et Ciel*, dialogue entre un théologien et un philosophe, imagine, après cette vie sur notre globe, une suite d'autres vies sur d'autres globes, à l'infini, sans que jamais la personnalité ni la mémoire vienne à périr. Cette terre n'est que le lieu de l'une de ces existences en nombre indéfini, que nous devons parcourir ; nous avons existé avant de vivre ici-bas, nous existerons de plus en plus parfaits dans les différents mondes qui peuplent l'espace, et l'immortalité consiste dans la marche indéfinie d'une existence vers des existences semblables où l'on se purifie de plus en plus. A la place du paradis et de l'enfer, un éternel purgatoire.

4° *Nuance positiviste.* — Le positivisme est, à vrai dire, la philosophie ou l'idole du jour. Ses adhérents sont nombreux et on les trouve partout : en France, Auguste Comte[1] : *Cours de philosophie positive; Système de politique positive; Sociologie;* Littré : *A. Comte et la philosophie positive; Conservation, Révolution, Positivisme; Dictionnaire de médecine de Nysten; La science au point de vue philosophique; Fragments de philosophie positive et de sociologie contemporaine;* — Taine : *Les philosophes français du dix-neuvième siècle; Le positivisme anglais; De l'intelligence*[2]; — en Angleterre, Stuart Mill : *Système*

1. P. Laffitte, dans son cours sur l'*Histoire générale des Sciences*, se flatte de professer dans toute sa pureté la doctrine philosophique de Comte.
2. Bien qu'il se donne comme un indépendant, Ch. Ribot : *L'Hé-*

de logique déductive et inductive; Essais sur la religion; Autobiographie, trad. franç. *Des Mémoires;* — Herbert Spencer : *Principes de psychologie; Les premiers principes;* — Alexandre Bain : *Les émotions et la volonté; Logique déductive et inductive; Les sens et l'intelligence; Traité de l'esprit;* — Bailey et Lewes : *Les problèmes de l'esprit et de la vie;* — Huxley [1] : *La place de l'homme dans la nature; Histoire de la Philosophie; L'Évolution et l'Origine des espèces; Problèmes de la Biologie;* — en Allemagne, Moleschott : *La circulation de la vie;* — Vogt : *Scènes de la vie morale; Lettres physiologiques;* — Buchner : *Force et matière, L'homme selon la science.*

Ces auteurs ont des vues communes à peu près sur toute la philosophie, malgré certaines divergences, d'ailleurs peu importantes, dans le détail desquelles nous ne pouvons entrer ici [2].

Logique. — « Établir la logique positive fut la tâche que se donna surtout M. Stuart Mill... Cette logique peut être résumée dans ce principe déjà familier à Locke et à Hobbes, que les idées ne se *déduisent* pas les unes des autres, comme l'enseigne la logique ordinaire... que, n'ayant entre elles que des rapports de *concomitance* et nullement de *dépendance,* elles ne peuvent être qu'ajoutées les unes aux autres ou par l'expérience ou par cette extension de l'expérience qui est l'inférence du semblable et qu'on nomme l'induction. De là des théories nouvelles, ou

---

rédité, s'inspire ouvertement des principes et des procédés de l'école positiviste.

1. Huxley a donné au positivisme cette forme particulière, qui consiste à classer les connaissances métaphysiques parmi les dogmes indéfinissables. Ce système est connu sous le nom d'*agnosticisme.*

2. Les divergences les plus accentuées distinguent le positivisme français du positivisme anglais. Le premier, sous l'influence d'Aug. Comte, rejette absolument la métaphysique comme représentant une étape inférieure de l'esprit humain. Le second se montre beaucoup moins exclusif; Lewes croit qu'il faut hardiment reconnaître les droits de cette science et Spencer soutient contre Hamilton l'idée de l'absolu.

plutôt renouvelées de Hobbes et Hume, de toutes les parties de la logique, de toutes les opérations intellectuelles. La définition, par exemple, ne consiste pas, selon M. Stuart Mill, à caractériser un objet par des propriétés essentielles desquelles dérivent toutes celles qu'il possède, mais uniquement à énoncer qu'auprès de telles propriétés, telle autre, en fait, se rencontre : c'est une pure description. Le raisonnement ne consiste pas à tirer une chose d'une autre, mais seulement à rappeler comment auprès d'une chose une autre s'est rencontrée, autrement dit, à reproduire dans un autre ordre ce qui a été le résultat de l'observation et de l'induction. L'induction elle-même, en laquelle se résout tout raisonnement, ne consiste qu'à ajouter machinalement aux suites de faits qu'offre l'expérience d'autres suites semblables... L'induction est une opération *instinctive* par laquelle d'un fait particulier nous passons à un autre, sans que, pour cela, il nous faille aucune sorte de raison. » (Ravaisson, *op. cit.*, p. 62-63.)

Une même méthode pour toutes les sciences, la méthode empirique, qui se compose d'un double élément, l'observation et l'induction entendue au sens expliqué plus haut. « De tout petits faits bien choisis, importants, significatifs, amplement circonstanciés et minutieusement notés, voici, aujourd'hui, la matière de toute science ; chacun d'eux est un spécimen instructif, une tête de ligne, un exemplaire saillant, un type net auquel se ramène toute une file de cas analogues. » (Taine, *De l'intelligence*, préf., p. 4.)

Anthropologie. — L'anthropologie positive est surtout l'œuvre de Spencer et de Taine. Rien de plus simple, de plus leste ni de plus court que ses principes et sa méthode. C'est la méthode des sciences physiques appliquée à l'homme, c'est la suppression non seulement de l'âme, mais encore du moi et de ses facultés. « Les mots *faculté, capacité, pouvoir,* qui ont joué un si grand rôle en psychologie, ne sont que des noms commodes au moyen desquels nous mettons ensemble, dans un compartiment distinct, tous les faits d'une espèce distincte ; ces noms désignent un caractère commun aux faits qu'on a logés sous la même étiquette; ils ne désignent pas une essence mystérieuse et profonde, qui dure et se cache sous le flux des faits passagers... Les facultés, en soi et à titre d'entités distinctes, ne sont pas. » (Taine, *De l'intell.;* préf., p. 1.) Selon le même auteur, nos idées générales se réduisent à des signes (*Ibid.*, p. 7), la perception extérieure est envisagée comme une hallucination véridique, la mémoire comme une illusion véridique (p. 8). « Il n'y a rien de réel dans le *moi*, sauf la file des événements; ces événements, divers d'aspect, se ramènent tous à la sensation; la sensation elle-même, considérée du dehors et par ce moyen indirect qu'on appelle la perception extérieure, se réduit à un groupe de mouvements moléculaires. Un flux et un faisceau de sensations et d'impulsions, qui, vues par une autre face, sont aussi un flux et un faisceau de vibrations nerveuses, voilà l'esprit (p. 9.) » — « L'homme total se présente comme une hiérarchie de centres de sensation et d'impulsion, ayant chacun leur initiative, leurs fonctions et leur domaine, sous le gouvernement d'un centre plus parfait qui reçoit d'eux les nouvelles locales, leur envoie les injonctions générales, et ne diffère d'eux que par son organisation plus complexe, son action plus étendue et son rang plus élevé. » (P. 10).

Ontologie. — L'ontologie repose, on le sait, sur les idées fondamentales de substance, d'essence et de cause. Or, aucune de ces notions ne trouve grâce auprès du positivisme. « De même que la substance spirituelle est un fantôme créé par la conscience, de même la substance matérielle est un fantôme créé par les sens. » (Taine, *op. cit.*, préf., p. 10.) « La substance est le tout : les qualités sont les parties. » (*Les philos. franc.*, ch. vii.) — « Nous pensons qu'il n'y a ni esprit, ni corps, mais seulement des groupes de mouvements présents ou possibles, et des groupes de pensées présentes ou possibles. »... Nous pensons qu'il n'y a rien au monde que des faits et des lois, c'est-à-dire des événements et leurs rapports. » (*Le positivisme anglais*, p. 114.) — « Essence des choses, causes dernières, questions théologiques et métaphysiques, tout cela est en dehors de l'expérience; l'esprit humain, de quelque manière qu'il s'ingénie, n'a aucun moyen d'y atteindre. » (Littré, *Conservation, révol., positiv.*, p. 53.) — « L'essence ou nature d'un être est la somme indéfinie de ses propriétés... Ce qu'on appelle la nature d'un être est le réseau des faits qui constituent cet être. » (Stuart Mill, dans Taine, *Le positiv. angl.*, p. 34-35.) — « Nous apprenons par l'expérience qu'il y a dans la nature un ordre de succession invariable, et que chaque fait y est toujours précédé par un autre fait. Nous appelons cause l'*antécédent invariable;* effet, le *conséquent invariable*... La cause réelle est la série des conditions, l'ensemble des antécédents sans lesquels l'effet ne serait pas arrivé : il n'y a pas de fondement scientifique dans la distinction que l'on fait entre la cause d'un phénomène et ses conditions... La distinction que l'on établit entre l'agent et le patient est purement verbale. »... De même pour notre volonté; elle n'est pas plus cause que le reste... « Il y a là un antécédent comme ailleurs, la résolution ou l'état de l'esprit, et un conséquent comme ailleurs, l'effort ou sensation physique. » (*Le positiv. angl.*, p. 61, 62, 63, 64.) Rien de nécessaire et d'absolu, excepté une seule maxime, « c'est qu'il n'y a rien d'absolu ». L'expulsion des causes est le dogme le plus cher des positivistes; c'est là le grand progrès et la plus importante découverte de la science moderne. La science a remplacé définitivement la théologie et la métaphysique.

D'après l'école positive (principalement l'école française), la pensée humaine passe successivement par trois états ou étapes : l'étape *théologique*, l'étape *métaphysique* et l'étape *scientifique* ou positive : la 1re, où l'on explique les choses par des volontés supérieures à la nature, par des causes mystérieuses qui agissent dans le monde d'une manière spontanée et interviennent à leur gré pour modifier le cours naturel des choses; la 2e, où l'on ne croit plus au surnaturel, parce qu'on s'aperçoit que les phénomènes ont une constance qui ne s'accorde pas avec l'arbitraire de la volonté, mais on croit encore aux causes, espèces de puissances occultes, copies affaiblies des êtres surnaturels des premiers âges; la 3°, où l'on se borne à rechercher les circonstances physiques observables dans lesquelles se produisent les phénomènes. Les deux premières époques représentent l'enfance de la pensée, et procèdent l'une et l'autre de l'ignorance de la nature; la 1re est caractérisée par le surnaturel; la 2e par la métaphysique; la 3e, que l'on peut regarder comme définitive, ne s'oppose pas moins à la seconde que celle-ci à la première. Cette loi des trois états a été découverte par Auguste Comte, et, s'il faut en croire Littré, elle place son auteur au premier rang parmi les penseurs dont s'honore l'humanité. (*Conservat., révol. et positiv.*, p. 122 et suiv.)

Cosmologie. — La cosmologie positiviste peut se résumer dans ces trois propositions : la matière est éternelle, première proposition; la matière, en vertu d'une force intrinsèque et d'une aspiration incessante, tend *nécessairement* à se perfectionner, deuxième proposition; la matière, grâce à son activité et à la loi du progrès, passe d'elle-même de l'état inorganique à l'état organique, de l'état organique à la vie sensitive, et de la vie sensitive à la vie rationnelle, à l'homme. — Quant à la nature du monde, Taine se le représente comme une grande aurore boréale. « Un écoulement universel, une succession intarissable de météores qui ne flamboient que pour s'éteindre et se rallumer et s'éteindre encore, sans trêve ni fin, tels sont les caractères du monde au premier moment de la contemplation. » A un autre point de vue, par l'abstraction et le langage, nous isolons des formes persistantes, des lois fixes, qui résument une multitude indéfinie de rencontres; nous réduisons ensuite ces lois générales elles-mêmes, « jusqu'à ce qu'enfin la nature, considérée dans son fond subsistant, apparaisse à nos conjectures comme une pure loi abstraite, qui, se développant en lois subordonnées, aboutit sur tous les points de l'étendue et de la durée à l'éclosion incessante des individus et au flux inépuisable des événements. Très probablement, la nouvelle loi mécanique sur la conservation de l'énergie est une dérivée peu distante de cette loi suprême; car elle pose que tout changement engendre un changement capable de le reproduire sans addition ni perte; que, partant, le second équivaut exactement au premier et qu'ainsi, visible ou invisible, la quantité de l'effet ou travail demeure toujours la même dans la nature. » (*De l'intellig.*, préf., p. 11,12).

Théodicée. — Ici les positivistes ne sont pas dans un parfait accord. Les plus modérés regardent l'idée de Dieu comme simplement *extra-scientifique*; en conséquence, ils ne la défendent ni ne l'attaquent : ils se déclarent neutres. Stuart Mill voudrait même qu'on posât comme possible l'existence d'un être premier et intelligent (*Auguste Comte et le positivisme*). Pour Bain, les vérités religieuses sont affaire de sentiment; à leur égard on peut avoir des espérances, et rien que des espérances; illusions subjectives permises, utiles même à plusieurs, mais dont il y aurait plus de mérite à se passer entièrement. — Néanmoins, le plus grand nombre, Taine, Littré et Spencer, rejettent absolument l'idée de Dieu comme *antiscientifique* et impossible. Mill lui-même avance que « jamais une personne douée d'une intelligence exercée n'arrivera à posséder la foi au Dieu de la nature ou au Dieu de l'Évangile que par une sophistication, ou une perversion d'esprit ou de la conscience. » (*Essais sur la relig.*, p. 108-109.) D'après Spencer, la science et la religion sont contraires l'une à l'autre, car l'une étudie l'observable et poursuit l'explication universelle, l'autre propose à la foi des hommes l'*inconnaissable* et l'universel mystère.

Morale. — Créer une morale positive a été la tâche de Stuart Mill, de Bain, de Spencer, de Comte et Littré. Bain voit la source de la morale dans le sentiment ou l'émotion. Les autres veulent être plus scientifiques. Pour Mill, Spencer, Comte et Littré, la religion se compose d'un double élément : concevoir un idéal du bien, et compter sur le progrès et même sur le triomphe final du bien. On trouve ces deux conditions dans le positivisme. Or, l'idéal du bien consiste à faire prévaloir l'intérêt général sur l'intérêt particulier, les penchants *altruistes* sur les penchants *égoïstes*. Le bien, c'est ce qui est utile non pas à l'individu, mais à la communauté, à l'espèce humaine, car l'individu n'est que par l'espèce et pour l'espèce. « Faites à autrui, dit Mill, ce que vous voudriez qu'on vous fît ; cette règle d'or de Jésus de Nazareth est la plus parfaite expression de la morale utilitaire. »

On voit que la nouvelle école absorbe entièrement l'être individuel dans l'être social, et que, par ce côté et plusieurs autres, elle va plus loin encore que l'ancienne philosophie païenne. La moralité individuelle, selon Spencer, n'est que « l'appropriation de l'individu au milieu social », et Mill définit le droit « un pouvoir que la société a intérêt de confier à l'individu ».

Au reste, n'admettant pas la liberté humaine, ces philosophes n'admettent pas davantage la responsabilité, entendue au sens moral. Toutefois, ils reconnaissent à la société le droit de réprimer les actes nuisibles, et même d'infliger la peine de mort, non pas, on le comprend bien, comme punition d'un crime, mais comme répression d'un délit. L'assassin, par exemple, n'est point un criminel ; mais, s'il n'est pas coupable, il est nuisible : en le condamnant à mort, la société se borne à exercer le droit de légitime défense, elle écarte un *obstacle*, rien de plus. On ne frappe pas un chien enragé comme coupable, mais comme nuisible : de même pour les hommes dangereux. Grâce à ces divers principes, l'école positiviste prétend être aussi morale que n'importe quelle école de philosophie.

Cependant, il faut bien l'avouer, quelques-uns de ses chefs, M. Taine entre tous, prennent moins de précautions, et ont moins de souci des apparences et du *decorum*. « Le vice et la vertu, dit M. Taine, sont des produits comme le vitriol et le sucre. » (*Hist. de littérat. angl.*, Introd.) « Quoique les moyens de notation ne soient pas les mêmes dans les sciences morales que dans les physiques, néanmoins, comme dans les deux la matière est la même et se compose également de forces, de directions et de grandeurs, on peut dire que, dans les unes et dans les autres, l'effet final se produit d'après la même règle. » (*Ibid.*, p. 31.)

S'il fallait croire ses défenseurs, le positivisme serait le dernier mot de la science et l'avenir serait à lui. Bruyante mais vaine jactance [1]. Ce système est moins nouveau [2] et moins original qu'on ne pourrait le penser à première vue. Accordons-lui en propre la fameuse loi « des trois états », en contradiction avec la raison et l'expérience; accordons-lui encore une nouvelle classification des sciences plus ou moins scientifique, avec sa notion étrange de l'induction et des lois de la nature : c'est à peu près tout ce qu'il a droit de revendiquer comme son œuvre. — Les positivistes affirment que la science a pour objet unique les faits observables et certaines lois abstraites de ces faits; c'est l'opinion de tous les sensualistes; à leurs yeux, les idées universelles ne sont que des mots ou des signes; c'est l'enseignement des nominalistes, particulièrement de l'abbé Condillac; le *moi* leur représente la collection des phénomènes du sujet pensant; c'est une thèse soutenue par Locke et Condillac. — L'éternité de la matière, la réduction des phénomènes intellectuels et moraux à des phénomènes purement physiques, l'évolution progressive, la négation de la spiritualité, de l'immortalité de l'âme et de l'existence de Dieu, ne sont rien de plus que le matérialisme d'Épicure, de Lucrèce, de Hobbes, d'Helvétius, de Lamettrie et de Broussais. — Nous connaissons à ce sujet les aveux de M. Taine. Vogt, Buchner et Moleschott ne pensent pas autrement que lui. « Pas de propriété sans sujet, pas de sujet sans matière; pas de matière sans force, pas de force sans matière. » (Buchner.) « Il y a le même rapport entre la pensée et le cerveau qu'entre la bile et le foie, ou l'urine et les reins. » (Vogt.) Moleschott soutient pareillement que la pensée est « un mouvement du cerveau ». — Littré avait d'abord protesté de son « parfait désintéressement entre le matérialisme

---

1. Pour la réfutation du positivisme, lire le discours de Pasteur à l'*Acad. française*, 27 avril 1882; *Littré et le positivisme* par Caro; et notre ouvrage : *Le Kantisme et le Positivisme*.
2. « Pour juger de la valeur du positivisme, ma première pensée a été d'y chercher l'invention, je ne l'y ai pas trouvée. » (Pasteur, *disc. à l'Acad. française.*)

et le spiritualisme »; mais dans le *Dictionnaire de Médecine de Nysten*, et dans la préface qu'il a mise au livre de M. Leblais, il n'a pas craint de se rallier au matérialisme. De même, longtemps avant les positivistes, Œnésidème, Algazel, Glanvill et Hume avaient rejeté les causes et le principe de causalité. Locke avait dit que l'essence ou la substance n'est rien de réel en dehors des parties et des propriétés. Les sophistes grecs avaient professé la relativité de toutes nos connaissances et l'écoulement universel des choses.

Il ne semble pas non plus que l'école positive ait trouvé des arguments bien nouveaux et bien sérieux, pour étayer son enseignement. Elle allègue l'expérience et les faits; mais en dehors de cette école, plusieurs savants distingués s'appuient également sur l'expérience et observent les faits dont ils donnent des explications fort plausibles. Ce ne sont pas des positivistes, mais des savants sans parti pris, qui ont fait les découvertes dont la science moderne s'enorgueillit à bon droit. Quand on observe les faits dans le dessein arrêté d'y trouver la justification d'un système chéri, on y voit bien des choses que les autres spectateurs n'y voient pas.

Sans entrer ici dans plus de détails, ce qui nous entraînerait beaucoup trop loin, bornons-nous à rétablir les notions de substance, d'essence et de cause, puisque le positivisme repose tout entier sur leur négation. Ne supposons rien *a priori*; prenons le point de départ de cette école, c'est-à-dire l'expérience, l'observation externe et interne. Que nous montre-t-elle? Des choses qui commencent et d'autres qui cessent d'être : cela et plus que cela. Je vois un corps se mouvoir ou revenir au repos, diminuer ou se développer, s'altérer ou réparer ses pertes. Je suis en droit de conclure que sous ces changements et ces phénomènes se cache un *noumène*, un *substratum*, quelque chose enfin qui reçoit ces changements et qui, lui-même, ne change pas. De même, je ne trouve plus en moi mes pensées ni mes émotions d'hier. Ce qui a changé en moi me paraît peu de chose à côté de ce qui est demeuré, je n'ai nulle peine à me reconnaître, ma conscience m'assure mon identité. Or j'appelle substance ce qui, en moi ou dans les êtres qui m'entourent, reçoit les changements, soutient des phénomènes, et demeure stable et identique. Je suis donc en droit, l'expérience elle-même m'y autorise et m'y pousse, d'affirmer que, s'il y a dans le monde des événements et des phénomènes, il y a aussi des noumènes et des substances.

Je ne crois pas moins fermement qu'il y a des causes. J'approche ma main du feu, et aussitôt j'éprouve la sensation de chaleur; je sens qu'en cela je suis passif ou patient, et je sens que ce qui me réchauffe ou me brûle est en dehors de moi et agit sur moi; ce quelque chose, je lui donne le nom de cause. On m'attaque, je résiste et me défends de mon mieux, mais non sans peine; il me semble que je suis moi-même la cause de ma résistance et de mon effort. Je veux soulever un poids un peu lourd : nouvel effort dont j'ai conscience et qui me coûte. Je désirerais saisir une vérité importante et difficile que j'ai en vain travaillé à comprendre jusqu'à ce jour; je m'efforce d'être attentif plus qu'à l'ordinaire; je me recueille profondément, je ramasse toutes mes forces, je réunis mes facultés pour les appliquer à la question : voilà, certes, une activité dont j'ai un sentiment bien intime et bien vif. Et si je parviens à reconnaître et à trouver enfin la vérité si ardemment cherchée, je n'hésiterai pas à m'attribuer une partie du mérite, sans oublier de faire remonter ma gratitude à ceux dont la bienveillance aura facilité ma tâche et dirigé mes efforts.

Allons plus loin et raisonnons ainsi : je vois des choses qui commencent à être; ce qui commence n'était pas avant de commencer : d'où vient-il? de lui-même? Non, autrement il aurait existé avant d'exister; il n'était pas, puisqu'on constate son apparition; il aurait été, puisqu'il se serait lui-même donné l'existence. — Ne vient-il de rien? Mais alors on n'assigne pas la raison de son existence, on tombe dans l'absurde, car on admet que le plus est contenu dans le moins, et même que l'être est contenu dans le néant, ou que le néant est la source de l'être; ce qui est autrement difficile à entendre que la création *ex nihilo*, dont les positivistes déclarent la notion inintelligible. — Existe-t-il nécessairement? Non, puisqu'il n'a pas toujours été. Il ne reste qu'une seule hypothèse, l'hypothèse de la raison aussi bien que du bon sens : ce qui commence ne pouvant venir ni du néant, ni de soi-même, est produit par quelque chose : appelons effet la chose produite, et cause ce qui la produit, et osons assurer que *tout ce qui commence a une cause*. Et voilà le principe de causalité.

Mais, dira-t-on peut-être, vous demeurez au moins dans l'impuissance de connaître rien de plus que des propriétés particulières et la collection des propriétés : il n'y a pas d'essence. Que nous ne puissions pas toujours connaître l'essence ou la nature des choses, tout le monde en convient. Mais que nous ne puissions connaître la nature d'aucune chose, c'est trop avancer. En effet, si l'on considère les propriétés d'un être, de l'homme par exemple, on s'aperçoit que quelques-unes sont variables, individuelles, accidentelles, tandis que d'autres sont stables, constantes ou universelles, en d'autres termes, essentielles. Si je rends très bien compte de tous les attributs, de tous les phénomènes que je remarque dans l'homme au moyen d'un double élément, un élément sensitif et un élément spirituel, un corps et une âme, je pourrai conclure que l'homme se compose essentiellement d'un corps et d'une âme, et qu'il est, comme dit l'École, un animal raisonnable. L'essence d'une chose est donc ce qui sert à rendre raison de toutes ses qualités ou propriétés; ce qui lui convient nécessairement et avant tout, ce qui la constitue dans son être propre, ce qui la place dans son espèce.

On le voit, une méthode éminemment scientifique, faite d'expérience et de raison, peut conduire à connaître l'essence des choses aussi bien que les causes et les substances. Et ces trois grandes idées ne désignent pas de vains mots, des entités nominales ni des qualités occultes, mais des entités réelles et objectives, clairement connues et solidement établies. Il n'en faut pas davantage pour savoir ce que vaut au juste le positivisme, et attendre en paix que ce système bruyant s'écroule tout comme le sensualisme et le matérialisme.

5° *Nuance transformiste*. — Ses plus illustres représentants sont : Lamarck (1744-1829), *Philosophie zoologique*, et Darwin (1812-1882), *Origine des espèces*. Uniformité des lois de la nature, équivalence des forces, évolution incessante et universelle, grâce à l'influence des milieux et au combat pour la vie, à la sélection naturelle et à l'hérédité, telles sont les vues principales de ces écrivains.

II. — École idéaliste

Ch. Lévêque, Fouillée, Rabier, Lachelier, Magy et Rosmini; école rosminienne; erreurs sur l'origine des idées, le moi, l'union de l'âme et du corps et l'origine de l'âme.

L'idéalisme contemporain compte un assez grand nombre de partisans d'inégale valeur et de nuance diverse. C'est ainsi qu'en France, M. Ch. Lévêque, *la Nature et la Philosophie idéaliste* (15 janvier 1867), *l'Atome et l'Esprit* (1er juin 1869); M. Lachelier, *Du fondement de l'induction, la Psychologie et la Métaphysique*; M. Fouillée, *Platon, L'avenir de la Métaphysique;* Magy, *la Science et la Nature*, et M. Rabier, *Psychologie*, réduisent les corps à l'état de pures monades ou de simples forces, d'après les principes de Leibnitz et de Kant. Aux yeux de M. Rabier, nos sensations ne sont que des états de conscience, et les choses extérieures ne sont que nos sensations *projetées* au dehors.

Mais l'abbé *Rosmini* (1797-1855), un des plus fameux idéologues de ce siècle, mérite de nous arrêter davantage. Il a fondé une congrégation sous le nom de *Société de la Charité*, mais il est plus connu pour être le maître d'une école philosophique qui comptait, il y a quelques années, un assez grand nombre d'adhérents en Italie. — Ses ouvrages forment 30 volumes in-8°. Voici les plus importants : *Nouvel essai sur l'origine des idées; Rénovation de la philosophie italienne; Principes de la science morale; Anthro-*

pologie à l'usage de la morale; Psychologie. — Rosmini se pose en novateur, ou du moins en réformateur de la pensée, aussi bien que de la langue philosophique; pénétrer ses théories souvent étranges, est un labeur peu aisé. Au fond, il professe un idéalisme fortement accentué.

Rosmini voudrait créer une doctrine portant le double caractère de l'*unité* et de l'*universalité*, embrassant tout l'ensemble de nos connaissances, et les harmonisant entre elles. Pour y parvenir, il suppose dans l'intelligence humaine une vérité première, simple et unique, de laquelle découlent toutes nos connaissances (*N. E.*, préf.), et il réunit ensuite la perception sensible et la perception intellectuelle dans un seul et même acte complet, acte qui atteint à la fois l'idéal et le réel. Trois facultés sont nécessaires à cet effet : la *sensibilité corporelle*, qui perçoit l'action des corps sensiblement et passivement (sensation), l'*intelligence*, qui possède *a priori* et innée l'idée d'être, et la *raison*, qui après avoir comparé le prédicat au sujet, l'idée d'être au corps extérieur, ou l'élément formel à l'élément matériel de la connaissance, découvre dans l'élément matériel fourni par les sens la réalisation de l'élément formel fourni par l'intelligence, et porte ce jugement: *Ce qui vient de frapper mes sens existe.* (*Op. cit.*, sect. 1, c. III, a. 17.)

Or l'idée d'être, donnée par Rosmini comme la forme originaire essentielle de l'esprit humain, signifie l'être *indéterminé*, ou *idéal*, ou *possible*, qui convient également à tous les êtres ou existants ou imaginables. « Elle est une forme pure, quelque chose de si simple et qui offre si peu de consistance qu'on ne saurait la simplifier davantage... » de si nécessaire, « qu'on ne saurait concevoir un acte quelconque de l'esprit qui puisse se passer de cette forme, qui ne tire d'elle sa nature et sa forme, au point que si vous rejetez l'idée d'être en général, le savoir humain et l'intelligence humaine deviennent impossibles; en un mot, un vrai *minimum* de ce qu'il peut y avoir d'inné dans l'esprit humain. » (*Op. cit.*, sect. 4, c. IV, a. 2.) Et pourtant, telle est la fécondité merveilleuse de cette idée unique et simple, qu'elle enveloppe toutes les autres idées, qui n'offrent, à vrai dire, rien autre chose qu'une modification particulière de l'idée primitive et innée de l'être idéal. (*Op. cit.*, vol. I, sect. 4, c. IV, a. 2, vol. II, *passim*.)

Cette explication de l'origine de la connaissance humaine nous paraît sujette à de sérieuses objections. D'abord, l'idée innée de l'être idéal n'est pas plus nécessaire à l'intelligence que les autres idées; sans elle, en effet, l'intelligence est intelligence, et il est tout aussi facile, sinon plus facile de l'acquérir que les autres : l'être est avant tout et partout, et par conséquent sa notion s'offre d'elle-même à l'esprit. Ensuite, Rosmini se fait illusion en croyant qu'on peut faire dériver toutes les autres idées de l'idée d'être possible ou idéal; comment tirer le réel du possible, le particulier de l'universel, le déterminé de l'indéterminé, du simple et de l'un le multiple et le divers ? Comment l'effet, la cause, la substance, la quantité, l'espace, le temps, le beau, le bien, etc., seraient-ils renfermés dans l'idée la plus vague et la plus indéterminée qui soit au monde? — Ajoutez que, dans ce système, l'idéalisme déborde de toute part : nous prenons connaissance de la réalité des choses par la sensation, l'idée d'être et le jugement qui unit l'élément idéal à l'élément sensible. Mais, d'après Rosmini, la sensation est purement passive et subjective, ainsi que l'idée d'être, et le jugement qui affirme la réalisation de l'être idéal dans l'individu sensible, la raison ne connaissant point par elle-même l'objet de la sensation.

Cependant, les vues de l'illustre idéologue sur la nature de l'homme et du moi, sur l'union de l'âme et du corps, et sur l'origine de l'âme sont bien autrement erronées et dangereuses. L'homme, d'après lui, réside tout entier dans l'âme, et l'essence de l'âme, ou le moi, dans la même âme, en tant qu'elle prend conscience d'elle-même dans le sentiment primitif et substantiel que l'homme exprime en disant *moi* (*Psychol.*, III, 1). Puis, il ajoute que l'union de l'âme sensible avec le corps consiste en ce que l'âme *sent* le corps, d'où il infère (c. XXI) que l'âme rationnelle est unie au corps par la perception immanente qu'elle a du sentiment animal ou de l'acte par lequel l'âme sensible sent le corps : « Haec

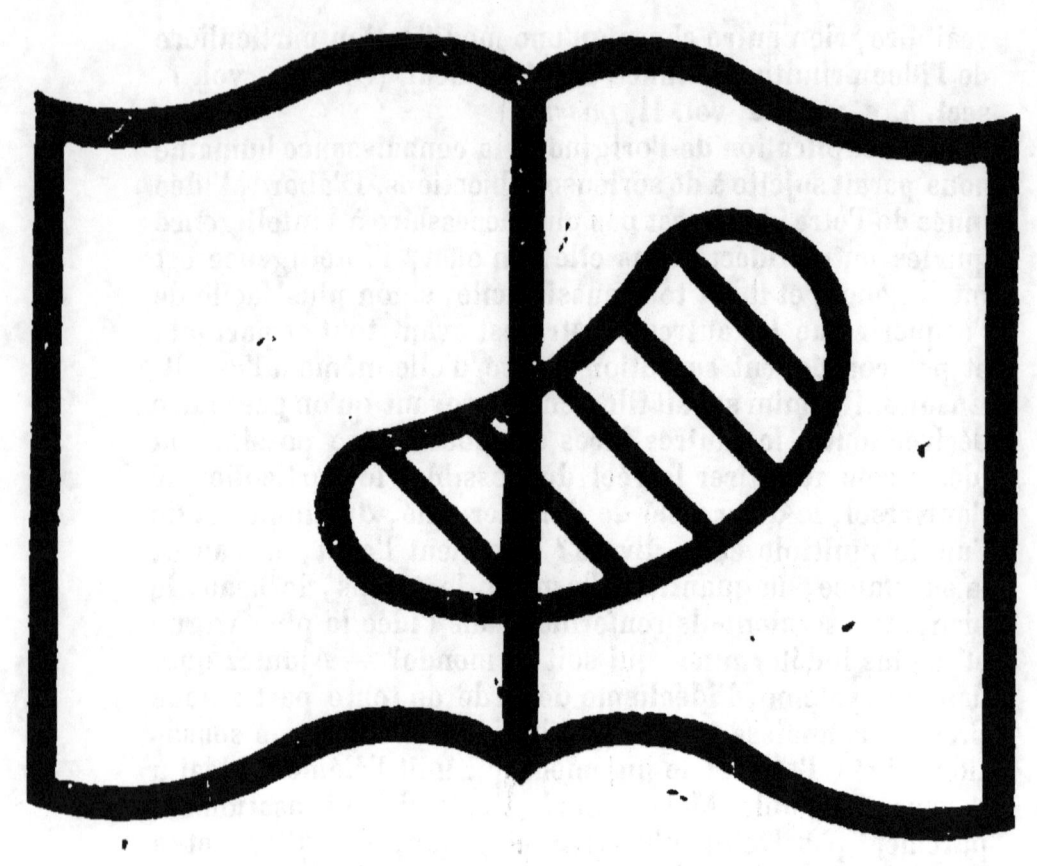

Original illisible
NF Z 43-120-10

perceptio primitiva et fundamentalis totius sentiti est thalamus, ut ita dicam, in quo *reale* (sensus animalis rationalis) et essentia quam intuemur in ideâ, constituunt unam rem, et res ista est homo. » (*Ibid.*, c. II, a, 3.)

Mais on peut objecter à l'auteur que le moi humain se compose essentiellement d'une âme et d'un corps unis en unité de substance et de nature. Je dis *mon* corps, comme je dis *mon* âme, et si le moi ne prend connaissance de lui-même qu'en réfléchissant sur ses actes propres, il n'en est pas moins logiquement et réellement antérieur à ses actes : *Prius est esse quam agere vel esse sui conscius*. De plus, l'union que Rosmini établit entre l'âme et le corps est purement accidentelle, puisqu'il la fait consister tout entière dans l'acte par lequel l'âme sent ou entend son corps, acte qui suppose, d'ailleurs, cette union, bien loin de la constituer, car l'âme ne peut sentir son corps comme sien, qu'autant qu'elle lui est préalablement unie.

Ce qui suit a de quoi étonner davantage. Le penseur italien estime que, dans l'homme, l'âme sensible est engendrée par les parents, et que plus tard, à un moment donné, Dieu la transforme tout à coup en âme rationnelle en lui montrant seulement l'idée de l'être possible. « In generatione individui speciei humanæ concurrunt duæ causæ simul operantes, homo generatione, et Deus manifestatione suæ lucis : homo ponit animal, Deus creat animam intelligentem in eodem instanti quo animal humanum ponitur; creat animam eam illuminando splendore vultûs sui, ipsi participando aliquid sui, *ens ideale*, quod est lumen creaturarum intelligentium. » (*Anthrop.*; l. IV, c. V, n. 812; *Psychol.*, vol. I, l. IV, c. XXXIII.) — Transformer une âme sensible en une âme rationnelle est une métamorphose qui rappelle celles de la Fable, et dont les évolutionnistes modernes auraient raison de s'applaudir. Au surplus, il ne semble pas qu'une âme sensible soit susceptible de recevoir et de comprendre l'idée d'être idéal; car cette idée est éminemment abstraite et universelle, et les sens, tout le monde le sait, ne peuvent atteindre que le concret, le matériel et le singulier.

La congrégation de l'Inquisition, par un acte du 14 décembre 1887, revêtu de l'approbation solennelle de Léon XIII, a condamné 40 propositions, particulièrement extraites des ouvrages posthumes de Rosmini « quorum germina in prioribus hujus auctoris libris continebantur », dit le décret : quelques-unes de ces propositions se rapportent à la théologie, mais la plupart sont philosophiques et concernent l'origine et la nature de nos idées, l'union de l'âme et du corps, l'être divin, la création, la distinction du Créateur et de la créature.

III. — ÉCOLE SCEPTIQUE

1re nuance : *relativité* de la connaissance; Schérer; 2e nuance : *scepticisme objectif*; Jouffroy; différentes phases de sa pensée; 3e nuance : *scepticisme positiviste*; Mill et Bailey; 4e nuance : *criticisme*; Renan et Renouvier.

Cette forme de scepticisme qui pousse à douter de l'objectivité des choses ou du moins de l'objectivité de nos idées, et à substituer le relatif à l'absolu et à la certitude immuable de la conviction, l'opinion flottante et éphémère, est peut-être aujourd'hui le système philosophique le plus généralement répandu[1]. Parmi les membres de cette école sans principes et sans foi, il suffira de nommer ceux qui

---

1. « Il est un principe qui s'est emparé de l'esprit moderne et que nous devons à Hegel. Je veux parler du principe en vertu duquel une assertion n'est pas plus vraie que l'assertion opposée... Tout est relatif, et les jugements *absolus* sont faux. Cette découverte du caractère relatif des vérités est le fait capital de l'histoire de la pensée contemporaine. Aujourd'hui, rien n'est plus parmi nous vérité ni erreur... Nous ne voyons plus partout que degrés et que nuances, nous admettons jusqu'à l'identité des contraires. Nous ne connaissons plus *la* religion, mais *des* religions, la moralité, mais des mœurs, les principes, mais des faits. Nous expliquons tout, et comme on l'a dit, l'esprit finit par approuver ce qu'il explique. Tout n'est que relatif. Bien plus, tout n'est que relation. » (Schérer, *Revue des Deux-Mondes*, 15 février 1861.) D'après le même auteur, « toute proposition renferme quelque chose d'essentiellement provisoire ».

jouissent d'une plus grande notoriété : Jouffroy, Mill, Bailey, Renan, Schérer, Renouvier.

Après s'être montré quelque temps disciple et admirateur enthousiaste de Cousin, *Jouffroy* (1796-1842) ne tarda pas à être désappointé et désillusionné. Cette philosophie, qui ne connaissait guère que la psychologie timidement étudiée, à la manière écossaise, et qui n'osait se prononcer sur les grands problèmes de l'ordre transcendantal, lui sembla trop étroite et superficielle : il l'abandonna, trouvant « qu'elle manquait d'air ». Il reprit à son compte le doute de Descartes et de Kant, mais à son tour le doute le fascina et du même coup lui fit perdre la foi à la révélation et à la raison : l'éclectique se réveillait sceptique objectif. « Nous croyons, c'est un fait : mais ce que nous croyons, sommes-nous fondés à le croire? Ce que nous regardons comme la vérité, est-ce vraiment la vérité?... Ce problème, l'esprit se le pose en vertu de ses lois. La raison, qui contrôle tout en nous, se contrôle elle-même... Mais de ce que la raison élève ce doute sur elle-même, s'ensuit-il que la raison qui peut l'élever puisse le résoudre? Nullement... Si la raison doute d'elle-même au point de sentir le besoin d'être contrôlée, elle ne peut se fier à elle-même quand elle exerce ce contrôle. » (*Œuv. de Reid*, préf.)

Plus tard, cependant, Jouffroy eut le courage de s'arracher à ce désolant scepticisme ; et après bien des réflexions et des hésitations, il parvint à rétablir un petit nombre de vérités philosophiques, sans réussir jamais à retrouver la foi. Le *Cours de droit naturel* appartient à cette troisième période de la pensée de l'auteur. Cet ouvrage renferme sans contredit des pages d'une forte et vigoureuse conception, où le penseur égale l'écrivain s'il ne le dépasse, mais tout n'est pas digne d'éloge, bien loin de là. Il fait reposer la certitude sur une croyance aveugle à la véracité des facultés de l'âme; sa morale, qui a les plus grandes affinités avec celle des stoïciens, fait consister la dernière règle de la moralité de l'homme à agir conformément à sa fin, et proscrit comme illicite tout motif intéressé. (Leçons 29, 30, 31.) Or, Jouffroy n'assigne pas très exactement la fin de l'homme, soit qu'il la mette dans le développement de toutes ses facultés, de toutes ses inclinations indifféremment, soit qu'il exige de lui qu'il considère sa fin comme une partie de la fin totale du monde et agisse dans cette vue. Non, la fin de l'homme ne consiste pas à cultiver indistinctement toutes ses facultés et tous ses penchants; elle consiste à cultiver de préférence la faculté maîtresse et caractéristique de sa nature et à lui subordonner les facultés inférieures. — Au surplus, la bonté ou la malice convient intrinsèquement à plusieurs actions, tandis que la considération de la fin leur est toujours extrinsèque. Plusieurs aussi nous apparaissent évidemment comme bonnes ou mauvaises, à la seule inspection de leur nature, abstraction faite de toute considération de finalité et de résultat.

L'auteur ne s'est pas moins trompé sur la vraie nature de l'homme, quand il a placé le *moi* dans l'âme seule et admis en nous deux âmes distinctes, l'une sensitive et l'autre intellectuelle.

Le *positivisme*, nous l'avons insinué déjà, entraîne logiquement le scepticisme, en bannissant de la connaissance tout élément absolu et immuable. Plusieurs de ses tenants ont été plus loin encore, et n'ont pas craint, comme le remarque M. Ravaisson, de professer ouvertement toutes les conséquences de leur système. « Dans l'opinion de M. *Stuart Mill*, qui, du reste, n'est que la conséquence hardiment déduite des principes du positivisme, l'expérience ne nous montrant que des faits les uns après les autres, et rien n'étant connu que par la seule expérience, il n'y a aucune raison, par conséquent aucune nécessité de quelque genre que ce soit, ni absolue ni relative, ni logique ni morale. Il aurait pu se faire que les sciences fussent les unes avec les autres dans des rapports tout autres que ceux qu'Auguste Comte a exposés; il aurait pu se faire qu'elles n'eussent les unes avec les autres aucun rapport. Il se peut que dans d'autres planètes ou dans des parties de la nôtre encore inconnues, il y ait une autre logique. Et dans les régions mêmes que nous connaissons de notre planète, ce que seront demain la physique, la géométrie, la logique, qui peut le dire? Et qui sait enfin si demain, si tout à l'heure il y aura une science quelle qu'elle soit, s'il y aura deux choses semblables, s'il y aura quelque chose? » (*Op. cit.*, p. 65.)

Renan, par d'autres voies, aboutit aux mêmes conclusions. Il a dit et répété qu'il n'y a point de science absolue, que toutes nos idées sont relatives, que le vrai et le faux ne diffèrent guère que par des nuances, et qu'il faudrait substituer à la philosophie une pure *critique* qui examinerait et comparerait sans prononcer. Dans son *Discours de réception à l'Académie française*, il a professé en termes à peu près explicites le principe de l'identité des contraires, ou du moins l'égale vérité et l'égale bonté des contraires, et l'influence bienfaisante qu'ils exercent sur l'esprit et sur le progrès de la civilisation. — La conclusion de ses *Dialogues philosophiques* est qu'il n'y a que des rêves.

Sans aller tout à fait aussi loin, M. *Ch. Renouvier* se déclare partisan du *criticisme*. Avec Kant et les positivistes, il estime que notre connaissance, purement relative, ne dépasse pas les phénomènes, et que la métaphysique, entendue au sens vulgaire, comme s'occupant de l'ordre objectif des substances ou des essences, n'est qu'une vaine « idéologie ». Mais il croit à l'élément *formel* de la connaissance, aux catégories *subjectives* du philosophe de Kœnigsberg, et dans le sujet lui-même, il trouve un certain objet, en tant que le sujet se replie sur lui-même et s'oppose lui-même à lui-même.

La doctrine de l'auteur est exposée dans plusieurs ouvrages : *Essais de critique générale*, *Logique générale*, *Psychologie rationnelle*, *Science morale*.

IV. — École panthéiste athée

Panthéisme allemand; son point de départ; *Fichte* : les deux formes de sa philosophie; égoïsme transcendantal et mysticisme; *Schelling*; l'Absolu et ses évolutions; Dieu, l'histoire, le monde et l'âme; *Hegel* : son influence sur la philosophie contemporaine; l'idée; sa nature et ses évolutions; identité de l'idéal et du réel; négation directe du principe de contradiction; l'individu absorbé par l'État; gauche hégélienne; le panthéisme en France; Vacherot et Renan; l'idéal et le réel; Dieu idée du monde et monde réalité de Dieu; nouvelle forme de la doctrine de Vacherot; critique.

Depuis Spinoza, le panthéisme n'avait guère compté de représentants déclarés et systématiques. Mais au dix-neuvième siècle, Fichte, Schelling et Hégel en Allemagne, Vacherot et Renan en France, le remettent en lumière et lui donnent une forme achevée, tout en ajoutant des absurdités nouvelles à celles qu'il contient par nature. Chez les philosophes allemands, le panthéisme part de la théorie de la connaissance et du besoin d'expliquer le passage du subjectif à l'objectif, ce qui paraissait impossible après les objections de Kant contre la raison humaine. Pour lever la difficulté, ces auteurs ne trouvent rien de mieux que de supprimer l'un des deux termes et de donner un seul et même principe à l'ordre idéal et à l'ordre réel. *Fichte* (1762-1814), le premier, aborde ce difficile problème. Mais il faut distinguer deux phases dans la pensée du philosophe allemand : l'une généralement connue sous le nom d'*idéalisme subjectif* ou d'*égoïsme transcendantal*, l'autre qu'on pourrait appeler *panthéisme moral* ou *mysticisme semi-idéaliste*.

Dans ses premiers ouvrages, surtout dans la *Théorie de la science*, Fichte part de cette idée que la science est impossible, si l'on n'admet un principe unique dans l'ordre de la réalité comme dans l'ordre de la connaissance. Ce principe, c'est le *moi*. Le moi doit tout produire et tout expliquer. Mais il y a dans le moi trois moments, trois aspects à remarquer : le *moi pur*, le *non-moi*, et la synthèse ou l'accord du *moi* et du *non-moi*. Au premier moment, le moi se pose, se produit comme moi pur; il est seul sans conscience de lui-même, indépendant, fini dans son être actuel, mais infini dans sa tendance et dans sa virtualité. En vertu de la spontanéité qui lui est naturelle, le moi agit et se développe en tout sens ; cependant il ne lui est pas moins naturel de se replier sur lui-même, de prendre conscience de lui-même. Dans cette réflexion, il trouve que son activité est bornée par quelque chose, qu'elle n'a pas encore su réaliser l'idéal, l'infini, objet de ses aspirations : ce Dieu-idéal qui le limite et qui semble fuir devant lui, c'est le non-moi, ou moi absolu, dont il n'est, lui, moi individuel et personnel, qu'une participation, une image imparfaite. Mais le non-moi ne se distingue pas réellement du moi ; il n'est que l'idéal conçu par le moi, ou plutôt la partie de l'idéal que le moi n'a pas encore réalisée.

Placer Dieu dans la catégorie de l'idéal, ou nier l'existence de Dieu, en réalité c'est tout un, l'athéisme ne veut rien de plus. Vainement Fichte ajoutait que l'idéal est plus que le réel, que ce qui doit être vaut mieux que ce qui est ; impossible de se méprendre sur la portée d'une telle déclaration : l'auteur de la *Théorie de la science* fut banni comme athée.

A la seconde phase de la pensée de Fichte appartiennent plusieurs ouvrages : *Destination de l'homme; Instruction pour la vie bienheureuse; Leçons sur la politique; Rapport au public sur le vrai caractère de la philosophie nouvelle; Précis de la théorie de la science.*

S'il a gardé encore un penchant avoué pour l'idéalisme, l'auteur assied toutefois sa philosophie sur des bases nouvelles. Dieu, qui appartenait seulement à la catégorie de l'idéal, est maintenant la réalité suprême, l'universelle et unique substance ; et la science qui était tout, convaincue désormais d'une impuissance radicale, fait place à la *foi*, chargée de rétablir l'édifice de l'être et de la connaissance[1].

---

1. « La croyance, la foi, voilà le seul organe au moyen duquel on est mis en possession de la réalité... La croyance est le joug universel, irrésistible, que porte sans le voir celui à qui le don de la vue a été refusé, que porte, en le voyant, celui dont les yeux

Kant avait raison : la conscience nous prescrit absolument le devoir, la morale s'impose et avec elle tout ce qui en découle : la liberté, la personnalité de l'homme, la pluralité des individus humains, libres et indépendants, l'existence de Dieu, la vie future. Quoique privé de personnalité (personnalité implique limite), Dieu est l'*ens realissimum*, parce qu'il est intelligence souveraine, volonté pure, source de la morale, racine de toute existence, âme de tout ce qui vit. Issu de Dieu, le moi humain doit vivre de Dieu et en Dieu : sa tâche est de se dépouiller de son individualité propre par l'abnégation, d'acquérir la conscience explicite de l'infini et autant qu'il se peut de s'identifier avec lui. Mais ici-bas, dans une vie si bornée et si éphémère, l'homme ne saurait réaliser tout l'idéal, et voilà pourquoi l'immortalité l'attend dans une autre vie où il poursuivra plus heureusement son union avec l'absolu. Quant au monde sensible, il n'a guère qu'une existence relative et phénoménale : envisagé au point de vue intellectuel, il est la représentation des idées du moi; considéré au point de vue moral, il est pour le moi une sphère d'activité et de mérite. C'est une partie de la vertu de s'abstraire de ce royaume des ombres si voisin du néant, d'immoler le sensible à l'intelligible.

Schelling (1775-1854) commença par adopter, au moins dans ses lignes principales, la philosophie du moi; et c'est à ce moment de ses premières pensées que se rapportent les ouvrages suivants : *De la possibilité d'une forme de la philosophie en général; Du moi comme principe de la philosophie; Lettres philosophiques sur le dogmatisme et le criticisme*. Mais insensiblement, au moi relatif et fini de Fichte, il substitua un moi absolu et infini, réunissant en lui-même tous les contraires : *Idées d'une philosophie de la nature; Système de l'idéalisme transcendantal*.

Enfin de nouveaux ouvrages annoncèrent un nouveau

---

sont ouverts, mais joug dont ni l'un ni l'autre ne saurait s'affranchir : nous naissons tous dans la croyance. » (*De la dest. de l'homme*, p. 227, 232.)

système plus personnel et plus mystique, mais auquel l'auteur ne mit jamais la dernière main : *Exposé de mon système de philosophie; Philosophie et religion; Recherches philosophiques sur la liberté humaine; Bruno, ou du principe naturel et du principe divin des choses.* Schelling pense qu'on pourrait donner à son nouveau système le nom d'*idéalisme objectif.* Au commencement, il met l'*Absolu*, principe supérieur et antérieur au moi « et qui n'est ni l'un ni l'autre, bien qu'il soit la cause de l'un et de l'autre : principe neutre, indifférence ou identité des contraires ». (*Œuvres*, t. X, p. 92.) Comme tel, l'absolu comprend en soi l'identité de l'objet et du sujet, du moi et du non-moi, de l'ordre réel et de l'ordre idéal, de l'un et du multiple, de la matière et de la forme. — Mais l'absolu de Schelling, comme le moi de Fichte, évolue et se développe, tant dans l'ordre réel que dans l'ordre idéal. Dans l'ordre réel il produit d'abord la nature, ensuite l'animal, et enfin l'homme : « il sommeille dans la plante, rêve dans l'animal, et se réveille dans l'homme. » Dans l'ordre idéal il produit successivement l'histoire, la vertu et la science, la bonté, la religion et le beau, objet de l'art. — Arrivé à ce terme, l'absolu s'élevant au-dessus de l'ordre réel et de l'ordre idéal, se saisit lui-même comme l'identité suprême, et enfante ainsi la *philosophie*, qui marque le terme de ses évolutions.

Mais il convient d'expliquer davantage quelle place est accordée par Schelling à Dieu, à l'histoire, au monde et à l'âme humaine.

« Je pose Dieu, dit l'auteur, dans une réponse à Fichte, comme l'*Alpha* et l'*Omega*, comme le principe et la fin; comme principe, il n'est pas encore, il n'est pas ce qu'il est comme fin... A l'état de principe, il est *Deus implicitus;* à l'état de fin, *Deus explicitus*... L'essence de l'identité absolue de l'infini et du fini est Dieu implicitement; c'est le même être déjà qui par son évolution devient Dieu personnel. » — « L'histoire est une épopée conçue dans l'esprit de Dieu et qui se compose de deux parties : la première représente le départ de l'humanité de son centre jusqu'au moment de son plus grand éloignement de Dieu; la seconde est le récit de son retour... Il a fallu que les esprits ou les idées déchussent de leur centre, pour se particulariser dans la nature, la sphère générale de la défection, afin qu'après cela, ils pussent, comme êtres individuels, retourner à l'indifférence... et y exister ainsi réconciliés avec elle sans la troubler. » (Dans Willm, *Hist. de la philos. allem.*, t. III, p. 316.)

Pour entendre cette philosophie de l'histoire, il faut savoir que Schelling n'accorde au monde sensible qu'une réalité phénoménale. Il le représente comme une simple défection, une chute de l'Absolu ; il n'y a de réel que le monde des esprits ou des idées, monde intelligible, vivante image de la raison impersonnelle, de l'esprit universel qui se développe et prend conscience de lui-même dans la raison humaine. Envisagée dans sa partie inférieure, notre âme est comprise dans le monde sensible, elle fait partie de la défection de l'Absolu ; elle est sujette à la mort ; mais elle peut et elle doit se dépouiller de son individualité périssable, se reconnaître identique à l'Absolu par sa partie supérieure et divine, s'élever jusqu'à lui, et s'absorber en lui. Commencée ici-bas, cette identification bienheureuse s'achèvera dans l'autre vie. Ainsi Schelling finit comme Fichte, par l'idéalisme transcendantal et mystique.

Hégel (1770-1831) est, avec Kant, le philosophe qui a exercé le plus d'influence sur la philosophie contemporaine, particulièrement en France. Il passe aux yeux de plusieurs pour un très grand philosophe, le plus grand depuis Kant, si même il n'est plus grand que lui. Sans contester aucunement son talent, non plus que celui de Fichte et de Schelling, et en admettant même que, sur certains points, sur l'esthétique par exemple, il a des vues grandes et neuves, on pourra trouver, à l'exposé de sa doctrine, qu'il a su reculer les limites de l'absurde et que le P. Gratry ne lui a pas fait injure en l'appelant « le bateleur de la pensée ».

La forme mystique donnée à la philosophie par Fichte et Schelling déplaît à Hégel. Les procédés géométriques lui semblent convenir davantage aux exigences de la science, il se complaît dans la dialectique. Entre le moi de Fichte et l'Absolu de Schelling, il découvre un intermédiaire, un principe plus indéterminé et plus flexible, et qui semble précisément placé au point de jonction du subjectif et de l'objectif. Ce merveilleux principe n'est autre que l'*idée*, l'idée d'être en général, dans laquelle viennent se résoudre toutes les autres notions. L'idée porte en soi la nécessité de son existence; d'où ce principe fondamental : *Tout ce qui est rationnel est réel;* d'autre part, la réalité ne peut exister que si elle a en soi sa raison d'être; d'où cet autre principe : *Tout ce qui est réel est rationnel.* Voilà, prouvée en peu de mots, l'identité de l'ordre idéal et de l'ordre réel.

L'être, tel qu'il se montre à nous dans la nature, se manifeste sous des formes à la fois corrélatives et opposées; par exemple le fini et l'infini, l'immatériel et le matériel, l'un et le multiple, se supposent et s'excluent en même temps. Il s'ensuit qu'en soi l'être n'est ni substance ni accident, ni un ni multiple; il est l'être absolu, indéterminé. — Un être si pauvre en réalité et si dépourvu de tout caractère assignable ressemble fort au néant. Néanmoins, il n'est pas le néant absolu; il est en puissance de devenir toutes choses et de produire toutes choses : son nom est le *devenir*, τὸ *fieri*. Rien d'absolu au monde, excepté lui. En effet, l'idée par la loi du progrès, et en vertu d'une force secrète, est portée à se mouvoir et à se développer, à passer de l'état indéterminé à des formes déterminées et multiples. Or l'idée se développe en trois moments : premièrement dans l'ordre *idéal*, elle produit les principes abstraits; deuxièmement, dans l'ordre de la *nature*, elle produit tous les êtres du monde; troisièmement, dans l'ordre de l'*esprit* elle produit l'anthropologie avec ses diverses dépendances.

A la vérité, ces différentes évolutions se manifestent sous des caractères contradictoires; mais cela ne les empêche nullement d'être identiques et de se trouver dans un seul et même sujet. D'abord, c'est vainement que l'identité des contraires a été combattue par l'ancienne logique : cette identité n'a rien qui choque la raison, et même on peut l'établir positivement soit par la raison, soit par l'expérience. — Preuve de raison : elle se tire du principe connu : Deux choses égales à une troisième sont égales entre elles : « En premier lieu, quelque chose et autre chose sont l'un et l'autre existants ; donc ils sont tous les deux *quelque chose*. En second lieu, chacun des deux est en même temps *autre chose*. Peu importe celui des deux que, sans autre raison, on appellera le premier quelque chose. Notez qu'en latin, quand ils se présentent l'un et l'autre dans une proposition, tous les deux s'appellent *aliud*. On dit : *alius, alium, alter, alterum*. Si nous appelons A un certain être et B un autre être, B, d'abord, est par là déterminé comme *autre*; mais A est en même temps tout aussi bien l'*autre* de B. Tous les deux sont donc au même titre *autre chose*. Donc, tous les deux, soit en tant que quelque chose, soit en tant qu'autre chose, sont toujours même chose. » (*Grande Logique*, 2ᵉ édit., p. 116-117.)

« Telle est, dit Willm, la subtile déduction du principe fondamental de Hégel : elle repose principalement sur cette assertion sophistique que quelque chose de déterminé, en devenant un autre, ne fait que revenir à soi, parce qu'il est lui-même un autre quant à l'autre, et par conséquent identique avec lui. » (*Hist. de la philos. allem.*, t. IV, p. 160.)

Preuve d'expérience : Tout être est mouvement, tout mouvement est le passage de la puissance à l'acte, ou de tel acte à tel acte, c'est-à-dire d'un contraire à un autre contraire, par une action qui domine les deux. — Voilà, selon Hégel, la vraie, la seule condition du progrès; un être n'est plus astreint à n'être que ceci ou cela, il n'est plus enchaîné par aucune nécessité; grâce à une liberté sans limites, il peut devenir, il devient réellement toutes choses, le jour et la nuit, la vie et la mort, le bien et le mal, l'être et le néant. — Au reste, cette évolution de l'être et de la pensée s'accomplit en trois temps et suivant un rythme parfait : d'abord c'est la *thèse*, par exemple la lumière pure ; mais aussitôt à la thèse s'oppose l'*antithèse*, à la lumière pure s'oppose la pure obscurité ; ensuite la thèse et l'antithèse viennent se concilier dans la *synthèse*, la lumière pure et la pure obscurité dans la couleur, la seule qui soit réelle et visible. En fait, la thèse et l'antithèse ne sont que des abstractions; la synthèse seule existe, contenant dans son large sein la vérité et la vie, le réel et le rationnel, l'être et le néant; et la synthèse, c'est le perpétuel *devenir*.

On nous dispensera de suivre le philosophe allemand à travers les évolutions sans fin du *devenir*, qui, commençant par l'être pur, seul dans le muet abîme de l'espace, avec le temps se transforme en mouvement, en matière inorganique, puis en matière organique, ensuite en matière sensible, pour arriver enfin, au prix d'efforts prolongés, à produire l'homme, en qui l'*idée* prend conscience d'elle-même et acquiert la raison de son essence absolue. Mais nous ne pouvons taire que le grand défenseur de l'Idée absorbe l'individu dans l'État, l'État faible dans l'État fort, tous les États eux-mêmes dans le déterminisme et le mouvement de l'univers, et qu'il prend toujours parti pour la victoire, quelle qu'elle soit. Il soutient que l'État est « la substance de l'individu », que si un individu est sacré pour un autre individu, il ne l'est nullement pour l'État, que le représentant de l'État, c'est le monarque, en possession de tout droit et armé de la force au profit de l'idée, que la nation victorieuse est toujours meilleure que la nation vaincue, parce que ce qui est réel est toujours rationnel.

Les œuvres complètes de Hégel comprennent 27 vol. in-8°. Voici les plus importants : *Phénoménologie de l'esprit; Logique; Encyclopédie des sciences philosophiques; Du rapport de la philosophie de la nature avec la philosophie en général; Philosophie de l'histoire; Philosophie de la religion; Esthétique; Histoire de la philosophie; Principes de la philosophie du droit.*

La doctrine que nous venons d'exposer pourrait s'intituler : *Ægri somnia;* le sens commun, la conscience, la raison, la logique, la morale, elle renverse tout; et par suite tout la repousse. J'ai conscience de mon individualité et de ma personnalité, j'ai conscience aussi de connaître bien des personnes au monde avec lesquelles j'entretiens des rapports de différente sorte. Le panthéisme a donc tort de n'admettre qu'une seule substance et de regarder tous les êtres du monde comme de simples modifications de cette substance unique et impersonnelle. Il a tort aussi, est-il besoin de le dire? de confondre dans un même être les propriétés les plus contradictoires, l'idéal avec le réel, le sujet avec l'objet, l'un avec le multiple, le nécessaire avec le contingent, le bien avec le mal, le néant avec l'être; de supprimer la liberté au profit d'un déterminisme universel, et d'absorber la personnalité humaine dans je ne sais quelle substance nécessaire et impersonnelle qui, à aucun titre, ne mérite le nom de Dieu. Car le Dieu de Fichte, de Schelling et de Hégel est à la fois étendu et simple, contingent et nécessaire, bon et mauvais, pierre, plante, animal et homme : ou plutôt il n'est pas, il *devient*, il se *fait* lui-même tous les jours.

Voilà pourquoi les hégéliens intransigeants n'ont pas cru qu'il fût logique de conserver le nom d'un Dieu, dont on avait supprimé la réalité : Feuerbach, Bauer, Michelet (de Berlin), Max Stirner, Moleschott, Buchner et Vogt ont nié Dieu ouvertement et avancé que l'absolu n'est pas, que le théisme, quelque forme qu'il revête, est l'ennemi de la science, et que le mot de « transcendant » doit être banni de la philosophie.

Les idées hégéliennes n'ont pas tardé à faire invasion en France, et à trouver de passionnés admirateurs. L'auteur de l'*Histoire critique de l'école d'Alexandrie*, M. Vacherot, tient la théorie de Hégel pour « la vraie solution du problème de la vérité ». (T. II, p. 480 et 514.) Il veut qu'on unisse les principes suivants : « Le monde a un commencement quant au temps, et il est limité quant à l'espace. » « Le monde est infini quant au temps et à l'espace. » (T. III, p. 503.) « Il n'y a pas ici deux thèses contradictoires en présence, comme l'a pensé Kant, mais seulement deux vérités incontestables, chacune dans sa sphère. » (*Ibid.*, p. 508.) « Non seulement la substance *universelle* n'est pas sans les individus, mais elle n'a d'être et de réalité que *dans* et *par* les individus. Il n'existe qu'une substance, simple, immuable, infinie, universelle, dont les substances dites individuelles et contingentes ne sont que des déterminations. » (*Ibid.*, p. 479.)

Renan ne pense pas autrement dans son ouvrage sur l'*Avenir des sciences naturelles.*»

Cependant, gardez-vous bien de dire à ces auteurs qu'ils sont panthéistes, matérialistes ou athées. Ils vous répondront que ces mots « odieux sont une calomnie, qu'ils la repoussent avec indignation ». « Sous une forme ou sous une autre, dit Renan, Dieu sera toujours le résumé de nos besoins supra-sensibles, la catégorie de l'idéal, c'est-à-dire la forme sous laquelle nous concevons l'idéal... L'homme placé devant les choses belles, bonnes ou vraies, sort de lui-même, et suspendu par un charme céleste, anéantit sa chétive personnalité, s'exalte, s'absorbe. Qu'est-ce que cela, si ce n'est adorer? » (*Études d'hist. relig.*, p. 419.)

Selon M. Vacherot et Renan, on supprime toutes les difficultés de la philosophie au moyen d'une simple distinction : il faut poser qu'il y a deux choses, l'idéal et le réel : l'idéal est parfait, mais il n'existe pas ; le réel existe, mais il est imparfait. Le réel est imparfait, parce qu'il est déterminé, et que tout ce qui est déterminé est limité par le fait même. L'idéal, au contraire, est parfait, puisqu'il n'a point de détermination ; mais l'indéterminé, en réalité, n'existe pas, tout ce qui existe étant nécessairement déterminé par quelque attribut. Donc, bien qu'infiniment parfait, ou plutôt à cause de cela même, Dieu n'existe pas ; il est le genre suprême de l'être, il devient en se déterminant chaque jour dans les différents individus. En un mot : Dieu est l'*idée* du monde, et le monde est la *réalité* de Dieu. « Ce qui est vrai, d'une vérité incontestable, dit M. Vacherot, c'est que le parfait, l'idéal, l'intelligible, pour parler le langage de Platon et de Plotin, n'existe que dans l'esprit, comme *concept* de la pensée. Toute réalité est un mélange de bien et de mal. » (*Op. cit.*, t. III, p. 338.)

Dans un récent ouvrage, *Le nouveau spiritualisme*, qu'il donne comme son testament philosophique, M. Vacherot a modifié sur quelques points sa pensée première. Il admet aujourd'hui que Dieu est la cause du monde, cause efficiente et finale, mais cause immanente et nécessaire. Il est Providence aussi, mais une providence qui s'en tient aux lois générales, qui veille sur le salut des mondes, des genres et des espèces, et à laquelle il ne faut point adresser de prières. L'auteur ne croit pas non plus que la cause du monde possède toute la perfection de l'idéal, ni qu'elle soit réellement infinie, car l'idéal et la souveraine perfection lui paraissent toujours incompatibles avec la réalité[1].

C'est la raison renversée. Mais que Bossuet confond admirablement ces prétendus sages! « Pourquoi Dieu ne serait-il pas? Est-ce à cause qu'il est parfait? et la perfection est-elle un obstacle à l'être? Erreur insensée : au contraire, la perfection est la raison d'être. Pourquoi l'imparfait serait-il, et le parfait ne serait-il pas? c'est-à-dire : Pourquoi ce qui tient plus du néant serait-il, et ce qui n'en tient rien du tout ne serait-il pas? Qu'appelle-t-on parfait? Un être à qui rien ne manque. Qu'appelle-t-on imparfait? Un être à qui quelque chose manque. Pourquoi l'être à qui rien ne manque ne serait-il pas, plutôt que l'être à qui quelque chose manque? D'où vient que quelque chose est, et qu'il ne se peut pas faire que le rien soit, si ce n'est parce que l'être vaut mieux que le rien, et que le rien ne peut prévaloir sur l'être, ni empêcher l'être d'être? Mais par la même raison, l'imparfait ne peut valoir mieux que le par-

---

1. « Deux principes s'imposent à la pensée moderne comme à la pensée antique : l'existence du monde veut une cause; l'ordre du monde veut une cause finale... Dieu est la puissance infinie éternellement créatrice, dont l'œuvre n'a ni commencement ni fin... La création divine n'est ni la création de l'artiste qui travaille sur une matière donnée... ni la création *e nihilo*, cette abstraction inintelligible... Être, agir, créer, c'est un pour la cause première... Reste le problème de l'immanence et de la transcendance de la cause suprême. L'immanence est pour moi une nécessité de la raison, qui ne peut arriver à comprendre l'existence de cette cause au delà du temps et de l'espace... L'idéal est un principe de l'entendement, rien de plus... Il ne faut pas non plus la disperser (la divinité) dans la vague et flottante image de l'infini... Qui dit perfection dit idéal; qui dit idéal dit une pensée pure, c'est-à-dire un type supérieur à toutes les conditions de la réalité. » (*Op. cit.*, 2ᵉ part., c. VI, VII.)

fait, ni être plutôt que lui, ni l'empêcher d'être. » (*Élév. sur les myst.*, 1er sem., 1re élév.)

Mais on nous dit que tout être réel est déterminé, et que tout être déterminé est nécessairement limité. Nions hardiment la conséquence, en dissipant l'équivoque. Oui, dans la créature, tout être déterminé est aussi limité, parce que sa détermination le place dans une catégorie plutôt que dans une autre, et qu'en lui donnant les propriétés de son espèce, elle le prive des propriétés des autres espèces. Mais, à parler absolument, cela n'est pas nécessaire. La détermination n'implique par elle-même que deux caractères : exister réellement et être distingué des autres, être soi et non un autre. Or, qui ne le voit? aucun de ces caractères n'emporte avec lui l'idée de limite. Je puis concevoir un être réel et distinct de tous les autres, sans le concevoir dans une des catégories où nous plaçons les êtres créés. Je puis concevoir un être qui ne soit dans aucune espèce et dans aucun genre, parce que je le conçois au-dessus de toutes les espèces et de tous les genres, qui ne soit *formellement* aucun des autres êtres et qui contienne *éminemment* les perfections de tous; en un mot, qui soit distinct des autres sans être limité par les autres. Cet être existe : je l'appelle Dieu. Son nom est *l'être*, non pas l'être en général et indéterminé, mais, au contraire, l'être le plus réel, parce qu'il est l'être *subsistant*. Dans un mot saint Thomas comprend tout, explique tout, répond à tout : « Aliquid dicitur determinatum dupliciter : primo modo, ratione limitationis; alio modo, ratione distinctionis. Essentia autem divina non est determinata primo modo, sed secundo modo. » (*Quodlib.* » VII, a. 1, ad 1.)

V. — École pessimiste

Schopenhauer; impuissance de la raison; la volonté, fondement de la métaphysique; souffrances de la volonté individuelle; le nirvana; pessimisme de Hartmann encore plus excessif.

Il n'est pas rare de trouver dans le monde des esprits chagrins qui trouvent que tout va mal, et que le bien ne se fait remarquer que par son absence. De nos jours, deux philosophes surtout, Schopenhauer et Hartman, ont recueilli ces plaintes et les ont présentées sous la forme d'un système absolu, dont ils ont tiré les conclusions les plus excessives.

Schopenhauer (1788-1860), esprit paradoxal, utopiste et rêveur, s'il en fut, mais très à la mode en Allemagne, s'inspire à la fois de Kant, d'Averrhoès et de Bouddha, comme en témoigne son livre *De la quadruple racine du principe de la raison suffisante.*

Avec le philosophe de Kœnigsberg, il professe que l'intelligence ne peut aboutir qu'à un monde *phénoménique*, résidant tout entier dans nos sensations et dans nos idées. Mais, si la raison est impuissante à fonder la métaphysique, la volonté peut réussir à cette tâche difficile. Rien de si intime, de si universel que la volonté : notre âme est effort et action, et l'effort, l'action, c'est la volonté. De même, tout veut dans la nature, car tout fait effort, désire vivre, agit et vit. Seulement il importe de distinguer entre la volonté *impersonnelle*, universelle et absolue, seule capable de produire les principes nécessaires dont se compose la métaphysique, et la volonté *individuelle* qui n'est, avec le monde, qu'une détermination de la volonté impersonnelle.

La *morale* de Schopenhauer découle de sa métaphysique. La volonté individuelle engendre l'égoïsme, le désir de vivre, le mal; car la vie est mauvaise. Vouloir, « c'est désirer et faire effort; c'est donc essentiellement souffrir, et comme vivre c'est vouloir, toute vie est par essence douleur. Plus l'être est élevé, plus il souffre... La vie de l'homme n'est qu'une lutte pour l'existence avec la certitude d'être vaincu... Voici le résumé de cette histoire naturelle de la douleur : vouloir sans motif, toujours souffrir, toujours lutter, puis mourir, et ainsi de suite dans les siècles des siècles, jusqu'à ce que notre planète s'écaille en pièces et en morceaux ».

Que faire, dans un état si digne de pitié? S'élever au-dessus de l'égoïsme, comprendre que le moi n'est rien, que la diversité des êtres a sa racine dans un être unique, la volonté universelle; ne plus distinguer entre soi et les autres, confondre le moi dans le non-moi; à l'égard du corps, le nier, en empêcher la reproduction par l'ascétisme et la chasteté absolue; à l'égard de l'âme, renoncer à la vie de la volonté, de la personnalité individuelle, entrer dans la volonté universelle, s'absorber dans le *nirvana* de l'inconscience. « Alors se réalise l'*euthanasie* de la volonté (sa béatitude dans la mort), cet état de parfaite indifférence, où sujet pensant et objet pensé disparaissent, où il n'y a plus ni volonté, ni représentation, ni monde. »

Hartman (*Philosophie de l'inconscient*) va encore plus loin que Schopenhauer, son maître. Il ramène à six classes les faux biens de la vie : 1° les biens qui ne sont que l'absence de certains maux, par exemple la santé, la jeunesse; 2° les biens qui ne sont que les moyens de poursuivre d'autres buts, et qui, par conséquent, ne sont pas des biens par eux-mêmes, comme la fortune, les honneurs; 3° ceux qui causent plus de souffrance que de plaisir, la faim, l'amour, etc.; 4° ceux qui reposent sur des illusions d'imagination, la piété et autres semblables; 5° ceux qui sont de vrais maux, et qui ne sont acceptés que pour en éviter de plus grands; de ce nombre est le mariage; 6° enfin, ceux qui donnent plus de plaisir que de peines, mais qui sont le partage d'un petit nombre; ainsi la science et les arts. La vie présente, de quelque côté qu'on la regarde, est donc, en effet, l'abomination de la désolation. (Cf. Caro, *le Pessimisme au dix-neuvième siècle*.)

VI. — École éclectique et Victor Cousin

Inspirateurs et phases diverses de la pensée de Cousin; notion de l'éclectisme; critique; impulsion donnée à l'histoire de la philosophie : divers auteurs; leurs travaux; spiritualisme, rationalisme et semi-panthéisme de Cousin; faits accomplis; philosophie littéraire; son déclin.

« Les trois éléments de la sensation, de la volonté, de la raison, étudiés, développés principalement par ces trois psychologues, Condillac, Maine de Biran et Ampère [1], Royer-Collard [2] les combinait dans une théorie de la connaissance inspirée surtout de celle des Écossais, et qui avait pour objet principal de rétablir, contre le scepticisme auquel conduisait l'empirisme exclusif, les croyances que semble garantir le sens commun de l'humanité. Il fit de cette théorie le sujet d'un enseignement public de peu de durée, mais qui mit fin à la domination depuis longtemps exclusive de l'idéologie issue des premières théories de Condillac. De cet enseignement sortit la doctrine qui, depuis, a régné presque seule dans toutes les écoles de notre pays. Cette doctrine fut celle que proclama l'éminent successeur de Royer-Collard dans la chaire de l'histoire de la philosophie, et qui reçut de lui le nom d'éclectisme. » (Ravaisson, *La Philososophie en France au dix-neuvième siècle*, p. 17.)

On peut distinguer comme trois périodes dans la vie philosophique de Cousin (1792-1867). La première, celle de ses débuts, est principalement écossaise; la deuxième est allemande et semi-panthéiste, à la suite des voyages qu'il fit en Allemagne et des rapports qu'il eut avec Schelling et Hégel, alors triomphants, et la troisième mi-cartésienne et mi-écossaise, plus éloignée du panthéisme, mais gardant encore pour lui de secrètes attaches.

La doctrine à laquelle le successeur de Royer-Collard voulait avant tout attacher son nom, c'est l'*éclectisme*. Quatre systèmes, à son avis, ni plus ni moins, se partagent les écoles philosophiques tant anciennes que modernes : le sensualisme, l'idéalisme, le scepticisme et le mysticisme. Ces quatre systèmes, jusqu'ici, se sont fait la guerre, mais bien vainement, car tous ils sont fils de l'esprit humain : « Ils

---

1. Ampère (1775-1836) est surtout connu comme physicien, mathématicien et botaniste. Cependant, son *Essai sur la philosophie des sciences* contient un certain nombre d'aperçus philosophiques, favorables à la doctrine spiritualiste, mais non pas un système complet et nettement défini.

2. Royer-Collard (1763-1845) a composé des *Fragments philosophiques*.

ont été, donc ils ont eu leur raison d'être, donc ils sont vrais, au moins en partie. » Car il n'y a pas de système complètement faux, l'erreur absolue est impossible : l'erreur n'est pas autre chose qu'une vérité incomplète : « Quels sont les mérites de ces quatre systèmes, et quelle est leur utilité? Leur utilité est immense, et je ne voudrais pour rien au monde, quand je le pourrais, en retrancher un seul; car ils sont tous également utiles. Supposez qu'un de ces systèmes périsse, selon moi, la philosophie est en péril. » (*Hist. gén. de la phil.*, 1re leç.)

Cependant, si ces diverses opinions se repoussent, comment faire pour les unir? N'est-il pas absurde, à moins d'admettre la logique hégélienne, de recevoir en même temps des propositions contradictoires? Entendons-nous : prenez ces systèmes non pas en tant qu'ils s'excluent, mais en tant qu'ils se complètent, et même ayez, si cela vous plaît, des préférences pour ceux qui vous paraissent contenir une plus grande part de vérité. « L'art qui recherche et discerne le vrai dans les différents systèmes, qui, sans dissimuler ses justes préférences pour quelques-uns, au lieu de se complaire à condamner et à proscrire les autres, à cause de leurs inévitables erreurs, s'applique plutôt, en les expliquant et en les justifiant, à leur faire une place légitime dans la grande cité de la philosophie, cet art élevé et délicat s'appelle l'éclectisme. » (*Ibid.*)

Ces restrictions ôtent sans doute à l'éclectisme ce qu'il contient de choquant et d'absurde au premier abord, mais elles ne sauraient passer pour suffisantes; et l'on ne peut admettre aucunement que « tout ce qui a été a eu sa raison d'être », que l'erreur n'est qu'une vérité incomplète et que, si le scepticisme venait à disparaître, la philosophie tout entière serait en péril. — Amendé dans le sens que nous venons de dire, l'éclectisme est admissible, mais il cesse alors d'être nouveau dans l'histoire de la philosophie. Bien longtemps avant Cousin et en des termes moins équivoques, Clément d'Alexandrie avait dit : « Philosophiam autem non dico stoïcam, aut platonicam, aut epicuream, aut aristotelicam, sed quæcumque ab his sectis rectè dicta sunt, quæ docent justitiam cum piâ scientiâ, hoc totum *selectum* dico philosophiam. » (*Strom.*, I, IX.) De plus, s'il veut être éclairé et raisonnable, l'éclectisme ne doit pas se donner pour une méthode qui se suffise à elle-même et n'en suppose aucune autre ; au contraire, il exige un système qui éclaire et dirige sa marche. Cousin est obligé d'en convenir : « Pour recueillir et réunir les vérités éparses dans les différents systèmes, il faut d'abord les séparer des erreurs auxquelles elles sont mêlées ; or, pour cela, il faut savoir les discerner et les reconnaître ; mais pour reconnaître que telle opinion est vraie ou fausse, il faut savoir soi-même où est l'erreur et où est la vérité ; il faut donc être ou se croire déjà en possession de la vérité, et il faut avoir un système pour juger tous les systèmes. L'éclectisme suppose un système déjà formé. » (*Fragments*, préf. de la 1re édit., 41, 42).

« Au reste, selon la remarque très juste de M. Ravaisson, ce choix que Cousin s'était d'abord proposé de faire du plus vrai et du meilleur dans chaque philosophie, il ne le fit jamais, et à mesure qu'il avançait dans sa carrière il se réduisit de plus en plus à un système particulier, dont les idées des philosophes écossais et quelques-unes de celles de Maine de Biran et d'Ampère fournirent le premier fond, et qu'on peut définir un brillant développement du demi-spiritualisme qu'inaugura chez nous Royer-Collard. » (*Op. cit.*, p. 18, 19.) De ce côté, donc, il ne reste absolument rien qu'on puisse mettre à l'actif de ce célèbre universitaire.

Son principal mérite, à notre avis, c'est d'avoir donné, par son exemple comme par ses conseils, une vive impulsion à l'étude de l'histoire de la philosophie soit ancienne, soit moderne, histoire à peu près complètement délaissée depuis Descartes. « Outre la publication des œuvres de Proclus et quelques analyses de commentaires, également inédits, de son disciple Olympiodore sur divers dialogues de Platon, il donna encore, dit M. Ravaisson, une traduction complète de Platon ; des éditions de Descartes, d'Abélard, de plusieurs ouvrages de Maine de Biran, la traduction du *Manuel de l'histoire de la philosophie* de Tenneman, etc. De plus, ce fut à ses conseils et à ses encouragements qu'on dut un grand nombre de publications destinées à éclairer, sur beaucoup de points, l'histoire de la science et qui demeureront un des principaux titres d'honneur de la moderne époque philosophique ; par exemple, la traduction de Th. Reid, par Jouffroy; celles de l'*Histoire de la philosophie morale* de Mackintosh, et du *Manuel de philosophie* de Mathia, par Hector Poret; celle d'Aristote, par M. Barthélemy Saint-Hilaire qui, de plus, fit de la philosophie indienne et du bouddhisme le sujet de savants mémoires; les traductions de Bacon et de Plotin, par Bouillet; de Spinoza, par Émile Saisset; de Kant, par MM. Tissot et Jules Barni ; l'*Histoire du cartésianisme*, par M. Francisque Bouillier ; celles de l'école d'Alexandrie, par Jules Simon et par M. Vacherot; les études de M. Paul Janet sur la *Dialectique de Platon;* les ouvrages de M. Adolphe Frank sur la *Kabale juive* et sur l'*Histoire de la logique;* de M. Ch. Rémusat, sur saint Anselme, sur Abélard et sur Bacon; de MM. Hauréau et Rousselot, sur la *Philosophie du moyen âge;* de Montet et de Ch. Jourdain, sur la *Philosophie de saint Thomas d'Aquin;* de M. Nourrisson, sur la *Philosophie de Leibnitz* et sur celle de *Bossuet;* de M. Chauvet, sur les *Théories de l'entendement humain dans l'antiquité;* de M. Waddington, sur la *Psychologie d'Aristote;* de M. Ferraz, sur la *Psychologie de saint Augustin;* de M. Émile Charles, sur Roger Bacon, etc. N'oublions pas de nombreux et savants articles sur toutes les époques de la philosophie dans le *Dictionnaire des sciences philosophiques*, publié sous la direction de M. Adolphe Frank. » (*Op. cit.,* p. 17, 18[1].)

1. Tous les auteurs cités dans cette page ont acquis une assez grande notoriété. Les trois qui nous semblent le plus fidèlement exprimer la double tendance spiritualiste et rationaliste de l'école éclectique sont Saisset (1814-1863), J. Simon et P. Janet, auxquels il est juste d'ajouter Damiron. Le premier s'est fait remarquer comme professeur à l'École normale et au Collège de France; il a écrit les *Précurseurs et disciples de Descartes*, le *Scepticisme d'Énésidème* et l'*Esthétique en France*. — Tout le monde connait *le Devoir, la Religion naturelle* et *Victor Cousin*, par J. Simon. — P. Janet est un des écrivains universitaires les plus féconds; le meil-

Nous reconnaissons encore que V. Cousin a défendu le spiritualisme et placé en Dieu le dernier fondement du vrai, du beau et du bien, dans l'ouvrage qui porte ce titre et qui peut être tenu pour le meilleur traité sorti de sa plume. Mais l'impartiale critique a de nombreux reproches, et des plus graves, à adresser au fondateur de l'école éclectique : le premier est d'avoir confondu la philosophie avec la théologie, ou plutôt d'avoir substitué celle-là à celle-ci et popularisé, autant qu'il était en lui, le rationalisme en France. « La philosophie est la lumière de toutes les lumières, l'autorité des autorités. En effet, ceux qui veulent imposer à la philosophie et à la pensée une autorité supérieure ne songent pas que de deux choses l'une : ou la pensée ne comprend pas cette autorité, et alors cette autorité est pour elle comme si elle n'était pas, ou elle la comprend, s'en fait une idée et l'accepte à ce titre, et alors c'est elle-même qu'elle prend pour mesure, pour règle, pour autorité dernière. » (*Introd. à l'hist. de la phil.*, 1re leçon.) A la suite de leur chef, presque tous les éclectiques se sont enrôlés sous le drapeau du rationalisme.

Une autre faute de Cousin, c'est d'avoir à peu près confondu la philosophie avec l'histoire des systèmes philosophiques, erreur funeste admise aujourd'hui encore par plusieurs écrivains universitaires. — Ajoutez cette monstrueuse théorie empruntée de Hégel, qui proclame cette espèce de fatalisme en histoire, qui rend le succès toujours légitime et la victoire toujours morale. « J'ai absous la victoire comme nécessaire et utile ; j'entreprends maintenant de l'absoudre comme juste dans le sens le plus étroit du mot ; j'entreprends de *démontrer la moralité du succès...* J'espère avoir démontré que, puisqu'il faut bien qu'il y ait toujours

---

leur de ses nombreux ouvrages, où se mêlent souvent les bonnes et les mauvaises choses, nous paraît être celui des *Causes finales*. — Pour Damiron (1794-1862), il fut un des plus fervents disciples de Cousin dans ses divers ouvrages : *Cours de philosophie, Dix ans d'enseignement, la Providence...* Il a surtout montré du goût pour les questions de l'ordre moral, ce qui l'a fait regarder comme le moraliste et le prédicateur de l'école éclectique.

un vaincu et que le vaincu est toujours celui qui doit l'être, accuser le vainqueur et prendre parti contre la victoire, c'est prendre parti contre l'humanité et se plaindre du progrès de la civilisation. Il faut aller plus loin, il faut prouver que le vaincu doit être vaincu et *a mérité de l'être;* il faut prouver que le vainqueur non seulement sert la civilisation, mais qu'il est *meilleur*, plus *moral*, et que c'est pour cela qu'il est vainqueur. S'il n'en était pas ainsi, il y aurait contradiction entre la moralité et la civilisation, ce qui est impossible. » (*Intr. gén. à l'hist. de la phil.*, 9° leçon.)

Nous avons, au commencement, nommé le demi-panthéisme de Cousin. Plus d'une fois et même avec humeur il protesta contre cette imputation qu'il appelait une calomnie, mais l'accusation n'était que trop fondée. Le philosophe universitaire n'admet point la création *ex nihilo;* le monde n'est point tiré du néant, mais de Dieu, à peu près comme nos actions sont tirées de notre substance. (*Introd. à l'hist. de la phil.*, 5° leçon.) « Dieu est un et plusieurs, éternité et temps, espace et nombre... au sommet de l'être et à son plus humble degré, infini et fini tout ensemble, *triple* enfin, *c'est-à-dire à la fois Dieu, nature et humanité*. En effet, si Dieu n'est pas tout, il n'est rien... Partout présent, il revient en quelque sorte à lui-même dans la conscience de l'homme. » (*Frag. phil.*, t. I, p. 76.) — « La substance étant ce au delà de quoi il est impossible de rien concevoir relativement à l'existence, doit être unique pour être substance ». (*Ibid.*, p. 348 et suiv.) — On pourrait citer vingt autres textes non moins formels; ceux, par exemple, où l'auteur professe avec les averrhoïstes que l'âme de chacun de nous n'est pas individuelle ni personnelle, mais que c'est la raison une et impersonnelle de Dieu apparaissant à l'homme et s'incarnant pour ainsi dire dans l'homme. Or, bien qu'il se soit efforcé plus tard, en répondant aux objections de ses adversaires, d'atténuer dans les termes ces assertions ouvertement panthéistiques, il ne les a jamais complètement rétractées. Jusqu'à la fin, au contraire, il a eu des complaisances exagérées pour Spinoza, dont il ose comparer la piété à celle de l'auteur de l'*Imi-*

tation; et pour Schelling et Hégel, « des amis et des maîtres si chers », dont il ne parle que sur un ton d'affectueuse admiration. (*Hist. gén. de la phil.*, 10° leçon, p. 567, note.)

C'est encore Cousin qui a substitué, dans la philosophie, la méthode littéraire et descriptive à la méthode scientifique et démonstrative. Ravaisson en a fait la remarque après Jouffroy : « Après avoir gagné une grande partie des intelligences d'élite, soit par la tendance toujours élevée de ses théories morales, soit par le concours qu'il apportait à l'école qui, dans l'art, aspirait surtout à la beauté, il se trouvait enfin (l'éclectisme) ne satisfaire ni les esprits scientifiques, ni les âmes religieuses. Longtemps, dans ces termes à la fois généraux et figurés dont il aimait à se servir, on avait cru trouver de quoi répondre aux principales questions de la philosophie. On s'apercevait à la fin que ces termes, le plus souvent, ne contenaient point ce qu'on eût voulu savoir. L'éclectisme avait annoncé, avait promis beaucoup, et le prestige de l'éloquence de son auteur avait contribué à en faire beaucoup attendre. De plus en plus on devait reconnaître dans le philosophe qui avait fait naître tant d'espérance, un orateur auquel, comme aux orateurs en général, s'il faut en croire Aristote, le vraisemblable, à défaut du vrai, suffisait. Là où l'on s'était cru convaincu, on avait cédé le plus souvent à la séduction, plus puissante peut-être à l'époque où l'éclectisme s'était produit, de la parole et du style. D'autres temps étaient venus, on eût préféré désormais, sous des formes moins brillantes, s'il le fallait, un fonds plus riche, moins de littérature peut-être et plus de doctrine. Par toutes ces causes diverses et d'autres encore, l'éclectisme, dans ces dernières années, quoique encore en possession presque partout de l'enseignement public, avait beaucoup perdu de son crédit et de son influence. » (*Op. cit.*, 31, 32.)

VI. — École autoritaire et traditionaliste

Nuance *autoritaire* : De Maistre ; caractère de sa philosophie ; son érudition et sa critique ; origine des idées et du langage ; le syllogisme et l'induction ; la Providence et la politique. — Nuance *traditionaliste* : *De Bonald*, père du traditionalisme *rigide* ; la parole créatrice de la pensée ; révélation et tradition ; l'homme ; la philosophie réduite à la question du langage ; traditionalisme *mitigé* ; Bautain, Bonnetty et Ventura ; particularités de leur doctrine ; — *Lamennais* : 1re forme de sa philosophie ; le consentement des peuples, criterium unique ; 2e forme : panthéisme semi-rationaliste ; théorie de la connaissance.

Le grand représentant de l'école autoritaire au dix-neuvième siècle est Joseph de Maistre. De Bonald, Lamennais, Bonnetty, le P. Ventura et Bautain vont jusqu'au traditionalisme.

De Maistre appartient à la première moitié du dix-neuvième siècle (1754-1821). Le siècle précédent avait professé le sensualisme, le matérialisme même ; il avait attaqué toutes les autorités et proclamé la souveraineté de la raison désormais indépendante. Tant de négations légères et impies émeuvent, irritent de Maistre : « O dix-huitième siècle ! inconcevable siècle ! Qu'as-tu donc cru ? Qu'as-tu aimé et qu'as-tu vénéré ? Tout ce qu'il fallait contredire, honnir ou détester. » (*Examen de la philos. de Bacon*, t. I, ch. v.) Ses adversaires, on le devine aisément, sont Bacon, Locke, Condillac et Voltaire ; ses maîtres, tous les grands spiritualistes un peu indistinctement : Platon, Aristote, saint Thomas, Descartes, Leibnitz et Malebranche. — Il ne faut pas lui demander une doctrine philosophique systématique et rigoureusement enchaînée : c'est un écrivain libre dans ses allures, principalement appliqué à relever le drapeau du spiritualisme, à défendre les grandes idées morales qui forment le patrimoine de l'humanité. Cette tâche, il a tout ce qu'il faut pour la remplir brillamment : grand style, haute éloquence, pensée forte et profonde. On pourrait seulement désirer plus de modération dans la polémique, parfois aussi plus de mesure ou plus de science dans la démonstration de certaines vérités. Quand il se trouve sur son chemin un adversaire de Dieu ou de l'âme, une sainte indignation s'empare de lui, il le frappe à coups redoublés ; c'est ainsi qu'il use de termes très forts à l'égard de Bacon, de Locke et de Condillac.

D'une façon générale, de Maistre est porté à rabaisser un peu l'ordre matériel au profit de l'ordre spirituel et surnaturel, mais jamais il ne dénigre la raison à la manière des traditionalistes ; il la relève, au contraire, et vante les sciences métaphysiques et morales, indispensables pour faire contrepoids aux sciences de la matière. Ce qu'il dit de l'union de la théologie avec les sciences naturelles est particulièrement digne d'attention.

Chose étonnante et rare de son temps, l'auteur des *Soirées de Saint-Pétersbourg* possède une érudition philosophique très appréciable, et même, en plus d'un cas, il s'élève contre le torrent, brave l'opinion, rétablit la vérité historique. Par exemple, il fait descendre de leur piédestal Bacon, Locke, Condillac, Voltaire et les autres idoles du dix-huitième siècle, et il rend justice au Philosophe de Stagire et à l'Ange de l'École : « Je ne crois pas qu'il existe ni chez les anciens, ni chez les modernes, aucun ouvrage de philosophie rationnelle qui suppose une force de tête égale à celle qu'Aristote a déployée dans ses écrits sur la métaphysique et nommément dans ses *Analytiques*. Ils ne peuvent manquer de donner une supériorité décidée à tout jeune homme qui les aura compris et médités... Dans ses beaux moments, et lorsqu'il est certainement lui-même, son style semble celui de la pure intelligence. » (*Ex. de la philos. de Bacon*, t. I, ch. I, p. 52-53.) L'*Organon* lui paraît un chef-d'œuvre où le syllogisme est merveilleusement analysé et les caractères de l'induction mieux indiqués que chez l'auteur du *Novum organum*. — Pour saint Thomas, il le regarde comme « l'une des plus grandes têtes qui aient existé dans le monde, à qui le génie poétique même n'était pas étranger ». (*Soirées*, 2ᵉ entr., p. 139.)

Néanmoins, son érudition non plus que sa critique n'est pas toujours parfaitement sûre. Ainsi, il interprète dans un sens innéiste certains passages d'Aristote qui ne contiennent pourtant rien de suspect, et il se fait du système de Malebranche sur la vision en Dieu une idée bien peu exacte, puisqu'il le trouve clairement exprimé par saint Thomas : « Videntes Deum, omnia simul vident in ipso. » (*Cont. Gent.*, III, 59.) Or, le Docteur Angélique convient, en effet, que les bienheureux, étant admis à la vision intuitive de Dieu, ne peuvent manquer de voir tout en lui ; mais cette vision, il la refuse nettement à l'homme sur la terre et même la déclare impossible dans l'ordre naturel. En outre, nous mettons Malebranche moins haut que ne fait l'auteur des *Soirées*, et, tout bien considéré, nous ne voyons pas dans Platon « la préface humaine de l'Évangile ». (*Entr.* 5ᵉ, p. 315.) — Mais nous sommes heureux que, malgré son respect pour le spiritualisme de Descartes, de Maistre ne se laisse nullement ébiouir par le doute méthodique. « Lorsque Descartes part de son doute universel, on peut l'écouter avec les égards dus à un homme tel que lui et recevoir son doute comme une règle de fausse position. Dans le fond, la règle est impossible et la supposition chimérique ; car il ne dépend de personne de commencer par ce doute et chaque philosophe s'élance nécessairement dans la carrière avec toute la masse de connaissances qu'il a trouvée autour de lui. » (*Exam. de la phil. de Bacon*, t. I, ch. I.)

Pour entrer dans le détail de la doctrine, nous nous séparons de Joseph de Maistre, sur la question de l'origine des idées et du langage. « L'idée seule de Dieu, dit-il, prouve son existence, puisqu'on ne saurait avoir l'idée de ce qui n'existe pas... l'homme ne peut concevoir que ce qui est. » (*Entr.* 8ᵉ, p. 110, 111.) Mauvaise thèse, raison plus mauvaise encore. Je conçois le possible aussi bien que le réel, et j'ai l'idée de cent choses qui n'existent pas et qui n'existeront jamais. — De Maistre défend en général les idées innées, mais sans apporter d'autre argument que l'autorité des philosophes et les conséquences funestes du sensualisme. Or, pourvu qu'on admette l'innéisme des facultés de l'âme, on n'est pas moins bon spiritualiste que ceux qui admettent l'innéisme des idées. Du reste, il paraît s'accommoder lui-même assez bien de l'innéisme des facultés, de l'intellect passif et de l'intellect actif de saint Thomas et de la dépendance où se trouve l'intelligence vis-à-vis de l'imagination. « Entendez-le parler saint Thomas sur l'esprit et sur les idées... Le sens ne connaît que l'individu, l'intelligence seule s'élève à l'universel. Vos yeux aperçoivent un triangle; mais cette appréhension qui vous est commune avec l'animal ne vous constitue vous-même que simple animal, et vous ne serez homme ou intelligence qu'en vous élevant à l'idée du triangle, à la *triangularité*. C'est cette puissance de généraliser qui *spécialise* l'homme et le fait ce qu'il est. » (*Entr.* 2e, p. 140.)

Au sujet de l'origine du langage, de Maistre croit que « nulle langue n'a pu être inventée ni par un homme, qui n'aurait pu se faire obéir, ni par plusieurs, qui n'auraient pu s'entendre. » (*Entr.* 2e.) Faible raison à l'appui d'une thèse fort contestable. Si un homme avait pu découvrir le langage, hypothèse très vraisemblable, bien qu'en effet le langage ait une autre origine, les autres hommes se seraient empressés autour de lui et se seraient montrés heureux d'une découverte si importante, sauf à apporter dans la suite à cette invention les perfectionnements désirables.

Joseph de Maistre pense comme l'École, sur le syllogisme, la matière et la forme (*Ex. de la phil. de Bacon*, t. I, ch. I), les causes finales, Dieu et l'âme, la nature du concours divin et le gouvernement de la Providence. — Après avoir relevé le syllogisme, tant dénigré par les sensualistes, Bacon, Locke et Condillac, il conclut par cette formule énergique : « On ne l'aura jamais assez répété, le syllogisme est l'homme. » (*Ex. de la phil. de Bacon*, t. I, ch. I.) Pensée moins exagérée en réalité qu'en apparence, puisque le propre de l'homme est de raisonner et que la forme par excellence du raisonnement est le syllogisme. — Au sujet du concours divin, de Maistre montre fort bien qu'il est à la fois universel, immédiat et prévenant, sans rien ôter de l'activité ou de la liberté des créatures. « Il (Dieu) meut les anges, les hommes et les animaux, la matière brute, tous les êtres enfin, mais chacun suivant sa nature; et l'homme ayant été créé libre, il est mû librement. » (*Entr.* 2ᵉ, p. 328.)

Les *Soirées de Saint-Pétersbourg* sont principalement consacrées à la justification du gouvernement temporel de Dieu dans le monde, mais la forme dialoguée y introduit d'assez nombreuses digressions et des aperçus historiques, philosophiques ou théologiques sur les sujets les plus divers. « C'est là, dit très bien M. Baudrillart, que de Maistre refait à notre usage la *Cité de Dieu* de saint Augustin », avec la même hauteur de vues et une émotion communicative.

La question sur la conduite de Dieu envers les bons et les méchants est fort nettement posée : si les justes ont leur part aux misères et aux souffrances de cette vie, ce n'est pas en tant que justes, mais en tant qu'hommes. Ils sont, aussi bien que les pécheurs, soumis comme eux à toutes les conditions de la nature humaine. Du reste, à qui sait juger avec sagesse, la vertu est dès ici-bas plus heureuse que le vice. — Ajoutez que toute souffrance vient du péché, « nulle maladie, selon de Maistre, ne pouvant avoir une cause matérielle. » (*Entr.* 1ᵉʳ, p. 51.) Cette dernière proposition renferme sans doute un grand fond de vérité, mais, aussi absolument présentée, elle est sujette à contestation. — L'auteur insiste beaucoup sur cette remarque pleine de justesse, que la vertu des bons, l'expiation des saints est un océan de mérites comparée aux vices des impies. « Il peut y avoir eu dans le cœur de Louis XVI, dans celui de la céleste Élisabeth, tel mouvement, telle acceptation capable de sauver la France. » (*Soirées*, t. II, p. 147.) Voyez aussi le magnifique tableau d'une jeune fille dévorée d'un affreux cancer, souriant à Dieu et ne pensant qu'à l'aimer. (3ᵉ *Entr.*, p. 221 et suiv.)

La politique de Joseph de Maistre, quoiqu'elle ait été violemment attaquée par l'école libérale, n'en renferme pas moins des vues très élevées, des prédictions confirmées par les événements. « Je prêcherais volontiers les rois et les peuples en face les uns des autres, et mon sermon est tout fait : me tournant du côté des majestés, je leur dirais en m'inclinant profondément : Sire, *les abus amènent les révolutions;* puis, m'adressant aux peuples : Messieurs, *les abus valent mieux que les révolutions.* » (*Lettres inédites.*)

Comme de Maistre, *de Bonald* (1753-1840) se montre un partisan très enthousiaste de l'autorité et des vérités morales; malheureusement, la part qu'il fait à la raison est beaucoup trop restreinte, la doctrine qu'il propose est le *traditionalisme*. Avec saint Thomas, les théologiens reconnaissent l'utilité et même la nécessité *morale* de la révélation pour donner à *tous* les hommes une connaissance plus *prompte* et plus *sûre* de plusieurs vérités importantes de l'ordre naturel, qui regardent Dieu, l'âme et les mœurs. Au lieu de se contenter de cette sage doctrine qui, tout en sauvegardant les droits de la raison, est si loin de favoriser le rationalisme, le traditionalisme tient à abattre la raison humaine : il lui refuse le pouvoir de découvrir les vérités générales, celles du moins qui appartiennent au monde métaphysique et au monde moral. Mais ce système a revêtu bien des formes diverses. Selon de Bonald, père du traditionalisme, l'homme peut, grâce aux images fournies par la sensation, connaître les faits individuels ou physiques; mais il ne saurait, de lui-même et sans la parole, avoir, ou du moins *apercevoir* aucune idée. « L'esprit n'existe ni pour les autres ni pour lui-même avant la connaissance de la parole qui vient lui révéler l'existence d'un monde intellectuel et lui apprendre ses propres pensées. » (*Rech. philosophiques*, t. I, ch. II, 145.) « Notre entendement est ce lieu obscur où nous n'apercevons aucune idée, pas même celle de notre propre intelligence, jusqu'à ce que la parole humaine, dont on peut dire aussi, comme de la parole divine, qu'elle éclaire tout homme venant en ce monde, pénétrant jusqu'à notre esprit par le sens de l'ouïe, porte la lumière au sein des ténèbres et donne à chaque idée, pour ainsi dire, la forme et la couleur qui la rendent perceptible pour les yeux de l'esprit. » (*Op. cit.*, ch. x, p. 369-70, et 406.) « La pensée, pour se montrer, attend dans l'esprit l'expression qui doit la *pro-*

duire, comme dans la génération des animaux, le germe attend, pour éclore, la liqueur qui doit le féconder. » (*Ibid.*, p. 400.) Par là se vérifie le mot fameux de Fontenelle, qu'une *vérité est connue lorsqu'elle est nommée*.

La parole étant nécessaire pour la pensée, puisqu'il est « nécessaire que l'homme *pense sa parole avant de parler sa pensée* » (*Législ. primit.*, disc. prél., 35), on peut démontrer *a priori* l'impossibilité de l'invention du langage « par l'homme, en considérant que la parole a été nécessaire pour penser même à l'invention du langage ». (*Rech. phil.*, ch. II, p. 125.)

Il suit de là que Dieu existe, puisque l'homme n'a pu recevoir la parole que par la révélation. — Quant à l'origine des vérités générales, morales et sociales, « nous les retrouvons *toutes* et naturellement dans la société à laquelle nous appartenons et qui nous en *transmet* la connaissance en nous communiquant la langue qu'elle parle. » (*Ibid.*, ch. I, p. 102 et 115.) — D'après ces principes, loin que l'homme découvre la vérité par la seule force de sa raison, il n'a de la raison que lorsqu'il a connu la vérité. D'ailleurs, l'homme ne connaît ses propres pensées que par leur expression. Or, il a reçu ses premières expressions ; donc il a reçu la première connaissance de ses pensées. » (*Législ. prim.*, t. II, l. I, ch. XXXI, n. 4.)

Autre conséquence : L'homme est une intelligence ; mais il ne reçoit la pensée que par la parole, la parole que par les organes qui la transmettent à l'esprit ; « la manière d'être propre de l'homme est donc d'être *une intelligence servie par des organes*. » (*Ibid.*, ch. II, 3.)

Voilà comment toute la philosophie se ramène à la question du langage : tout s'explique et se tient si on le regarde comme un don primitif de Dieu transmis à l'homme par la société. Au contraire, si la parole est d'invention humaine, tout devient humain et contingent, la société, la famille, la vérité. « Il n'y a plus de vérités nécessaires, puisque toutes les vérités nécessaires ou générales ne nous sont connues que par la parole, et que nos sensations ne nous transmettent que des vérités relatives et particulières... Plus de vérités géométriques, plus de vérités morales, plus de vérités historiques, tout tombe à la fois. » (*Législ. prim.*, disc. prélim., p. 75 et suiv.)

Le système qu'on vient de lire nous semble de tous points insoutenable. Il repose uniquement sur cette fausse supposition que l'homme ne peut ni connaître sa pensée, ni même penser sans la parole, et que la parole suffit à faire naître la pensée. Ensuite, il dépouille l'intelligence de toute causalité propre, donne à toutes nos connaissances une origine purement sensible, un son, la parole. Or, ici comme ailleurs, l'École résout admirablement le problème : elle établit qu'en soi, l'homme peut penser sans parler, bien qu'en fait la parole, représentée par le nom de la chose, accompagne toujours ou presque toujours la pensée. Mais elle pose aussi qu'il est nécessaire et suffisant que tout acte intellectuel soit accompagné d'une image fournie par les sens et d'un *verbe mental* dans lequel l'âme se parle à elle-même sa pensée. Mais le verbe mental n'est pas une parole proprement dite : il n'est que la conception ou l'expression intellectuelle de la chose. (*Prælect. phil.*, t. I, p. 294 et 358.)

En politique, de Bonald se range d'ordinaire à l'avis de Bossuet (*Essais analyt. sur les lois naturelles de l'ordre social*, ch. III, p. 106 et suiv.).

L'abbé *Bautain* (1796-1867) n'appuie pas son système sur la nature et l'origine du langage. Il s'efforce d'établir *historiquement* l'impuissance des diverses écoles philosophiques, d'où il infère l'impuissance de la raison pour découvrir les vérités premières. (*Psychol. expérim.*, t. I, disc. prélim.) L'homme donc doit commencer par croire, s'il veut arriver à la science; mais il ne croira pas à la parole de l'homme, puisque « tout ce qui est humain est contestable, variable, incertain », ni même au sens commun du genre humain, puisque l'erreur peut s'emparer de la majorité et que, d'ailleurs, dans cette hypothèse, la raison individuelle aurait à vérifier si le sens commun remplit, dans tel ou tel cas, les conditions exigées, ce qui, en dernière analyse, établirait la raison individuelle, dernier juge de la certitude. — Non, la voie est plus sûre, plus facile et plus courte. Dieu a parlé, l'Écriture contient sa parole, l'Église est la gardienne et l'interprète de l'Écriture : la vérité est toute trouvée. « La parole sacrée doit fournir au vrai philosophe les *principes*, les vérités *fondamentales*, de la sagesse et de la science; mais c'est à lui qu'il appartient de *développer* ces principes, de mettre ces vérités en lumière; en d'autres termes, de les *démontrer* par l'expérience, en les appliquant aux faits de l'homme et de la nature, donnant ainsi à l'intelligence, l'évidence de ce qu'elle avait d'abord admis de confiance ou cru obscurément. » (*Op. cit.*, disc. prél., p. 67, 88 et suiv.) Grâce à cette méthode, la connaissance humaine se compose d'un élément divin et d'un élément humain; elle est à la fois croyance et science, immuable comme Dieu et perfectible comme l'homme.

Quant à la nature de l'homme, l'auteur admet en nous deux esprits distincts : l'esprit *physique* et l'esprit *intelligent;* le premier, qui préside à toutes les fonctions organiques et dirige la vie animale; le second, qui entend les principes et reçoit la lumière d'en haut. L'union de ces deux esprits produit la *raison*, esprit mixte et intermédiaire, qui emprunte à l'intelligence les premiers principes, et à l'esprit physique les données de l'expérience, les phénomènes et les images, dont il doit considérer les rapports pour réduire en notions générales et systématiques ces notions elles-mêmes, à l'aide des principes et des axiomes. (*Psych. expérim.*, 1re part., ch. III, § 20 et suiv.)

Le système de l'abbé Bautain ne s'accorde ni avec la science, ni avec la nature de l'homme. On sait en effet que la science dépend tout entière des principes dans lesquels elle est contenue en puissance, selon l'heureuse expression de saint Thomas. Mais l'auteur tire tous ses principes de la révélation. C'en est donc fait de la science humaine, qui ne peut être science qu'autant qu'elle s'appuie sur des principes connus et établis par la raison. — Ensuite, rien ne demande la dualité de l'esprit humain, et tout la repousse : c'est la même âme qui, par des facultés diverses, fait vivre, sentir et mouvoir le corps, consulte l'expérience, entend les premiers principes et en tire les conclusions.

La doctrine de M. *Bonnetty* diffère à peine de celle de M. Bautain. « Quand nous avons dit que la philosophie ne doit pas rechercher la vérité, nous avons entendu seulement les vérités de dogme et de morale nécessaires à croire et à pratiquer, enseignées en philosophie, c'est-à-dire, les vérités suivantes : Dieu et ses attributs, l'homme, son origine, sa fin, ses devoirs, les règles de la société civile et de la société domestique; voilà les vérités que nous ne croyons pas que la philosophie ait trouvées ou inventées, sans le secours de la tradition et de l'enseignement, mais nous n'avons nullement voulu comprendre le grand nombre des vérités qui sont en dehors du dogme et de la morale obligatoire pour l'homme, ou qui en dérivent par voie de conséquence, de raisonnement. » (*Annal. de philos. chrét.*, 4e série, vol. VIII, p. 374, vol. VII, p. 63 et suiv.)

Le P. *Ventura* (1792-1861), de l'ordre des Théatins, professe qu'il faut être semi-rationaliste pour attribuer à la raison l'aptitude à découvrir une *partie* de la vérité; que l'homme trouvant dans la société, au sein de laquelle il naît, les vérités dont il a besoin, « le rôle de la raison n'est pas d'*inventer*, de créer des vérités, dont elle n'a aucune idée, mais de développer, de *démontrer*, d'expliquer les vérités connues par l'enseignement domestique et les traditions de l'humanité; les défendre chez lui-même contre ses passions et s'y affermir, les venger chez les autres contre leurs passions aussi et les dépouiller des erreurs dont elles pourraient avoir été altérées. » (*La tradition et les semi-pélagiens de la philosophie*, ch. i, § 6; *De methodo philosophandi*, dissert. prælim., art. 3 et 4, et pars 1a, c. iii, a. 2; *Essai sur l'orig. des idées et sur le fondem. de la certitude*, 2e part., § 15; *Cours de philos. chrét.*, part. 2e, ch. i, § 2.) — Dans ce dernier ouvrage, comme dans le *De methodo philosophandi*, l'auteur fait reposer sur le consentement des peuples le criterium suprême de la certitude. Ce qu'il y a de plus surprenant peut-être qu'un tel système, c'est qu'il ose le donner pour la doctrine authentique du *Docteur Angélique*. — Polémiste acerbe et discourtois, le P. Ventura ne ménage à ses adversaires aucune qualification désobligeante, aucune épithète violente.

Aux traditionalistes de toute espèce, opposons ces paroles de Joseph de Maistre : « C'est toujours le même sophisme qui égare : dès que vous séparez la raison de la foi, la révélation, ne pouvant plus être prouvée, ne prouve plus rien. » Opposons encore ces paroles décisives du concile du Vatican : « Hoc quoque perpetuus Ecclesiæ catholicæ consensus tenuit et tenet duplicem esse ordinem *cognitionis*, non solùm principio, sed objecto etiam distinctum... quia in altero, naturali ratione, in altero, fide divinâ *cognoscimus*. » (*Sess. III, constit. dogm. de fide,* c. IV.) « Si quis dixerit Deum unum et verum, creatorem et Dominum nostrum, per ea quæ facta sunt, naturali rationis lumine *certo cognosci* non posse, anathema sit. » (*Const. de fide cathol.*, can. 1, *De revelat.*)

Tout le monde connaît les théories philosophiques de *Lamennais* (1782-1854) sur le fondement de la certitude. L'auteur de l'*Essai sur l'indifférence* refuse à la raison individuelle tout autre pouvoir que celui de s'élever à une certitude *de fait* et purement *instinctive*, mais en revanche, il attribue au genre humain une sorte d'infaillibilité universelle et il le charge de donner à chaque individu une certitude *rationnelle* proprement dite. Pendant que toutes ses facultés, les sens, l'évidence et la raison, abusent l'homme, l'autorité générale, *sensus communis*, se présente à lui et rétablit sous ses yeux, comme par enchantement, tout l'édifice de la certitude et de la vérité. (T. II, ch. XII et XIII, et *Déf. de l'Essai*, c. X.)

Rien de moins sérieux ni de moins plausible que la théorie lamennaisienne sur le sens commun ; car, enfin, il faudrait au moins accorder à la raison individuelle assez de lumière pour savoir que le genre humain existe, qu'il a parlé dans tel ou tel cas, et non dans tel autre, et que ce qu'il dit est toujours la vérité. Au surplus, la raison générale n'est pas autre chose que la somme des raisons individuelles ; si donc chacune, prise à part, ne peut rien, on ne voit guère où la raison générale pourrait bien puiser la lumière et la certitude.

Mais l'auteur de l'*Essai sur l'indifférence* n'était encore qu'au commencement de ses erreurs : il devait finir par l'*Esquisse d'une philosophie* (4 vol. in-8°), où le panthéisme se trouve enseigné en même temps que le rationalisme. Dans le 4ᵉ volume, Lamennais, entièrement séparé de toute communion religieuse, ne s'attache plus qu'à la philosophie et ne parle plus ni de théologie, ni de tradition.

Voici, en résumé, l'esprit et la pensée dominante de l'*Esquisse* : Dieu est, car il est l'être, et l'être est nécessairement. L'être est avant tout, parce que tout le suppose et qu'il est le *substratum* de tout ce qui a l'existence. Dieu est donc indémontrable; autrement il ne serait plus absolu et le premier : on le tirerait de quelque chose, ce qui est contre l'hypothèse (1ᵉʳ vol., ch. vi). « L'être est à la fois ce que l'on voit, et ce par quoi l'on voit. » (*Ibid.*, ch. v.) — Mais, « l'être, la substance, subsiste sous deux *modes*, l'un absolu et nécessaire, qui est Dieu, l'autre relatif et contingent, qui est la créature. » (*Ibid.*, II, 1.) — Dieu se manifeste sous trois attributs essentiels : *la force, l'intelligence* et *l'amour*; ces trois attributs, on devra les retrouver aussi dans l'univers et dans tout être, parce qu'ils sont essentiels à l'être et que tout être n'est qu'une reproduction de Dieu. (Préf., p. 17.) — La création n'est pas la production d'une substance, car, « l'idée de substance ou d'être est une, absolue, invariable;... nous entendons par substance ce quelque chose de primitif, d'incompréhensible en soi, que l'on conçoit comme le fonds nécessaire et commun de tout ce qui est et de tout ce qui peut être, abstraction faite de toute propriété qui le spécifie et le détermine, de tout ce qui constitue un être particulier, infini ou fini, accompli selon sa nature. » (*Ibid.*, II, 1.) La création est donc la manifestation successive de ce qui est en Dieu : c'est l'unité projetée dans la diffusion de l'étendue, l'abaissement, le sacrifice de l'être absolu et illimité. L'univers en général et chaque être en particulier est soumis à une *évolution* incessante, à un progrès nécessaire et continu.

L'ordre de la connaissance doit se conformer à l'ordre des choses. Or, d'après l'auteur, la science, bien que progressive, est toute intuitive, le raisonnement ne découvre aucune vérité nouvelle, il se borne à relier entre elles les vérités antérieurement aperçues (vol. IV, X, 1). Mais, on l'a dit, il y a Dieu et l'univers; il y aura donc une double science : la science de l'absolu, des essences et des causes, et la science du contingent, du relatif et des phénomènes. « L'homme perçoit simultanément Dieu et ce qui n'est pas Dieu, l'Être infini et l'être fini, l'Être nécessaire absolu, et l'être contingent relatif; et cette vision est le fond même de l'intelligence, sa racine. » (*Ibid.*, p. 3.)

Par là se trouve résolu le problème de l'accord nécessaire entre le fait et la cause, entre les sciences de la nature et les sciences de l'être : le criterium des faits aperçus par les sens, c'est l'esprit, et le criterium de l'idée aperçue par l'esprit, ce sont les *faits*. « Comme les sciences physiques, chimiques, physiologiques, mutilées, caduques, incertaines dans leur base, ne se composeraient que de faits séparés de leurs causes essentielles, si les sciences métaphysiques ne leur fournissaient les notions de ces causes dont la connaissance les complète : ainsi les sciences métaphysiques manqueraient de criterium, de moyen de vérification, si les sciences physiques, chimiques, physiologiques, ne venaient à leur tour compléter la certitude des théories de la pensée pure par la certitude propre de faits qui doivent y correspondre dans l'ordre phénoménal. » (*Ibid.*, p. 10.)

VIII. — ÉCOLE MYSTIQUE

Maine de Biran et Gratry; les trois phases de la pensée de Biran; importance spéciale donnée à la volonté; dégoût de la science et mysticisme; Gratry; sa critique du panthéisme contemporain; sa philosophie personnelle; mérites et défauts; théories inexactes sur le sens divin, l'induction, le syllogisme et la connaissance de Dieu; morale et histoire.

Deux philosophes français, d'une assez grande renommée, et qui l'un et l'autre ont exercé une réelle influence, peuvent être classés dans l'école mystique : Maine de Biran (1776-1824) et le P. Gratry (1805-1872).

La pensée du premier a parcouru des phases diverses et même contradictoires. Le sensualisme de Bacon et de Condillac fut son point de départ, comme l'attestent le *Mémoire sur l'influence de l'habitude* et l'*Examen des leçons de philosophie*, de Laromiguière. — Plus tard, la *Décomposition de la pensée* et l'*Essai sur le fondement de la psychologie* révélèrent un spiritualiste résolu, inclinant visiblement à l'idéalisme. Ce que la réflexion nous montre tout d'abord en nous-mêmes, dit l'auteur, c'est l'action, et le vrai nom, le type de l'action, c'est la volonté. Être, agir, vouloir, sont des noms différents, c'est une seule et même chose. La pensée, l'intelligence elle-même est une action, une forme de la volonté; la volonté, c'est la personne humaine, c'est le moi. Il ne faut pas dire avec Descartes : *Je pense, donc je suis;* mais, *je veux, donc je suis*.

D'autre part, si j'ai la conscience de vouloir et de mouvoir mes membres, j'ai aussi la conscience d'éprouver une résistance venant du dehors; c'est le *non-moi* qui se révèle au moi, et qui se révèle pareillement comme une activité, comme une force. Le monde extérieur n'est rien autre pour nous qu'un ensemble de forces ou de causes qui résistent à notre activité et modifient notre sensibilité de différentes manières; nous voilà ramenés au *monadisme* leibnitzien : les corps sont des forces, la substance est une force inconnue de nous en tant que substance. — A cette époque, Biran professe la morale des stoïciens.

La troisième forme de sa philosophie se montre surtout dans les *Nouveaux essais d'anthropologie* : elle est tout empreinte de mysticisme. Biran se complaît désormais dans la Bible, l'*Imitation de Jésus-Christ*, Pascal et Fénelon. L'homme lui apparaît doué d'une triple vie : la vie animale ou sensible, la vie de la volonté ou de la personnalité humaine, et la vie de l'esprit ou la vie divine. La seconde vie, bien qu'infiniment supérieure à la première, est très imparfaite encore et tout à fait insuffisante : la raison humaine a si peu de lumière et la volonté si peu de force; Dieu seul est la source de la lumière, dans l'ordre de l'intelligence, et de la force, dans l'ordre de la volonté; de là, la nécessité de la grâce et de la prière; de là, le système de nos *croyances* présenté comme le *fondement* du système de nos connaissances; magnifique éloge de l'ordre moral, nécessité des conditions morales pour atteindre la vérité; mais en même temps, exagération de la *foi*, abaissement de la science. « La science m'importune[1]. » (*Journal intime*, 30 juin 1818.) « L'homme est intermédiaire entre Dieu et la nature. Il tient à Dieu par son esprit et à la nature par ses sens. Il peut s'identifier avec celle-ci en y laissant identifier son moi, sa personnalité, sa liberté, et en s'abandonnant à tous les appétits de la chair. Il peut aussi, jusqu'à un certain point, s'identifier avec Dieu, en absorbant son moi par l'exercice d'une faculté supérieure. Il résulte de là que le dernier degré d'abaissement, comme le plus haut point d'élévation, peuvent également se lier à deux états de l'âme où elle perd également sa personnalité; mais, dans l'un, c'est pour se perdre en Dieu; dans l'autre, c'est pour s'anéantir dans la créature. »

Le P. Gratry a beaucoup de goût pour la doctrine spiritualiste et mystique de Biran. Il le cite souvent et avec éloge et reproduit les mêmes pensées dans un langage plus animé et plus poétique. On doit à sa plume féconde un assez grand nombre d'ouvrages philosophiques : *La Logique, la Connaissance de Dieu, la Connaissance de l'âme, l'Étude sur la sophistique contemporaine, les Sophistes et la critique, la Morale et la loi de l'histoire, les Sources.*

Comme l'indique le titre de ces ouvrages, deux parties sont à distinguer dans la philosophie de l'illustre oratorien : l'une, toute polémique, qui contient une réfutation de Hégel et de MM. Vacherot, Renan et Schérer; l'autre plus dogmatique, qui expose la doctrine personnelle de l'auteur. — Pour ce qui est de la première, nous sommes peu éloi-

---

[1]. « Les croyances religieuses et morales se présentent comme mon seul refuge... ce que je prenais pour la réalité, pour le propre objet de la science, n'a plus à mes yeux qu'une valeur purement phénoménique. » (*Ibid.*, mai, 1818.)

gné de penser avec le P. Gratry ; on l'a vu, en effet,
MM. Vacherot, Renan et Schérer portent Hégel aux nues
(lire l'art. de Schérer dans la *Revue des Deux-Mondes*,
16 février 1862, *Hégel et l'Hégélianisme*), et aboutissent,
en fin de compte, à des conclusions analogues sur Dieu,
sur le monde et la certitude. — Dans certaines questions
cependant, la ressemblance entre ces théories est moins
complète qu'il n'a paru à l'auteur; par exemple, MM. Vacherot et Renan appuient leur système sur la distinction et
même sur l'opposition de l'idéal et du réel, et croient voir
dans la nature de l'idéal ou de la perfection une opposition
absolue avec l'existence, tandis que Hégel donne au contraire pour base à sa philosophie l'identité de l'idéal et
du réel : *Ce qui est rationnel est aussi réel, et ce qui est
réel est aussi rationnel.* A ce point de vue, la critique de
MM. Vacherot et Renan, faite par M. Caro dans l'*Idée de
Dieu*, est plus directe et moins contestable; mais il faut
avouer que cette critique aurait pu être beaucoup plus vigoureuse et plus absolue.

Dans la manière dont le P. Gratry a traité la philosophie, bien des choses méritent une entière approbation.
Il aime les grands points de vue et place toujours l'esprit
dans un état élevé. A la noblesse des idées correspond une
forme brillante, un style plein de chaleur et de vie, une
éloquence persuasive, des accents émus qui partent du
cœur et vont au cœur, alors même que l'esprit est moins
éclairé qu'il ne faudrait. — Une pensée fort importante,
vingt fois répétée et parfaitement mise en relief par l'auteur, concerne la méthode à suivre dans la recherche de la
vérité : il veut que l'homme la poursuive avec toutes les
puissances de son âme, avec les sens, l'intelligence et le
cœur lui-même; aussi remarque-t-il avec raison combien
la pureté du cœur, jointe au désir sincère de connaître et
de pratiquer la vérité tout entière, peut influer puissamment sur la découverte de cette même vérité.

Par-dessus tout, le P. Gratry veut qu'on unisse la foi à
la raison, le sens divin au sens humain, si l'on désire se
mettre en mesure de comprendre les vérités morales et

métaphysiques[1] ; la raison toute seule n'irait pas jusque-là. Voilà pourquoi, d'après notre psychologue, cette philosophie contemporaine qui se sépare de la religion avec orgueil, et qui, affectant une autonomie absolue, se vante de trouver toute la vérité à l'aide de la seule raison, ne saurait être qu'impuissante et stérile. — Il y a plus : la plupart des objections que le rationalisme spiritualiste élève contre la révélation, le positivisme se croit autorisé à les retourner à son tour contre le spiritualisme et la métaphysique (*Connaiss. de Dieu*, Préf., t. II, 2ᵉ part., ch. 1ᵉʳ et suiv.) De même, on ne saurait trop louer le P. Gratry des belles pages qu'il a consacrées au syllogisme dans sa *Logique*, et de l'éloge qu'il a fait de saint Thomas d'Aquin, si peu étudié en France, il y a quelques années. (*Connaiss. de Dieu, et les Sources*, ch. xiv.)

Si nous entrons davantage dans le détail, la philosophie du P. Gratry nous paraîtra plus sujette à la critique, et nous devrons l'abandonner dans bien des questions importantes de logique, de théodicée et de psychologie.

Logique. — L'auteur nous semble avoir faussé le vrai caractère de l'induction et de la déduction. L'induction, au lieu de rester, selon l'idée que l'on s'en fait communément, le passage du particulier au général, des phénomènes aux lois qui les régissent, serait ce grand et universel procédé de transcendance, au moyen duquel on s'élève par « sauts », par « bonds », par « élans », « d'une vérité à une vérité d'un autre ordre, du contingent au nécessaire et du fini à l'infini, de manière à conclure l'infini à partir du fini qui ne le contient pas », et cela sans intermédiaire aucun, sans raisonnement et sans syllogisme, le syllogisme n'y pouvant rien. (*Log.*, t. II, IV, 1.) — Voilà, certes, un procédé fort peu connu, comme dit l'auteur, et qui ne paraît pas moins étranger à la marche ordinaire de la science qu'à l'induction proprement dite. Peut-il être légitime, d'après

---

1. Au P. Gratry se rattache, par ses tendances générales, M. Ollé-Laprune, brillant professeur de l'École normale : *La Philosophie est-elle une science ou un art?* et *Sources de la paix intellectuelle*.

les règles de la logique, de conclure sans intermédiaire, « l'infini à partir du fini qui ne le contient pas »; et à quoi bon le fini, s'il ne nous sert d'intermédiaire pour nous élever jusqu'à l'infini qu'il suppose nécessairement?

Ensuite, l'auteur identifie la méthode inductive avec le calcul infinitésimal : identité qu'il s'efforce de prouver par des autorités considérables en matière de science. (*Log.*, t. II, l. IV, ch. i et suiv.) Mais en logique, comme en théodicée du reste, il lui est parfois arrivé de lire ses propres idées dans les livres des autres. Peut-on retenir sa surprise en apprenant qu'il n'y a presque pas de différence entre la philosophie de Platon et celle d'Aristote, entre la théodicée de saint Anselme et celle de saint Thomas, entre celle de Malebranche et celle de Leibnitz ou de Pascal? De même, dans le cas qui nous occupe, Leibnitz et plusieurs autres mathématiciens de premier ordre entendent le calcul infinitésimal bien différemment du P. Gratry; selon eux, en effet, le propre du calcul infinitésimal, c'est la continuité, et, s'il conduit à l'infini, c'est à un infini idéal et abstrait, nullement à un infini réel et vivant, comme le voudrait l'auteur de la *Connaissance de Dieu*.

S'il faut en croire le P. Gratry, il y a une relation intime entre le système hégélien de l'identité universelle et la méthode déductive. Selon lui, en effet, cette méthode consiste en une foule de transformations par lesquelles, développant une notion sans y rien ajouter, on va toujours du même au même. Il s'ensuit qu'avec une telle méthode on ne saurait rien apprendre : car, apprendre, c'est ajouter à une notion une notion qui n'est point contenue dans la première; résultat auquel on peut arriver seulement par la méthode de transcendance. Mais cette manière de concevoir la déduction est-elle conforme à la vérité? D'abord, peut-on soutenir que les conclusions, quoique renfermées dans leurs principes, ne s'en distinguent pas réellement? Les applications particulières d'un principe sont-elles absolument la même chose que ce principe? Et, en fût-il ainsi, ce qui n'est pas, faudrait-il en conclure que le syllogisme ne nous apprend aucune vérité nouvelle? Nullement. C'est grâce au moyen terme que nous voyons les rapports qui relient la conclusion au principe, et c'est par là seulement que nous prenons connaissance de la vérité de la conclusion.

Théodicée. — Le P. Gratry met la théodicée avant la psychologie : bien plus, il la place avant toutes les autres parties de la philosophie. (*Conn. de Dieu*, Introd.) Cette manière de procéder ne s'accorde pas avec la marche de la science humaine. Pour nous, Dieu n'est point le premier objet connu et le plus connu; au contraire, nous ne pouvons arriver à lui qu'après avoir recueilli les notions diverses de la logique, de la psychologie, de l'ontologie et de la cosmologie. — L'auteur, il est vrai, suppose que nous apercevons Dieu immédiatement, par je ne sais quel sens divin, supérieur à l'intelligence. « *Supra intelligentiam,* « dit-il avec le P. Thomassin, *est apex mentis, arcanus* « *sensus, contactus quidam obscurus,* augurium unum, « silentium mentis quo SENTITUR DEUS, magis quam intel- « ligitur, TANGITUR potiusquam videtur. » (*Theol. dogm.,* I, 19.)

Psychologie. — C'est une erreur de théodicée, qui a son fondement dans une erreur de psychologie. L'auteur de la *Connaissance de l'âme* admet en nous trois sources de connaissance : le sens *externe*, le sens *interne* ou intime, et le sens *divin*. « Cette triple capacité de sentir ces trois choses, le corps, l'âme elle-même et puis Dieu, reçoit trois noms : sens externe, sens intime, sens divin, selon l'objet. » (T. I, l. III, ch. 1er.) Il se trouve ensuite que le sens divin est aussi le sens du vrai, le sens du bien. (*Ibid.*, p. 215.) « Ce sens de Dieu implique le sens moral, le sens du vrai. C'est parce que l'âme sent Dieu qu'elle sent ce qui est beau, ce qui est bien, c'est-à-dire ce qui ressemble à Dieu. » (*Ibid.*, p. 233.)

Nous ne saurions voir dans ces paroles autre chose qu'une confusion fâcheuse par ses conséquences. L'étude la plus attentive de notre âme ne révèle en elle que deux sortes de facultés de connaissance, les sens, soit externes, soit internes, et l'intelligence ou la raison. Par les sens, l'âme perçoit les corps, par l'intelligence, elle se connaît elle-même, elle connaît Dieu et tout ce qui est intelligible, mais elle ne sent ni elle-même ni Dieu. Il ne faut point recourir à une faculté *sui generis* et supérieure pour nous élever jusqu'à Dieu; la raison suffit à cette noble tâche, comme elle suffit, aidée par les sens, à connaître le vrai, le beau, le bien. Au surplus, en soi, et en nous, l'intelligence est la faculté maîtresse, la plus noble faculté de notre âme; il n'y a donc pas lieu de mettre au-dessus d'elle le sens divin, qui n'est donné, après tout, que comme une forme de la sensibilité, faculté inférieure de sa nature.

Évitons le danger, aujourd'hui plus sérieux que jamais, de faire descendre les vérités divines dans la sphère mobile de la sensibilité; car, de là à les regarder comme purement subjectives et extra-scientifiques, il n'y a qu'un pas, et ce pas, nos adversaires n'auraient que trop de facilité à le franchir. En conséquence, il importe de maintenir que les vérités divines sont autant et plus que les autres du domaine de l'intelligence et de la science, bien que l'intelligence ne s'en forme pas des notions adéquates.

Pour ce qui regarde la morale et l'histoire, c'était la tendance du P. Gratry, âme ardente et généreuse, d'accorder trop de foi à la loi du progrès, aujourd'hui si fort en honneur, et de s'imaginer des siècles à venir où l'idéal se convertirait en réalité séduisante. Sans doute, l'homme est de nature perfectible, et s'il suivait sa raison jusqu'au bout, et surtout l'Évangile, il pourrait s'élever de progrès en progrès jusqu'à l'infini. Malheureusement, les sociétés, comme les individus, ont au moins autant de penchant à descendre qu'à monter, et l'histoire ancienne comme la moderne, ne cesse de démentir la théorie du progrès continu.

IX. — École ontologiste

Notion de ce système; ontologisme rigide; Gioberti; le premier ontologique et le premier psychologique; comment nous voyons tout en Dieu; ontologisme mitigé; ses divers représentants; ses arguments; réponse et critique.

« L'ontologisme, a dit un de ses défenseurs, est un système dans lequel, après avoir prouvé la réalité objective des idées générales, on établit que ces idées ne sont pas des formes, des modifications de notre âme; qu'elles ne sont rien de créé; qu'elles sont des objets nécessaires, immuables, éternels et absolus; qu'elles se concentrent dans l'Être simplement dit; que cet Être infini est la première idée saisie par notre esprit, le premier intelligible, la lumière dans laquelle nous voyons toutes les vérités éternelles, universelles et absolues. » (M. l'abbé Fabre, *Déf. de l'ontol.*, ch. 1er.)

Historiquement, ce système a revêtu deux formes principales, l'une plus *rigoureuse* et peut-être plus logique, qui pose que non seulement nous voyons Dieu dès ici-bas, mais encore que nous voyons en lui tout ce que nous voyons; l'autre moins *absolue*, qui, d'après la définition de l'abbé Fabre, enseigne que nous apercevons Dieu immédiatement, avant toute autre idée, et qu'en lui, « nous voyons toutes les vérités éternelles, universelles et absolues », mais non pas les êtres particuliers, les corps par exemple.

Malebranche, on s'en souvient, a, le premier, professé l'ontologisme sous sa forme *rigide*; récemment, l'abbé Gioberti (1804-1852), s'est aussi rallié à cette doctrine; *Théorie du surnaturel; Introduction à l'étude de la philosophie; La philosophie de la Révélation; Protologie.*

Gioberti joua, dans la première partie de ce siècle, un rôle considérable, comme philosophe et comme homme d'État. Voici comment il expose lui-même le but et le principe de son système : « Les travaux des philosophes antérieurs ont eu pour objet la recherche de deux choses qui, au fond, se réduisent à une seule : plusieurs d'entre eux se sont efforcés de trouver la première *idée*, les autres la première *chose*. La première idée est celle dont toutes les autres dépendent, d'une certaine manière, dans l'ordre de la science; la première chose est celle dont dépendent de même toutes les autres dans l'ordre réel... J'appelle *premier psychologique*, la première idée, et *premier ontologique*, la première chose. Mais comme, selon moi, la première idée et la première chose sont identiques et que, pour cela, les deux premiers n'en font qu'un, je donne à ce principe absolu le nom de *premier philosophique* et je le considère comme le principe et la base unique de tout le réel et de tout l'intelligible. » (*Introd. à l'étude de la phil.*, t. II, ch. II, ch. IV, p. 2, 3.)

Gioberti propose cette formule comme le résumé fidèle de toute sa philosophie et de toute la science : « *L'être crée l'existant.* » Expliquons cette formule mystérieuse, qui, dans l'esprit de l'auteur, contient l'idéal et le réel, l'abstrait et le concret, Dieu et le monde. — L'Être, c'est l'absolu, le réel nécessaire, l'infini, Dieu; l'existant, comme l'indique le mot latin, *existere* (*ex sistere*), *apparaitre, venir au jour, se montrer*, exprime l'opération par laquelle une chose, d'abord en puissance, commence à être actualisée; c'est l'être contingent, tirant d'un autre son être propre. (*Ibid.*, p. 30, 31.) L'Être est nécessaire et intelligible par soi; il est aussi la lumière de notre intelligence. (*Ibid.*, p. 26, 54.) Et comme l'esprit débute non par une abstraction, mais par une intuition, non par l'analyse, mais par la synthèse, son premier jugement, sa première idée est une intuition, l'intuition de l'Être. Dans ce premier jugement, base de toute certitude, l'esprit n'est à proprement parler ni acteur, ni juge, il n'est que simple témoin, simple auditeur. « L'auteur du jugement primitif, qui se fait entendre à l'esprit dans l'acte immédiat de l'intuition, c'est l'Être même; l'Être, en se posant lui-même en vue de notre âme, dit : Je suis nécessairement. » (*Ibid.*, p. 27.)

L'existant, n'étant point par lui-même, n'a pas non plus en soi la cause de son intelligibilité propre, mais en Dieu seulement. (*Ibid.*, p. 54.) Par suite, impossible de le connaître ailleurs qu'en Dieu : ce qui, du reste, ne souffre aucune difficulté. Nous voyons Dieu; or, Dieu est non seulement l'être absolu et premier, mais encore la première cause, la cause créatrice de l'existant. Voilà donc le passage effectué et le moyen terme trouvé entre l'Être et l'existant : ce moyen terme, c'est la *création*. « En percevant l'Être dans sa concrétion, l'esprit ne le contemple nullement dans son identité abstraite, ni comme Être pur, mais tel qu'il est réellement, c'est-à-dire, causant, produisant les existences et extériorisant par ses œuvres, d'une manière finie son essence infinie. Et par conséquent, l'esprit perçoit les créatures comme le terme externe auquel se rapporte l'action de l'Être... Et de même que les trois termes, savoir : l'Être, l'action créatrice et les existences, se succèdent logiquement dans la synthèse objective, ainsi les trois termes idéaux qui y correspondent se succèdent de la même manière dans l'esprit humain; l'esprit humain contemple les existences produites, dans l'Être produisant, et il est à chaque instant de sa vie intellectuelle spectateur direct et immédiat de la création. » (*Ibid.*, p. 44.)

L'ontologisme *mitigé* comptait, il y a quelques années, un grand nombre de représentants dans le monde ecclésiastique, dans le clergé séculier principalement : le cardinal *Gerdil* (1718-1802, *Institut. Log., Met. et Ethicæ*), esprit fort cultivé et très pénétrant qui abandonna, dit-on, son système vers la fin de sa vie; le P. *Vercelonne*, barnabite; Mgr *Maret* (*Théodicée chrétienne; Essai sur le Panthéisme*); le P. *Rothenflue*, *Institutiones phil.*; l'abbé *Baudry*, plus tard évêque de Périgueux; l'abbé *Ubaghs*, professeur à Louvain (*Elem. Philos.*); *Jean-sans-Fiel* (nom pseudonymique), *Discussion amicale sur l'ontologisme, De l'orthodoxie de l'ontologisme modéré et traditionnel;* l'abbé *Fabre* et plusieurs autres. — L'enseignement de ces philosophes, sur la question présente, ne différant guère que par des nuances de formules, il n'y a aucun intérêt suffisant à les faire connaître chacun en particulier, et il suffit d'une appréciation commune.

Ces auteurs croyaient leur système autorisé, théologiquement, des noms de Bossuet, de Fénelon, de saint Bonaventure, de saint Anselme et de saint Augustin. Philosophiquement, ils s'appuyaient surtout sur un argument qui leur semblait irréfutable et dont nous emprunterons l'exposition à Jean-sans-Fiel : « Soient les propositions suivantes : Tout effet suppose une cause, l'Être infini est nécessaire, le tout est plus grand que sa partie, Dieu a droit à l'amour des créatures raisonnables. Voilà incontestablement des vérités et des vérités dans la plus haute acception du mot. Mais si, d'une part, ces principes sont de vraies vérités, passez-moi l'expression, et si, d'autre part, ils sont perçus par notre intelligence, il s'ensuit qu'ils ne sont pas un pur néant, mais des réalités. Et comme, d'ailleurs, ces vérités sont éternelles, nécessaires et immuables, il en résulte qu'elles sont des réalités nécessaires, éternelles et immuables. Or, il est impossible qu'il existe en dehors de Dieu des réalités éternelles et nécessaires comme lui-même; donc ces vérités ne peuvent se trouver qu'en Dieu seul, et c'est dans son être même que nous les contemplons. » (*Dialogue* I, p. 54.)

Ce système, on le voit, est diamétralement opposé à l'enseignement de l'école, tant sur la connaissance de Dieu que sur la nature et l'origine de nos idées générales. Il n'a pas de fondement, et se trouve en contradiction avec la nature de l'homme et le témoignage de la conscience elle-même.

Écartons d'abord les grands noms dont se réclame l'ontologisme, à tort, selon nous, pour la plupart du moins; nous l'avons déjà montré en son lieu, dans cette histoire. Allons droit à l'argument principal de cette école et établissons qu'il repose tout entier sur une équivoque, sur une confusion facile à dissiper. On dit que nos idées générales sont absolues, nécessaires, éternelles, et que, par conséquent, elles ne peuvent être aperçues qu'en Dieu seul. Mais, qui ne voit au premier coup d'œil que l'objection confond deux choses parfaitement distinctes, c'est-à-dire l'idée avec son objet? L'Ontologisme prend toujours l'idée dans le sens objectif, en tant que désignant l'objet aperçu par l'intelligence. Or, une telle manière de raisonner n'est légitime ni aux yeux de la philosophie, ni aux yeux du sens commun. En lui-même, le mot idée est synonyme de notion ou connaissance. Mais une notion, prise adéquatement, enveloppe trois choses : l'objet connu, le sujet connaissant, et l'appréhension de l'objet par le sujet. Et c'est ce dernier élément qui seul constitue l'essence de l'idée. Une idée n'est donc point un objet, soit contingent, soit nécessaire, mais une perception, une conception de l'entendement, une image ou une représentation intellectuelle d'une chose quelconque, ou, pour parler avec Bossuet, « ce qui représente à l'entendement la vérité de l'objet entendu. »

De plus, une idée, le mot le dit assez, ne saurait appartenir qu'à l'ordre idéal; il n'est donc pas légitime de la convertir en une réalité concrète et vivante, ainsi que le font les ontologistes, à moins qu'on n'approuve l'axiome hégélien : « *Ce qui est rationnel est aussi réel* ».

Ces philosophes croient nous embarrasser en demandant comment l'esprit peut arriver à l'universel et à l'absolu, s'il ne le voit en Dieu. — Par un procédé bien simple, sans même faire appel aux idées innées; ce procédé, clairement indiqué par Bossuet, n'est rien autre que l'observation, la comparaison et l'abstraction. « L'universel est l'ouvrage de la *précision* par laquelle l'esprit considère en quoi plusieurs choses conviennent, sans considérer ou sans savoir en quoi précisément elles diffèrent. Par là il se voit que l'universel ne subsiste que dans la pensée, que la nature donne indépendamment de l'esprit quelque fondement à l'universel, en tant qu'elle fournit des choses semblables; mais qu'elle ne donne pas l'universalité aux choses mêmes, puisqu'elle les fait toutes individuelles, et enfin que l'universalité se commence par la nature et s'achève par l'esprit : *Universale inchoatur a naturâ, perficitur ab intellectu.* » (Log., I, xxx, xxxi.)

Sur quoi l'on peut faire ce raisonnement : l'universel est le résultat de l'abstraction; donc il ne vient pas de la vision de Dieu; venant de l'abstraction, il ne peut être qu'abstrait, et c'est une erreur grossière de le confondre avec Dieu, l'être réel et concret par excellence. Mais toute idée universelle est par là même éternelle et nécessaire, quant à son objet. L'universel, en effet, est ce qui fait abstraction du temps et de l'espace, et que l'on conçoit comme affranchi de ces deux caractères. — La note de la nécessité découle de même de celle d'universalité ; si l'universel n'implique pas ce qui convient à tel ou tel individu, mais seulement ce qui convient à tous les individus de l'espèce, et ce que l'esprit remarque en eux avant tout le reste, il exprime dès lors ce qui constitue leur essence ou nature, ce qui ne peut pas ne pas leur convenir. Soit en exemple le principe cité par Jean-sans-Fiel : « Tout effet suppose une cause, » ce principe ne veut pas dire, qu'en fait, il y a au monde des effets et des causes, mais simplement que, s'il y a des effets, il est nécessaire qu'il y ait des causes, en un mot, que l'idée de fait est si intimement liée à l'idée de cause, que le contraire ne se peut concevoir.

Et qu'on le remarque bien, nous ne disons pas que les idées générales, nécessaires, éternelles, n'ont point en Dieu leur dernier fondement ; nous disons seulement que, par elles-mêmes, elles sont quelque chose de purement idéal, et qu'il est facile de les acquérir au moyen de l'abstraction, sans qu'il faille aucunement recourir à la vision de Dieu. — Cette vision, d'ailleurs, répugne aux faits de la conscience les plus avérés : c'est un fait que nous n'avons aucune idée qui ne soit accompagnée d'une image sensible et comme enveloppée en elle. Or, il n'en serait pas ainsi pour nos idées générales spirituelles, si nous les apercevions soit en Dieu, soit en elles-mêmes, puisqu'il n'y a en Dieu rien de semblable, et que par leur nature elles sont tout à fait dégagées de la matière. C'est encore un fait, que nos premières connaissances sont toutes particulières et sensibles, que nous comprenons bien plus aisément le sensible que l'intelligible, que nous nous élevons lentement et péniblement à l'universel et à l'immatériel, et qu'enfin, pour nous faire quelque idée des êtres spirituels, il nous faut les comparer aux êtres qui tombent sous nos sens. Toutes ces vérités demeurent inexpliquées et inexplicables si la première connaissance de l'homme est une connaissance intellectuelle, s'il atteint Dieu immédiatement et spontanément, et s'il voit en lui l'universel, l'intelligible.

En outre, si j'avais l'intuition de Dieu, et que cette intuition fût, comme disent les ontologistes, la racine de l'âme et la lumière de l'intelligence, en laquelle et par laquelle toutes les idées sont aperçues et entendues, la première fonction de ma conscience serait de rendre témoignage de cette intuition ininterrompue et de me la faire voir en moi-même. Et pourtant il n'en est rien : ma conscience, la conscience du philosophe, comme celle de l'homme illettré, demeure complètement muette sur cette prétendue vision. Bien plus, la vision de Dieu est impossible à l'intelligence humaine et dépasse ses forces naturelles. L'objet d'une faculté doit, en effet, toujours être proportionné non seulement à sa nature, mais encore aux différentes conditions de son existence. Or, la raison humaine n'est point un esprit pur et parfait, mais, au contraire, un esprit substantiellement uni à un corps, le dernier des esprits, placé par sa nature entre les purs esprits et les corps. Et c'est à cet esprit mêlé à la matière que les ontologistes osent assigner pour objet propre et premier l'immatériel pur, l'infini, la vision de Dieu !

Que si maintenant vous l'envisagez dans ses conséquences, un tel système emporte avec lui bien des dangers. L'ontologisme *rigide* confine au panthéisme; il pose en effet que les êtres créés ne sont point intelligibles en eux-mêmes, mais en Dieu seulement. Or, ce qui n'a point d'intelligibilité propre, n'a pas non plus d'être propre, car l'intelligibilité suit l'être, et tout ce qui est en soi est par là même intelligible en soi. — L'ontologisme mitigé ne tombe pas, nous le reconnaissons sans peine, dans l'abîme du panthéisme, mais il est trop peu distant d'une erreur fort pernicieuse, l'erreur du rationalisme. Entre la vision naturelle et la vision surnaturelle de Dieu, il établit une différence de degré plutôt qu'une différence essentielle. D'après nos adversaires, il y a cette différence entre la vision *ontologique* et la vision *béatifique* de Dieu, que « la première a pour objet les *propriétés* divines, c'est-à-dire les perfections rationnelles de Dieu; la seconde, au contraire, a pour objet l'*essence* divine, c'est-à-dire les perfections supra-rationnelles de Dieu : l'une est le partage de toute créature raisonnable, l'autre est le privilège exclusif des bienheureux. »

(*Jean-sans-Fiel, Dial.* 2, n. 1.) — L'abbé Fabre a trouvé une distinction plus ingénieuse encore : « Nos regards s'arrêtent pour ainsi dire à la surface de la divinité. Cette lumière naturelle de la raison ne nous rend pas visible son essence intime, et ainsi notre intelligence avec les seules forces naturelles ne la voit pas *intuitivement,* mais seulement d'une manière que nous ne croyons pas pouvoir mieux définir qu'en la nommant *extuitive.* » (*Déf. de l'Ontol.,* ch. ii, p. 54.)

Ce ne sont là que vaines distinctions qui ne servent nullement la cause de l'ontologisme. Celle de l'abbé Fabre se réfute d'elle-même : mettre en Dieu un *dedans* et un *dehors,* c'est proférer des paroles vides de sens. Dire avec les autres ontologistes, que nous percevons Dieu seulement sous la raison abstraite d'être, ou que nous apercevons ses attributs, mais non pas son essence, c'est perdre de vue qu'en Dieu, l'être, les attributs et l'essence ne sont pas distincts dans la réalité et ne font qu'une seule et même chose.

La distinction réelle, indispensable à l'ontologisme, fût-elle accordée, il n'en serait pas plus avancé pour cela, car chacun des attributs divins est aussi infini que l'essence divine et par conséquent aussi difficile à percevoir que l'essence elle-même. — Si, d'après l'hypothèse admise par plusieurs, on affirme que nous voyons Dieu seulement sous la raison abstraite d'être, on se jette dans un autre embarras tout à fait inextricable, l'impossibilité d'expliquer l'origine des idées de beau, de bien, de substance, de cause et les autres, qui diffèrent spécifiquement de l'idée d'être et par suite ne peuvent être aperçues en elle, ni en être extraites, de quelque manière qu'on s'y prenne. Disons donc, avec saint Thomas, qui résume admirablement cette discussion : « Visio *beati* a visione *viatoris* distinguitur, non per hoc quòd est perfectiùs vel minùs perfectò videre, sed per hoc quòd est videre et non videre. » (*QQ. disp. de verit.,* a. 1, q. 18, c.) — Et ailleurs : « Non est possibile quod aliquis videat rationes creaturarum in ipsâ divinâ essentiâ (thèse de l'ontologisme) ita quod eam non videat; tum quia ipsa divina essentia est ratio omnium eorum quæ fiunt; ratio autem idealis non addit supra divinam essentiam nisi respectum ad creaturam ; tum etiam quia priùs est cognoscere aliquid in se, quod est cognoscere Deum ut est objectum beatitudinis, quàm cognoscere illud per comparationem ad alterum, quod est cognoscere Deum secundùm rationes rerum in ipso existentes. » (2ª 2ᵃ, q. 173, a. 1, c.)

Pour toutes ces raisons, il ne faut point être surpris que l'ontologisme, soit *rigide*, soit *modéré*, ait reçu à Rome le plus mauvais accueil et se soit vu désapprouver hautement, pour ne pas dire condamner, par la congrégation de l'Index. Cette congrégation a défendu d'enseigner, comme n'étant pas sûres, les propositions suivantes : « Immediata Dei cognitio, habitualis saltem, intellectui humano essentialis est, ita ut sine eâ nihil cognoscere possit. » — « Universalia, a parte rei considerata, a Deo non realiter distinguuntur. » (18 septembre 1861.) « A primo existentiæ instanti mens perceptione ideali fruitur, non quidem *reflexè*, sed *directè*. » — « Inter veritates intelligibiles, quas idealiter apprehendimus, imprimis reponitur Deus, cujus intellectio, licet ab intuitione beatorum essentialiter distincta, non ad imaginem repræsentativam, sed ad Deum ipsum terminatur. » (1862.)

Entre ces propositions, la première concerne directement l'ontologisme rigide, et les autres contiennent la formule même de l'ontologisme modéré. Ainsi, il n'est pas permis d'enseigner que les idées universelles, objectivement considérées, ne sont pas réellement distinctes de Dieu ; que, dès le premier instant de son existence, l'âme jouit de la perception idéale, même directe ou inconsciente (grande distinction des ontologistes entre la vision directe et la vision réflexe de l'infini), et que notre appréhension de Dieu se termine à son être et non pas à son image représentative. Or, ces propositions que Rome a défendu d'enseigner, sont précisément celles qu'enseignaient les ontologistes modérés ou autres, avec une parfaite assurance. Mais depuis quelques années ce système étrange a perdu ses partisans et nous ne pensons pas qu'il soit aujourd'hui enseigné dans aucune chaire publique.

X. — École aristotélicienne et thomiste

Nuance aristotélicienne : Barthélemy Saint-Hilaire et Ravaisson; nuance thomiste : Jourdain, Balmès et le thomisme *mitigé;* mérites de cet écrivain; opinions erronées; le thomisme *pur;* ses nombreux représentants; conclusion; paroles de Lacordaire.

Depuis un certain nombre d'années, plusieurs universitaires ont entrepris des travaux assez considérables sur la philosophie d'Aristote et adopté ses conclusions sur les questions les plus importantes.

Nommons au premier rang Barthélemy Saint-Hilaire et M. Félix Ravaisson. Le premier a donné une traduction presque complète des œuvres du Stagirite, précédée de longues dissertations historiques et critiques par manière de préface et accompagnée de notes perpétuelles. Cette traduction a rendu de grands services pour l'intelligence du texte aristotélicien, toujours laconique et parfois difficile à bien saisir. — Barthélemy Saint-Hilaire se déclare disciple d'Aristote sur de nombreuses et importantes questions, loue en lui le fondateur de la méthode scientifique, de la logique et de la métaphysique, et approuve aussi beaucoup de choses dans le *Traité de l'âme,* la *Morale,* la *Politique,* et la *Physique,* notamment les belles théories sur la sensibilité, sur la mémoire et la réminiscence, sur le bien, sur le temps et l'espace, la puissance et l'acte, le mouvement, la matière et la forme. « Voilà cette théorie fameuse de la matière et de la forme, si souvent reprochée à Aristote et que l'on critiquera sans doute plus d'une fois encore. Pour moi, je la trouve simple et vraie; elle n'a pas même le tort d'être obscure... La matière et la forme sont les éléments logiques et réels de l'être. » (*Phys. d'Arist.,* préf., p. 28.) — Et plus loin, il dit au sujet de l'accord des notions scientifiques d'Aristote et de celles de notre temps : « Entre la science grecque et la science moderne, il y a bien une différence de degré, mais il n'y a pas une différence de nature; et pour rappeler une très équitable opinion de Leibnitz, Aristote n'est pas du tout inconciliable avec des successeurs dont les travaux n'eussent peut-être point été aussi heureux, si les siens ne les eussent précédés... Il est même un point sur lequel il convient de lui accorder hautement la supériorité, c'est la métaphysique. » — (p. 167.) Le docte traducteur prend également la défense de la forme aristotélicienne : « La forme du péripatétisme a fait son triomphe et son utilité autant que ses doctrines. Cette forme est austère, mais la science peut l'être ; cette forme est impérieuse, mais elle recouvre une pensée digne du commandement. » (*Psych. d'Arist.*, Opuscules, préf., p. 51.)

Néanmoins, tout n'est pas à louer dans les appréciations de Barthélemy Saint-Hilaire, et parmi les critiques qu'il adresse au *Traité de l'âme*, à la *Morale* et à la *Politique*, la plupart tombent entièrement à faux, celles, par exemple, où il blâme le Stagirite d'avoir uni la physiologie à la psychologie, et d'avoir mis la politique au-dessus de la morale.

L'ouvrage de M. Ravaisson, est beaucoup plus restreint, son titre l'indique : *Essai sur la métaphysique d'Aristote*. Mais sous ce titre modeste se cache une analyse étendue de la *Métaphysique*, l'indication du plan suivi par le philosophe grec, une étude intéressante sur la place qu'occupe la métaphysique dans la philosophie d'Aristote, enfin une histoire complète de la métaphysique avant et après Aristote. Comme Barthélemy Saint-Hilaire, M. Ravaisson se montre généralement très favorable au chef de l'école péripatéticienne, et l'on ne peut que regretter que des quatre volumes qui avaient été annoncés par l'auteur, deux seulement aient vu le jour. — Un défaut de l'auteur de l'*Essai sur la métaphysique d'Aristote*, qui occupe un rang très distingué parmi les écrivains et les philosophes universitaires, c'est de professer l'indépendance de la raison et d'être imbu, ainsi que tant d'autres, du préjugé rationaliste. On peut encore lui reprocher à bon droit de côtoyer le panthéisme. (Cf. *Rapport sur la philosophie en France au dix-neuvième siècle*, p. 262 et ss.)

Plusieurs fois nous avons eu l'occasion de citer avec éloge *Ch. Jourdain*, auteur d'un ouvrage estimable sur la *Philosophie de saint Thomas*. Jourdain fait connaître en abrégé l'histoire de la scolastique, et donne ouvertement son approbation à plusieurs théories de l'*Ange de l'École* sur l'âme, sur Dieu, sur la morale et la politique. Toutefois, il l'attaque sur la question fameuse du principe d'individuation, sur les rapports entre l'Église et l'État, et sur quelques autres points encore. De ces critiques, les unes, à notre avis, renferment une erreur de fait, les autres une erreur de droit.

Mais tandis que l'axiome *Quot capita, tot sensus*, se vérifie de plus en plus dans le monde universitaire, que les uns se disent kantistes, d'autres positivistes, d'autres éclectiques, quelques-uns et le plus grand nombre spiritualistes rationalistes, le clergé, plus heureux, a retrouvé l'unité philosophique et revient à son ancienne tradition.

Ce mouvement de retour remonte à quarante ans environ. *Balmès*, l'un des esprits les plus pénétrants et l'un des penseurs les plus graves du dix-neuvième siècle, malheureusement enlevé trop tôt à la théologie et à la philosophie, l'a inauguré en Espagne par sa *Philosophie fondamentale*, où il exprime, à plusieurs reprises, sa vive admiration pour saint Thomas d'Aquin. (Cf. *le Protestantisme comparé au catholicisme*, t. III, ch. LXXI.) Dans cet ouvrage, qui touche seulement aux questions principales de la philosophie, plusieurs thèses méritent une entière approbation : la réfutation de Kant (t. I, l. I, ch. XXIX, t. III, l. IX, ch. IX, X et XII); de Fichte et Schelling (t. I, l. I, ch. VII et VIII; t. III, l. IX, ch. XIX); de Lamennais (t. I, l. I, ch. XXXIII; l. II, ch. III, XVII); de Condillac (t. I, l. II, ch. X et n., l. IV, ch. I et n.); l'objectivité des idées sagement établie (t. I, l. I, ch. XXV); la notion de substance (t. III, l. IX, ch. I et suiv.), de cause (*Ibid.*, l. X, ch. VI et suiv.), du fini et de l'infini (t. III, l. VIII, ch. II, III, IV, VI); l'existence de Dieu basée sur l'argument *a posteriori* et la réfutation de l'argument cartésien *a priori* (t. III, l. X, ch. I, II.

8), la réfutation des idées innées et l'innéisme seul de la faculté active, capable d'acquérir par elle-même les idées générales, tout en demeurant soumise aux lois qu'elle a reçues du Créateur (t. II, l. IV, ch. xxx). « Ce qui est inné dans notre esprit, c'est l'activité sensitive et l'activité intellectuelle, mais ces deux activités ont besoin, pour se mettre en mouvement, d'être sollicitées par un objet. Cette activité débute par les affections organiques, et, bien qu'elle franchisse la sphère de la sensibilité, elle demeure plus ou moins soumise aux conditions que l'union de l'âme avec le corps lui impose. » — De même, sur les grands problèmes relatifs à la fin de la société civile, à la loi, à l'origine et la nature du pouvoir, le philosophe espagnol prend avec chaleur la défense de la doctrine thomiste.

Cependant l'auteur de la *Philosophie fondamentale* s'écarte trop souvent de l'*Ange de l'École*, quelquefois même sur des questions de grande importance. Au lieu d'entendre sous le nom de certitude une adhésion de l'âme à la vérité connue, il se contente d'un assentiment ferme à une « vérité apparente ou réelle. Si la certitude n'est pas la vérité, elle exige au moins l'illusion de la vérité. » (T. I, *notes du livre* Ier, p. 399.) Il rejette aussi l'opinion commune et tout à fait fondée en raison, qui regarde toute vérité comme intelligible et par conséquent comme évidente en elle-même. Pour lui, l'évidence ne convient qu'aux vérités générales et nécessaires. « Les vérités attestées par l'évidence sont nécessaires, et par conséquent universelles. » (T. I, ch. xv, n. 153.)

Balmès tombe dans une erreur plus grande et plus dangereuse, quand il prétend ramener à trois seulement tous nos moyens de connaître : la conscience, l'évidence, et l'instinct intellectuel. « Les vérités correspondantes sont : vérités de sens intime, vérités nécessaires, vérités de sens commun. » (T. I, l. I, ch. xv, n. 147.) D'abord, cette division ne comprend ni les sens externes, ni la mémoire, ni la raison, soit déductive, soit inductive. Ensuite, *instinctif*, jure avec intellectuel : l'intelligence aperçoit la vérité soit par l'évidence intuitive, soit par l'évidence discursive, mais l'instinct répugne à sa nature. — Au reste, faire reposer sur l'instinct la force du témoignage, l'objectivité des sensations et la valeur du sens commun ou du consentement des peuples (*Ib.*, n. 155-159), c'est donner à ces vérités si importantes un fondement fragile et indigne d'elles. Non, l'instinct n'est pas « le guide et le bouclier de la raison », comme le veut notre philosophe, car le sens commun, qu'il invoque à tort, n'est ni une faculté instinctive, ni un criterium *sui generis*, c'est l'intelligence ou la raison appliquée aux vérités évidentes d'elles-mêmes, ou qui n'exigent qu'un raisonnement facile, à la portée de tous les hommes.

Balmès conteste aussi la valeur réelle du syllogisme, quand il tente de le dépouiller de toute force pour découvrir la vérité. (*Art d'arriver au vrai*, ch. xv, §§ 4, 5.) — Sa psychologie, non plus que la métaphysique, n'est pas davantage à l'abri de la critique. Avec les modernes, il regarde la sensation comme une affection de l'âme purement passive et subjective, et, à cette erreur en ajoutant une autre, il prouve l'existence des corps à l'aide du raisonnement. (*Phil. fondam.*, t. I, l. II, ch. i, iv et suiv.) La distinction importante entre l'essence et l'existence dans la créature est rejetée par lui (t. II, l. V, chap. xii). Bien plus, la distinction traditionnelle et nécessaire entre la substance et les accidents, et leur séparation miraculeuse dans le sacrement de l'Eucharistie lui paraît assez problématique et de peu d'intérêt, au point de vue du dogme que nous venons de rappeler. (*Le Protest. comp. au cathol.*, t. III, ch. lxix, p. 327.) Son opinion sur l'âme des bêtes n'est pas davantage soutenable ; selon lui, l'âme des bêtes serait une substance complète, créée de Dieu et douée peut-être d'immortalité. (*Phil. fond.*, t. I, l. II, chap. ii.)

En morale, le philosophe espagnol place la règle suprême de la bonté des actes dans l'amour de Dieu, soit explicite, soit implicite. C'est exiger plus qu'il ne faut pour la bonté d'un acte humain, surtout si l'on ajoute avec l'auteur (t. III, ch. xx, n. 235, 244), que l'homme, sous peine de pécher, doit observer l'ordre établi de Dieu, précisément comme établi de Dieu, et s'interdire toute considération d'intérêt personnel.

Enfin, il arrive plus d'une fois qu'après une discussion prolongée et diffuse, l'auteur de la *Philosophie fondamentale* oublie de conclure et laisse le lecteur incertain de ce qu'il doit penser, par exemple, au sujet de l'espace et du temps, des éléments constitutifs des corps et de la divisibilité de la matière à l'infini.

Mais il convient de tenir compte à Balmès de l'époque où il a écrit. La doctrine de saint Thomas était alors fort peu en honneur, et c'était déjà mériter de la philosophie que de ramener les esprits au Prince de l'École et de mettre en relief plusieurs de ses thèses fondamentales [1].

Depuis Balmès, le temps a marché et la philosophie catholique avec lui. Saint Thomas, mieux étudié et mieux connu, a gagné dans tous les pays des adhésions sans nombre qui s'accroissent tous les jours, et trouvé des interprètes fidèles, des disciples convaincus, qui embrassent sa doctrine philosophique dans toute son intégrité et sa pureté. Ces philosophes estiment avec le pape Léon XIII « et tous les vrais sages, que le Docteur Angélique a tellement combiné son traité sur l'homme, que ce traité est d'une absolue vérité, inébranlable et vraiment digne de l'homme » (*Lettre à M*^{gr} *de la Bouillerie*, 11 octobre 1879), et que, d'une façon générale, « le système d'enseignement vaut d'autant mieux qu'il se rapproche davantage de la doctrine de saint Thomas d'Aquin » (*Lettre au cardinal Deschamps*, 25 décembre 1880).

Au premier rang de cette phalange compacte se font remarquer *Sanseverino*, d'une érudition très étendue et d'une doctrine très pure (*Philos. christiana cum antiquá et novâ comparata; Elem. philos. christianæ*); le cardinal Zigliara (*Summa philos.; Della luce intellettuale e*

---

[1]. Parmi les écrivains de nos jours, qui défendent les thèses principales de la doctrine thomiste, il convient de faire une place à part à Mgr d'Hulst (*Mélanges philosophiques*), et à l'abbé de Broglie, auteur d'un ouvrage considérable sur le *Positivisme et la science expérimentale*.

dell' Ontologismo; De mente Concilii Viennensis; le P. Gonzalès, dominicain espagnol (*Philosophia element. et Histoire de la philosophie*); le P. Lepidi, dominicain belge (*Elem. philos. christianæ*, ouvrage fort intéressant, trois volumes parus); le P. Tilman-Pesch, *Institutiones philos.*, trois traités parus, ouvrage très savant; le P. Monsabré, qui a fait comprendre et aimer la *Somme de théologie* aux nombreux auditeurs de Notre-Dame; le P. Liberatore dont les ouvrages, avec ceux de Sanseverino, ont puissamment contribué à faire connaître en France la philosophie de saint Thomas (*Institution. philos.; le Composé humain; Théorie de la connaiss. intellect.*); le P. Cornoldi, jésuite, qui s'est particulièrement chargé de justifier la doctrine scolastique au point de vue de la science moderne (*Institution. philos. speculativæ*); le P. *Kleutgen*, également jésuite, qui a comparé la philosophie ancienne à la philosophie moderne et montré la grande supériorité de la première sur la seconde (*La Philos. scolast.* 4 vol. in-8); Talamo (l'*Aristotélisme de la Scolastique*), Signiorello, l'abréviateur de Sanseverino et l'auteur de l'excellent *Lexicon Peripateticum;* Brin, S. S., auteur d'une philosophie élémentaire et d'une histoire de la Philos.; Dupeyrat, S. S., auteur d'une philos. élément.; Farges, S. S., *Matière et forme, La vie et l'évolution des espèces, Le cerveau, l'âme et les facultés; L'idée de Dieu d'après la raison et la science;* M. Domet de Vorges, *Essai de Métaphys. positive;* M. Gardair, *Corps et âme, La connaisance, Les inclinations et la volonté;* l'abbé Blanc : *Philosophie scolastique.*

Grâce à Sa Sainteté le pape Léon XIII, le mouvement philosophique que nous venons de décrire rapidement s'est étendu de proche en proche dans tous les pays, si bien qu'aujourd'hui la doctrine du Patron des écoles catholiques se trouve enseignée dans les chaires de presque toutes les universités et séminaires ecclésiastiques.

Dans ce retour à la forte et saine philosophie repose une grande partie de nos espérances, à l'heure présente, d'ailleurs si sombre et si pleine de tristesse. Car c'est la vérité seule qui peut sauver les peuples comme les individus, et la philosophie exerce sur tous les ordres de la connaissance humaine une influence souveraine, parce qu'elle contient les méthodes et les premiers principes de toutes les sciences.

Certes, le siècle qui, à la suite de Kant, a douté de la force objective de nos idées; à la suite de Reid, a renoncé aux problèmes supérieurs de la métaphysique; avec les traditionalistes, a désespéré de la raison humaine; avec les éclectiques, a levé orgueilleusement le drapeau du rationalisme; avec les positivistes, a tout ramené aux différentes combinaisons de la matière, et en est venu encore, avec les hégéliens, à ériger en dogme la *relativité* de toute connaissance, et même la conciliation, pour ne pas dire l'identité des contraires : ce siècle a beaucoup péché contre la philosophie, contre la raison, le sens commun et la religion due à Dieu. Mais, selon la parole du P. Lacordaire, bien plus vraie aujourd'hui que de son temps, ce même siècle se presse autour de l'Ange du treizième siècle, du siècle de saint Louis. Disons donc, avec l'éloquent orateur, à notre docteur vénéré et bien-aimé : « O Thomas, quand pour la première fois vous apparûtes au monde, dans votre berceau, ce fut le siècle de saint Louis qui vint à votre rencontre et qui vous reçut. Aujourd'hui le siècle qui se presse autour de vous ne pourrait pas vous dire son nom, car il n'en a point encore. Mélange étonnant d'infortune et de gloire, de décadence et de jeunesse, d'ignorance et de lumières, d'égoïsme et de dévouement, il ne sait point quel est le terme où il marche, ni le dessein qui le conduit. Va-t-il, tout chargé de ruines et incapable de reconstruire, aux gémonies de l'histoire? Ou bien, poussé par une main généreuse qui tantôt l'abandonne, tantôt le retient, va-t-il d'expérience en expérience au repos d'une longue virilité? Il ne le sait pas. Mais, ce qui me rassure, c'est que je le vois près de vous, et que votre nom, un moment obscurci, lui apparaît de nouveau avec l'auréole du génie dans la sainteté. Ah! ne méprisez pas ses instincts et ses efforts! Ouvrez-lui les mystères de cette doctrine où, lors même que vous n'avez pas prévu, vous avez encore tout dit, et que, fortifié par elle, ce siècle plein d'espérances et de douleurs puisse, avant de clore sa course, redire au siècle qui le suivra la parole où s'exprime tout le but du christianisme dont vous êtes le premier maître : Gloire au ciel, paix à la terre, gloire à Dieu, paix aux hommes! » (*Disc. pour la trans*[...] *chef de saint Thomas d'Aquin.*)

FIN.

TABLE DES MATIÈRES

Préface v

PREMIÈRE PARTIE

Philosophie ancienne

Chapitre. I. — Philosophie orientale 1
Philosophie des Hébreux, des Égyptiens, des Perses, des Chinois et des Indiens 1

Chapitre II. — Philosophie grecque 12
Première période de la philosophie grecque : ses origines 12
    I. — École naturaliste 12
    II. — École d'Abdère 15
    III. — École idéaliste 17
    IV. — École d'Élée 20
    V. — Essais d'éclectisme 22
    VI. — École des sophistes 24
Seconde période de la philosophie grecque : son apogée ; Socrate et les écoles dites petites Socratiques ; Platon, Aristote 26
Troisième période : déclin 58
    I. — Sensualisme et idéalisme 58
    II. — Pyrrhonisme 59
    III. — Épicurisme 59
    IV. — Stoïcisme 60

Chapitre III. — Philosophie romaine 64
    I. — Philosophes historiens 64
    II. — Nouvelle académie 64
    III. — École Épicuriste 68
    IV. — École stoïque 69
    V. — École sceptique 71
    VI. — École péripatéticienne 73

CHAPITRE IV. — Philosophie Alexandrine.................... 74
Son but, son caractère et ses représentants : Plotin, Porphyre, Jamblique, Proclus.. 74

DEUXIÈME PARTIE

Philosophie des Pères et des scolastiques

CHAPITRE I. — Philosophie des Pères...................... 81
ART. I. — Caractère général de la philosophie des Pères..... 81
ART. II. — Principaux représentants de la philosophie patristique.. 86
    Ier siècle : saint Denys l'aréopagite..................... 86
    IIe siècle : saint Justin, Athénagore, saint Irénée...... 93
    IIIe siècle : Tertullien, Clément d'Alexandrie, Origène. 105
    IVe siècle : divers auteurs; saint Augustin............. 124
    Ve siècle : Némésius et David l'Arménien; Claudien Mamert et Salvien................................... 143
    VIe siècle : Boëce, Isidore de Séville, Cassiodore; autres auteurs.. 146
    VIIIe siècle : le vénérable Bède et saint Jean Damascène. 150

CHAPITRE II. — Philosophie scolastique, son caractère et sa division.. 153
ART. I. — Première période de la philosophie scolastique.... 154
    IXe siècle : Alcuin, Scot Érigène, autres auteurs....... 155
    Xe siècle : divers auteurs; Gerbert d'Aurillac........... 158
    XIe siècle : Nominalisme et réalisme excessif; réalisme modéré : saint Anselme................................ 159
    XIIe siècle : I. — École conceptualiste................. 167
        II. — École mystique...................... 169
        III. — École panthéiste..................... 170
        IV. — Philosophie arabe; son caractère et ses représentants..................... 170
        V. — Philosophie juive..................... 176
ART. II. — Seconde période de la philosophie scolastique : son apogée; XIIIe siècle............................... 178
    I. — Philosophes qui brillent au second rang.......... 179
    II. — Philosophes qui occupent la première place : Albert le Grand, saint Thomas, saint Bonaventure, Duns Scot.. 187
ART. III. — Troisième période ou déclin de la philosophie scolastique.. 273
    I. — École nominaliste............................. 274
    II. — École thomiste............................... 281
    III. — École mystique.............................. 293

CHAPITRE III. — Philosophie de la Renaissance............. 297
Son origine et son caractère........................ 297
    I. — École platonicienne..................... 300
    II. — École péripatéticienne.................. 302
    III. — École sceptique....................... 305
    IV. — École mystique........................ 308
    V. — École thomiste......................... 310

TROISIÈME PARTIE

Philosophie moderne

Caractère et division de la philosophie moderne............. 331

CHAPITRE I. — Philosophie du XVIIe siècle................. 334
    I. — École empirique........................ 334
    II. — École idéaliste......................... 352
    III. — École sceptique....................... 429
    IV. — École mystique........................ 437
    V. — École thomiste......................... 438

CHAPITRE II. — Philosophie du XVIIIe siècle............... 444
    I. — École sensualiste....................... 444
    II. — École sociale.......................... 451
    III. — École idéaliste........................ 426
    IV. — École sceptique....................... 458
    V. — École écossaise........................ 474
    VI. — École mystique........................ 480
    VII. — École thomiste....................... 482

CHAPITRE III. — Philosophie du XIXe siècle............... 484
    I. — École sensualiste : nuance simplement sensualiste ; nuance socialiste ; nuance matérialiste ; nuance positiviste ; nuance transformiste.................... 484
    II. — École idéaliste......................... 501
    III. — École sceptique....................... 505
    IV. — École panthéiste athée................. 509
    V. — École pessimiste....................... 520
    VI. — École éclectique....................... 522
    VII. — École autoritaire et traditionaliste........ 530
    VIII. — École mystique...................... 542
    IX. — École ontologiste...................... 549
    X. — École aristotélicienne et thomiste......... 559

FIN DE LA TABLE DES MATIÈRES.

NOMS DES PHILOSOPHES

CITÉS DANS CETTE HISTOIRE

Abbon	158	Aristote	42
Abélard	167	Aristoxène	58
Adraste d'Aphrodise	73	Arnauld	353
Agrippa	71	Arnobe	84
Agrippa (Corneille)	309	Arnu	441
Albert le Grand	187	Arrien	79
Alcuin	155	Athanase (saint)	123
Alexandre d'Aphrodise	73	Athénagore	96
Alexandre de Halès	180	Augustin (saint)	124
Al-Farabi	171	Aulu-Gelle	123
Al-Gazel	173	Avempace	171
Alkindi	171	Averroès	173
Amaury de Chartres	170	Avicébron	176
Ambroise (saint)	123	Avicenne	172
Ammonius d'Alexandrie	73	Babenstuber	483
Ammonius Saccas	75	Bachot	440
Amos	437	Bacon (François)	334
Ampère	523	Bacon (Roger)	184
Anaxagore	23	Badia	333
Anaximandre	14	Bailey	490
Anaximène	13	Bain	490
André	353	Balmès	561
Andréa (Antonio)	279	Bannez	442
Andronicus de Rhodes	73	Barni	526
Anselme (saint)	160	Barthélemy Fumus	313
Antisthène	29	Barthélemy Saint-Hilaire	559
Antoine de la Mère de Dieu	439	Barthélemy de Spina	312
Apulée	128	Basile (saint)	123
Arcésilas	65	Basilides	102
Architas	20	Baudry	552
Ariston	58	Bautain	537
Aristippe	28	Bayle	429

Bebel	487	Celse	82
Bède le Vénérable	150	Césalpin	303
Bellarmin	319	Cérinthe	100
Bembo	299	Chapelle	345
Benedicti	311	Charles (Émile)	526
Bentham	454	Charron	308
Berkeley	456	Chauvet	526
Bernard d'Auvergne	292	Chrysippe	63
Bernard de Trilla	291	Chrysostome (saint Jean)	123
Bernier	348	Cicéron	65
Berti	440	Colajanni	487
Bérulle (le cardinal de)	439	Cléanthe	63
Biel	280	Clément d'Alexandrie	111
Biran (Maine de)	543	Clarke	417
Blanc	565	Comte Auguste	489
Boèce	146	Condillac	446
Boeme	309	Condorcet	453
Bolimbrocke	445	Confucius	3
Bonald (de)	535	Cornoldi	565
Bonaventure (saint)	233	Cornutus	119
Bonnet	450	Corrégla	465
Bonnetty	539	Cousin	523
Boschowich	458	Crantor	58
Bossuet	390	Cratès	58
Bouddha	9	Cratippe	73
Bouiller	526	Crémoni	303
Bouillet	526	Crescens	82
Brin	565	Critolaüs	58
Broglie (abbé de)	564	Crochard	313
Broussais	486	Cyprien (saint)	105
Brucker	204	Cyrano de Bergerac	345
Bruno (Giordano)	301	Damascène (saint Jean)	151
Buchner	490	Damiron	526
Buffler	353	Dante	285
Buridan	279	Darwin	501
Cabanis	486	David l'Arménien	144
Cajétan	316	David de Dinant	170
Calcidius	128	Démocrite	16
Campanella	304	Denys (saint l'Aréopagite)	86
Cantarini	440	Denys le Chartreux	292
Capella	146	Descartes	353
Capredonius	440	Destutt de Tracy	485
Capréole	292	D'Hulst (Mgr)	564
Carnéade	65	Diagoras	24
Caro	545	Dicéarque	58
Carpocrate	100	Diderot	449
Cassiodore	148	Diogène d'Apollonie	13

Diogène de Laërce	64	Godefroy de Fontaines	292
Dion	64	Goës	318
Djaïmini	5	Gonzalez	565
Durand de Saint-Pourçain	276	Gorgias	25
Dupeyrat	565	Gotama	7
Durandelle	279	Goudin	441
Eckard	294	Gratry	544
Empédocle	22	Grég. de Nazianze (Saint)	123
Enfantin	488	Grégoire de Nysse (Saint)	123
Épictète	70	Grégoire de Rimini	292
Épicure	58	Guérinois	482
Euclide de Mégare	29	Guesde	487
Eudème	58	Guillaume d'Auvergne	179
Euthydème	24	Guillaume de Champeaux	160
Évreniona (Saint-)	345	Guillaume de Hottun	292
Fabre	552	Guillaume de la Marre	274
Farges	565	Guillaume de Saint-Amour	209
Félix	440	Hamilton	480
Fénelon	384	Hartley	478
Ferraz	526	Hartmann	522
Ferri	487	Hauréau	526
Feuerbach	517	Hégel	513
Ficin (Marsile)	300	Heiric (saint)	157
Fichte	509	Helvétius	449
Fonseca	318	Henri de Gand	182
Fouillée	501	Héraclide	58
Fourier	488	Héraclite	14
Franck	526	Hermias	83
François de Sales (saint)	327	Hervé de Nédellec	283
Fronton	82	Hipparque	20
Galien	73	Hippias	24
Gall	486	Hobbes	312
Garofalo	487	Holbach (D')	450
Gardair	565	Holcot	279
Gassendi	344	Horace	68
Gaunillon	164	Huet	430
Gennade	146	Hugues de Saint-Victor et Richard de Saint-Victor	169
Georges Gémisto	300		
Gérard de Bologne	291	Humbert	291
Gerbert	158	Hutcheson	575
Gerdil	552	Hume	459
Gerson	295	Huxley	490
Gilles de Colonne	281	Ibn-Badja	171
Gilles de Lessine	299	Ibn-Thofail	172
Gilbert de la Porrée	168	Irénée (saint)	99
Gioberti	550	Isidore de Isolamo	312
Glanville	429	Isidore de Séville	149

Jacobi	480	Malebranche	377
Jamblique	78	Mamert	145
Janet Paul	526	Manrique	313
Jaurès	487	Marc	123
Javelly	311	Marc-Aurèle	71
Jean de Paris	292	Marcien Capella	174
Jean de Saint-Thomas	442	Marcion	100
Jean-sans-Fiel	552	Maret (Mgr)	552
Jérôme (saint)	123	Marrapha	311
Jérôme de Formariis	313	Marx (Karl)	487
Jouffroy	506	Mayronis	279
Jourdain (Ch.)	561	Mathia	526
Justin (saint)	93	Maurus	443
Kanada	6	Max-Stirner	517
Kant	461	Mélissus	22
Kapila	5	Ménandre	100
Kleutgen	565	Michel (P.)	439
Lachelier	501	Michelet de Berlin	517
Lactance	105	Middletown	186
Laffitte	489	Mill (Stuart)	489
Laforêt (Mgr)	6	Moleschott	490
Lamarck	501	Molière	345
Lamennais	540	Molina	349
Lamettrie	450	Monsabré	565
Lamy	353	Montaigne	306
Lao-Tseu	3	Montesquieu	453
Laromiguière	485	Montet	205
Lassalle	487	More	437
Leibnitz	403	Naclante	312
Lepidi	565	Némésius	143
Leroux (Pierre)	488	Newton	417
Lessius	319	Nicolas de Cuss	308
Leucippe	16	Nicolas de Damas	73
Levêque	501	Nizolius	299
Lewes	490	Nourrisson	526
Liberatore	565	Numénius	119
Littré	489	Occam	274
Locke	345	Ocellus	20
Lombroso	487	Œnésidème	72
Lucien	68	Olympiodore	525
Lucrèce	68	Ollé-Laprune	546
Lugo	438	Olovier	313
Madhat	441	Origène	116
Mac Kintosh	526	Pallavicini	438
Magy	501	Paracelse	309
Maïmonide	176	Parménide	20
Maistre (Joseph de)	530	Pascal	431

Paschaléo	313	Ramière	343
Patandjali	8	Ramus	301
Patrizzi	301	Ravaisson	560
Pétrarque	294	Raymond Lulle	186
Philolaüs	20	Raymond de Sébonde	294
Philon	100	Réginald	211
Philopone	150	Régis	353
Philostrate	64	Reid	475
Piccolomini (Alexandre)	303	Reinhard	158
Piccolomini (François)	303	Rémi	158
Pic de la Mirandole (Jean)	300	Rémusat (Ch. de)	526
Pic de la Mirandole (François)	300	Renan	518
		Renouvier	508
Pierre d'Ailly	289	Reuchlin	369
Pierre d'Albano	302	Reynaud (Jean)	489
Pierre de Bergame	313	Riballosa	440
Pierre de Bruxelles	313	Ribot	489
Pierre Lombard	169	Ritter	458
Pierre de Tarentaise	281	Robinet	450
Platon	30	Romée	314
Pline l'Ancien	68	Roscelin	159
Plotin	75	Roselli	483
Plutarque	79	Rosmini	501
Poiret	437	Rothenflue	552
Polémon	58	Rousseau	451
Polignac (le cardinal de)	353	Rousselot	526
Pomponat	303	Royer-Collard	523
Poncius	440	Saint-Lambert	450
Pons	440	Saisset	525
Poppo	158	Salvien	146
Pordage	437	Sanchez	305
Poret	526	Sanseverino	564
Porphyre	78	Saturnin	102
Pouchet	188	Savonarole	314
Priestley	478	Schelling	511
Priérias	311	Schérer	505
Proclus	79	Scot (Duns)	263
Prodicus	24	Scot Érigène	156
Protagoras	24	Schopenhauer	521
Proudhon	488	Sébille	439
Prudence	84	Séguier	440
Ptolemœus	440	Sénèque	69
Puffendorff	428	Sextius	69
Pyrrhon	58	Sextus Empiricus	72
Pythagore	17	Sigier de Brabant	292
Raban Maur	156	Simon (Jules)	526
Rabier	501	Simon (Saint-)	587

Simplicius	73	Tissot	526
Smith (Adam)	479	Tolet	319
Socrate	26	Turgot	453
Sorbier	345	Ubaghs	552
Soto	315	Vacherot	517
Spencer	490	Valentin	101
Speusippe	58	Valla	299
Spinoza	375	Van-Helmont de Bruxelles	309
Spurzheim	486	Van Helmont Mercure	437
Stewart-Dugald	478	Vanini	304
Stobée	64	Vasquez	319
Straton	58	Ventura	539
Suarez	320	Vercellone	552
Sylvestre de Ferrare	315	Vico	454
Syrien	202	Victorin	128
Swedemborg	481	Vincent de Beauvais	181
Taine	489	Vincent Colzado	313
Talamo	565	Vivès	299
Tatien	83	Vyasa	5
Tauler	294	Vogt	490
Telesio	304	Voltaire	445
Tenneman	325	Vorges (Domet de)	565
Tertullien	105	Waddington	526
Thalès	13	Warron	274
Thémistius	73	Willm	513
Théodoret	84	Wolff	457
Théophraste	58	Xénocrate	58
Thomas d'Aquin (saint)	199	Xénophane	20
Thomas d'Argentina	292	Zacharie le Scolastique	150
Thomas de Bradwardine	284	Zarabella	303
Thomasius	403	Zénon l'Éléate	27
Thomassin	548	Zénon le Stoïcien	60
Thrasimaque	24	Zévort	205
Tilman Pesch	565	Zigliara	564
Timée de Locres	20		

EXTRAIT DU CATALOGUE DE ROGER ET CHERNOVIZ, ÉDITEURS.

Gury cum notis Ballerini, Theologia. 2 gros in-8. Net	20 »
Herdt (de), Sac. praxis liturgiæ. 3 vol. in-8	11 »
Herdt (de), Praxis pontificalis. 3 vol. in-8.	15 »
Hermeneutica sacra, auctore J.-H. JANSENS. In-8	4 »
Institutions liturgiques, par M. Jean FORNICI. 1 in-12	2 »
Institutiones philosophicæ, auctore J.-B. BOUVIER. 1 in-12	4 »
Institutiones philosophicæ, auctore A. NOGET-LACOUDRE. 3 vol. in-12	7 »
Juris cultor theologus, auctore R. P. Josepho VOGLER. In-12	1 50
Juris naturalis universa summa. A. BENSA. 2 vol. in-8	12 »
Knoll. Institutiones theologicæ, 7 vol. in-8	40 »
Leopold. Lexicon hebraicum. 1 vol., 3 fr. — Græco-latinum	6 »
Lexicon hebraicum. J.-B. GLAIRE. 1 in-8.	6 »
Liber psalmorum, studio Bellanger. 1 in-12	3 »
Liberatore (S. J.). Institutiones philosophicæ. 3 vol. in-8. Net..	13 »
Manuale ordinandorum. 1 in-18.	1 80
Manuale sacerdotum, Jos. SCHNEIDER. 1 in-18. Nouv. édit	7 »
Manuel de l'hébraïsant, par l'abbé J.-B. GLAIRE. Nouv. éd. augmentée des paradigmes des verbes	3 75
Manuel de l'office divin. 1 vol. in-12.	3 »
Manuel de logique, par l'abbé BENSA. 1 vol. in-12	3 »
Œuvres de Bourdaloue. 6 vol. in-8	18 »
Œuvres de Massillon. 3 forts vol. in-8	13 »
Philosophiæ speculativæ summarium, autore A. M. BENSA, 2 in-8	8 »
Pieux séminariste (le), par l'abbé VINCENT. 1 vol. in-12	2 50
Pontificale Romanum. 1 vol. in-12, nouv. édit.	3 »
Prælectiones theolog. maj. De Justitia; De Contractibus; CARRIÈRE. 6 in-8.	32 »
Prælectiones theologicæ. J. PERRONE. Avec index rerum. 4 vol. in-8	20 »
Compendium ejusdem operis. 2 in-8	8
San-Severino. — Philosophia christiana. 7 in-8	35 »
— Compendium (Edit. classique). 2 in-12	7 »
— Philosophia moralis. 2 in-12	5 50
— Elementa philosophiæ. 4 in-8	20 »
Saint François de Sales, modèle du prêtre et du pasteur. 1 in-12	2 50
Theologia Cenomanensis, auctore BOUVIER. 6 in-12. 14ᵉ édit	16 »
Theologicæ Institutiones, Petr. COLLET. 7 forts vol. in-8	16 »
Thomæ (S.) Aquinatis Summa theologica, C. J. DROUX. 8 vol. in-8. Net.	20 »
— Edition de Rome, 6 in-8. Net	20 »
Traité des dispenses, par COLLET. 2 in-8	10 »
Traité des saints ordres, par M. OLIER. Grand in-32	1 50
Traité des saints mystères, par le P. COLLET. 1 vol. in-8	2 »
Vecchiotti et Soglia. Jus canonicum. 3 in-8	12 »
Wouters, Historiæ ecclesiasticæ Comp. 3 vol. in-8	15 »

PETITE BIBLIOTHÈQUE DU SÉMINARISTE.

Novum Jesu Christi Testamentum, cui adjungitur libellus *de Imitatione Christi* et *Officium parvum*. Parisiis. Editio nitidissima et sola cum indicibus et concordantiis. 1 in-32. Nouv. éd., texte encadré rouge.	3 »
Augustini (S.) Confessiones	1 »
Augustini (S.) Meditationes	1 »
Catechismus Concilii Tridentini	1 60
Concilii Tridentini canones et decreta.	1 50
Gregorii (S.) de Cura pastorali	» 90
Officium parvum B. M. V.	» 30
Memoriale vitæ sacerdotalis. Nouv. éd., texte encadré	1 50
Chrysostomi (S.) de Sacerdotio	1 »
Manuel de piété de Saint-Sulpice.	1 »
Manuel du séminariste en vacances	1 60
Expositio litteralis et mystica totius Missæ. 1 in-32	1 »
Bernardi (S.), de Consideratione	1 »
Alagona, Summa Summæ S. Thomæ	2 50
Series ordinationum. nouvelle édition, avec plain-chant	» 60
Le livre du Seminariste, par l'abbé Gaduel	1 »

EXTRAIT DU CATALOGUE DE ROGER ET CHERNOVIZ, ÉDITEURS.

RÉCENTES PUBLICATIONS.

Chanoine Allègre. Le Code civil commenté, à l'usage du clergé, dans ses rapports avec la Théologie morale, le Droit Canon et l'Economie politique, 3ᵉ édit., augmentée des lois et décrets récemment mis en vigueur. 2 vol. in-12.	9 »
Abbé Vigouroux. Les Livres saints et la Critique rationaliste. 5 in-8° avec gravures et planches hors texte. 3ᵉ éd.	35 »
Le même ouvrage. 5 in-12, sans les planches	20 »
— Carte de la Palestine. 1 feuille 0,32 sur 0,45	1 »
La Sainte Bible, traduite avec notes par M. l'abbé Glaire, seule approuvée à Rome par une commission d'examen nommée par le Souverain Pontife, nouvelle édition, avec introductions, notes complémentaires et appendices, par M. l'abbé Vigouroux. 4 beaux in-8°.	26 »
Theologia dogmatica et moralis ad mentem S. Thomæ et S. Ligorii, auct. prof. sem. Claromontensis S. S., 6ᵉ editio. 6 forts in-8.	18 »
Abbé Bacuez. Instructions et Méditations, à l'usage des ordinands. I. *Tonsure*. II. *Ordres mineurs*. III. *Ordres sacrés*. 3 vol. in-32. Chaque volume	1 50
— Du Divin Sacrifice et du prêtre qui le célèbre. 1 in-12.	3 50
Divi Thomæ Aquinatis totius summæ Theologicæ conclusiones, auctore Hunnæo. 1 in-18, format carré, de 420 pages, toile souple	3 »
Abbé Crolet. Doctrine philosophique de saint Thomas d'Aquin, résumée d'après le Dʳ Stoeckl. 1 vol. in-12 de 400 pages sur papier glacé	3 »
Abbé Gaduel. Le Livre du Séminariste. 2ᵉ édit.	1 »
M. Domet de Vorges. La Perception et la Psychologie thomiste. 1 vol. in-8°	3 50
Abbé Choisnard. Synopsis philosophiæ scholasticæ. 2ᵉ ed. 1 in-4°	2 »
Abbé Vallet. Œuvres philosophiques. 6 vol. in-12.	18 50
Abbé Farges. Etudes philosophiques pour vulgariser les théories d'Aristote et de St. Thomas, et leur accord avec la science. 6 in-3.	25 »
Craisson. Elementa juris canonici. 2 vol. in-12, 7ᵉ édition	5 50
Abbé Brugère. Histoire et littérature de l'Eglise, 4 cahiers in-4°	15 »
Abbé Falise. Cours de liturgie pratique. 7ᵉ édit. 1 vol. in-8°	5 »
Abbé Glaire. Le Livre des Psaumes. Texte latin et traduction française, avec notes, approuvée à Rome. Avec introduction et quelques notes nouvelles, par M. l'abbé Vigouroux. 1 vol. petit in-12.	2 50
Abbés Bacuez et Vigouroux. Manuel Biblique, 7ᵉ édition	14 »
Le pieux Ecclésiastique en voyage et en pèlerinage. Nouvelle édition, revue et augmentée, 1 in-32 de 418 pages, broché.	1 25
Abrégé d'Introduction de l'Ecriture sainte, par M. Glaire. 6ᵉ édit.	5 50
Bible (Sainte), de Glaire, approuvée par la Commission d'examen nommée par le Souverain Pontife. 4 vol. in-18.	10 »
Bible (Sainte), par les R. P. Carrière et Menochius. 8 forts in-8	24 »
Biblia sacra Vulgatæ editionis. Parisiis. 1 in-8 (avec imprimatur).	6 »
Catéchisme du Concile de Trente. Traduction avec notes, par M. l'abbé Dassance. 2 vol. in-8.	8 »
Cæremoniale Episcoporum 1 vol. in-4°. 12 fr. Net.	4 »
Cérémonial romain, par Mgr de Conny. 1 vol. in-8	6 »
Cérémonies de la messe basse, par M. Caron. In-12	1 30
Compendium rubricarum Brev. et Miss. rom. 1 vol. in-12.	» 80
— De Matrimonio, auct. Carrière. 1 in-12	2 50
— De Justitia et Jure. — 1 in-12	2 50
Concordance des Epîtres de saint Paul, par l'abbé de la Houssaye. 1 in-12.	3 »
De Ecclesia Christi, auct. Brugère. 1 vol. in-12. 2ᵉ édit.	2 50
De Vera Religione, auct. Brugère. In-12. 2ᵉ édit.	2 50
Decreta authentica, auctore J.-B. Falise. 1 vol. in-8	4 50
Directeur spirituel, par le R. P. Pinamonti. 1 in-12	1 50
Dissertatio in sextum, auctore J.-B. Bouvier. In-12.	1 50
Ecriture Sainte (Questions sur l'), par M. l'abbé Bacuez. 2 in-8.	8 »
Examens particuliers, par T. ...on. 1 vol. in-12. Seule édit. complète.	2 75
Franzelin (J.-B.) S. J., *Opera*. 7 in-8, Rome	62 »
Gonzalez, Philosophia elementaria. Madrid, 3 in-8. Net	20 »

Typographie Firmin-Didot et Cⁱᵉ. — Mesnil (Eure).

www.ingramcontent.com/pod-product-compliance
Lightning Source LLC
Chambersburg PA
CBHW060307230426
43663CB00009B/1622